Preußen

Ein Beispiel für Führung und Verantwortung

Stefan Knoll

Preußen

Ein Beispiel für Führung und Verantwortung

2. Auflage

nicolai

Steffi
Max
Viktoria
Charlotte
Leonard

Unser Newsletter und unsere Facebook-Seite informieren Sie über aktuelle Bücher und alle anderen Neuigkeiten unseres Verlags.

www.nicolai-verlag.de

nicolai *Der Hauptstadtverlag*

1. Auflage 2012
Lektorat: Handverlesen GbR, Bonn
Gestaltung und Satz: Handverlesen GbR, Bonn
Herstellung: Christine Noack

Printed in the EU

ISBN 978-3-89479-722-5

Inhaltsverzeichnis

Zwei Dinge erfüllen das Gemüt mit immer neuer und zunehmender Bewunderung und Ehrfurcht, je öfter und anhaltender sich das Nachdenken damit beschäftigt: der bestirnte Himmel über mir und das moralische Gesetz in mir. Beide darf ich nicht als in Dunkelheiten verhüllt oder im Überschwänglichen, außer meinem Gesichtskreise, suchen und bloß vermuten; ich sehe sie vor mir und verknüpfe sie unmittelbar mit dem Bewusstsein meiner Existenz.

Immanuel Kant

Vorwort zur zweiten Auflage

Der Erfolg der ersten Auflage sowie zahlreiche positive Anmerkungen und Rezensionen zu diesem Buch haben mich dazu ermuntert, über eine zweite Auflage nachzudenken. Diese wird nun, inhaltlich leicht gekürzt, durch ein etwas anderes Format einem breiteren Publikum zugänglich gemacht. Das vorliegende Taschenbuch trägt auch den inzwischen eingetretenen politischen Veränderungen Rechnung.

Es ist ein Buch über Führung geblieben. Wem dabei die expliziten Verweise am Ende eines jeden Kapitels auf die Parallelität zwischen Vorkommnissen in der preußischen Geschichte und Führungsempfehlungen für die heutige Zeit zu kurz gehalten scheinen, damit der Anspruch erhoben werden kann, dass dieses Buch von Führung handelt, dem sei schon an dieser Stelle erwidert, dass bereits die Auswahl der geschichtlichen Beispiele ausschließlich unter dem Gesichtspunkt dieser Thematik getroffen worden ist. Vor diesem Hintergrund sind die Parallelen zu Führungssituationen in der Gegenwart eigentlich nur noch als Zusammenfassungen des in den einzelnen Kapiteln an historischen Beispielen Erläuterten anzusehen. Auch möchte ich dieses Vorwort zum Anlass nehmen, um noch einmal zu betonen, dass es nie meine Intention war, eine vollständige und lückenlose Darstellung der preußischen Geschichte zu leisten, sondern dass ich bewusst solche Ereignisse herausgegriffen habe, welche die These, dass Preußen ein Beispiel für Führung und Verantwortung ist, anschaulich belegen.

Das politische Europa offenbart Führungs- und Entscheidungsschwächen, die auch auf entsprechende nationale Defizite zurückzuführen sind. Deutschland wird weder seiner wirtschaftlichen Stärke noch der damit verbundenen Führungsrolle gerecht. Auch sonst ist in der politischen Führung keine strategische Linie erkennbar. In Zeiten des Umbruchs ist keine dauerhafte Moderation gefragt, sondern Führungsbereitschaft, die auch impliziert, dass der eigenen Bevölkerung die Notwendigkeit von Veränderungen vermittelt wird und somit auch von Zielen, für die es sich lohnt, gemeinsame Anstrengungen zu unternehmen. Der Aufstieg Preußens wäre jedenfalls nicht möglich gewesen, wenn das Land nicht auf Herrscher und Staatsmänner hätte zählen können, die eine klare Vision vor Augen hatten und entsprechend zielgerichtet regierten. Eine zögerliche Führung, die erst entscheidet, wenn nur noch reagiert werden kann, hätte Preußen schon zweihundertfünfzig Jahre vor seinem tatsächlichen Niedergang marginalisiert.

1.

Wie es zu diesem Buch kam und warum ich es schreiben konnte – Vorwort zur ersten Auflage

Ursprünglich sollte nur eine etwas längere Aktennote für Mitarbeiter zum Thema »Führung« entstehen, mit einer Beschreibung von Führungstechniken und dessen, was eine gute Führungskraft ausmacht. Dabei hat sich herausgestellt, dass sich zwar Führungstechniken beschreiben und auch theoretisch darstellen lassen, dies aber keine Wirkung entfaltet, wenn sich der Adressat keine Vorstellungen davon macht, was Führung bedeutet und welche Erwartungen der Geführte an seinen Vorgesetzten haben kann. Weil das, was ein Vorgesetzter mitbringen muss, um einen Anspruch darauf erheben zu können, Anweisungen zu geben, weit mehr impliziert als nur entsprechende »Schulterklappen« oder berufliche Titel, ist ein Blick auf die philosophischen Grundlagen des Führens ebenso wichtig wie die Darstellung von historischen und praktischen Beispielen zu ihrer Erläuterung. Aufgrund der Komplexität dieses Vorhabens ist die ursprüngliche Absicht, lediglich technische Hinweise zum Führen zu geben, immer weiter in den Hintergrund getreten.

Zur Beantwortung der Frage nach der Berechtigung zum Führen und nach der Richtigkeit von diesbezüglichen Entscheidungen bedarf es entsprechender Maßstäbe zur Orientierung. Sollen diese weder dem Zeitgeist unterliegen noch geographischen

Begrenzungen, wird schnell deutlich, dass Führung mehr ist als nur ein pragmatisches Managen.

Wer sich mit der moralischen Basis von Führungsentscheidungen auseinandersetzen will, muss sich daher mit Werten beschäftigen. Welche Werte sind es nun, die in unserer Gesellschaft eine Rolle spielen sollten? Wie haben sie sich im Laufe der Zeit entwickelt und nach welchen von ihnen sollten sich jene, die einen Führungsanspruch erheben, richten? Werte und Weltanschauungen lassen sich aber ohne eine historische Betrachtung nicht herleiten und zu dieser gehört aus deutscher Sicht auch die Geschichte unseres Landes.

Ein zentraler Bestandteil der deutschen Wertekultur ist zweifelsohne Preußen, weil dieser Staat mit seinen Ansichten, Strukturen und seiner Geschichte Deutschland wie kein anderer geprägt hat. Und da sich die preußische Geschichte mit ihrer Vielzahl an markanten historischen Ereignissen besonders gut als Beispiel eignet, anhand dessen das Thema Führung anschaulich erläutert werden kann, folgt die hier gewählte Darstellung ihrer Chronologie. Dort, wo es passt, werden Verbindungen und Zusammenhänge zur Gegenwart hergestellt und der Versuch unternommen, Erfahrungen und Lehren aus der preußischen Geschichte für heutiges Führungsverhalten nutzbar zu machen.

Mein Anspruch, etwas zum Thema Führung sagen zu können, gründet sich auf eine langjährige Erfahrung in diesem Bereich in drei verschiedenen Arbeitsfeldern: nach einer soliden rechtswissenschaftlichen Ausbildung und anschließender Promotion waren das zunächst unterschiedliche Führungspositionen als Angestellter in einem großen Versicherungskonzern. An diese schloss sich zweitens eine bis heute andauernde Führungsverantwortung als Unternehmer an. Und schließlich kommt als Drittes hinzu, dass ich vor dieser Zeit, parallel dazu und bis heute als Reserveoffizier – zuletzt in militärischen Spitzenverwendungen, auch solchen im Generalstabsdienst – einschlägige Erfahrungen habe sammeln können. Die damit verbundene Offiziersaus- und -weiterbildung war immer erstklassig.

Militärische Ausbildung, die Beschäftigung mit Führungsthemen und das Interesse an Geschichte kumulierten geradezu zwangsläufig in einer Faszination für Preußen. Die aus dieser Kombination gewonnenen Erkenntnisse sind Kern dieses Buches. Wenn viele der angeführten Beispiele dem Themenkreis um militärische Auseinandersetzungen, Niederlagen und Erfolge sowie deren Ursachen entlehnt sind, dann liegt das daran, dass der preußische Staatenbildungsprozess nun einmal von zahlreichen kriegerischen Konflikten begleitet wurde, die Preußen aber schließlich zur europäischen Großmacht werden ließen.

Ein ausgeprägtes Interesse für Militärgeschichte hat mich dazu gebracht, auch historische Schlachtfelder aufzusuchen, um so vor Ort die Abläufe von damals im Geiste noch einmal Revue passieren zu lassen. Es macht einen gewaltigen Unterschied, ob der Bericht über eine Schlacht abstrakt oder konkret am Ort des damaligen Geschehens nachvollzogen wird. Dabei geht es nicht darum, sich an den Schrecklichkeiten militärischer Auseinandersetzungen zu weiden – als Offizier kennt man die Folgen solcher Kampfhandlungen nur allzu gut –, sondern vielmehr darum, das geistige Ringen zweier militärischer Führer zu verstehen. So sind mir sämtliche in diesem Buch angesprochenen Schlachtfelder aus eigenen Besuchen und einer intensiven und detailgenauen Einarbeitung bekannt. Bei allen Schlachten, die ich so in situ und im Geiste nachvollzogen habe, konnte ich feststellen, dass Sieg oder Niederlage immer wieder von Fragestellungen oder Verhaltensweisen abhingen, die sich als Erfolgsgrundlage oder Niederlagenursache gleichermaßen in die Gegenwart, auf das zivile Leben und auch auf das Führen in der Wirtschaft übertragen lassen – sie haben immer etwas mit Führung zu tun und eher selten mit der qualitativen und quantitativen Über- oder Unterlegenheit.

Welche Zukunft soll eine Nation haben, wenn sich ihre Bürger nicht dafür interessieren, wo sie herkommen, sich der Leistungen der Väter und Großväter nicht erinnern, sich nicht damit auseinandersetzen und sich nicht fragen, inwieweit die eigene Geschichte Gegenstand von Traditionen sein kann und welche positiven Beispiele daraus im kollektiven Gedächtnis erhalten bleiben sollten? Wer solche Gedanken unter Hinweis auf unsere jüngste deutsche Geschichte infrage stellt, der ignoriert leichtfertig, dass es eine deutsche Geschichte auch vor 1933 gab und dass diese nicht nach 1945 plötzlich aufhörte. Dabei geht es nicht um eine bloße Aufzählung deutscher Errungenschaften und Leistungen, wobei diese Liste lang und durchaus stattlich wäre – allein die westliche Kultur wäre ohne die deutschen Dichter, Denker und Komponisten um ein Vielfaches ärmer. So haben die Deutschen in der Epoche Kants, Hegels, Goethes, Schillers, Mozarts und Beethovens den größten Beitrag zur europäischen Kultur geleistet. Es handelt sich also vielmehr darum, sich bewusst zu machen, dass unsere Nation in der Vergangenheit große Dinge als Gemeinschaft ihrer Bürger getan hat und dies in der Zukunft weiterhin so tun will. Wollen wir die Nation der Deutschen aufrechterhalten und nicht in der Multikultur aufgehen lassen, bis sie dann unter Umständen von anderen Nationalitäten marginalisiert wird, weil diese sich eben ihr eigenes nationales Bewusstsein erhalten haben, so ist es notwendig, dass wir uns unserer Erfolge erinnern und unserer Geschichte im Ganzen bewusst sind. Es ist fundamental, dass wir unsere gemeinsame Geschichte annehmen und die Erkenntnisse daraus gleichsam als Kompass zur Zukunftsgestaltung verwenden. Die Rückbesinnung auf Bewährtes, aber auch das Rekapitulieren einmal gemachter Fehler, verbunden mit der Beantwortung der Frage, welche Lehren man aus der Geschichte ziehen kann, macht Geschichte erst lebendig und ihre Kenntnis sinnvoll.

Deutscher und damit Angehöriger dieser Nation wird man nicht mit der Aufenthaltserlaubnis und auch nicht mit der Aushändigung des deutschen Passes. Deutscher wird man erst, wenn man die Geschichte dieser Nation als die eigene versteht, dies auch dann, wenn man für sie nicht unmittelbar verantwortlich ist und die Entscheidungen der Vergangenheit nicht gebilligt hat. Deutscher ist man erst, wenn man in Buchenwald weint, und zwar nicht allein wegen der Verbrechen an der Menschlichkeit, die dort begangen worden sind, sondern auch aus Scham darüber, was in deutschem Namen geschah. Umgekehrt ist man Deutscher auch erst dann, wenn man im Kaisersaal des Frankfurter Römers beeindruckt und stolz ist angesichts der Ahnengalerie deutscher Kaiser von 800 bis 1806. Nur wer sich bei solchen Beispielen dieser Konsequenz bewusst ist, kann dieser Nation auch wirklich angehören. Andernfalls versteht er die Staatsbürgerschaft wie eine Vereinsmitgliedschaft, die man bei Bedarf kündigen und wechseln kann, wenn einem ein anderer Verein eher zusagt oder man mit den Mitgliedern des bisherigen nicht mehr konform geht. Das Gesagte gilt aber nicht nur für jene, die aufgenommen werden wollen, es gilt auch für diejenigen, die schon formal Teil der Nation sind, weil diese eben kein bloßer Zweckverband mit wechselseitiger Fürsorge und Schutzgarantie ist, sondern eine Schicksalsgemeinschaft, die auch eine Gestaltungsgemeinschaft ist. Der spätere Bundespräsident Richard von Weizsäcker sagte in der Debatte um die Ostverträge am 24. Februar 1972:

> Nation ist ein Inbegriff von gemeinsamer Vergangenheit und Zukunft, von Sprache und Kultur, von Bewusstsein und Wille, von Staat und Gebiet. Mit allen Fehlern, mit allen Irrtümern des Zeitgeistes und doch mit dem gemeinsamen Willen und Bewusstsein hat diesen unseren Nationalbegriff das Jahr 1871 geprägt. Von daher – und nur von daher – wissen wir Heutigen, dass wir uns als Deutsche fühlen. Das ist bisher durch nichts anderes ersetzt.[1]

Deshalb ist eine zweite Staatsbürgerschaft zugleich immer auch die Zweiteilung eines nationalen Bekenntnisses. Wer der Erlaubnis einer zweiten Staatsbürgerschaft das Wort redet, argumentiert nicht aus der Position der Freiheit, sondern aus der

der Beliebigkeit. Die Entscheidung für eine Staatsbürgerschaft kann zwar im Grunde einer gewissen Freiheit unterliegen. Mit der getroffenen Entscheidung ist sie aber zwingend und nicht mehr relativierbar, weil man eben nur einer Fahne dienen kann.

Preußen ist untrennbar mit der deutschen Geschichte verbunden. Wer versucht, Preußen daraus auszublenden, der erfasst unsere Historie nicht vollständig. Friedrich der Große repräsentiert Preußen wie kein anderer und hat ganze Generationen in ihrem Denken und Handeln beeinflusst. Auch wenn die preußische Geschichte heute im kollektiven Gedächtnis der Deutschen nicht mehr umfassend präsent ist, so ist es doch dieser König geblieben. Friedrich der Große ist der wohl bekannteste deutsche Monarch und in seiner Art auch der bedeutendste.

Ohne Preußen wäre es zur nationalen deutschen Einigung im Jahr 1871, die sich substanziell von dem vorangegangenen Deutschen Bund und dem noch früheren Heiligen Römischen Reich Deutscher Nation unterschied, so nicht gekommen. Darüber hinaus ist die deutsche Nation durch Preußen wie durch keinen anderen deutschen Staat geprägt worden. Preußische Sicht- und Denkweisen waren einmal fester Bestandteil unserer deutschen Eigenheit, und manches ist bis heute wenigstens im kollektiven Unterbewusstsein bestehen geblieben.

Um unserer gesellschaftlichen Gesundung und Zukunftsfähigkeit willen müssen wir die Kraft haben, die Errungenschaften Preußens und insbesondere seinen Geist durch eine geeignete allgemeine Diskussion wieder zu beleben. Darüber hinaus ist es längst überfällig, eine solche Debatte anzustoßen, damit wir uns auch mit den positiven Seiten unserer Geschichte und Kultur beschäftigen. Wer Schuld in Zusammenhang mit den Nazigräueln diskutiert und Sühne fordert, der muss auch die Leistungen unserer Urgroßväter berücksichtigen und darf, soweit es dafür Gründe gibt, auch durchaus stolz auf das damals Geleistete sein. Insgesamt geht es also um eine Rückbesinnung auf preußische Tugenden gleichsam auch zur Anreicherung einer beginnenden Wertedebatte.

Unsere Gesellschaft und jeder Einzelne – insbesondere, wenn er eine Führungsposition innehat – vermögen etwas von Preußen, von den damaligen Denkweisen und Verantwortungsprinzipien, zu lernen. Wir können es uns nicht leisten, auf Erkenntnisse, Auffassungen und Errungenschaften zu verzichten, die unsere Vorfahren gewonnen haben und mit denen sie damals erfolgreich waren. Auch verlangt der Respekt vor ihren Leistungen nach dezidierten Geschichtskenntnissen.

Es ist schön, dass wir nicht mehr in einer bipolaren Welt leben, der Kalte Krieg vorbei ist und die berechtigte Hoffnung besteht, dass die bestehende Friedensperiode in unseren Breiten noch viele Jahre, vielleicht sogar über Generationen hinweg, andauern mag. Aber wir werden den Herausforderungen der Internationalisierung nicht begegnen können, wenn wir versuchen, unsere nationale Identität, zu der Preußen unverzichtbar gehört, in einem internationalen Gemeinschaftskonglomerat aufgehen zu lassen. Nur mit einer ausgeprägten nationalen Identität und mit einem gesunden Nationalbewusstsein wird unser Land mit seiner reichen Geschichte und Kultur in der globalisierten Welt wahrgenommen.

Geschichtskenntnisse können uns davor bewahren, einmal gemachte Irrtümer zu wiederholen. Insofern gilt das Postulat von Bismarck, aus den Fehlern anderer zu lernen, noch heute.

Wir beklagen uns über einen Werteverfall und unternehmen den untauglichen Versuch, mit Hilfe von Gesetzen jene zu vernünftigem Verhalten zu veranlassen, die sich von den preußischen Tugenden der Pflichterfüllung, Gerechtigkeit und Toleranz im Einzelfall oder allgemein längst verabschiedet haben. Eine Denkweise in der Gesellschaft zu verändern, setzt aber ein Ziel voraus, denn wer den Hafen nicht kennt, für den ist kein Wind günstig. Wir haben mit Preußen einen Maßstab, dessen wir uns nur wieder bewusst werden müssen. Herauszufinden, was wir daraus lernen können, ist Absicht dieses Buches. Schon aufgrund seiner nur ausschnitthaften Darstellung der preußischen Geschichte stellt es kein Geschichtsbuch dar; es ist wegen seiner Bezüge zur Gegenwart eher als ein Geschichtsinterpretationsbuch anzusehen. Mit der hier vorgenommenen Deutung preußischer Geschichte wird kein Anspruch darauf erhoben, dass diese allgemein verbindlich ist und von allen Lesern geteilt werden muss. Allerdings regt nur derjenige zum Nachdenken an, der sich klar abgrenzt und gelegentlich auch polarisiert. Insofern will ich meine Meinung zur Diskussion stellen.

Ich danke meiner Frau für die Toleranz, die sie mir insbesondere in der letzten Phase der Erstellung des Manuskripts entgegengebracht hat, als die Bücherhaufen zunahmen, Bände über preußische Geschichte jeden Winkel der Wohnung eingenommen haben und ich in den Nächten fast immer mit dem Laptop eingeschlafen bin. Ich danke meinem Verleger Andreas von Stedman, der mich immer wieder ermutigt hat, mich dieses Themas anzunehmen, und der mir schließlich einen Termin zur Fertigstellung gesetzt hat – ohne ihn würde ich noch immer weiterlesen und -schreiben. Ich danke den Herren Dr. Dr. Michel Friedman, Dr. Eckhart John von Freyend, Dr. Dr. Lothar de Maizière und Dr. Dr. Klaus Reinhardt für ihre Stellungnahmen zu diesem Buch und für die damit verbundenen Anregungen. Sie waren mir eine wichtige Ermunterung, auch tatsächlich zu publizieren. Einen Dank auch meinem langjährigen Geschäftspartner, weil ich mit ihm gemeinsam erfahren durfte, dass man auf der Basis preußischer Tugenden nicht nur Erfolg haben kann, sondern auch die Mitarbeiter dies positiv goutieren.

2.

Welches Preußen gemeint ist, warum es nichts mit Militarismus zu tun hat und der Nationalsozialismus nichts mit Preußen – 1640 bis 1871

Die Festlegung des Endes der Wirkungsmacht Preußens hat eine ganz praktische Auswirkung auf die Frage, ob die Katastrophen des 20. Jahrhunderts als Teil der preußischen Geschichte anzusehen sind, insofern es sich dabei entweder auch um preußische Katastrophen handeln würde oder aber Preußen eine Art Conditio sine qua non dieser Ereignisse wäre. Setzt man das Ende der Geschichte Preußens indes vor 1933 oder gar vor 1914 an, so kann man Letztere völlig unbefangen als Beispiel für Führung und Verantwortung heranziehen. Deshalb ist es unerlässlich, diese Terminierung genau vorzunehmen und sie darüber hinaus argumentativ zu untermauern.

Dafür bedarf es neben einer genauen zeitlichen Bestimmung dessen, welches Preußen gemeint ist, auch einer Klärung des Verhältnisses von Preußen und Militarismus. Dies umso mehr, als im Zusammenhang mit dem hier behandelten Thema auch noch zahlreiche militärische Auseinandersetzungen eine Rolle spielen und ganz allgemein Kriege aus dem preußischen Staatenbildungsprozess einfach nicht weggedacht werden können.

Für die zeitliche Bestimmung der Entstehung Preußens könnte man den Deutschen Ordens heranziehen, der im Zuge der Christianisierung der Pruzzen um 1225 damit begann, einen Ordensstaat auf diesem Gebiet aufzubauen. Sein christlich-abendländischer Auftrag wird durch die Beurkundung des Ordensstaates durch Kaiser Friedrich II. von Hohenstaufen und Papst Gregor IX. unterstrichen. So ist Preußen in der Geschichte zuerst als Name eines römisch-katholischen Ordens genannt worden, dann als Herzogtum und Königreich und damit als »Kind und Enkel« der abendländischen Kirche.[2] »Mit der Kolonialisierung der Pruzzen gelang es, das karolinisch-ottonisch-salisch-staufische Deutschland vom Rhein über die Weser, Niederelbe und Saale an die Mulde, Elster, Pleiße, Mittelelbe, Oder und Nogat zu verpflanzen.«[3] Die besondere Ehrfurcht vor Gott, die sich durch Preußens Geschichte zieht und für die besonders König Friedrich Wilhelm I. ein Beispiel ist, mag ihren Ursprung auch in jenen Grundlagen haben, die der Deutsche Orden gelegt hat – trotz eines im Laufe der Zeit eingetretenen Konfessionswechsels vom römisch-katholischen zum reformiert-lutherischen Glauben.

All dies stellt jedoch eher die Vorgeschichte dar – die eigentliche Geburtsstunde des Staates Preußen in dieser frühen Zeit ansetzen zu wollen, ist aber nicht sinnvoll, da damals noch kein unmittelbarer Zusammenhang mit Brandenburg bestand. Richtet man auf diesen das Augenmerk, so könnte also auch das Jahr 1415 infrage kommen, als die Mark Brandenburg auf die Herrschaft der Hohenzollern überging – jenes Herrschergeschlecht, das zunächst dieses Gebiet und später Preußen bis zum Jahr 1918 regieren sollte. Allerdings gab es zu diesem Zeitpunkt noch keine Verbindung von Brandenburg und Preußen, weshalb Friedrich der Große in seiner Chronik des Hauses den Anfang der Wirkungsgeschichte Preußens auf die Zeit von Kurfürst Johann Sigismund im ausgehenden 16. Jahrhundert datierte, denn in diesen Zeitraum fiel die Erwerbung Preußens durch die Hohenzollern.

Dennoch scheint auch dieses der drei möglichen Entstehungsdaten zu früh gewählt, weil sich das spezifisch Preußische erst zu einem späteren Zeitpunkt ausprägte, wenn auch nicht losgelöst von seiner Historie. Als Anfangszeitpunkt für die nachstehenden Betrachtungen wird die Regierungsübernahme 1640 durch Friedrich Wilhelm – der später als der Große Kurfürst in die Geschichte eingehen sollte – gewählt, weil zu diesem Zeitpunkt der eigentliche brandenburgisch-preußische Staatenbildungsprozess einsetzte. Während seiner Regentschaft gelang es, das Herzogtum Preußen aus polnischer und später schwedischer Lehenshoheit herauszulösen. Dieses Gebiet sollte schließlich auch Namensgeber für das Kurfürstentum und territoriale Grundlage für die Königswürde unter dem späteren Friedrich I. werden. Insofern kommt der Souveränitätsbegründung im Herzogtum Preußen eine entscheidende historische Bedeutung für Brandenburg-Preußen zu. Und da dies das Ergebnis der Regentschaft des Großen Kurfürsten war, ist es angemessen, diese als die Geburtsstunde Preußens im eigentlichen Sinne anzusehen.

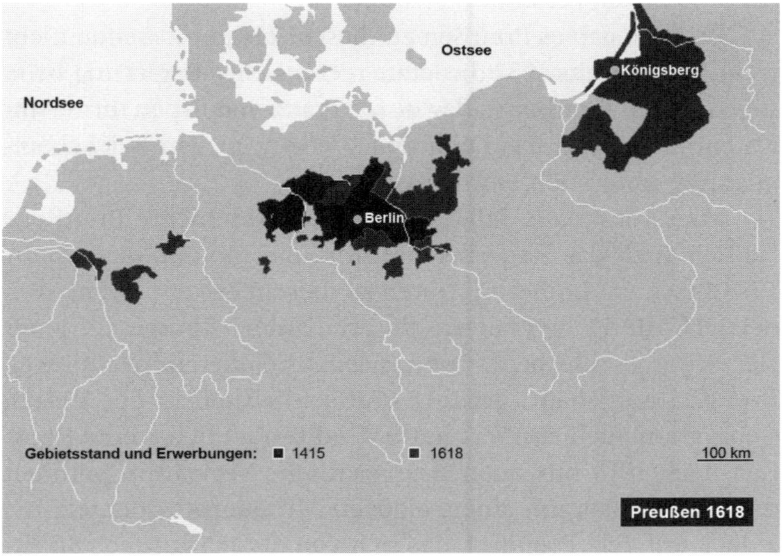

Brandenburg und Preußen im Jahr 1618, zu Beginn des Dreißigjährigen Krieges.

Wenn es nun um die Bestimmung des Endes der Wirkungsmacht Preußens geht, so kommt zunächst der 25. Februar 1947 infrage. An diesem Tag wurde durch einen Alliierten Kontrollratsbeschluss die Aufhebung des Staates Preußen mit folgenden Worten verfügt:

> Der Staat Preußen, seine Zentralregierung und alle nachgeordneten Behörden werden hiermit aufgelöst.

Diese Terminierung würde allerdings bedeuten, dass alles zeitlich Vorangegangene seit der Entstehung automatisch auch als Preußen oder als preußisch bezeichnet werden müsste und könnte. Das wäre aber unangemessen, weil zumindest die Jahre von 1933 bis 1945 nichts mehr mit Preußen zu tun hatten. Man würde dann im Nachhinein der Intention der Nationalsozialisten anheimfallen, durch die geschickte Verwendung preußischer Symbole eine Kontinuität der preußischen Geschichte bis 1945 zu suggerieren.

De facto gab es Preußen zu diesem Zeitpunkt schon nicht mehr, weil bereits 1932 die letzte rechtmäßige Regierung beim sogenannten Preußenschlag durch Franz von Papen ihres Amtes enthoben und das Land den Weisungen von Reichskommissaren unterstellt worden war.

Man könnte als Schlusspunkt der Geschichte Preußens freilich auch das Ende der preußischen Monarchie im Jahr 1918 ansetzen. Immerhin traten zu diesem Zeitpunkt mit Wilhelm II. die Hohenzollern als preußische Könige ab, jenes Herrschergeschlecht, das über siebzehn Generationen hinweg Preußen aufgebaut, geführt und schließlich in der letzten Generation auch ruiniert hatte. Und tatsächlich stellte Preußen nach 1918 nur noch eine staatliche Verwaltungseinheit dar, wenngleich mit einem eigenen Ministerpräsidenten, die jedoch mit dem Preußen, das sich von der märkischen Streusandbüchse des Heiligen Römischen Reiches Deutscher Nation zum führenden Staat Europas emanzipiert hatte, nichts mehr gemein hatte.

Auch dieser Zeitpunkt wäre demnach jedoch als Ende Preußens zu spät gewählt, weil mit der Gründung des Deutschen Reiches 1871, als der preußische König Wilhelm I. Kaiser wurde, Preußen von da an in einem geeinten Deutschland faktisch aufging. So war Preußen dann nur noch ein Teil des Deutschen Reiches und handelte nicht mehr als autonomer Staat, wenn auch mit gewaltigen Sonderrechten. Gerade aufgrund seiner dominanten Stellung ging Preußen in diesem Deutschen Reich auch stärker auf als andere Königreiche wie etwa Sachsen oder Bayern. So bezieht sich der Begriff der »Wilhelminischen Ära« nur noch auf den deutschen Kaiser, aber nicht mehr auf die preußischen Könige. Mit der Gründung des Deutschen Reiches 1871 hatte Preußen seine historische »Mission« erfüllt.

Wird also nachstehend von Preußen gesprochen, so ist die Zeit vom Regierungsantritt Friedrich Wilhelms als Kurfürst von Brandenburg im Jahr 1640 bis zur Kaiserproklamation von 1871 gemeint.

Der Idee, Preußen als Beispiel für Führung und Verantwortung heranzuziehen, wird regelmäßig mit dem Verweis auf preußische Zucht, Ordnung und Kleingeisterei begegnet – Eigenschaften, die dann im angeblichen preußischen Militarismus gemündet haben sollen und mit diesem bisweilen sogar gleichgesetzt werden. Es wird sogar behauptet, dass seit Sparta kein Volk so mit militärischer Tätigkeit zu identifizieren sei wie das bei Preußen und dem nach 1871 von ihm dominierten deutschen Kaiserreich der Fall gewesen sei.[4] Es ist dies eine Auffassung, die in dem bereits genannten Alliierten Kontrollratsbeschluss vom 25. Februar 1947 gleichermaßen zum Ausdruck kommt, denn als Begründung für die Auflösung des Staates Preußen nannten die Alliierten die folgende:

> Der Staat Preußen, der seit jeher Träger des Militarismus und der Reaktion in Deutschland gewesen ist, hat in Wirklichkeit zu bestehen aufgehört.

Preußen ist aber weder Begründer noch Träger eines spezifisch deutschen Militarismus.

In einer militaristischen Gesellschaft wird alles Tun und Handeln den Anforderungen und Vorgaben des Militärs untergeordnet. Es findet eine Übersteigerung des Soldatentums statt, das Militär ist in jeglicher Form zu einem alles bestimmenden Selbstzweck geworden, und die Zivilgesellschaft wird auf eine nachgeordnete Sekundärrolle verwiesen. Militarismus stellt damit die Umkehrung der berühmten Formel des preußischen Militärphilosophen Carl von Clausewitz dar, wonach Krieg die Fortsetzung der Politik mit anderen Mitteln sei.[5] In einer militaristischen Gesellschaft lautet sie, die Politik habe dem Kriege zu dienen und die Politik sei eine Fortsetzung desselben mit anderen Mitteln.[6] Das mag so in der Ludendorff-Hindenburg-Ära bis 1918 und wieder von 1933 bis 1945 gewesen sein, nie aber in dem Preußen, das hier Gegenstand der Erörterungen ist.

Es ist durchaus verständlich, wenn Preußen für den außenstehenden Betrachter und erst recht für den der Historie Unkundigen einen besonders militärischen Eindruck macht. Dazu haben die Geschichten über Friedrich Wilhelm I. und seinen Beinamen »Soldatenkönig« ebenso beigetragen wie die zur Perfektion ausgereifte Kriegsmaschinerie eines Friedrich II. und die von ihm zu verantwortenden Kriege um Schlesien. Schließlich mögen auch die preußische Expansion und die Größe der Armee einen entsprechenden Eindruck hinterlassen haben. All das begründet aber keinen spezifisch preußischen Militarismus.

Was die Kriege in der preußischen Geschichte anbelangt, so waren sie dem Umstand geschuldet, dass bereits das Kurfürstentum Brandenburg keine natürlichen Grenzen hatte, weshalb es immer wieder als Durchmarschgebiet fremder Heere herhalten musste. Wer kann es dem in einem solchen Land regierenden Fürsten verdenken, dass er nach den Verheerungen des Dreißigjährigen Krieges die politische und militärische Unantastbarkeit anstrebte? Dies war nur mithilfe einer starken Schutzmacht möglich, worauf man sich bei den damals wechselnden Allianzen jedoch nicht dauerhaft hätte verlassen können, oder durch eine eigene Armee, welche stark genug war, um die nötige Sicherheit des Landes garantieren zu können. Damals ging es um das Überleben in einem politischen Dschungel der unbeständigen Bündnisse und nicht um Militarismus.[7]

Wer aus dem Expansionsdrang Preußens und der Durchsetzung seiner politischen Ziele mit militärischen Mitteln eine unmittelbare Kontinuität bis hin zu den Katastrophen in der ersten Hälfte des 20. Jahrhunderts konstruiert, lässt den Umstand unbeachtet, dass das Überleben und die staatliche Herausbildung Preußens zur europäischen Großmacht überhaupt nur durch militärische Gewalt möglich waren. Tatsächlich wollten die damals in Europa führenden Mächte Österreich, Frankreich, England und Schweden, später auch Russland, ihren Zugang zur Macht nicht freiwillig erweitern.

Auch waren die katholischen Südstaaten keineswegs darauf erpicht, dass die protestantischen Einsprengsel einen starken Nordstaat mit eigenem Führungsanspruch innerhalb Deutschlands erhielten. So wurde es der katholischen Habsburgmonarchie nach und nach bewusst, dass ein sich emanzipierender protestantischer Nordstaat wegen der konfessionellen Unterschiede zwangsläufig zu einem Führungsdualismus in Deutschland führen würde, was schließlich auch geschah.

Hinzuzufügen ist noch, dass das Heilige Römische Reich Deutscher Nation bis zum Erstarken Preußens von der deutschen Führungsmacht Österreich und den Habsburgern dominiert wurde, wobei es diesen primär um die eigenen Interessen ging, um Deutschland jedoch nur dann, wenn es ihnen zuträglich war. Deutschland emanzipierte sich als Nation erst unter dem preußischen Einfluss und konnte auch erst dann als Völkerrechtssubjekt in Erscheinung treten.

Mit den preußischen Staatenbildungskriegen setzte sich Brandenburg-Preußen nicht nur gegen europäische Machtkonstellationen durch, sondern bis 1871 stand immer wieder auch die Mehrgenerationenfähigkeit des noch jungen preußischen Gemeinwesens im Vordergrund. Deshalb hatten die großen kriegerischen Auseinandersetzungen Preußens, wie die drei Schlesischen Kriege Mitte des 18. Jahrhunderts, die Befreiungskriege am Anfang oder die Einigungskriege in der zweiten Hälfte des 19. Jahrhunderts, stets zum Ziel, die Existenz Preußens als solches zu bewahren und zu konsolidieren und sind damit nichts spezifisch Militaristisches, jedenfalls nichts, was Preußen von anderen Nationen der damaligen Zeit unterschied.

So verbindet niemand mit dem Begriff des Militarismus Frankreich, ein Land, das zur gleichen Zeit keine militärische Auseinandersetzung ausließ. Die französische Armee war unter Ludwig XIV. mit dreihunderttausend Mann die größte in ganz Europa. Seine Soldateska suchte ganze Landstriche heim, um den französischen Großmachtgelüsten Genüge zu tun. So verwüsteten französische Truppen unter Marschall Turenne Mitte 1674 die ganze Pfalz, und die Ruine des Heidelberger Schlosses zeugt noch heute von den französischen Angriffen. Historisch gesehen waren die Franzosen militärisch nur dann relativ ruhig, wenn sie einmal nichts gegen andere europäische Mächte ausrichten konnten. Insoweit gibt es eine militär- und machtpolitische Verbindung von Ludwig XIV. bis hin zu Napoleon und von diesem zu der Selbstüberschätzung des Landes im Jahr 1870, die schließlich zum Krieg führte.

Frankreich spielte im Dreißigjährigen Krieg ebenso eine Rolle wie es in den Folgekriegen ein Interesse daran hatte, dass Brandenburg-Preußen sich nicht der Schweden in Pommern entledigen sollte. Auch war es immer äußerst geschickt darin gewesen, die deutschen Interessen zu torpedieren und durch wechselnde Allianzen das Deutsche Reich in seiner Gesamtheit zu schwächen. Die Türken vor Wien bedeuteten für Frankreich eine willkommene Belästigung des ebenfalls katholischen habsburgischen Widersachers. Im Spanischen Erbfolgekrieg verbündeten sich die Franzosen mit dem bayerischen Kurfürsten, wiederum gegen Habsburg, auf dessen Seite Brandenburg-

Preußen kämpfte. Am Österreichischen Erbfolgekrieg war Frankreich anfangs beteiligt, um dann das Lager zu wechseln, als es sich Beute auf Preußens Kosten erhoffte. Napoleon schließlich zerschlug das Heilige Römische Reich Deutscher Nation und demütigte Preußen unsäglich. Später setzte Napoleon III. den Österreichern zu, um dann Preußen im Jahr 1870 den Krieg zu erklären.

Ähnliche Beispiele militärischer Durchsetzungsbereitschaft kann man für England und Russland anführen. Und während die Preußen im Zuge der Einigungskriege ihre Vormachtstellung in Deutschland erst behaupteten und dann das Land unter ihrer Führung einten, fand in den USA der Krieg der Nordstaaten gegen die Südstaaten statt. Einen solchen bewaffneten Konflikt der Landsleute hat Deutschland seit dem Dreißigjährigen Krieg nie mehr gekannt. Auch der Sezessionskrieg in den USA von 1861 bis 1865 war ein Staatenbildungskrieg, wie die Schlesischen Kriege, die Befreiungs- und Einigungskriege. Während es Frankreich im gleichen Zeitraum niemals allein nur um die Bewahrung der eigenen Existenz zu tun war, wenn von seinem Boden aus Kriege ausgelöst wurden oder man an Feldzügen teilnahm, handelte es sich bei den militärischen Aktionen Brandenburg-Preußens über Generationen hinweg stets um Kriege, die der Existenzsicherung dienten – es ging teilweise um das nackte Überleben der brandenburgischen Bevölkerung.

Wer die Zeit der Staatenbildungskriege umfassend betrachtet, wird sich, was die teilnehmenden Nationen anbelangt, schwer tun, das Attribut »militaristisch« nur einem der in diesem Zeitraum agierenden Staaten anhängen zu können. Jedenfalls führte Preußen zu dieser Zeit nicht mehr Kriege als andere Nationen und bei den Staatenbildungsprozessen des 18. und 19. Jahrhunderts trat es keineswegs militärpolitisch aggressiver auf als seine Nachbarn.[8]

Warum wurde nun Preußen zum eigentlichen Opfer verfälschender Erinnerung? Warum geht bis heute insbesondere linken Politikern, wenn sie auf Preußen zu sprechen kommen, die Rede vom preußischen Militarismus geradezu reflexartig über die Lippen? So habe ich erlebt, wie die Berliner Bezirksbürgermeisterin von Charlottenburg-Wilmersdorf in ihrer Rede aus Anlass des feierlichen Gelöbnisses der Rekruten des Wachbataillons der Bundeswehr, unter denen sich auch mein ältester Sohn befand, vom preußischen Militarismus sprach und glaubte, die Rekruten über dessen Gefahren belehren zu müssen, nachdem zuvor der Ehrenzug mit der Truppenfahne zu den Klängen des von Johann Gottfried Piefke komponierten Marsches »Preußens Gloria« einmarschiert war. Die Politikerin schien sich, obwohl sie aus Sympathie mit den Soldaten das Barett des Wachbataillons trug, offensichtlich nicht darüber im Klaren zu sein, dass dieses Bataillon der Bundeswehr die Tradition des 1. (preußischen) Garderegiments zu Fuß und die des ehemaligen Infanterieregiments Nr. 9 pflegt, aus dem eine Reihe von Widerstandskämpfern hervorging, wie etwa Henning von Tresckow oder Fritz-Dietlof Graf von der Schulenburg. Das Wachbataillon der Bundeswehr selbst führt als Wahl- und Leitspruch jenen der Roten Grenadiere von Friedrich Wilhelm I.: »*Semper talis* – stets vorzüglich«.

Wenn sich bis heute diese Brandmarkung Preußens hält, dann ist dies in Wirklichkeit das Ergebnis der sich immer noch in der öffentlichen Meinung haltenden, von den Nationalsozialisten initiierten irrigen Verwebung von Preußentum und Nationalsozialismus.[9] Tatsächlich haben die Nationalsozialisten überaus geschickt eine angebliche Verbindung zwischen ihrer Bewegung und den Symbolen und Errungenschaften Preußens suggeriert, die dann tatsächlich fälschlicherweise als existent angesehen wurde. Kernstück dieser Propaganda war der Tag von Potsdam am 21. März 1933, als die Nationalsozialisten die Eröffnung des neuen Reichstages in der Potsdamer Garnisonskirche feierlich in der Absicht inszenierten, eine ununterbrochene Verbindung von Friedrich dem Großen über Bismarck bis hin zu Hitler, also dem »Gröfaz«, dem »größten Feldherrn

*Die Langen Kerls wurden von Friedrich Wilhelm I. in und außerhalb Preußens rekrutiert. Er porträtierte sie eigenhändig; sie waren seine Garde, auf die er stolz war und um die er sich persönlich kümmerte. Ihr Leitspruch »*Semper talis – *stets vorzüglich« wurde vom Wachbataillon der Bundeswehr übernommen.*

aller Zeiten«, darzustellen. Wie perfekt diese Sinnes- und Geschichtstäuschung angelegt war, ist auch daran zu erkennen, dass ihr sogar Historiker noch mitten in der Katastrophe bereitwillig folgten. Selbst der zu späterer Zeit entschiedene Kritiker Hitlers, Gerhard Ritter, schrieb in der Einleitung zu seiner Friedrich-Biographie aus dem Jahr 1942 – immerhin im dritten Kriegsjahr –, dass der Tag von Potsdam mit der feierlichen Eröffnung des Dritten Reiches in aller Form an die stolzesten Traditionen altpreußischer Geschichte angeknüpft habe.[10] Das ist umso erstaunlicher, als sich Ritter der Bekennenden Kirche angeschlossen hatte, in die Pläne des Attentats vom 20. Juli 1944 eingebunden war und deshalb verhaftet wurde. Nach dem Krieg verwehrte er sich heftig und entschieden dagegen, dass der Nationalsozialismus Bestandteil eines deutschen Kontinuums gewesen sei.[11]

Der Weltkriegsgefreite Hitler begrüßte am Tag von Potsdam den Reichspräsidenten von Hindenburg, der in der kaiserlichen Generalfeldmarschallsuniform erschienen war.

Doch zurück zum Tag von Potsdam, von dem der Nachwelt das Bild in Erinnerung geblieben ist, wie Hitler, fast demütig einen Diener machend, Hindenburg begrüßte, welcher als demokratisch gewählter Reichspräsident der Weimarer Republik – völlig unpassend – die kaiserliche Uniform trug. Hindenburg gehörte zweifelsohne zu den Totengräbern der Weimarer Republik, im Grunde auch schon des Kaiserreiches. Seine Politik war im Wesentlichen durch eine zerstörerische Mischung aus mittelmäßiger militärischer und politischer Befähigung, einer geradezu egomanischen Sucht nach Machterhaltung und -entfaltung sowie einem verklärten Wunsch nach Restauration bestimmt.

Seine Stellung im Deutschen Reich hatte er ausschließlich seiner in der Öffentlichkeit präsenten Rolle bei der Schlacht von Tannenberg gegen die Russen im August 1914 zu verdanken. Und es ist schon bemerkenswert, wie der Erfolg einer einzigen gewonnenen Schlacht diesen allenfalls durchschnittlich befähigten Mann an die Macht spülte. Ein Sieg übrigens, den sich Hindenburg im besten Falle teilweise zugutehalten konnte. Er setzte letztlich nur den Plan Schlieffens oder den seines ersten Generalstabsoffiziers Oberstleutnant Max Hoffmann um. Böse Zungen behaupten sogar, er habe wesentliche Teile der Schlacht verschlafen. Pikanterweise war der pensionierte Hindenburg im Übrigen extra für diese Schlacht reaktiviert worden und hatte so die Möglichkeit bekommen, auf den Schlachtfeldern des Ersten Weltkrieges erst eine ganze Generation zu verheizen, bevor er dann als Reichspräsident alle Anstrengungen unternahm, um die ihm verhasste Republik zu beseitigen. Auch wenn man das Versagen des letzten deutschen Kaisers Wilhelm II. sicher nicht in Abrede stellen kann, so hatte Hindenburg doch einen erheblichen, wenn nicht sogar entscheidenden Anteil daran, dass der Kriegskelch bis 1918 – und damit bis zur Neige – geleert werden musste. Hindenburgs Anteil an dem Erfolg von Tannenberg ist umstritten, sein Versagen als Chef der Obersten Heeresleitung und als Reichspräsident dagegen unstreitig. Warum wird dann eine Erinnerung an ihn nicht auf die Geschichtsbücher beschränkt? Warum werden bis heute Plätze, Straßen und Kasernen nach ihm benannt? Dies entspricht weder seiner Lebensleistung noch ist es dem Gedenken an Preußen zuträglich.

Mit Hindenburgs Auftritt in Potsdam, in der Uniform des Kaisers, ist genau die Verbindung scheinbar manifest geworden, die die Nationalsozialisten heraufbeschwören wollten und von deren Wirkung sie dann Jahre gezehrt haben, worunter das Bild Preußens bis heute leidet. Es verwundert dann auch nicht, wenn nach dem Ende des Zweiten Weltkrieges die Behauptung einer ununterbrochenen Verbindung ausgehend von den Preußenkönigen Friedrich Wilhelm I. und Friedrich dem Großen über Bismarck bis hin zu Hitler wieder aufgegriffen wurde,[12] nun aber nicht mehr zur Verklärung, sondern aus Entsetzen über ein angebliches preußisch-deutsches Kontinuum. Auch wenn diese Auffassung historisch unhaltbar ist, kann man für ihr Aufkommen vor dem Hintergrund der historischen Katastrophe und den daraus erwachsenen Eindrücken durchaus Verständnis haben.

Der Militarismus entstand erst unter Hitler, als ein ganzes Volk grundsätzlich und umfassend militarisiert wurde, als die Uniform zur Regelbekleidung wurde, paramilitärische Organisationen wie die SA, SS oder HJ und BdM das gesellschaftliche Bild prägten, die vormilitärische Ausbildung erst Pflicht und dann mit dem Zweiten Weltkrieg zur Rekrutierungsmaschinerie wurde und als das Militär in einer Weise eingesetzt und instrumentalisiert wurde, wie dies bis dahin noch nie der Fall gewesen war. Das war purer Militarismus, der auf Gesellschaft und Wirtschaft übergriff, insofern Letztere auf die Produktion kriegsnotwendiger Wirtschaftsgüter umgestellt und alle Facetten des zivilen Lebens den Kriegsbedürfnissen untergeordnet wurden. Wer darin preußischen Militarismus erblickt, gibt sich einer »retrospektiven Scheinerscheinung« hin.

Auch hatte der Nationalsozialismus inhaltlich nie etwas mit Preußen gemein, dies unter keinem denkbaren Gesichtspunkt. Drei Gründe sollen dies exemplarisch verdeutlichen:

So stiftete der spätere König in Preußen, Friedrich I., kurz vor seiner Krönung im Jahr 1701 den Schwarzen-Adler-Orden. Diesem gab er das Motto *Suum cuique*, was auf Deutsch »Jedem das Seine« bedeutet. Damit sollte der Anspruch des Stifters und die Verpflichtung des Trägers zur Toleranz und zur Gerechtigkeit gegenüber jedermann zum Ausdruck gebracht werden.

Toleranz wurde in Brandenburg-Preußen immer großgeschrieben, wurden doch Tausende Familien, meistens Protestanten, Calvinisten oder Hugenotten, aber auch Juden, ins Land geholt, um es nach den Verheerungen des Dreißigjährigen Krieges zu »peupelieren«, also zu bevölkern. Es gab damals noch kein Staatsverständnis wie heute, dennoch verbanden die Menschen mit Brandenburg-Preußen die Möglichkeit, trotz

Der Wahlspruch Suum cuique *des von Friedrich I. gestifteten Schwarzen-Adler-Ordens (links) wurde in der deutschen Übersetzung – »Jedem das Seine« – zur Devise des KZs Buchenwald. Hier die Inschrift im Eingangstor (rechts).*

bestehender Unterschiede in Herkunft und Glauben friedlich zusammenzuleben, dies auch noch von der Obrigkeit ausdrücklich geduldet und gefördert.

Friedrich der Große sagte dazu einmal, dass ein jeder in Preußen nach seiner Fasson glücklich werden solle. Das *Suum cuique* wurde somit zum Wahl- und Leitspruch aller preußischen Könige.

Hitler machte dieses Motto in der deutschen Übersetzung »Jedem das Seine« zur Devise des Konzentrationslagers Buchenwald.

Ein weiteres Argument besteht darin, dass Preußen in der Geschichte der Aufklärung eine bedeutende Rolle gespielt hat, weil Friedrich der Große als aufgeklärter Monarch diese förderte. Im Zuge der damit verbundenen Geisteshaltung konnten sich beispielsweise auch Juden besonders gut in die bürgerliche Gesellschaft integrieren. Als Nukleus eines solch aufgeklärten bürgerlichen Judentums kann Moses Mendelssohn angesehen werden, dem Lessing in seinem berühmten Drama *Nathan der Weise* ein Denkmal für die Ewigkeit schuf.

Die Symbiose von preußischem Bürger- und Judentum war Grundlage für die spezifisch jüdische Aufklärung, die

Haskala. Gleichzeitig stellte sie die Wurzel der Hoffnung darauf dar, dass sich Deutschtum und Judentum verbinden ließen, eine Hoffnung, an der viele jüdische Bürger bis zuletzt festhielten. Man konnte sich in jüdischen Kreisen einfach nicht vorstellen, dass diese Erfahrung und die christlich-jüdische Gemeinsamkeit nichts mehr wert sein sollte – die Folge davon war, dass es nach 1945 praktisch keine preußischen Juden mehr gab.

Das dritte Beispiel betrifft den Religionswissenschaftler und Historiker Hans-Joachim Schoeps, der mir für dieses Buch indirekt viele Anregungen geliefert hat. Schoeps, bekennender Preuße und Verfechter preußischer Werte, musste als Jude Deutschland 1938 verlassen. Sein Preußen, das der religiösen Toleranz, war von den Nationalsozialisten genauso wenig geduldet wie er und die anderen jüdischen Mitbürger.

Im Jahr 1946 kehrte er aus dem schwedischen Exil zurück und wurde 1947 Professor für Religions- und Geistesgeschichte an der Universität Erlangen. Zum 250. Geburtstag Preußens ließ er 1951 auf eigene Kosten Plakate drucken, um seinen Vortrag mit dem Titel »Die Ehre Preußens« anzukündigen, den zu halten ihm gerade wegen der deutschen Vergangenheit wichtig war. Darin zitierte er aus den Ergebnissen eines Universitätsseminars, das er 1947 gehalten hatte:

> Nicht zum ersten Male in der Geschichte werden heute nach dem Zweiten Weltkrieg Stimmen laut, die im Bemühen um eine Revision des Geschichtsbildes in Friedrich den geistigen Urheber unseres Zusammenbruchs sehen und ihm das Prädikat absprechen wollen, das ihm das Volk nach dem Zweiten Schlesischen Krieg gab. Unser Urteil, das sich aus der Kenntnis der Tatsachen und der Kritik schon vorhandener Anschauungen zusammensetzt, geht dahin, dass auch dann, wenn man die Erfahrungen unserer Generation bedenkt und ernst nimmt, die Größe des Preußenkönigs nicht erschüttert wird. Es ist ein fundamentaler Fehler geschichtlicher Deutung, eine Linie von Friedrich dem Großen über Bismarck zu Hitler ziehen zu wol-

> len. Friedrich und Bismarck gehören in eine andere Welt. Bei ihnen ist Recht noch Recht und Unrecht noch Unrecht. Wenn sie auch Macht und Ruhm gestrebt und Gewalt dabei geübt haben, so ist das kein Einwand. Denn wo gäbe es Größe in dieser Welt ohne Dämonie? Wir schließen uns der Meinung Ernst Rudolf Hubers an, der in dem Politiker Friedrich nicht den Repräsentanten der reinen Machtidee sehen kann, so skrupellos dieser oft seine Interessen auch wahrzunehmen wusste: »Noch im Unrecht behielt er ein inneres Verhältnis zum Recht, weshalb es ihm auch möglich war, seinen Staat nicht nur im Inneren nach Maßstäben des Rechts neu zu ordnen, sondern ihn auch trotz aller Kriege zum Glied einer innereuropäischen Rechtsordnung zu machen.«[13]

Nicht ohne Grund sind drei Beispiele gewählt worden, die eine Beziehung zum Judentum haben. Die preußische Toleranz bezog sich auch auf die jüdische Bevölkerung, selbst wenn diese nicht immer gleichberechtigt war. Die gleiche Stellung der Juden war ein besonderes Anliegen des preußischen Kanzlers Hardenberg. Die Haskala, als jüdische Form der Aufklärung, ging Ende des 18. Jahrhunderts von Berlin und somit von Preußen aus. Insofern ist Preußen auch aus jüdischer Sicht ein Staat der Aufklärung gewesen. Die Vernichtung der Juden unterscheidet die Nationalsozialisten von allen anderen, ansonsten vergleichbaren Verbrechern. Deutschland leidet bis heute unter dem Verlust der jüdischen Kultur. Die Nationalsozialisten sind das Undeutscheste, was je über unsere Nation hereingebrochen ist. Wir müssen dies den geistigen Triebtätern der erstarkenden Neonaziszene entgegenhalten, wenn sie wieder die Vertretung deutscher Interessen propagieren. Und es ist in diesem Zusammenhang auch wichtig, die intellektuelle und vor allem die kulturelle Mittelmäßigkeit der nationalsozialistischen Führungsclique ins Feld zu führen und den ewig Gestrigen vorzuhalten. Preußen und die Nationalsozialisten haben genauso wenig gemein wie das Flötenspiel von Sanssouci mit dem Horst-Wessel-Lied.[14]

Wie bereits erläutert, gibt es also kein historisches Kontinuum von Friedrich dem Großen über Bismarck zu Hitler. Deshalb kann nachstehend auch die militärische Seite der gewählten preußischen Geschichte vorbehaltlos unter dem Gesichtspunkt von Führung und Verantwortung besprochen werden. Es ist vielmehr so, dass Preußen, stellt man neben die militärischen Erfolge auch die anderen Errungenschaften, *con grano salis* viel mehr für Bildung, die christlich-jüdische Aufklärung und die preußischen Tugenden der Gerechtigkeit, Toleranz und Pflichterfüllung steht. Deshalb knüpft derjenige, der es auch heute noch immer unwidersprochen zulässt, dass sich jener Eindruck fortsetzt, den der Tag von Potsdam erzeugen sollte, in Wirklichkeit an die Propaganda der Nationalsozialisten an und dies mehr als sechzig Jahre nach dem Ende des Grauens.

Es ist daher an der Zeit, mit dem historischen Phantom eines preußischen Militarismus abzuschließen. Es gab einen solchen nie und Preußen hat mit dem, was eine ganze Generation im Nachhinein traumatisierte und uns bis heute wie einen Albtraum belastet, nichts zu tun.

Im Hinblick auf Führung lässt sich die Lehre ziehen, dass niemand führen kann, der nur nachplappert und sich nicht fragt, ob das, was manche, unter Umständen sogar viele, sagen, richtig ist. Führen bedeutet auch, unbequeme Wahrheiten zu äußern und dort die Harmonie zu meiden, wo sie zur Perpetuierung von Unwahrheiten oder Geschichtsverzerrungen führt. Führen bedeutet des Weiteren, Konflikte streitig auszutragen. Konsens mag unter taktischen Gesichtspunkten erstrebenswert sein. Er kann aber dann kein Ziel darstellen, wenn um seinetwillen grundsätzliche eigene Positionen aufgegeben werden müssen, dies insbesondere dann, wenn sie ideeller Natur sind.

Preußen hat ebenso wenig etwas mit den Schrecklichkeiten unserer Geschichte zu tun wie mit Militarismus. Deshalb können wir uns ganz unbefangen mit Preußen auseinandersetzen. Und es darf sich niemand darüber echauffieren, dass bestimmte Werte nicht mehr im Mittelpunkt des Handelns stehen, wenn er sich umgekehrt der preußischen Geschichte verweigert. Auch wir Deutsche dürfen durchaus positive Elemente in unserer Geschichte gegenüber unseren eigenen Landsleuten und anderen Nationen betonen. Die Annahme der Geschichte unseres Landes ist Grundlage für ein nationales Selbstbewusstsein. Es gibt für uns Deutsche keinen Grund, etwas zu unterdrücken, das umgekehrt Amerikanern, Franzosen oder Engländern widerspruchslos und ohne kritische Anmerkungen zugestanden wird.

3.

Wie man sich durch Diplomatie und Härte aus der Rolle des Spielballs emanzipiert – der Große Kurfürst

Preußische Tugenden sollen in diesem Buch am geschichtlichen Beispiel und an dem einzelner Personen herausgearbeitet und erläutert werden. Weil Brandenburg ein Kurfürstentum und Preußen ein Herzogtum und später ein Königreich war, stehen seine Herrscher im Mittelpunkt und geben in der Abfolge ihrer Regentschaft die Chronologie der Darstellung vor.

Um die nachfolgenden Ausführungen verständlicher zu machen, werden die herauszuarbeitenden preußischen Tugenden am Anfang aufgelistet und nachfolgend im Einzelnen näher erläutert, wie bei einem Urteil, bei dem nach dem Tenor die Begründung folgt:

- Als erste preußische Kardinaltugend wäre die Pflichterfüllung zu nennen, mit den von ihr abzuleitenden Sekundärtugenden Gehorsam, Leistungsbereitschaft, Fleiß, Zuverlässigkeit, Loyalität, Glaubwürdigkeit und Ehrlichkeit.
- Die zweite preußische Kardinaltugend ist die Gerechtigkeit; Ordnung und Gründlichkeit bilden die ihr zugehörigen Sekundärtugenden.
- Und schließlich steht Preußen mit der dritten Kardinaltugend für Toleranz. Dieser gliedern sich die Sekundärtugenden Vaterlandsliebe und Gottesfürchtigkeit an.

Diese Tugenden zeichneten sich früh ab und entwickelten sich im Laufe der Zeit immer weiter, bis sie schließlich zu einer Art Einstellungsinstitution wurden und bis heute im kollektiven Gedächtnis erhalten geblieben sind. Nicht zuletzt ihretwegen war Preußen in der Lage, sich zu einem der bedeutendsten europäischen Staaten zu entwickeln, sich nach 1806 weitgehend selbst zu reformieren, so gestärkt die napoleonische Herrschaft abzuschütteln und schließlich, etwa sechzig Jahre später, die Führung in Deutschland zu übernehmen, um es unter einem preußisch-deutschen Kaiser zu einen. Preußen wurde im Laufe der Zeit zu einem Inbegriff für Pflichtbewusstsein, Gerechtigkeit und Toleranz. Wer diese Tugenden vertrat und zu seinem persönlichen Maßstab erklärte, wurde zu einem Preußen. Viele Wahlpreußen haben ihrem Staat wegen der Übereinstimmung von gesellschaftlichen und privaten Tugenden gedient. Auch wenn es diesen heute nicht mehr gibt, kann man sich als Vertreter dieser Tugenden immer noch als Preuße fühlen.

Neben den originär preußischen Tugenden werden nachstehend auch allgemeinere herausgearbeitet, die für eine Befähigung zur Führung ausschlaggebend sind. Diese lassen sich in der preußischen Geschichte besonders gut nachweisen, sind aber nichts spezifisch Preußisches. Sie werden hier in einem Atemzug mit den preußischen Tugenden genannt, weil sie einen Hinweis darauf geben, was der Führende mitbringen muss, um als solcher akzeptiert zu werden. Auch diese Führungstugenden sollen zum besseren Verständnis den Betrachtungen vorangestellt werden. Es wären dies:

- Entscheidungskompetenz,
- Menschenführungskompetenz,
- Sachkompetenz,
- Disziplin und
- Begabung.

Dieses Buch wird aufzeigen, dass qualifiziertes Führen und das glaubhafte Übernehmen von Verantwortung gegenüber Menschen nur durch den möglich ist, der bereit und in der Lage ist, diese Tugenden zu verkörpern. Es geht dabei sowohl um den Anspruch des Vorgesetzten an sich selbst als auch um den Anspruch, den die Geführten an ihren Vorgesetzten haben können.

Unter Bezugnahme auf die beschriebene zeitliche Eingrenzung der Betrachtungen wird nun mit der Regentschaft Friedrich Wilhelms als Kurfürst von Brandenburg begonnen. Sein Urenkel Friedrich II., der ebenfalls den Beinamen »der Große« erhalten sollte, widmete in seinen Ausführungen über die *Denkwürdigkeiten zur Geschichte des Hauses Brandenburg* den umfangreichsten Einzelabschnitt dem Großen Kurfürsten:

> Die Talente eines großen Königs waren bei ihm an das bescheidene Los eines Kurfürsten gebunden. Über seinen Rang hinausragend, entfaltete er während seiner Regierung die Vorzüge einer starken Seele und eines überlegenen Geistes. Bald zügelte er seinen Heldenmut durch seine Klugheit, bald gab er sich ganz der schönen Begeisterung hin, die uns zur Bewunderung fortreißt. Durch weise Fürsorge richtete er seine Staaten wieder auf und erwarb durch seine Politik neue hinzu. Er entwarf Pläne und brachte sie selber zur Ausführung. Infolge seiner Redlichkeit stand er seinen Verbündeten bei, dank seiner Kühnheit beschützte er sein Volk. In unvermuteter Gefahr fand er ungeahnte Hilfsmittel. In Kleinigkeiten wie in bedeutenden Dingen, immer erschien er gleich groß.[15]

Als Friedrich Wilhelm am 21. November 1640, gerade einmal zwanzig Jahre alt, Kurfürst von Brandenburg wurde, gab ihm der Kaiser nur die Kurlande, also die Mark Brandenburg und Pommern, zum Lehen. Er verweigerte sie aber für die Rheinlande und für Jägerndorf in Schlesien, und das Herzogtum Preußen war ein polnisches Lehen. Die Regierung der kleve-

Das von Schlüter geschaffene Reiterstandbild des Großen Kurfürsten Friedrich Wilhelm vor dem Charlottenburger Schloss.

schen Lande musste er sich mit dem katholischen Pfalzgrafen von Neuburg teilen, und die Festungen dort waren größtenteils noch durch Holländer besetzt, wie fast ganz Pommern durch die Schweden. So übernahm Friedrich Wilhelm die Führung über ein zersplittertes Land, dessen Grenzen unsicher waren und dessen territoriale Integrität von den anderen Mächten Europas, wenn überhaupt, nur begrenzt respektiert wurde. Der Dreißigjährige Krieg war noch nicht vorüber und Brandenburg als Folge dieses wohl schrecklichsten militärischen Konflikts auf deutschem Boden ausgedünnt und von den ständigen Plünderungen und Brandschatzungen der Schweden und Kaiserlichen geplagt. Es wuchs eine ganze Generation heran, die nie Frieden erlebt hatte. In der Stadt Berlin stand ein Viertel der Häuser leer, in Frankfurt an der Oder waren drei Viertel seiner ursprünglich elf- bis dreizehntausend Menschen umfassenden Bevölkerung nicht mehr am Leben, in Prenzlau war sie gar auf zehn Prozent reduziert. Die wirtschaftliche Kraft Brandenburgs war dahin; die Schweden und die Kaiserlichen bedienten sich nach Belieben und setzten ihre Ansprüche, soweit sie nicht freiwillig bekamen, was sie wollten, mit Waffengewalt durch.

Hinzu kam, dass die Besatzungen der Festungen in Brandenburg zwar durch brandenburgische Gelder unterhalten wurden, dabei aber glaubten, dem Kaiser verpflichtet zu sein.

Der mächtigste Mann in der persönlichen Umgebung des Kurfürsten war der Geheime Rat Adam von Schwarzenberg: Aufgrund seiner katholischen Konfession wurde ihm Parteilichkeit nachgesagt und tatsächlich sympathisierte er mit dem katholischen Kaiser. Eine brandenburgische Armee war für ihn ein Entlastungsmoment zugunsten der Habsburger, solange sie gegen die protestantischen Schweden eingesetzt werden konnte, mit denen die lutherische Bevölkerung Brandenburgs zumindest in Fragen des Glaubens sympathisierte, wenn sie nicht gerade ausgeplündert wurde. Friedrich der Große schreibt dazu:

> Unter so verzweifelten Umständen, während seine Erblande noch in der Gewalt fremder Fürsten waren, trat Friedrich Wilhelm seine Regierung an: ein Fürst, der nicht im Besitz seiner Provinzen war; ein Kurfürst ohne kurfürstliche Macht, ein Verbündeter ohne Freunde.[16]

Weil Brandenburg-Preußen seinen Gegnern militärisch nichts entgegenzusetzen hatte und deshalb immer wieder Spielball unterschiedlicher Interessen wurde, musste sich Friedrich Wilhelm einerseits durch wechselnde Allianzen, mal mit Frankreich, mal mit Schweden, mal mit Polen oder auch mit Habsburg, »durchlavieren«. Andererseits war ihm aber klar, dass ein solches Vorgehen keine Sicherheit bot. So setzte er alles daran, aus eigener Kraft unabhängig zu werden. Doch zunächst galt es, einen Konflikt zwischen Neutralität und bewaffneter Parteinahme zu überstehen, den starken Einfluss Schwarzenbergs einzudämmen, und die Stände zur Finanzierung einer Armee zu veranlassen. Eine Neutralität Brandenburgs über-

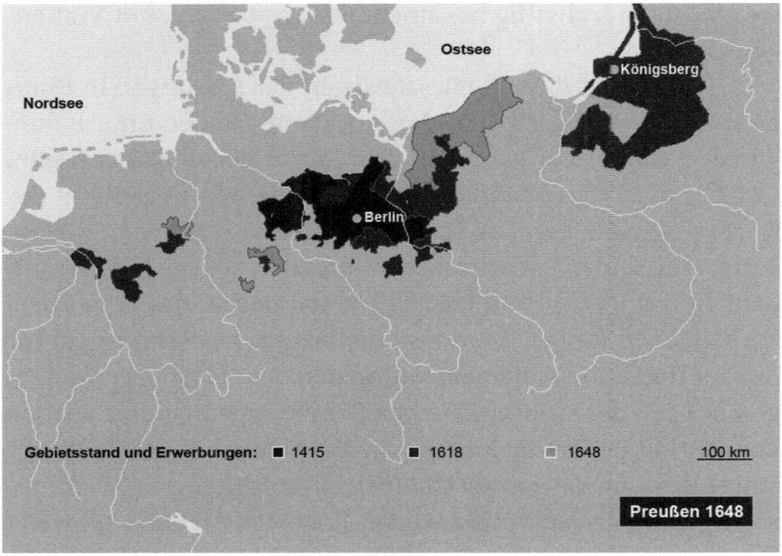

Brandenburg-Preußen im Jahr 1648.

zeugte Friedrich Wilhelm nicht, und so machte er sich an den Aufbau einer schlagkräftigen Armee.

Zunächst entließ er den größten Teil der Soldtruppen, die der Adel üblicherweise anwarb, um sich so den eigenen Verpflichtungen, dem Kurfürsten Gefolgschaft zu stellen, entziehen zu können. Der Kurfürst wollte diese doppelte Abhängigkeit nicht und schuf eine Armee, die gegen regelmäßige Bezahlung, jetzt durch ihn selbst, strengen Anforderungen an die Qualität der Musterung, der Verantwortlichkeit der eingesetzten Befehlshaber für die Tauglichkeit der Truppenteile und der Anwendung eines klaren Reglements unter seinem Oberbefehl gerecht werden musste. Aus den Niederlanden brachte er die Erfahrungen mit Disziplin und Truppenführung mit; so sollte das Exerzierreglement des Prinzen Moritz von Oranien auch in Brandenburg gelten. Schwedischem Beispiel folgte die Einführung einer neuen Truppengattung, der Reitertruppe der Dragoner, die schnell und beweglich war und abgesessen wie Infanterie kämpfen konnte – eine Gefechtsform, wie sie noch heute bei den Panzergrenadieren üblich ist. Friedrich Wilhelm ging es auch beim Militär um die Vermittlung eines spezifischen Sitten- oder besser Glaubenskodexes, der an christlichen Prinzipien ausgerichtet war. Ein Beispiel dafür ist die Anweisung an die Truppen im sogenannten Artikulusbrief, in welchem er die Ehrfurcht vor Gott und Heilighaltung der christlichen Religion hochhält.

Besonderes Augenmerk legte er auf die Auswahl seiner Offiziere, die er persönlich bestellte und die ihm durch einzigartige Treue verbunden waren – eine Erfahrung, die er in seinem politischen Testament seinem Nachfolger ans Herz legte.[17] So wuchs nach und nach eine Armee heran, die sich auch in der praktischen Kriegsführung bewährte. Von den Türken, die gegen die kurfürstliche Armee kämpften, soll der Ausspruch »Er steht wie ein Brandenburger«[18] stammen, als Ausdruck für außerordentliche Standfestigkeit.

Bald verfügte Friedrich Wilhelm über ein stehendes Heer von immerhin zwanzigtausend Mann, das zum Zeitpunkt seines Todes sogar auf dreißigtausend angewachsen war: eine Berufsarmee, die aufgrund laufender Soldzahlungen stets verfügbar war, wenn er sie brauchte, die nicht mit Überredungsarbeit – im Zweifelsfall, indem in Aussicht gestellt wurde, Beute zu machen – stets neu rekrutiert oder erhalten werden musste. Für seine Politik der angestrebten Unabhängigkeit steht sein Credo:

> Allianzen seind zwahr gutt, aber eigene Kreffte noch besser, darauff kan man sich sicherer verlassen ...[19]

Das erinnert an Machiavelli, der rund einhundertfünfzig Jahre zuvor ein nahezu gleichlautendes Postulat aufgestellt, von Hilfstruppen abgeraten und stattdessen eigenen Kräften den Vorzug gegeben hatte. Unter Letzteren verstand Machiavelli auch andere Mächte, die den eigenen Streitkräften zu Hilfe kommen können, wenn man sie ruft:

> Solche Hilfstruppen können brauchbar und tüchtig sein zugunsten dessen, der sie zur Verfügung stellt, doch für den, der sie ruft, sind sie fast immer unheilvoll, denn werden sie geschlagen, so bist du verloren; siegen sie, so bist du ihr Gefangener.[20]

Machiavelli bemüht die Begebenheit des Kampfes zwischen David und Goliath im Alten Testament,[21] um seine Auffassung zu untermauern:

> Als David sich dem Saul anbot, mit Goliath, einem Philister, der die Israeliten herausgefordert hatte, zu kämpfen, stellte ihm Saul, um ihm Mut zu machen, seine eigenen Waffen zur Verfügung. David legte sie an, wies sie aber mit den Worten zurück, dass er sich mit diesen nicht auf seine eigene Kraft verlassen könne, er wolle dem Feind nur mit seiner Schleuder und seinem Messer begegnen. Schließlich ist eine fremde Rüstung immer entweder zu weit, zu schwer oder zu klein.[22]

Dieser Gedanke lässt sich auch auf heutige Situationen projizieren, wenn eigene Kräfte zur Durchsetzung der eigenen Absicht nicht ausreichen. Sich in die Hand von Banken zu begeben, zählt ebenso dazu wie das Herausgeben von Kernkompetenzen, wie dies beim Outsourcing vorkommen kann. Mit der Risikopolitik von Banken und der damit verbundenen Art der Beurteilung unternehmerischer Kreditwürdigkeit kann nur dann adäquat umgegangen werden, wenn man genügend Reserven besitzt, sodass die eigene Unternehmung nicht deshalb in Gefahr gerät, weil gerade die Bonitätskriterien hochgesetzt worden sind.

Viele Unternehmen gliedern nicht nur Abteilungen aus, sondern übertragen zum Teil auch Aufgaben auf andere Firmen, die bisher zu ihren Kernbereichen gezählt haben, nur weil es jetzt kostengünstiger und zugleich besser gehen soll – dabei wird es oftmals aber einfach nur billiger. Unter Umständen sind aber nicht einmal betriebswirtschaftliche Zwänge der Hintergrund, sondern die schlichte Kapitulation vor ineffizienten und manchmal sogar chaotischen Strukturen. Daher ist man eventuell besser beraten, bei Funktionsmängeln der abzugebenden Einheit nach der Führungsbefähigung der in ihr bisher entscheidungsbefugten Personen zu fragen.

Im Gegensatz zu der damals in anderen Ländern üblichen Regierungspraxis kümmerte sich Friedrich Wilhelm ganz persönlich um die Regierungsgeschäfte, was seine Umgebung ob seiner Wissbegierigkeit erstaunt und dem aus ihr folgenden Detailwissen beeindruckt hat. Ihm machten ganztägige Sitzungen nichts aus, er arbeitete härter als jeder seiner Sekretäre – es ist dies Ausdruck eines Selbstverständnisses, das preußische Herrscher fortan prägen sollte. Der Leitspruch der Kurfürsten lautete:

> *Sic gesturus sum principatum, ut sciam rem populi esse, non meam privatam.* (»Ich will mein fürstliches Regiment so führen, dass ich mir bewusst bleibe, dass dasselbe die Sache des Volkes und nicht meine Privatsache ist.«)[23]

Das Gottesgnadentum, also die Herleitung souveräner Gewalt von Gott, schlug sich nicht nur in einer christlichen Bindung, sondern auch in der daraus abgeleiteten Verpflichtung nieder, sich um die so zugewiesenen Untertanen zu kümmern. Seine Mutter gab ihm zum neunten Geburtstag folgende Widmung mit:

> Diese gebe ich Dir zur Versicherung meiner herzlichen Liebe und zur Erinnerung meiner getreuen Vermahnung, nicht zu vergessen, Gott und die Unterthanen über alles zu lieben, aller Tugenden Dich zu befleißigen, die Last dabei ernstlich zu hassen, so wird Gottes Beistand Deinen Stuhl festigen und aller zeitliche und ewige Segen Dir folgen.[24]

In seinem politischen Testament klingen gleiche Worte an, wenn er seinen Nachfolger ermahnt, gottgefällig zu handeln und auch in diesem Sinne mit seinen Untertanen umzugehen:

> [...] Anuertrautten Landen vndt leutten zum besten, also zu dirigieren, damitt Ihr solches gegen Gott, hir zeittlich vndt dortt Ewig verantwortten moget [...].[25]

Wer die Einstellung Friedrich Wilhelms und auch die seiner Nachfolger in Bezug auf ihre Verpflichtung gegenüber dem eigenen Volk und den hier zitierten und auch tatsächlich gelebten Prinzipien des fürsorglichen Dienens mit dem Hinweis relativiert, dass die preußischen Herrscher vom Gottesgnadentum überzeugt waren, ihre Souveränität also von Gott und nicht vom Volk ableiteten, verkennt, dass sie sich vielmehr dessen bewusst waren, dass eine von Gott verliehene Macht auch unmittelbare Verpflichtung bedeutet. Auch wenn heute Machtpositionen nicht mehr vom göttlichen Willen abgeleitet werden, so könnte man dennoch dem Gedanken nachgehen, dass es einen Zusammenhang zwischen der zufällig verliehenen Befähigung, überdurchschnittlich leistungsfähig zu sein, und einer sich daraus abzuleitenden Verpflichtung, diese Befähigung im Sinne anderer Menschen einzusetzen, gibt. Dieser Zufall der Befähigung könnte, je nach Ausgestaltung des eigenen Glaubens, dann auch als eine Art göttlicher Zuweisung interpretiert werden, was eine entsprechende Verpflichtung nach sich zöge, diese seinerseits wiederum zum Wohle anderer Menschen einzusetzen. War früher an eine Regentschaft eine Verpflichtung gebunden, so zu denken, so gibt es heute dazu ein Pendant in bestimmten Befähigungen, die eben nicht ausschließlich Privatsache sind, sondern ebenfalls Pflicht und Verpflichtung implizieren.

Friedrich Wilhelm wusste ziemlich genau, was er wollte. Voraussetzungen für die Verwirklichung seiner Ziele waren eine starke kurfürstliche Zentralgewalt und eine schlagkräftige Armee; beide mussten erst geschaffen werden, zum Teil gegen erheblichen innerstaatlichen Widerstand.

Weil sich ein Staatsverständnis, wie wir es heute kennen, noch nicht herausgebildet hatte, mussten die unterschiedlichen Interessen im Land zu einem großen Gemeinsamen zusammengeführt werden. Das galt zunächst für die lokalen Kleinadeligen, aber auch für die Bürgerschaften der größeren Städte. Der Kurfürst dachte niemals partikular, sondern immer souverän, und sprach in diesem Zusammenhang von den einzelnen Teilen seines Landes als von den Gliedern eines einzigen Hauptes *(membra unius capitis)*, wenn es galt, seinen Vasallen begreiflich zu machen, dass seine Interessen keine rein persönlichen waren, sondern denen des ganzen Landes dienten, weshalb auch alle Teile desselben einen Beitrag dazu zu leisten hätten. Es ging ihm dabei nicht um eine Verteilung von Macht oder ein Nebeneinander unterschiedlicher Machtkonstellationen, sondern darum, möglichst viel Macht in einer, nämlich seiner, Person zu konzentrieren.

Wer in einem hierarchischen System etwas zu sagen haben will, der ist gut beraten, wenn er schnell und nachhaltig dafür sorgt, dass neben dem von ihm kontrollierten Machtzentrum keine sonstigen hierarchisch gleichwertigen Nuklei entstehen und, wenn solche vorhanden sind, diese umgehend ausgehebelt werden. Dies ist besonders dann eine Herausforderung, wenn ein Wechsel an der Spitze eher häufiger vorkommt, der zu führende Unterbau sich aber über Jahre hinweg einrichtet und dabei ausgeprägte strukturelle Verstrickungen und Verkrustungen entwickelt. Eine besondere Situation besteht dann, wenn ein Unternehmen nach Regionen oder separaten fachlichen Zuständigkeiten aufgeteilt ist und somit sozusagen territoriale oder organisatorische »Fürstentümer« existieren. In diesen Fällen wird die Zentralgewalt in einem Unternehmen nicht selten durch nachgeordnete Teilverantwortlichkeiten relativiert. So entstehen entweder parallele Machtzentren unter der Führung eines schwachen Inhabers der Zentralgewalt, getreu dem Motto »Mir ist es egal, wer unter mir Vorstand ist«, oder aber es wird eine Tendenz hin zu schwachen Teilverantwortlichen generiert. Deshalb ist es in einer Hierarchie besonders wichtig, dass an der Spitze starke Persönlichkeiten stehen. Nur sie sind in der Lage, auch kraftvolle nachgeordnete Führer zu tolerieren, ohne einen eigenen Autoritätsverlust zu befürchten.

Meinungsbilder zu erheben sowie unterschiedliche Auffassungen anzuhören und zu hinterfragen und die daraus gewonnenen Erkenntnisse für ein Handeln in Vernunft sinnvoll einzusetzen, damit die Unvernunft eine möglichst geringe Chance erhält, ist Aufgabe eines moderierenden Vorgesetzten. Mitarbeiter müssen die Freiheit haben, ihre Meinung auch dann sagen zu dürfen, wenn es für den Vorgesetzten unangenehm ist. Konsens ist gut, dort aber, wo er sich nicht erreichen lässt, muss entschieden werden. Dann aber hat der Führende den Anspruch darauf, dass die gefällte Entscheidung von allen nach außen hin vertreten wird als sei es die eigene Meinung. Wenn es dabei Schwierigkeiten gibt, dann muss der Vorgesetzte die gefundene oder oktroyierte gemeinsame Position gegebenenfalls mit der ganzen Kraft seiner Autorität durchsetzen. Abweichler müssen wieder eingegliedert werden, sonst bleibt

Raum für Quertreiber, die beim Fehlgehen nicht müde werden zu betonen, dass sie immer schon anderer Meinung waren. Ein Vorgesetzter ist immer nur so stark, wie er andere Meinungen tolerieren kann, und ein Mitarbeiter ist eben nur so loyal, wie er Meinungen als seine eigenen vertritt, denen er zuvor widersprochen hat. Was Loyalitäten in einer hierarchischen Struktur anbelangt, so soll am Anfang der Übernahme einer Führungsposition nichts unversucht gelassen werden, um alle Skeptiker hinter sich zu bringen. Gelingt dies aus Gründen nicht, die weder in der Person noch im Verhalten des Vorgesetzten liegen, so muss dieser den Einfluss jener Skeptiker unverzüglich und entschieden eindämmen. Es kostet sonst viel zu viel Zeit, diese Leute wieder einzubinden und von der eigenen Tauglichkeit zu überzeugen. Loyalität ist eine Frage der Einstellung und nicht der Überzeugung, weshalb sie einem Untergebenen grundsätzlich zuzumuten ist.

Der große Kurfürst musste sich, auch um Geld für seine Armee zu bekommen, zunächst gegen die Stände durchsetzen, die an einer starken Zentralgewalt eben gerade kein Interesse hatten. Auch die lokalen Kleinadeligen in Ostpreußen waren eher an einer Schwächung der kurfürstlichen Macht interessiert. Friedrich Wilhelm taktierte dabei äußerst geschickt, manchmal drohte er nur, und dann wiederum gebrauchte er auch Gewalt. Einen Wortführer der Interessen städtischer Privilegien in Königsberg, der sich ihm notorisch widersetzte, den Kaufmann und Schöffenmeister Hieronymus Roth, ließ er einsperren, nachdem eine friedliche Einigung erfolglos geblieben war. Den Beschwerdeführer und Haupttreiber des Widerstandes ostpreußischer Kleinadeliger, Christian Ludwig von Kalckstein, ließ er köpfen, nachdem Kalckstein nichts unversucht gelassen hatte, die Interessen des Kurfürsten zu stören; er hatte sogar die Obrigkeit gewechselt und vor Zeugen gedroht, den Kurfürsten und seine Familie zu beseitigen, wenn ihm nur die Gelegenheit gegeben würde. Versöhnungsangebote waren ausschließlich von Friedrich Wilhelm ausgegangen. Erst im Angesicht des Todes war Kalckstein bereit, dem Kurfürsten Abbitte zu leisten – zu spät.

Friedrich Wilhelm war durch seine Eltern christlich – und zwar calvinistisch – geprägt. Er festigte seine Macht, indem er Schlüsselpositionen mit Angehörigen des reformiert-calvinistischen Glaubens besetzte. Dabei ging es ihm nicht allein um eine konfessionelle Überzeugung als vielmehr darum, ein Gegengewicht zu den lutherisch geprägten Ständen zu schaffen. Das Motto »Teile und herrsche« oder, in der moderneren Fassung, »Konkurrenz belebt das Geschäft«, resümiert die diesem Vorgehen zugrunde liegende Intention mit wenigen Worten.

Ansonsten war Friedrich Wilhelm die Gleichberechtigung unterschiedlicher Glaubensrichtungen wichtig, wenn er auch bei gleicher Befähigung zweier Anwärter auf einen Posten einem Calvinisten den Vorzug gab. Damit sich aber die Anhänger der christlichen Religionen nicht gegenseitig das Leben schwer machten, erließ der Kurfürst an die Geistlichen beider Konfessionen das strenge Gebot, »sich gegenseitig aller anzüglichen Beinamen zu enthalten und dem anderen Teile keine ungereimten und gottlosen Behauptungen aufzubürden, die von ihm nicht anerkannt, sondern nur durch Konsequenzmacherei aus seinen Dogmen abgeleitet würden.«[26] Wer sich nicht durch Unterschrift bereit erklärte, dieses Gebot zu befolgen, dem drohte er kurzerhand mit Amtsenthebung. Auch hier zeigt sich, dass man einer schleichenden Vergiftung der Atmosphäre durch konsequentes Handeln entgegentreten kann. Appellieren an gütliche Einigung ist dabei gut, bei Erfolglosigkeit bedarf es dann jedoch auch einer Sanktionierung, die im Zweifel so aussieht, dass dem Quertreiber die Pfründe und Möglichkeiten entzogen werden, die bisher die Basis seines Intrigantentums dargestellt haben.

Friedrich Wilhelm war aber in Fragen des Glaubens keineswegs beliebig. Als ihm die polnische Krone um den Preis eines Konfessionswechsels zum Katholizismus angeboten wurde, lehnte er sie unter Berufung auf die damit einhergehende

Unglaubwürdigkeit seiner Loyalität seinem Glauben gegenüber ab.[27]

Es gelang Friedrich Wilhelm, die geistige Enge von Luthertum und Katholizismus durch das Naturrecht zu erweitern. Auf dieser Grundlage entwickelte sich ein System allgemeingültiger Prinzipien für die Führung des Lebens und die Leitung der Gesellschaft – Auffassungen, die von den Naturrechtsgedanken eines Hugo Grotius getragen wurden.[28]

Seinen Nachfolgern ging Friedrich Wilhelm mit der Gründung der Universität Duisburg voraus. Bei der Leitung dieser Institution sowie der Universitäten von Königsberg und Frankfurt an der Oder wollte er dem Grundsatz einer konfessionellen Neutralität folgen. Als eifernde Geistliche auch auf das Gebiet der Wissenschaften Einfluss nehmen wollten, schrieb er, dass seine Professoren für die Lehre verantwortlich seien und nicht für die Ausgestaltung von Synoden.[29] Er selbst interessierte sich für die Idee einer Universitas Liberarum Gentium als neutrale Einrichtung der Künste und Wissenschaften für alle Völker.

Die brandenburgisch-preußische Geschichte ist reich an militärischen Auseinandersetzungen, weil dieser Staat sich erst noch herausbilden und gegen andere rivalisierende Mächte durchsetzen musste. Der deutsche Kaiser aus dem Hause Habsburg erkannte früh, dass im Nordosten des Reiches womöglich eine Macht im Entstehen begriffen war, die die politische Orientierung der übrigen Regionen an den südlichen Staaten gefährden könnte. Daher war man in Wien an einem starken Zentrum des reformierten Glaubens im Reich nicht interessiert.

Weil die Regierungszeit Friedrich Wilhelms von mehreren Kriegen und unterschiedlichen Bündnissen begleitet war und diese im Staatenbildungsprozess Brandenburg-Preußens eine prägende Rolle gespielt haben, folgt nachstehend eine kommentierte chronologische Auflistung.

Der Kurfürst schloss im Jahr 1641, also noch während des Dreißigjährigen Krieges, mit den Schweden einen zweijährigen

Waffenstillstand, was jedoch nichts daran änderte, dass die Schweden Teile Pommerns weiterhin besetzt hielten und ein Durchmarschrecht beanspruchten. Aber es war ein erster Schritt dahin, wenigstens an einer Stelle Ruhe einkehren zu lassen. Im Westfälischen Frieden von 1648 musste Brandenburg dann Vorpommern, die Inseln Rügen und Wollin, die Städte Stettin, Garz und Gollnow sowie die drei Odermündungen an Schweden abtreten. Eine Entschädigung erfolgte durch die Zuweisung der säkularisierten Bistümer Halberstadt, Minden und Kamin sowie der Grafschaften Hohenstein und Regenstein und durch die Anwartschaft auf das Erzbistum Magdeburg. Der so erzwungene Verzicht Brandenburgs auf Ansprüche in Pommern führte dazu, dass sich das Land im Hinblick auf seine Interessen deutlich nach Westen orientierte.

Was seine Ansprüche in den kleveschen Landen anbelangte und die Übergriffe durch den Pfalzgrafen von Neuburg, so versuchte Friedrich Wilhelm dort mit Hilfe seiner Armee Ordnung zu schaffen. Zwar war diese militärische Auseinandersetzung im Jahr 1651 vom Ergebnis her nicht erfolgreich – er musste sich einem Schiedsgericht unterwerfen –, doch wusste dafür von diesem Moment an jeder, dass ab sofort mit dem Brandenburger gerechnet werden musste. Brandenburg wurde zum ersten Mal nicht mehr nur als Objekt fremder Politik wahrgenommen, vielmehr versuchte der Kurfürst, als Handelnder und Gestalter seiner eigenen Interessen aufzutreten.

Im Jahr 1656 wurde der Kurfürst in den Konflikt zwischen den Polen und Schweden hineingezogen, weil Letztere Teile seines Landes immer noch besetzt hielten, Preußen ein polnisches Lehen war und im Übrigen seine Länder zwischen beiden Kriegsparteien lagen. In der Folge marschierten die Schweden in Preußen ein und zwangen Friedrich Wilhelm, eine schwedische Lehenshoheit über Preußen anzuerkennen und Hilfstruppen gegen die Polen zu stellen. Im weiteren Kriegsverlauf, der als Zweiter Nordischer Krieg in die Geschichtsbücher einging, unterstützte der Kurfürst zunächst notgedrungen die

Schweden, die mit seiner Hilfe in der Schlacht bei Warschau siegreich waren. In ganz Europa nahm man dabei zur Kenntnis, dass die Brandenburger an der Seite der Schweden gleichberechtigt und mit großem Erfolg gekämpft hatten. Im Vertrag von Labiau vom 10. November 1656 erkannte dann Polen die Souveränität des Kurfürsten über Preußen an, nachdem zuvor die Schweden auf die Lehenshoheit über Preußen zugunsten Friedrich Wilhelms verzichtet hatten. Dennoch bot auch dieser Erfolg keine Sicherheit, da Schweden von Dänemark bedroht wurde und der deutsche Kaiser, wie bereits erwähnt, an einer starken nordostdeutschen protestantischen Macht kein Interesse hatte und deshalb seinerseits das katholische Polen zu unterstützen bereit war. Es kam, wie es kommen musste, nämlich zu einem Krieg zwischen Schweden und Dänemark. Friedrich Wilhelm schlug sich nun auf die Seite der polnisch-österreichischen Allianz; im Frieden von Oliva vom 3. Mai 1660 musste der Kurfürst zwar seine inzwischen erfolgten Eroberungen in Schwedisch-Pommern wieder abgeben, doch wurde seine Souveränität über das Herzogtum Preußen anerkannt. Damit befand sich Preußen endgültig in der Hand der Hohenzollern, frei von Lehensansprüchen Dritter und außerhalb des Heiligen Römischen Reiches Deutscher Nation.

Der Zweite Nordische Krieg war gerade wenige Jahre vorbei, als Ludwig XIV. wieder einmal seine Großmachtsträume verwirklichen wollte, indem er 1667 die spanischen Niederlande überfiel. Mit dem Aachener Frieden von 1668 musste Frankreich zwar seine Eroberungen auf Druck der protestantischen Niederlande, den sogenannten Generalstaaten, Englands und Schwedens wieder herausgeben, marschierte dafür aber 1672 in die protestantischen Niederlande ein. Mit diesen aber war Brandenburg verbündet, und Friedrich Wilhelm kam seinen Verpflichtungen, Truppen zu stellen, nach, was die Franzosen zu einer Verlegung des Kriegsschauplatzes nach Westfalen und zu einer Besetzung der westfälischen Besitzungen des Kurfürsten veranlasste. Friedrich Wilhelm schloss 1673 Frieden mit Frankreich, verließ die Allianz mit den Generalstaaten und erhielt so seine westfälischen Besitzungen zurück. Im gleichen Jahr vereinbarte er ein auf zehn Jahre angelegtes Bündnis mit Schweden, um dessen Eintritt im Falle eines Krieges an der Seite Frankreichs zu Lasten Brandenburgs zu verhindern.

Schon ein Jahr später, im Jahr 1674, wurde die Kurpfalz durch französische Truppen heimgesucht und verwüstet, was den Krieg des Deutschen Reiches gegen Frankreich zur Folge hatte. Trotz des oben genannten Friedens mit Frankreich war Friedrich Wilhelm als Kur- und Reichsfürst verpflichtet, sich nun gegen Frankreich zu stellen und bot zwanzigtausend Mann auf. Um Brandenburg-Preußen gar nicht erst mächtig werden zu lassen, war Ludwig XIV. daran interessiert, dass die Schweden auch künftig in Pommern präsent bleiben sollten und hatte bereits in einem 1672 geschlossenen sogenannten Subsidienvertrag den Schweden vierhunderttausend Reichstaler versprochen, so lange diese eine Streitmacht von sechzehntausend Soldaten in Vorpommern unterhalten würden. Um den militärischen Druck Brandenburgs auf Frankreich im Westen abzuschwächen, kündigte Ludwig XIV. nun an, die Hilfsgelder an die Schweden zu erhöhen, wenn diese in den Krieg gegen Brandenburg eintreten würden. Dies war insofern verlockend, als Schweden in einen finanziellen Engpass geraten war. Am 25. Dezember 1674 war es dann soweit, und die Schweden fielen in Vorpommern ein, wo sie im Laufe des Feldzuges alle Erinnerungen an die Gräuel des Dreißigjährigen Krieges wieder wachriefen.

Weil sich eine Hilfe aus dem Heiligen Römischen Reich Deutscher Nation nicht einstellte und die militärischen Bewegungen im Westen gegen Frankreich unbefriedigend verliefen – die militärischen Führer der deutschen Verbündeten waren sich nie einig –, brach der Kurfürst diesen Feldzug ab und führte seine Truppen zurück, um dem Treiben der Schweden im eigenen Kurfürstentum Einhalt zu gebieten.

Am 18. Juni 1675 kam es zu der Schlacht von Fehrbellin, die Friedrich Wilhelm bis heute einen Platz im kollektiven Gedächtnis gesichert hat. An diesem Tag gelang es ihm, die bis dahin als unbesiegbar geltenden Schweden zu schlagen. Ihm glückte ein Überraschungssieg auch noch gegen den zahlenmäßig überlegenen Gegner. Seine Brandenburger soll er mit folgenden Worten angefeuert haben:

> Getrost, tapfere Brandenburger! Ich, Euer Fürst und nunmehriger Kapitän, will mit Euch siegen oder ritterlich mit Euch sterben![30]

Der Kurfürst führte seine Truppen von vorne, er war mitten im Schlachtgetümmel und musste einmal sogar von seinen Grenadieren aus der Bredouille geholt werden. Beinahe wäre er von einer schwedischen Stückkugel getroffen worden, die zwischen seiner Brust und dem Nacken seines Pferdes hindurchflog und seinen Kammerherrn tötete.

In den Berichten von der Schlacht wird Friedrich Wilhelm erstmalig als der »Große Kurfürst« bezeichnet.

Nicht allein der Sieg als solcher hat ihn tatsächlich zu diesem gemacht, sondern auch die Art, wie er durch persönlichen Einsatz diesen Sieg errungen hat. Friedrich Wilhelm verstand es, ganz unmittelbar und sehr persönlich zu führen. So ritt er nach der Schlacht von Fehrbellin durch das Lager, um seine Reiter und Dragoner und jedes einzelne Regiment aufzusuchen und Lob und Tadel nach Verdienst auszuteilen.

Die beeindruckende Wirkung, die ein Führer hat, wenn er bei der Erledigung wichtiger Aufgaben unmittelbar mitwirkt und nicht nur dabei ist, darf nicht unterschätzt werden. Mitarbeiter haben sehr feine Antennen dafür, ob man nur frontal entscheidet oder auch die Risiken teilt und sich so im Fall einer Niederlage der Gefahr des Nichterfolges aussetzt. Sie merken aber ebenso, wenn man sich mit Aufgaben verzettelt, die nicht zu denen des Vorgesetzten gehören, denn Führen impliziert auch, den Überblick zu behalten. Insofern gilt es, zwischen zwei sehr unterschiedlichen Verhaltensweisen als Führer abzuwägen. Ein Gegenbeispiel stellt das Verhalten des Hochmeisters des Deutschen Ordens, Ulrich von Jungingen, dar, der sich in der Schlacht von Tannenberg 1410 angeblich drei Mal durch die gegnerischen Schlachtreihen durchgeschlagen hatte, während sein Widersacher, der polnische König, das Kampfgetümmel aus sicherer Entfernung zu dirigieren vorzog. Der Deutsche Orden verlor diese Schlacht und bis heute zählt der Sieg zu den Symboldaten polnischen Selbstbewusstseins.

Der Sieg der Brandenburger veranlasste nun den deutschen Kaiser, im Namen des Deutschen Reiches die Schweden zum Reichsfeind zu erklären, und die Truppen des Großen Kurfürsten wurden nach und nach durch Reichstruppen unterstützt. Dem Bündnis gegen Schweden schlossen sich schließlich Dänemark, Holland und Spanien an. In der Folge konnte der Große Kurfürst ganz Pommern besetzen und die Schweden bis 1679 vertreiben.

Im Frieden von Saint-Germain, geschlossen am 29. Juni 1679, war es erneut Ludwig XIV., der den Großen Kurfürsten zwang, alle eroberten Gebiete Vorpommerns wieder an die Schweden zurückzugeben. Frankreich hatte kein Interesse an Veränderungen der Verträge und damit der Gebietszuweisungen aus dem Westfälischen Frieden. Um seinen Willen durchzusetzen, ließ Ludwig XIV. mit dreißigtausend Mann die westfälischen Besitzungen Friedrich Wilhelms angreifen, worauf dieser, enttäuscht vom Kaiser, der immer wieder bereit war, die Interessen des Reiches und Brandenburgs den eigenen zu unterwerfen, den Frieden von Saint-Germain unterzeichnete.

Den Krieg mit Frankreich bezeichnete Friedrich Wilhelm als einen deutsch-französischen Krieg und vertrat damit eine deutliche nationale Auffassung, da er im Grunde immer ein treuer Vasall des Kaisers gewesen war. Umso größer war seine Enttäuschung darüber, dass die Habsburger bereit waren, deutsche Interessen hinter die eigenen zurücktreten zu lassen. Die deutsche Gesinnung des Kurfürsten kam nicht nur in seiner prinzipiellen Treue zum Kaiser zu Ausdruck. Er hat sie auch als Verpflichtung und Anspruch deutlich formuliert:

> Dein edles Vaterland war leider im letzten Kriege unter dem Vorwand der Religion und Freiheit gar jämmerlich zugerichtet und an Mark und Bein dermaßen ausgesogen, dass von dem einst so herrlichen Körper schon gar nichts mehr übrig ist als das Skelett. [...] Wem noch deutsches Blut im Herzen warm ist, muss darüber weinen. [...] Wir sind mit dem letzten Kriege schier Dienstknechte fremder Nationen geworden. Was sind Rhein, Weser, Elbe, Oderstrom anderes als fremder Nationen Gefangene? Was ist unsere Freiheit und Religion mehr, als dass andere damit spielen? [...] Gedenke ein jeder, der kein schwedisches Brot essen will, was er für die Ehre des deutschen Namens zu thun habe, um sich gegen sein eigenes Blut und sein einst vor allen Nationen berühmtes Vaterland nicht zu versündigen. Gedenke, dass Du ein Deutscher bist.[31]

Hier klingen beinahe Töne an, wie sie einhundertfünfzig bis zweihundert Jahre später zu hören sein werden, als sich deutscher Patriotismus Bahn brach.

Für die wirtschaftlichen Erfolge des Großen Kurfürsten war seine Bevölkerungspolitik, die sogenannte Peuplierung, nämlich das gezielte Ansiedeln von Menschen, ausschlaggebend. Obschon diese Strategie, die auch seine Nachfolger bis hin zu Friedrich dem Großen verfolgen sollten, ihre Ursache in den Verheerungen des Dreißigjährigen Krieges und später in den Dezimierungen durch die Schlesischen Kriege hatte, so war sie doch zugleich auch ein Ausdruck der besonderen Toleranz Preußens gegenüber Menschen unterschiedlicher Herkunft – eine Toleranz, die diesen Staat fortan auszeichnen sollte. Und auch wenn sich ein gemeinsames Staatsverständnis erst noch ausprägen musste, so gab es in Preußen früh das kollektive Empfinden der Einwanderer, von den Mitmenschen und der Obrigkeit toleriert zu werden.

Bereits 1671 waren fünfzig aus Wien vertriebene jüdische Familien aufgenommen worden sowie ebenfalls aus religiösen Gründen verfolgte Waldenser und Mennoniten. In das vom Dreißigjährigen Krieg entvölkerte Ostpreußen kamen achtzehntausend Salzburger, die wegen ihres lutherischen Glaubens zur Ausreise gezwungen worden waren.

Die größte Zuwanderung erfolgte aber, als sich etwa zwanzigtausend Hugenotten – Calvinisten aus Frankreich, die dort wegen ihrer Konfession Verfolgung erfahren hatten – im Kurfürstentum bei freier Ortswahl ansiedeln konnten. In Berlin machten die Hugenotten mit einem Drittel der Gesamtbevölkerung einen bedeutenden Teil aus. Der Aufhebung des Edikts von Nantes und der damit einhergehenden Wiederaufnahme der Verfolgung von Calvinisten stand das (zweisprachige) Edikt von Potsdam aus dem Jahr 1685 mit seinem Asylrecht gegenüber, das den Hugenotten die Glaubensfreiheit in Brandenburg garantierte. So verlor Frankreich viele fähige Menschen, die in der Folge dann einen erheblichen Anteil am Aufbau Brandenburgs leisteten.

Wer aus prinzipiellen Gründen den Verlust menschlichen Potentials billigend in Kauf nimmt, hilft im Zweifel immer der Konkurrenz, weil nie die Schlechten gehen, sondern immer nur jene, die ihrer eigenen Leistungsfähigkeit vertrauen – mithin die Leistungsstarken. So profitieren gerade junge Unternehmen davon, wenn es bei der etablierten Konkurrenz Unzufriedenheit unter den Mitarbeitern gibt und diese daher einen Firmenwechsel anstreben, denn man darf den Wunsch von Mitarbeitern, etwas bewegen zu wollen, nicht unterschätzen. Wer innovationsfreudigen Gestaltern nur noch lähmende Verwaltung anbieten kann, der rüttelt in Wirklichkeit an deren Glaubensbekenntnis. Die »Auswanderung« in Form eines Wechsels des Arbeitsplatzes ist die Folge, und so ist der Weggang eines jeden guten Mitarbeiters immer ein Alarmsignal. Bewertet dieser die Konditionen des neuen Arbeitgebers positiv, zieht er weitere Mitarbeiter nach – in aller Regel nur die guten –, und andere fassen Mut, eine solche Alternative ebenfalls auszuprobieren.

Neben der Peuplierung machte sich der Große Kurfürst ganz unmittelbar um die Wirtschaft verdient. So wurde von ihm die Akzisesteuer, eine Verbrauchssteuer, eingeführt, welche die bis dahin übliche Grundsteuer ersetzte. Diese hatte bisher dem Wiederaufbau der in den Kriegen zerstörten Häuser entgegengestanden.[32] Die Akzise wurde auf Lebensmittel und auswärtige Kaufmannswaren erhoben; die bis dato geltende Steuerbefreiung des Hofes, des Adels und der Beamtenschaft galt nun nicht mehr.

Um den schwedischen Zoll in Stettin umgehen zu können und weil die Schweden den Warenverkehr über die Oder in die Ostsee und damit auch weiter nach Westen jederzeit blockieren konnten, was sie auch schon angedroht hatten, ließ der Große Kurfürst den Müllrose-Kanal bauen, der Oder und Spree verbinden sollte. Der Bau des Kanals war schon rund einhundert Jahre vorher geplant gewesen und bereits einmal wegen Geldmangels eingestellt worden. Den vorhandenen Widerstand Frankfurts an der Oder ignorierte Friedrich Wilhelm und ordnete die Interessen der Stadt denen des staatlichen Gemeinwohls unter, wenn er Frankfurt auch einen finanziellen Ausgleich verschaffte. Dieser Kanal hatte einen enorm positiven Einfluss auf die Wirtschaft, auch auf Berlin, das dadurch zum Umschlagzentrum für Waren aus den Oder-Anrainerstaaten wurde. Des Weiteren führte der Große Kurfürst das Postwesen in seinem Land ein und setzte sich so über die Monopolstellung des Hauses Thurn und Taxis hinweg. Am Ende seiner Regentschaft gab es siebzig Postämter und sechzehn regelmäßig befahrene Postlinien.

Die Beschreibung der wirtschaftlichen Leistungen des Großen Kurfürsten bliebe unvollständig ohne einen Hinweis auf sein Engagement im maritimen Bereich, von dem heute kaum noch etwas bekannt ist. Friedrich Wilhelm hat Brandenburg-Preußen wegen seiner Seehäfen auch als Seefahrernation verstanden. Zu dieser positiven Einstellung zum Seehandel war er während seines Aufenthaltes in den Niederlanden gelangt, wo er gesehen hatte, wie die Generalstaaten durch Handel reich geworden waren. So ließ der Kurfürst eine Flotte bauen, mit der er auch seine politischen Bestrebungen eindrucksvoll zu unterstreichen verstand, und es war in dieser Zeit das erste und letzte Mal, dass Brandenburg in Seeschlachten verwickelt war oder Schiffe kaperte.

Mit dieser Flotte gelang es dem großen Kurfürsten auch, Besitzungen in Guinea und Westafrika zu erwerben. Groß Friedrichsburg im heutigen Ghana zeugt mit einer stattlichen Festung immer noch von diesen kolonialen Eroberungen. Friedrich Wilhelm förderte so den Handel, allerdings auch den mit Sklaven – eine dunkle Seite der preußischen Geschichte, die heute nur selten Erwähnung in den Geschichtsbüchern findet. Dass der Anteil der Brandenburger am Sklavenhandel im Vergleich zu dem anderer Nationen gering war, relativiert diesen bedauerlichen Umstand nur quantitativ.

Der Enkel Friedrich Wilhelms verkaufte diese Besitzungen aus Kostengründen im Jahr 1717 an die Holländer, nachdem man sie bereits 1716 verlassen hatte. Beim Abzug der Preußen wurde das Kommando über die Festung Groß Friedrichsburg an einen Einheimischen namens Jan Conny übergeben. Dieser soll sich seines Versprechens, sich um die Festung zu kümmern, so sehr verpflichtet gefühlt haben, dass er sich trotz bestehenden Kaufvertrages weigerte, den ihm anvertrauten Komplex an die Holländer zu übergeben. Diesen gelang es erst 1724, Conny zu vertreiben – die Flagge Brandenburgs soll er auf Nimmerwiedersehen mitgenommen haben.

Der Aufstieg Brandenburg-Preußens ist ganz unmittelbar mit der Person des Großen Kurfürsten verbunden. Er hat dieses Gebiet aus der Rolle eines Spielballs der großen europäischen Mächte befreit und so begonnen, den bestehenden Numerus clausus der Macht aufzubrechen. Seine Nachfolger wären niemals erfolgreich gewesen, wenn Friedrich Wilhelm nicht den Grundstock für ihr Handeln gelegt hätte. Seine Leistungen bestanden im Wesentlichen im Aufbau und Einsatz einer schlagkräftigen Armee sowie im Erreichen von wirtschaftlicher Prosperität durch die gelungene Integration eingewanderter Bevölkerungsgruppen und geschickte Maßnahmen zur Verbesserung der Infrastruktur. Ohne diese Elemente hätte in Brandenburg-Preußen eine bloße Ansammlung partikularer Interessen fortbestanden und niemals ein Gegengewicht zu Österreich geschaffen werden können – erst recht nicht eines gegen die fünf bestimmenden Mächte Mitteleuropas. Die gesamte deutsche Geschichte hätte einen anderen Verlauf genommen, wenn Friedrich Wilhelm nicht von dem Willen beseelt gewesen wäre, sein Land »formidable« zu machen. Das vormals polnische Lehen wurde unter der Führung des Großen Kurfürsten unabhängig. Ohne diese Autonomie hätte Preußen niemals die territoriale Grundlage für ein Königtum unter dem Nachfolger Friedrich Wilhelms werden können. So aber wurde Preußen schließlich zum bestimmenden Namen für das ganze Herrschaftsgebiet der Kurfürsten von Brandenburg.

Wenn Führung auch bedeutet, ein Beispiel an Haltung und Pflichterfüllung zu geben, so war Friedrich Wilhelm dafür uneingeschränkt ein Vorbild.

Beeindruckend an ihm ist, wie sehr er die Interessen des Staates in den Vordergrund rückte. Insofern legte bereits er die Grundlage für das spezifisch preußische Staatsverständnis, nach dem ein Regent zunächst seinem Land zu dienen hatte und erst dann seinen eigenen Interessen nachkommen durfte. Friedrich Wilhelm war fest entschlossen, sein Territorium und die ihm anvertrauten Menschen durch Waffengewalt zu schützen beziehungsweise gefährdete Ansprüche zu sichern oder gar verlorene zurückzugewinnen. Die in seiner Person vereinte geschickte Kombination aus Diplomatie und der Bereitschaft zu hartem militärischem Zuschlagen ist beispielhaft. Dieser Vorbildcharakter erstreckt sich auch auf den Umstand, dass er seinen Untergebenen das richtige Handeln selbst vorführte und dabei auf die Unmittelbarkeit seiner Führung hinwies. Auch dachte er nicht kurzfristig, sondern behielt stets die langfristige Entwicklung der Dinge im Auge. Sein christlicher Glaube war für den Großen Kurfürsten sein Leben lang Richtschnur und Kompass. Die Leistungen des Kurfürsten beschrieb sein Urenkel Friedrich der Große wie folgt:

> Er ward der Neubegründer und Verteidiger seines Vaterlandes, der Schöpfer von Brandenburgs Macht, der Schiedsrichter für seinesgleichen, der Stolz seines Volkes. Mit einem Wort: sein Leben bedeutet seinen Ruhm.[33]

Dieser erste Teil der brandenburgisch-preußischen Geschichte zeigt, wie ein Landesherr, der zu Beginn seiner Regentschaft noch eher machtlos und dem Gutdünken fremder Mächte ausgeliefert gewesen war, durch wechselnde Allianzen, geschicktes Verhandeln, aber auch durch den bewussten Einsatz von militärischer Stärke, sich nach und nach einen Platz in der Loge der politischen Akteure erkämpfen konnte. Bei aller grundsätzlichen Bündnistreue als Reichsfürst, die immer wieder auf eine harte Probe gestellt wurde, ging es ihm zuallererst um sein Land. Seine Bestrebungen nach Autonomie waren auch dem Wunsch geschuldet, seinen Untertanen den Frieden zu verschaffen, den sie nach dreißig Jahren der andauernden militärischen Auseinandersetzungen verdient hatten. Denn dass es nach dem Dreißigjährigen Krieg keineswegs friedlich zuging, zeigen die beiden Nordischen Kriege, in die der Kurfürst verwickelt war. Gleichzeitig gibt diese Zeit einen Einblick in die Abhängigkeit des Deutschen Reiches von Ländern, die man keineswegs mit Deutschland verbindet. Frankreich und Schweden waren Garantiemächte des Westfälischen Friedens und Letzteres über seine Besitzungen in Pommern sogar Mitglied im Deutschen Reich. Während es Schweden um die Vorherrschaft im Ostseeraum ging, wollte Frankreich als entschlossenster Widersacher der Habsburger immer auch deutsche Hegemonialmacht sein.

Wie bereits erwähnt, ist der Große Kurfürst ein gutes Beispiel dafür, wie man Diplomatie mit Härte verbinden kann. So ist seine schließlich erreichte innerstaatliche Souveränität auch der Bereitschaft zu verdanken, seine Widersacher entschieden »aus dem Weg zu räumen«. Auf die heutige Zeit übertragen bedeutet dies, dass man gut beraten ist, so lange »unterhalb des Radars zu fliegen«, bis man stark genug ist, um die erste Auseinandersetzung bestehen zu können. Gleichzeitig sieht

Friedrich Wilhelm, seit seinem Sieg über die Schweden bei Fehrbellin der »Große Kurfürst« genannt, ist der Begründer brandenburgisch-preußischer Souveränität.

man, wie sich an der Person Friedrich Wilhelms der Grundsatz »Teile und herrsche« bewahrheitet hat. Wer schwach ist und diesen Zustand beenden will, der darf sich auf dem Wege der Souveränität nicht zu früh binden, weil er sich sonst den Vorstellungen eines Quasi-Hegemonialpartners aussetzt. Die Politik des Großen Kurfürsten kann daher auch als Handlungsempfehlung für die heutigen Tage dienen.

Ob die Bezeichnung »der Große Kurfürst« der historischen Leistung Friedrich Wilhelms aus heutiger Sicht tatsächlich gerecht wird, kann dahingestellt bleiben, weil sie sich im Volksmund nun einmal erhalten hat. Dieser befähigte Regent hat seinerzeit jedenfalls dreierlei erreicht: die faktische Unantastbarkeit Brandenburgs, die Lehensfreiheit Preußens und das Entstehen eines brandenburgisch-preußischen Selbstverständnisses. Er kann daher mit Fug und Recht als der Begründer einer brandenburgisch-preußischen Nation bezeichnet werden. Weil er der erste Kurfürst war, dem dies gelang, und ohne seine Vorarbeiten sein Sohn nicht hätte König werden können, war er für Brandenburg ein Großer Kurfürst.

Mit ihm wird eine Epoche von etwa einhundertfünfzig Jahren eingeleitet, in der aus der kargen Mark Brandenburg eine europäische Großmacht unter dem Namen Preußen wurde. Friedrich Wilhelm stand am Anfang einer Reihe von Herrschern, von denen ein jeder immer noch befähigter war als der vorangegangene, bis diese Entwicklung mit Friedrich dem Großen schließlich ihren Höhepunkt erfuhr, um dann jäh abzubrechen. Preußen fand in den Jahren danach nie wieder zu der Qualität von Herrscherpersönlichkeiten aus dieser Zeit zurück. Wenn das Land auch später noch erfolgreich war, so waren dafür regelmäßig andere Persönlichkeiten als die jeweiligen Könige verantwortlich – es handelte sich dabei um Ratgeber, Politiker und Beamte, die teilweise an die Genialität früherer Herrscher Preußens anknüpfen konnten. Auf jeden Fall verkörperten sie alle den preußischen Geist, für den der Große Kurfürst und nach ihm die preußischen Könige bis Friedrich II. standen.

Das, was Friedrich Wilhelm begonnen hatte, und die darauf aufbauenden Leistungen seiner Nachfolger sind ein Beispiel dafür, welche Überlegenheit eine dynastische Denkweise entwickeln kann, wenn es dem handelnden Herrschergeschlecht vergönnt ist, mit mehreren hintereinander regierenden Ausnahmepersönlichkeiten mehr als ein Jahrhundert zu prägen, wie dies in Preußen über einhundertfünfzig Jahre lang der Fall war. Vielleicht muss der Begriff der »Dynastie« durch den der »Strategie« erweitert werden.

Dass dynastische Prinzipien oder das Verfolgen langfristiger Strategien ihren Vorteil haben können, sieht man bei Unternehmen, wenn es gelingt, über mehrere Vorstandsperioden oder gar Generationen hinweg einer gemeinsamen Linie getreu zu planen, zu denken und auch zu handeln. Dabei sind inhabergeführte Unternehmen besser in der Lage, dynastisch-strategisch zu denken als solche, denen Manager vorstehen, die sich an jährlichen Zielvorgaben und den damit verbundenen maßgeblichen Bonifikationen orientieren.

Wer bereit ist, den pekuniären Interessen von Entscheidungsträgern die höherwertigen Interessen des Unternehmens unterzuordnen, darf sich nicht wundern, wenn sinnvolle Vorhaben, die sich aber gerade nicht unmittelbar in geldwerten Vorteilen ausdrücken lassen, ins Hintertreffen geraten. Gemeint ist die Frage nach der Nachhaltigkeit unternehmerischen Handelns. Natürlich gibt es für den Arbeitnehmer weder eine Garantie dafür, in einem bestimmten Unternehmen dauerhaft beschäftigt zu bleiben, noch dafür, dass eine prosperierende Entwicklung desselben immer weiter anhalten wird. Er hat aber durchaus einen Anspruch darauf, dass seine Interessen, etwa die Erhaltung seines Arbeitsplatzes, in dem Abwägungsprozess beim Treffen von Unternehmensentscheidungen angemessen berücksichtigt werden, was keineswegs sichergestellt ist, wenn sich dieser Entscheidungsprozess im Wesentlichen am Maßstab der in Aussicht gestellten Bonifikation orientiert. Das Erfüllen jährlich neu festzulegender Bonifikationszielsetzungen ist aber alles andere als dynastisch-strategisch.

Dies alles gilt auch für Politiker, für die der Wahltermin mit seinen Ergebnissen ihre Form der Bonifikation darstellt. Die Vielzahl der Wahlen auf den unterschiedlichen Ebenen hat dazu geführt, dass sich Politiker längst an eine Kurzfriststrategie gewöhnt haben, die eine grundsätzliche Sanierung unserer Probleme nicht mehr erlaubt. Gesamtinteressen den Vorzug vor persönlichen Interessen mit kurzfristiger Gewinnmehrung zu geben, wäre aber der Anspruch, dem sich Führungspersonal mit einer herausgehobenen Verantwortung stellen müsste, sowohl in der Wirtschaft als auch in der Politik.

Auch Familien können dynastisch denken, im Sinne eines Anspruches, über Generationen hinweg bedeutende Stellungen in Staat und Gesellschaft einzunehmen. Ein Volk braucht derartige Ankerpunkte. Es müssen bei diesen Familien jedoch stets eine umfassende Bildung und eine geschickte Planung der Positionierung der einzelnen Angehörigen auf unterschiedliche Positionen zusammentreffen. Dies impliziert für den Einzelnen auch, ein Stück Verzicht zu üben, weil man sich eben nicht ergebnislos verwirklichen und allein von Namen und Erfolg der anderen leben darf. Wer nun einwendet, dass nicht jede Familie die Voraussetzungen dafür hat, so zu denken, dem sei entgegengehalten, dass immer ein Anfang gemacht werden kann. Irgendwann taucht in einer Familie der erste Akademiker, der erste Promovierte, der erste Professor auf, und dann gilt es, dafür Sorge zu tragen, dass es sich dabei nicht um eine familiäre »Eintagsfliege« handelt, sondern dass die Basis geplant verbreitert wird. Eigene Leistungsfähigkeit ist eben auch Verpflichtung und nicht etwas, was man ausschließlich für sich selbst nutzen darf. Besondere Begabungen und Befähigungen müssen in den Dienst Dritter und der Gemeinschaft gestellt werden. Die preußischen Könige verstanden ihr Amt jedenfalls immer in diesem Sinne.

Im Hinblick auf die Befähigung zur Führung ist der Große Kurfürst interessant, weil man an seinem Beispiel sehen kann, wie weit eine entschlossene Führungspersönlichkeit kommen kann, wenn sie die nachgeordneten Ebenen konsequent auf sich ausrichtet, Partikularinteressen relativiert und alles daran setzt, unabhängig von den Einflüssen Dritter zu werden. Wenn dann noch eine geschickte Erweiterung der Machtbasis dadurch erfolgt, dass man Menschen im eigenen Verantwortungsbereich Möglichkeiten eröffnet, die diesen außerhalb desselben versagt werden, kann die Grundlage für ein besonderes Zusammengehörigkeitsgefühl geschaffen werden. In der Person des Großen Kurfürsten begegnet man erstmals dem charakteristischen Pflichtbewusstsein, das sich von da an durch die preußische Geschichte ziehen wird. Das ist der Maßstab, an dem sich gute Führung fortan messen lassen muss. Führen ohne Pflichterfüllung ist nicht möglich.

4.

Warum ein entschlossener Wille einen Titel bescheren kann, mit weitreichenden Folgen – Friedrich I.

Wenn es dem Sohn des Großen Kurfürsten gelang, sich im Jahr 1701 in Königsberg die Krone aufzusetzen und sich künftig König Friedrich I.[34] zu nennen, so war dies das Ergebnis seiner langjährigen, intensiven diplomatischen Bemühungen. Möglich aber wurde es überhaupt nur, weil sein Vater Brandenburg aus der Rolle eines Spielballs der Mächte emanzipiert hatte.

Das »Projekt Königswürde«, das in den Geschichtsbüchern nur mit wenigen dürren Sätzen beschrieben wird, war in Wirklichkeit eine über mehrere Jahre andauernde Operation, die von einer erstaunlichen Hartnäckigkeit und Beharrlichkeit Friedrichs zeugt. Dabei war es für ihn ursprünglich nicht einmal sicher, ob er überhaupt Kurfürst werden würde. Friedrich I. war schon rein äußerlich das Gegenteil von seinem Vater – dieser physisch stark und groß gewachsen, er selbst dagegen eher schwächlich, körperlich gar durch eine Rückgratverkrümmung in Folge eines Unfalls missgebildet – und entsprach daher so gar nicht dem Idealbild eines starken Nachfolgers. Als solcher war er zunächst auch gar nicht vorgesehen, da der Erstgeborene des Großen Kurfürsten, Karl Emil, Anwärter auf die Thronfolge war. Dieser wuchs nahezu zum Ebenbild Friedrich

Wilhelms heran, starb dann aber überraschend am 27. November 1674. Es hieß, die Ursache dafür sei die Ruhr gewesen, als Folge der mangelnden Hygiene in den damaligen Feldlagern. Der Große Kurfürst hingegen glaubte an einen Giftanschlag. Entsprechend deprimiert kehrte er von der militärischen Operation gegen das Frankreich Ludwigs XIV. nach Brandenburg zurück. Es wird die Geschichte kolportiert, er habe beim Überqueren des Rheins bei Straßburg den Degen seines verstorbenen Lieblingssohnes in den Fluss geworfen mit der Bemerkung, dass er solange dort bleiben solle, bis einer seiner Nachfolger ihn aus der grünen Flut wieder emporhole, wenn er denselben Strom siegreich überschreite, um die Schmach zu sühnen, die den Großen Kurfürsten getroffen hatte.[35]

Nach dem Tod seines Bruders Karl Emil rückte Friedrich als Kronprinz nach. Allerdings war er nicht nur gehandicapt durch seine schlechte körperliche Konstitution, ihm fehlte auch die mütterliche Unterstützung, denn die erste Frau Friedrich Wilhelms, Louise Henriette von Nassau-Oranien, war bereits im Jahr 1667 verstorben. Sie war hübsch, charmant, intellektuell und sensibel gewesen, aber auch körperlich klein und zart. Die zahlreichen Geburten und Fehlgeburten wurden der fragilen Louise Henriette schließlich zum Verhängnis. Friedrich Wilhelm heiratete ein zweites Mal, nämlich die verwitwete Herzogin von Braunschweig-Lüneburg, Sophie Dorothea von Holstein-Sonderburg-Glücksburg. Sie war das genaue Gegenteil seiner ersten Frau und zeichnete sich durch eine robuste Gesundheit aus. Mit Friedrich Wilhelm hatte sie sieben Kinder, und Kronprinz Friedrich musste damit fertig werden, dass seine Stiefmutter kein Interesse an seiner Thronfolge hatte; vielmehr sollte einer ihrer eigenen Nachkommen im Idealfall Kurfürst werden, mindestens aber einen Teil des Erbes erhalten. Sie war darin insofern erfolgreich, als diese entgegen dem Hausgesetz der Hohenzollern ebenfalls zu Erben bestimmt wurden, was später erheblicher Anstrengungen Friedrichs bedurfte, um das mühsam geeinte Land auch nach dem Tod seines Vaters zusammenzuhalten. Dies war für die weitere Entwicklung ein bedeutender Anfangserfolg Friedrichs I., da andernfalls Brandenburg-Preußen Gefahr gelaufen wäre, wieder in jene Bedeutungslosigkeit zurückzufallen, aus der es aufgestiegen war.

Friedrich behauptete sich gegen alle Widrigkeiten; Zähigkeit und Hartnäckigkeit zeichneten seinen Charakter aus. Vielleicht musste er auch manches kompensieren, was er in früheren Jahren an Benachteiligungen oder gar Zurücksetzungen erfahren hatte. Wie auch immer – er hatte gelernt, sich durchzusetzen, erst gegen seinen Vater, dann gegen seine Stiefmutter, schließlich gegen den Kaiser. Er war einer der wenigen Könige in der Geschichte, die sich die Königswürde mühsam erarbeiten mussten und das, obwohl er in seinem eigenen Land nach dem Tod seines Vaters der Souverän war und im Reich immerhin einer von sieben Kurfürsten.

Für die Erlangung der Königswürde kam nur das Herzogtum Preußen in Betracht, denn dieses war nicht Teil des Heiligen Römischen Reiches Deutscher Nation und dank der Bemühungen des Großen Kurfürsten auch kein polnisches oder schwedisches Lehen mehr. Wenn Friedrich I. die diplomatische Schaukelpolitik seines Vaters fortsetzte, dann im Wesentlichen deswegen, weil er für die Erhebung in den Königsstand auf das Wohlwollen des Kaisers angewiesen war, da die Approbation einer Königswürde durch diesen Voraussetzung für deren Anerkennung durch Staaten außerhalb des Deutschen Reiches war. Um das zu erreichen, versprach er im Gegenzug, preußische Truppen zu stellen, so geschehen im Spanischen Erbfolgekrieg – übrigens wieder einmal gegen Frankreich. Als die Approbation dann vorlag, wurde sie in einem Kronvertrag geregelt, in dessen wesentlichem Abschnitt es heißt:

> Da der Kurfürst dem Kaiser vorstellen lasse, dass er aus verschiedenen Gründen die Absicht habe, seinem Hause den königlichen Titel zu erwerben und den Kaiser gebeten, ihm dazu behilflich zu sein, indem er wohl erkenne, dass er sich nach dem Beispiel anderer souveräner Könige, die in vorigen Zeiten diese Würde erlangt, deshalb vornehmlich an den Kaiser als

höchstes Oberhaupt der Christenheit zu wenden habe, auch nicht gemeint sei, ohne dessen Approbation sich solchen Titel zu arrogieren und zur Krönung zu schreiten, so habe der Kaiser in Betracht des uralten Glanzes und Ansehens des Kurhauses Brandenburg und wegen der von dem jetzigen Kurfürsten dem gemeinen Wesen bisher geleisteten großen Dienste refolvieret, eine solche wohlverdiente Dignität dem Kurfürsten beizulegen, erkläre auch aus kaiserlicher Macht und Machtvollkommenheit, wenn der Kurfürst dieser erfolgten Approbation zufolge sich wegen seines Herzogtums Preußen zum König ausrufen und krönen lasse, dass er, der Kaiser, und sein Sohn, der römische König, auf erhaltene Anzeige ihn unverzögert in und außerhalb des Reiches für einen König in Preußen ehren, würdigen und erkennen und ihm diejenigen Prärogative, Titel und Ehren erweisen wollen, welche andere europäische Höfe vom Kaiser und kaiserlichen Hofe erhielten, auch zu befördern, dass dasselbe von anderen Mächten geschehe, alles jedoch, wie der Kurfürst sich bereits gegen den König von Polen verpflichtet, ohne Präjuditz für diese Krone, sowie für das Reich.[36]

Bemerkenswert ist, dass in diesem Kronvertrag die Rede vom brandenburgischen Kurfürsten ist und die Königswürde formal auf das Herzogtum Preußen beschränkt bleiben sollte. Friedrich konnte sich nicht König »von«, sondern musste sich König »in« Preußen nennen. Erst sein Enkel und Nachfolger, Friedrich II., wurde König von Preußen.

Friedrich krönte sich selbst im Jahr 1701 in Königsberg, der Hauptstadt Preußens. Er setzte sich die Krone eigenhändig auf, um so der Unabhängigkeit seines Königtums von allen irdischen Mächten, geistlichen wie weltlichen, Ausdruck zu verleihen. Danach wurde er vom Oberhofprediger eingesegnet; der Probst zu Berlin betonte in seiner Predigt, dass die Regierung eines Königs zur Ehre Gottes und zum Besten der Untertanen geführt werden müsse. So seien die Regenten der Untertanen wegen auf der Welt und nicht diese um derentwillen – eine in Brandenburg-Preußen nicht ungewöhnliche Mahnung.

In der Schlosskirche zu Königsberg krönte sich der brandenburgische Kurfürst Friedrich III. und preußische Herzog zum ersten König in Preußen – mit weitreichenden Folgen für Deutschland.

Mit der Erhebung Friedrichs in den Königsstand erfolgte eine vom Osten ausgehende Verbindung des Herzogtums Preußen mit den märkischen Kernlanden. Die Bezeichnung des zweihundert Jahre zuvor von den Ordensrittern christianisierten Volkes der Pruzzen wurde als »Preußen« zum Namen des Ordenslandes. Dieses wurde im Jahr 1525 säkularisiert und hatte zunächst unter polnischer Lehenshoheit ein erbliches Herzogtum gebildet. Jetzt war es Königreich, und Friedrich I. konnte den königlichen Titel fortan in seinem ganzen Machtbereich führen. Dadurch traten seine anderen Titel wie die eines Markgrafen, Herzogs und sogar eines Kurfürsten in den Hintergrund, und er wurde als König in seinem gesamten Herrschaftsgebiet wahrgenommen. So ergab sich schrittweise eine Dominanz des Namens »Preußen«, bis nur noch von dieser Bezeichnung die Rede war, wenn man das Herrschaftsgebiet dieses Zweiges der Hohenzollern meinte.

Das »Projekt Königswürde« war auch eine Frage der Stellung von Brandenburg-Preußen im Verhältnis zu anderen norddeutschen Staaten. Um König von Polen werden zu können, war der bisher protestantische Kurfürst von Sachsen zum katholischen Glauben konvertiert. Vor diesem Hintergrund ging es auch um die Zukunft Brandenburg-Preußens als protestantische Führungsmacht, denn Sachsen war faktisch kein

Friedrich I. als König in Preußen – ohne den von ihm erworbenen Titel wäre Brandenburg-Preußen niemals in der Lage gewesen, zu einer den Nachbarländern ebenbürtigen Macht in Deutschland aufzusteigen.

evangelisches Land mehr, und der Souverän von Kurhannover sollte in Personalunion ebenfalls die Königswürde Englands erhalten. Man würde daher die politischen Rahmenbedingungen völlig falsch einschätzen, wollte man das Streben nach dem Königstitel auf ein bloßes Interesse Friedrichs I. an Äußerlichkeiten reduzieren.

Mit dem Erwerb der Königswürde und dessen Auswirkungen auf das Kurfürstentum sind vier Fakten geschaffen worden, die einhundertsiebzig Jahre später die endgültige Basis für die preußische Vormachtstellung in Deutschland liefern sollten:

- Ein erster Schritt heraus aus der Lehensstellung Brandenburgs war getan;
- der reformierte Glaube konnte auf einen Königstitel im Herrschaftsgebiet eines deutschen Kurfürsten zählen;
- ein gemeinsamer Name, nämlich »Preußen«, zeichnete sich für den gesamten Machtbereich Brandenburg-Preußens ab und
- schließlich bestand der Unterschied zwischen diesem König und dem Kaiser nur noch in der Wahl des Letzteren, da dieser aus eigenem Recht König nur in Böhmen und Ungarn war.

Obwohl die Anerkennung Friedrichs I. als erster König in Preußen eine diplomatische Meisterleistung war und Deutschland ohne das Ereignis von 1701 heute grundsätzlich anders aussehen würde, ging dieser Monarch nur als ein den Prunk liebender Herrscher, gar als Verschwender, in die Geschichtsbücher ein. Auch Friedrich II. hat sich in seinem politischen Testament von 1752 kritisch mit der Finanzpolitik seines Großvaters auseinandergesetzt:

> Mein Großvater gab alle seine Einkünfte und alle Subsidien, die er erhielt, für einen zahlreichen und schlecht gewählten Hofstaat aus. Als Ostpreußen durch die Pest verheert wurde

> (1709), hätten mit einem Aufwand von 20 000 Talern für Brot, das an die Unglücklichen verteilt wurde, 200 000 Seelen und mehr gerettet werden können; aber infolge des Geldmangels und der kindischen Vergeudung ließ man so viele Staatsbürger kaltherzig umkommen, ohne ihnen im Geringsten beizustehen.[37]

Bereits die Krönungszeremonie, der aus diesem Anlass inszenierte Umzug nach Königsberg und die Feierlichkeiten danach enthielten alles, was man vielleicht eher mit einem Ludwig XIV. von Frankreich verbinden würde. Will man das Bild Friedrichs I. allerdings auf dieses Schwelgen im Luxus reduzieren, wird man ihm und seinen politischen Erfolgen zum Wohle Brandenburg-Preußens nicht gerecht.

Vielleicht sollte man ihm zugestehen, dass er nach all diesen Mühen zur Erlangung des Königstitels einen Lebensstil führen wollte, der dazu geeignet war, zu zeigen, was er erreicht hatte. Dennoch soll nicht verschwiegen werden, dass er schon immer einen Hang zum Prunk hatte. Persönlichkeiten, die Großes im Leben realisiert haben, sind meist auch nicht frei von Fehlern. Die Frage ist doch nur, ob die Schatten ihren Glanz zu relativieren vermögen. Dies ist jedoch bei diesem ersten preußischen König nicht der Fall. So sah schon Friedrich II., bei aller Kritik an seinem Großvater, die Sachlage:

> Was in seinem Ursprung ein Werk der Eitelkeit war, ergab sich in der Folge als ein Meisterstück der Politik; Friedrich I. entzog seinen Staat damit der Abhängigkeit, in der das Haus Österreich die anderen deutschen Fürsten hielt.[38]

Friedrich I. ist ein Beispiel für die Macht der Initiative. Die Beharrlichkeit, mit der er seine Ziele verfolgte, ist dabei ebenso beeindruckend wie sein Festhalten an einer einmal entworfenen Vision. Visionen Einzelner, die eine klare Vorstellung von dem haben, was einmal als Ergebnis ihres Schaffens zurückbleiben soll, wenn sie als dessen Initiatoren längst abgetreten sind, sind die Antriebsfeder einer Gesellschaft. Und zugleich sind das immer jene, die nicht das tun, was eine lethargische, mit einem schier unumstößlichen Beharrungsvermögen ausgestattete Masse erwartet. Ohne die Visionen eines Werner von Siemens, eines Carl Benz oder der Herren Wilhelm Peter von Finck und Karl von Thieme, beide Gründer der Münchener Rück und der Allianz, gäbe es diese Großunternehmen nicht, ganz zu schweigen von den Tausenden von kleineren Firmen, die über mehrere Generationen hinweg Arbeitsplätze schaffen und nicht selten Träger bedeutsamer Innovationen sind. Sie alle sind Beispiele deutschen Pioniergeistes. Auch der Deutschen Familienversicherung liegt die kühne Idee der beiden Gründer zugrunde, den deutschen Markt um ein weiteres Versicherungsunternehmen zu bereichern, das vieles anders und vor allem besser macht als die etablierte Konkurrenz, die sich den Markt bisher geteilt hat.

Auch in der Politik bedarf es gelegentlich einer visionären Führung. Der Wiedervereinigung wurde von Helmut Kohl sein Stempel aufgedrückt; er erkannte die Chance und nutzte sie. Rückblickend müssen wir uns aber auch eingestehen, dass die Wiedervereinigung gerade noch rechtzeitig kam, denn zahlreiche Politiker, mehr oder weniger aus allen Parteien, waren längst bereit, die Aufforderung des Grundgesetzes, die Einheit und Freiheit ganz Deutschlands herzustellen, auf dem Altar des politischen Pragmatismus zu opfern. Ausgesprochen hat das fast niemand, gedacht haben es bereits viele. Insbesondere die SPD war schon seit Längerem im Begriff, die Widerstände gegen die Anerkennung der Eigenstaatlichkeit der DDR aufzugeben. Anders lässt sich das über die Sachzwänge hinausgehende Entgegenkommen weiter Teile der SPD gegenüber der SED insbesondere in den achtziger Jahren nicht erklären. Auf die Wiedererlangung der deutschen Einheit zu bestehen war eine Frage des politischen Beharrungsvermögens. Aus dieser Erinnerung heraus wird deutlich, dass wir auch nach dem Verstreichen mehrerer Wahlperioden an unseren politischen Zielen festhalten müssen. Auch ist es wichtig, die Bereitschaft wieder zu wecken, sich mit dem politischen Gegner um Grundsätzliches zu streiten. Es besteht keineswegs in allen politischen Fragen ein so allgemeiner Konsens, dass die Diskussion nur noch auf die Art der Lösung beschränkt werden kann. Die drängenden Probleme unserer Gesellschaft in den Bereichen der Demographie, des Gesundheitswesens, der Altersversorgung oder der Integration nur durch das Anpassen von ein paar Paragrafen in der Gesetzgebung zu lösen zu versuchen, erzeugt nur eine Mischung aus perspektivloser Hilflosigkeit und ohnmächtiger Frustration. Politischer Gestaltungswille sieht aber anders aus. Ganz allgemein bräuchten wir mehr Politiker, die das Amt prägen und nicht nur vom Amt geprägt werden.

Das Bild von Friedrich I. bleibt unvollständig, wenn man nicht auch auf seine Leistungen für das Gemeinwesen verweist. Dieser König hat die Akademie der Wissenschaften in Berlin gestiftet, deren erster Präsident Leibniz war, ein Universalgelehrter von internationalem Rang in der damaligen wissenschaftlichen Welt. Im Stiftungsbrief legte Friedrich I. fest, dass sich die Akademie der Wissenschaften um die Reinheit der deutschen Sprache zu kümmern habe. Insofern steht er in der Tradition Martin Luthers und in Opposition zu seinem Enkel, Friedrich II., der der französischen Sprache den Vorzug gab, weil er sie für internationaler hielt.

Bereits 1691, drei Jahre nach seinem Regierungsantritt, gründete Friedrich I. die Universität in Halle. Sie war ein bewusst pietistisch geprägtes Gegenstück zu den anticalvinistischen theologischen Fakultäten im benachbarten Sachsen, wo bisher ein Großteil der lutherischen Geistlichkeit Brandenburgs ausgebildet worden war. Insofern wurde die Politik der »reformierten Mehrkonfessionalität« des Großen Kurfürsten vorgesetzt. In Halle hat sich auch der Pietist August Herrmann Francke in der sozialen Wohlfahrt engagiert, als er 1695 eine von gläubigen Mitbürgern finanzierte Armenschule gründete, auf der sein berühmtes Waisenhaus aufgebaut werden sollte.

Wissenschafts- und Bildungspolitik waren immer wesentliche Säulen des preußischen Staatswesens. Wer Preußen als Militärstaat verspottet, der übersieht, dass es sich vornehmlich um einen Bildungsstaat handelte. Seine Toleranz in Glaubensfragen war Nährboden für die geistige Auseinandersetzung, die in der Aufklärung in Deutschland münden sollte.

Mit der Gründung der Universität in Halle und der Akademie der Wissenschaften in Berlin war der Grundstein für einen Stützpfeiler des Bildungswesens in Preußen gelegt worden, der gar nicht hoch genug bewertet werden kann. An diesem haben die Nachfolger Friedrichs I. auch vorbildlich weitergearbeitet. Preußens Könige hatten immer ein starkes Interesse daran, die Bildung und geistige Entwicklung in ihrem Land zu fördern. Auch für uns heute ist diese Thematik vielleicht eine der größten Herausforderungen, die allerdings einen gewissen Weitblick erfordert, da sich die Investitionen in Bildung erst mit der nächsten Generation verzinsen. Die preußischen Könige hatten diesen Weitblick.

Friedrich I. war also keineswegs nur der Verschwender, der einen wirtschaftlich ruinierten Staat hinterließ, oder der Kurfürst, der nur aus überhöhtem Selbstwertgefühl heraus die Königswürde anstrebte. Er baute vielmehr an jenem Fundament weiter, das sein Vater mit der Sanierung Brandenburgs nach dem Dreißigjährigen Krieg gelegt hatte. Zudem vererbte er einen Staat, der zwar erst noch weiter stabilisiert werden musste, dann aber unter seinem Enkel eine neue deutsche Hegemonialmacht wurde. Friedrich I. setzte also den von seinem Vater begonnenen Weg eindrucksvoll fort und gab ihm mit dem Erreichen der Königswürde eine besondere Note. Letzteres macht ihn mit König Wilhelm I. von Preußen vergleichbar, der als erster Hohenzollernsouverän Kaiser wurde; Friedrich I. allerdings hatte sich seine Monarchenstellung selbst erarbeitet.

Mit der diplomatischen Schaukelpolitik des Großen Kurfürsten und Friedrichs I. war es in dem Moment vorüber, als Preußen schließlich in der Lage war, originäre Stärke zu entfalten. Zwar war auch der Nachfolger Friedrichs noch gefangen in der Kontinuität habsburgerischer Vormundschaft, doch stellte seine Krönung zum ersten König in Preußen eine Conditio sine qua non für die kommenden Entwicklungen dar. Um das Lebenswerk dieses Königs abschließend zu beschreiben, soll der große Historiker Ranke bemüht werden:

> Insofern ist die Erwerbung der königlichen Würde für den Fortgang der preußischen Dinge ein wesentliches und selbst notwendiges Moment, das aus dem Zusammenklang der Ereignisse nicht hinweggedacht werden kann.[39]

Und nicht zuletzt verdanken wir Friedrich I. das nach seiner Frau benannte Schloss Charlottenburg, das Berliner Zeughaus und das Berliner Stadtschloss, das er von Andreas Schlüter umbauen ließ. Dieses war das architektonische Zentrum Berlins, bis es die roten Bilderstürmer im Arbeiter- und Bauernstaat niederreißen ließen, obwohl es trotz der Kriegsfolgen restaurierbar und im Verhältnis zu anderen Gebäuden eigentlich nur mäßig beschädigt war. Es war daher sinnvoll, den Palast der Republik, der später an genau der Stelle errichtet worden war, an der vormals das Stadtschloss gestanden hatte, abzureißen, als sich die Gelegenheit dazu bot. Und es ist ebenso richtig, das Stadtschloss wieder aufzubauen, wenn auch nur als Fassade. Ein Kulturfrevel bleibt ein solcher auch über die Zeit hinweg und darf nicht hingenommen werden. Die Skepsis, die dem Wiederaufbau des Berliner Schlosses entgegengebracht wird, hat dabei weniger kommerzielle Hintergründe als vielmehr den einer mehr oder weniger unverhohlenen Ablehnung Preußens.

Im Hinblick auf das Thema Führung ist dieser Abschnitt preußischer Geschichte wichtig, weil er zeigt, dass Äußerlichkeiten manchmal eine strategische Wirkungskraft entfalten können. Der strategisch Denkende plant nicht den Weg, sondern geht vom angestrebten Ergebnis aus. Die weitere Geschichte hat gezeigt, dass Friedrich I. richtig gehandelt hat. So steht er als Beispiel dafür, dass das Bohren wirklich dicker Bretter auch dann lohnenswert ist, wenn der Initiator selbst keinen Nutzen mehr davon hat, wohl aber nachfolgende Generationen – vorausgesetzt, sie erkennen den Wert des Fundamentes und sind bereit, gleichermaßen daran weiterzubauen, selbst dann, wenn es noch Generationen dauert, bis das Konstrukt fertiggestellt ist. Die Kunst der Führung beherrscht daher derjenige, der zu unterscheiden versteht zwischen einer äußerlichen Geste, die nur dem Augenblick huldigt, und einer solchen, die Grundlage für ein großes, in der Zukunft liegendes Ziel ist. In beiden Fällen wird der Widerstand der Betrachter groß sein, wenn sie beim Handelnden als Motiv persönliche Beweggründe vermuten. Es ist daher ein Zeichen von Mut, wenn man sich von solchen Widerständen nicht davon abhalten lässt, etwas zu realisieren, was in seiner Tragweite während der eigenen Lebenszeit von anderen noch nicht erkannt wird.

5.

Warum das Credo eines Königs zur Lebenseinstellung einer ganzen Nation wurde – Friedrich Wilhelm I.

Friedrich I. starb am 25. Februar 1713, und es ist bemerkenswert, mit welcher Radikalität sein Sohn und Nachfolger, Friedrich Wilhelm I., einen Wechsel in beinahe allen Bereichen vollzog. Nur wenige Stunden nach dem Tod seines Vaters eröffnete er dem Oberhofmarschall, dass dieser nur noch bis zum Ende der Trauerfeierlichkeiten im Amt bleibe und danach zusammen mit weiten Teilen des Hofstaates zur Entlassung anstehe.[40] Dies war sicherlich schon vorher geplant gewesen. Den letzten Anstoß zu dieser Entscheidung soll der Ärger Friedrich Wilhelms I. darüber gegeben haben, dass er sich in der Stunde des Todes seines Vaters durch eben diese Gruppe von Hofschranzen und Perücken hatte durcharbeiten müssen, um ihm in den letzten Minuten beizustehen. Dies zeigt, ebenso wie sein weiteres Vorgehen, wie vorteilhaft es ist, ein Amt mit klaren Vorstellungen zu übernehmen. Wer radikale Veränderungen in einem eingefahrenen System anstrebt, der muss bei der Übernahme der dies ermöglichenden Führungsposition unverzüglich handeln. Unverzüglich deshalb, weil noch Verwirrung, Unklarheit und eine durch den Wechsel bedingte Orientierungslosigkeit besteht; jedenfalls hat man sich von dem »Neuen« noch kein Bild gemacht und sich noch nicht wieder eingerichtet. Diese Ohnmacht in der Phase des Machtwechsels kann nur

Friedrich Wilhelm I. wurde im Volksmund der »Soldatenkönig« genannt, was ihm allerdings nicht gerecht wird, da er der friedliebendste aller Preußenkönige war.

nutzen, wer genau weiß, was er will und wie man es umsetzt. Das war bei Friedrich Wilhelm I. ohne Frage der Fall.

Dieser König ist unzutreffenderweise unter der Bezeichnung »Soldatenkönig« in die Geschichtsbücher eingegangen, und mit ihm wird auch die Mär eines preußischen Militarismus begründet. Wie sehr man diesem Monarchen mit dieser Bezeichnung Unrecht tut, zeigt ein Blick auf sein Leben, sein Wirken in Wirtschaft und Schulwesen und insbesondere auf den Umstand, dass er praktisch keine Kriege führte.

Friedrich Wilhelm I. drückte Preußen wie kein anderer seinen Stempel auf und gab mit seiner Art der Staatsführung in geradezu exemplarischer Weise Pflichterfüllung, Fleiß und Sparsamkeit als Maßstäbe des Handelns vor. Frömmigkeit prägte sein Handeln, auch und gerade als Landesvater. Nicht zuletzt deswegen scheute er Zeit seines Lebens weitreichende militärische Auseinandersetzungen. Sein pietistisch-calvinistisch ausgerichtetes Denken bestimmte sein gesamtes, heute würde man sagen »politisches«, Leben. So war ein wesentliches Ziel seiner Politik die Sanierung der Staatsfinanzen durch Sparsamkeit, womit er unmittelbar nach dem Tod seines Vaters begann. Er verkaufte dessen Krönungsmantel, weil die Diamantknöpfe desselben 30 000 Dukaten gekostet haben sollen; das königliche Tafelsilber ließ er einschmelzen. Er trug die Uniform eines preußischen Offiziers und darüber, um sie zu schonen, einen ledernen Schurz. Er schaffte die üblichen Vergnügungen bei Hofe ab. Sich selbst gönnte er nur das Tabakskollegium in (Königs-)Wusterhausen, wo er und seine Vertrauten eine Männerrunde bildeten.

Friedrich Wilhelm I. zeichnete sich durch ein ungewöhnliches Organisationstalent aus, eine Begabung, die er unmittelbar beim Aufbau der von ihm gewünschten staatlichen Strukturen anwenden konnte. Die von seinem Vater und Großvater übernommenen Strukturen waren aus seiner Sicht unzureichend. So rief er eine einheitliche Oberbehörde für Wirtschaft, Finanzen und Armee ins Leben. Dieses Generaldirektorium, dem er selbst vorstand, übernahm alle Aufgaben, die in modernen Staaten den einzelnen Ministerien zugewiesen sind. Für die Finanzkontrolle schuf er eine Oberrechnungskammer und lenkte die Wirtschaft im Sinne eines Merkantilismus mit Schwerpunkt auf der Entwicklung heimischer Manufakturen. Die ersten deutschen Lehrstühle für Kameralwissenschaften, entsprechend der heutigen Volkswirtschaft, entstanden in Halle und Frankfurt an der Oder. Auch das Ausrichten der Staatsausgaben an jährlichen Etataufstellungen ging auf Friedrich Wilhelm I. zurück. Seine Wirtschaftspolitik war so erfolgreich, dass damit eine Grundlage für die künftige Großmachtstellung Preußens gelegt wurde.

Unter Führungsgesichtspunkten ist dieser König bedeutsam, weil er ein bestimmtes Amtsverständnis selbst vorgelebt und von anderen gefordert hat. Seinen Anspruch an die eigene Regentschaft brachte er in seinem politischen Testament wie folgt zum Ausdruck:

> […] der liebe Gott hat euch auf den thron gesetzet, nicht zu faullentzen, sondern zu arbeitten und seine Lender wohll zu Regiren […].[41]

Von seinen Beamten forderte er Loyalität und Pflichterfüllung, aber auch unbedingten Gehorsam, damit sein königlicher Wille in allen Landesteilen in gleicher Weise zur Geltung kommen konnte, was jedoch in seinem Falle weniger einem absolutistischen Anspruch entsprach als vielmehr dem Wunsch nach umfassender Gerechtigkeit.

Heute formuliert man Compliance-Regeln, um durch das Aufstellen von selbstverständlichen Vorgaben gegenüber Anlegern und sonstigen Dritten den Eindruck der Transparenz und Korrektheit in der Unternehmensführung und -verfassung zu vermitteln. Der für deutsche Unternehmen maßgebliche Corporate Governance Kodex besteht im Wesentlichen aus unverbindlichen Gemeinplätzen, die von Friedrich Wilhelm I. wahrscheinlich keiner näheren Tauglichkeitsprüfung unterzogen worden wären. Auch zeugt es von einem eigenartigen Verständnis dieser Regeln, dass sich selbst deren Verfasser nicht an sie gebunden fühlen, wenn sie beispielsweise entgegen der Vorgabe nach ihrer letzten Amtsperiode als Vorstandsvorsitzende auf die Position des Aufsichtsratsvorsitzenden wechseln und damit zum Chefkontrolleur über die eigene bisherige Vorstandstätigkeit avancieren.

Es entwickeln immer mehr Unternehmen Führungsgrundsätze oder sonstige Verhaltensmaßregeln, wobei so manch eine Geschäftsleitung und unternehmensinterne Arbeitsgruppe, zuweilen sogar mit externer Hilfe, geradezu abenteuerlich vor sich hin dilettiert. Das Ergebnis sind Gemeinplätze, aus denen der Wunsch nach Modernität und Berücksichtigung von gemutmaßten Auffassungen der Mitarbeiter spricht, nicht aber Allgemeinbildung und Wissen um historische Zusammenhänge. Die Inhalte sind manchmal so wenig fundiert, dass die Frage berechtigt ist, warum versucht wird, etwas neu zu erfinden, obwohl es doch dreihundert Jahre früher bereits Verhaltensmaßregeln gab, die auch heute noch als allgemeinverbindlich angesehen werden könnten, wenn man sie denn nur kennen würde. Friedrich Wilhelm I. hat Compliance und Corporate Governance vorgelebt, sein Amtsverständnis durchgesetzt und dafür gesorgt, dass seine Untergebenen sich nach seinen Vorgaben ausrichteten. Wir neigen heute dazu, unsere Vorstellungen von Unternehmensführung mehr und mehr amerikanischen Modellen anzupassen. Dabei hätten wir genügend europäische und insbesondere nationale Maßstäbe, nicht zuletzt auch solche, die Friedrich Wilhelm I. aufgestellt hat, an denen wir uns orientieren könnten: Pflichterfüllung, Toleranz und Gerechtigkeit.

In diesem Zusammenhang kann durchaus auch die Frage gestellt werden, ob es wirklich sinnvoll ist, Verhaltensmaßregeln, die in den USA üblich sind, allein aufgrund dieser Provenienz geradezu kritiklos zu übernehmen – nicht so sehr deshalb, weil auch diese Nation ihren moralischen Kredit inzwischen bedauerlicherweise sehr in Anspruch genommen hat, sondern weil wir uns eben an den von Friedrich Wilhelm I. geprägten preußischen Tugenden orientieren könnten. Ich meine, dass diese, neben anderen von Europäern entwickelten Richtlinien und Prinzipien, auch für die Wirtschaft der USA angezeigt wären. Die Finanzkrise der Jahre 2008 und 2009 sollte daher auch zum Anlass genommen werden, unsere zum Teil bedingungslose Ausrichtung an amerikanischen Vorgaben zu überdenken. Vielleicht wäre es sinnvoll, wenn die Europäer künftig ihr breiteres philosophisches Fundament, ihre großen geschichtlichen Leistungen und Erfahrungen sowie ihre bedeutenden intellektuellen Errungenschaften auch bei wirtschaftspolitischen Fragestellungen stärker einbrächten und in jedem Fall mit weniger amerikanischen Anleihen auskämen, wozu auch der Corporate Governance Kodex und manche abgeschriebene Unternehmensverfassung gehört.

Lediglich der Vollständigkeit halber sei noch nachgetragen, dass das Konstrukt des deutschen Corporate Governance Kodex auch verfassungsrechtlich bedenklich ist. So kann es eigentlich nicht angehen, dass der Gesetzgeber eine Bestimmung in das Handelsgesetzbuch aufnimmt, deren Ausgestaltung dann aber einer Arbeitsgruppe überlassen wird, die nicht nur keine demokratische Legitimation besitzt, sondern darüber hinaus in ihrer Zusammensetzung keinesfalls alle Facetten der Wirtschaft repräsentiert. Vielleicht ist das die Erklärung dafür, dass der deutsche Corporate Governance Kodex inhaltlich nicht viel zu bieten hat – weil er nämlich gar nichts bieten soll; ja, unter verfassungsrechtlichen Gesichtspunkten sogar überhaupt nichts bieten darf.

Wenn eine Gesellschaft die eigenen Errungenschaften oder die in früheren Generationen gewonnenen Erkenntnisse nach und nach entweder kollektiv vergisst oder aus falschem Geschichtsverständnis heraus ständig infrage stellt, jedenfalls nicht bereit ist, sich mit ihnen zu beschäftigen und sie deshalb verdrängt, dann darf es nicht verwundern, wenn auch ihre Unternehmensführer versuchen, sich nach einer vermeintlichen Political Correctness auszurichten. Wer sich aber an einer solchen orientiert und auch der öffentlichen – manchmal auch nur veröffentlichten – Meinung hörig ist, der muss auch klaglos hinnehmen, was andere formulieren.

Friedrich Wilhelm I. verordnete seinen Beamten und Offizieren explizit Verhaltensweisen wie Pflichtbewusstsein, Pünktlichkeit, Sparsamkeit und Genauigkeit. Die Ehre wurde zum wesentlichen – man könnte sagen »primären« – Antrieb ihres Tuns, nicht die Besoldung. Auch von Ehre liest man im deutschen Corporate Governance Kodex nichts.

Friedrich Wilhelm I. führte den von ihm vereinheitlichten Behördenaufbau höchstpersönlich an und soll im Übrigen auch die Namen all seiner Offiziere und höheren Beamten gekannt haben. Ich streiche dies heraus, weil aus Gesichtspunkten der Führung das namentliche Kennen der unterstellten Mitarbeiter ein wichtiger Aspekt ist, da es eine deutlich positive Auswirkung auf ihre Motivation hat und somit ihre Leistung zu steigern vermag. Die Loyalität gegenüber einem Vorgesetzten, der einen kennt, in dessen Bewusstsein man also einen Platz hat, obwohl man zu einer relativ großen Gruppe gehört und in deren Hierarchie womöglich weit unten steht, ist ausgeprägter und nachhaltiger, weil man mit dieser Erfahrung unbewusst die Erwartung verbindet, dass dieser Führende auch im Konfliktfall auf die ihm bekannten Personen »aufpassen« wird.

Es gibt aber auch noch einen anderen Aspekt in dieser Betrachtung. Ein Vorgesetzter, der ebenfalls seine Mitarbeiter auf den vergleichsweise niedrigen und damit entfernten hierarchischen Ebenen kennt, hat auch mehr Möglichkeiten, etwas über deren Tun zu erfahren. Gelegentlich wird das als Management *by walking around* bezeichnet. Noch heute gehe ich täglich durch die Reihen und begrüße meine Mitarbeiter persönlich. Ich erkundige mich dabei nach ihrer Arbeit und höre mir ihre Anmerkungen, manchmal auch ihre Beschwerden an. Ein Vorgesetzter muss das Gefühl vermitteln, dass er auch weiß, wie die Arbeit unterhalb der Chefetage erledigt wird.

Zum Abschluss dieses Gedankenganges möchte ich noch auf eine schöne Szene aus dem amerikanischen Film *Des Königs Admiral* von 1950 verweisen. Gregory Peck spielt den Romanhelden Horatio Hornblower aus dem Buch *Der Kapitän* von C. S. Forster. Die Szene steht im Zusammenhang mit einem Gefecht, das sich Hornblower auf seinem Schiff Lydia mit einem weit überlegenen Gegner liefert. Plötzlich fallen Teile der Takelage nach einer gegnerischen Breitseite herunter, und Hornblower warnt einen seiner Decksoldaten vor den herabstürzenden Trümmern, indem er ihn, offensichtlich erstmalig, mit Namen anruft. Dieser achtet daraufhin für kurze Zeit nicht mehr auf das um ihn herum tobende Gefecht, sondern rüttelt seinen neben ihm kämpfenden Kameraden und ruft ihm zu: »Er kennt meinen Namen! Hast Du gehört? Er kennt meinen Namen!«

Doch zurück zu Friedrich Wilhelm I., zu dessen herausragenden Leistungen auch der Bau von zweitausend Schulen und die Einführung von obligatorischem Unterricht, einer Vorstufe der allgemeinen Schulpflicht, gehörte. Das war damals keine Selbstverständlichkeit, ja, ist es auch heute in weiten

Teilen der Welt noch nicht. Und wenngleich auch die allgemeine Schulpflicht in Deutschland in unseren Tagen längst etabliert ist, so besteht doch weiterhin die Herausforderung, allen Eltern begreiflich zu machen, dass es einen unmittelbaren Zusammenhang zwischen Bildung und späterem beruflichen Erfolg gibt. So ist heute nicht ein mangelndes Schulangebot unser Problem, sondern die Tatsache, dass manche ungebildete, diesen Zusammenhang nicht verstehende Eltern das Angebot des Staates für ihre Kinder nicht zu nutzen wissen oder nicht nutzen wollen. Vielleicht muss man bei einem uneinsichtigen Kind, aber ebenso bei uneinsichtigen Eltern, auch einmal etwas hartnäckig sein, wenn es um qualifizierte Schulabschlüsse geht. Nicht jede Form von Selbstverwirklichung oder Laisser-faire der antiautoritären Erziehungsideale der 68er-Generation ist für ein Volk, das im Wesentlichen auf die Ausbildung der nächsten Generationen angewiesen ist, zukunftstauglich. Das Ausleben von Individualität muss dort kritisch hinterfragt werden, wo dessen Folgen von der Gemeinschaft getragen werden müssen.

Die Bildungsideale Preußens wurden durch das unter der Leitung des Pietisten August Hermann Francke stehende hallesche Militärwaisenhaus im Besonderen geprägt. Dort wurden die Nachkommen reicher Junker und die ärmsten Waisenkinder gemeinsam erzogen. So ist unter der Regentschaft Friedrich Wilhelms I. der Grundstein dazu gelegt worden, dass Bürger und Bauern in den brandenburgischen Landen mehr als anderswo an die Kultur des menschlichen Miteinanders herangeführt wurden.

Bereits vor seiner Thronbesteigung gab es Kontakte zwischen ihm und Francke, mit dem ihn der tiefe Glaube, die rastlose, ja, missionarische Art und der geradezu fanatische Wunsch, dem Land dienen zu wollen, verbanden. In Halle ausgebildete Pietisten wurden mit der Leitung des neuen Militärwaisenhauses in Potsdam betraut und in der ebenfalls neuen Kadettenschule in Berlin beschäftigt. Die Universität Halle wur-

August Hermann Francke, der Begründer des Militärwaisenhauses in Halle, in dem Kinder aller Bevölkerungsschichten gemeinsam erzogen wurden.

de dazu bestimmt, dass Bewerber dort einen mehrsemestrigen Aufenthalt als Voraussetzung für ihre Aufnahme in den brandenburgisch-preußischen Staatsdienst absolvieren mussten. Halle wurde so zur intellektuellen Kaderschmiede Preußens. Pietisten waren es auch, die gezielt an die Universität Königsberg gerufen wurden, um so durch geeignete Patronagenetzwerke gleich gesinnten Studenten den Weg in die Pfarrbezirke und kirchlichen Ämter zu eröffnen. Nach 1730 sollte dann auch das preußische Offizierskorps nach dem halleschen Modell an Schulen, die von Pietisten geführt wurden, ausgebildet werden. Schließlich trennte Friedrich Wilhelm I. die Zivilkirche von der Militärgeistlichkeit und ernannte als ihren ersten Leiter den Francke-Schüler Lambertus Gedike. Zu ihr gehörten auch die somit pietistisch geprägten Feldprediger, denen es in der Folge gelang, das korporative Ethos der preußischen Armee zu prägen.[42]

Nun wollen wir uns der Frage zuwenden, was Friedrich Wilhelm I. eigentlich den Beinamen »Soldatenkönig« einbrachte.

Da wäre zunächst einmal der Umstand, dass dieser Monarch alles einem militärischen Reglement unterwarf. Auch war die Armee der einzige Bereich, an dem nicht gespart wurde: Zwei Drittel der Staatsausgaben wurden für das Militär verwand. So wuchs die Armee von dreißigtausend auf über achtzigtausend Mann an. Das Fehlen natürlicher Grenzen machte aus der Sicht Friedrich Wilhelms I. eine starke militärische Schlagkraft erforderlich. Souveränität durch Stärke war sein politisches Credo oder, wie er es sagte, notwendig, um ein »Wort mit Fundament« mitsprechen zu können. Und dennoch verbindet die Nachwelt weder die Größe seiner Armee noch sein militärisches Reglement mit dem Beinamen »Soldatenkönig«, sondern vielmehr die berühmt gewordenen »Langen Kerls«. Dies waren körperlich besonders groß gewachsene Soldaten der Roten Grenadiere. So wurden aufgrund ihrer Statur geeignete Männer im ganzen Land, manchmal sogar außerhalb desselben, rekrutiert – und das nicht immer ganz freiwillig. Friedrich Wilhelm I. war in sie vernarrt: Manche malte er selbst, andere ließ er porträtieren. Dennoch war diese Truppe keine bloße Spielerei; sie hätte einen realen militärischen Zweck gehabt, wenn sie denn zum Einsatz gekommen wäre. So waren körperlich große Männer bei Bajonettangriffen im Rahmen der damals gängigen Gefechtstechnik überlegen, und sie konnten mit ihren Vorderladern eine höhere Feuergeschwindigkeit erzielen. Dennoch war Friedrich Wilhelm I. in der Frage der Kriegsführung ein Vorbild, führte er doch mit einer Ausnahme, der Teilnahme am Nordischen Krieg, der ihm 1720 im Frieden von Stockholm unter anderem Stettin und Vorpommern einbrachte, keine Kriege.

Seine Offiziere rekrutierte Friedrich Wilhelm I. aus dem Landadel und ließ sie in Berlin in einem eigenen Kadettenkorps erziehen. Der dort vermittelte Korpsgeist, die Verpflichtung auf die Ehre, dem preußischen König dienen zu dürfen, und die darauf beruhende Treue waren die Pfeiler, auf die sich diese Armee viele Jahrzehnte lang stützen konnte. Die Art, wie er es verstand, seine Offiziere zu prägen, behielt ihren Einfluss bis zum Ende der Hohenzollernmonarchie. Er betrachtete sie als ihm beinahe ebenbürtig. Sie hatten unabhängig von ihrem Rang stets das Immediatrecht, also das Recht darauf, ein Anliegen beim Oberbefehlshaber, in Preußen dem König, direkt vorzubringen – eine Besonderheit, die aus der preußischen Armee fortan nicht mehr wegzudenken war. Das Immediatrecht erlaubt es, die Auffassung des nächsthöheren Vorgesetzten einzuholen, wodurch die Einhaltung der hierarchischen Befehlsstruktur im Einzelfall außer Kraft gesetzt wird.

Natürlich hat ein Vorgesetzter in einer hierarchischen Führungsstruktur einen Anspruch darauf, dass ein Untergebener zunächst niedrigere Hierarchiestufen kontaktiert. Dies ist im Grunde eine Frage der Effizienz des Systems und der Loyalität des einzelnen Untergebenen gegenüber seinem jeweiligen Vorgesetzten. Dennoch ist das Immediatrecht ein wichtiges Element zur Motivierung der Geführten, weil dadurch zum Ausdruck gebracht wird, dass in einer Hierarchie die oberste Kontrollinstanz gegebenenfalls unmittelbar angerufen werden kann.

Als Untergebener ist man daher gut beraten, mit diesem Instrument sehr vorsichtig umzugehen und sich seinen Einsatz gut zu überlegen. Umgekehrt darf ein Vorgesetzter auch nicht jedwede Appellation eines Mitarbeiters an ihn unter Bezugnahme auf das Immediatrecht tolerieren, weil er sonst die Hierarchiestruktur außer Kraft setzt und die Autorität nachgeordneter Führungspersonen untergräbt.

Ich habe als Gefreiter die Auswirkungen des von Friedrich Wilhelm I. eingeführten Immediatrechts rund zweihundertfünfzig Jahre später in der Bundeswehr unmittelbar erlebt, als mein Kompaniechef sich mit der Begründung, ich sei nur Wehrpflichtiger, weigerte, mich zum Unteroffizierslehrgang zu schicken. Als mein Widerspruch, den ich auf den Umstand stützte, die Unteroffiziersvorausbildung als Bester abgeschlossen zu haben, nichts half, wurde ich bei meinem Bataillonskommandeur vorstellig. Das war im Jahr 1979, als der Umgangston in der Bundeswehr durchaus noch rauer und die Distanz vom Gefreiten zum Bataillonskommandeur größer waren als heute. Mein Kommandeur[43] hörte sich meine Beschwerde an, und es war für ihn lediglich außergewöhnlich, dass sich ein Wehrpflichtiger um einen solchen Karriereschritt bemühte, nicht aber der Umstand, dass ich bei ihm vorstellig geworden war. Er gab übrigens meinem Antrag statt.

Doch nach diesem Exkurs wieder zurück zur preußischen Armee. Ihr Ausbau hatte im Wesentlichen den Zweck, den Staat zu festigen; sie war dessen gedankliches Korsett. Friedrich Wilhelm I. wollte sie nicht wirklich nutzen – auch deshalb wird ihm die Bezeichnung »Soldatenkönig« nicht gerecht. Er hatte einfach seine Freude an seinen Soldaten und seinen Langen Kerls; dabei war es ihm durchaus bewusst, wie fragil eine Armee ist und wie leicht sie in einem Krieg dezimiert wird. Er wollte Schlagkraft demonstrieren, um sein Land aus Kriegen herauszuhalten; sein Heer diente also im Wesentlichen der Abschreckung – etwas, was jedem Staat zugestanden wird und Ausdruck seiner Souveränität ist. Und dennoch war seine Armee keine Operettentruppe. Wie gut sie war, sollte sie schon bald unter Friedrich dem Großen im Ersten Schlesischen Krieg unter Beweis stellen. Drill, stundenlanges Exerzieren und eine strenge Dienstaufsicht waren Garanten ihrer Stärke und Grundlage ihrer Überlegenheit durch Disziplin.

Die Bezeichnung Friedrich Wilhelms I. als »Soldatenkönig« wurde später argumentativ von jenen genutzt, die Preußen auf einen Militärstaat reduzieren und dadurch verunglimpfen wollten. Dieser Begriff hat somit maßgeblich zu der Fehleinschätzung dieses Königs und in der Folge zu einer ideologisch motivierten Ablehnung Preußens geführt. Selbst die Amerikaner fielen auf diese Ideologie herein, als sie den bereits zitierten Alliierten Kontrollratsbeschluss unterzeichneten. Wie sehr es Friedrich Wilhelm I. mit seiner Armee in Wahrheit um Abschreckung zu tun war, wird in seinem Testament von 1722 deutlich:

> Mein lieber Succeßor bitte ich umb Gottes willen kein ungerechten krihg anzufangen und nicht ein agressör sein den Gott die ungerechte Krige verbohten, und Ihr iemahls müßet rechenschaft gehben von jeden Menschen der dar in ein ungerechten Krig geblieben ist. Bedenck was Gottes gericht scharf ist. lehset die Historie da werdet Ihr sehen das ungerechte Krige nicht guht abgelauffen sein [...].[44]

Und wie sehr haben wir Deutsche Gottes Hand im letzten ungerechten Krieg gespürt.

Friedrich Wilhelm I. war in ganz außergewöhnlicher Form vom christlichen Glauben durchdrungen. So ließ er die Potsdamer Garnisonskirche für seine Soldaten bauen, damit sie einen Ort haben sollten, an dem sie zu ihrem Gott beten konnten. Diese Kirche war nie Ausdruck von Militarismus. Sie wurde dazu erst gemacht, als sie von Hitler beim Tag von Potsdam entweiht wurde. Weil man seither nicht mehr zwischen dem verhinderten Kunstmaler und den preußischen Königen zu differenzieren in der Lage war, wurde die Potsdamer Garnisonskirche auch Opfer der Kommunisten nach 1945. Das berühmte Glockenspiel gibt es heute nur noch als Nachbau. Wie damals erklingt abwechselnd zu jeder halben Stunde »Lobe den Herrn« und »Üb' immer Treu und Redlichkeit«. Die Redlichkeit beschäftigte Friedrich Wilhelm I. zeit seines Lebens mindestens genauso wie die Frömmigkeit. Er war ein großer König, dem der märkische Dichter Theodor Fontane in seinem Roman *Der Stechlin* mit folgenden Worten ein Denkmal setzte:

> Friedrich Wilhelm I. hat nicht bloß das Königtum stabilisiert, er hat auch, was viel wichtiger ist, die Fundamente für eine neue Zeit geschaffen und an die Stelle von Zerfahrenheit, selbstischer Vielherrschaft und Willkür Ordnung und Gerechtigkeit gesetzt. Gerechtigkeit war sein bester rocher de bronce [sic].[45]

Mit Friedrich Wilhelm I. sind zum ersten Mal die vorstehend zitierten preußischen Tugenden der Pflichterfüllung und Gerechtigkeit, aber auch der Toleranz, wie sie unter dem Großen Kurfürsten ausgeprägt worden waren, vollständig in Erscheinung getreten. Dieser König ist insofern ein Beispiel für Führungskunst, weil er das, was er von anderen verlangte, auch selbst vorlebte. Er war glaubwürdig, da er sich selbst seinen eigenen Prinzipien unterwarf. Gleichzeitig gelang es ihm, das Königreich wirtschaftlich zu stabilisieren und dank einer beeindruckenden Armee zu festigen. Mit dem Erwerb Vorpommerns hatte Brandenburg nun zum ersten Mal eine natürliche Grenze nach Norden, und die brandenburgischen Kernlande waren schließlich insgesamt souverän. Friedrich Wilhelm I. starb am 31. Mai 1740 in Potsdam; sein Sohn Friedrich wurde als Friedrich II. der nächste preußische König.

Im Hinblick auf die Befähigung zur Führung ist Friedrich Wilhelm I. ein Vorbild, weil er mit seinen einfachen Glaubenssätzen authentisch war. Seine Leistung zeigt, welchen Einfluss eine konsequente Organisation haben kann, wenn sich auch der Initiator selbst an diese hält. Jeder, der mit einer herausgehobenen Führungsrolle betraut ist, wird irgendwann einmal vor die Frage gestellt, ob ihm nicht die Aufgabe zugefallen ist, den übernommenen Verantwortungsbereich umzubauen, vielleicht sogar zu sanieren. Dabei muss er als Vorgesetzter mit eigenem Beispiel vorangehen und nicht nur den anderen sagen, was zu tun ist. Er selbst muss der Leuchtturm und das Antriebsmotiv seiner Handlungen das Leitbild sein. Bei Friedrich Wilhelm I. war dies die Gerechtigkeit. So muss sich jede Führungskraft fragen, was ihr persönlicher Rocher de bronze ist. Hat sie keinen, sollte sie ihren Führungsanspruch kritisch hinterfragen.

6.

Warum Genies durch nichts zu ersetzen sind – Friedrich II.

Das Verhältnis Friedrich Wilhelms I. zu seinem Sohn, dem späteren Friedrich II., war über viele Jahre hinweg mehr oder weniger katastrophal. Dass Letzterer sich überhaupt zu dem großen Regenten entwickelt hat, als der er später in die Geschichte einging, überrascht sogar den psychologisch wenig versierten Betrachter. Es dürfte kein zweites Beispiel in der Geschichte geben, wo ein Thronfolger in solchem Maße gedemütigt wurde, wo so nachhaltig der Versuch unternommen wurde, den Willen eines Kindes und Jugendlichen zu brechen, und wo derart konsequent Talente ignoriert wurden, wie dies bei Friedrich in seiner Zeit als Kronprinz der Fall war. Friedrich Wilhelm I. war als Vater ein Desaster. Dabei meinte er es gut und handelte stets aus tiefer Überzeugung heraus und aus der Sorge darüber, dass sein Sohn dem Amt als König nicht gewachsen sein würde. Friedrich II. wurde jedoch nicht *wegen* der Erziehung seines Vaters zu der Persönlichkeit, als die die Nachwelt ihn in Erinnerung behalten sollte, sondern *trotz* dieser. So zeigte sich bei ihm bereits in den Jahren der Jugend eine geradezu übermenschliche Charakterstärke. Wer die Umstände seiner Erziehung kannte, war gut daran beraten, diesen König nicht zu unterschätzen. In welchem Umfang sich diese auf die Psyche des Sohnes ausgewirkt hat und inwiefern sein späteres Verhalten dadurch zu erklären ist, mag eine interessante Frage sein; sie wird hier aber nicht beantwortet, weil sie für unsere Themenstellung nicht relevant ist. Die Erziehungstorturen des Vaters haben Friedrich II. indes zeit seines Lebens verfolgt. So träumte er in den letzten Jahren des Siebenjährigen Krieges, möglicherweise unter dem Eindruck militärischer Niederlagen, nachweislich immer wieder von seinem Vater, und es wird berichtet, dass er danach jedes Mal schweißgebadet aufgewacht sei.

Um sich das Ausmaß dieser Peinigungen zu vergegenwärtigen, erinnere man sich nur an die Verhaftung Friedrichs im August 1730 nach einem missglückten Fluchtversuch und an seine Arretierung in der Festung Küstrin, des Weiteren an die Enthauptung seines Freundes und Fluchthelfers Hans Hermann Katte vor seinen Augen und an die anschließende zwangsweise »Umerziehung« in den darauffolgenden Jahren.

Und dennoch bezeichnete sich Friedrich II. in Fortsetzung des Selbstverständnisses seines Vaters als den ersten Diener seines Staates. Obwohl er einer der letzten absolutistischen Monarchen war, ist er diesem Anspruch in jeder Hinsicht gerecht geworden und hat so das politische Testament seines Vaters mehr als erfüllt. Dem Marquis d'Argens, mit dem er einen regen Schriftwechsel unterhielt, schrieb er 1760, dass er nicht leben müsse, wohl aber seine Pflicht tue.[46] Wie sehr er diesem selbst gestellten Anspruch gerecht wurde und wie ausgeprägt die Kontinuität in der Regentschaft des Vaters und später des Sohnes war, zeigt die überlieferte Beobachtung und Kommentierung von Friedrich August Ludwig von der Marwitz. Sie ist vielleicht etwas pathetisch, jedenfalls aber verehrungsvoll liebenswürdig geschrieben:

> Das ganze Rondell und die Wilhelmstraße waren gedrückt voll Menschen, alle Fenster voll, alle Häupter entblößt, überall das tiefste Schweigen und auf allen Gesichtern ein Ausdruck von Ehrfurcht und Vertrauen, wie zu dem gerechten Lenker aller Schicksale. Der König ritt ganz allein vorn und grüßte, indem er fortwährend den Hut abnahm. Er beobachtete dabei eine

sehr merkwürdige Stufenfolge, je nachdem die aus den Fenstern sich verneigenden Zuschauer es zu verdienen schienen. Bald lüftete er den Hut nur ein wenig, bald nahm er ihn vom Haupte und hielt ihn eine Zeitlang neben demselben, bald senkte er ihn bis zur Höhe des Ellbogens herab. Aber diese Bewegung dauerte fortwährend, und so wie er sich bedeckt hatte, sah er schon wieder andere Leute und nahm den Hut wieder ab. Er hat ihn vom Halleschen Tor bis zur Kochstraße gewiss zweihundert Mal abgenommen. Durch dieses ehrfurchtsvolle Schweigen tönte nur der Hufschlag der Pferde und das Geschrei der berlinischen Straßenjungen, die vor ihm hertanzten, jauchzten, die Hüte in die Lüfte warfen oder neben ihm her sprangen und ihm den Staub von den Stiefeln abwischten. Bei dem Palais der Prinzessin Amalie angekommen, war die Menge noch dichter, denn sie erwarteten ihn da; der Vorhof war gedrängt voll, doch in der Mitte, ohne Anwesenheit irgendwelcher Polizei, geräumiger Platz für ihn und seine Begleiter. Er lenkte in den Hof hinein, die Flügeltüren gingen auf, und die alte, lahme Prinzessin Amalie, auf zwei Damen gestützt, die Oberhofmeisterin hinter ihr, wankte die flachen Stiegen hinab, ihm entgegen. [...] Die Flügeltüren gingen zu, alles war verschwunden, und noch stand die Menge entblößten Hauptes, schweigend alle Augen auf den Fleck gerichtet, wo er verschwunden war und es dauerte eine Weile, bis ein jeder sich sammelte und ruhig seines Weges ging. Und doch war nichts geschehen! Keine Pracht, kein Feuerwerk, keine Kanonenschüsse, keine Trommeln und Pfeifen, keine Musik, kein vorangegangenes Ereignis! Nein, nur ein dreiundsiebzigjähriger Mann, schlecht gekleidet, staubbedeckt, kehrte von seinem mühsamen Tagewerk zurück. Aber jedermann wusste, dass dieser Alte auch für ihn arbeite, dass er sein ganzes Leben an diese Arbeit gesetzt und sie seit 45 Jahren noch nicht einen einzigen Tag versäumt hatte! Jedermann sah auch die Früchte seiner Arbeiten, nah und fern, rund um sich her, und wenn man auf ihn blickte, so regte sich Ehrfurcht, Bewunderung, Stolz, Vertrauen, kurz alle edleren Gefühle des Menschen.[47]

Diese schönste Skulptur eines Preußenkönigs stellt mehr dar als nur Friedrich den Großen. Abgebildet sind auch seine Generale, Szenen aus seinen Feldzügen und die Vertreter der Wissenschaft aus seiner Zeit. Mit diesem Denkmal festigte Daniel Rauch seinen künstlerischen Ruhm auf ewig.

Diese Schilderung gibt auch einen Einblick in die Art der Verehrung, die diesem König entgegengebracht wurde, denn eine solche Beschreibung stellt keineswegs einen Einzelfall dar. Über sich selbst hat Friedrich der Große einmal gesagt, dass er lieber die Rolle eines Philosophen eingenommen hätte, aber durch einen Dämon an die Spitze des Staates gestellt worden sei. Dieser König entsprach tatsächlich dem von Platon entworfenen Idealbild eines Staatsoberhauptes und hat die Rolle eines Verantwortungsträgers wie kein anderer angenommen. Sein ausgeprägtes Selbstverständnis als erster Diener seines Staates war nicht nur ein abstrakter Anspruch; Friedrich wurde diesem tatsächlich auf nahezu allen wesentlichen Gebieten des Staatswesens in vollem Umfang gerecht. So war er, abgesehen von seiner Stellung als absolutistischer Monarch, tatsächlich in eigener Person in der Lage, alle wesentlichen Fragestellungen in Zusammenhang mit der Führung des Staates auch wirklich selbst zu beurteilen. Für Friedrich den Großen wäre es undenkbar gewesen, sich eines professionellen Beratungsunternehmens zu bedienen, das es damals natürlich ohnehin noch nicht gab – ihm konnte niemand in seinem Staat etwas vormachen. Heute wird externe Beratung von fast jedem Vorstand benötigt. Hierbei ist nicht die Rede von einem externen Rechtsgutachten oder einer fachlichen Unterstützung bei der Auswahl einer IT-Lösung, sondern von dem Beratungsbedarf in der originären Unternehmensführung, wie zum Beispiel der Suche nach einer Unternehmensstrategie, Führungskonzepten oder Ähnlichem. Das wird auch nicht besser nachvollziehbar, wenn man sich einredet, dass im Verhältnis zur damaligen Staats- die heutige Unternehmensführung angeblich komplexer geworden sei. Tatsächlich war die Führung des Staates Preußen in damaliger Zeit mindestens genauso komplex wie es heute die eines modernen Großunternehmens ist. Friedrich der Große hat den Staat in eigener Person geführt, seine Truppen höchstpersönlich im Krieg begleitet und im Gefecht befehligt. Die Führung des Staates wurde während des Siebenjährigen Krieges zu keinem Zeitpunkt unterbrochen. Heute wäre man ja froh, wenn jeder Unternehmensführer wenigstens eine der ihm zugewiesenen Aufgaben beherrschte und in der Lage wäre, eine Rede oder Mitarbeiteransprache auch einmal ohne Redenschreiber zuwege zu bringen.

Vielleicht haben wir nur die Maßstäbe verloren, und womöglich ist gar die Bezahlung primäre Definitionsgröße einer zu vergebenden Position geworden. Der Umfang, die Vielfalt und die Kombination der Herausforderungen in der Zeit Friedrichs des Großen, verbunden mit den damals bestehenden technischen Schwierigkeiten der Informationsbeschaffung und Situationsbeurteilung, lässt mich die These aufstellen, dass die königlichen Führungsaufgaben durchaus mit denen der Führung von Großunternehmen vergleichbar sind – ja, es waren geradezu übermenschliche Anforderungen, denen dieser Regent gerecht geworden ist.

Friedrich der Große nimmt nicht nur innerhalb der Reihe der preußischen Könige eine Ausnahmestellung ein, er war vielleicht der bedeutendste deutsche Monarch überhaupt, auch wenn er nie ein König der Deutschen war. Seine vielfältigen Begabungen, und wie er diese in praktische Politik umsetzte, erhielten seinen Einfluss auf das Land über seinen Tod hinweg aufrecht. Wegen dieser noch rund einhundertfünfzig Jahre andauernden Wirkungsmacht ist es gerechtfertigt, sich bei diesem König etwas länger aufzuhalten: Er ist ein besonderes Beispiel für Führung und Verantwortung.

Wenden wir uns also zunächst der Frage zu, was Friedrich den Großen nun wirklich dazu befähigt hat, so zu handeln, wie er es tat, und was die Ursachen dafür waren, dass er eine solche Stellung in der preußischen Geschichte einnehmen konnte. Es lag nicht allein an seiner Position als Souverän, denn diese hatten auch andere Könige vor und nach ihm inne. Sein Königtum war lediglich der Grund dafür, dass seine Anweisungen und Befehle auch ausgeführt wurden. Dies allein stellte aber noch keine Garantie dafür dar, dass die Inhalte dieser Anweisungen und Befehle auch vernünftig, sachdienlich, zweckmäßig und dem Interesse von Staat und Volk dienlich waren. Friedrich der Große verfügte nicht nur über die königliche, sondern zugleich auch über eine besondere intellektuelle Souveränität. Er wusste einfach Bescheid über die von ihm zu beurteilenden Sachgebiete – er verstand etwas von der Materie.

Bei Friedrich dem Großen kamen insbesondere drei selten in einer Person vereinigte Eigenschaften zusammen, nämlich politische Entschlusskraft, militärische Führungskunst und praktischer Verwaltungssinn. Eine weitere Grundlage seines Handelns neben diesen drei Begabungen war seine umfassende Bildung. Sein Vater, Friedrich Wilhelm I., hatte angeordnet, dass man ihm nicht nur Kenntnisse der Politik und des Rechts vermitteln, sondern er auch gute Bücher lesen solle. So dauerte es nicht lange, bis sich der Kronprinz eine stattliche Privatbibliothek von etwa viertausend Bänden zugelegt hatte. Entgegen den Vorstellungen seines Vaters las er aber vor allem französische Autoren und die Hauptwerke der damals neueren Philosophie. Deshalb verfügte sein Vater, als er schließlich Umfang und Zusammensetzung der Büchersammlung entdeckte, diese zu verkaufen. Sie hat dennoch zu einer prägenden Wirkung gereicht. Seine spätere Bibliothek soll Friedrich der Große dann nahezu identisch an den wichtigsten Orten, an denen er sich aufhielt, zusammengestellt haben. So konnte er ein Buch an einem Ort an seinen Platz zurückstellen, um es in einer anderen Bibliothek eben dort wieder herauszunehmen.

Die Kombination aus einer besonderen Begabung und einer außergewöhnlich früh ausgeprägten Bildung spricht bereits aus einem Brief des jungen Friedrich an seinen Vater. Es ist schon erstaunlich, dass ein sechzehnjähriger Junge in der Lage ist, einen solchen Text zu schreiben:

> Mein lieber Papa!
> Ich habe mich lange nicht entschließen können, meinen lieben Papa aufzusuchen. Teils, weil man mir es abgeraten hat, vornehmlich aber, weil ich einen noch schlechteren Empfang als den üblichen erwartete. So habe ich mich denn zu einem Brief entschlossen. Ich bitte also meinen lieben Papa, mir gnädig zu sein. Nach langem Nachdenken kann ich versichern, dass mein Gewissen mir nicht das mindeste zeigt, worin ich gefehlt haben sollte. Hätte ich aber wider Wissen und Willen doch etwas getan, was meinen lieben Papa gekränkt haben sollte, so bitte ich hiermit untertänigst um Vergebung. Ich hoffe inständig, dass mein lieber Papa den grausamen Hass, den ich aus all seinem Tun zur Genüge kennengelernt habe, wird fahren lassen. Ich könnte es sonst gar nicht verstehen, da ich doch immer gedacht habe, einen gnädigen Vater zu haben, und nun das Gegenteil feststellen müsste. So fasse ich denn das beste Vertrauen und hoffe, dass mein lieber Papa dies bedenken und mir wieder gnädig sein wird.[48]

Der Historiker und Friedrich-Biograph Wolfgang Venohr[49] charakterisiert dieses Schreiben zutreffend als das scheinbar zerknirschte, demütige Entschuldigungsschreiben, das in Wirklichkeit eine flammende Anklageschrift ist. Besonders beeindruckend ist aber der Stil des Briefes, weil Friedrich seinem Vater auf der einen Seite Grausamkeit, schlechte Umgangsformen und Hassgefühle gegenüber ihm, dem Sohn, vorhält, auf der anderen Seite aber eben diesen Vater als »lieben Papa« bezeichnet. Die wiederholten Einschübe des »lieben Papa« im Anschluss an Vorhaltungen an den Vater erinnern an die Totenrede Marc Antons in Shakespeares *Julius Cäsar*. Dort wird im Refrain Brutus immer dann als »ehrenwerter Mann« bezeichnet, wenn zuvor ein weiteres Verdienst des soeben ermordeten Cäsars geschildert wurde:

> [...] Er war mein treuer und mein wahrer Freund,
> doch Brutus sagt, dass er voll Herrschsucht war,
> und Brutus ist ein ehrenwerter Mann.
> Er brachte viel Gefangene her nach Rom;
> ihr Lösegeld hat unseren Schatz gefüllt;
> o sagt, sah das vielleicht nach Herrschsucht aus?
> Wenn Arme weinten, weinte Caesar mit!
> Die Herrschsucht ist aus härterem Stoff gemacht.
> Doch Brutus sagt, dass er voll Herrschsucht war,
> und Brutus ist ein ehrenwerter Mann[...].[50]

Dass diese Analogie kein Zufall und die Interpretation nicht aus der Luft gegriffen ist, zeigen andere frühe Schriften Friedrichs, in denen er immer wieder seine Bildung zum Vorschein kommen lässt. Diese erstreckten sich nicht allein auf Fragen der Staatsorganisation, sondern insbesondere auch auf geisteswissenschaftliche Themen. So kannte Friedrich der Große die Klassiker, er las unter anderem Seneca und Cicero. Das Werk *Der Fürst* von Machiavelli kannte er immerhin so gut, dass er zu einer umfassenden Interpretation desselben in der Lage war. Diese begann er mit einem Hinweis auf Spinoza und setzte ihn an späterer Stelle unter Berufung auf Descartes fort. Die *Considérations* Montesquieus versah er mit zahlreichen Randbemerkungen. Und auch in theologischen Fragen zeigte sich Friedrich als belesen; so hat er sich mit seinem Vater, wenn auch nur indirekt, über die Prädestinationslehre, eine kirchentheologische Frage also, durchaus qualifiziert gestritten.

Doch erst in seiner Rheinsberger Zeit konnte Friedrich sein Bedürfnis nach Bildung ungehindert ausleben. Dorthin durfte er sich als Kronprinz zurückziehen, nachdem sein Vater davon überzeugt war, dass Friedrich sich in seinem Sinne zu entwickeln begonnen hatte. Zu seinen herausragenden intellektuellen Begegnungen gehörte die mit dem Franzosen François Marie Arouet, genannt Voltaire, Schriftsteller und Philosoph, und später mit Jean-Baptist d'Alembert, einem der Herausgeber der *Großen Enzyklopädie* – beides führende Aufklärer ihrer Zeit. Den einen holte er an seinen Hof, den anderen versuchte er vergeblich davon zu überzeugen, nach Berlin zu kommen, um die Präsidentschaft der Berliner Akademie zu übernehmen. Eine erstaunliche Korrespondenz von Hunderten von Briefen mit beiden Größen zeugt von diesem geistig fruchtbaren und auch heute noch interessanten Dialog. Und wer die gesammelten Werke Friedrichs des Großen einmal liest, der bekommt einen Eindruck von der Vielseitigkeit des Verfassers und der Breite seiner intellektuellen Interessen.

Seine Literaturkenntnis aber hat man infrage gestellt, weil er in seinem literaturkritischen Werk *De la littérature allemande* von 1780, mit dem er den öffentlichen Diskurs anregen wollte, die damals aktuelle Entwicklung der deutschen Literatur nicht abgehandelt hatte. Doch auch wenn er mit seinen Literaturstudien tatsächlich zu einem früheren Zeitpunkt stehen geblieben ist, er also die wichtigen literarischen Werke seiner Zeit offensichtlich gar nicht kannte, so ist es dennoch beeindruckend, dass ein absolutistischer Fürst mit einem so immensen Arbeitspensum überhaupt in der Lage ist, ein solches Traktat zu schreiben. Manch einer, der kritisiert hat, dass Friedrich der Große *Die Leiden des jungen Werther* ebenso wenig erwähnte wie etwa die *Minna von Barnhelm*, verkennt, dass dieser König in einer ganz anderen literarischen Welt zu Hause war. Er verehrte Voltaire, sein Geschmack war durch Racine,[51] Corneille[52] und die antiken Dramatiker bestimmt. Dennoch ist festzuhalten, dass der Monarch, wenngleich er deutsche Denker verehrte, seiner geistigen Einstellung nach dennoch eher der französischen Kultur zugeneigt war.[53] Bemerkenswert ist in diesem Zusammenhang, dass Friedrich der Große die deutsche Kultur im Gegensatz dazu als rückständig betrachtet und daraus die Verpflichtung abgeleitet hat, sich als Souverän darum zu bemühen, sie zu fördern.[54] Dies galt auch für die deutsche Sprache. Wer dennoch bei seiner Kritik bleibt, muss sich umgekehrt die Frage gefallen lassen, ob er überhaupt selbst all das gelesen hat, was Friedrich der Große unberücksichtigt ließ. Das erinnert mich an eine abfällige Bemerkung des Literaturkritikers Marcel Reich-Ranicki, als dieser sich einmal über die aus seiner Sicht oberflächlichen Kenntnisse Helmut Kohls über Hölderlin lustig machte. Dabei war Helmut Kohl der bisher vielleicht umfassendst gebildete Kanzler der Bundesrepublik Deutschland. Auch zu Hölderlin konnte er etwas sagen, wenn auch vielleicht nicht genug, um eine Diskussion mit einem Literaturkritiker zu bestehen; das gehört jedoch auch nicht zu den Aufgaben eines Bundeskanzlers. Der Anforderung an Bildung wurde er hingegen mehr als gerecht.

Auf die schriftstellerische Betätigung Friedrichs des Großen ist bereits eingegangen worden, hinzuzufügen sind noch seine musischen Neigungen. Während der Schlesischen Kriege beschäftigte er sich insbesondere mit dem Schreiben zur Ablenkung, gleichzeitig komponierte er auch zahlreiche Musikstücke. So werden ihm Märsche, die an die Schlachten von Mollwitz und Hohenfriedberg erinnern, zugeschrieben.

Will man aus dem Leben und Handeln Friedrichs des Großen nutzbringende Erkenntnisse für heutiges Führungsverhalten gewinnen, so gilt es festzuhalten, dass Begabungen schon früh zeigen, dass ihr Träger später in der Lage sein wird, sein Amt zu prägen und nicht von diesem geprägt werden wird. Die Kunst besteht nun darin, diese Rohdiamanten des Außergewöhnlichen zu entdecken und ihnen eine gelungene Mischung aus genieorientierter Förderung und gekonnter Zurückhaltung zukommen zu lassen, damit sie auch nicht zu früh in die Verantwortung genommen werden. Wirkliche Begabungen entwickeln sich in der Regel unabhängig von ihrer Umwelt. Die Frage ist nur, ob sie die Chance zur Entfaltung auch bekommen. Deshalb sollte derjenige, der es sich zum Ziel gesetzt hat, einen anderen zu fördern, auch die Größe besitzen, diesem den Vorrang zu lassen, wenn er sich als der Begabtere herausstellt.

7.

Warum ohne Bildung kein Führungsanspruch erhoben werden kann

In diesem Kapitel soll der Frage nachgegangen werden, ob ein Vorgesetzter oder eine Führungskraft ein Wissen besitzen muss, das über sein berufliches Umfeld und seine Betätigung hinausgeht, also kein bloßes technisches Wissen, sondern eines, das als Bildung bezeichnet werden kann. Es steht also zur Diskussion, ob ein Führungsanspruch auch einen geistigen Vorsprung im Sinne einer intellektuellen Überlegenheit gegenüber den Geführten voraussetzt. Sicher kann man nicht von jeder Art von Vorgesetzten verlangen, dass sie über eine umfassende Bildung zu verfügen hätten. Die Forderung lautet jedoch, dass Bildung in einem äquivalenten Verhältnis zur Führungsaufgabe und -position stehen muss. Maßstab für den Umfang der Bildung soll also die Führungsaufgabe sein, während die Forderung nach Bildung grundsätzlich hierarchieunabhängig ist. Die Rede ist hier demnach nicht von einer absoluten, sondern von einer relativen Bildung.

Je exponierter die Position, umso ausgeprägter und umfassender muss die Bildung ihres Trägers sein. Das soll nicht zu einem Wunsch nach Universalgelehrten an der Spitze der großen Unternehmen mutieren. Es geht vielmehr um Allgemeinbildung auch in den oberen Chefetagen, die aber immer breiter oder substanziierter werden muss, in Abhängigkeit von dem Führungsanspruch und der Führungsverantwortung, die der Einzelne erhebt oder übertragen bekommen hat.

Allgemeinbildung ist dabei kein Selbstzweck, sie muss auch eingesetzt werden. Weniger in Sonntagsreden, in denen Mitarbeiter mit historischen Zusammenhängen belästigt werden, die sie selbst nicht nachvollziehen können, als vielmehr im bewussten Reflektieren der Umwelt und der damit einhergehenden Bereitschaft, sich mit bestimmten Zuständen oder Umständen, aber auch Verhaltensweisen des eigenen Umfeldes laufend auseinanderzusetzen. Es geht darum, Erkenntnisse der Allgemeinbildung einer ständigen Überprüfung auf Tauglichkeit, Angemessenheit und vor allem auf »Übernahmebrauchbarkeit« und »Fortführungstauglichkeit« zu unterziehen. So hat Friedrich der Große sein Traktat *Betrachtungen über die Taktik* mit den Worten eingeleitet:

> Was hat man vom Leben, wenn man nur vor sich hin vegetiert? Wozu hat man Augen, wenn man nur Tatsachen in seinem Gedächtnis anhäuft? Mit einem Worte, was nutzt die Erfahrung, wenn sie nicht mit Nachdenken verbunden wird? Vegetius[55] sagt: »Der Krieg soll uns ein Studium und der Friede eine Übung sein.« Er hat recht!
>
> Die Erfahrung will durchdacht werden. Erst nach wiederholter Prüfung erkennt der Künstler die Grundbedingungen seiner Kunst. In den Mußestunden, in den Zeiten der Ruhe werden neue Stoffe für die Erfahrung vorbereitet. Solche Untersuchungen sind das Erzeugnis eines strebsamen Geistes. Aber wie selten ist solches Streben, und wie häufig sieht man dagegen Menschen, die alle ihre Glieder abgenutzt, aber nie ihren Geist gebraucht haben! Nur das Denken, die Fähigkeit, Ideen zu verknüpfen, unterscheidet den Menschen vom Lasttier. Der Maulesel, der zehn Feldzüge lang den Packesel des Prinzen Eugen trug, ist dadurch kein besserer Taktiker geworden. Zur Schande der Menschheit muss man gestehen, dass viele in einem sonst ehrbaren Berufe alt und grau werden, ohne darin größere Fortschritte zu machen, als eben jener Maulesel.[56]

Bildung reduziert die Wahrscheinlichkeit von Entscheidungs- und Führungsfehlern oder verhindert diese gar. Gleichzeitig ist sie Grundvoraussetzung dafür, die Umwelt aus eigener Erkenntnis beurteilen zu können, Bildung also macht unabhängig. Eine Unabhängigkeit allerdings, die man sich mühsam über viele Jahre hinweg erarbeiten muss.

Leider ist dabei die Allgemeinbildung schon seit Jahren keine Angelegenheit der Schule mehr. Mit der Behauptung, dass das zu vermittelnde Wissen immer umfassender, immer komplexer werde, wird im Ergebnis immer weniger Grundsätzliches vermittelt. Dabei geht es überhaupt nicht um den Anspruch, allumfassend zu sein. Es geht aber wenigstens um die europäischen Leistungen, weil wir Europäer der Nukleus der westlichen Welt sind. Deshalb muss jede Allgemeinbildung unter anderem mit unserer Geschichte, mit unserer Literatur und mit unserer Kunst beginnen. Leider können wir heute nicht mehr sicherstellen, dass ein durchschnittlicher Abiturient qualifizierte Kenntnisse über Kant oder Goethe besitzt – und warum nicht auch über Friedrich den Großen.

Wie sehr sich die Welt verändert hat, zeigt ein Beispiel aus dem Leben von Sigmund Freud, der bei einem seiner Patienten dessen Unkenntnis von Goethes *Dichtung und Wahrheit* mit dem Umstand begründet hat, dass er Ausländer sei und deshalb dieses Werk gar nicht kennen könne. Im Falle eines Deutschen hätte er diesem umgekehrt die Kenntnis von Goethes Autobiographie nicht nur uneingeschränkt zugetraut, sondern diese sogar vorausgesetzt. Heute müsste Freud eine ganz andere Argumentation bemühen.

Wir laborieren seit Jahrzehnten an unserem Bildungssystem herum und sind nicht in der Lage, einem Abiturienten eine Allgemeinbildung mitzugeben, die ihn ein Leben lang begleiten kann, egal was er studiert. Allerdings kann Allgemeinbildung in der Schule nur dann wenigstens in Ansätzen vermittelt werden, wenn auch die Lehrer allgemein gebildet sind.

In diesem Zusammenhang stelle ich mir die Frage, warum sich ein Lehrer eigentlich keiner Weiterbildung unterziehen muss, etwas, was in anderen Berufen verlangt wird. Ein solcher Eingriff in die Freizeitgestaltung eines Lehrers würde unserem Bildungssystem gut tun. Nur wer in seinem Berufsleben immer wieder die Chance hat, durch Weiterbildung, auch durch einen Wechsel des Arbeitgebers (der einzelnen Schule), seinen Horizont zu erweitern, der kann Wissen in einer Form vermitteln, dass dabei Freude und Leidenschaft für Dritte erkennbar zu Tage tritt.

Schließlich müssen Lehrer eines Gymnasiums ihre Schüler nicht nur auf das Studium oder eine sonstige Art der Anschlussausbildung vorbereiten, sie müssen auch ihren Schülern helfen, hier die richtige Wahl zu treffen. Ein Lehrer, der andere Berufe nur vom Hörensagen kennt, muss sich auf die Meinung anderer verlassen oder den Schülern seine eigene Unerfahrenheit als Empfehlung mitgeben. Nicht selten werden deshalb Vorurteile über manche Berufe konserviert oder Möglichkeiten und Chancen nicht vermittelt, einfach weil man von bestimmten Berufen noch nie etwas gehört hat. Die mangelnde Wahrnehmung des Unternehmers als die zentrale Arbeitsplatzbeschaffungseinrichtung in unserer Wirtschaft und als der Träger vieler Innovationen sowie seine Funktion als Rückgrat des Mittelstandes hat ihre Ursache auch in der mangelhaften Befähigung, über unternehmerische Risiken zu urteilen. Schließlich darf man sich dann nicht wundern, wenn eine Vielzahl der Abiturienten nach Ablegen ihrer Reifeprüfung keine Vorstellung davon hat, was sie danach machen könnte.

Kritik an Lehrern wird schnell mit dem Hinweis abgetan, dass sie einen schwierigen Job machen, Kinder und Schüler immer renitenter werden, die Ausländerquote steigt und sich unterschiedliche Sozialisierungen ihren Weg bahnen. Dem halte ich entgegen, dass nicht jede Schule gleich ist und im Übrigen die Lehrer bei uns ganz gut bezahlt werden und auch genug Freizeit haben, um den vorstehenden Anspruch an ihre Bildung zu rechtfertigen. Ein Lehrer darf sich nicht wundern, wenn er in abgerissenen Klamotten in die Schule kommt, weil er glaubt, durch diese äußere Anbiederung an seine Schüler eine spezifische Führungsbefähigung zum Ausdruck bringen zu können, und dennoch von seinen Schülern nicht ernst genommen wird. Kein Vorgesetzter mit einem vergleichbaren Dienstgrad in der zivilen Wirtschaft würde so zur Arbeit erscheinen, wie sich dies bei vielen Lehrern in einem durchschnittlichen Gymnasium längst eingebürgert hat. Warum werden bei Lehrern der Anzug und die Krawatte nicht zur Selbstverständlichkeit, nicht als Anweisung der Schulleitung, sondern als Ausdruck des eigenen Anspruchs an sich selbst?

Allgemeinbildung an den Schulen zu vermitteln ist wichtig, weil die Universität demgegenüber einen Ort der Fachausbildung darstellt und es das Studium Generale nicht mehr gibt – allenfalls für Dauerstudenten, die versuchen, mit einer solchen Zielsetzung ihre überdurchschnittliche Verweildauer zu begründen, um dann ohne nähere Befähigung für den Rest ihres Lebens Taxi zu fahren. Wer sich also Allgemeinbildung erarbeiten will, der muss dies zusätzlich oder außerhalb des Studiums tun, was ein dauerhafter und lebenslanger Vorgang ist. So muss man einfach viele Bücher lesen, trotz bestehender Arbeitsbelastung – das Studium von Managementliteratur und der Tageszeitung jedenfalls ergeben noch keine tragfähige Grundlage.

Die fehlende Allgemeinbildung wirkt sich längst aus. Reden, die manche Vorgesetzte auch in exponierter Position halten, werden inhaltlich immer flacher und sind, wenn man Glück hat, allenfalls noch fachlich brauchbar. Vielleicht ist dies der fortschreitenden Internationalisierung geschuldet, wo man in der Kommunikation den kleinsten gemeinsamen inhaltlichen Nenner sucht. In der Regel liegt es aber daran, dass diese Vorgesetzten eigentlich nichts zu sagen haben, weil sie eben auch nichts wissen. Dabei muss konstatiert werden, dass Allgemeinbildung in einer Rede auch nichts nützt, wenn die Zuhörer sie nicht verstehen.

Zur Allgemeinbildung gehört alles, was unsere Gesellschaft maßgeblich geprägt hat und so wäre es ein Irrtum zu glauben, die Gegenwart sei vollständig zu erfassen, wenn man sein Wissen nur auf das Hier und Jetzt beschränken wollte. Allgemeinbildung ist aber auch eine Frage des Respekts vor den Leistungen unserer Väter, weil wir uns deren Ringen und Bemühen, die Welt auch für uns ein Stück gerechter und besser zu machen, immer wieder vergegenwärtigen müssen. Ein Volk entsteht als Kollektiv nicht plötzlich, sondern hat immer eine Vergangenheit, die, unabhängig davon, ob sie bei jedem Einzelnen im Bewusstsein verankert ist, das geteilte Gedächtnis einer Nation bildet. Deshalb muss der Ausgangspunkt für die Bestimmung des Umfangs von Allgemeinbildung das kollektive Gedächtnis sein, also das, was ganz allgemein die Erfahrungen der eigenen Gesellschaft oder Nation geprägt hat. Zur Allgemeinbildung gehören deshalb fundierte Geschichtskenntnisse, insbesondere Kenntnisse unserer nationalen Geschichte.

Seit jeher beschäftigt sich die Menschheit mit den zentralen Fragen, woher wir kommen, warum wir da sind und was der Sinn des Lebens ist. Die diesbezüglich gewonnenen Erkenntnisse und Überlegungen haben uns beeinflusst und tun dies immer noch. Und da auch gewisse andere fundamentale Themen, etwa solche, die sich mit der Würde des Menschen befassen oder mit der Bestimmung dessen, was gut ist und was böse – mit unseren ethischen Grundwerten also –, von der Philosophie betrachtet und erklärt werden, zählen philosophische Grundkenntnisse ebenfalls zur Allgemeinbildung.

Das Gemeinwesen, in dem man lebt, sollte man seiner Struktur nach kennen. Daher benötigt man zudem ein Wissen über Fragen der gesellschaftlichen und staatlichen Organisation, der Bund-Länder-Föderation oder über die Grundfesten, die unseren Rechtsstaat ausmachen.

Schließlich ist die Kunst, insbesondere in Form der Literatur, untrennbar mit unserer Kulturgeschichte verbunden, ist doch gerade Letztere Trägerin unseres kollektiven Gedächtnisses. Ihr gebührt daher spezielle Aufmerksamkeit beim Erwerb einer fundierten Allgemeinbildung.

Wem diese Auflistung jetzt zu sehr auf unser Land oder unseren Kulturkreis bezogen erscheint, dem sei entgegnet, dass zunächst einmal mit dem Naheliegendsten angefangen werden muss. Ich persönlich halte nichts davon, sich mit mehr oder weniger entlegenen Gegenden, Erfahrungen oder Erinnerungen zu beschäftigen, noch bevor die nationalen Erfahrungen und Erinnerungen aufgearbeitet sind. Im Übrigen kann man sich nicht glaubhaft international betätigen, ohne die eigene Kultur- und Geistesgeschichte internalisiert zu haben. Nur wer sein eigenes Land wirklich kennt, kann damit beginnen, auch andere Kulturkreise zu beurteilen. Andernfalls ist die Gefahr groß, dass man aus Unkenntnis der Sache in anderen Staaten alles besser findet als im eigenen. So gibt sich beispielsweise so manch einer der Modeerscheinung des Buddhismus hin oder wird zum Anhänger des Dalai Lama, weil man dort etwas zu finden glaubt, was unsere abendländisch-christlichen Wertvorstellungen angeblich nicht bieten können. Tatsächlich sind aber viele einfach nur zu bequem, um sich mit diesen wirklich auseinanderzusetzen. Mit dem Hinweis auf exotische Alternativwerte entziehen sie sich der Pflicht, sich mit ihren eigenen kulturellen Wurzeln zu beschäftigen. Deshalb ist in einigen Fällen der zur Schau getragene Modeglaube vielleicht eher der eigenen Trägheit geschuldet, denn das Studium der über zweitausendjährigen Kultur unseres christlichen Abendlandes ist anstrengend und erfordert das Lesen so manchen Buches und das Ablegen gewisser im Zeitgeist vorherrschender Vorurteile.

Resümierend kann man also festhalten, dass Allgemeinbildung aus qualifizierten Kenntnissen der Geschichte, Philosophie, Staatsorganisation, Wissenschaft und Kunst besteht.

Friedrich der Große war alles in allem ein gebildeter Mann, der mit der Übernahme der königlichen Würde keineswegs aufgehört hatte, sich weiterzubilden. Ihm ging es nicht nur um das bloße Anhäufen von Wissen, vielmehr forderte er dazu auf, die durch die Lektüre gewonnenen Einsichten und Erfahrungen durch eigenes Nachdenken zu verarbeiten. Sogar während seiner Feldzüge, gerade auch in den depressiven Phasen des Siebenjährigen Krieges, lenkte sich Friedrich der Große durch das Lesen historischer und politischer Schriften ab und brachte erstaunliche Werke hervor, wie etwa die Betrachtungen über Karl XII., König von Schweden, und dessen militärische Talente.

Friedrich besaß also eine solch umfassende Bildung auf allen genannten Gebieten. Diese hatte er sich mühsam erarbeiten müssen, da ihm sein despotischer Vater geradezu grausam quälend im Wege gestanden hatte. Und als er später selbst König war, bedurfte es einer enormen Disziplin, sich neben allen Verpflichtungen, insbesondere aber den Widrigkeiten der Kriegsführung, noch mit schöngeistigen Dingen auseinanderzusetzen. Nicht nur seine Traktate zu unterschiedlichen Themen zeugen davon, sondern auch sein nicht abreißender Schriftwechsel, etwa mit dem Marquis d'Argens, und die Gesprächsaufzeichnungen seines Vorlesers Henry de Catt.

Sich mit intellektuellen Themen zu befassen, die in keinem direkten Zusammenhang zum eigenen Beruf stehen, muss jedoch keineswegs nur eine Belastung sein; es kann vielmehr ebenso gut Entspannung und geistige Stärkung bedeuten. Und da auch das vorliegende Buch »in schwieriger Zeit« entstanden ist, kann ich gut nachvollziehen, dass Friedrich der Große sich mitten im Krieg mit dem Leben Karls XII. beschäftigte.

Auch die preußischen Offiziere galten in aller Regel als gebildet. In der Zeit des Großen Kurfürsten waren sie vom Wertgehalt der französischen Kultur geprägt worden, und ein Offizier musste neben den militärischen Fertigkeiten auch Bildung im Sinne einer Kenntnis der damaligen Kulturgüter besitzen; hinzu kam eine Schulung in wirtschaftlichen, organisatorischen und diplomatischen Fragen.[57] Einen nachhaltigen Einfluss auf das preußische Offizierswesen übten in dieser Zeit auch die Niederländer aus, die mit dem Studium der römischen Kriegskunst im Hinblick auf Taktik und Strategie neue Wege eröffneten. Später wurden die adeligen Offiziere an Lateinschulen und Universitäten, aber auch im Pagendienst ausgebildet – nicht selten schlossen sich daran ausgedehnte Bildungsreisen an. Preußische Offiziere lasen Cicero und Seneca, zudem sind

Vorlesungen Immanuel Kants nachgewiesen. Auch die Erfolge in Königgrätz im Jahr 1866 sind wohl ebenfalls dem preußischen Bildungswesen zugutezuhalten. So galt die Bildung preußischer Offiziere allgemein als vorbildlich und als Grundlage für militärische Erfolge – ein Beispiel dafür, wie sehr Führung und Bildung zusammenhängen.

Und so sollte Bildung auch heute noch eine Voraussetzung für das Bekleiden exponierter Führungspositionen sein. Insbesondere in großen Unternehmen werden solche allerdings zunehmend mit Vorgesetzten besetzt, die sich als Generalisten verstehen – was in der Regel jedoch nichts anderes bedeutet, als dass sie von nichts wirklich etwas verstehen, allenfalls bestimmte Techniken beherrschen und deshalb als »Manager« bezeichnet werden. Nicht selten zeichnen sie sich auf ihrem Weg nach oben durch eine spezifische »Stromlinienförmigkeit« und eine fehlende Neigung aus, eigenständig Entscheidungen zu treffen. Solche benchmark-orientierten Entscheidungsträger pflegen sich auf das Vergleichen unterschiedlicher von Mitarbeitern vorgetragener Lösungsansätze oder auf die Ergebnisse speziell zur Entscheidungsfindung eingesetzter Arbeitsgruppen zu stützen. Ihre Karriere haben sie zumeist als Angestellte begonnen, vielleicht in einer Unternehmensberatung; jedenfalls sind sie dadurch geübt im Taktieren und in der jahrelangen Anpassung beim »Hocharbeiten« in einer hierarchischen Organisationsstruktur, wo es darum geht, wenig Fehler zu machen und nicht mit Meinungen aufzufallen, die vorher noch kein Vorgesetzter geäußert hat. So verwundert es nicht, wenn ein auf diese Weise geschulter Vorgesetzter jemand ist, der anderen im Wortsinne einfach »vor-gesetzt« wird, also vor den anderen »sitzt«. Nicht nur fachlich ist diese Art von Vorständen immer seltener in der Lage, ohne teure Berater Entscheidungen zu treffen; sie sind auf das Plazet von externen Unternehmensberatern auch bei originären Führungsentscheidungen angewiesen, wie bei der Umstrukturierung eines Unternehmens oder dessen Positionierung am Markt.

Diese Art von leitenden Angestellten dominiert heute die Wirtschaft wie nie zuvor – dabei benötigten wir echte Führungspersönlichkeiten. Führen ist eben etwas grundsätzlich anderes als Vorsitzen, denn zu Ersterem braucht man Charakter, und dieser ist nicht immer mehrheitsfähig. Dies schon gar nicht in unserer Gesellschaft mit ihrem immanenten Dauerkonsens, bei dem jede deutliche Formulierung nicht nur inhaltlich hinterfragt wird, sondern auch dahin gehend, ob die Auffassung nicht weicher und diplomatischer formuliert werden könnte, damit man nicht so sehr Anstoß daran nehmen kann. Dabei tun wir gerade so, als seien alle Probleme bereits gelöst und wir müssten uns nur noch um die Feinjustierung kümmern. Die Probleme unserer Zeit lassen sich jedoch nur lösen, wenn sie schonungslos angesprochen werden und der Konsens nicht schon bei der Analyse zum Tragen kommen muss.

Um es noch einmal zusammenzufassen: Im Hinblick auf Führung spielt Bildung deshalb eine entscheidende Rolle, weil Führen eben mehr ist als nur technische Anweisungen zu geben oder benchmark-orientierte Entscheidungen zu treffen mit dem Ziel einer (meist persönlichen) Gewinnmehrung oder Kostenoptimierung. Kurzum: Führen ist nicht Managen. Viele Führungsentscheidungen sind ihrem Inhalt nach nicht neu, sondern beziehen sich auf Vorkommnisse, die in ähnlicher Form schon frühere Generationen beschäftigt haben. So erwächst in einer immer komplexer werdenden Welt eine ausgeprägte Allgemeinbildung zu einer Richtschnur, an die man sich halten kann, um sich im Geflecht der Abhängigkeiten zurechtzufinden. Und im Übrigen zeigt ein gebildeter Vorgesetzter zudem, dass er aufgrund seines hohen intellektuellen Niveaus einem umfassenden Führungsanspruch gerecht wird und sein Wirken nicht nur auf den unmittelbaren Entscheidungsradius begrenzt sein muss.

8.

Wie man mit Stärke und Entschlusskraft Fakten schafft – der Beginn der Schlesischen Kriege

Bevor nun im Einzelnen auf die Hintergründe der Schlesischen Kriege und die daraus abzuleitenden Richtlinien für heutiges Führungsverhalten eingegangen wird, soll zunächst noch ein Blick auf die Persönlichkeit Friedrichs des Großen als Staatsoberhaupt geworfen werden, der sich nicht scheute, auch militärische Mittel anzuwenden, um den Interessen seines Landes Nachdruck zu verschaffen.

Wie im Vorangegangenen bereits gezeigt wurde, gelang es Friedrich meisterhaft, die ihm eigenen Talente zu entfalten und zum Wohle der Gemeinschaft einzusetzen. Dabei würde man ihn jedoch wohl kaum als den »Großen« bezeichnen, hätte er sich nicht auch in seiner Rolle als Feldherr besonders profiliert. Und die Betrachtung bliebe unvollständig, wenn die Motive, die ihn zu immerhin drei Kriegen veranlassten, ausgeblendet würden. Daher soll in diesem Kapitel zwei wesentlichen Fragen nachgegangen werden: zum einen, warum Friedrich der Große den Ersten Schlesischen Krieg begann und, zum anderen, warum es schließlich auch noch zum Dritten kam, wo es Preußen doch im Aachener Frieden vom 18. Oktober 1748 gelungen war, die territoriale Beute aus den ersten beiden Schlesischen Kriegen zu sichern.

Als Friedrich der Große den Thron bestieg, waren die Erwartungen an ihn groß, auch, weil er mit dem von ihm verfassten *Antimachiavell* den Eindruck erweckt hatte, als könne es unter seiner Herrschaft mit dem vergleichsweise friedlichen Leben in Preußen so weitergehen, dies zudem mit weniger Drill und bereichert um neue persönliche Freiheiten. Man hoffte auf eine Rückbesinnung des Herrscherhauses auf Kunst und Kultur, Werte also, wie sie einst Friedrichs Großvater verkörpert hatte – kurzum: Man erwartete einen Regenten der Philosophie, Kultur und Aufklärung. Wer glaubt, vom Titel der Schrift auf eine ausgeprägte Antihaltung Friedrichs zu den Theorien Machiavellis schließen zu können, wird enttäuscht werden; tatsächlich sind die Differenzen zwischen beiden Denkmodellen viel geringer, als man annehmen könnte – dies erschließt sich einem allerdings erst dann, wenn man beide Werke gelesen hat. In jedem Fall gibt der *Antimachiavell* Auskunft über die Denkweise seines Autors, Friedrichs des Großen, und belegt zugleich, dass diese als Maßstab für heutige Führungsbelange durchaus tauglich ist. Der *Antimachiavell* ist in Wirklichkeit viel weniger ein Gegenstück zu Machiavellis *Der Fürst* als eine Darstellung der persönlichen Führungsvorstellungen des späteren Königs. So gibt Friedrich in weiten Passagen Machiavelli sogar ausdrücklich Recht – insofern ist der Titel irreführend. Was sich aber wie ein roter Faden durch den *Antimachiavell* zieht, ist der Anspruch Friedrichs des Großen, ein gerechter und guter Fürst zu sein, der in erster Linie das Wohl seines Volkes im Auge hat, wie folgende Textstelle anschaulich belegt:

> Die Fürsten sind zu Richtern der Völker geboren; was sie groß macht, hat seinen Ursprung in der Pflege des Rechtes. Niemals dürfen sie also die Grundlage ihrer Macht und die ursprüngliche Bestimmung ihres Amtes verleugnen.[58]

Friedrich der Große erkannte damit die philosophischen Grundsätze des Naturrechts an: Das Recht des Königs beruht auf einem Vertrag, in welchem ein Volk sich einen Richter,

Friedrich II. kam mit dem Tod seines Vaters am 31. Mai 1740 auf den Preußenthron. Seine Untertanen hatten hohe, wenngleich unterschiedliche Erwartungen an seine Herrschaft.

Beschützer und Souverän gewählt hat[59] – eine Auffassung, die sich auch so mancher Topmanager zu eigen machen sollte.

Obwohl Voltaire der Ansicht war, diese Schrift eines Fürsten suche ihresgleichen seit den Aufzeichnungen des Marc Aurel, hat es der *Antimachiavell* nie geschafft, in einem Atemzug mit Niccolò Machiavellis *Der Fürst* genannt zu werden – vielleicht auch, weil man im Verhalten Friedrichs des Großen in seinen Jahren als König und Feldherr einen Widerspruch zu seinen antimachiavellistischen Thesen zu sehen glaubte. Kein Geringerer als Thomas Mann hat dazu Folgendes angemerkt:

> Friedrich schrieb den Antimachiavell, und das war nicht Heuchelei, sondern Literatur.[60]

Entgegen den Erwartungen vieler stellte Friedrich II. bei der Machtübernahme sofort einige neue Regimenter auf, und zwar nicht nur die Garde du Corps als Ersatz für die Langen Kerls, die bis auf ein Bataillon Gardegrenadiere entlassen wurden; vielmehr wurde die Armee um immerhin zehntausend Mann vergrößert. Einen ersten Vorgeschmack davon, dass dieser König sehr viel schneller bereit sein würde als bislang angenommen, die Streitmacht zur Durchsetzung seiner politischen Interessen zu verwenden, erhielt der Fürstbischof von Lüttich, als er sich weigerte, preußische Ansprüche auf die Herrschaft Herstal zu respektieren. Die Minister Friedrichs II. warnten ihn zwar vor einem militärischen Vorgehen und dessen Folgen, erhielten jedoch folgende Antwort des Monarchen:

> Wenn die Minister von Politik sprechen, sind sie geschickte Leute, doch wenn sie vom Kriege reden, ist es, als wenn ein Irokese von Astronomie spricht. Ich werde mich noch in diesem Jahre nach dem Klevischen begeben und es noch einmal im Guten versuchen; finde ich Widerstand, so werde ich mir mein Recht zu verschaffen wissen. Der Kaiser ist das alte Spuk- und Götzenbild! Einst stellte er eine Macht dar, heute ist er nichts mehr.[61]

Friedrich II. ließ zwölf Grenadierkompanien und eine Dragonerschwadron in das Lütticher Gebiet rücken und eine Kriegssteuer erheben. Erst da reagierte der Fürstbischof. Eine solche Form der Politik war man nicht gewohnt und verglich sie mit der Ludwigs XIV. von Frankreich.

Bevor allerdings die befürchtete militärische Auseinandersetzung überhaupt ausbrach, starb der deutsche Kaiser Karl VI., und der daraus resultierende Konflikt überlagerte alle bis dahin noch existenten Schwierigkeiten.

Friedrich Wilhelm I. hatte seinen Nachfolger eindringlich davor gewarnt, ungerechte Kriege zu führen, und hatte selbst – mit Ausnahme des Nordischen Krieges, der ihm 1720 im Frieden von Stockholm unter anderem die Herrschaft über Stettin und Vorpommern eingebracht hatte – keine bewaffneten Auseinandersetzungen initiiert. Vielleicht waren es auch seine christlichen Wertvorstellungen, die ihn zeitlebens daran hinderten, die Interessen des Landes militärisch durchzusetzen. Manche vermuten auch, dass ihm seine Soldaten zu schade waren, um sie in einen Krieg zu schicken. Als Machtinstrument war ihm die Armee wohl willkommen, er war sich jedoch gleichzeitig der Fragilität des »Humankapitals« bewusst.

Friedrich II. sah nun in seinem eigenen Verhalten keinen Widerspruch zu der eindringlichen Warnung des Vaters, denn dessen Vorgabe war ja keineswegs die gewesen, prinzipiell jeden Krieg zu meiden, sondern nur, nicht den Anstoß zu einem ungerechten – oder sollte man nicht besser sagen »ungerechtfertigten«? – militärischen Schlagabtausch zu geben. Wem diese Unterscheidung etwas gekünstelt anmutet, der muss sich in Erinnerung rufen, dass der Krieg damals als eine Fortsetzung der Politik mit anderen Mitteln galt, gemäß der bereits zitierten Formulierung des Preußen Carl von Clausewitz.[62] Und es war in Europa bis zum Ende des Zweiten Weltkrieges in der Tat so gewesen, dass die Politik, wenn eine Einigung auf Verhandlungsbasis zeitnah nicht möglich war oder die politischen Ergebnisse derselben einer der beiden gegnerischen Seiten nicht zusagten, ihre natürliche Fortsetzung im Krieg fand. Bewaffnete Auseinandersetzungen galten als ein Element der Politik und keinesfalls nur als eine Ultima Ratio. Daher kommt der eingrenzenden Forderung im Testament Friedrich Wilhelms I. von 1722, keinen ungerechten Krieg zu führen, besondere Bedeutung zu. Er gibt seinem Nachfolger dort zugleich auch noch ein zentrales Ziel für die Außenpolitik vor:

> Der Kurfürst Friedrich Wilhelm haht das rechte flor und aufnahme in unser haus gebracht mein Vater hat die Königl: würde gebracht. mich habe das Land und die Armeé in stande gebracht. an euch mein lieber Sukzessor ist was eure vorfahren angefangen zu suttenieren und eure Pretensionen und lender darbeyschaffen die unßerm hauße von Gott uns rechtswehgen zugehören.[63]

Und Friedrich II. selbst beschrieb seine Vision von der Zukunft seines Landes und dessen, was aus seiner Sicht ein König von Preußen zu tun habe, bereits als Kronprinz während seines Arrestes in Küstrin in einem Brief vom Februar 1731 an seinen Kammerjunker Karl Dubislav von Natzmer ebenfalls recht gut in diesem Sinne, wie folgende Passage belegt:

> Das andere System, das sich auf dieser Grundlage von selbst aufbaut, ist die fortschreitende Vergrößerung des Staates. Ich habe schon gesagt, dass der preußische Länderbesitz sehr zerstückelt ist. Da kommt es denn bei allen Plänen, die man entwirft, vor allem darauf an, einen engeren Zusammenhang zwischen den Landesteilen herzustellen oder die losgerissenen Stücke, die eigentlich zum preußischen Besitz gehören, ihm wiederanzugliedern. [...] Es kommt mir lediglich auf den Nachweis an, dass Preußen sich seiner eigenartigen Lage in der politischen Notwendigkeit befindet, die genannten Provinzen zu erwerben.[64]

Friedrich II. war davon überzeugt, dass dem preußischen Staat eine selbstständige Rolle im Zusammenspiel der Mächte zukomme. Er sah darin keinen bloßen Selbstzweck; es war ihm vielmehr um die territoriale Sicherheit des Landes zu tun, um dessen Funktion als Bollwerk für den protestantischen Glauben und um die Gerechtigkeit, der sich ein preußischer König zu verpflichten habe. So fährt Friedrich II. denn im selben Brief fort:

> Ich wünsche dem preußischen Staate, dass er sich aus dem Staube, in dem er gelegen hat, völlig erhebe und den protestantischen Glauben in Europa und im Reiche zur Blüte bringe, dass er die Zuflucht der Bedrängten, der Hort der Witwen und Waisen, die Stütze der Armen und Schrecken der Ungerechten werde.[65]

Und schließlich soll aus dem genannten Brief noch eine weitere Passage zitiert werden, die wie eine Prophezeiung anmutet, die zweihundert Jahre später auf das Schrecklichste Realität wurde:

> Sollte aber ein Wandel eintreten und Ungerechtigkeit, Lauheit im Glauben, Parteiwesen oder das Laster den Sieg über die Tugend davontragen, was Gott auf ewig verhüten wolle, dann wünsche ich ihm, dass er in kürzerer Zeit untergehe, als er bestanden hat.[66]

Dieser Brief an Natzmer wie auch die dort formulierte Prophezeiung Friedrichs des Großen sind dem breiten Publikum unbekannt geblieben – so auch jenen, die sich unter Berufung auf diesen großen König an der deutschen Nation und der Welt vergangen haben.

Soweit die Betrachtungen zur Führungspersönlichkeit Friedrichs des Großen. Wenden wir uns nun also den politischen Hintergründen zu, die schließlich zum Ausbruch der Schlesischen Kriege führen sollten. Weil der österreichische Kaiser Karl VI. ohne männliche Erben geblieben war, versuchte er, im Reich die Zustimmung dazu zu bekommen, seine älteste Tochter Maria Theresia als seine Nachfolgerin auf dem österreichischen Thron zu bestimmen – mit Erfolg. Diese Vereinbarung wurde als »Pragmatische Sanktion« bezeichnet und war von Karl VI. teuer erkauft worden. Er musste eine Reihe von Zugeständnissen machen, so auch gegenüber Preußen, das nur unter der Bedingung eingewilligt hatte, dass der Kaiser preußische Ansprüche in der bergschen Nachfolge unterstützen würde. An diese Zusage hielt sich der Kaiser jedoch nie.

Nach Einschätzung Friedrichs II. würde die mit dem Tod Kaiser Karls VI. eingetretene Habsburger Schwäche in der Frage der Thronfolge zu einer Erbauseinandersetzung führen, die unter Umständen sogar militärisch ausgetragen werden müsse. Um sich für diesen Fall den für Preußen strategisch wichtigen Teil bereits zu sichern, entschloss sich Friedrich II. unmittelbar nach der Thronbesteigung Maria Theresias, Schlesien zu besetzen. Er wollte Fakten schaffen, noch ehe sie sich in ihre Regentenrolle so recht eingefunden haben würde. Er sah im Machtvakuum des Herrschaftswechsels die Chance dazu und ergriff sie voller Berechnung. An dieser ersten Besetzung Schlesiens zeigt sich daher der besondere Charakter Friedrichs des Großen, seine Entschlossenheit sowie die Bereitschaft, die Gunst der Stunde unverzüglich zu nutzen und schnell und hart zuzuschlagen. Manche Länder hatten womöglich ein längeres Schwert als Preußen, aber keines konnte es so schnell aus der Scheide ziehen.[67] Genau dadurch zeichnete sich Friedrichs Schlagkraft aus.

Was aber können wir daraus für heutige Führungsbelange ableiten?

Im Zusammenhang mit Kriegsführung mag diese Befähigung Friedrichs des Großen irritierend anmuten; es geht mir aber bei diesem Aspekt nicht um Kriege, sondern um die Entschlusskraft des Handelns als solcher. Und deshalb kann das Verhalten dieses großen Strategen auf wirtschaftliches und politisches Vorgehen übertragen werden. Firmenübernahmen und Markteintritte funktionieren nach den gleichen Prinzipien wie die Eroberung Schlesiens. Während die einen noch sondieren, abwägen, Gremien beschäftigen und Gutachten an- und einfordern, operiert der »Friderizianer« längst auf gegnerischem Territorium. So manche Unternehmung ist daran gescheitert, dass eine gute Idee über die Planungsphase nie hinauskam, weil die zögerlichen Entscheidungsträger nicht genug Garantien bekommen konnten und die Denkweise eines Unternehmers oder eines unternehmerisch denkenden Menschen für sie nie nachvollziehbar war. Günstige Momente für bestimmte Aktionen zu erkennen hilft allein nicht weiter, wenn man nicht den Mut und die Entschlossenheit besitzt, zur Tat zu schreiten. Ergreift man aber die Chance durch beherztes Vorgehen, handelt man in »friderizianischem« Sinne. So etwa im Falle des Bundeskanzlers Helmut Kohl, als dieser das für die Wiedervereinigung opportune Zeitfenster erkannte und zu nutzen verstand. Einmal abgesehen davon, dass die wirtschaftliche und politische Bewältigung der Wiedervereinigung nicht immer einfach war und ist, so muss dennoch betont werden, dass ohne die Entschlusskraft und das schnelle Handeln Kohls diese historische Chance vielleicht vertan worden wäre.

Doch zurück zu Friedrich II. Er stand mit seiner Intention, sich einen Teil des Erbes Karls VI. zu sichern, im Übrigen keineswegs allein da. Frankreich sah sich zu diesem Zeitpunkt bereits als den entscheidenden Drahtzieher der Geschicke Europas und wollte allein schon deshalb verhindern, dass ein neuer Kaiser aus dem Hause Habsburg an die Macht käme. Und Frankreich hatte ganz konkrete Interessen. Man beabsichtigte dort nämlich, sich im Zuge der nun anstehenden Auseinandersetzungen die österreichischen Niederlande und Luxemburg einzuverleiben sowie die deutsche Kaiserkrone zusammen mit Böhmen an Bayern zu geben. Mit der Vergabe Schlesiens an Preußen war Frankreich jedenfalls einverstanden. Auch andere österreichische Besitzungen waren im Geiste schon aufgeteilt. Unterstützung fand Frankreich in Sachsen und Bayern. Das alles sah Friedrich II. voraus und nahm deshalb an, dass sich die anderen europäischen Staaten an der Zerlegung des österreichischen Erbes schon beteiligten, wenn er selbst erst einmal den Anfang gemacht habe. Um ein Eingreifen Russlands zugunsten Österreichs zu verhindern, wurde Schweden zu einem offensiven Vorgehen in finnisch-russischem Grenzland veranlasst, und Spanien eröffnete eine militärische Auseinandersetzung in Oberitalien mit hastig mobilisierten Truppen. Auch Sachsen und Bayern blieben nicht untätig. Bereits kurze Zeit später erhielt Preußen von dort Garantien bezüglich seines Anspruchs auf Schlesien unter der Bedingung, dass es die Wahl des Wittelsbachers Karl Albrecht zum römisch-deutschen Kaiser unterstützen würde. Man kann also festhalten, dass ein Vorgehen, wie es Friedrich II. als Herrscher von Preußen an den Tag legte, keineswegs außergewöhnlich war oder einen wirklichen Alleingang bedeutete, auch wenn er zugegebenermaßen als Erster militärisch aktiv wurde. Ob seine Aktion in unserem heutigen Sinne ein »gerechter Krieg« war, kann dahingestellt bleiben, weil solche Entscheidungen ausschließlich mit den Maßstäben beurteilt werden müssen, die man damals anlegte.

Friedrich II. kannte die preußische Geschichte nur zu genau, und so hatte er nie vorgehabt, die Schaukelpolitik seiner Vorfahren fortzusetzen. Auch war er darüber enttäuscht, dass die Friedfertigkeit seines Vaters in Europa so wenig goutiert worden war. Er hatte den Eindruck, dass sie als Schwäche ausgelegt wurde und war davon überzeugt, dass nur ein starkes Land seine Ansprüche autonom würde durchsetzen können. Zum anderen hielt er von der österreichischen Vormachtstellung als Garant für den Frieden im Reich nichts. Er war sich zudem dessen bewusst, dass die geographische Lage Brandenburg-Preußens militärische Operationen nur in beschränktem Maße möglich machte. Vor diesem Hintergrund ist seine etwas kühne Formulierung zu verstehen, mit der er in seiner *Geschichte meiner Zeit* den Ersten Schlesischen Krieg im Rückblick erklärte:

> Außerdem war ich im Besitz schlagfertiger Truppen, eines gut gefüllten Staatsschatzes und von lebhaftem Temperament. [...] Der Ehrgeiz, mein Vorteil, der Wunsch, mir einen Namen zu machen, gaben den Ausschlag, und der Krieg war beschlossen.[68]

Der Zeitpunkt für ein Zuschlagen war sehr gut gewählt. Preußen strotzte militärisch und wirtschaftlich vor Kraft. Demgegenüber war nicht nur die Thronfolge in Wien umstritten, auch die Staatsfinanzen Österreichs waren zerrüttet und seine Armee in einem eher mäßigen Zustand – Letzteres war übrigens immer der Fall, eigentlich bis 1918.

Friedrich II. ging die Eroberung Schlesiens optimistisch an. Die Rede, mit der er seine Truppen in Berlin verabschiedete, spiegelt dies wider; sie gibt zugleich aber auch Aufschluss darüber, wie dieser Regent seine Truppen zu führen bereit war und wie er sie zu motivieren verstand:

> Meine Herren, ich unternehme einen Krieg, für welchen ich keine anderen Bundesgenossen habe als Ihre Tapferkeit und keine anderen Hilfsmittel als mein Glück. Erinnern Sie sich stets des unsterblichen Ruhms, den Ihre Vorfahren auf den Gefilden von Warschau und Ferbellin erworben haben, und verleugnen Sie nie den Ruf der brandenburgischen Truppen. Leben Sie wohl, brechen Sie auf zum Rendezvous des Ruhms, wohin ich Ihnen ungesäumt folgen werde.[69]

Und tatsächlich führte Friedrich der Große seine Truppen selbst an, wie er es in seinem *Antimachiavell* seinerzeit gefordert hatte.

Er nutzte also die politisch schwache Stellung Österreichs in Folge des Todes Karls VI. aus, marschierte in Schlesien ein und eröffnete damit im Jahr 1740 den Ersten Schlesischen Krieg. Schon der Große Kurfürst hatte sich an Schlesien interessiert gezeigt, und die Preußen konnten tatsächlich Ansprüche auf die drei schlesischen Fürstentümer Liegnitz, Brieg und Wohlau geltend machen, wenn auch vergleichsweise geringe.

Entscheidend war aber die strategische Bedeutung Schlesiens, insofern es die einzige habsburgische Provinz war, die an Brandenburg grenzte und im Falle einer Einigung zwischen Sachsen und Österreich eine Umklammerung durch diese ermöglicht hätte, da Friedrich August II., Kurfürst von Sachsen, in Personalunion als August III. zugleich auch König von Polen war. Und tatsächlich verhandelten die Sachsen mit Habsburg über einen Korridor von Polen nach Sachsen.

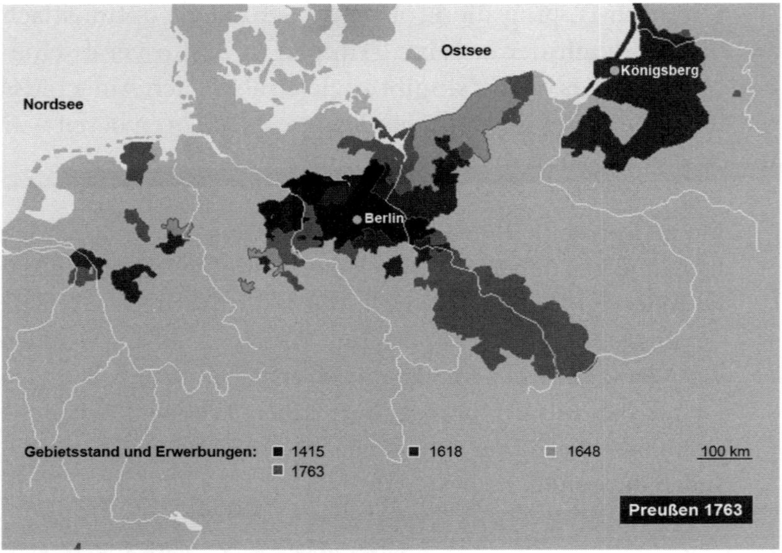

Preußen im Jahr 1763, nach dem Erwerb Schlesiens und Westpreußens.

Der Erste Schlesische Krieg war für Friedrich II. relativ einfach zu gewinnen, war das Gebiet doch fast völlig frei von österreichischen Truppen. In politischer Hinsicht war es seine Intention, ein strategisch und wirtschaftlich wichtiges Territorium aus dem Habsburger Hoheitsgebiet herauslösen. Maria Theresia zu vernichten hatte Friedrich der Große dabei nie im Sinn. Auch war es keineswegs seine Absicht, Preußen durch diesen ersten Eroberungskrieg als neue Hegemonialmacht zu generieren, wohl aber, es aus der Ebene der mittleren Mächte heraustreten zu lassen. Schlesien wurde nach dem Ersten Schlesischen Krieg, der vom 16. Dezember 1740 bis zum 28. Mai 1742 andauerte, preußisch. Dieses Ergebnis wurde im Präliminarfrieden von Breslau vorläufig und im Frieden von Berlin am 28. Juli 1742 endgültig bestätigt.

Abschließend soll noch einmal verdeutlicht werden, inwiefern die Kriegsursachen und das Vorgehen Friedrichs des Großen bei dieser militärischen Aktion exemplarisch sein können für bestimmtes Handeln in Führungssituationen unserer Tage. Aus österreichischer Sicht zeigte sich, dass sich nur der auf eine kritische Lösung stützen kann, der sich der Zustimmung der Kritiker sicher ist, was bei Kaiser Karl VI. nie der Fall war. Der »Pragmatischen Sanktion« standen alte, nicht ausgeräumte Ressentiments entgegen. Manche Wunde schwärt ewig, wenn man sie nicht kuriert, nur weil man sie selbst für nichtig hält. Es dürfen jedoch nicht die eigenen Schmerzen der Maßstab sein, sondern die des anderen. So hat Friedrich der Große eben nicht nur eine Provinz geraubt, sondern auch alte Ansprüche auf Teile Schlesiens durchgesetzt. Ohne diese hätte er nach heutigen Maßstäben vollständig verwerflich gehandelt. Deshalb muss die eigene Rechtsposition immer so sein, dass jene, die dagegen verstoßen, grundsätzlich so handeln, dass man ihnen ihr Tun vorwerfen kann. Das verstärkt die eigene Sicherheit. Zum anderen wird deutlich, wie essenziell wichtig es ist, die besonderen Chancen, die dem Vakuum eines Machtwechsels innewohnen, zu ergreifen, vorausgesetzt, man verfügt über die geeigneten Instrumente des Handelns und versteht sie auch zu nutzen. So müssen vorzügliche technische Möglichkeiten auch einmal eingesetzt werden, wenn sich die Chance zum Erfolg bietet, weil sonst nur schwer und kaum auf Dauer zu vermitteln ist, warum überhaupt Anstrengungen unternommen werden, um diese aufrechtzuerhalten.

9.

Warum man manchmal einfach schneller agieren muss als andere, auch wenn der Protest groß ist – der Dritte Schlesische Krieg

Bevor auf die Besonderheiten des Dritten Schlesischen Krieges eingegangen werden kann, ist es sinnvoll, zunächst einmal einen Blick auf die widrige Situation zu werfen, die dem Zweiten Schlesischen Krieg vorausgegangen war und diesen bedingt hatte. War es im Ersten Schlesischen Krieg noch um eine strategische Arrondierung preußischen Staatsgebietes auf Kosten Österreichs gegangen, so hatte der zweite das Ziel, die »Beute« zu sichern. Er begann im August 1744 und endete mit dem Frieden von Dresden am 25. Dezember 1745, worin erneut vereinbart wurde, dass Schlesien preußisch bleiben solle. Friedrich der Große erkannte in diesem Zusammenhang den Gemahl Maria Theresias, Stephan von Lothringen, als römisch-deutschen Kaiser an.

Ganz so leicht war der Gesamtsieg aber nicht, denn in diesem Krieg bekam Friedrich der Große zum ersten Mal eine leise Ahnung von den Abgründen einer Niederlage und der möglichen Vernichtung seines Staates. Schon der Beginn des Feldzuges war operativ misslungen, und als sich dann am 8. Januar 1745 Österreich, Sachsen, England und Holland mit Unterstützung der russischen Zarin Elisabeth zur sogenannten Quadrupelallianz zusammenschlossen, wurde deutlich, dass es ihnen darum zu tun war, die Macht des Preußenkönigs einzudämmen und sein Land auf das Territorium zu beschränken, das es vor dem Dreißigjährigen Krieg ausgemacht hatte.

Als Friedrich der Große sich dieser besonderen Art der substanziellen Bedrohung bewusst wurde, erfolgte bei ihm eine innere Wandlung. War er bisher von seinem Glück und der Grenzenlosigkeit seines Spielraumes überzeugt gewesen, begann er nun, die Begrenztheit seiner Möglichkeiten zu akzeptieren.[70] Er füllte daraufhin seinen Staatsschatz auf, organisierte seine Armee neu, vergrößerte sie und begann, seinen Soldaten einen spezifischen Korpsgeist zu vermitteln. Inmitten dieser äußerst schwierigen Lage kam es am 4. Juni 1745 zur Schlacht bei Hohenfriedberg. Diese zeugte erstmalig von der Genialität Friedrichs in der Führung seiner Truppen sowie von seiner Befähigung, blitzschnell eine Situation zu überblicken und die daraus gewonnene Erkenntnis auf dem Schlachtfeld umzusetzen.

So kam es im Vorfeld der Schlacht in den preußischen Reihen zu keinerlei Desertionen; auch gelang es mit großer Disziplin, die Österreicher zu täuschen und des Nachts heimlich eine günstige Ausgangsposition einzunehmen. Schon allein das war eine Meisterleistung der Truppenführung. Operativ wurde die Schlacht dann durch die Dragoner von Ansbach-Bayreuth mit einer Reiterattacke entschieden, die dieses Regiment berühmt gemacht hat. Der »Hohenfriedberger« kündet noch heute von diesem Erfolg und vom Wendepunkt des Zweiten Schlesischen Krieges:

Auf Ansbach-Dragoner, auf Ansbach-Bayreuth,
Schnallt um Eure Säbel und rüstet Euch zum Streit.
Prinz Carl ist erschienen, auf Friedberg's Höh'n,
Sich das preußische Heer einmal anzuseh'n.
Drum Brüder, seid lustig und allesamt bereit:
Auf Ansbach-Dragoner, auf Ansbach-Bayreuth!

Wie eindrucksvoll der preußische Sieg war, belegen die Zahlen: Beliefen sich die österreichischen Verluste auf dreizehntausend

Mann, so hatte man auf preußischer Seite viertausendfünfhundert tote oder verwundete Soldaten zu beklagen, hinzu kam, dass siebentausend Österreicher in Gefangenschaft gerieten, darunter etwa zweihundert kriegserfahrene Offiziere, was besonders schwerwiegend für die gegnerische Armee war.

Die Landschaft, auf der die Schlacht ausgetragen wurde, hat sich bis heute nicht verändert. Doch sind die Denkmäler, die einmal an den preußischen Sieg erinnert haben, inzwischen zerstört, und die heutige Bevölkerung weiß weder, dass die Dörfer früher Güntersdorf oder Thomaswaldau hießen, noch, was sich vor zweihundertfünfzig Jahren dort abgespielt hat. Mit diesem militärischen Erfolg bürgerte sich übrigens bei Friedrich II. der Ehrentitel »der Große« in Preußen ein.

Der von Friedrich dem Großen herbeigesehnte Friede war erst nach dem Sieg bei Kesseldorf am 15. Dezember 1745 möglich, weil eine an sich gewünschte Verständigung zwischen Österreich und Frankreich an den überhöhten französischen Forderungen gescheitert war. Nach dem Friedensschluss war Friedrich der Große der Kriegsführung überdrüssig und beschloss, »nie wieder eine Katze« anzugreifen. Weil der Friede von Dresden unter dem Schutz Englands und des Deutschen Reiches stand, schien dies eine für Preußen komfortable Situation zu sein, die einen nochmaligen Waffengang nicht erforderlich machte. Friedrich der Große äußerte im Jahr 1752 wie folgt recht klar seine Zufriedenheit über den Erwerb Schlesiens:

> Es steht uns nicht an, erneut einen Krieg anzufangen; ein glanzvoller Schlag wie die Eroberung Schlesiens ist den Büchern vergleichbar, deren Originale glücken, aber deren Imitationen aber abfallen. Wir haben den Neid ganz Europas auf uns gezogen durch die Eroberung dieses schönen Herzogtums, was alle unsere Nachbarn wachsam gemacht hat. Es gibt darunter keinen, der uns nicht misstraut. Mein Leben ist zu kurz, um sie in Sicherheit zu wiegen zum Vorteil für unsere Interessen.[71]

Warum aber kam es also dennoch zum Dritten Schlesischen Krieg? Am 29. August 1756, zehn Jahre nach dem Dresdner Friedensschluss, dessen Ergebnisse 1748 im Aachener Frieden noch einmal bestätigt worden waren, griff Friedrich der Große Sachsen an und löste damit einen sieben Jahre andauernden Krieg aus. Warum er so vorging und was ihn dazu veranlasste, soll im Folgenden näher beleuchtet werden; zudem auch die Frage, ob die Bezeichnung »Siebenjähriger Krieg« womöglich unzutreffend ist, weil es sich um einen weiteren Krieg zur Sicherung Schlesiens handelte, und ob deshalb die Bezeichnung »Dritter Schlesischer Krieg« zutreffender wäre. All diese Aspekte sind für die Gesamtbeurteilung der historischen Größe Friedrichs II. bedeutsam. Der Charakter des dritten Krieges ist unter den historischen Betrachtern umstritten und die Art und Weise, wie der große König diesen Krieg begann, sogar Ursache für viele kontroverse Diskussionen: Man könnte beinahe von einem Historikerstreit sprechen.

Hatte Preußen im Falle Schlesiens noch Herrschaftsansprüche gehabt, wenn auch geringe, und hatte es sich dabei um eine bloße Provinz gehandelt, so war das Ziel des erneuten Eroberungsfeldzuges dieses Mal ein selbstständiges Kurfürstentum. Das war ein Übergriff ganz anderer Größenordnung. So ist für die Beurteilung des Handelns Friedrichs des Großen die Frage von Bedeutung, ob es sich bei seinem Zuschlagen um einen Angriffskrieg handelte, durch den jene europäische Koalition gegen Preußen, die dem Land dann jahrelang zusetzte, überhaupt erst zustande kam, oder ob der preußische König seinen Gegnern vielmehr nur zuvorkam, weil die Koalition seiner Gegner längst bestand und der Angriff auf Sachsen somit ein Präventivkrieg war. Dieser Fragestellung soll in der Folge nachgegangen werden.

Die Art, wie Friedrich der Große durch den taktisch richtigen Einmarsch in Sachsen den Feldzug eröffnete, da er schlecht gegen Österreich operieren konnte, wenn Verbündete dieses Gegners in seinem Rücken standen, zeigt die gefährliche und zu allem entschlossene Seite dieses großen Strategen. Der Historiker Ludwig Dehio bemerkt dazu etwas theatralisch, ein scharfer Raubtiergeruch durchdringe immer wieder die Düfte aufgeklärt humanistischer Beschwörungsformeln[72] – was allenfalls zutreffend sein mag in Bezug auf die enormen Opfer, die Friedrichs Soldaten im Verlauf des Krieges bringen mussten.

Insgesamt wurde man nicht müde, Friedrich dem Großen die Schuld am Ausbruch des Siebenjährigen Krieges zuzuschieben. Der Einmarsch in Sachsen wurde sogar als eines der sensationellen Verbrechen der neueren Geschichte bezeichnet,[73] und so ist es nicht ausgeschlossen, dass sich der »professorale Bombenanschlag«[74] der antifriderizianischen Gelehrtenwelt in der deutschen Geisteswissenschaft der neunziger Jahre des 19. Jahrhunderts negativ auf das überlieferte Bild Friedrichs des Großen ausgewirkt hat.

Dabei kam Friedrich der Große einem Angriff Maria Theresias nur zuvor; so war er von den Plänen Österreichs durch Spione am sächsischen Hof gut unterrichtet. Auch gibt es zahlreiche Belege dafür, dass Österreich den Verlust Schlesiens damals zu keinem Zeitpunkt und trotz der diversen Friedensverträge niemals als endgültig hingenommen hatte. Zunächst dienten die theresianischen Reformen von 1749 bis 1756 der Straffung der österreichischen Verwaltung, die dann besser in der Lage sein würde, künftig gegen Preußen vorzugehen.[75] Zuschlagen wollte man aber erst, wenn der Erfolg aus Sicht der Habsburger durch geeignete Koalitionen hinreichend wahrscheinlich war. Die treibende Kraft hinter allem war der österreichische Staatskanzler Wenzel Anton Graf Kaunitz, dem es nicht nur um die Restitution Schlesiens, sondern auch um die Reduktion Preußens auf einen Staat dritter Ordnung ging, so wörtlich:

> [...] réduction de la Maison de Brandenbourg à son état primitif de petite pruissance [sic] très secondaire [...].[76]

Und Maria Theresia war, wenn es um das Bilden von Koalitionen ging, auch bereit, dem russischen Bündnispartner territoriale Zugeständnisse zu machen. Auf Kurland hatte Russland ein Auge geworfen, was aber – so der Rat der Kaiserin – solange verborgen bleiben sollte, bis Frankreich und andere Höfe der eigenen Sache verpflichtet sein und die Armeen Österreichs und Russlands stark genug geworden sein würden.[77]

Ohne Zweifel wird niemand, wenn er auch nur halbwegs vernünftig ist, seinen Feinden die Zeit lassen, ruhig alle Vorbereitungen zu treffen, um ihn zu vernichten; vielmehr wird er sein Wissen um ihre Pläne nutzen, um einen Vorteil daraus zu ziehen und die Gegner in einem unfertigen Zustand zu überraschen. Friedrich stützte sein Handeln auf Beweise und Gebote der Klugheit, denen zufolge er sich genötigt sah, zu den Waffen zu greifen. Im sechsundzwanzigsten Kapitel seines *Antimachiavell* war er zu dem Ergebnis gekommen, dass es für einen Fürsten besser sei, sich auf einen Angriffskrieg einzulassen, solange er Herr der Lage sei, als den Zeitpunkt abzuwarten, wo alles so verzweifelt stehe, dass eine Kriegserklärung nur noch den Aufschub der völligen Versklavung und des Untergangs um Augenblicke bedeute.[78] Die Leitlinien seines Handelns zu Beginn dieses Krieges waren also bereits zur Kronprinzenzeit vorgezeichnet.[79]

Zu ergänzen ist noch, dass es die russische Zarin Elisabeth geradezu darauf angelegt hatte, einen Grund zu finden, um gegen Preußen vorgehen zu können. Fast hätte sie es bereits 1749 bei dem Streit um die schwedische Thronfolge geschafft.[80] In der Folge hatte sie Schritt für Schritt ihre Soldaten an der ostpreußischen Grenze verstärkt. Entscheidender war jedoch noch, dass es Kaunitz gelang, ein französisch-österreichisches Bündnis zu schmieden. Weil eine solche Allianz aufgrund der in früheren Zeiten gemachten Erfahrungen als ausgeschlossen galt, da Frankreich immer versucht hatte, seine eigenen Interessen auf Kosten Österreichs durchzusetzen, stellte die von Kaunitz eingefädelte österreichisch-französische Koalition einen Paradigmenwechsel zu Lasten Preußens dar und schrieb folglich auch als Umsturz der Bündnisse Geschichte. Von dieser Allianz ging die größte Bedrohung für Preußen aus, dies auch vor dem Hintergrund des elementaren Expansionsdranges, den Frankreich im 17. und 18. Jahrhundert an den Tag legte.

Die drohende Einkreisung Preußens lässt daher den Schluss zu, dass Friedrich der Große seinen Gegnern lediglich zuvorkam. Dass er es nur auf die Annexion Sachsens abgesehen haben soll, ist eine bloße Behauptung, die allenfalls geeignet ist, ihn zu diskreditieren. Ihm ging es immer um die Sicherung seines Staatswesens, nie aber um einen leichtfertigen Eroberungsversuch. Wie wenig dieser König einen weiteren Krieg gewollt haben und wie deutlich er sich über die damit verbundenen Gefahren im Klaren gewesen sein muss, wird ersichtlich, wenn man sich seine Einschätzung des Kräfteverhältnis zwischen Preußen einerseits und seinen Gegnern andererseits vor Augen hält. So schrieb er an den Marquis d'Argens, dass er von dreihunderttausend Soldaten auf der gegnerischen Seite ausginge, während er selbst nur hundertfünfzigtausend Mann aufbrächte. Auch wenn die Kräfteverhältnisse gelegentlich relativierend dargestellt werden, zum Beispiel, weil die Österreicher ihre Soldaten vielleicht nicht so rigoros aushoben, die Franzosen auf überseeischen Kampfschauplätzen gebunden waren, oder die Engländer in der Anfangsphase mit einem Korps die hannoverschen Länder gegen die Franzosen deckten, so schlug Friedrich der Große im gesamten Kriegsverlauf doch keine Schlacht, bei der seine Armee zahlenmäßig überlegen gewesen wäre. In der Regel war sie numerisch unterlegen und belief sich oftmals nicht einmal auf die Hälfte ihrer Gegner.

Will man sich ein umfassendes Bild von der politischen Lage Mitte des 18. Jahrhunderts machen, die schließlich zum Ausbruch des Siebenjährigen Krieges führte, dürfen auch die universale Hegemonialpolitik des Hauses Habsburg und der Versuch der Engländer, sich als Beherrscher der Weltmeere auf Kosten der Holländer durchzusetzen, nicht außer Acht gelassen werden, ebenso wenig wie der Umstand, dass sich Russland gegen Schweden als vormals baltische Hegemonialmacht in blutigen Schlachten durchsetzte. All diese Mächte, inklusive Frankreich, mussten keine höhere Instanz respektieren, weil sie wirklich souverän waren. Diese Staaten wollten den Numerus clausus der Macht erhalten. So war es für einen aufsteigenden Staat, der sich durch kämpferische Konkurrenz gegen eine bestehende Mächtekonstellation durchzusetzen versuchte, immer eine diffizile Situation. Und tatsächlich wurde dieser Krieg durch die Breite und Vielschichtigkeit der Auseinandersetzung für Preußen zum eigentlichen Staatenbildungskrieg. Erst nach dessen Ende war es wirklich ein souveräner Staat. Thomas Mann kommentierte diese Entwicklung wie folgt:

> Er war nicht im Recht, sofern Recht eine Konvention, das Urteil der Majorität, die Stimme der »Menschlichkeit« ist. Sein Recht war das Recht der aufsteigenden Macht, ein problematisches, noch illegitimes, noch unerhärtetes Recht, das erst zu erkämpfen, zu schaffen war. Unterlag er, so war er der elendeste Abenteurer, »un fou«, wie Ludwig von Frankreich gesagt hatte. [...] so stand ganz Deutschland (das blinde Deutschland!) gegen Friedrich auf, sechzig Fürsten erklärten sein Verfahren für einen Raubanfall, und der Reichsexekutionskrieg, die Aufstellung eines Reichsheeres gegen ihn, ward feierlich beschlossen. Schweden, ebenfalls Mitunterzeichner des westfälischen Friedens und von Frankreich gegängelt, musste sich wohl oder übel zur Eroberung von Pommern entschließen. Und so standen denn Völker in einer Kopfzahl von beiläufig hundert Millionen gegenüber fünf Millionen; vierzig Fürsten gegen einen; siebenhunderttausend Mann Truppen gegen zweihundertsechzigtausend. Friedrich sagte sehr wenig, wenn er sagte, dass es auf »Kopf und Kragen« gehe. Niemand in der Welt zweifelte, dass es in allerkürzester Zeit mit ihm zu Ende sein werde.[81]

Es ist schon ein gewichtiges Argument gegen die Annahme, dass es sich hier um einen weiteren Eroberungskrieg Friedrichs gehandelt habe, wenn man sich das zitierte Kräfteverhältnis zwischen Preußen und seinen militärischen Gegnern ansieht. Und Friedrich der Große war kein Monarch, der im Krieg irgendeine Form der Befriedigung erfahren hätte, wie seine deprimierenden Briefe, seine schwermütigen Unterhaltungen mit seinem Vorleser Henry de Catt oder gar seine Selbstmordgedanken während des Dritten Schlesischen Krieges zeigen, als Preußen und er selbst am Abgrund ihrer Existenz standen. Dazu war er auch zu dicht am Geschehen, denn er war der einzige Souverän der damaligen Zeit, der seine Truppen im Gefecht selbst führte und nicht Krieg für ihn führen ließ. Nach dem Ende des Siebenjährigen Krieges ging Friedrich der Große auf dem Rückweg nach Berlin noch einmal über das Schlachtfeld von Zorndorf, wo er so viele seiner Soldaten in einem mühsam erkämpften Sieg verloren hatte. Das macht kein kriegslüsterner Feldherr – Friedrich hatte unter dem Kriegführen gelitten.[82]

Weil er gerne als ein Mann mit verwerflichem Charakter dargestellt wird und seine ambivalente Einstellung zu Frauen bekannt ist, könnte ein Laie in historischen Fragen auf die Idee kommen, dass etwaige Ressentiments gegen die Weiblichkeit einen Kriegsauslöser hätten darstellen können. Der Gedanke, dass Friedrich der Große einen Krieg gegen Frauen habe führen wollte, entbehrt allerdings jeder Grundlage, wenn auch die Länder Russland, Österreich und Frankreich zu dieser Zeit zufällig von Frauen beherrscht wurden, so Russland von der Zarin Elisabeth, Österreich von Maria Theresia sowie Frankreich im Grunde von der Mätresse Ludwigs XV., Madame Pompadour.

Mit Letzterer pflegte Friedrich der Große keinen Umgang, auch nicht schriftlich, was vielleicht insofern ein Fehler war, als er der mächtigsten Frau Frankreichs nicht die geforderte Wertschätzung entgegenbrachte. Übrigens lehnte auch die österreichische Kaiserin Maria Theresia einen solchen Schriftverkehr ab. Aber der intrigante Kaunitz wollte um alles in der Welt eine französisch-österreichische Verbindung ins Leben rufen, weil nur so eine Chance bestand, das ihm verhasste

Preußen zu schlagen. So kam es schließlich doch zu einem Schriftwechsel zwischen diesen beiden einflussreichen Frauen, der eine für Preußen schicksalsschwere Allianz zur Folge hatte. Spätere Bemühungen Friedrichs des Großen, über seine Schwester Wilhelmine an die frühere Koalition mit Frankreich anzuknüpfen, misslangen. Zu diesem Zeitpunkt war eine erneute Verbindung zwischen Frankreich und Preußen bereits ausgeschlossen. Und ab dem Jahr 1757 konnte sie schon allein deshalb nicht mehr zustande kommen, weil mit François-Joachim de Pierre, dem späteren Kardinal de Bernis, ein Vertrauter Madame Pompadours Außenminister geworden war, den Friedrich aufgrund seiner Verbundenheit mit der Mätresse der französischen Königs geringschätzig behandelt hatte. Während er sich also abfällig über diese äußerte, wahrscheinlich auch, weil Ludwig XV. in keiner Weise seinen eigenen Wert- und Ehrvorstellungen entsprach, legte er Maria Theresia gegenüber stets ein respektvolles Verhalten an den Tag.

Schließlich wird Friedrich dem Großen unter Verweis auf sein politisches Testament von 1752 vorgeworfen, sein Angriff auf Sachsen sei von langer Hand geplant gewesen und habe weniger der Verteidigung des gewonnenen Schlesiens gedient als der Erweiterung des eigenen Staatsgebiets um sächsische Besitzungen. Und tatsächlich kann man im dortigen Abschnitt »Acquisitions par droit de bienséance« (»Erwerbungen günstig gelegener Länder«) detailliert nachlesen, wie sich Friedrich der Große einen militärischen Einfall in Sachsen vorgestellt hatte.[83] Die einen nehmen diese Passage wörtlich und glauben, dass Friedrich der Große sich erst auf die Wahrung des Status quo beschränkt habe, als schnelle Erfolge ausgeblieben seien und der Krieg in einem Debakel für die ganze Monarchie zu enden gedroht habe. Andere relativieren sie und bezeichnen sie als bloßes Wunschgebilde ohne konkrete Handlungsabsicht. Tatsächlich darf man die genannte Beschreibung im politischen Testament nicht überbewerten, immerhin steht sie dort unter der Rubrik »Politische Träumereien«, und es wird im gleichen literarischen Werk auch deutlich, dass Sachsen, das formal neutral war, nicht zu den wirklichen Gegnern Preußens zählte. Dazu hielt Friedrich der Große von Sachsen, dessen König und auch von dessen erstem Minister Brühl viel zu wenig. Der Einmarsch in Sachsen war eine Notwendigkeit, die er billigend in Kauf nahm.

> Zu diesen drei Großmächten kommt Sachsen. Wie ein Schiff ohne Kompass lässt es sich von Wind und Wogen treiben. Ein bestochener Minister veranlasst seinen Herrscher, den Petersburger Vertrag zu unterzeichen, wodurch dieser sein Haus von der polnischen Krone ausschließt.[84]

Friedrich der Große gab sich in diesem Zusammenhang ganz machiavellistisch und nahm eine kritische Würdigung seiner Gründe und Möglichkeiten in Kauf, wusste aber, dass ihn dies geradezu zum Erfolg verdammte:

> Arme Sterbliche, die wir sind! Die Welt beurteilt unser Handeln nicht nach unseren Gründen, sondern nach dem Erfolg. Was bleibt uns also zu tun? Wir müssen Erfolg haben.[85]

Die Denk- und Handlungsweise dieses Königs zu Beginn und dann auch im Verlauf des Siebenjährigen Krieges hat das Bild der Deutschen vom eigenen Land beeinflusst. So hat sich Thomas Mann, was die Beurteilung des Kriegsbeginns anbelangt, einerseits eindeutig zugunsten Friedrichs des Großen positioniert, dann aber auch einen sehr verwegenen Bogen zu der Situation am Vorabend des Ersten Weltkrieges im Jahr 1914 geschlagen:

Wer die Geschichte Friedrichs des Großen kennt und liebt, ist erschüttert und fast entzückt über die erstaunliche Ähnlichkeit der inneren Sachlage vom Hochsommer 1914 mit der vom Hochsommer 1756. Wie sehr muss der König die Beflissenheit erachtet haben, mit welcher der Klüngel sich drüben sich unschuldig zu halten, defensiv zu tun und ihm das Odium des Angreifers zuzuschieben trachtete – ihm, der erhaben war über die Heuchelei oder Einfalt einer Psychologie, welche zwischen »Offensive« und »Defensive« säuberlich unterscheidet, und der Schuld und Odium gar nicht fürchte! Welche Duckmäuserei, durchaus nicht schuldig werden, nicht schuldig sein zu wollen.[86]

Es würde allerdings den Rahmen dieses Buches sprengen, detailliert zu analysieren, inwieweit die Vorkommnisse des Dritten Schlesischen Krieges die deutsche Politik mindestens bis 1918 geprägt haben. Das etwa siebzig Seiten umfassende Werk Thomas Manns über den Siebenjährigen Krieg war aber immerhin so erfolgreich, dass im Jahr 1918 bereits achtunddreißigtausend und 1930 sogar insgesamt dreiundvierzigtausend Exemplare desselben verkauft worden waren. Diese Verkaufszahlen und die schriftlichen Reaktionen[87] auf das Werk lassen vermuten, dass die Überlegungen Manns geeignet waren, das Bild Friedrichs und auch das der Deutschen im In- und möglicherweise auch im Ausland zu prägen. Dazu hat auch beigetragen, dass immer wieder Parallelen zwischen der Zeit Friedrichs und den deutschen Schicksalsjahren von 1914 bis 1918 und 1939 bis 1945 aufgezeigt werden und die Betrachtungen Manns diesbezüglich auf fruchtbaren Boden fielen. Der Friedrich-Biograph Kunisch bemerkt dazu:

> Das Votum Thomas Manns führt aber zugleich auch eindrucksvoll vor Augen, welchen Zündstoff das Erscheinungsbild und das Handeln des Preußenkönigs immer noch, aber gerade in der Aufbruchstimmung des Jahres 1914, in sich barg.[88]

Nachzutragen ist noch, dass es sich bei der preußischen Armee von 1756 um eine andere handelte als bei jener, mit der Friedrich der Große Schlesien erstmalig erobert hatte. Sie war nun seine Armee, von ihm ausgebildet und auf ihn eingeschworen. Die Uniformen waren andere und auch die Fahnen – sie trugen von da an alle die Aufschrift *Pro gloria et patria* (»Für Ruhm und Vaterland«). Die Fahne stellte nun das Symbol des Staates dar.[89] Wurde sie vor den angetretenen Soldaten vorbeigetragen, präsentierte die Infanterie, die Kavallerie senkte die Säbel, die Offiziere neigten die Spontons, und der König zog seinen Dreispitz.

Was aber kann aus den Erfahrungen Friedrichs des Großen im Dritten Schlesischen Krieg an Richtlinien für heutige Führungskräfte gewonnen werden? Da wäre zunächst einmal die Anforderung, dort, wo es angemessen ist, auch »ins Ungewisse hinein zu handeln«. Gemeint ist damit keineswegs, dass der Vorgesetzte sogar dann handeln soll, wenn er sich im Unklaren über die möglichen Konsequenzen ist, ganz im Gegenteil. Hier ist vielmehr die Rede von der Forderung nach einer Führungsentscheidung auch dort, wo der Weg gerade nicht offensichtlich und für alle Geführten nachvollziehbar ist. Eine Entscheidung zu treffen, wenn es ohnehin keine wirkliche Alternative gibt, bedeutet etwas lediglich zu vollziehen, nicht aber zu führen, und stellt somit im Übrigen auch keine wirkliche Entscheidung dar. Entscheiden bedeutet, eine Auswahl unter verschiedenen Möglichkeiten zu treffen. »Ins Ungewisse hinein zu handeln« ist dann angezeigt, wenn mindestens eine der zur Verfügung stehenden Alternativen hinsichtlich ihres Ausgangs ungewiss ist. Damit muss gleichzeitig eine Abgrenzung zu hasardeurhaftem Verhalten gezogen werden. Der Hasardeur handelt verantwortungslos und setzt mit seinem Handeln alles aufs Spiel. Der Führer, der in dem genannten Sinn »ins Ungewisse hinein handelt«, übernimmt die Verantwortung für sein Tun. »Handeln ins Ungewisse« bedeutet auch, sich in Grauzonen hineinzuwagen, die mit den eigenen Kompetenzen nicht vollständig ausgelotet werden können. Wer abwartet, bis der Handlungsrahmen trennscharf definiert ist, füllt lediglich eine Position aus, gestaltet aber nicht selbst und führt vor allen Dingen nicht.

Zum Führen ist aber Initiative gefordert. So impliziert ein »Ins-Ungewisse-Handeln« gerade nicht zu warten, bis jede Art von Anweisung gegeben wurde. Es gilt auch dort selbstständig weiter zu führen und zu handeln, wo sich die Situation so geändert hat, dass der ursprüngliche eigene Kompetenzrahmen nicht mehr unbedingt greift. Das setzt voraus, dass der Führende seinen Auftrag kennt und im Sinne der Absicht des nächsthöheren Vorgesetzten Entscheidungen auch im Grenzbereich trifft.

Zum anderen wird im Hinblick auf erwünschte Führungsqualitäten deutlich, dass man es nicht nur beim Reden und Planen belassen darf, bis die Konkurrenz schließlich Wind von den eigenen Absichten bekommt. Nicht Angriff im wörtlichen Sinne ist die beste Verteidigung, sondern unverzagtes Handeln, weil so Positionen eingenommen werden können, die man aus der Verteidigung, der Reaktion heraus so nicht unbedingt erreichen könnte. Schaut man sich den Beginn des Siebenjährigen Krieges an, so wurde Friedrichs Plan des schnellen Zuschlagens durch die Anfangserfolge eindrucksvoll bestätigt. Friedrich der Große fiel es im Ergebnis nur wegen der langen Dauer des Krieges schwer, sich schnell zu behaupten.

Und schließlich zeigt sich auch, dass Koalitionen immer wieder lähmend sind. Dennoch muss, wer einen Einzelnen angreifen will, der sich in einer Allianz mit anderen befindet, deutlich besser organisiert sein als dieser und seine Verbündeten.

10.

Warum Offenheit insbesondere in schwieriger Situation ein Erfolgsfaktor ist – die Rede von Leuthen

Das Jahr 1757, das zweite des Siebenjährigen Krieges, war für Preußen wechselvoll. Nach einem Auftaktsieg bei Prag am 6. Mai verlor Friedrich der Große die Schlacht von Kolin am 18. Juni gegen die zahlenmäßig weit überlegenen Österreicher – es war dies seine erste Niederlage in diesem bewaffneten Konflikt. Der Historiker Hans-Joachim Schoeps hat sie als »die Marneschlacht des Siebenjährigen Kriegs« bezeichnet, weil von diesem Zeitpunkt an klar war, dass es sich nicht um einen schnellen und kurzen Waffengang handeln würde.[90] Nach der schweren Niederlage von Kolin verloren die Preußen weitere Schlachten bei Groß-Jägersdorf und Moys; allerdings hatten die Truppen dort nicht unter der Führung des Königs gestanden. Am 5. November schlug Friedrich bei Rossbach hingegen die Reichsexekutionsarmee vernichtend, die durch die französische Armee maßgeblich verstärkt worden war. Die Verluste betrugen auf französischer Seite über zehntausend Mann, bei den Preußen dagegen fielen keine sechshundert.

Friedrich der Große hatte auf seine schlachterprobte Kavallerie gesetzt, die er dem Befehl seines jüngsten Generals, Friedrich Wilhelm von Seydlitz-Kurzbach, unterstellte, der das Kommando auch über ältere Kommandeure mit den Worten annahm: »Meine Herren, ich gehorche dem König und Sie gehorchen mir.« Die Art, wie Seydlitz die Attacke führte, ist ein Musterbeispiel für die selbstständige Befähigung zur Entschlussfassung und der überragenden Disziplin in der preußischen Armee – auf beides wird noch im Detail einzugehen sein. Noch auf dem Schlachtfeld hatte Friedrich der Große ihn zum Generalleutnant befördert und ihm den Schwarzer-Adler-Orden verliehen. Dieser Reitergeneral sollte noch manche Schlacht entscheiden; er war neben dem Bruder Friedrichs, Prinz Heinrich, der herausragende Truppenführer in der preußischen Armee. Statt langer eigener Erläuterungen soll hier eine Charakterisierung aus der Autobiographie Theodor von Schöns[91] Erwähnung finden.

> Nach allem, was ich erfuhr, war Seydlitz vielleicht der größte Geist, der dem König nahe war und aus allen Nachrichten und Erzählungen ergab sich, daß Seydlitz in jedem anderen Verhältnisse, er wäre als Staatsmann, als Geistlicher, als Arzt, als Kaufmann, kurz in jedem außermilitärischen Verhältnisse aufgetreten, als eminenter Mensch dagestanden hätte. Man kann sogar versucht werden, anzunehmen, daß wenn er nicht in die militärische Richtung gekommen wäre, weil der Krieg von Verwilderung unzertrennbar ist, und er dieser auch sich großartig hingab, er noch ungleich höher dastehen würde, als es jetzt der Fall ist.[92]

Bereits zu Lebzeiten genoss Seydlitz große Sympathie. Wo immer er auftauchte, flogen ihm die Herzen seiner Soldaten zu – er galt als »Reitergott« der preußischen Kavallerie. Sein Mut, aber auch seine Höflichkeit und Liebenswürdigkeit gegenüber jedermann, führten dazu, dass er zu einem Idol und Vorbild wurde, das man auf vielfältige Weise nachzuahmen versuchte.[93]

Friedrich der Große wurde in ganz Deutschland und in Europa, sogar in Amerika, als Held gefeiert. So wurden Gasthäuser nach ihm benannt, in England feierte man seinen Geburtstag, man bewilligte ihm, wie eigentlich sonst nur bei den eigenen Herrschern üblich, Subsidien, und Premierminister Pitt soll gesagt haben, dass man Amerika nun in Deutschland erobern müsse.[94] Der in England nach Shakespeare meistzitierte Autor, Dr. Samuel Johnson, bezeichnete Friedrich den Großen als den einzig großen König der damaligen Zeit.[95] Auf die Verlierer sang man Spottlieder wie »Und kommt der große Friedrich, klopft nur auf die Hosen, dann läuft die ganze Reichsarmee, die Panduren, wie auch die Franzosen«, und Voltaire huldigte ihm durch Poesie. In Frankreich klagte der Außenminister de Bernis darüber, dass die Nation empört sei über den Krieg und dass der Feind, der König von Preußen, bis zu Raserei geliebt, der Hof von Wien dagegen als Blutsauger des Staates gehasst werde.[96] Tatsächlich wirkte sich die Niederlage der Franzosen bei Rossbach verheerend auf die Stimmung in der französischen Bevölkerung aus und nährte Zweifel an der Staatsführungskompetenz der Bourbonenherrscher – Zweifel, von denen sich diese bis zur Französischen Revolution nicht mehr erholen sollten. Diese Schlacht wurde in Deutschland jedoch auch zu einer kulturrevolutionären Tat außerordentlichen Ranges.[97] Durch den Sieg Preußens über Frankreich begann ganz Deutschland, sich zu emanzipieren und als Nation zu entdecken. Der Verfasser der vielleicht schönsten Friedrich-Biographie, Wolfgang Venohr, schreibt dem Sieg bei Rossbach sogar die »Geburtsstunde« von Goethe und Schiller, der deutschen Nationalliteratur schlechthin, zu.[98] Es ist daher nicht überzogen, wenn man diese Schlacht als eine militärische Auseinandersetzung betrachtet, die Weltgeschichte geschrieben hat, denn von ihr führt auch ein direkter Weg zur Französischen Revolution.

Dennoch ist Rossbach heute praktisch vergessen. Das Denkmal, welches einmal an die Schlacht erinnerte, ist dem Tagebau zum Opfer gefallen. Eine Kopie, kleiner als das Original, weist im Nachbarort Reichardtswerben, dem eigentlichen Schauplatz der Schlacht, auf die Geschehnisse von damals hin. Dort erhält auch ein kleiner Verein, mit einem ebenso kleinen Museum, die Erinnerung an dieses historische Ereignis mit großer Hingabe aufrecht. Das Herrenhaus von Rossbach, in dem Friedrich der Große vom 4. auf den 5. November 1757 nächtigte und von dessen Dachboden aus er den Aufmarsch der Verbündeten beobachtete, existiert ebenfalls noch. Die Spuren der Zeit sind unverkennbar, zumal die Besitzerin die Erhaltungsaufwendungen im Wesentlichen selbst bestreiten muss. Von der geschichtlichen Bedeutung zeugt ein Relief über der Eingangstür mit dem Antlitz von Friedrich dem Großen. Deutsche Geschichte, deren steinerne Zeugen wir nicht mehr kollektiv erhalten wollen. Die genannten Örtlichkeiten liegen übrigens keine fünfzehn Minuten von der Autobahn entfernt.

Trotz dieses Sieges der Preußen gab Wien den Befehl zur Eroberung Breslaus, der schlesischen Hauptstadt. Da die preußische Armee geteilt und Friedrich der Große bei dem in Rossbach siegreichen kleineren Teil seiner Armee geblieben war, hatte der preußische General von Bevern den Auftrag, Schlesien zu decken. Dazu war er jedoch nicht in der Lage, und es gingen in der Folge mehrere Festungen und Gefechte verloren. Den Regimentern liefen die Soldaten davon, schließlich geriet Bevern sogar selbst in Gefangenschaft, und die Festung Breslau kapitulierte. Ein Teil der Festungstruppen nahm das Angebot der Österreicher an, gegen einen »Laufpass« und ein Handgeld freien Abzug zu erhalten und nutzte dies zum Desertieren; darunter befanden sich viele Sachsen, die zuvor in preußische Uniformen gesteckt worden waren.

Damit hatte Friedrich der Große die schlesische Hauptstadt verloren, verfügte nur noch über Truppen, die den Österreichern zahlenmäßig unterlegen waren und musste zwei Armeeteile in Einklang bringen, die in den vorausgegangenen Wochen höchst unterschiedliche Erfahrungen gemacht hatten. Die eine Hälfte war unter seiner Hand siegreich gewesen, während die andere unter subalterner Führung schmähliche Niederlagen erlitten hatte. Friedrich musste nun aus beiden Armeeteilen innerhalb weniger Tage eine schlagkräftige Streitmacht formen, denn er brauchte die volle Truppenstärke, weil die Österreicher seinen Mannen auch dann noch zahlenmäßig deutlich überlegen waren.

Obwohl die preußische Armee nicht per se ein Musterbeispiel dafür ist, wie man mit Menschen umgehen soll – gab es dort doch ebenso Zwangsrekrutierungen wie drakonische Strafen bei Verfehlungen, und Friedrich der Große soll sogar einmal gesagt haben, dass der preußische Soldat vor den eigenen Offizieren mehr Angst haben müsse als vor dem Feind –, sollte sich dieser Regent letztlich doch als ein Meister der Menschenführung entpuppen.

Als nun die verlustreichen Truppenteile zur Hauptarmee stießen, waren sie ob ihrer Niederlagen beschämt, heute würde man sagen »demotiviert«, und rechneten mit Vorwürfen. Der König war in der Tat wütend wegen des Versagens seiner Offiziere, allen voran dem Beverns. Als er seine Truppen sah, ließ er sich seine Wut jedoch nicht anmerken, im Gegenteil. Er begrüßte sie äußerst gnädig, zeigte ihnen sogar seine Referenz und ließ die bei Rossbach siegreichen Soldaten an den Verlierern zur Aufmunterung vorbeiziehen.

Friedrich der Große verstand es, Menschen für sich einzunehmen, was in dieser Situation besonders wichtig war, hatten die vor ihm stehenden Soldaten doch erst kürzlich eine Niederlage erlebt und tote und verwundete Kameraden zu beklagen gehabt. Sie mussten nun sofort auf das nächste Gefecht seelisch vorbereitet werden. Dabei war jedem Soldaten bewusst, wie risikoreich eine militärische Auseinandersetzung sein würde, und so stand dem Wunsch, die erlebte Niederlage durch einen Sieg auszugleichen, um so die angeschlagene Ehre wiederherzustellen, das Wissen um das nicht geringe Risiko, selbst verwundet oder gar getötet zu werden, gegenüber. Angesichts der insbesondere damals bestehenden konkreten Gefahren für Leib und Leben eines Kriegsteilnehmers bedurfte es einer besonderen Ansprache, um Soldaten nach dem Erlebnis einer Niederlage dazu zu bringen, sich in einem anstehenden Gefecht vorbehaltlos erneut zu engagieren.

Weil Friedrich dem Großen diese Ansprache so vortrefflich gelang, soll davon eigens berichtet werden. Sie erfolgte auf zwei unterschiedlichen Ebenen: zum einen in der Ansprache vor den einfachen Soldaten, ohne Berücksichtigung der Rangstellung, und zum anderen in der später berühmt gewordenen Rede von Leuthen, die er vor seinen hohen Offizieren hielt.

Bei Ersterer differenzierte Friedrich der Große ganz offensichtlich zwischen dem Versagen des von ihm eingesetzten Befehlshabers und den vor ihm stehenden Soldaten, die nur Befehlen gefolgt waren. Durch das Vorführen seiner siegreichen Truppen gab er ihnen insgesamt Mut, was noch dadurch verstärkt wurde, dass er selbst nun als Führer anwesend war. Die nonverbale Botschaft lautete also, dass von diesem Zeitpunkt an alles gut werde, da der König selbst wieder das Kommando über die ganze Armee übernommen hatte und dass man an den dort präsentierten siegreichen Truppen erkennen könne, wie erfolgreich und sicher ein Feldzug unter seiner Führung sei. Dies alles gipfelte in der unausgesprochenen Frage, ob die bisher nicht siegreichen Soldaten nicht auch gerne in das Lager der Gewinner wechseln wollten. Nebenbei stellte er die Erfolge seiner siegreichen Truppen durch ihre öffentliche Präsentation noch besonders heraus, was diese zusätzlich motivierte. Hier lautete die Botschaft: »Ihr seid erfolgreich; strengt euch an, damit nicht andere vor euch so defilieren, wie ihr dies heute vor jenen da habt machen dürfen.«

Als Friedrich der Große später durch das Lager ritt, sprach er Soldaten eines pommerschen Regiments an. Seinem Hinweis, dass der Feind doppelt so stark sein würde, begegneten sie damit, dass aber keine Pommern unter den Gegnern seien würden, was der König wiederum mit der Antwort quittierte, dass er anderenfalls die Schlacht auch nicht riskieren könne.[99]

Das Führungsverhalten von Friedrich dem Großen kann durchaus auf heutige Führungssituationen übertragen werden. Bemerkenswert ist nämlich, dass sich in einer absolutistischen

Monarchie der Souverän die Mühe machte, seine einfachen Soldaten, mithin den niedrigsten Stand in seinem Land, zu motivieren. Er sorgte dafür, dass die unterste Ebene in seinem Staat im Vertrauen auf ihn bereit war etwas zu riskieren – im Zweifelsfall ihr Leben. Das machte die Besonderheit seiner Führung aus, und genau in diesem Umstand liegt seine Beispielhaftigkeit als Führungspersönlichkeit.

Der Respekt vor der Befähigung des Vorgesetzten, das Vertrauen in dessen Leistungskraft, verbunden mit der Erwartung, eine Niederlage insbesondere durch dessen Können in einen Sieg umzuwandeln, ist es, was Mitarbeiter motiviert. Wer einen Führungsanspruch begründet erheben will, muss dem Rechnung tragen. Was einem absolutistischen König gelingt, kann auch einem Unternehmensführer in einer Spitzenposition und einem Angestellten in einer Führungsposition zugemutet werden. Wer jedoch nur darauf bedacht ist, den Shareholder-Value oder das persönliche Einkommen zu optimieren, oder die Probleme ohne Rücksicht auf die ihm anvertrauten Mitarbeiter lösen will, führt nicht, sondern managt allenfalls.

Friedrich der Große sprach jedoch nicht nur seine Truppenteile an, und hier auch und gerade den einfachen Soldaten, sondern bemühte sich in einer ganz besonderen Ansprache gleichfalls darum, seine Offiziere zu motivieren. Von dieser soll jetzt die Rede sein.

Auch auf die Gefahr der Wiederholung hin muss man sich erneut die Situation aus der Sicht der nunmehr versammelten Offiziere vergegenwärtigen. Am Abend des 3. Dezember 1757 war es kalt, ein Teil der Armee fühlte sich mehr oder weniger demoralisiert, jedenfalls denkbar schlecht motiviert für das, was geplant war. Die Hauptstadt Schlesiens, Breslau, war besetzt und die Preußen mussten damit rechnen, dass sie kurz davorstanden, alles wieder zu verlieren, wofür sie in den letzten Monaten gekämpft hatten. Man kann davon ausgehen, dass Friedrichs Offiziere schon vor seiner Ansprache wussten, dass die Österreicher zahlenmäßig überlegen waren. Bekannt war auch, dass die Preußen durch den Verlust von Festungen und Magazinen und der Hauptstadt Breslau in Schlesien eigentlich auf verlorenem Posten standen. In dieser Situation galt es, die Führer der preußischen Armee auf etwas Unmögliches einzuschwören. Die später berühmt gewordene Rede von Leuthen, die in Wirklichkeit in Parchwitz gehalten wurde, wird wie folgt überliefert:[100]

> Sie wissen, meine Herren, dass es dem Herzog von Lothringen gelungen ist, Schweidnitz zu erobern, den Herzog von Bevern zu schlagen und sich Breslaus zu bemächtigen, während ich gezwungen war, den Fortschritten der Franzosen und Reichsvölker Einhalt zu tun. Ein Teil von Schlesien und die Hauptstadt der Provinz sind dadurch verloren gegangen. Meine Widerwärtigkeiten wären aufs höchste gestiegen, setzte ich nicht ein unbegrenztes Vertrauen in Ihren Mut, Ihre Standhaftigkeit und Ihre Vaterlandsliebe, die Sie bei so vielen Gelegenheiten bewiesen haben. Es ist fast keiner unter Ihnen, der sich nicht durch eine große und ehrenvolle Handlung ausgezeichnet hätte, und ich schmeichle mir daher, Sie werden es auch jetzt nicht an dem mangeln lassen, was der Staat von Ihrer Tapferkeit zu fordern berechtigt ist. Die Entscheidung rückt heran. Ich würde glauben, nichts getan zu haben, ließe ich die Österreicher im Besitz von Schlesien lassen. Lassen Sie sich also gesagt sein: Ich werde gegen alle Regeln der Kunst die beinahe dreimal stärkere Armee des Prinzen Karl angreifen, wo ich sie finde! Es ist hier nicht die Frage von der Anzahl der Feinde, noch von der Stärke ihrer ausgewählten Stellung. Alles dies, so hoffe ich, wird die Herzhaftigkeit meiner Truppen und die richtige Befolgung meiner Dispositionen zu überwinden wissen. Ich muss diesen Schritt wagen, oder es ist alles verloren! Wir müssen den Feind schlagen oder uns alle vor seinen Batterien begraben lassen. So denke ich, so werde ich handeln.
>
> Bitte machen Sie diesen meinen Entschluss allen Offizieren und Soldaten der Armee bekannt und schärfen sie jedermann ein, dass ich mich für berechtigt halte, unbedingten Gehorsam

> zu fordern. Wenn Sie übrigens bedenken, dass Sie Preußen sind, werden sie sich gewiss dieses Vorzugs nicht unwürdig machen wollen. Sollte aber einer unter Ihnen sein, der davor zurückschreckt, die letzte Gefahr mit mir zu teilen, der kann noch heute seinen Abschied erhalten, ohne den geringsten Vorwurf von mir zu erleiden!

Ohrenzeugen schilderten, dass der König an dieser Stelle eine Pause machte und, nachdem kein Widerspruch von den Zuhörern zu vernehmen war, mit den folgenden Worten fortfuhr:

> Schon im Voraus war ich davon überzeugt, dass mich keiner von Ihnen verlassen würde. Ich rechne nun ganz auf Ihre Hilfe und auf den Sieg. Sollte ich fallen und Sie für Ihre Verdienste nicht belohnen können, muss es das Vaterland tun. Gehen Sie nun in das Lager und wiederholen Sie den Regimentern, was Sie von mir gehört haben.
>
> Noch eins, meine Herren. Das Regiment Kavallerie, das sich nicht gleich, wenn es befohlen wird, unaufhaltsam in den Feind stürzt, lasse ich nach der Schlacht absitzen und mache es zu einem Garnisonregiment. Das Bataillon Infanterie, was – es treffe, worauf es wolle – nur zu stocken anfängt, verliert die Fahne und das Seitengewehr, und ich lasse ihm die Litzen von der Montur schneiden.
>
> Nun leben Sie wohl, meine Herren! In Kurzem haben wir den Feind geschlagen, oder wir sehen uns niemals wieder.

Andere Zitierungen unterscheiden sich nur wenig von der hier angeführten, es kann also davon ausgegangen werden, dass die Rede mit dieser Diktion und diesem Impetus so oder in ähnlicher Form tatsächlich von Friedrich dem Großen gehalten wurde. Die für die nachstehende Kommentierung entscheidenden Passagen sind jedenfalls in allen Zitierungen enthalten.

Die Rede von Leuthen wurde am 3. Dezember 1757 in Parchwitz gehalten. Friedrich sprach entgegen seiner Gewohnheit die Befehlshaber seiner Armee in deutscher Sprache an. Seine Ansprache gilt bis heute als Meisterwerk der Motivation. Hier eine Zeichnung von Adolph Menzel.

Das Besondere an dieser Rede ist die Offenheit, mit der Friedrich der Große das Prekäre der militärischen Situation anspricht. Er weiht ohne Umschweife und äußerst schnörkellos seine Offiziere in die Lage ein, indem er alle bestehenden Probleme ebenso offen anspricht wie die Folgen, die sein Tun oder Unterlassen haben können. Er spricht davon, dass der Gegner doppelt so stark sei wie die eigenen Reihen, was tatsächlich stimmt, und davon, dass diese Schlacht gewonnen werden müsse, weil ansonsten alles verloren sei, was ebenfalls zutreffend ist. Jedem Heerführer der damaligen Zeit war bewusst, was es bedeutete, bei der seinerzeit üblichen Lineartaktik mit einem derartigen Kräfteverhältnis angreifen zu müssen. Die Offenheit Friedrichs ist auch deshalb hervorzuheben, weil absolutistische Fürsten keineswegs dafür bekannt waren, mit ihren Untergebenen auf Augenhöhe zu kommunizieren, um sie in die Lage einzuweihen, insbesondere wenn sie sich so diffizil darstellte wie am 3. Dezember 1757. Es ist vor allem auch deshalb beeindruckend, weil Friedrich der Große es den Empfängern der Botschaft zudem freistellte, sich in dieser prekären Situation an seine Seite zu stellen. Er hatte keine Bedenken, die Lage in all ihrer Problematik zu schildern, denn er konnte dabei auf sein militärisches Können vertrauen und auf die Loyalität seiner Offiziere. Somit konnte er seine Offenheit zum Zentrum einer rhetorischen und motivationstechnischen Gesamtkonzeption machen.

In unserer Zeit haben Unternehmensführer und Politiker bisweilen eine ausgeprägte Scheu, kritische Zustände im eigenen Zuständigkeitsbereich offen und schonungslos anzusprechen. Ursache dafür ist im Allgemeinen wahrscheinlich die unterschwellige Angst, man würde ihnen die Problemlösung nicht zutrauen, weshalb es besser sei, wenn die vermeintliche Gefolgschaft gar nichts von den anstehenden Problemen wisse. Dabei zeigt aber die Erfahrung, dass Mitarbeiter es durchaus gut verkraften, wenn man über unangenehme Situationen oder gar über existenzbedrohende Zustände schonungslos und offen spricht; dies kann sogar »motivationsfördernd« sein in dem Sinne, dass die Betroffenen zu außergewöhnlichen Leistungen bereit sind, um die Bedrohung abzuwenden – wobei ich »motivationsfördernd« in dem hier verwendeten Zusammenhang ausdrücklich nicht als zynisch verstanden wissen möchte. Unabhängig davon haben Mitarbeiter, insbesondere jene, die Opfer einer unternehmerischen Entscheidung zu werden drohen, einen Anspruch auf die Offenlegung der sie betreffenden Situation. Die Ängste manches Vorgesetzten, unangenehme Dinge zu vermitteln, wird manchmal auch noch mit unangemessener Diplomatie, mit einem Sich-nicht-festlegen-Wollen, gepaart und führt dann schlagartig zu Akzeptanzproblemen. Das Vermitteln von Durchhalteparolen ist nur etwas für schwache Vorgesetzte. Starke Führer können sich immer die Wahrheit leisten, weil sie wissen, dass ihnen die Mitarbeiter ob der eigenen Kompetenz vertrauen. Friedrich der Große war sich seines

Könnens bewusst, und er konnte auch deshalb davon ausgehen, dass seine Heerführer ihm vertrauten.

Das direkte und offene Ansprechen auch unliebsamer Wahrheiten erhöht die Akzeptanz der Führung und setzt zum Teil ungeahnte Kraftreserven frei. Dies ist eine Lehre, die man aus dem Inhalt und der Art und Weise, wie die Rede von Leuthen gehalten wurde, ziehen kann. Doch zunächst noch eine Anmerkung zum Thema Motivation. Ich möchte nicht den Eindruck erwecken, als ginge mir die Motivierung der Mitarbeiter über alles. Es ist dies auch nicht die primäre Aufgabe eines Vorgesetzten, so als sei er gleichsam eine Art Berufsanimateur. Die tägliche Arbeit, das Bewältigen jenes Tätigkeitspensums, das im Arbeitsvertrag festgelegt wird, bedarf eigentlich keiner besonderen Motivierung. Man kann einem Mitarbeiter durchaus verständlich machen, dass diese normalen Anforderungen erfüllt werden müssen. Erst für darüber hinausgehende Erwartungen an seine Leistungen sind Motivierung und besondere Ansprachen sinnvoll und notwendig. Am Vorabend der Schlacht von Leuthen ging es eben gerade nicht um gewöhnliche Pflichterfüllung, sondern um die Bereitschaft, besondere Leistungen zu erbringen, die über das durchschnittliche Maß hinausgingen. Weil das Angreifen eines zweimal stärkeren Gegners erhebliche zusätzliche Gefahren in sich birgt, muss auch eine entsprechende Motivierung erfolgen.

Der Aufbau der Rede von Leuthen zeigt noch einen weiteren Aspekt des Führens. Friedrich der Große stellte nämlich an den Anfang seiner Ausführungen die Schilderung einer Ausgangslage. Mit ihr im Hintergrund lässt sich der Inhalt eines Befehls leichter vermitteln, weil der Befehlsempfänger weiß, worum es geht. Mit rund zwanzigtausend Mann einen doppelt so starken, verschanzten Gegner anzugreifen ist nur denkbar, wenn jeder einzelne Soldat sein Ganzes zu geben bereit ist, und das geht nur, wenn keine Kräfte verzettelt werden, weil man irgendetwas nicht richtig verstanden hat. Wer mit solch einem Kräfteverhältnis fertig werden will, der darf sich ein Zersplittern seiner Kräfte nicht leisten – Eigenwilligkeiten dürfen nicht vorkommen und auch nicht geduldet werden. Das alles kann aber nur erwartet werden, wenn jeder weiß, worauf es ankommt und was von ihm wofür und warum erwartet wird. Eine zum eigentlichen Befehl passende Schilderung der Lage gibt diesem erst ihren Sinn. Während sich der Aufbau eines militärischen Befehls, wie wir ihn heute kennen, über viele Jahre hinweg entwickelt hat und Bestandteil eines Vorganges ist, der eigentlich als »Führungsphilosophie« bezeichnet werden kann, hat Friedrich der Große bereits vor zweihundertfünfzig Jahren intuitiv richtig gehandelt.

Für heutige Vorgesetzte in leitender Position ist dieser Abschnitt interessant, weil der Offenheit und Ehrlichkeit in Führungsfragen das Wort geredet wird. Mitarbeiter wollen nicht unwissend herumgeschoben werden. Sie möchten teilhaben an den Entscheidungen der sie führenden Personen, nicht dahingehend, dass sie selbst mitentscheiden wollen, wohl aber in dem Sinne, dass sie die Beschlüsse nachvollziehen möchten, die Auswirkungen auf sie haben oder Grundlage von Arbeitsanweisungen sind. Nur wenn Mitarbeiter wirklich wissen, warum sie etwas tun sollen, können sie im Sinne des Vorgesetzten handeln. Reserven zu aktivieren ohne eine offene Informationspolitik ist schlechterdings nicht möglich.

»Informieren« heißt nicht nur, den Mitarbeitern mitzuteilen, was, wie und vor allem warum etwas zu tun ist. »Informieren« bedeutet auch, Wissen zu vermitteln und keine Informations- oder Wissensmonopole zuzulassen oder zu kultivieren. Schlecht oder nicht ausreichend informierte Untergebene können weniger ganzheitlich operieren, wenn es um die Ausführung von komplexen Anweisungen geht. Insbesondere, wenn der Vorgesetzte nicht jederzeit verfügbar ist, zahlt es sich aus, wenn der Angewiesene aufgrund seines Informationsstandes in der Lage ist, wirklich mitzudenken und gemäß der Absicht des Vorgesetzten handeln zu können. Selbstständiges Agieren ist nicht möglich, wenn man nicht über ein der Situation angemessenes Wissen verfügt, und ein unzureichend informierter Mitarbeiter kann dann auch nicht wegen unterlassenen Handelns kritisiert werden. Nur informierte Mitarbeiter können auch Träger von Entscheidungsprozessen und Meinungen werden.

Die Informationen, die es zu vermitteln gilt, müssen zudem zu Funktion und Stellung des Vorgesetzten passen – es gibt einen Zusammenhang zwischen Aufgabe, Information und Führer.

Wer nur Erfolgsmeldungen gegenüber Mitarbeitern undifferenziert kommuniziert, läuft Gefahr, dass deren Engagement nachlässt, da sie das Gefühl bekommen, der Wohlstand sei gesichert und es bedürfe keiner besonderen Anstrengung mehr. Wenn man jedoch erreichen möchte, dass ein bestimmtes Leistungsniveau erhalten oder verbessert wird beziehungsweise Negativentwicklungen verhindert werden sollen, ist es angezeigt, die Mitarbeiter auch über Probleme und Gefahren zu informieren und ihnen deutlich zu machen, dass ein befriedigender Zustand keineswegs eine Selbstverständlichkeit ist.

Und schließlich heißt »informieren« auch, Mitarbeiter einzubeziehen, sie nach ihrer Meinung zu fragen und so deren Ansichten zu eruieren, was zur »Konsensualisierung« von Entscheidungen beiträgt.

11.

Warum ein ausgeprägtes Ehrgefühl die Leistungsbereitschaft erhöht – die Ehre als Ausdruck von Pflichtbewusstsein

Obwohl er ein absolutistischer Monarch war, erlaubte es sich Friedrich der Große, seinen Offizieren freizustellen, ihm zu folgen. Wer bereit war, ihm trotz der widrigen Umstände auch im Krieg zu *dienen*, begab sich in Gefahr, dennoch sollte derjenige, der vom Angebot des Königs Gebrauch machte, die Gefolgschaft aufzukündigen, von Vorwürfen verschont bleiben. Damit stellte Friedrich der Große das Band der Loyalität, das »Dem-König-verpflichtet-Sein«, in die Dispositionsfreiheit seiner Untergebenen – ein außergewöhnlicher Vorgang, zumal er für Letztere keine unmittelbaren Nachteile oder Sanktionen implizierte. Umgekehrt versprach er jenen, die bereit waren, ihm zu folgen, nichts Materielles, weder Geld noch Ländereien. Der in Aussicht gestellte Lohn war allein nur die Ehre. Es sind dies also zwei der herausragenden Elemente seiner Rede: das Gewähren von Entscheidungsfreiheit und die Belohnung der Loyalität durch Ehre. Dieser friderizianische Ehrbegriff hatte Einflüsse bis in das 20. Jahrhundert. So wurden Beispiele ehrenhaften Verhaltens zum Teil geradezu mystifiziert und dienten so der Volkserziehung. Manche dieser Exempel haben sich wohl auch tatsächlich so zugetragen, andere wiederum sind im Laufe der Zeit über die eigentliche Begebenheit und Bedeutung hinaus erhöht worden. Im Folgenden sollen einige solcher Fälle mit realem Hintergrund betrachtet werden, die verdeutlichen, wie ausgeprägt der Ehrbegriff der damaligen Zeit war.

So wurde einmal ein Schauspieler wegen Verstoßes gegen das Duellverbot inhaftiert, was ihn dazu veranlasste, seinem König folgende Zeilen zu schreiben:

> So viele Feinde hat sein Arm geschlagen,
> wenn Hand an seine Ehre sie gelegt;
> er sollte sich den Tadel doch versagen,
> wenn auch ein anderer sich aus gleichem Grunde schlägt.

Der Verweis auf die Ehre verfehlte nicht seine Wirkung, und Friedrich der Große begnadigte den Künstler.[101]

Über das Regiment Bernburg ärgerte sich der Monarch besonders, weil dieses während des preußischen Besetzungsversuches der sächsischen Hauptstadt Dresden vor den angreifenden Österreichern nach nur kurzer Gegenwehr die Waffen gestreckt hatte. Friedrich verfügte daraufhin, dass die einfachen Soldaten ihre Bajonette abzugeben, Unteroffiziere und Offiziere die silbernen Tressen von ihren Hüten abzuschneiden und die Tamboure den Grenadiermarsch nicht mehr zu trommeln hätten.[102] Das Regiment Bernburg war also in den Augen des Königs ehrlos geworden. In der Schlacht von Liegnitz am 15. August 1760 tat sich dann gerade dieses Regiment wie kein zweites hervor. Friedrich gewann diese Schlacht mit nicht einmal dreißigtausend Preußen gegen mehr als hunderttausend Österreicher. Sein Vorleser Henry de Catt gibt die Begebenheit nach der Schlacht wie folgt wieder:

> Er steigt zu Pferd und reitet die Reihen seiner Getreuen ab. Es ist fünf Uhr, noch dunkel. Da ist das Regiment Bernburg, die Hüte, sofern sie welche haben, ohne Tressen. Der Kommandeur hat ohne Degen gekämpft, mit der Pistole. Sie haben alle wie die Teufel gefochten. Ein großer Teil des Sieges gebührt ihnen. Er sieht ihnen lächelnd in die verschmutzten, schweißüberlau-

fenen Gesichter. Ein Sergeant tritt vor und sagt salutierend:
»Regiment Bernburg, Eure Majestät!«
»Ich weiß, ich weiß!«
Sein Pferd wird unruhig, er zügelt es. »Wie geht's euch, Kinder?«
Aus einer Kehle: »Danke, Majestät.«
»Ihr habt euch tapfer geschlagen!«
Totenstille.
Einer von den Bernburgern tritt hervor, mit großem Schnauzbart, an dem die Tränen herunterlaufen.
»Sind Sie denn nun wieder unser gnädiger König?«
»Ganz gewiss«, sagt der König.
Jubel, glückseliges Glucksen, Sichumfassen, Tanzen! Hurra, der König![103]

Das Regiment Bernburg kämpfte, um seine Ehre wiederzuerlangen. Die Anerkennung durch den König war die Antriebs-

Das Regiment Bernburg, als es nach der Schlacht von Liegnitz wieder in Ehren aufgenommen wurde.

feder. Kein sonstiger Druck und keine materiellen Güter. Ob sich die oben beschriebene Szene genauso zugetragen hat oder nur so ähnlich, mag dahingestellt bleiben, aber die Quintessenz wird deutlich.[104] Zahlreiche andere Beispiele finden sich bei Johann Wilhelm von Archenholz, der mit seinem zeitgenössischen Roman über den Siebenjährigen Krieg viel zur Popularität Friedrichs des Großen beitrug.[105]

Doch auch wegen Nichtachtung der eigenen Person, also wegen gefühlter Ehrverletzung, konnte es zu geradezu dramatischen Szenen kommen. So reichte der Erbprinz Friedrich Karl Ferdinand von Braunschweig-Bevern seinen Rücktritt ein, weil der König ihn nach seinem Gesuch nicht unverzüglich zum Generalleutnant befördert hatte. Er begründete dies mit dem Hinweis darauf, dass er seine militärischen Befehle auch immer sofort ausgeführt habe.[106]

Leberecht von Blücher, der herausragende Heerführer der späteren Befreiungskriege, diente bereits als Offizier unter Friedrich dem Großen und verlangte seinen Abschied, weil er sich gegenüber einem anderen Offizier bei einer Beförderung zurückgesetzt fühlte. In seinem Abschiedsgesuch schrieb Blücher schlicht:

> Der von Jägerfeld, der kein anderes Verdienst hat als der Sohn des Markgrafen von Schwedt zu sein, ist mir vorgezogen worden [...].[107]

Trotz eines neun Monate andauernden Arrestes blieb er bei seinem Entschluss. Der Abschied wurde ihm von Friedrich dem Großen schließlich ungnädig bewilligt. Später sollte er unter Friedrich Wilhelm III. eine europäische Berühmtheit werden.

Dann sei da Johann Friedrich Adolf von der Marwitz erwähnt, der im Siebenjährigen Krieg von Friedrich dem Großen das Schloss Hubertusburg geschenkt bekam und den Auftrag erhielt, eben jenes als Rache für die Plünderung von Schloss Charlottenburg in Berlin auszurauben. Marwitz unterließ dies unter Berufung auf seine Ehre und erklärte auf Rückfrage des Königs, dass »dies sich allenfalls für Offiziere eines Freibataillons schicken würde, nicht aber für den Kommandeur eines Regiments Seiner Majestät Gendarmes«.[108]

Marwitz fiel bei Friedrich nicht deshalb in Ungnade, weil er sich weigerte, einen Befehl auszuführen, sondern weil dem König bewusst war, dass das, was er von ihm erwartete, nicht ehrenvoll war. In Wirklichkeit beschämte Marwitz seinen König. Dies tat er über seinen Tod hinaus, indem er auf seinem Grabstein folgende Inschrift anbringen ließ:

> Sah Friedrichs Heldenzeit und kämpfte mit ihm in all seinen Kriegen. Wählte Ungnade, wo Gehorsam nicht Ehre brachte.[109]

Fontane setzte ihm ein bleibendes Denkmal in seinen *Wanderungen durch die Mark Brandenburg*, und jeder, der mit preußischer Geschichte auch nur ansatzweise vertraut ist, kennt diesen Grabstein mit seiner Inschrift wenigstens vom Hörensagen.

Es könnten noch weitere Beispiele dieser Art angeführt werden. In diesem Zusammenhang reicht es jedoch aus, wenn wir feststellen, dass sich Friedrich der Große auf die gesellschaftliche Akzeptanz eines besonderen Ehrbegriffs verlassen konnte. Dieser war weder auf den Adel begrenzt, aus dessen Reihen er seine Offiziere rekrutierte, noch war zu befürchten, dass die Ehre und Loyalität jener, die bereit gewesen waren, das Wagnis einzugehen, die Schlacht zu schlagen, nicht mehr wertgeschätzt würde, wenn der König selbst im Kampf den Tod fände. Die Akzeptanz des Ehrbegriffes war nicht vom König und seiner Existenz abhängig, sie war gesellschaftlich und damit in der Gemeinschaft verankert. Das Vaterland, also die den Ehrbegriff tragende Gesellschaft, hätte den Offizieren, die sich ehrenhaft geschlagen hatten, anstelle des Königs den Respekt erwiesen. Es ist daher nicht verwunderlich, dass keiner seiner Offiziere ihn nach der Rede verließ. Ein solcher Entschluss hätte gesellschaftliche Folgen gehabt, die keiner von ihnen hätte tragen wollen, egal, wie die Schlacht ausgegangen wäre. Damit wird die Möglichkeit des Einzelnen, sich aus der Verantwortung ziehen zu können, und damit zugleich der Wert des Angebotes Friedrich des Großen natürlich relativiert. Und in der Tat schränkte der Ehrbegriff der damaligen Zeit den Entscheidungsspielraum des Einzelnen stark ein. Das war keineswegs neu. So galt sich aus der Verantwortung zu stehlen, die eigene Unverletzlichkeit höher zu stellen als den Schutz des Vaterlandes, seit der Schlacht von Cannae (2. August 216 v. Chr.) als verpönt. Damals hatten die der Vernichtung in der römischen Niederlage entronnenen Soldaten erhebliche Schwierigkeiten, Verständnis für ihr Verhalten in ihrer damaligen Gesellschaft zu erfahren, denn ihr Überleben wurde angesichts der vernichtenden Niederlage der Römer als Feigheit interpretiert. Fehlender Wagemut und damit zugleich fehlende Pflichterfüllung stellten einen Mangel an Ehre dar – umgekehrt ausgedrückt, handelte es sich um eine Frage der Ehre, seiner Pflicht nachzukommen. Wer das nicht tat, schadete seiner Ehre.

Die Frage ist nun, ob ein Appellieren an einen solchen Ehrbegriff auf die Zeit des 18. oder 19. Jahrhunderts und auf Preußen beschränkt bleiben muss oder ob die Ehre als Handlungsverpflichtung und als -maßstab auch in unserer Gesellschaft noch ihren Platz hat. Werfen wir daher einen Blick auf unsere heutigen Gegebenheiten.

Wir sind dabei, so scheinbar weiche Begriffe wie Ehre oder Loyalität durch materielle Konzepte wie Einkommen, Privilegien oder sonstige pekuniär ausgerichtete Rang- und Klassenmerkmale zu ersetzen. Auch sprechen wir in unserer Zeit ständig von Freiheit und Freiheitsrechten. Jedem Hinweis auf Pflichten wird geradezu reflexartig mit dem Appellieren an das Recht auf die eigene Freiheit begegnet. So möchten wir zwar in Freiheit leben und unsere Kinder ebenso aufwachsen sehen, dafür aber keinen persönlichen Einsatz leisten. Wehr- oder Zivildienst scheint nur etwas für diejenigen zu sein, die entweder gerne Krieg spielen oder nicht pfiffig genug waren, sich davor zu drücken. Dass es sich aber um ein ganz persönliches Opfer handelt, wenn sich ein junger Mann achtzehn, fünfzehn oder heute selbst nur noch sechs Monate für den Staat engagiert, wird bei der Beurteilung dieser Dienste regelmäßig vergessen.

Auch ein Vorgesetzter stellt sich in den Dienst seines Unternehmens. So täuscht der Eindruck, der Status als Chef sei nur angenehm, weil er bestimmte Freiheiten mit sich bringe. Tatsächlich aber bedeutet Vorgesetzter zu sein immer auch ein Mehr an Verpflichtung und eine Einschränkung der persönlichen Freiheit.

Freiheit und Privilegien gibt es eben nicht zum Nulltarif. Beides muss durch Pflichterfüllung immer wieder erarbeitet werden, und die ist eine Frage der Ehre. Wer also die Forderung nach Freiheiten gleich welcher Art erhebt, muss zunächst nach den vorausgehenden Pflichten im Sinne einer Conditio sine qua non fragen. Zuerst müssen diese erfüllt werden, bevor über jene diskutiert werden kann. Weil der Begriff der Ehre ein etwas schillernder zu sein scheint, wollen wir uns ihm nun einmal im Detail zuwenden, dies allerdings nicht aus der Sicht der damaligen Zeit, sondern aus unserer heutigen. Es gilt herauszuarbeiten, was wir aus der Geschichte, insbesondere der preußischen, für unser heutiges Konzept von Ehre nutzbar machen können.

Der Begriff der Ehre stammt etymologisch von »Ehrfurcht«, »Scheu« oder »Scham« ab. Die mittelalterliche Auffassung verband mit diesem Terminus vornehmlich das äußere Ansehen in Gestalt von Ruhm und Anerkennung. Erst später entwickelte sich die Ehre zum sittlichen Begriff. Heute ist darunter das Ansehen einer Person, Wertschätzung durch andere Menschen oder Selbstachtung zu verstehen.

Das Berufen auf Ehre setzt Kriterien der Ehrbarkeit voraus, die alle Bürger teilen müssen, also gleichsam eine Art gesellschaftlichen Konsens. Viele regen sich über die Steuerhinterziehung eines Topmanagers auf und halten es umgekehrt für normal, eine Versicherungsgesellschaft zu betrügen. Wir sind auf dem Holzweg, wenn wir glauben, dass ein staatlich verordnetes und kontrolliertes Regelwerk in der Lage ist, das zu ersetzen oder auszugleichen, was an moralischer Verfassung verloren gegangen ist. Die Gier eines Bankmanagers lässt sich nicht durch Gesetze zügeln oder sozialverträglich machen. Der frühere Bundespräsident Horst Köhler fand die treffenden Worte, als er die Bankmanager aufforderte, nicht länger Banker, sondern wieder Bankiers zu sein. Die Unterschiedlichkeit der Nutzung und Bedeutung dieser beiden Begriffe ist ein Beispiel dafür, wie aus einer modischen »Sprachpanscherei« eine verheerende »Berufspanscherei« geworden ist. Jeder kleine Bankangestellte bezeichnet sich als Banker und glaubt, sich durch dieses Etikett von anderen abheben zu können. Aus dem vorsichtigen, zum Teil gelegentlich auch unternehmerisch orientierten Verleihen von Geld ist im Laufe der Zeit ein unkontrolliertes Verwenden und gelegentlich auch Verschwenden fremder Gelder geworden, indem man dieses zu ungebremster Spekulation genutzt hat. Um solchen Entwicklungen entgegenzuwirken, müssen wir deutlich machen, dass es ungeschriebene Regeln der Ehrbarkeit gibt, gegen die zu verstoßen sich ein achtbares Mitglied unserer Gesellschaft nicht leisten kann.

Am Rande einer Diskussion um die Finanzmarktkrise hat sich ein Journalist zu den Unzulänglichkeiten des deutschen Handelsgesetzbuches (HGB) geäußert, weil dies mangelnde Möglichkeiten biete, die Urheberschaft der Finanzmarktkrise zu sanktionieren oder Letztere überhaupt zu verhindern. Dem habe ich entgegengehalten, dass das deutsche HGB im Jahr 1898 erlassen wurde und sich auf das damals noch geltende Bild vom ehrbaren Kaufmann stützte. Ein solcher würde ihm anvertrautes Geld nicht verspielen, nur um einer persönlichen Bonusmehrung willen. Ehrbarkeit ist also nichts, was mit einem gesetzlich verankerten nationalen oder internationalen Finanzmarktkontrollsystem erzwungen oder bei Verfehlungen geahndet werden kann. Es handelt sich dabei um eine

Tugend, die man natürlich besitzt oder die einem zumindest anerzogen wurde. Gerade weil sie nur einer begrenzten juristischen Kontrolle unterliegt, muss ihre Verletzung unbegrenzt gesellschaftlich sanktioniert werden. Dennoch ist es immer wieder erstaunlich, wie die Ignoranten der Ehrbarkeit nach einiger Zeit wieder oben schwimmen, neue Herausforderungen und Chancen bekommen und mit einer so unglaublichen Dreistigkeit ihr Versagen beschönigen, dass man nur noch staunen kann. Dabei dürften Entscheidungsträger, die in Unternehmen, die sie geführt und dort zum Teil Milliardenvermögen vernichtet haben, keinerlei Plattform der Selbstdarstellung mehr erhalten.

Auch der Respekt vor den Leistungen eines anderen oder vor staatlichen Institutionen hat etwas mit diesem Ehrbegriff zu tun.

Politiker, soweit sie Repräsentanten des Staates sind, müssen sich ziemlich viel gefallen lassen; es hat sich im Umgang mit Politikern eine gewisse Flegelhaftigkeit und Respektlosigkeit eingeschlichen. Wenn der Bundeskanzler oder aktuell die Bundeskanzlerin, Ministerpräsidenten oder Minister von Journalisten nur mit dem Namen, also ohne den ihnen zustehenden Titel, angesprochen werden, ist das nicht Ausdruck einer modernen Pseudovertrautheit, mit der eine gewünschte journalistische Nähe zur Macht ausgedrückt werden soll, sondern einfach eine Manifestierung schlechter Erziehung und sollte als solche auch beim Namen genannt werden. Dabei könnte man jetzt einwenden, dass es gelegentlich auch nicht einfach war, einen ehemaligen Steinewerfer nun mit »Herr Minister« anzusprechen. Solche Personen, denen man aufgrund ihrer Vergangenheit, ihres geringen Leistungsvermögens oder schlicht wegen ihrer mangelnden Bildung den mit einem hohen Amt verbundenen Respekt versagen will, sollten vielleicht erst gar nicht gewählt werden. Sind sie jedoch erst einmal im Amt, so haben auch sie einen Anspruch auf den mit diesem verbundenen Respekt. Denn das ist wiederum der Ausdruck von Respekt gegenüber unserer Demokratie, die eine ehrenvolle Behandlung ihrer gewählten Repräsentanten verdient.

Der Ehrbegriff sollte auch im Umgang mit dem einzelnen Bürger zum Tragen kommen. So schadet zum Beispiel das bewusste öffentliche Herabsetzen von Menschen, etwa in Talkshows, nur um Einschaltquoten zu maximieren, oder das Provozieren eines völlig enthemmten Ausbreitens höchst privater oder intimer Details auch der Ehre solcher Personen, die nicht zu denen des öffentlichen Lebens zählen. Das wird auf Dauer seine Wirkung nicht verfehlen.

Auch Verleumdungen gegenüber unseren Soldaten stehen dem Ehrbegriff zuwider. So hatte das Bundesverfassungsgericht in mehreren Fällen zu entscheiden, ob die Behauptung, Soldaten seien Mörder, den Straftatbestand der Beleidigung erfülle. Auch wenn das Gericht formal juristisch korrekt die Strafbarkeit unter Hinweis darauf abgelehnt hat, dass eine kollektive Beleidigung nach dem deutschen Strafrecht nicht strafbar sei, so hat es dennoch deutlich zu einer solchen Behauptung Stellung genommen:

> Es begegnet allerdings keinen Bedenken, dass die Gerichte in der Bezeichnung eines Soldaten als Mörder einen schwerwiegenden Angriff auf dessen Ehre gesehen haben. Selbst wenn mit dieser Bezeichnung nicht der Vorwurf einhergeht, der Betroffene habe tatsächlich Morde begangen, so bleibt doch die wertende Gleichstellung mit einem Mörder eine tiefe Kränkung.[110]

Leider wird in der Öffentlichkeit dann nur von der Erlaubnis gesprochen, dass man Soldaten der Bundeswehr in dieser abstrakten Form beleidigen darf. Dass das Gericht so etwas aber für die Betroffenen als ehrraubend und als tiefe Kränkung ansieht, wird gemeinhin verschwiegen. Die Wortführer waren sich dessen nicht nur bewusst, sie haben genau in dieser Absicht gehandelt.

Wie aber ist es um den Ehrbegriff im Zusammenhang mit Führung bestellt? Das Führungsverhalten eines Vorgesetzten ist nur angemessen, wenn es die Ehre seiner Mitarbeiter nicht beeinträchtigt. Es gehört zu den konkreten, wenn auch ungeschriebenen Verpflichtungen, die Ehre eines in irgendeiner Form Anvertrauten zu schützen sowie tätig zu werden, wenn jemand nicht in der Lage ist, seine Ehre selbst zu wahren. Dies gilt auch in dem Fall, wenn der Betroffene nicht über die notwendige Einsichtsfähigkeit verfügt, der eigenen Ehrverletzung überhaupt gewahr zu werden.

Diese Verpflichtung ist aber nicht grenzenlos. Sie wird dort unzumutbar, wo sich der Anvertraute nicht schützen lässt oder sein Verhalten das Wiederherstellen der Ehre unmöglich macht; so etwa, wenn der betroffene Mitarbeiter durch Betrug, Falschaussagen oder sonstige Straftaten seiner Ehre selbst geschadet hat.

Die Ehre spielt in Führungsbelangen aber auch noch in anderer Hinsicht eine Rolle. Das Verhalten eines Vorgesetzten sollte auch für sich genommen zur eigenen Ehre gereichen und als Maßstab dafür gelten, was statthaft ist und was »man nicht tut«. Somit ist Ehre also auch eine Frage der Moral. »Moral« und auch »Ethik« sind dabei Modebegriffe, die häufig und nahezu inflationär verwendet werden. So gibt es beispielsweise einen Nationalen Ethikrat, bei Unternehmensführern fordert man die Einhaltung ethischer Normen und der Beirat für Innere Führung der Bundeswehr beschäftigt sich mit der Ethik des Soldatenberufes. Wenn man einer Sache eine besondere Bedeutung geben will, dann verstärkt man den Begriff der »Ethik« noch mit dem der »Moral«, obwohl es sich um zwei Termini gleicher Bedeutung handelt. Der eine stammt aus dem Griechischen, der andere aus dem Lateinischen; in der deutschen Übersetzung heißen sie beide »Sittlichkeit«. Sittlichkeit bedeutet, ein Leben nach den allgemeinen Regeln der guten Sitten zu führen. Sittlichkeitsmaßstäbe sind zum Beispiel Zuverlässigkeit, Pflichterfüllung, Ehrlichkeit, Loyalität oder Fleiß. Ein Verhalten, das in erheblicher Weise oder dauerhaft wider diese Maßstäbe gerichtet ist, ist unsittlich und damit unehrenhaft. Dabei bestimmt der Vorgesetzte durch seinen eigenen

Grad an Sittlichkeit auch den, den er von seinen Mitarbeitern erwarten kann. Nur in dem Umfang, in dem er sich selbst an die Regeln der Sittlichkeit hält, kann er gegenüber seinen Mitarbeitern bei der Erfüllung der genannten Wertbegriffe Ansprüche erheben. In Bezug auf einen Vorgesetzten in einem abhängigen Beschäftigungsverhältnis bedeutet die Einhaltung dieser Wertmaßstäbe, dass der Betreffende »treu dient« und dass der Vorgesetzte in Haltung und Pflichterfüllung ein Beispiel zu geben hat.

Was ist nun, wenn es zu einem Konflikt kommt, bei dem zwischen formal gleichrangigen Werten abgewogen werden muss? Gibt es Grenzen für die Verpflichtung, treu zu dienen?

Ein Exkurs zu den Begebenheiten des 20. Juli 1944 und dem unglaublichen Konflikt, in dem sich die damals agierenden Widerstandskämpfer befunden haben, mag diesbezüglich sehr erhellend wirken. Als Soldaten waren sie erstmals auf eine Person, nämlich Adolf Hitler, und nicht mehr nur auf eine Institution des Staates, seine Verfassung oder das Volk vereidigt worden. Dieser Umstand sowie ihre persönliche Einstellung zum Staat, die von einem besonderen Bewusstsein der Loyalität geprägt war, und der ebenfalls erstmalig abverlangte »unbedingte Gehorsam« waren die Ursachen für einen Gewissenskonflikt, der den Widerstand gegen Hitler lange hemmte. Dem Oberbefehlshaber der Wehrmacht in den Rücken zu fallen erinnerte nicht nur sprachlich an die sogenannte Dolchstoßlegende. Unabhängig von diesem Konflikt lehnten es einige Verschwörer auch schlichtweg aus religiösen Gründen ab, Hitler zu töten. Derartige Skrupel und Gewissenskonflikte waren Ergebnis ihrer Prägung, Folge ihrer Herkunft und eigenen Geschichte, zugleich aber auch ein besonderes Phänomen der damaligen Verhältnisse. Verstärkt wurde dies durch ein Vertrauen in den »Führer«, der alles schon irgendwie richten würde, wie etwa beim Abkommen von München, das den Krieg mit der Tschechoslowakischen Republik abgewehrt hatte. Die militärischen Schläge gegen Polen und Frankreich und die Anfangserfolge im Krieg gegen die Sowjetunion schienen Menschen wie General Franz Halder, dem Chef des Generalstabes des Heeres, Recht zu geben, der sich nach anfänglicher Bereitschaft zum Putsch nach dem Münchner Abkommen dann jedoch konsequent von allen weiteren Widerstandsüberlegungen distanziert hatte. Es war also eine Kombination aus der namentlichen und damit persönlichen Bezugnahme in der Eidesformel und den militärischen (Anfangs-)Erfolgen, die »die Herzen band«, wie es Margret Boveri ausdrückte,[111] die von der *Frankfurter Allgemeinen Zeitung* aus Anlass ihres Todes im Jahr 1975 als »Inbegriff von Unabhängigkeit und Redlichkeit« charakterisiert wurde.[112]

So kam es, dass sich die Angehörigen der Widerstandsgruppe erst im Laufe der Zeit von ihrem Gewissenskonflikt lösen konnten und erkannten, dass es höhere Güter gab als die Treue zu Hitler. Auch musste erst die Erkenntnis reifen, dass die Treue zum eigenen Land die Beseitigung des Diktators geradezu erforderlich machte. Von dem preußischen Offizier Henning von Tresckow stammt folgender Satz:

> Das Attentat muss erfolgen, coûte que coûte. Sollte es nicht gelingen, so muss trotzdem in Berlin gehandelt werden. Denn es kommt nicht mehr auf den praktischen Zweck an, sondern darauf, dass die deutsche Widerstandsbewegung vor der Welt und vor der Geschichte den entscheidenden Wurf gewagt hat. Alles andere ist daneben gleichgültig.[113]

Die Erkenntnis, dass die Verschwörer ehrenvoll gehandelt hatten, war nach dem Attentat nicht selbstverständlich. Es stellt sich sogar die Frage, ob das deutsche Volk die Bemühungen des Widerstandes überhaupt wertgeschätzt hätte, wäre der Staatsstreich gelungen. Die Anerkennung blieb den Verschwörern zunächst sogar nach dem Ende des Krieges weitgehend versagt. Heute steht es außer Frage, dass das Attentat gegen Hitler ein ehrenvolles Handeln darstellte. Dies ist vor allem darin begründet, dass das deutsche Volk keine Chance der moralischen Rehabilitation nach all den Schrecknissen der Nazizeit gehabt hätte, wenn es nicht auch auf diese Widerstandsbewegung hätte verweisen können. Dies war auch Tresckows explizite Absicht, als er äußerte:

> Jetzt wird die ganze Welt über uns herfallen und uns beschimpfen. Aber ich bin nach wie vor der festen Überzeugung, dass wir recht gehandelt haben. Ich halte Hitler nicht nur für den Erzfeind Deutschlands, sondern auch für den Erzfeind der Welt.
>
> Wenn ich in wenigen Stunden vor den Richterstuhl Gottes treten werde, um Rechenschaft abzulegen über mein Tun und Unterlassen, so glaube ich mit gutem Gewissen das vertreten zu können, was ich im Kampf gegen Hitler getan habe. Wenn einst Gott Abraham verheißen hat, er werde Sodom nicht verderben, wenn auch nur zehn Gerechte darin seien, so hoffe ich, dass Gott auch Deutschland um unsertwillen nicht vernichten wird. Niemand von uns kann über seinen Tod Klage führen. Wer in unseren Kreis getreten ist, hat damit Nessushemd [sic] angezogen. Der sittliche Wert eines Menschen beginnt erst dort, wo er bereit ist, für seine Überzeugung sein Leben hinzugeben.[114]

Der Widerstand gegen Hitler war ganz wesentlich von preußischen Tugenden und Wertvorstellungen geprägt. Soweit der Exkurs.

Allerdings darf das Beispiel eines gerechtfertigten Widerstandes, verbunden mit dem Versuch, die Ehre eines ganzen Volkes wiederherzustellen, nicht dazu missbraucht werden, um jeden Konflikt mit dem Staat sogleich zu einem Kampf zwischen unterschiedlichen Moralwerten hochzustilisieren, welcher automatisch ein Recht auf Widerstand implizierte. Ein demokratisches Gemeinwesen kennt solche Gewissenskonflikte nicht; daher ist in ihm für gewaltsamen Widerstand auch kein Platz. Es ist dem Einzelnen zuzumuten, demokratisch getroffene Entscheidungen zunächst zu akzeptieren, um dann auf ebenso demokratischem Wege zu versuchen, sie wieder rück-

»Wenn einst Gott Abraham verheißen hat, er werde Sodom nicht verderben, wenn auch nur zehn Gerechte darin seien, so hoffe ich, dass Gott auch Deutschland um unsertwillen nicht vernichten wird.« Dies sind die unvergessenen Worte Henning von Tresckows, der zu den führenden Köpfen des Widerstands gegen Hitler gehörte und auch eigenhändig einen Attentatsversuch unternahm.

gängig zu machen. Wer zu einem solchen Commitment nicht bereit ist, ist nicht nur kein Demokrat, er diskreditiert auch noch den edelsten aller Widerstände, auf die wir Deutsche uns mit Stolz berufen dürfen.

Doch wenden wir uns noch einmal der Ansprache von Leuthen zu. Dort appellierte Friedrich der Große nicht nur an die Ehre seiner Zuhörer, er machte gleichzeitig auch deutlich, dass er kein halbherziges Befolgen seines Aufrufes zu akzeptieren bereit war. Es ging für den Einzelnen also nicht allein um das Erfüllen eines Dienstes um der Ehre willen, sondern darum, seine Sache ordentlich, ja, engagiert zu machen. Der König erwartete vollen Einsatz und drohte für den Fall, dass jemand diesen nicht bringe, Strafen an, die dann wiederum ausschließlich solche der Ehrminderung waren. Ein halbherziges Befolgen seiner Aufforderung hätte also genauso gegen die damaligen Ehrbegriffe verstoßen wie ein völliges Versagen der Unterstützung für den König.

Egal also, ob ein Dienst als solcher freiwillig oder im Rahmen einer Pflicht auf Anordnung abgeleistet wird, man hat ihn ordentlich zu machen. Seine Rede kann verkürzt mit folgenden Worten zusammengefasst werden: »Es steht jedem frei, mitzutun; wenn er sich aber dazu entschließt, dann hat er seine Sache ordentlich zu machen.« Und so habe ich diesen Gedanken in den Mittelpunkt meiner Abschiedsrede als Kommandeur gestellt, als ich mein Bataillon, bestehend aus Reservisten, aufgelöst habe. Ich habe den Wehrdienst, auch soweit er mich als Reserveoffizier betraf, nie als eine Verpflichtung verstanden, die nur positive Seiten hat. Wer sich zu einer Karriere in der Reserve entscheidet, darf dies nicht tun, weil er es schick findet, in den Genuss eines Einzelzimmers kommen will oder Machtgelüsten nachgibt. Wer dieser Verpflichtung folgt, der muss es eben richtig machen, er hat in Haltung und Pflichterfüllung ein Beispiel zu geben – eine Formulierung, wie sie für jeden Vorgesetzten, sei es ein militärischer oder ziviler, die gleiche Gültigkeit haben sollte.

Friedrich der Große kam bei der Motivierung seiner Armee ohne unmittelbares Ausnutzen seiner königlichen Gewalt aus, indem er einfach an das Wertegefühl der Zuhörer appellierte und zugleich selbst Träger all jener Werte war, deren Einhaltung er von seinen Untergebenen forderte. Er war eben der erste Diener seines Staates, wurde deshalb respektiert und war durchaus gut gelitten, oder, besser gesagt, er wurde verehrt. Auch dieser Umstand macht die Rede, insbesondere zu ihrer Zeit, so beeindruckend.

Sie war übrigens auch Motiv für eines der Bilder Adolph Menzels. Es hängt in der Alten Nationalgalerie in Berlin und wirkt beinahe beschädigt – man könnte vermuten, es sei Opfer eines der vielen Bilderstürme gewesen, denen die preußische Kultur ausgesetzt war. Tatsächlich aber soll sich Menzel darüber geärgert haben, dass es ihm nicht gelungen sei, die Ergriffenheit der zuhörenden Offiziere so darzustellen, wie es die Überlieferung der Rede beschreibt. Er malte deshalb das Bild nicht nur nicht fertig, sondern kratzte Teile davon ab und beschädigte dadurch das Werk. In seiner Illustration zu Franz Kuglers Friedrich-Biographie ist ihm jedoch eine wesentlich treffendere Darstellung gelungen.

Fassen wir abschließend noch einmal zusammen, was wir bislang über den Ehrbegriff ausgesagt haben. Es handelt sich dabei um einen Wertmaßstab, der sich durch Begriffe wie »Loyalität«, »Ehrlichkeit« oder schlichtweg »treues Dienen« konkretisieren lässt. Zur Ehrlichkeit gehört dabei auch, dass man gegenüber seinen Mitarbeitern Probleme und Risiken offen anspricht. Wer Leistungsbereitschaft verlangt, muss auch klar darlegen, für wen oder was diese erbracht werden soll.

Des Weiteren ist Ehre nur begrenzt rechtlich schützbar, weshalb der Gesellschaft eine große Bedeutung dabei zukommt, Ehrverletzungen zu sanktionieren. Deshalb ist es wichtig, dass die Ehre als Wertbegriff in ihr verankert ist und allgemeine Akzeptanz findet.

Wer Ehre als Wertmaßstab einfordert, muss selbst den Ehrvorstellungen gerecht werden. So ist es unumgänglich, dass ein Vorgesetzter durch sein Führungsverhalten und sein eigenes Beispiel seinen Untergebenen die Verkörperung dieses Ehrbegriffs vorlebt und somit selbst zum Maßstab wird. Es nützt nichts, nur darüber zu sprechen. Der einzelne Mitarbeiter muss etwas Konkretes damit verbinden können und seine Wirkung in dem hierarchischen System, in dem der arbeitet, real erfahren. Dazu gehört auch, dass derjenige, der seine Ehre durch eigenes Verschulden verloren hat, gegenüber seinem Vorgesetzten und der diesen Ehrbegriff mittragenden Gesellschaft an Ansehen verliert.

Eine Führungskraft muss die Sprache ihrer Mitarbeiter sprechen können, deren Köpfe und Herzen erobern. Dazu ist es unerlässlich zu wissen, wie man ihre Bereitschaft, Disponibilität und Loyalität gewinnen kann. Es geht dabei jedoch um mehr als nur um die Erfüllung eines Arbeitsvertrages, bei dem die eine Seite verpflichtet wird, etwas zu leisten, und die andere, sie dafür zu entlohnen. Führen bedeutet, den Menschen gegebenenfalls auch etwas abzuverlangen, was nicht explizit Gegenstand der Vereinbarung ist, ihnen immaterielle Werte nahezubringen und Leistung durch diese zu honorieren.

Der Respekt vor der Ehre der einem Vorgesetzten anvertrauten Mitarbeiter und gegenüber jenen, die einen Anspruch auf Schutz ihrer Ehre erwarten können, weil sie selbst dazu nicht in der Lage sind, ist eine unbedingte Voraussetzung dafür, als Führender glaubwürdig zu bleiben. Kein hierarchisches Verhältnis und keine Rangstellung rechtfertigen eine Einschränkung der Ehre eines Menschen gleich auf welcher Ebene.

Und schließlich kann auch das Erreichen bestimmter Zielsetzungen und das pflichtgemäße Erfüllen von Aufgabenstellungen zu einer Frage der Ehre erhoben werden. Wer in diesem Kontext an die Ehre der Mitarbeiter im Hinblick auf Pflichterfüllung appelliert, darf diesen Begriff allerdings nicht inflationär einsetzen und muss genau abwägen, wann es sich vielleicht einfach nur um das Umsetzen von gegebenen Anweisungen handelt, das eigentlich selbstverständlich sein sollte.

12.

Warum allein schon das Führen von vorne eine bloß numerische Überlegenheit ausgleichen kann – die Schlacht von Leuthen

Wer die Ehre als Richtlinie für richtiges Handeln gering schätzt, weil auch die Gesellschaft sie nicht goutiert, verwechselt Ursache und Wirkung und versteckt sich hinter gesellschaftlichen Veränderungen und Zuständen. Es ist aber falsch, passiv zu bleiben, bis die Gesellschaft bereit ist, die Ehre wieder als besonderen Verhaltensmaßstab zu akzeptieren; besser wäre es, im eigenen Zuständigkeitsbereich mit gutem Beispiel voranzugehen. Wer immer nur wartet, bis die anderen das tun, was man selbst gerne verwirklicht sähe, macht sich zum Spielball der Strömungen, kurzum: zum Objekt gesellschaftlicher Entwicklungen.

Nachzutragen ist noch, dass der ansonsten tapfere Moritz von Dessau sich während der Rede seines Königs nichts anmerken ließ, wenngleich er zuvor erwogen hatte, seinen Abschied zu nehmen. Er war aber von der Ansprache des Königs doch so sehr angerührt, dass er ihm die Gefolgschaft nicht versagte.

Entscheidend für die militärische Überlegenheit Preußens, insbesondere in der konkreten bewaffneten Auseinandersetzung, war die spezielle Befähigung Friedrichs des Großen als Truppenführer und Feldherr.

Wohl war er in den Schlesischen Kriegen keineswegs immer siegreich; manchmal war es äußerst knapp für ihn. Dennoch stellte sich im Laufe der Zeit heraus, dass dieser König über einige außergewöhnliche Talente verfügte, die sich auf dem Schlachtfeld wechselseitig noch in ihrer Wirkung verstärkten. Diese besonderen Befähigungen sollen am Beispiel der Schlacht von Leuthen gezeigt werden, die am 5. Dezember 1757 stattfand. Sie ist erstaunlicherweise nicht mehr im kollektiven Gedächtnis der Deutschen verankert geblieben, obwohl einmal Straßen nach ihr benannt wurden und zur damaligen Zeit ganz Europa von den Ereignissen im Dezember 1757 sprach. Kein Geringerer als Napoleon Bonaparte sagte einmal von dieser Schlacht, der Sieg Friedrichs des Großen gegen die zahlenmäßig weit überlegenen Österreicher, die Art seiner Gefechtsführung und die Anwendung der sogenannten schiefen Schlachtordnung seien allein ausreichend, um ihn unsterblich zu machen.[115] Und es lohnt in der Tat, sich mit dieser Schlacht näher zu befassen, nicht nur, wenn man militärhistorisch interessiert ist.

Man könnte ein ganzes Buch darüber schreiben. Da beim geneigten Leser aber nicht unbedingt einschlägige Vorkenntnisse und ein ausgeprägtes militärisches Interesse vorausgesetzt werden können, soll der Ablauf der Schlacht hier nur insoweit dargestellt werden, wie dies zur Verdeutlichung der einzelnen Führungskomponenten notwendig ist.

Die Schlacht fand westlich von Breslau statt, einem Landstrich, den Friedrich der Große aus früheren Manövern kannte, was sich im weiteren Verlauf als Vorteil herausstellen sollte. Die Österreicher rechneten an diesem Tag angesichts der beiderseitig bekannten Kräfteverhältnisse nicht mit einer Schlacht. Sie hatten rund vierzigtausend Mann aufgeboten, während die Armee Friedrichs des Großen demgegenüber nur etwa zwanzigtausend Soldaten umfasste. In anderen Berichten wird von noch extremeren Kräfteunterschieden und in einigen auch von mehr teilnehmenden Soldaten auf beiden Seiten gesprochen. Fest steht aber, dass die preußische Armee zahlenmäßig deutlich unterlegen war. Insofern war die Lageeinschätzung Friedrichs, wie er sie in seiner Rede zum Ausdruck gebracht hatte, zutreffend.

Die österreichischen Truppen waren in einer von Norden nach Süden verlaufenden Linie, mit dem Dorf Leuthen in der Mitte, mit Front nach Westen, auf einer Länge von etwa sieben bis acht Kilometern aufgestellt. Die Preußen marschierten nun am frühen Morgen des 5. Dezembers von Westen kommend in vier Kolonnen auf den äußersten rechten Flügel der Österreicher zu. Die preußische Vorhut, mit welcher auch der König ritt, lieferte sich in der Folge mit österreichischen Reitern ein erstes Gefecht. Tatsächlich wurde dieser Angriff bis kurz vor die Stellungen der Österreicher vorgetragen, dann aber ganz bewusst abgebrochen. Schon bei diesem Vorgefecht musste die österreichische Kavallerie erhebliche Verluste hinnehmen, und die Preußen nahmen elf Offiziere und sechshundert Soldaten gefangen, die Friedrich der Große zur Motivierung der eigenen Truppen an diesen nach hinten vorbei abführen ließ – eine Intention, wie wir sie bereits aus den Vortagen der Schlacht kennen.

Bis zu diesem Zeitpunkt hatte man sich auf österreichischer Seite noch über die Potsdamer Wachparade lustig gemacht, und man konnte sich nicht vorstellen, dass der preußische König es wagen würde, einen doppelt so starken Gegner anzugreifen. Friedrich der Große war sich durchaus dessen bewusst, dass er mit seinen zahlenmäßig unterlegenen Truppen keine Chance haben würde, wenn er frontal gegen den verschanzten Gegner vorginge. Sein spontan entwickelter Plan war so einfach wie genial. Er wollte die gegnerischen Stellungen von Süden her mit allen Kräften aufrollen, also von der Flanke her angreifen. Dann würde der Gegner nicht in der Lage sein, seine frontale Überlegenheit geltend zu machen, weil dann die gegnerischen Soldaten nicht mehr nebeneinander, sondern hintereinander stünden und somit fast keine Feuerkraft mehr entfalten könnten.

Zur Verschleierung seiner Absicht ließ er Teile seiner Armee, wie bereits beschrieben, gegen den rechten Flügel der

Österreicher vorrücken, um diese glauben zu machen, der Angriff fände auf dieser Seite statt. Eben noch übermütig, beorderte Prinz Karl von Lothringen nun seine Reserve hinter seinen rechten Flügel und ließ weitere Kavalleriereserven vom linken Flügel zum rechten, also vom äußersten Süden seiner Aufstellung zum äußersten Norden hin verlegen, um dieser vermeintlichen Attacke, die er nach seiner Lagebeurteilung für den Hauptangriff hielt, zu begegnen.

Seit jeher ist die Schwerpunktbildung auf einem eigenen Flügel gegen einen dadurch unterlegenen gegnerischen Flügel eine Methode gewesen, die gegnerischen Linien zu durchbrechen. Wenn also Friedrich der Große tatsächlich den rechten Flügel der österreichischen Stellungen hätte angreifen wollen, dann wäre die Entscheidung Prinz Karls, diesen durch Reserven zu verstärken, richtig gewesen. In Leuthen waren aber der Zeitpunkt und die Entscheidung, die Reserven zu verlegen, zu früh und im Ergebnis auch noch falsch gewählt. Zu früh, weil sich noch gar keine Schlacht entwickelt hatte, und falsch, weil es äußerst unwahrscheinlich war, dass die Preußen flügelweise, also in langen Kolonnen mit vielen Soldaten hintereinander, den rechten Flügel der Österreicher angreifen würden. Die Fehlentscheidungen Prinz Karls hatten ihre Ursache wohl nicht nur in einer ausgeprägten Arroganz, was zur Leichtfertigkeit verführte, sondern insbesondere auch in dem Umstand, dass er aus seiner Position heraus selbst überhaupt nichts von den Entwicklungen auf dem Schlachtfeld sehen konnte und die eingehenden Meldungen entweder falsch interpretierte oder auf seine Berater nicht hörte. Das Verlegen von Reserven vom äußersten linken auf den äußersten rechten Flügel über etwa sieben Kilometer hinweg kostete im Übrigen Zeit, war kräftezehrend und fast nicht mehr rückgängig zu machen, sollte die Entscheidung falsch gewesen sein.

Friedrich der Große ließ seine Armee nach dem Abbrechen des Scheinangriffs gegen den rechten österreichischen Flügel einen Neunzig-Grad-Rechtsschwenk machen und, durch Gehölz und kleinere Hügel gedeckt, an der gesamten österreichischen Stellung parallel vorbei nach Süden marschieren. Das, was die Österreicher davon mitbekamen, ließ sie glauben, die preußischen Truppen wollten abziehen, und Marschall Daun kommentierte seine Lagebeurteilung etwas großspurig mit den Worten, man solle die Preußen ruhig ziehen lassen.[116]

Die Rechtsschwenkung der preußischen Streitkräfte und ihr Abmarsch nach Süden erfolgten ohne jede Auflösung der militärischen Formation. So etwas war nur mit einer Armee möglich, die über eine außergewöhnlich große Disziplin verfügte. Man muss sich einmal vergegenwärtigen, was es bedeutet, Truppen von zwanzigtausend Mann einen Neunzig-Grad-Schwenk nach Süden machen zu lassen und so zu bewegen, dass sich die Marschformation dabei nicht auflöst. Dass der vermeintliche Abzug der Potsdamer Wachparade nicht überwacht wurde, zeugt von der österreichischen Unbekümmertheit, die sich bitter rächen sollte.

Als die Preußen die gesamten österreichischen Stellungen von Nord nach Süd passiert hatten, ließ Friedrich der Große seine Armee erneut einen Neunzig-Grad-Schwenk machen, dieses Mal nach links. Die Soldaten marschierten jetzt südlich der immer noch unveränderten österreichischen Stellungen nach Osten. Um nun von Süden her kommend die äußerst schmale linke Flanke der Österreicher mit möglichst vielen Soldaten angreifen zu können, ließ Friedrich, noch bevor die Spitzen seiner Truppen vollständig auf Höhe der Österreicher angekommen waren, diese mit Front nach Norden bataillonsweise in einem Winkel von fünfundvierzig Grad auf die Südspitze der österreichischen Stellungen losmarschieren. Man nennt diese besondere Ausprägung der schiefen Schlachtordnung »en échelons«. Mit Hilfe des dadurch erreichten gestaffelten Vorgehens wurde zum einen ein Schwerpunkt auf dem preußischen rechten Flügel erreicht und zum anderen eine schier unglaubliche Feuerkraft der Preußen auf einen relativ schmalen Punkt konzentriert. So griffen die Preußen nicht mit zwei Treffen, wie üblich, an, sondern mit einem ganzen Dutzend, das nacheinander auf die schmale Flanke der Österreicher traf.

Mit dieser Vorgehensweise wurde gleichzeitig vermieden, dass der linke Flügel der Preußen zu früh in das Gefecht eingriff, etwa weil der linke Flügel der Österreicher doch von Westen her, also frontal, attackiert würde. Friedrich dem Großen gelang es damit, zwei militärische Taktiken, die Umfassung des Gegners und die schiefe Schlachtordnung, miteinander zu verbinden – ein führungstechnisches Meisterstück und Ausdruck der besonderen Disziplin in der preußischer Armee.

Bereits in der ersten Schlacht, die der Preußenkönig schlug, nämlich in Mollwitz am 10. April 1741, zeigte sich, dass Friedrich der Große seine Truppen persönlich und »von vorne«

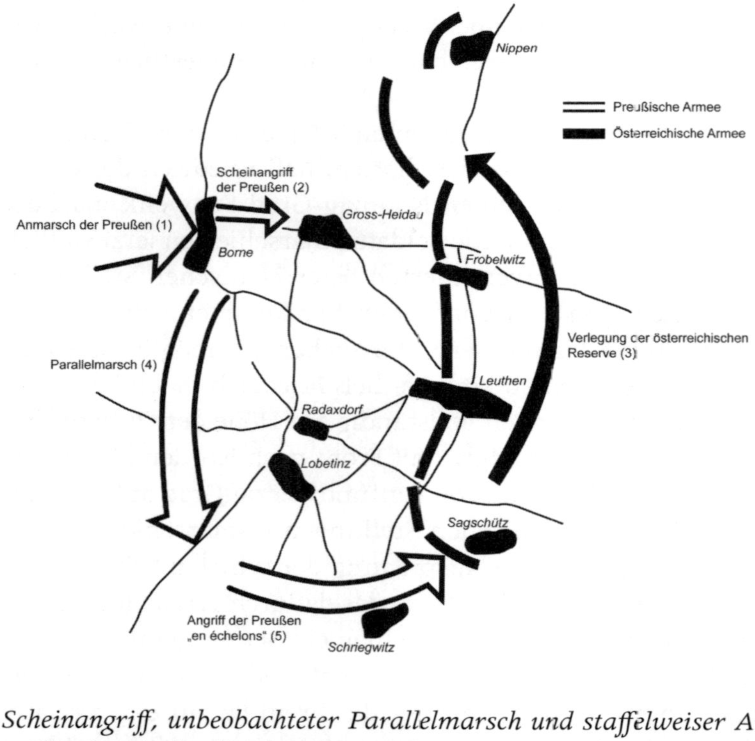

Scheinangriff, unbeobachteter Parallelmarsch und staffelweiser Angriff in die Flanke charakterisierten dieses geniale Vorgehen Friedrichs des Großen. Keine Schlacht ist geeigneter, um das militärische Genie des Preußenkönigs besser zu verdeutlichen.

führen wollte; er begnügte sich nicht mit Anweisungen an seine Offiziere. Dort, wo es wichtig war, übernahm er höchstpersönlich die Einweisung und zwar gegenüber Offizieren, Unteroffizieren und gemeinen Soldaten gleichermaßen. Damit wird deutlich, wie sehr Friedrich der Große als Führer seiner Truppen mit dem Schlachtgeschehen verbunden war und warum die Erfolge desselben keineswegs das Ergebnis von Zufall oder Glück waren. Dieser König besaß eine hervorragend funktionierende Militärmaschinerie; er verstand es aber zudem auch vorzüglich, sie einzusetzen und tat dies in Leuthen, indem er in höchsteigener Person auch die kleinsten Details definierte.[117] Wie direkt und persönlich Friedrich seine Truppen in dieser Schlacht führte, ist überlieferten Einweisungen zu entnehmen, die er unmittelbar beim Angriff auf die österreichische Flanke gab. Hier ein Beispiel:

> Junker von der Leibkompanie, sieht Er wohl: auf den Verhack soll Er zumarschieren. Er muss nicht zu stark avancieren, damit die Armee folgen kann.[118]

Und dann wendete er sich unmittelbar an seine dort zum Angriff bereitstehenden Soldaten, erklärte ihnen ihr jeweiliges Ziel und ermunterte sie gleichermaßen:

> Burschen, seht ihr dortten die Weißröcke? Die sollt ihr aus der Schanze wegjagen. Ihr müsst nur stark auf sie anmarschieren und sie mit dem Bajonett daraus vertreiben. Ich will euch als dann mit fünf Grenadier Bataillons und der ganzen Armee unterstützen. Hier heißt es siegen oder sterben. Vor euch habt ihr die Feinde und hinter euch die ganze Armee.[119]

Die Gefechtslage stellte sich ab diesem Zeitpunkt jetzt wie folgt dar: Die gesamte Armee der Österreicher war immer noch von Norden nach Süden aufgestellt und nach Westen hin ausgerichtet. Ihre Reserven befanden sich auf dem rechten Flügel, also ganz im Norden, während Friedrich der Große nun von

Süden her ihre Flanke angriff und dabei war, ihre Stellungen von Süden nach Norden aufzurollen. Da die österreichischen Soldaten bisher nebeneinander mit Blickrichtung nach Westen aufgestellt gewesen waren, standen sie jetzt aus der Sicht der angreifenden Preußen hintereinander. Man kann sich vorstellen, wie schwach eine Armee von vierzigtausend Mann wird, wenn die Soldaten im Wesentlichen hintereinander statt nebeneinander stehen. Es war daher für die Österreicher, um sich wieder zu entfalten, Feuerkraft nach Süden zu bekommen und so den Angriff der Preußen abzuwehren, zwingend notwendig, die Truppen von Osten nach Westen aufzufächern und entsprechend umzugliedern. So etwas war bei vierzigtausend Mann, die über fast sieben Kilometer Länge komplett falsch standen, den damaligen beschränkten Kommunikationsmitteln, einem so gefährlichen Gegner und auch noch mitten im Gefecht eine gewaltige Herausforderung. Und so gelang es den Österreichern erst auf der Höhe des Dorfes Leuthen, also etwa in der Mitte der ursprünglichen Schlachtformation, wieder eine halbwegs stabile Front, nunmehr nach Süden hin, herzustellen. Zu diesem Zeitpunkt waren aber die Verluste der Österreicher schon so groß und der Angriffsschwung der Preußen so gewaltig, dass es kein Halten mehr gab.

Weil hier nicht der Ort ist, ein taktisches Meisterwerk wie das der Schlacht von Leuthen weiter zu beschreiben, soll es bei dieser kurzen Darstellung bleiben. Die Niederlage der Österreicher jedenfalls war vernichtend, sie wäre noch größer ausgefallen, wenn es nicht dunkel geworden wäre, wodurch die Verfolgung erschwert wurde. Durch diesen Sieg Friedrichs des Großen war Schlesien wieder in preußischer Hand und sollte es nach weiteren Schlachten schließlich auch endgültig bleiben.

Nachzutragen ist vielleicht noch eine Begebenheit vom Abend nach der Schlacht. Ein Grenadier soll den Choral »Nun danked alle Gott« angestimmt haben und ein Regiment nach dem anderen eingefallen sein, sodass zum Schluss die ganze Armee das später als »Choral von Leuthen« bezeichnete Lied sang. Friedrich der Große, selbst im Grunde kein großer Anhänger der Religion, war von diesem Beispiel religiöser Kraft dennoch tief ergriffen,[120] obwohl er göttliche Einflussnahme auf weltliches Geschehen gänzlich ausschloss.[121]

Was aber kann man nun im Hinblick auf heutige Führung aus dem Vorgehen Friedrichs des Großen bei der Schlacht von Leuthen ableiten? Zunächst einmal stechen die Präzision der Abläufe und die Unmittelbarkeit der Führung ins Auge. Ein Vorgesetzter darf sich nie zu schade sein, ganz direkt und auch auf den untersten Ebenen selbst Anweisungen zu geben. Insbesondere, wenn es auf die Exaktheit bestimmter Vorgänge ankommt, dürfen die alles entscheidenden Instruktionen nicht delegiert werden. Zudem wirkt eine unmittelbare Führung motivierend, weil sie den Mitarbeitern zeigt, dass es gerade auf sie ankommt.

13.

Warum das Erfüllen von Anweisungen auch im Detail durchgesetzt werden muss – Disziplin als Erfolgsfaktor

Obwohl Disziplin ein wesentlicher Erfolgsfaktor ist, wird schon das Wort ungern gebraucht. Dabei hat es mit Gleichschritt oder Gleichförmigkeit nichts zu tun, wohl aber mit Zuverlässigkeit. Disziplin im Unternehmen bedeutet, dass Aufgaben so erledigt werden, wie es der Vorgesetzte verlangt, pünktlich, vollständig und korrekt. Dazu gehören das Einhalten festgelegter Prozesse auch im Bereich der Kommunikation und das zuverlässige Funktionieren der vorgegebenen Betriebsroutine. Mangelnde Disziplin herrscht dagegen dann vor, wenn Mitarbeiter ihre Arbeiten ganz oder teilweise nicht ordnungsgemäß erledigen und die Nichterfüllung von Aufträgen nicht melden.

Disziplin muss, um wirksam zu sein, auch im Detail durchgesetzt werden. Wer im Kleinen etwas durchgehen lässt, der kann auch im Großen keine Disziplin erwarten. So verstehen Außenstehende häufig nicht, wenn in hierarchischen Organisationen auch Kleinigkeiten angewiesen werden und ein Vorgesetzter auch noch ihre Einhaltung verlangt, obwohl diese keinen unmittelbaren Einfluss auf das Gelingen der eigentlichen Arbeit hat. Tut man dies nicht, stellt sich die Frage, wo die Grenze für hinnehmbare Eigenmächtigkeiten, Eigenwilligkeiten und Vernachlässigungen liegt und wo das beginnt, was als nicht mehr tolerierbar angesehen werden muss. Weil diese

Abgrenzung eine ständige Debatte auszulösen pflegt, ist es wichtig, Disziplin von Anfang an, also auch im Detail, einzufordern, damit diese Diskussion dann erst gar nicht entsteht. Anweisungen, deren Einhaltung hingegen nicht zwingend durchgesetzt werden muss oder die in das Belieben der Mitarbeiter gestellt werden, brauchen auch nicht gegeben zu werden. Es sind sonst lediglich Handlungsempfehlungen, nicht aber verbindliche Ordern.

Betrachten wir nun noch einmal die preußische Armee im Hinblick auf die in ihr vorherrschende Disziplin. Diese wurde bereits in der ersten militärischen Auseinandersetzung unter der Führung Friedrichs des Großen, also im Ersten Schlesischen Krieg, deutlich. So haben die Preußen die Schlacht von Mollwitz im Wesentlichen gewonnen, weil sie disziplinierter waren als ihre Gegner, deshalb den Angriffen auf ihrem rechten Flügel standhielten und schließlich die Österreicher durch einen Vormarsch der eigenen angreifenden Infanterie, wie auf dem Exerzierfeld, besiegten. Wenn der Sieg in Mollwitz auch ein Sieg der Disziplin war, so war dieser eigentlich noch dem Drill und Exerzierreglement Friedrich Wilhelms I. zuzuschreiben. Anders im Jahr 1757, also sechzehn Jahre später. Die Armee war nun die Friedrichs des Großen geworden, und er war für die besondere Disziplin seiner Soldaten und Offiziere im Siebenjährigen Krieg selbst verantwortlich. Und nur weil er auch persönlich seine Hausaufgaben gemacht hatte, konnte er sich darauf verlassen, dass ein Manöver wie der Flankenangriff bei Leuthen überhaupt mit dieser Präzision durchführbar war.

Wir erinnern uns, dass zu Beginn der Schlacht ein Scheinangriff auf den rechten österreichischen Flügel stattfand, der dann trotz erster Erfolge bewusst wieder abgebrochen wurde. Schon ein solches Unternehmen erforderte Disziplin, weil es anders nicht möglich ist, ein einmal begonnenes Gefecht kontrolliert abzubrechen. Dann aber mit zwanzigtausend Mann in vier Kolonnen einen Neunzig-Grad-Schwenk zu machen, ohne die Formation zu verlieren, um einige Tausend Meter weiter aus einem Linksschwenk heraus wieder staffelweise in schiefer Schlachtordnung anzugreifen, ist ein wahres Meisterwerk der Disziplin.

Disziplin ist dabei nicht allein eine Frage des Wollens der unterstellten Soldaten, sondern auch ihres Könnens. Sie muss daher immer und überall geübt und einstudiert werden. Disziplin einzufordern ist immer etwas Unangenehmes, weil man als Vorgesetzter seinen Mitarbeitern regelmäßig auf die Nerven gehen muss. Manch einer scheut davor zurück, weil er dem Wunsch erliegt, als Vorgesetzter beliebt sein zu wollen, womit das Einfordern von Disziplin unvereinbar scheint. Diese Auffassung verkennt, dass der Anspruch an eine Führungskraft nicht primär der ist, beliebt zu sein. Ihre Aufgabe besteht vielmehr darin, bestimmte Ergebnisse mit ihren Mitarbeitern zu erreichen. Zum anderen habe ich immer wieder die Erfahrung gemacht, dass Vorgesetzte, die Disziplin durchgesetzt haben, nie allein deswegen unbeliebt waren. Im Gegenteil, ein Mitarbeiter will in aller Regel das, was man von ihm erwartet, auch gut machen. Dazu bedarf es nicht nur seiner eigenen Befähigung, dies auch tun zu können, sondern in erster Linie auch einer klaren Vorgabe dessen, welche Leistung in welcher Form von ihm erwartet wird. Solche Vorgaben sind Grundlagen der Disziplin und als solche keine bloßen Formalien.

Jetzt mag man einwenden, dass die Disziplin in der preußischen Armee zum Teil mit unmenschlichen Methoden durchgesetzt wurde, was sicherlich richtig ist, zumal aus unserer heutigen Sicht. Das ändert aber nichts daran, dass die Schlacht von Leuthen unter anderem wegen der besonderen Befähigung der Preußen, sich auch auf dem Schlachtfeld, also nicht nur beim Exerzieren, besonders diszipliniert bewegen zu können, gewonnen wurde. Disziplin muss mit klaren Vorgaben und gegebenenfalls auch mit Drill oder konsequent strengem Üben einhergehen, aber niemals mit Schikane.

Unter Disziplin im Unternehmen ist das strikte und vor allem verlässliche Einhalten bestimmter Vorgaben, Vereinbarungen oder Gepflogenheiten zu verstehen. Dazu gehört zum Beispiel auch die Art, wie Mitarbeiter im Büro erscheinen, den eigenen Arbeitsplatz am Abend verlassen, die Küche nutzen und einen Vorgesetzten oder Kunden begrüßen. Und es bezieht sich weiter auf die Vorlagen, mit denen sie ihrem Vorgesetzten zuarbeiten: Kann dieser sich auf deren Inhalte verlassen? Kann er die Unterlagen ohne Prüfung in einer Sitzung präsentieren? Sind diese überhaupt zum vereinbarten Zeitpunkt fertig? All das sind Fragen der Disziplin.

Diese muss, wie gesagt, aber auch durchgesetzt werden. Deshalb ist es unerlässlich, dass ein Vorgesetzter selbst im Kleinsten auf Disziplin achtet und Missstände, die auf das Fehlen derselben zurückzuführen sind, umgehend beseitigt. Aus diesem Grund ist das Durchsetzen der Umsetzung gegebener Anweisungen so wichtig.

Disziplin kann nichts Halbherziges sein, sie ist etwas Unbedingtes: Für sie gilt das Alles-oder-nichts-Prinzip. Man muss sich dabei von dem Gedanken grundsätzlich frei machen, dass Disziplin sozusagen auf Abruf eingefordert werden kann. Ein Mitarbeiter, der Disziplin nur rudimentär kennengelernt hat, wird sich dann, wenn es darauf ankommt, nicht diszipliniert verhalten können. Wer sich keine Tischmanieren angeeignet hat, kann sich auch nicht ad hoc beim Essen in gepflegter Gesellschaft adäquat benehmen.

Der Unbedingtheitsanspruch der Disziplin gilt dabei ebenso für den Vorgesetzten, der seinen Mitarbeitern ein Vorbild sein soll. Disziplin hat also auch etwas mit Pflichterfüllung zu tun – hier schließt sich der Kreis. Sie ist dabei jedoch nicht als sklavische Unterwerfung zu verstehen, sondern als eine Handlungsnorm, bei der sich die agierenden Personen an eine gewisse Regel mit eiserner Konsequenz halten, auch wenn die alternative Nichtbeachtung dieser Regel viel angenehmer wäre und im Einzelfall vielleicht gar nicht beobachtet würde. Disziplin bedeutet Contenance zu wahren, sich also in schwierigen Momenten an Vereinbarungen zu halten und die eigenen Interessen hinter die des Ganzen zurückzustellen, auch wenn dies mit persönlichen Unannehmlichkeiten verbunden ist.

Führen heißt demnach auch »durchsetzen«. Dabei stellt sich dann die relativ profane Frage, was von einer Führungsentscheidung und der daraus folgenden Anweisung dann tatsächlich »unten« ankommt und in der Folge auch umgesetzt wird. Ein Führer, der seine Anweisungen nicht durchsetzt, muss sie erst gar nicht erteilen. Ein Vertrauen in die Einsichtigkeit von Untergebenen und darein, dass sie schon dem Folge leisten werden, was angewiesen wurde, kann im Einzelfall hinnehmbar sein, ist aber kein Führen und auch nicht vertretbar.

Durchsetzen bedeutet, dafür zu sorgen, dass Anweisungen so umgesetzt werden, wie sie gegeben wurden. Dies impliziert Kontrolle und Dienstaufsicht und erfordert ein Sich-Beschäftigen mit dem, was unterhalb der eigenen Führungsebene geschieht. Durchsetzen bedeutet also Fehler erkennen, thematisieren und abstellen.

Nur wer dies konsequent tut, erzieht seine Umgebung dazu, Anweisungen umfassend aufzunehmen und dann auch präzise umzusetzen. Es gibt kein »ungefähres« Führen. Durchsetzen ist die Voraussetzung dafür, dass der Vorgesetzte ernst genommen wird. Jeder Mitarbeiter muss wissen, dass die Umsetzung dessen, was angewiesen wird, auch kontrolliert wird. Sie ist also nicht in die Dispositionsfreiheit des Ausführenden gestellt. Und derjenige, der sich an die Anweisung hält, darf dadurch nicht zum Außenseiter stigmatisiert oder gar schlechter gestellt werden als die Kollegen, die ihr nicht nachgekommen sind. Es ist dies weniger eine Frage der Gerechtigkeit als vielmehr der Glaubwürdigkeit. Das Befolgen von Instruktionen soll damit auch ein Stück weit Grundlage für Teamgeist sein.

Und schließlich zeugt die Konsequenz, mit der etwas durchgesetzt wird, auch von der Berechenbarkeit eines Vorgesetzten. Die Erfüllung von Anweisungen durchzusetzen bedeutet nicht nur Korrektur dort, wo deren Umsetzung nicht den Vorgaben entspricht, sondern auch Hilfestellung, wo diese auf Schwierigkeiten stößt. Damit gelangt das Durchsetzen an seine Grenze, wenn die Leistungsfähigkeit von Untergebenen ein adäquates Umsetzen der Anweisungen objektiv unmöglich macht. Ein Überschreiten dieser Grenze würde den Übergang von Härte zu Schikane bedeuten.

Zugleich aber darf der Führende beim Durchsetzen keinerlei falsch verstandene Rücksichtnahme und Zurückhaltung an den Tag legen. In hierarchisch aufgebauten Führungsstrukturen hat er prinzipiell einen Anspruch auf Gehorsam. Schließlich trägt er für die Ergebnisse und den Weg dorthin die Verantwortung. Diesem Anspruch steht zur Korrektur ein allgemeines Remonstrationsrecht der Untergebenen gegenüber. So ist blindes Durchsetzen der falsche Weg, wenn qualifizierte Einwände erhoben werden.

Es gibt manche, die mit Disziplin entweder persönlich nichts anfangen können oder sie als prinzipielle Einschränkung der menschlichen Willensfreiheit grundsätzlich ablehnen. Auch ist es heute in einer Gesellschaft, die jeden Ruf nach persönlicher Verpflichtung mit einer Forderung nach individueller Freiheit beantwortet, schwer, über Disziplin unvoreingenommen zu sprechen. Tatsächlich ist sie aber eine unabdingbare Voraussetzung für kollektive Erfolge und dafür, dass der Einzelne an diesen teilhaben kann.

Fassen wir das Gesagte noch einmal zusammen: Das Einfordern von Disziplin ist heutzutage eher verpönt, obwohl im Grunde jeder möchte, dass alles nach seinen Vorstellungen läuft. Menschen sind aber keine Präzisionsmaschinen, sondern fehlbare Wesen. Wer diese angeborene Fehlbarkeit ausgleichen will, der muss für Disziplin sorgen. Diese darf allerdings nicht zur Schikane werden, sondern muss immer der Verlässlichkeit dienen. Insofern ist sie immer vom Ergebnis her zu beurteilen. Auch darf sie sich nicht nur auf das Erfüllen besonderer Aufgaben beschränken, sondern sollte auch bei Kleinigkeiten Anwendung finden. Durchsetzen impliziert also etwas Nachhaltiges und Konsequentes. Und darauf kommt es auch an. Jede tolerierte Abweichung von der ursprünglichen Vorgabe bedeutet gleichzeitig, dass ungewollt Kompetenz an den Untergebenen abgegeben und im Extremfall auch der Führungsanspruch relativiert wird.

14.

Warum Kompetenz und Vollmacht nur schwer zu schlagen sind – Friedrich der Große als Kriegsherr

Auch in diesem Kapitel werden Erfolgsfaktoren des Führens am Beispiel Friedrichs des Großen, seines Genius und der Abläufe während der Schlacht von Leuthen analysiert und im Hinblick auf die Gegebenheiten unserer heutigen Gesellschaft und Wirtschaft betrachtet. Dabei soll der Leser anhand von ausgewählten Zitaten auch in das Hauptwerk des preußischen Militärphilosophen und -theoretikers Carl von Clausewitz, *Vom Kriege*, eingeführt werden, das dessen Witwe posthum im Jahr 1832 veröffentlichte. Es gilt als die bedeutendste theoretische Abhandlung zum Thema Krieg, und wer an militärischen Fragen interessiert ist, sollte es gelesen haben. Aber auch für jene Leser, die sich normalerweise mit solchen Fragestellungen wenig beschäftigen, ist sie interessant und aufschlussreich, wenn auch schwerer zu verstehen. Um die Theorien von Clausewitz für die zivile Wirtschaft nutzbar zu machen, gilt es, seine militärtheoretischen Gedankengänge so zu abstrahieren, dass sie auch im Hinblick auf nicht militärische Führungs- und Entscheidungssituationen nachvollziehbar werden. Auf jeden Fall ist *Vom Kriege* für jene, die Führungsverantwortung übernommen haben oder einen entsprechenden Anspruch erheben, insbesondere auf exponierten Positionen, eigentlich Pflichtliteratur. Letzteres weniger in Hinsicht auf die Ausführungen zu den einzelnen Formen des Gefechts, wohl aber bezüglich dessen, was der Philosoph über die Anforderungen an den militärischen Führer und zu der Persönlichkeit des Feldherrn äußerte.

In der Schlacht von Leuthen, wie übrigens auch bei anderen Schlachten, sind besondere Taktiken zur Anwendung gebracht worden. Der Terminus der Taktik soll daher als Erstes betrachtet werden. Es handelt sich dabei um einen militärischen Begriff, auch wenn er in anderen Bereichen des zivilen Lebens gleichermaßen verwendet wird. Im Rahmen einer Begriffserklärung muss zwischen Taktik und Strategie unterschieden werden. Während sich Erstere kurzfristig, sozusagen unmittelbar auswirkt, beschreibt Letztere eher den Vorgang als Ganzes, also den größeren operativen Zusammenhang. Clausewitz definiert wie folgt:

> [...] es ist also [...] die Taktik die Lehre vom Gebrauch der Streitkräfte im Gefecht, die Strategie die Lehre vom Gebrauch der Gefechte zum Zweck des Krieges.[122]

Bezogen auf die Unternehmensführung ist Strategie demnach das Formulieren eines Unternehmenszieles, zu dessen Umsetzung man sich der einzelnen operativen, also taktischen, Maßnahmen und Vorgehensweisen bedient. Das, was in Leuthen passierte, nämlich das Umgehen der Österreicher, die Kombination aus einem Flankenangriff und dem Einsatz der schiefen Schlachtordnung, war Taktik, während die Schlacht selbst in eine strategische Operation eingebunden war, die da lautete, Schlesien noch bis zum Jahreswechsel unter Kontrolle zu bringen und deshalb aus strategischen Gründen nun die Schlacht zu wagen.

Taktische Kenntnisse sind auch eine Frage der Bildung und Belesenheit. Taktik lässt sich dabei aber nur in einem gewissen Umfang erlernen. Wer jedoch viele vergleichbare Situationen kennt und in der Lage ist, von historischen Beispielen systematisch zu abstrahieren, weiß, was früher einmal erfolgreich war oder was sich bisher als weniger vorteilhaft erwiesen hat und kann dieses Wissen sinnvoll nutzen. Auch wenn jedes militärtaktische Verhalten einmalig erscheint, weil eine einmal geschlagene Schlacht in dieser Form nicht mehr vorkommen wird, gibt es doch Verhaltensmuster, die sich ähneln. Was also bisher taktisch nicht erfolgreich war, muss in der Gegenwart nicht um jeden Preis erneut versucht werden. Umgekehrt können aber sich einmal als sinnvoll erwiesene Taktiken auch später wieder zum Erfolg führen. Friedrich der Große schrieb in »Grundsätze der Lagerkunst und der Taktik« im Jahr 1770:

> Wer sich einbildet, ein General brauche nur Mut zu haben, der irrt sich sehr. Mut ist zwar eine wesentliche Eigenschaft für ihn, aber es müssen auch noch viele Kenntnisse hinzutreten. Auch ein General, der auf Ordnung und Disziplin bei seinen Truppen hält, verdient gewiss Lob, aber das alles reicht zum Kriege nicht hin, sondern bei allem, was er tut, ist Urteilskraft nötig. Wie aber soll er sie erlangen, wenn ihm die Kenntnisse fehlen? Was ist ein General, der die Vorteile und Mängel des Geländes nicht erkennt und nicht alles benutzt, was es ihm bieten kann? Hat er die Regeln der Taktik nicht im Kopfe, so werden seine Dispositionen für Avant- und Arrieregarden, Märsche, Angriffe und Verteidigung fehlerhaft sein; denn bei seiner Unwissenheit wird er vielleicht die wichtigsten Maßregeln unterlassen. Es gibt Grundsätze für alles. Ich führe hier nur die Unerlässlichsten an. Aber man muss sich die Mühe geben, selbst nachzudenken, und sich üben, damit sie einem vertraut und geläufig werden.[123]

Da es Kriege wahrscheinlich seit Beginn der Menschheit gibt, liegt es für Militärs nahe, sich mit ausgewählten militärischen Auseinandersetzungen zu beschäftigen, weil man so die Wiederholung bekannter Fehler vermeiden kann. Dies ist wesentlicher Teil militärischer Ausbildung, und es schärft den Verstand, wenn man sich dazu zwingt, die Gedankengänge jener, die miteinander gefochten haben, nachzuvollziehen, denn eine

Carl von Clausewitz hat mit seinem Werk Vom Kriege *die militärische Auseinandersetzung als solche erstmals vollständig theoretisch durchdrungen; dieses Buch wird bis heute von Militärs und Politikern aller Länder gelesen.*

bewaffnete Auseinandersetzung ist zugleich immer auch ein geistiges Ringen. In Leuthen kamen zwei taktische Varianten zur Anwendung, die bereits seit Jahrhunderten bekannt waren und zum Teil noch Jahrzehnte später die Operationsführung prägen sollten. Es sind dies die Idee der schiefen Schlachtordnung und die der operativen Umfassung.

In der Antike hat sich die schiefe Schlachtordnung aus dem Umstand entwickelt, dass man damals die stärksten Kräfte auf dem rechten Flügel postierte. Diese Kraftkonzentration wurde noch verstärkt, weil die Fußsoldaten, die mit Schild und Schwert bewaffnet waren, eine Neigung entwickelten, nach rechts zu rücken, um in den Schutzbereich des jeweiligen Nachbarschildes zu kommen. Weil beide Seiten dieses Verhaltensmuster aufwiesen, traf ein jeweils starker rechter Flügel auf einen aus den gleichen Gründen schwachen linken Flügel des Gegners, was regelmäßig zu einer Entscheidung im Zentrum führte. In der Schlacht von Leuktra im Jahr 371 v. Chr. drehte nun der Thebaner Epameinondas dieses Prinzip um, indem er den linken Flügel überproportional verstärkte und gleichzeitig ein zu frühes Eingreifen des rechten Flügels verhinderte. Mit dieser taktischen Variante besiegte er die an sich überlegenen Spartaner. Auf die Taktik der schiefen Schlachtordnung war Friedrich der Große bereits früh im Rahmen seiner Studien gestoßen und kannte die Begebenheiten der Schlacht von Leuktra genau.

Setzt man sich mit früheren Schlachten, ihren Abläufen und den Ursachen von Sieg und Niederlage auseinander, so stößt man zwangsläufig auch auf die Schlacht von Cannae am 2. August 216 v. Chr. Sie hat ganze Generationen von Feldherren, militärischen Führern und Offizieren beschäftigt. Unter militärtaktischen Gesichtspunkten ist Cannae die »Mutter aller Schlachten« und findet deshalb hier Erwähnung, weil ihr das bewaffnete Aufeinandertreffen in Leuthen in seiner taktischen Anlage dem Prinzip nach durchaus ähnelte. Der nachstehende Vergleich zeigt also, warum Militärs immer versucht haben, Schlachtabläufe nachzuvollziehen. Bei Cannae waren die Römer den Karthagern zahlenmäßig weit überlegen, und eigentlich hätten sie in einer offenen Feldschlacht gewinnen müssen, genauso wie die Österreicher bei Leuthen.

Die feindlichen Armeen standen sich in jeweils einer Linie gegenüber, welche bei den Römern mehr oder weniger gerade war, während sie bei den Karthagern im Zentrum eine Art Auswölbung hin zu den römischen Truppen bildete. Als dann die Truppen aufeinanderprallten, gingen jene Soldaten, die diese Auswölbung bildeten, also etwas »vorstanden«, vereinbarungsgemäß zurück und erweckten so den Eindruck einer militärischen Unterlegenheit der Karthager im Zentrum. Daraufhin stießen die Römer in der Mitte rasch nach, wodurch die beiden äußeren Flügel der Karthager in den taktischen Vorteil kamen, dass sie jetzt nicht mehr vor den Römern standen, sondern links und rechts neben dem römischen Zentrum. Es zeichnete sich also eine Umklammerung ab und ein Zusammendrängen der Römer auf kleinstem Raum. In dieser Phase ließ Hannibal, der geniale Führer der Karthager, durch seinen verstärkten linken Flügel (also auch eine Form der schiefen

Schlachtordnung) die Römer von links umfassen und vom Rücken her angreifen, was schließlich zu deren vollständiger Einkesselung führte. Sie konnten ihre zahlenmäßige Überlegenheit nicht mehr ausspielen, weil der Raum, der ihnen noch zur Verfügung stand, zu klein war und es keine Möglichkeit mehr gab, irgendeine operative Maßnahme durchzuführen oder zu entkommen.

Das Zusammenspiel von scheinbarem Zurückgehen in der Mitte und gleichzeitiger Umfassung auf einem Flügel führte zu einem Drehtüreffekt, der die begonnene Entwicklung zusätzlich verstärkte. Dieses taktische Vorgehen und die dadurch erzielte völlige Vernichtung der römischen Streitmacht machen diese Schlacht militärtaktisch bedeutsam. Seither haben un-

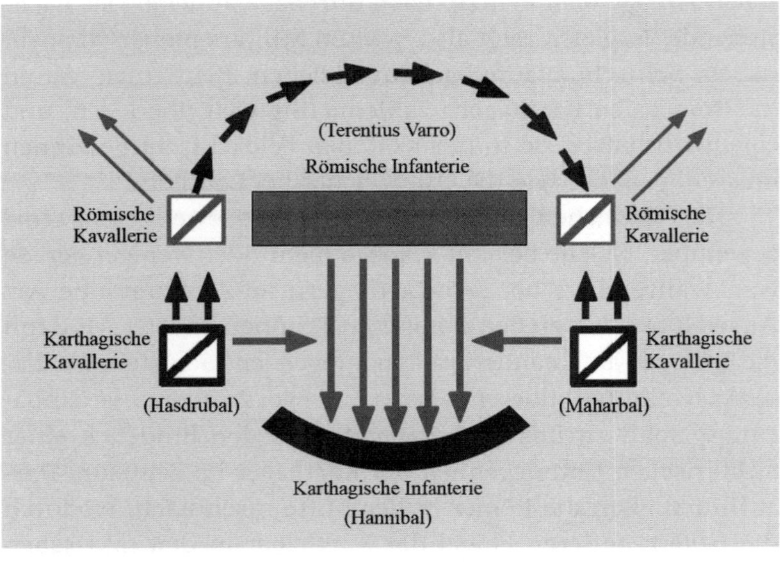

Hannibal siegte am 2. August 216 v. Chr. gegen ein zahlenmäßig vielfach überlegenes römisches Heer in der Schlacht von Cannae. Sie gilt seither als die »Mutter aller Schlachten« und wurde so zum Leitbild manches Feldherrn. Die karthagischen Truppen gingen im Zentrum zurück, sodass die nachstoßenden Römer durch Flankenbewegungen und die Umgehung Hastrubals eingeschlossen wurden.

zählige militärische Führer immer wieder versucht, einen Zustand zu erreichen, der dem der Truppen Hannibals in der Schlacht von Cannae gleicht. Mit dieser verbindet man seit damals allerdings auch eine besondere taktische Niederlage.

Leuthen war ein österreichisches Cannae. Der Drehtüreffekt entstand durch den preußischen Scheinangriff im Norden, der bei ihren Gegnern zu einer Verlagerung der Reserven auf den rechten Flügel führte. Gleichzeitig wurde in der südlichen Flanke angegriffen, was dann auf Höhe des Dorfes Leuthen die Auswirkung hatte, dass die Österreicher auf so engem Raum standen, dass sie ihre Kampfkraft nicht mehr zur Anwendung bringen konnten. Friedrich dem Großen waren die Abläufe von Cannae bekannt; er selbst war aber eher ein Anhänger der taktischen Varianten der Schlacht von Pharsalos, die am 9. August 48 v. Chr. stattgefunden hatte, als Gaius Julius Cäsar im Rahmen des Bürgerkrieges Gnaeus Pompeius Magnus mit den Armeen des römischen Senats trotz deren erheblicher zahlenmäßiger Unterlegenheit schlug.

Friedrich der Große erwähnte die schiefe Schlachtordnung nicht nur in einem Brief gegenüber seiner Schwester Amalie lange vor Leuthen, sondern hatte sie bereits im Jahr 1746 in seinen »Instructions pour les généraux« beschrieben und im September 1753 dann in einem Manöver mit insgesamt vierundvierzigtausend Mann ausprobiert. Sie war also in seinem Wissen und als Ergebnis dieses Einübens auch in seiner Erfahrung verankert.

Die Anwendung der schiefen Schlachtordnung als eine taktische Variante der Umsetzung des Grundsatzes der Schwerpunktbildung muss keineswegs auf das Militär begrenzt bleiben. Man verzettelt sich nämlich, wenn man mit im Verhältnis zum Ziel beschränkten Mitteln etwas bewegen will. Dies gilt erst recht, wenn Letztere überhaupt nicht ausreichend sind, wie das in Leuthen der Fall war. Die Technik der schiefen Schlachtordnung kam in Leuthen sogar zweifach und in Kombination mit der Umfassung zur Anwendung. So wurde nicht nur der Schwerpunkt gegen den linken Flügel der Österreicher gebildet, es erfolgte auch noch eine Umfassung ihrer Truppen und innerhalb derer wurde der rechte preußische, von Süden her angreifende Flügel durch tief gestaffelte Infanterieeinheiten wiederum rechts zusätzlich verstärkt. Die Schlacht von Leuthen erwies sich somit aus militärtaktischer Sicht als die vollkommene Symbiose von Wissen, Erfahrung und Übung. Das machte die Leistung Friedrichs so bemerkenswert.

Wiewohl das Studium taktischer Varianten und Variationen und die Bereitschaft, dieses Wissen tatsächlich einzusetzen, sehr empfehlenswert sind, muss dennoch davor gewarnt werden, einmal gemachte Erfahrungen aus bloßem Prinzip oder Einfallslosigkeit zu wiederholen. Eben dies macht den Unterschied zwischen Begabung und Kopie aus. In den vernichtenden Niederlagen von Jena und Auerstedt vom 14. Oktober 1806, als Napoleon die gesamte preußische Armee aufrieb, hatten preußische Generale mit der schiefen Schlachtordnung des 18. Jahrhunderts versucht, der modernen Gefechtsführung eines Napoleons aus dem 19. Jahrhundert zu begegnen. In diesem Fall war die Anwendung der schiefen Schlachtordnung Ausdruck dessen, dass die militärische und politische Führung immer noch der friderizianischen Schule verhaftet war, also nicht gemerkt hatte, dass auch die Erkenntnisse aus dieser Zeit den neuen Gegebenheiten hätten angepasst werden müssen.

Gleichsam als Vorbemerkung zum nächsten Gedankengang sei der Hinweis gegeben, dass die gegnerischen Heerführer, mit Ausnahme von Prinz Karl von Lothringen, den Friedrich der Große in der Schlacht von Leuthen vernichtend schlagen sollte, vor Beginn des Dritten Schlesischen Krieges über keinerlei Erfahrung im Führen von Truppen im Gefecht verfügten.[124] Hinzu kam, dass die Staatsoberhäupter der gegnerischen Mächte entweder Frauen waren oder, so im Falle des hypochondrischen französischen Königs Ludwig XV., in militärischen Fragen nicht bewandert. Im Verhältnis zu diesem Preußenkönig waren seine militärischen Gegner immer nur Truppenführer, niemals Souveräne, diese saßen in Wien, Paris, Moskau oder Dresden. Ein Umstand übrigens, der nur sehr selten in der Geschichtsliteratur als besonderer Vorteil, als Grundlage für Friedrichs Überlegenheit, genannt wird, dabei müsste es jedem einleuchten, dass der Chef und Inhaber einer Firma an der Börse waghalsiger und deshalb bei Erfolg auch aussichtsreicher spekulieren kann als der Prokurist.[125]

Demgegenüber verstand Friedrich der Große nicht nur etwas vom Militärwesen, er hatte auch praktische Führungserfahrung aus zwei vorangegangenen Kriegen und war also schlachtenerprobt. Es trat aber ein weiterer Umstand hinzu, der sich als Ursache für die Überlegenheit der Preußen erweisen sollte, nämlich, dass Friedrich der Große in seiner Person als Souverän über die absolute Entscheidungsgewalt verfügte – er war der Kriegsherr schlechthin. Der bereits erwähnte französische Außenminister de Bernis beschrieb die Stellung Friedrichs des Großen wie folgt:

> Wir dürfen nicht vergessen, dass wir es mit einem Fürsten zu tun haben, der sein eigener Feldherr, sein Staatslenker, Armee-Intendant und nötigenfalls auch sein Generalprofos ist.[126]

Friedrich der Große konnte also aufgrund seiner Entscheidungskompetenz jederzeit über »Wohl und Wehe« urteilen und seine Kräfte so einsetzen, wie er es für richtig hielt. Er ging Risiken ein, die nur ein wahrer Kriegsherr in der Lage ist, auf sich zu nehmen. Mit dieser Machtfülle war er seinen Gegnern auf dem Gefechtsfeld regelmäßig überlegen. Dies ist ein Gedanke, der sich auf die Gegenwart und auf das zivile berufliche Leben übertragen lässt. Hat auf der Gegenseite ein »Kriegsherr« das Sagen, lautet die Grundregel daher, sich entweder nicht mit »Kriegsherren« anzulegen oder aber in dieses Kräftemessen solche Kompetenzen einzubringen oder dem Entscheidungsbefugten mitzugeben, dass eine annähernde Gleichheit mit einem »Kriegsherrn« hergestellt wird. Ein grober Führungsfehler ist es, so etwas nicht zu erkennen und sich dann über die mittelmäßigen Verhandlungsergebnisse zu wundern. Der Vorteil, ein »Kriegsherr« zu sein, kann auch nur dann greifen, wenn man von seiner Kompetenz auch wie ein solcher Gebrauch macht. Wer eine Kompetenzautobahn zum Trampelpfad macht, darf sich nicht wundern, wenn zwischen seiner schmalen Spur und der Leitplanke erst Gras, dann Sträucher und schließlich Bäume wachsen. Wenn dann plötzlich die gesamte Breite der Fahrbahn genutzt werden soll, bleibt alles unweigerlich im Gehölz stecken. Die Leidenschaft, Kompetenzen zu nutzen, an die Grenzen der Möglichkeiten zu gehen, Neues auszuprobieren und im Einzelfall auch ins Ungewisse zu handeln, ist ein Gradmesser für die Befähigung zum Führen. Das Nutzen der Kompetenzautobahn impliziert einen gestalterischen Impetus, der über die rein administrative Tätigkeit hinausgeht.

Lediglich der Vollständigkeit halber sei darauf hingewiesen, dass damit selbstredend nicht gemeint ist, dass ein Führer oder Manager mit den ihm anvertrauten Mitarbeitern oder mit dem ihm anvertrauten Unternehmen das machen kann, was er will, und dies dann mit gestalterischer Freiheit umschreibt. Die Kompetenzautobahn hat eben ihre Leitplanken und damit auch Grenzen. Die Entscheidungskompetenz eines Vorgesetzten bestimmt den Erfolg. Weil ein »Kriegsherr« eine nicht näher zu erklärende psychische Überlegenheit ausstrahlt, sollte man als solcher stets bedenken, dass die Gegenseite bei Verhandlungen zumindest intuitiv diese psychische Überlegenheit und die daraus erwachsenden strukturellen Nachteile für die eigene Sache erkennen kann und dann allein schon aus Gründen eines geradezu natürlichen Schutzreflexes eine Entscheidung zu verhindern sucht, um sich so der drohenden »Niederlage« zu entziehen. Dann können sich Verhandlungen oder Akquisitionsprozesse festfahren und dauerhaft erfolglos bleiben.

Der Kriegsherrenstatus Friedrichs des Großen äußerte sich auch in seiner Unberechenbarkeit, seiner Fähigkeit, gegen alle Regeln der Kriegskunst zu handeln. Insbesondere dies hat ihn so gefürchtet gemacht. Darin lag aber auch ein Nachteil, eine Gefahr, nämlich die, dass die einzigartige Stellung des *roi connétable* ihn zwang, sein eigenes Korrektiv zu sein, denn es gab nur wenige, die ihm zu widersprechen wagten. Es kam auch vor, dass er sich gegen die besseren Erkenntnisse und Entschlüsse seiner Feldherren durchsetzte, gelegentlich auch um den Preis einer Niederlage. Sir Andrew Mitchell, der Friedrich den Großen zeitweise begleitete, schrieb nach der Schlacht von Hochkirch, dass das Scheitern dort hauptsächlich auf zwei Ursachen zurückzuführen sei, nämlich auf

> [...] die große Verachtung, die er für den Feind hat, und sein schon lange von mir empfundener Mangel an Bereitschaft, Nachrichten irgendwelchen Glauben zu schenken, die nicht mit seinen Einbildungen übereinstimmen.[127]

In den letzten Kriegsjahren zeigte sich die »Kriegsherreneigenschaft« Friedrichs des Großen in seinem besonderen Durchhaltewillen und auch in der teilweise draufgängerischen Art, wie er seine Soldaten einsetzte. Der französische Verbindungsoffizier im Hauptquartier der Österreicher, General Montanzet, schrieb dazu:

> Man hat gut reden, dass der König von Preußen schon halb zurunde gerichtet ist, dass seine Truppen nicht mehr dieselben sind, dass er keine Generale hat: all das kann wahr sein, aber sein Geist, der alles belebte, bleibt immer derselbe, und unglücklicherweise bleibt der Geist bei uns auch immer derselbe.[128]

Festzuhalten ist aber auch noch, dass Kompetenz, Aufgabe und Verantwortung drei Bedingungen sind, die zueinander passen müssen. Die Kompetenz darf dabei niemals im Verhältnis zu den beiden anderen geringer ausgestattet sein. Ist das der Fall, so ist man gut beraten, das Kommando, egal ob militärisch oder zivil, unverzüglich niederzulegen.

Abschließend sei wiederum ein Bogen zur Welt heutiger Unternehmensführung geschlagen. Es zeigt sich, wie wichtig die Kenntnis bestimmter Taktikvarianten ist, wie auch das Lernen aus den Erfahrungen anderer und die Befähigung, diese so auf die eigene Situation anzuwenden, dass daraus ein Vorteil entsteht. Allerdings stellt sich die Parallelität der Ereignisse in den seltensten Fällen so ein, dass sie sofort ins Auge fällt. Hier beginnt die Schwierigkeit der Abstraktion, der Simplifikation, bis sich eine Regel bilden lässt. Dabei besteht die eigentliche Führungskompetenz darin, an einem konzipierten Lösungsansatz so lange herumzuprobieren, bis er endlich funktioniert, also quasi zur Serienreife entwickelt ist. So wird die Situation, in der er schließlich zur Anwendung kommt, zur Standardsituation, und solche lassen sich häufig auch durch Standardtaktiken in den Griff bekommen.

Im Hinblick auf Führung kommt zudem der Entscheidungskompetenz eine Schlüsselstellung zu, weil sie den Grad der Freiheit als Vorgesetzter definiert. Außerhalb dieser Freiheit kann dieser nicht entscheiden. Insofern können auch kein Ergebnis und kein Erfolg jenseits dieses Kompetenzrahmens von ihm verlangt werden. Man ist also gut beraten, sich über die Kompetenzen des Gegenübers genau zu informieren, da sich schon allein aus einem Vergleich derselben mit den eigenen das Ergebnis der Auseinandersetzung antizipieren lassen kann. Wer wirklich Führer sein will und nicht nur Vorgesetzter, muss dies zunächst an der eigenen Entscheidungskompetenz festmachen und diese dann auch so ausfüllen, dass die Macht spürbar wird. Diese darf dabei kein Selbstzweck sein, sondern muss sinnvoll zur Anwendung kommen. Man sieht also, dass die größte Begabung nichts hilft, wenn der Inhaber der Kommandogewalt keine Entscheidungskompetenz hat. Wer diese aber innehat, muss sie auch nutzen können.

15.

Warum Intuition, Entscheidungsfreude und Durchhaltewillen den Ablauf stärker prägen als der Mittel-Kräfte-Ansatz – *coup d'œil* und *courage d'esprit* sowie Seelenstärke

Nicht alles kann erlernt und als Erlerntes zur Anwendung gebracht werden. Die eigentliche Überlegenheit in taktischen Fragestellungen ergibt sich aus der Summe der Befähigungen, die ein Feldherr in seiner Person für das Gefecht aufbieten kann. So müssen Entwicklungen auf dem Schlachtfeld unmittelbar erkannt und ebenso unmittelbar militärisch beantwortet werden, das Gelernte ist intuitiv und zutreffend anzuwenden. Die Geschwindigkeit und Vollständigkeit des Erkennens und die Zielgenauigkeit der Umsetzung steigen mit dem Grad der Begabung.

Clausewitz bezeichnete den Krieg als das Gebiet der Ungewissheit und des Zufalls. Um sich auf diesem Terrain des Unerwarteten behaupten zu können, seien ein Verstand erforderlich, der auch in der Dunkelheit der Ungewissheit noch ein Licht der Führung hinterlasse, und der Mut, diesem schwachen Licht auch zu folgen.[129]

Gefechte ließen sich damals nicht lange planen, es gab keinen Generalstab, der bestimmte militärische Konstellationen immer und immer wieder durchdacht hätte. So waren die

Möglichkeiten, einen Schlachtplan zu entwerfen, in der Zeit der Schlesischen Kriege sehr begrenzt, weil zu Beginn eines Feldzugs weder bekannt war, wo sich die Schlacht zutragen und welche Vorteile welches Gelände bringen würde, noch wie sich der Gegner aufzustellen beabsichtigte. Da sich all dies manchmal erst unmittelbar vor der Schlacht herausstellte, kam der Befähigung, das Gelände, die Aufstellung des Gegners und das Kräfteverhältnis zwischen den eigenen Truppen und denen des Gegners rasch beurteilen zu können, eine wichtige Bedeutung zu, die sich dann auch darauf erstrecken musste, ebenso zügig einen entsprechenden Schlachtplan zu entwerfen und umzusetzen. Lange Diskussionen oder gar ein Kriegsrat – von dem Friedrich der Große im Übrigen gar nichts hielt – kosteten nur Zeit. Von Clausewitz beschreibt diese Begabung der schnellen Auffassung als *coup d'œil*.

Unter *coup d'œil*, zu Deutsch etwa »schneller, allumfassender Blick«, im übertragenen Sinne auch »Überblick«, versteht man die Fähigkeit, eine (militärische) Situation mit einem Blick, sozusagen unmittelbar, zu erfassen und ebenso schnell die folgerichtige Entscheidung zu treffen. Der *coup d'œil* ist eine Begabung, die genauso hoch zu bewerten ist wie eine herausragende musische Begabung, etwa die eines Komponisten wie Beethoven oder eines Malers wie Picasso. Clausewitz schreibt dazu, dass der *coup d'œil* »nichts ist, als das schnelle Treffen einer Wahrheit, die dem gewöhnlichen Blick des Geistes gar nicht sichtbar ist oder es erst nach langem Betrachten und Überlegen wird.«[130]

Als Friedrich der Große sah, wie sich die Österreicher zur Schlacht aufstellten, erkannte er die bei dem gegebenen Kräfteverhältnis einzig funktionierende taktische Angriffsmöglichkeit blitzschnell und wusste sie auch unter Ausnutzung des Geländes trefflich zu nutzen. Sein Scheinangriff auf den rechten Flügel der Österreicher, um deren linken Flügel durch ein Verschieben der Reserven zu schwächen, der Parallelmarsch vorbei an den österreichischen Stellungen, gedeckt vom hügeligen Gelände, die anschließende Umgliederung, um dann von Süden her kommend die linke Flanke des Gegners mit Hilfe der schiefen Schlachtordnung aufzurollen, all dies war nur möglich, weil der große Kriegsherr die Situation mit einem Blick erfasste und unmittelbar in einen Plan umsetzte. Die einzigen Elemente, die dabei schon früher als Bestandteile eines Manövers geübt worden waren, waren bestimmte Gefechtsformationen und die schiefe Schlachtordnung. Das Erkennen ihrer Anwendbarkeit unter Ausnutzung der Gegebenheiten machte den *coup d'œil* aus. Und tatsächlich ist die Schlacht von Leuthen wie keine andere geeignet, die Genialität eines Friedrich des Großen unter Beweis zu stellen. Neben ihm war nur Seydlitz noch mit ähnlicher Begabung ausgestattet. Dieser hatte einen wesentlich größeren Überblick als alle anderen Truppenführer und gelegentlich sogar mehr als Friedrich selbst, wie sich etwa in der Schlacht von Zorndorf zeigen sollte.[131]

Es reicht jedoch nicht aus, günstige Gelegenheiten zu erkennen und Pläne zu entwerfen, wie diese genutzt werden können, wenn es nicht auch zum schnellen Entschluss der Umsetzung kommt. Dazu bedarf es nach Clausewitz einer besonderen Form des Muts:

> Die Entschlossenheit ist ein Akt des Mutes in dem einzelnen Fall, und wenn sie zum Charakterzug wird, eine Gewohnheit der Seele. Aber hier ist nicht der Mut gegen körperliche Gefahr, sondern der gegen die Verantwortung, also gewissermaßen gegen Seelengefahr gemeint. Man hat diesen oft *courage d'esprit* genannt, weil er aus dem Verstande entspringt, aber er ist darum kein Akt des Verstandes, sondern des Gemüts. Bloßer Verstand ist noch kein Mut, denn wir sehen die gescheitesten Leute oft ohne Entschluss. Der Verstand muss also erst das Gefühl des Mutes erwecken, um von ihm gehalten und getragen zu werden, weil im Drange des Augenblicks Gefühle den Menschen stärker beherrschen als Gedanken.[132]

Beides, *coup d'œil* und *courage d'esprit*, waren bei Friedrich dem Großen in idealer Form gegeben und wurden ergänzt durch eine besondere Befähigung zur operativen Truppenführung. Friedrich der Große erkannte Chancen blitzschnell und verstand es, ebenso rasch adäquate Pläne zu deren Umsetzung zu konzipieren und umzusetzen. Dies alles ohne Berater oder einen Generalstab, der mehrere Varianten durchgespielt hätte, bevor man sich für eine derselben entschied. Es gelang ihm sogar, die Zufälle, von denen Clausewitz spricht, während des Gefechts weitgehend auszuschließen. Man müsste an dieser Stelle viel tiefer in das Geschehen einsteigen, um die geniale Verbindung von Plan und Umsetzung in einer so kurzen Zeit in seiner ganzen Dimension zu verdeutlichen, was jedoch den Rahmen dieses Buches sprengen würde. Festzuhalten ist so nebenbei, dass die Schlacht von Leuthen keineswegs der einzige Beleg der Befähigungen Friedrichs des Großen ist. Hohenfriedberg, Rossbach und andere könnten als Beispiele dafür ebenso dienen.

In diesem Zusammenhang ist interessant, dass Clausewitz als Grundlage der Entschlossenheit, des *courage d'esprit*, eine »eigentümliche Richtung« des Verstandes ansieht,[133] nämlich eine Verstandeskraft, die jede andere Scheu des Menschen, jedes Schwanken und Zaudern, niederkämpft. Friedrich der Große war fest entschlossen, einen doppelt so starken Gegner anzugreifen; er brachte dies in seiner Rede deutlich zum Ausdruck und verhehlte dabei auch nicht die damit verbundene Gefahr.

Um es deutlich zu sagen, es geht nicht um Spontaneität, sondern um Begabung. Wer in einer solchen oder einer vergleichbaren Situation ohne Begabung nur schnell handelt, ist ein Hasardeur, und Hasardeure sind zur verantwortlichen Führung gänzlich ungeeignet. Nicht jeder hat aber eine so umfassende natürliche Begabung zum Führen wie Friedrich der Große, welche in seinem Fall auch noch durch weitere Talente ergänzt wurde. Ein solches Zusammentreffen, zumal in dieser Fülle, ist ein Glücksfall. Wer dieses Glück nicht hat, muss versuchen, sein Fehlen mühsam durch Arbeit, Ausbildung und eine sich anzueignende Bildung wenigstens zum Teil auszugleichen.

Wenn in diesem Kapitel von weiteren besonderen Begabungen Friedrichs des Großen die Rede sein wird und davon, dass diese seine Leistungen erst möglich gemacht haben, könnte man einwenden, dass Begabungen als Beispiel für Führung und Verantwortung deshalb nicht angezeigt sind, weil keineswegs jeder darüber verfügt. Dem kann mit Clausewitz entgegengehalten werden, dass das, was ein Genie tut, gerade die schönste Regel sein muss, und die Theorie nichts Besseres tun kann, als zu zeigen, wie und warum es so ist.[134] Gleichzeitig macht der Hinweis auf Talente auch deutlich, was einen technisch versierten Vorgesetzten vom begabten Führer unterscheidet. Ersterer beruft sich auf das Amt, das ihm, warum auch immer, übertragen worden ist, Letzterer dagegen auf sein Können, das auch Ergebnis von Begabung sein kann. Wie bereits erwähnt, stellt diese Sichtweise gleichzeitig auch den Anspruch dar, den man an besonders exponierte Vorgesetzte, Führer mithin, durchaus haben kann. Immanuel Kant nimmt in der *Kritik der Urteilskraft* zum Wesen des Genies wie folgt Stellung:

> Genie ist das Talent (Naturgabe), welches der Kunst die Regel gibt. Da das Talent, als angeborenes produktives Vermögen des Künstlers, selbst zur Natur gehört, so könnte man sich auch so ausdrücken: Genie ist die angeborene Gemütslage (ingenium), durch welche die Natur der Kunst die Regel gibt.[135]

Anhand dieser Beschreibung wird deutlich, warum Begabungen dem Mittelmaß ein Gräuel sein müssen und ihre Vertreter in einer Hierarchie alles unternehmen werden, um das Talent zu entzaubern. Wer also trotz Begabung nach oben kommen will, ist gut beraten, mit einer Tarnkappe der Bescheidenheit zu arbeiten.

Die Erfolge, die außergewöhnlich begabten Menschen vergönnt sein können, zeigen umgekehrt, wie wichtig es ist, die

Spitzenpositionen in Staat, Gesellschaft, Wirtschaft oder Militär mit Personen zu besetzen, die gerade für diese über eine spezifische Begabung verfügen. Dabei ist zu unterscheiden zwischen der Begabung, die einen Menschen für das Bekleiden einer bestimmten Position besonders geeignet macht, und jener, die ihn befähigt, eine exponierte Stellung zu erlangen. Diese Unterscheidung ist insbesondere in einer Demokratie berechtigt, weil nicht jeder oder jede, der oder die sich mehrheitlich durchsetzt, allein deswegen für ein Amt auch geeignet ist. Das Interesse an der Macht verstellt gelegentlich den Blick für das persönlich Machbare. Zur wahren Größe eines Menschen gehört eben auch eine gesunde Einschätzung der eigenen Fähigkeiten und vor allem auch der eigenen Grenzen. So ist es eine Führungstugend, sich der Begrenztheit der eigenen Begabungen bewusst zu sein. Triebfeder darf eben nicht allein die Aussicht auf wirtschaftlichen Erfolg, mehr Geld oder Macht sein, sondern ein Blick für das Mögliche.

Wenn Begabung etwas mit Glück zu tun hat, sollte für die so Beschenkten der Wunsch, sich für die Gemeinschaft einzusetzen, zum Motor ihres Handelns werden. Die Existenz von Begabung ist mit einer Verpflichtung verbunden, diese zum Wohl anderer einzusetzen – dies ist sozusagen die »Gegenbuchung« zum Glück.

Es zeigt sich also, welch eminent große Bedeutung Begabung in Führungsbelangen haben kann. Wer mit einem Blick sieht, um was es geht, und dann auch noch in der Lage ist, die richtigen Entscheidungen zu treffen, kann wirklich führen. Dabei zeigt sich diese Begabung häufig nur in Krisenfällen, nicht aber im normalen Geschäftsbetrieb, in dem Berater, Stäbe, Vorgesetzte und Aufsichtsgremien den raschen, alles umfassenden Blick strukturell ebenso verhindern wie die kühne Umsetzung der daraufhin entwickelten Ideen – beide sind im Arbeitsalltag auch nicht unbedingt notwendig. *Coup d'œil* und *courage d'esprit* zeigen sich aber in der schwierigen Lage, in der Krise, dann also, wenn unter Druck gehandelt werden muss.

Friedrich II. wurde noch zu seinen Lebzeiten als »der Große« bezeichnet. In seinen *Weltgeschichtlichen Betrachtungen* hat Jacob Burckhardt mehrere Kerneigenschaften dieses Monarchen herausgearbeitet, die das Wesen seiner historischen Größe ausmachen. Dazu zählt erstens die Befähigung, dem »Lärm des Augenblicks« zu widerstehen, sich also unbehelligt von dem zu zeigen, was lautstark um ihn herum gefordert wurde. Zweitens eine überdurchschnittlich stark ausgeprägte Willenskraft, die es ihm ermöglichte, in wenigen Jahren Aufgaben zu bewältigen, für deren Umsetzung man sonst womöglich Jahrhunderte benötigt hätte. Das dritte Element ist die »Seelengröße«, also die Befähigung, in Krisensituationen seelische Anspannungen und besondere Anstrengungen aushalten zu können. Dazu Burckhardt:

> Schicksale von Völkern und Staaten, Richtungen von ganzen Zivilisationen können daran hängen, dass ein außerordentlicher Mensch gewisse Seelenspannungen und Anstrengungen ersten Ranges in gewissen Zeiten aushalten könne.
>
> Alle seitherige mitteleuropäische Geschichte ist davon bedingt, dass Friedrich der Große dies von 1759 bis 1763 in supremem Grade konnte.[136]

Die »Seelengröße« soll die seltenste Eigenschaft bei weltgeschichtlich herausragenden Individuen sein. Sie besteht im Verzicht auf persönliche Vorteile zugunsten des Sittlichen, in der freiwilligen Beschränkung also, nicht aus Berechnung, sondern aus innerer Güte, wohingegen ein Mensch, der nur politische Größe anstrebt, egoistisch ist und alle Vorteile ausbeuten will. Friedrich der Große besaß eine solche Seelengröße, auch wenn seine Triebfeder nicht die Güte, sondern die Pflichterfüllung war, wie dies auch Thomas Mann sieht:

> Was Friedrich betraf, so war sein Lebensabend, der sich noch lange hinzog, kalt, trübe und abstoßend. Sein Charakter war nach den furchtbaren sieben Jahren noch höhnischer und bos-

> hafter als je zuvor. Da er übermenschlich gekämpft und gelitten hatte, sah er in allem Menschenvolk um ihn her nur Pack und kindererzeugendes Gesindel. Es bleibt unverständlich, warum er, bis an den Hals voll Verachtung, für dieses Gesindel so ungeheuerlich zu arbeiten fortfuhr, rastlos sich der Aufgabe unterzog, das Unglück, das er verursachte, wieder gutzumachen, dem Ackerbau, den Finanzen seines Landes zur Genesung half, ganze Industrien hervorrief, eine weitere Provinz hinzu erwarb und sie durch großartigste Kolonisation aus ihrem vernachlässigten Zustande erhob – wenn man sein Pflichtgefühl nicht als eine Art von Besessenheit und ihn selbst nicht als Opfer und Werkzeug höheren Willens begreift.[137]

Clausewitz betont angesichts der besonderen Atmosphäre, in der ein Krieg stattfindet – nämlich jener der Gefahr, der körperlichen Anstrengung, der Ungewissheit und des Zufalls – die Notwendigkeit einer besonders großen Kraft des Gemüts und des Verstandes, um die damit verbundenen Herausforderungen zu meistern. Dabei kommt er zu dem erstaunlichen Ergebnis, dass nicht die unmittelbaren Bedrohungen und Belastungen der eigenen Person die größten Einwirkungen auf das Gemüt eines Truppenführers haben, sondern reflexive Wirkungen infolge der Strapazen, unter denen die ihm unterstellten Soldaten leiden. Diese wirken auf den Führenden zurück. Demnach ist dessen Willenskraft gefragt, wenn die Männer nicht mehr guten Mutes sind, die gut geölte Maschine nicht nur auf Widerstand trifft, sondern selbst zum Widerstand wird. Dabei ist nicht Insubordination gemeint, sondern die Wirkung der Ereignisse, die über die unterstellten Truppen auf den Führenden zurückfällt.[138] Aus allen Überlieferungen weiß man, dass diese reflexive Wirkung auch bei Friedrich dem Großen nicht ausblieb. Wir erinnern uns daran, wie er nach der Schlacht von Liegnitz durch die Reihen seiner Soldaten ging. De Catt setzte seine Beschreibung dieser Szene, die wir an anderer Stelle bereits betrachtet haben, wie folgt fort:

Er reitet weiter, spricht Verwundete an, gibt Rat, wie man sie am besten schnell behandelt. Schweigt bei den Toten. Er reitet auf einen Mann zu, der an einer Baumwurzel sitzt.

»Ihr habt tapfer gekämpft heute.«

Der Mann bleibt sitzen, ist wohl verwundert. Er sagt: »Wie denn auch nicht! Wir kämpfen für unsere Freiheit, für unsere Religion, für unser Volk und für Sie! Was denn sonst?«

Der König sieht ihn lange an. Dann wendet er sein Pferd. Die Tränen stehen ihm in den Augen.[139]

Die Eindrücke der Verheerungen des Kampfes ließen Friedrich den Großen, auch nachdem er den Siebenjährigen Krieg gewonnen hatte, nicht los. So ließ er sich bei seiner Rückreise nach Berlin noch einmal auf das Schlachtfeld von Zorndorf bringen, wo er so viele seiner Soldaten verloren hatte.

Trotz der Betroffenheit, wie sie bei diesem Monarchen zu beobachten war, stand er die Situation durch. Thomas Mann kommentierte dies so:

> Um sie zu bestehen, dazu gehören passive und aktive Eigenschaften, ein Maß von durchhaltender Geduld und von erfinderisch-tätiger Energie, wie unseres Wissens weder vorher noch nachher ein Mensch sie bekundet oder zu bekunden Gelegenheit gehabt hat.[140]

Tatsächlich aber wurde der Siebenjährige Krieg insbesondere nach dem Jahr 1757 mit zunehmendem Rückgang der Reserven in personeller und materieller Hinsicht für Friedrich den Großen immer mehr zu einer mentalen und seelischen Herausforderung. Der weitere Kriegsverlauf brachte ihn, seine Armee und den Staat Preußen mehrmals an den Rand einer Katastrophe. Die Situation war schließlich stellenweise so verzweifelt, dass der große Feldherr an Selbstmord dachte und das mehr als einmal, ja, für bestimmte Situationen so etwas nicht nur nicht ausschloss, sondern eindeutig einkalkulierte. Er zeigte bereits im Jahr 1758 seinem Vorleser de Catt eine mit Opiumpillen gefüllte Dose, die ihn, wie er sagte, an die »düsteren Gestade« befördern würde, von denen keiner mehr zurückkehrt. In einer demütigenden Gefangennahme zu überleben schloss Friedrich der Große für sich ebenso aus wie ein Überleben, wenn er den von seinem Vater unversehrt übernommenen Staat wegen des Scheiterns des Feldzuges zu Fall bringen würde. Gegenüber de Catt äußerte er in diesem Zusammenhang:

> Das hier kann mein Leben gottlob jeder Zeit enden. [...] Vielleicht vereint sich mein Vorrat an Opium nicht mit Ihrem calvinistischen Glauben, wonach Selbstmord eine Todsünde ist. Aber kein Calvinist steckt auch in meiner Haut. Niemand kann die Notwendigkeit, Gift bei mir zu tragen, erkennen wie ich. [...] Ich beabsichtige nicht, das Scheitern meines großen Unternehmens und das all meines Vaterlandes, das ich aus den Händen meines Vaters unversehrt empfangen habe, zu überleben.[141]

Dabei ging es Friedrich dem Großen nicht um ein feiges Davonlaufen, sondern vielmehr darum, aus Gründen der Staatsräson aus dem Leben zu scheiden. Im weiteren Verlauf des Gespräches versuchte er dann, de Catt zu beruhigen:

> Machen Sie sich keine Sorgen. Ich bin nicht der Typus eines Selbstmörders. Da müsste es schon schlimm kommen. Behalten Sie Ihre Kenntnis für sich. Niemand außer Ihnen weiß davon. Seien Sie nicht bedrückt. Bis ich die hübschen kleinen Kapseln schlucke, hat es noch eine gute Weile.

Die besagten Opiumkapseln finden in den Berichten von der Konversation mit de Catt noch mehrmals Erwähnung. Pikanterweise rettete das Behältnis mit den Opiumpillen Friedrich dem Großen eines Tages das Leben, als eine Kugel daran abprallte.[142]

Man mag den Gedanken an Selbstmord als Schwäche Friedrichs des Großen ansehen. Tatsächlich gehört es zur Persönlichkeit großer Männer, auch diese Art der Konsequenz bereit sein zu ziehen. Dies, wie gesagt, nicht im Sinne eines Sich-davon-Stehlens, weil man nicht mit dieser Schande leben will. Friedrich der Große hätte es niemals ertragen, seine Ehre dadurch beschmutzt zu sehen, dass er Preußen in schlechterem Zustand an seinen Nachfolger übergeben hätte als er selbst es übernommen hatte. Wie sehr ihn diese Last plagte, kann auch den Schilderungen seiner Albträume entnommen werden. Nicht selten wachte er schweißgebadet auf, nachdem ihm im Traum sein Vater erschienen war und von ihm Rechenschaft über sein Tun verlangt hatte.

Friedrich der Große betrachtete es als zu seiner Rolle als König gehörend, immer und zu jeder Zeit Herr des Geschehens zu bleiben. Für den Fall einer Gefangennahme wies er an, dass all seine Anordnungen aus der Gefangenschaft heraus zu ignorieren seien und man diejenigen seines Bruders zu befolgen habe; König sei er nur, wenn er frei sei.

Er musste eine erhebliche Energie aufwenden, um mit den Folgen des Krieges auch mental fertig werden zu können. Clausewitz war der Ansicht, dass die Antriebsfeder für diese Energie der Seelendurst nach Ruhm und Ehre gewesen sei, was er keineswegs für verwerflich hielt. Er grenzte »Ruhm« und »Ehre« sogar explizit von den Begriffen »Ruhmsucht« und »Ehrgeiz« ab und stellte die Frage, ob es je einen Feldherrn ohne Ehrgeiz gegeben habe und ob eine solche Erscheinung überhaupt denkbar sei.[143] Tatsächlich begründete Friedrich der Große rückblickend den Ersten Schlesischen Krieg auch mit diesem Motiv. Der Dritte war dann jedoch eine Folge der einmal gemachten Eroberung aus dem Ersten und der Sicherung der Beute aus dem Zweiten Schlesischen Krieg.

Allerdings sind der Umstand, dass der Seelendurst eines Feldherrn nach Ruhm und Ehre ein Kriegsauslöser sein kann, und die diesbezügliche Einschätzung von Clausewitz nur solange hinnehmbar, wie der Truppenführer sich ein Herz für seine Männer bewahrt und in seinen Truppen keine unpersönliche Exekutionsmaschine seines Willens sieht, der man jede Art der Belastung zumuten kann, bis hin zu ihrer physischen Vernichtung. Eben dies aber war zumindest auf der hohen Führungsebene der deutschen Wehrmacht bis hin zu Hitler der Fall. Unter dem Deckmantel der strategischen Notwendigkeit war man bereit, beim einfachen Soldaten jedes Opfer hinzunehmen. Das Streben nach Ehre und Ruhm kann eben nur solange toleriert werden, wie die Mittel-Zweck-Relation nicht völlig verwerflich ist und die oben beschriebene Reflexionswirkung der Unbilden der Auseinandersetzung auf den Führenden gegeben ist.

Diesem Streben steht die Gemüts- oder Seelenstärke gegenüber. Sie ist das Vermögen, auch bei stärksten Gemütsregungen im Sturm der heftigsten Leidenschaft noch dem Verstand zu gehorchen. Ein starkes Gemüt ist nicht ein solches, welches bloß heftiger Regungen fähig ist, sondern dasjenige, welches angesichts dieser im Gleichgewicht bleibt, sodass trotz der Stürme in der Brust der Einsicht und Überzeugung, wie der Nadel des Kompasses auf dem sturmbewegten Schiff, das feinste Spiel gestattet ist.[144] Das Erstaunlichste an den Schlesischen Kriegen ist die Tatsache, dass sich das relativ kleine Preußen gegen fast alle damals bedeutenden Nationen des europäischen Kontinents durchsetzen konnte. Die verbündeten Österreicher, Franzosen und Russen sowie jene Territorien, die Truppen für die Reichsarmee stellten, waren, was die Ressourcen anbelangte, Preußen insgesamt weit überlegen. Dass das kleine Königreich nicht nur so lange standhalten, sondern am Ende Schlesien sogar endgültig für sich gewinnen konnte, ist in besonderem Maße der persönlichen Durchhaltefähigkeit Friedrichs des Großen zuzuschreiben. Dabei geht es nicht nur darum, die Anstrengung als solche zu ertragen, ohne das einmal gesteckte Ziel aus dem Auge zu verlieren, sondern auch darum, mit einem Wechselbad der Gefühle fertig zu werden, das sich aus der Alternanz von Erfolgen und Misserfolgen, Siegen und Niederlagen, ergibt. Niederlagen neutralisieren die früheren Erfolge zumindest im Geiste der Kriegführenden. Dem erfolgreichen Abschluss des Jahres 1757 mit der Schlacht von Leuthen folgten zwei Jahre, die von zahlreichen Rückschlägen geprägt waren. Die Schlachten von Hochkirch, Kay, Kunersdorf und Maxen sind beredte Beispiele dafür, wie sehr sich das Schlachtenglück gewendet hatte. Als wenn das noch nicht genug gewesen wäre, gab es auch noch preußische Niederlagen, die das Ergebnis von Fehleinschätzungen und -entscheidungen Friedrichs des Großen waren. Dies und die einer (bewaffneten) Auseinandersetzung immanenten Friktionen stellten die Herausforderung an die Seelenstärke des großen Kriegsherrn dar.

Clausewitz verstand unter »Friktionen« die Summe der Unwägbarkeiten und Überraschungen, die an sich einfache Vorgänge im Ergebnis komplex machen und deshalb einer starken Führung bedürfen. Er beschrieb sie an mehreren Stellen seines Werkes. Hier soll seine Definition dessen, was Friktionen in einem nicht militärischen Kontext ausmachen, referiert werden:

> Man denke sich einen Reisenden, der zwei Stationen am Ende seiner Tagereise noch gegen Abend zurückzulegen denkt, vier bis fünf Stunden mit Postpferden auf der Chaussee; es ist nichts. Nun kömmt er auf der vorletzten Station an, findet keine oder schlechte Pferde, dann eine bergige Gegend, verdorbene Wege, es wird finstere Nacht, und er ist froh, die nächste Station nach vielen Mühseligkeiten erreicht zu haben und eine notdürftige Unterkunft dort zu finden.[145]

Mit diesem Beispiel wird deutlich, dass Friktionen, wie sie von Clausewitz definiert werden, keine auf die militärische Auseinandersetzung beschränkten Erscheinungen sind. Jedes größere Projekt unterliegt ihnen, wobei mit Größe keineswegs nur das angestrebte Ergebnis gemeint sein muss, sondern auch schon die Anzahl der zu führenden Menschen oder zu koordinierenden Kräfte. Im dritten Buch, unter der Überschrift »Beharrlichkeit«, listete Clausewitz unterschiedliche Friktionen auf, die allesamt so auch für die zivile Wirtschaft und jeden komplexen Führungsvorgang gelten. Es sind dies die folgenden:

- der Wechsel von falschen und richtigen Nachrichten,
- Fehler, resultierend aus Furcht, Nachlässigkeit und Übereilung,
- Trägheit und Erschöpfung,
- Widerspenstigkeiten aus wahrer und falscher Absicht, üblem Willen, wahrem oder falschem Pflichtgefühl und
- Zufälle, an die niemand gedacht hat.

Dabei darf keineswegs jenes bremsende Element unterschätzt werden, das sich einstellt, wenn jene, die man führt, die man bewegen will, den Glauben an die Sache verlieren, weil sich die Erfolge nicht gleich oder nicht zu dem erwarteten Zeitpunkt einstellen. Dieser zerstörerischen Kraft der Friktion kann nur durch Seelenstärke begegnet werden, wodurch dieser eine essenzielle Bedeutung zukommt, oder wie Clausewitz sagte:

> Nur ein mächtiger, eiserner Wille überwindet diese Friktion, er zermalmt die Hindernisse [...]. Wie ein Obelisk, auf den die Hauptstraßen eines Ortes zugeführt sind, steht in der Mitte der Kriegskunst, gebieterisch hervorragend, der feste Wille eines stolzen Geistes.[146]

Auf einen Führenden bezogen ist die Gemüts- und Seelenstärke Ausdruck der persönlichen Durchhaltefähigkeit. Wenn der Vorgesetzte als Erster »wegbricht«, aufgibt oder aus Frustration sowie geistiger und seelischer Ermattung nicht länger Entscheidungen treffen kann beziehungsweise innerlich schon die Waffen gestreckt hat, dann gibt es im Zweifel auch in den nachgeordneten Bereichen kein Halten mehr. Nicht alles ist kalkulierbar, vielleicht ist sogar nichts bis zum Beginn der Umsetzung wirklich planbar. Umso eher wird derjenige inmitten aller Widrigkeiten bestehen, der mit Rückschlägen, Niederlagen und all den unvorhersehbaren Schwierigkeiten fertig zu werden in der Lage ist, ohne dass sich diese Friktionen erkennbar in seinem Gemüt niederschlagen.

16.

Warum ein Vorgesetzter ohne Kenntnis der ihm unterstellten Mitarbeiter und der Umgebung zum Hasardeur wird – die Geländekenntnis

Im Zusammenhang mit der Vorbereitung seiner Armee auf die anstehende Schlacht wurde bereits die spezifische Befähigung Friedrichs des Großen zur Motivierung seiner Männer und damit zur Menschenführung angesprochen, weshalb nachstehend nur noch einige Ergänzungen gemacht werden sollen.

Unter Menschenführung verstehe ich die Befähigung, Angehörige unterschiedlicher Hierarchieebenen anzusprechen und wechselseitiges Vertrauen so herstellen zu können, dass beide, Vorgesetzte und Mitarbeiter, sich auf die Leistungsstärke und -bereitschaft des jeweils anderen zu verlassen bereit sind. Dazu ist auf Seiten des Führenden auch Menschenkenntnis erforderlich, also das Wissen um die Stärken und Schwächen des ihm anvertrauten Personals, weil nur dieses das vollständige Ausschöpfen der gegebenen Ressourcen ermöglicht. Nur wenige Mitarbeiter haben insgesamt eine so geringe Leistungsfähigkeit, dass sie überhaupt nicht eingesetzt werden können. Im Normalfall ist es vielmehr so, dass die als schlecht arbeitend geltenden Mitarbeiter lediglich nicht für die ihnen zugewiesenen Positionen geeignet sind. Diesbezügliche Korrekturen scheitern dann leider meistens an der Bereitschaft der Betroffenen, die mit einer Umsetzung möglicherweise verbundenen Nachteile in Kauf zu nehmen.

Sich über das Leistungsvermögen anvertrauter Mitarbeiter zu informieren und auch diese von der eigenen Einschätzung in Kenntnis zu setzen, hat etwas mit Dienstaufsicht zu tun. Beides bedeutet, sich laufend und immer wieder mit den Mitarbeitern und ihren Leistungen auseinanderzusetzen, nichts durchgehen lassen und auch auf störende Kleinigkeiten einzugehen, selbst dann, wenn man am liebsten einmal seinen Frieden haben möchte. Auch ist es wichtig, die informationelle »Lehmschicht« zwischen der unmittelbar unterstellten Führungsebene und den von diesen geführten Mitarbeitern zu durchdringen. Insbesondere schwache Vorgesetzte versuchen alles, um die Leistungen unterstellter Mitarbeiter als eigene Erfolge darzustellen. Dadurch werden Erfolge – fälschlich – individualisiert, Misserfolge dagegen regelmäßig kollektiviert und vor allem delegiert. Friedrich der Große schrieb dazu in seinem politischen Testament von 1752:

> Eine schöne Eigenschaft des Herrschers ist es, dass er das Verdienst im Verborgenen aufsucht und eine wackere Tat belohnt, die ohne Zeugen vollbracht ist. Darauf soll er sein Augenmerk lenken und ebenso viele Spione halten, um die guten Eigenschaften der Bürger zu ermitteln, wie die Tyrannen, um Verschwörungen aufzudecken, die man gegen sie anzettelt.[147]

Nur zu wissen, was ein Mitarbeiter verdient und welche beruflichen Leistungen er erbringt, reicht nicht aus. Zu einer guten Führung gehört auch, dass der Vorgesetzte Details aus dessen Privatleben kennt, wie Hobbys und Neigungen, aber auch Besonderheiten aus dem familiären Umfeld. Musste ich Mitarbeiter für den Außendienst rekrutieren, so habe ich immer Wert darauf gelegt, dass eines der Einstellungsgespräche in der Wohnung des Bewerbers stattfand, weil man sich dann einen ganz anderen Eindruck von dessen Lebenssituation verschaffen und aus den Reaktionen des Partners oder der Partnerin auf die Beschreibung der anstehenden Aufgaben entnehmen kann, ob der Bewerber von seinem familiären Umfeld her überhaupt in der Lage sein wird, den Anforderungen gerecht zu werden. Informationen dieser Art zu besitzen wird im Zeitalter des Internets immer leichter.

Ein besonderer Aspekt der Menschenführung ist es, Vorgesetzte nach ihrem Können und nicht nach ihrem Titel, dem Grundsatz der Seniorität, der Familienzugehörigkeit oder sonstigen mit der Leistung nicht zwingend zu verbindenden Gründen einzusetzen. Wie sehr beispielsweise die familiären Bande zwischen Prinz Karl von Lothringen und Maria Theresia der österreichischen Sache schadeten, sieht man an der schwachen Vorstellung, die der Prinz in der Schlacht von Leuthen gab; dennoch war er nicht nur der nominelle Oberbefehlshaber, sondern befehligte die österreichischen Truppen tatsächlich. Friedrich der Große sah in der Vergabe exponierter militärischer Positionen an solche »Prinzen von Geblüt« ein Problem sui generis. Er schrieb dazu:

> [...] der ihnen den Gehorsam unerträglich und jede Unterwerfung verhasst macht. [...] aber die beste Stellung, die man ihnen gegenüber einnehmen kann, besteht darin, den ersten, der die Fahne der Unabhängigkeit erhebt, energisch in seine Schranken zu weisen, alle zwar mit der ihrer hohen Herkunft gebührenden Auszeichnung zu behandeln, sie mit allen äußeren Ehren zu überhäufen, sie aber von den Staatsgeschäften fernzuhalten und ihnen nur bei genügender Sicherheit ein Kommando anzuvertrauen, das heißt, wenn sie Talent und einen zuverlässigen Charakter besitzen.[148]

Tatsächlich hat Friedrich der Große seine Truppenkommandos ausschließlich nach Befähigung der Bewerber besetzt. Er nahm dabei keinerlei Rücksicht auf Namen oder familiäre Bande, was sein Bruder und vormaliger Thronfolger August Wilhelm zu spüren bekam; dieser zerbrach an seiner Ablösung als Truppenführer. Seinen feindseligen Bruder Prinz Heinrich hingegen, der ihn in seinen Briefen immerhin »die Person«, »unser Wüterich«, »der Tyrann«, »raubgieriger Mensch«, »Hanswurst«, »Schurke«, »garstigster und boshaftester Dummkopf« oder auch »größter Schmutzfink und Geizhals« und sogar »die gemeinste Bestie, die Europa hervorgebracht hat« genannt hatte, betraute er aufgrund seiner Leistungen mit höchsten Kommandos; er hielt ihn eigentlich für den Besten.[149] Wie infam sein Bruder dabei in Wirklichkeit war, lässt sich auch dem Umstand entnehmen, dass dieser nach der Niederlage von Kolin mit seinem Stab auf die Niederlage anstieß und triumphierend ausrief, dass der Phaeton gestürzt sei.[150]

Auf der anderen Seite war Friedrich der Große auch bereit, gute Generale aus dem Dienst zu entlassen, wenn sie versuchten, ihn unter Druck zu setzen.[151]

Das Wissen um die Befähigungen und auch Befindlichkeiten von Mitarbeitern ist Teil einer zeitgemäßen personalpolitischen »Geländekenntnis«. Dieser Begriff der »Geländekenntnis« soll etwas genauer betrachtet werden. Wie wir gesehen haben, war sie bei Friedrich dem Großen eine wichtige Ursache für seinen Sieg bei Leuthen, war er doch durch die jährlichen Manöver mit der Gegend um diesen Ort auf das Beste vertraut.

Bei militärischen Auseinandersetzungen spielte die Geländekenntnis oftmals eine entscheidende Rolle. Gelegentlich wurde daher der Versuch unternommen, dem Gegner ein bestimmtes Gefechtsfeld aufzuzwingen, weil man die Geländevorteile für die eigenen militärischen Operationen nutzen wollte. Friedrich der Große war aber nicht nur mit dem Gelände vertraut, er wusste auch zu jedem Zeitpunkt, was auf dem Schlachtfeld vor sich ging. Prinz Karl hingegen wusste das eigentlich zu keinem Zeitpunkt. Er vertraute Meldungen, deren Wahrheitsgehalt gering war, und ignorierte Hinweise, die zutreffend gewesen wären. Hätte er gesehen, dass der erste Angriff nur ein Scheinangriff und keineswegs die gesamte preußische Armee daran beteiligt war, hätte er vielleicht dem fatalen Ersuchen, seine Reserven vom linken Flügel, wo er sie schon kurze Zeit später gebraucht hätte, auf den rechten Flügel zu beordern, widerstanden. Und hätte er die Bewegungen der Truppen Friedrichs des Großen zu einem späteren Zeitpunkt richtig gedeutet und zuvor aufgeklärt, wäre er nicht zu dem irrigen Schluss gelangt, dass die Preußen abziehen wollten. Einer seiner Kommandeure am linken Flügel hatte die Entwicklung zutreffend erkannt, und ein anwesender nicht österreichischer Offizier äußerte auch tatsächlich die zutreffende Vermutung, dass Friedrich der Große etwas völlig anderes vorhabe, als der Stab von Prinz Karl und er selbst annahmen.

Wer sich auf die Meldungen anderer verlassen will, muss sicher sein, dass sie inhaltlich stimmen, und er muss die richtigen Rückschlüsse daraus ziehen. Bei Führungsfragen ist dringend zu empfehlen, dass man sich bei gravierenden Entscheidungen höchstpersönlich davon überzeugt, dass die vorgetragenen Annahmen und Meldungen zutreffend sind. Auch das ist eine Frage des eigenen Anspruchs an die Geländekenntnis. Ihr mit dem lockeren Spruch zu begegnen, dass Führen Delegieren heiße, bedeutet ein Verkennen von Prioritäten. Es gibt einfach Lagebeurteilungen, deren Brisanz es erforderlich macht, dass man sich von der Richtigkeit der Meldungen auch dann selbst überzeugt, wenn man sich scheinbar weit weg von der Exekutionsebene befindet.

Von einer Führungskraft kann deshalb erwartet werden, dass sie alle wesentlichen Vorgänge in ihrem Zuständigkeitsbereich tatsächlich kennt. Das erfordert aber mehr als ein pragmatisches Herummanagen. Es impliziert, dass man sich mit den Vorgängen vertraut machen muss, auch wenn diese vielleicht längst nicht mehr der eigenen Zuständigkeit unterliegen. Prinz Karl hätte sich also selbst einen Eindruck von der Situation verschaffen müssen, um nicht der verlockenden Idee zu verfallen, dort, wo er sich selbst befand, auch noch die Reserven einzusetzen.

Wer Kunden akquirieren will, muss idealerweise alles über diese wissen, insbesondere über den direkten Ansprechpartner. Wenn jemand mein Unternehmen als Kunden gewinnen wollte, so habe ich oft erlebt, dass mein Gegenüber sich offensichtlich nur angestrengt hatte, um den Termin zu bekommen, sich darüber hinaus jedoch nicht die Mühe gemacht hatte, sich über mich oder mein Unternehmen ausreichend zu informieren, um sein Anliegen adäquat anzubringen.

Zur Geländekenntnis gehört des Weiteren das Wissen um die Persönlichkeitsstruktur der handelnden Personen. Eitelkeiten oder ein fast krankhaftes Durchsetzungsbedürfnis der Akteure sind nicht selten entscheidend für bestimmte unternehmerische Entwicklungen. So ist schon manche sinnvolle Fusion an der Machtfrage und -verteilung im neuen Konglomerat gescheitert. Auch muss man die Machtstrukturen und Entscheidungsabläufe bei den Konkurrenten kennen: Verstehen die Vorgesetzten etwas von ihrem Geschäft? Sind sie tatsächlich befugt zu entscheiden oder bereiten sie nur die Entscheidung vor? Wie sieht ihr Controllingsystem aus? Was wird wann wie gemeldet und wie schnell werden beispielsweise die Maßnahmen der Konkurrenz ernst genommen? Das Entscheidende ist aber, sich über die Führungstechniken des wirtschaftlichen Kontrahenten, des Übernahmekandidaten oder auch des Verhandlungspartners im Klaren zu sein.

Und schließlich beinhaltet Geländekenntnis auch, über ein dezidiertes geschichtliches Wissen zu verfügen. Mancher Manager aus Übersee glaubt, seine dort gemachten Erfahrungen unmittelbar auf Europa oder konkret Deutschland übertragen zu können und stellt dann völlig erstaunt fest, dass das, was in den USA gelten mag, so nicht ohne Weiteres in unseren Breiten möglich ist. Dies kommt jedoch nicht nur im Bereich der Wirtschaft vor; auch amerikanisches Militär und amerikanische Politiker neigen zu der krankhaften Arroganz, stets den internationalen Maßstab vorgeben zu wollen. Man denke beispielsweise nur an die verächtliche Bemerkung des ehemaligen US-Verteidigungsministers Rumsfeld über das »alte Europa«, mit der er 2003 für Verärgerung sorgte.

Es ist nicht allein eine Frage des Respekts vor einer fremden Kultur, vor unbekannten Gebräuchen, sondern in erster

Linie ein Gebot der Klugheit, sich mit diesen auseinanderzusetzen. In Bezug auf exotische Länder oder im Rahmen von Tätigkeiten in einem fremden Land mag das vielen einleuchten, solche Kenntnisse sind aber auch viel unmittelbarer, nämlich im eigenen Kulturkreis, hilfreich und notwendig. Franzosen sind anders als Engländer, und diese unterscheiden sich von uns Deutschen. Diese Reihe könnte man jetzt um alle Länder der Europäischen Union, die ja zu unserem Kulturkreis gehören, erweitern.

Als Führungskräfte meines früheren Arbeitgebers aus den westlichen Bundesländern nach Ostdeutschland kamen, um dort Filialen und Niederlassungen ihrer Muttergesellschaften aufzubauen, erhoffte sich mancher dort, dass es dem alten Nomenklaturkader nicht gelingen möge, sich ohne Reibungsverluste in die Demokratie und soziale Marktwirtschaft hinüberzuretten. Tatsächlich waren aber viele aus dem Westen überhaupt nicht vorbereitet auf das, was sie gesellschaftspolitisch erwartete. Einen Einblick in die alten Machtstrukturen und das Netzwerk der SED sowie in die vielfältigen Einflussbereiche der Staatssicherheit hatten nur wenige, ebenso wie in die Partei-, Gesellschafts- oder Militärorganisationen. Dabei hätte die Kenntnis von früheren Mitgliedschaften eines Bewerbers in einigen dieser Institutionen durchaus auch Aufschluss über seine Geisteshaltung und somit Eignung für einen bestimmten Posten gegeben. Zur Verantwortung als Vorgesetzter hätte es damals auch gehört, zu verhindern, dass sich die Strukturen der ostdeutschen Diktatur erneut einnisteten. Der Satz der DDR-Bürgerrechtlerin Bärbel Boley, dass die Menschen Gerechtigkeit gewollt, stattdessen aber den Rechtsstaat bekommen hätten, hätte auch eine Handlungsverpflichtung darstellen können. Auch das wäre Geländekenntnis im übertragenen Sinne gewesen.

Ein Führer muss aus eigenem Augenschein heraus wissen, was in seinem Verantwortungsbereich passiert. Sich auf Meldungen zu verlassen, kann schreckliche Folgen haben. Zum Führen gehört eben auch das Kontrollieren und dass man sich selbst davon überzeugt, dass die Meldungen der Richtigkeit entsprechen. Man denkt vielleicht an das bekannte Zitat »Vertrauen ist gut, Kontrolle ist besser«. Mein Ratschlag ist, dieses in »Misstrauen ist gut, Kontrolle ist besser« abzuändern. Informationen, die für das Wohl und Wehe einer Operation entscheidend sein können, müssen vom Führenden selbst auf ihren Wahrheitsgehalt und ihre Quelle überprüft und abgeklärt werden. Wer das nicht tut, handelt wie ein Hasardeur. Auch das ist eine Lehre aus der Schlacht von Leuthen – ein guter Führer klärt selbst auf.

Selbst wenn es nicht um das Gelingen oder Scheitern einer Operation geht, muss ein guter Führer seinen Elfenbeinturm verlassen, um zu eigenen Erkenntnissen zu kommen, also Dienstaufsicht auszuüben. Diese muss ständig, gelegentlich auch überraschend, erfolgen. Sie dient nicht nur der Geländekenntnis im übertragenen Sinne, sie zeigt den Mitarbeitern so nebenbei auch, dass man sich um sie kümmert. Deshalb stößt man, wenn man die Leistungen von Vorstandsvorsitzenden großer Unternehmen betrachtet, die durch unterschiedliche Formen der bestechenden Einflussnahme aufgefallen sind, nur auf zwei alternative Ursachen ihres Versagens. Entweder wissen sie von den Machenschaften, weil sie diese selbst angeordnet haben oder sind anderweitig darüber informiert und mit den Vorgängen im Ergebnis einverstanden gewesen, oder sie sind eben nicht informiert und haben auch keine Dienstaufsicht geübt. Im ersten Fall wird das Treiben zumindest billigend in Kauf genommen, im zweiten interessiert man sich schlichtweg nicht dafür, was die eigenen Mitarbeiter tun. Beides ist gleichermaßen vorzuwerfen. Wer beim Militär als Kommandeur seine Verpflichtung zur Dienstaufsicht vernachlässigt, wird unmittelbar von seinem Kommando abgelöst, wenn dadurch Nachteile für die ihm anvertrauten Menschen, Waffen oder Gerätschaften verursacht worden sind. In der Wirtschaft wird dagegen die angebliche Unkenntnis von Vorgängen der beschriebenen Art gerne damit begründet, dass ein Vorstand einfach nicht alles wissen könne. Das stimmt zwar im Prinzip, aber nicht, wenn es um Grundsätzlichkeiten geht oder um Verhaltensweisen, die fundamentale Auswirkungen auf das Unternehmen haben. Und auch nicht bei Informationen, die man durch konsequente Dienstaufsicht hätte erfahren können. Schließen will ich diesen Themenkomplex mit dem Hinweis schließen, dass zur Geländekenntnis auch Zahlen, Daten und Fakten des Unternehmens und der wirtschaftlichen Gegebenheiten gehören. Weil das aber in der Managementliteratur zur Genüge immer wieder ausgeführt wird, möchte ich auf Wiederholungen verzichten.

Sollen aus dem geschichtlichen Ereignis der Schlacht von Leuthen Lehren gezogen werden, die auch heute noch gültig sind, so darf man den Begriff der Geländekenntnis nicht ganz wörtlich nehmen. Mit Geländekenntnis in dem hier gebrauchten Sinne sind die umfassenden Kenntnisse des sozialen, politischen, kulturellen und vor allem wirtschaftlichen Umfelds gemeint, in dem man als Führungskraft tätig ist.

Wer das Terrain, in dem er sich bewegt, nicht kennt, wer Mitarbeitern etwas zutraut, zu dem sie nicht fähig sind, und sie dort gängelt, wo sie selbstständig handeln könnten, der tritt fehl und benötigt externen Sachverstand, dessen Wirkkraft er selbst aber wiederum nicht beurteilen kann. Dabei muss man sich vieles einfach selbst erarbeiten, und manches Mitarbeitergespräch muss geführt werden, ehe man sich in seinem Gelände zu Hause fühlen darf. Das kostet Zeit und wird in keiner Bilanz berücksichtigt. Zum Führen gehört die unbedingte Kenntnis der Werkzeuge und Werkstoffe.

17.

Warum Friedrich II. »der Große« ist

Friedrich der Große ist ein Vorbild in puncto Führung, weil nicht nur seine Befähigungen und Begabungen überdurchschnittlich waren, sondern er auch in der Lage war, sie einzusetzen. Es steht außer Frage, dass es bei seiner Persönlichkeit auch kritische Bereiche gab, doch treten sie hinter den positiven Elementen deutlich zurück. Deshalb ist es insbesondere unter dem Gesichtspunkt der den Kriegen folgenden Aufbauarbeit gerechtfertigt, dass Friedrich II. als »der Große« in die Geschichte einging, wobei er diesen Beinamen bereits zu Lebzeiten, nämlich nach dem Zweiten Schlesischen Krieg, erhielt.

Die Schlacht von Leuthen eignet sich besonders, um anhand ihrer Betrachtung die unterschiedlichen Begabungen Friedrichs des Großen herauszuarbeiten, und die Analyse lässt auch Hinweise und Rückschlüsse auf gutes, jedenfalls erfolgreiches, Führungsverhalten zu. Die angesprochenen Elemente der Menschenführung sind zeitlos. Lässt man historische Schlachten, vielleicht sogar am Originalschauplatz, Revue passieren, dann kann man feststellen, dass viele derselben aus Gründen verloren oder gewonnen wurden, auf die man auch im zivilen Leben trifft. Es sind dies immer wieder Fragen der Entscheidungskompetenz, der Menschenführung, der Geländekenntnis, der Disziplin und der Taktik – und schließlich das Zusammenwirken all dieser Elemente in einer Gesamtführungsleistung. Wer dies alles beherrscht, entscheidet im Zweifel die Auseinandersetzung für sich, auch in der Wirtschaft.

Man kann manche Erkenntnisse aus militärischen Konflikten auch auf das Wirtschaftsleben übertragen, weil es dort ebenfalls um Auseinandersetzungen, um ein geistiges Ringen mit Kontrahenten, Widersachern und Mitbewerbern geht. Der Markt präsentiert sich als ein dynamischer Schauplatz, ein sich ständig veränderndes Umfeld. Auch wenn die Aufklärungs- und Planungsmöglichkeiten in einem modernen Unternehmen deutlich besser sein sollten, als dies bei Friedrich dem Großen während der Schlacht von Leuthen der Fall war, so bleibt doch die Feststellung von Clausewitz, wonach der Krieg ein Ort der Ungewissheit und des Zufalls ist, auf das Wirtschaftsleben übertragbar.

Im Feldzug des Jahres 1757 konzentrierte sich der Charakter dieses Krieges und die Befähigung Friedrichs des Großen in besonderer Weise: ein kühner Anlauf, überwältigendes Unglück, Gefahr für die Existenz, aber Rettung durch Entschluss, Disziplin und Waffen – Friedrich der Große war in der Wahl der taktischen Mittel nie listen- und erfindungsreicher gewesen als in diesem Feldzug. Alles, was er tat, war originell und kaum berechenbar. Er war in Augenblicken wie denen von Parchwitz und Leuthen ohne Zweifel ein Feldherr von genialer Statur:[152] Der Verlauf des ganzen Siebenjährigen Krieges zeigt, dass es schwer ist, eine Armee zu schlagen, wenn sie von einem Genie geführt wird. Dies auch, wenn sie als solche unterlegen ist. Es ist dabei erstaunlich, dass jene, die Friedrich den Großen besiegen wollten, sich fortwährend angreifen lassen mussten, weil sie nur in der Defensive dem Genius eines Friedrich gewachsen waren.[153] Am Ende des Krieges, nach der Schlacht von Torgau am 3. November 1760, waren die preußischen Kräfte fast erschöpft, jedenfalls nicht mehr stark genug, um sich in offenen Feldschlachten zu messen, und wieder war es das Genie, das jetzt durch geschicktes Manövrieren, angelegt an das Lager von Bunzelwitz vom 20. August bis zum 10. September 1761, den Gegnern keine Gelegenheit bot, den Krieg zu entscheiden. Friedrich dem Großen gelang es nach weiteren

Schlachten mit teilweise furchtbaren Verlusten, von denen viele nicht siegreich waren, Schlesien dauerhaft Preußen einzuverleiben. Seine militärische Befähigung lässt ihn in die Reihe der großen Feldherren der Weltgeschichte, Alexander dem Großen, Cäsar, Gustav Adolf und später Napoleon, treten.[154] Im Gegensatz zu den genannten anderen großen militärischen Führern der Geschichte war der Preußenkönig aber in der Lage, sich selbst Grenzen zu setzen. Er war nicht der maßlose Eroberer, der andere Länder wahllos überrannt und deren Bevölkerung unterworfen hätte. Ihm ging es nur um Schlesien, eine Provinz innerhalb des großen Habsburgreiches. Selbst wenn der Erste Schlesische Krieg als Unrecht eingestuft wird, muss doch konstatiert werden, dass damals Länder und Ländereien in ihrer Zugehörigkeit Gegenstand politischen Handelns waren. Und neben seinen zugegebenermaßen etwas schwachen, originären Ansprüchen hatte Friedrich der Große auch sonst gute Gründe, sich für Schlesien zu interessieren, denn diese reiche Provinz war für die weitere Stabilisierung Preußens lebenswichtig. Weitere territoriale Forderungen stellte der Monarch aber auch nicht, und gerade darin liegt auch seine Größe. Er hätte es durchaus in der Hand gehabt, sich weit mehr zu nehmen – selbst Wien lag nicht außerhalb seiner Möglichkeiten.[155] Friedrich der Große, der ein deutscher Fürst war, gehört mit seinen besonderen Fähigkeiten zu unserer Geschichte. Auch andere Nationen schöpfen ihre Kraft aus der Begabung und Genialität ihrer Vorfahren und aus deren militärischen Erfolgen.

Schlesien, Westpreußen und Teile Ostpreußens sind heute nicht mehr deutsch. Dieser Umstand stellt einen dauerhaften Verlust für unser Land dar. Auch das war der Preis für die Wiedervereinigung, der allerdings angesichts der inzwischen eingetretenen normativen Kraft des Faktischen vertretbar ist. Wie groß allerdings der Verlust ist, stellt der fest, der diese vormals deutschen Kernlande besucht. Vielleicht muss man neben einem Sinn für landschaftliche Schönheit aber auch ein Gefühl dafür entwickeln, welch ungeheure Anstrengungen und enormen Blutzoll die Preußen, darunter möglicherweise so manch einer unserer Vorfahren, aufgewendet hatten, bis Schlesien dauerhaft preußisch war. Und Schlesien blieb deutsch bis zum Ende des Zweiten Weltkrieges, ja, formal sogar bis 1990. Faktisch waren die Errungenschaften Friedrichs des Großen aber bereits 1945 für immer verspielt. Wir haben 1945 nicht nur einen Landstrich verloren, sondern deutsche Kernlande, für die eine ganze Generation gestritten hat. Darüber muss man sich im Klaren sein, wenn man die Auflösung der Blöcke und die Errungenschaften eines vereinten Europas beurteilt, weil verloren geglaubte deutsche Länder als polnischer Bestandteil Europas wieder zu uns als Europäer gehören, von uns ungehindert bereist werden können und wir so deutsche Geschichte vor Ort wieder erleben dürfen. Damit soll das millionenfache Leid der Vertriebenen nicht relativiert, wohl aber der Dankbarkeit eines Spätgeborenen Ausdruck verliehen werden.

Ich bin sehr dankbar, dass die europäische Einigung es uns heute ermöglicht, diesen ehemaligen Teil Deutschlands frei und ungezwungen zu besuchen. Und ich bin den Polen dankbar, dass sie beginnen, ihre eigene Geschichte mit der der ehemaligen preußischen Gebiete zu verweben und hoffe, dass dies bei den Russen im früheren Königsberg ebenfalls der Fall sein wird.

Leuthen ist heute vergessen. Es gibt noch ein paar Straßennamen, die daran erinnern, doch ihre Bedeutung ist den meisten Menschen unbekannt. Im kollektiven Gedächtnis ist die berühmteste Schlacht Preußens nicht geblieben. Das Gebiet, auf dem die Schlacht von Leuthen ausgetragen wurde, ist über die Jahre hinweg fast unverändert geblieben. Es wurde keine Autobahn gebaut, kein Supermarkt errichtet. Das Gelände und seine Vegetation sind noch so wie im Dezember 1757, weshalb man jeden einzelnen Abschnitt und jede einzelne Schlachtabfolge vor Ort anschaulich nachvollziehen kann. Von dem Turm eines ehemaligen Gutes im Süden von Leuthen hat man einen herrlichen Überblick über den Teil des Terrains, auf dem Friedrich der Große die schiefe Schlachtordnung entwickelte und die österreichischen Truppen von Süden her aufrollte. Die Friedhofsmauer von Leuthen weist noch heute die Spuren davon auf, als die Preußen die Bresche schlugen und Hauptmann von Möllendorf mit dem III. Bataillon Garde hereingebrochen war. Auf dem Friedhof der Kirche sind noch preußische Grabsteine zu finden. Leider wissen die Polen dort wenig über ihren geschichtsträchtigen Ort. Als ich mit den Offizieren meines Bataillons einmal dort war, begleitete uns ein Oberstleutnant der polnischen Armee, und obwohl er Germanistik studiert hatte, also in bestimmten Thematiken bezüglich Deutschlands bewandert war, sagte er mir zum Abschied, dass er bei unserer militärhistorischen Geländeexkursion viel über sein Land erfahren habe.

Die Bereitschaft Österreichs, zusammen mit Frankreich eine erneute konfessionelle Spaltung Deutschlands billigend in Kauf zu nehmen, macht Friedrich den Großen im Rückblick zum Bewahrer deutscher Einheit und damit auch der Interessen von 1648. Er kommentierte den Ausgang dieses mörderischen Ringens in seiner »Geschichte des Siebenjährigen Krieges« wie folgt:

> So endigt der blutige Krieg, der ganz Europa umzuwälzen drohte, und in dem doch keine Macht, mit Ausnahme von Großbritannien, ihr Gebiet um einen Fußbreit erweitert hat. Der Friede zwischen Frankreich und England wurde nur wenige Tage vor dem Hubertusburger Frieden unterzeichnet. Durch ihn verlor Frankreich seine wichtigsten Besitzungen in Amerika. [...] Wer konnte voraussehen oder sich denken, dass Preußen dem Angriff jener furchtbaren Liga von Österreich, Russland, Frankreich, Schweden und dem ganzen Heiligen Römischen Reiche widerstehen und aus einem Kriege, wo ihm überall Untergang drohte, ohne den geringsten Verlust an Besitzungen hervorgehen würde? Wer konnte ahnen, dass Frankreich mit seinen gewaltigen Hilfsmitteln, seinen starken Bündnissen, seiner inneren Kraft seine wichtigsten Besitzungen in Ostindien verlieren und das Opfer des Krieges sein würde? Alle diese Ereignisse mussten im Jahre 1757 unglaublich erscheinen.[156]

Nach dem Frieden von Hubertusburg am 15. Februar 1763 war Preußen dann eine gleichberechtigte Großmacht neben England, Russland, Frankreich und auch Österreich. Der Grundstein für die künftige führende Rolle Preußens in Deutschland war damit gelegt. Wenn man bedenkt, in welchem Maße die Gegner und Koalitionspartner vom Willen geeint waren, Friedrich den Großen zu vernichten, wird erst klar, wie sehr die Ergebnisse von Hubertusburg einer nachhaltigen Demütigung derselben gleichkamen. Neben Österreich waren die weiteren Verlierer Frankreich, dessen Staatsfinanzen ruiniert waren, Schweden, das ab sofort keine geostrategische Bedeutung mehr hatte, und Sachsen, das endgültig zum Spielball Österreichs geworden war.

Mit der endgültigen Einverleibung Schlesiens endete auch die »Zwitterstellung« Preußens zwischen Kurfürstentum und Königreich. Insofern wurde durch die nunmehr endgültigen Ergebnisse der drei Schlesischen Kriege auch das vollendet, was der Großvater Friedrichs des Großen mit der Krönung in Königsberg 1701 begonnen hatte. Ohne die Vorarbeit seiner Väter wäre Preußen eine geschichtliche Rolle zugewiesen geblieben, die allenfalls mit der von Baden oder Hessen vergleichbar gewesen wäre. Das Heilige Römische Reich, geführt von der Habsburgermonarchie, gab es seit beinahe tausend Jahren; nun aber war ein junges Königreich, das gerade einmal sechzig Jahre alt war, innerhalb dieses Verbundes zur Großmacht geworden. Dem österreichischen Kaiser des Heiligen Römischen Reiches Deutscher Nation stand nun ein preußischer »Gegenkaiser« gegenüber, der nur hundert Jahre später deutscher Kaiser werden sollte. Zunächst wurde zwar der preußisch-österreichische Dualismus eingeleitet, der dann unter preußischer Führung jedoch in der kleindeutschen Lösung enden sollte.

Nach der Besiegelung des Friedens von Hubertusburg am 15. Februar 1763 war das Heilige Römische Reich Deutscher Nation nicht mehr dasselbe. Die bisher an Österreich ausgerichtete Machtbalance wich nach dem Einmarsch der Preußen in Schlesien einer bipolaren, was eine klare Schwächung der Vorrangstellung Österreichs bedeutete, auch hinsichtlich der Position des von den Habsburgern gestellten Kaisers. Wahrscheinlich hätte es Napoleon etwa vierzig Jahre später schwerer gehabt, wenn Preußen nicht in Verkennung seiner Stellung den Versuch unternommen hätte, einen Sonderweg zu beschreiten. Mit Schlesien besaß es nun einen Landstrich, der tief in die österreichischen Lande hineinragte. Damit war nicht nur ein geostrategischer Landpuffer südlich von Berlin geschaffen worden, Preußen hatte gleichzeitig ein potenzielles Aufmarschgebiet gegen Österreich erstritten, was sich im Österreichisch-Preußischen Krieg von 1866, etwa hundert Jahre später, als entscheidend erweisen sollte.

Überragende Bedeutung hatte aber der Umstand, dass Preußen nun neben Österreich, Frankreich, England und Russland zu einem der fünf bestimmenden Staaten in Europa avanciert war.

Gewinner war neben England insbesondere Russland, das sich nun aufmachte, im europäischen Konzert der Mächte einen Part zu übernehmen. So war der vom Zaren Peter dem Großen begonnene lange Weg Russlands in die führende Gruppe der europäischen Mächte damit gleichsam abgeschlossen. Von diesem Zeitpunkt an wurde Russland für Deutschland zur benachbarten Schicksalsnation und kann fortan aus der deutschen Geschichte nicht mehr weggedacht werden, mit der es in besonderem Maße verquickt war, so in den Jahren 1812/1813, 1848–1850, 1866, 1870/71, 1914–1917, 1939–1945, 1949–1989 und schließlich 1990. Und seine Größe, die es uneinnehmbar machte, wie zweimal eindrucksvoll demonstriert wurde, ließ es später zur realen Bedrohung Deutschlands werden. Friedrich der Große sah die künftige Rolle Russlands frühzeitig voraus und war wegen der Unumkehrbarkeit dieser Entwicklung an einer Koalition mit dem riesigen Reich interessiert.[157] Und tatsächlich wendete das preußisch-russische Bündnis von 1764 auf einen Schlag die österreichische Bedrohung einer Revanche ab. Russland wurde ein stabilisierender Faktor. Auch heute sollten wir uns gelegentlich der historischen Verbindungen von Berlin und Moskau bewusst sein. Wir sind die einzige Nation, die sowohl zu den USA als auch zu Russland tiefe historische und emotionale Beziehungen hat. Deshalb sind wir das Scharnier zwischen diesen beiden Mächten.

Das Ende der Schlesischen Kriege fällt ziemlich genau in die Mitte der Regentschaft Friedrichs des Großen, der sich fortan um die Konsolidierung und den Wiederaufbau seines Landes kümmerte. Weitere Vergrößerungen des preußischen Staatsgebietes sind kampflos erfolgt. Westpreußen kam im Jahr 1772 durch einen Vertragsschluss im Rahmen der ersten Polnischen Teilung zu Preußen hinzu – ein Gebiet, das einmal dem Deutschen Orden gehört hatte, war damit wieder preußisch geworden.

Friedrich der Große tat anschließend viel für die heimische Wirtschaft. Unter seiner Führung wurden die Ergebnisse der Außenhandelspolitik erstmals statistisch erfasst und die Industrialisierung im Agrarstaat Preußen initiiert. Die Finanzierung vieler Vorhaben, wie des Baus neuer Schifffahrtskanäle und des Exports über preußische Häfen, erfolgte mit Hilfe der »Königlichen Giro und Lehnbanco« und der »Seehandlung«, die sich zu den zentralen Gold- und Bankinstituten Preußens entwickelten und am Ende der Regierungszeit Friedrichs des Großen einen Gewinn von vier Millionen Talern aufwiesen.

Daneben wurden ganze Landstriche trockengelegt und urbar gemacht. Tausende von Siedlern kamen ins Land, etwa achthundert Dörfer wurden gegründet. Friedrich der Große baute Schulen, ebenso wie sein Vater. So entstanden etwa siebenhundertfünfzig Landschulen, in denen mangels ausreichender Lehrkräfte zum Teil invalide Unteroffiziere eingesetzt wurden, um den Unterricht zu gestalten. Im Jahr 1788 wurde mit dem Oberschulkollegium das Abitur eingeführt. Preußen steht, wie kein anderer europäischer Staat in dieser Zeit, für eine elementare Bildung auch in den einfacheren Schichten des Volkes.

Besonders hervorzuheben sind aber die Bemühungen des Monarchen um die Rechtspflege. Das Rechtsgefühl Friedrichs des Großen entsprang auch seinen bitteren Erfahrungen bezüglich der menschenverachtenden Behandlung, die er als Kronprinz hatte erdulden müssen.[158] So wurden unter seiner Führung und seinem Einfluss die Grundlagen für ein Allgemeines Landrecht geschaffen, auch wenn dieses erst nach seinem Tod, im Jahr 1794, erlassen wurde. Mit Recht kann es jedoch Friedrich dem Großen konzeptionell und damit auch inhaltlich zugeschrieben werden. Es enthielt bereits eine Art Grundrechtskatalog und eine Formulierung der Grundprinzipien des Rechtsstaates. Der König betonte mehrfach, dass es ihm darum gehe, dass die Gleichheit in seinem Staatswesen zur Regel werden müsse:

> Denn ich will, dass in meinen Landen einem jeden, er vornehm oder gering, prompte Gerechtigkeit widerfahre, und er nicht zum Faveur eines Größeren gedrückt, sondern einem jeden ohne Unterschied des Standes und ohne Ansehen der Person eine unparteiische Justiz administriert werden soll.[159]

Das Allgemeine Preußische Landrecht entstand fast zeitgleich mit der amerikanischen Verfassung unter George Washington, was deutlich macht, dass es einen von Preußen und damit auch von Deutschland ausgehenden Beitrag zur Kodifikation von Menschenrechten gibt, als Ausdruck und Wegbereiter der Aufklärung. Auch diese Rolle Preußens wird durch unsere jüngere Geschichte verschleiert und dadurch meist übersehen. Weil wir uns mit der preußischen Geschichte nicht beschäftigen wollen, können andere Länder bis heute den Anspruch erheben, bei der Durchsetzung von Menschenrechten Vorreiter zu sein. Uns gegenüber tut man so, als würden wir diese eigentlich erst seit 1945 kennen, als wir sie von den Westalliierten »übernehmen durften«.

In diesen Zusammenhang passt der Hinweis auf den Freundschafts- und Handelsvertrag von 1785 zwischen Seiner Majestät dem König von Preußen und den Vereinigten Staaten von Amerika. George Washington, deren späterer erster Präsident, schrieb über diesen Vertrag am 31. Juli 1786 an den Comte de Rochambeau das Folgende:

> Der Freundschaftsvertrag, der jüngst zwischen dem König von Preußen und der [sic] Vereinigten Staaten zustande gekommen ist, kennzeichnet ein neues Zeitalter des Verhandelns. Er ist in vielen seiner Artikel völlig neuartig. Es ist der liberalste Vertrag, der je zwischen zwei unabhängigen Mächten eingegangen wurde; und sollten seine Prinzipien künftig zur Grundlage der Bindungen zwischen Nationen werden, wird er stärker zu einem allgemeinen Frieden beitragen als jede Maßnahme, die bisher von der Menschheit unternommen worden ist; hinzu kommt, dass wir mit Sicherheit behaupten dürfen, dass gegenwärtig weniger Krieg in der Welt herrscht, als je zu einem früheren Zeitabschnitt.[160]

Weil dieser Vertrag ein Meilenstein in den Beziehungen zwischen Preußen und den Vereinigten Staaten von Amerika ist, sollen einige der dort festgelegten Bestimmungen ausschnittweise zitiert werden:

> Artikel 1: Es soll ein fester, unverbrüchlicher und allgemeiner Friede und wahre Freundschaft zwischen seiner Majestät dem König von Preußen, seinen Nachfolgern, sowie dessen Untertanen einerseits und den Vereinigten Staaten von Amerika und deren Bürgern andererseits, ohne Ausnahme von Personen und Orten, bestehen.

> Artikel 2: Die Untertanen seiner Majestät des Königs von Preußen dürfen alle Küsten und Länder der Vereinigten Staaten von Amerika frequentieren und dort wohnen und mit allen Arten von Produkten, Erzeugnissen und Waren handeln [...].

> Artikel 3: In gleicher Weise dürfen die Bürger der Vereinigten Staaten von Amerika alle Küsten und Länder seiner Majestät des Königs von Preußen frequentieren und dort wohnen [...].
>
> Artikel 11: Es wird den Bürgern und Untertanen beider kontrahierenden Teile vollkommene Freiheit des Gewissens und der Religionsausübung innerhalb der Gerichtsbarkeit des anderen gewährt [...].
>
> Artikel 24: Um das Geschick von Kriegsgefangenen zu mildern und sie nicht in ferne und raue Länder [sic] oder dem Einpferchen in enge und ungesunde Unterkünfte auszusetzen, verpflichten sich die beiden kontrahierenden Teile gegenseitig und vor aller Welt, dass sie keine derartigen Praktiken einführen werden, dass keiner der beiden die Gefangenen nach Ostindien oder in andere Teile Asiens oder Afrikas schickt, sondern dass sie an diesem Ort ihrer Besitzungen in Europa oder Amerika in gesunden Lagern untergebracht werden, dass sie nicht in Verliese, Gefängnisschiffe oder Gefängnisse eingesperrt, noch in Eisen gelegt, gefesselt oder sonstwie am Gebrauch ihrer Gliedmaßen gehindert werden [...].[161]

Dieser Vertrag ist aus mehreren Gründen so bemerkenswert. So nimmt er beispielsweise Elemente der etwa hundert Jahre später verabschiedeten Haager Landkriegsordnung und der späteren Genfer Konvention vorweg, was die Behandlung von Kriegsgefangenen anbelangt. Der wirtschaftliche Teil des Vertrages postuliert den freien Warenverkehr, die freie Ortswahl der Menschen beider Staaten sowie die Glaubens- und Gewissensfreiheit.

Mit diesem Vertrag erkannte Friedrich der Große zugleich auch als eines der ersten Staatsoberhäupter die USA als Völkerrechtssubjekt an. Er hatte ihnen schon sehr früh Interesse und vor allem Wohlwollen entgegengebracht, wobei er zunächst der Gefahr diplomatischer Friktionen hatte Rechnung tragen müssen. Die Engländer waren misstrauisch gewesen ob dessen, was sich da zwischen Preußen und ihren Kolonien, die im Begriff waren, sich vom Mutterland zu lösen, anzubahnen begann. Der Vertreter Amerikas musste daher inkognito an den preußischen Hof kommen und die formale Anerkennung der USA selbst wollte Friedrich der Große von einer entsprechenden Erklärung Frankreichs abhängig machen. Dennoch erlaubte er es den Amerikanern, Musketen von den Bankiers Splittgerber zu kaufen. Bedeutender war aber, dass ein früherer Offizier Friedrichs des Großen, Baron Friedrich Wilhelm von Steuben, am 1. Dezember 1777 in Portsmouth an Land ging. Der Ruf dieses Königs als Feldherr war auch in Amerika so nachhaltig bekannt, dass die bloße Anwesenheit eines preußischen Generals – zu dem dieser im Übrigen erst nach seinem Ausscheiden aus preußischen Diensten gemacht worden war, um seine Reputation zu erhöhen – zur Unterstützung der Amerikaner im Unabhängigkeitskrieg eine Woge der Begeisterung auslöste.

Auf amerikanischer Seite sind mit dem Zustandekommen dieses Vertrages so große Namen wie John Adams, Thomas Jefferson oder Benjamin Franklin verbunden. Sie alle waren Zeitgenossen Friedrichs des Großen und mit ihm in dem Streben nach einer allgemeinen Anerkennung der Menschenrechte verbunden. Wem dies zu pathetisch, zu heroisierend und parteiisch klingt, dem muss nur der Freundschafts- und Handelsvertrag von 1786 mit den Unterschriften der hier genannten vier Personen vor Augen geführt werden.

Gerade vor dem Hintergrund dieses Vertrages und der nachweislichen Sympathie Friedrichs des Großen für den Kampf um die Unabhängigkeit der Amerikaner ist es unverständlich, dass auch die USA an dem Alliierten Kontrollratsbeschluss zur sogenannten Auflösung Preußens mitwirkten. Eigentlich müssten sie eingedenk ihrer eigenen Geschichte zur Revision dieser damaligen Entscheidung verpflichtet sein. Wir können aber nichts dergleichen von den USA verlangen, wenn wir selbst nicht einmal zu einer gedanklichen Revision bereit sind. Juristisch muss uns der Alliierte Kontrollratsbeschluss

Friedrich der Große, wie man ihn kennt, nach einer Zeichnung von Adolph Menzel.

nicht interessieren. Es steht uns frei, im Falle einer Vereinigung der beiden Länder Berlin und Brandenburg dieses dann neu entstehende Bundesland »Preußen« zu nennen. Wir müssen mit unserer Geschichte genauso leben wie unsere Nachbarn, aber nicht alles meiden, nur weil es geeignet ist, an unsere große Vergangenheit zu erinnern, denn auch diese gibt es.

In Preußen schuf Friedrich der Große mit der Trennung von Justiz und Verwaltung, der Schaffung eines neuen Prozessrechts inklusive der Abschaffung der Folter sowie der Entkonfessionalisierung und damit Säkularisierung des Staates einen für damalige Verhältnisse modernen und aufgeklärten Staat.

Man könnte kritisch anmerken, dass der Grundsatz Friedrichs des Großen »Alles für das Volk, nichts durch das Volk« ebenso seine Spuren hinterließ wie seine zunehmende Abneigung, die Minister in die Entscheidungsprozesse einzubinden. Eigentlich war alles in Preußen auf den König zugeschnitten und dieser ignorierte auch sämtliche Entwicklungen, die nicht von ihm selbst initiiert worden waren, so wie er überhaupt das selbstständige Handeln seiner Untergebenen eher unterband denn förderte. Auf Armeeebene führte dies bei den schwächeren Offizieren dazu, dass diese regelrecht Angst hatten, wenn sie eine selbstständige militärische Unternehmung durchführen sollten. Sie fürchteten den Zorn des Königs, wenn etwas schiefginge. Ihnen fehlte der Mut zum eigenständigen Handeln und in der Folge somit auch die Erfahrung im Umgang mit Verantwortung. Verantwortung zu übernehmen kann man nämlich nur lernen, wenn man mit der Herausforderung konfrontiert wird, eigene und nicht bereits vorgegebene Entscheidungen zu treffen.

Auch hatte die Sparsamkeit Friedrichs des Großen nicht nur positive Auswirkungen. Die altgedienten Offiziere wurden aus Kostengründen nicht in den Ruhestand versetzt, sondern bis ins hohe Alter mit Aufgaben betraut. Dies verhinderte jedoch die in einer Armee notwendige kontinuierliche Erneuerung. Zwar gab es eine enge Beziehung zwischen Militär und Bevölkerung, unter anderem dadurch, dass Offiziere auch zivile Aufgaben übernahmen, wie etwa im Schuldienst; die Armee und mit ihr der Adel, aus dessen Reihen die Offiziere rekrutiert wurden, war jedoch eindeutig die beherrschende Einrichtung im Staat.

Was ist noch kritisch zur Regierungszeit Friedrichs des Großen anzumerken? Nun, die Bauern kamen bei allen Reformen zu kurz; Adel und Klerus wurden in jenen Gebieten, die im Rahmen der ersten Polnischen Teilung Preußen zufielen, grundsätzlich anders behandelt als dies im katholischen Schlesien der Fall war. Beides muss man aber aus der Sicht der damaligen Zeit heraus ebenso relativieren wie den bereits erwähnten Umstand, dass die Juden sich nur am Rande der allgemein propagierten Toleranz erfreuen konnten. Einerseits war zwar das Zeitalter der Aufklärung angebrochen, gleichzeitig bedeutete dies jedoch nicht, dass all seine Facetten, wie wir sie heute kennen, bereits von Friedrich dem Großen erfasst und umgesetzt wurden. Dabei waren die Juden von der religiösen Toleranz Preußens nicht gänzlich ausgeschlossen. So überließ Friedrich der Große das Finanzwesen des Staates sehr wohl ausgewählten Juden und drängte sie geradezu in die Wirtschaft, wo sie zum Teil zu Einfluss und Wohlstand kamen.

Nachzutragen ist noch, dass die preußischen Siege in den Schlesischen Kriegen Grundlage für ein entstehendes Nationalbewusstsein wurden. Der preußische Adler begann, die Menschen unterschiedlicher Herkunft zu einen, wenn auch nur im Norden Deutschlands. So bildeten sich im Jahr 1756 aus dem Volk heraus preußische Milizen, die dann den Besatzern Widerstand leisteten. Pommersche Landstände rüsteten eigene Truppen aus und setzen sie gegen die Schweden ein. Überall entstanden so Partisanenhaufen, eine Entwicklung, die von den märkischen Ständen in Magdeburg und Halberstadt nachgeahmt wurde. Das Nationalbewusstsein veranlasste die Bürger, sich ohne Befehl einer Obrigkeit zu erheben – es waren dies die Anfänge eines Volkskrieges.[162] Insbesondere nach dem Feldzug von 1757 entwickelten sich ein erster Patriotismus in Preußen und ein regelrechter Personenkult um Friedrich den Großen, dies sogar im europäischen Ausland. Weite Teile der Bevölkerung identifizierten sich mit den Kriegszielen des Preußenkönigs, und es ist nicht übertrieben, diese Entwicklung als einen ersten Schritt hin zu einem nationalen Bewusstsein im Sinne einer Vaterlandsliebe einzustufen. Selbst auf den Klerus ging diese Begeisterung über, und er stilisierte den Freigeist Friedrichs II. zum Instrument der göttlichen Vorsehung hoch.

Dieser Patriotismus überlebte Friedrich den Großen, wenn auch mit Unterbrechungen, und war schließlich auch eine Grundlage für die »bürgerliche Erhebung« gegen Napoleon. Sich auf nationaler Ebene von den politischen Ergebnissen der schwächlichen Nachfolger Friedrichs etwa fünfundzwanzig Jahre nach seinem Tod zu befreien, wäre ohne dieses erste Nationalbewusstsein nicht möglich gewesen. Seine Träger waren vorwiegend protestantische Länder, in denen sich die Untertanen als Teil eines gemeinsamen Staates gleichsam entdeckten und schließlich zahlenmäßig zu der »kritischen Masse« anwuchsen, die für die Wahrnehmung von nationalem Bewusstsein erforderlich ist.

Die bei Menschen höchst unterschiedlicher Provenienz als ein einigendes Element benötigte Fahne wurde in Preußen langsam Realität, etwas, das im 18. Jahrhundert keineswegs selbstverständlich war. Trotz der beginnenden nationalen Gefühle, insbesondere nach der Schlacht bei Rossbach, als die Reichsarmee und vor allem die Franzosen geschlagen wurden, war dem preußischen Staat eine echte Verzahnung von Bürgerschaft und Armee, oder besser gesagt dem Adel, noch fremd. Daran änderten auch die Salons nichts, in denen Adel und Großbürgertum gleiche und teilweise auch gemeinsame Interessen im Gespräch kultivierten. Die Zeit war dafür noch nicht reif. Vielleicht hätte sich Friedrich der Große um all das gekümmert, ihm sein Interesse gewidmet, wenn er dazu noch die Kraft und Einsichtsfähigkeit seiner frühen Regierungsjahre gehabt hätte.

Viel kritischer muss konstatiert werden, dass das, was dem Staat an natürlichen Grundlagen fehlte, durch Friedrichs Genie ersetzt wurde. Weil aber eine Regierungszeit endlich ist, ist

Genie auch keine Institution. Und da seine Nachfolger nicht über dieses Genie verfügten, brach bei Jena und Auerstedt nicht nur die Armee, die zudem in Kriegskunst und Wehrverfassung rückständig geblieben war, sondern gleich der ganze Staat zusammen.

Der tragische Ausklang des friderizianischen Werkes kam für scharfsinnige Beobachter nicht ganz unerwartet. Schon zwischen 1786 und 1806 war der Machtzerfall des Staates sichtbar geworden; manche Symptome zeigten, dass die Fundamente der preußischen Staatsmacht zu schwach gewesen waren, jedenfalls konnte der Nachfolger Friedrichs sie nicht ausbauen. Honoré Gabriel Victor de Riqueti, Marquis de Mirabeau, welcher dem König, was Machtinstinkt und Freigeisterei betrifft, innig verbunden war, schrieb im Jahr 1788, also unmittelbar vor der Französischen Revolution, dass Friedrichs Staat von einem einzigen Sturm völlig umgeworfen werden könne; die preußische Monarchie sei nicht in der Lage, Missgeschicke zu ertragen, »nicht einmal das auf die Dauer unvermeidliche Unglück einer unfähigen Regierung«. Die falschen Maßnahmen eines rein fiskalischen Systems hätten den Staat untergraben, er benötige eine Radikalkur, die aber während der (Nachfolge-)Krise schwer durchführbar sei. Mirabeau, das muss man zugeben, verstand etwas von der Physik der Macht.[163]

Friedrich II. setzte gegen Ende seiner Regierungszeit noch einmal seine Armee ein, eine Streitmacht, vor der man noch immer großen Respekt hatte. Österreich war an Bayern interessiert, und Preußen hatte mit den fränkischen Fürstentümern Ansbach und Bayreuth originäre Ansprüche anzumelden, die hätten kompensiert werden müssen. Die als »Kartoffelkrieg« in die Geschichte eingegangene Auseinandersetzung verlief ohne Schlacht und endete im Frieden von Teschen am 13. Mai 1779 mit der Anerkennung besagter preußischer Territorialansprüche und der fortdauernden Selbstständigkeit Bayerns. Der Frieden kam unter Vermittlung Frankreichs und Russlands zustande und zeigt, wie wenig Maria Theresia bereit war, sich ohne Verbündete wieder mit Preußen anzulegen.

Erst 1990 fand Friedrich der Große seine letzte Ruhestätte wunschgemäß dort, wo er es bereits zu Lebzeiten verfügt hatte: in Sanssouci. Bis dahin hatte er in der Potsdamer Garnisonskirche gelegen, kurzzeitig in der Elisabethkirche in Marburg und danach in der Stammburg der Hohenzollern in Hechingen.

Als Friedrich der Große am 17. August 1786 starb, hinterließ er ein stehendes Heer von fast hundertneunzigtausend Mann und einen Staatsschatz von vierundfünfzig Millionen Talern, eine erstaunliche Leistung, wenn man bedenkt, dass seine Kriege hundertfünfzig Millionen Taler gekostet hatten. Erst 1990 fand er seine letzte Ruhestätte dort, wo er selbst verfügt hatte, begraben zu werden, nämlich in Sanssouci.

Wer heute sein Grab besucht, findet dort immer frische Blumen und Kartoffeln vor: Friedrich der Große war eben ein großer König – »... nehmt alles nur in allem ...«, in Anlehnung an Hamlet –, ich meine sogar der größte König überhaupt, den das deutsche Volk jemals hervorbrachte. Er ist auch bis heute der einzige deutsche Monarch, zu dem fast jedem Deutschen etwas einfällt, häufig sogar etwas Zutreffendes. Wer die bisherige Beurteilung Friedrichs des Großen für etwas zu positiv hält, dem sei entgegnet, dass es auch nie die Absicht war, diesen König aus Prinzip zu kritisieren. Ich halte es bei dieser Fragestellung mit einem Gedanken, den Friedrich der Große in seinem bereits erwähnten Traktat über Karl XII. dargelegt hat: So gedenke ich keineswegs, den Ruf dieses hervorragenden Kriegshelden zu schmälern; ich wollte stattdessen wissen, in welchen Fällen man ihn unbedenklich nachahmen kann und in welchen man sich hüten muss, ihn zum Vorbild zu nehmen.[164]

In Bezug auf Führung gilt es festzuhalten, dass man Vorbilder braucht und jeder Vorgesetzte sich bemühen sollte, wenigstens in Teilbereichen ein Vorbild zu sein. Menschen orientieren sich nach oben zum Licht und nicht nach unten zur Dunkelheit. Sie brauchen Modelle, nach denen sie sich ausrichten können. Wo viel Licht ist, da ist allerdings auch viel Schatten, sagt der Volksmund. Deshalb haben Vorbilder immer auch kritische Seiten. Trotzdem muss man den Mut haben, sich zu seinen Vorbildern zu bekennen, auch wenn die eigene Entscheidung nicht immer von Dritten nachvollzogen werden kann.

Für die Unternehmensführung gilt es festzuhalten, dass nach einem schwer erlangten Erfolg auch dessen Vorteile für alle erkennbar werden müssen. Wer nur der eigenen Ruhmsucht wegen Risiken auf sich nimmt und seiner Umgebung dabei Entbehrungen zumutet, nutzt nicht nur die eigene Machtstellung schamlos aus, sondern es wird ihm auch nicht gelingen, die Mitarbeiter zu motivieren, da er es nicht vermag, ihnen zu vermitteln, dass ihnen aus den auf sich genommenen Entbehrungen schließlich Vorteile erwachsen werden. Stattdessen wird es Zwang bedürfen, um sie anzutreiben, und dieser wird bald unentbehrlich werden.

In Führungsfragen geht es nicht ohne Einhaltung des Rechts. Dabei wird nicht zwischen dem innerbetrieblichen und dem Recht im Verhältnis zu Außenstehenden zu unterscheiden sein. Wer andere immer nur versucht zu übervorteilen, kann auch im Innenverhältnis keine Verlässlichkeit erwarten. Mitarbeiter haben sehr feine Antennen dafür, ob ein Vorgesetzter aus Prinzip gerecht ist, also das Recht achtet, oder aber nur dann, wenn es einzuhalten ihm nicht ungelegen kommt. Rechtsbruch kann im Einzelfall einmal gerechtfertigt sein. Aber der Einsatz dieses Mittels muss wohlüberlegt sein. Schon ein einziger Wiederholungsfall kann die Glaubwürdigkeit zerstören.

18.

Warum unser Kulturkreis die Wiege eines wichtigen Führungsmaßstabs ist – die Aufklärung

Die Zeit Friedrichs des Großen war zugleich auch der Höhepunkt der deutschen Aufklärung. Dieser Prozess spielte sich in seinen wesentlichen Ausprägungen von der zweiten Hälfte des 17. bis zur ersten Hälfte des 19. Jahrhunderts ab und war inhaltlich durch drei sich ergänzende Erkenntnisse geprägt: erstens, dass der Umgang mit den Menschen und der Menschen untereinander sowie das Verhältnis der Obrigkeit zu den von ihr verwalteten Bürgern anders werden müsse, als dies bisher üblich war. Zweitens, dass eine Säkularisierung, also die Trennung von Kirche und Staat, notwendig sei und, drittens, dass ein jeder ein Recht auf freie Meinungsäußerung haben müsse. Nachstehend soll nun versucht werden, Gedanken der Aufklärung als Maßstab für Führungsentscheidungen herauszuarbeiten.

Die Lehren und Verkündigungen Jesus Christus unterlagen in den Jahrhunderten nach seinem Tod ständigen Interpretationen, Ergänzungen und auch Verzerrungen, bis schließlich die Kernelemente seiner Lehre – Nächstenliebe, Vergebung und Mitmenschlichkeit – in dem Maße immer stärker in den Hintergrund gedrängt wurden, wie diese Religion Gegenstand der Machtpolitik wurde. Waren die Kräfteverhältnisse zwischen weltlicher und geistiger Macht lange Zeit zwar wechselhaft, dabei aber mehr oder weniger ausgeglichen geblieben, so gelang der Kirche mit einem Ereignis, das als der Gang nach Canossa des deutschen Königs Heinrich IV. im Jahr 1077 in die Geschichtsbücher eingegangen ist, und dem Obsiegen im Investiturstreit, als dessen Folge ihr das alleinige Recht zugestanden wurde, kirchliche Würdenträger einsetzen zu dürfen, der machtpolitische Durchbruch. Weltliches Handeln war fortan an kirchlichen Interessen auszurichten, durfte diesen zumindest nicht widersprechen. War dies dennoch der Fall, entpuppte sich die Kirche als ein Machtfaktor, mit dem sich auseinanderzusetzen wohlüberlegt sein wollte.

Die machtpolitisch starke Stellung der Kirche änderte nichts daran, dass der einzelne Mensch im Wesentlichen Objekt blieb, auch der kirchlichen Politik, und als solches war er allen obrigkeitlichen Entscheidungen ausgeliefert. Menschen waren auf eine machtpolitische Größe reduziert – es ging hauptsächlich um das Wohl und die Interessen der Machthaber. Die Religion war zu einem machtstärkenden und -garantierenden Faktor geworden. Glaube, Frömmigkeit und die Aussicht auf Erlösung im Jenseits machte die Menschen gegenüber der geistlichen und weltlichen Herrschaft gefügig und instrumentalisierte sie in deren Sinne. So konnten die Gläubigen geradezu schamlos ausgenutzt werden. Ohne das funktionierende religiöse Machtkartell und insbesondere gegen dieses war keine Entscheidung zu treffen. Naturwissenschaftliche Erkenntnisse wurden nur soweit toleriert, wie sie nicht geeignet waren, den Absolutheitsanspruch der Kirche infrage zu stellen. Das Recht schrieb einen gesellschaftlichen Zustand fest, der die Willkür Mächtiger ermöglichte und so eine stetig wachsende Mehrheit des rechtlichen Schutzes beraubte.[165]

Trotz der teilweise unsäglichen Rolle, die die Mächtigen der Kirche spielten, nicht selten im Verbund mit den weltlichen Herrschern, wurden in dieser Zeit zahlreiche geistige Grundlagen geschaffen, die auch heute noch prägend für unser gesellschaftliches Verständnis sind und von den machtpolitischen Exzessen von Vertretern der Kirche getrennt betrachtet werden müssen. So konnten in den Kirchen und Klöstern, aber auch an den Universitäten eine Fülle von zum Teil auch heute noch gültigen Glaubens- und Verhaltensmaßregeln entwickelt und diskutiert werden. Zu den bekannten und exponierten Denkern dieser Zeit gehörten Augustinus, Nikolaus von Kues, Thomas von Aquin oder Hildegard von Bingen, um nur einige zu nennen.

Auch wenn der Schwerpunkt der Aufklärung für die Zeit des ausgehenden 17. und vor allem des 18. Jahrhunderts angesetzt und ihr mit der Französischen Revolution von 1789 eine Art historischer Höhepunkt zugewiesen wird, hatten die sie auslösenden Initialereignisse doch deutlich früher stattgefunden. Es mag etwas gewagt anmuten, den Beginn der Aufklärung auf zwei Ereignisse zurückzuführen, die bereits sogar im 16. Jahrhundert lagen und für die auch noch zwei Deutsche verantwortlich waren. Die Rede ist hier zum einen vom Anschlag der fünfundneunzig Thesen an der Schlosskirche zu Wittenberg im Jahr 1517 durch den Augustinermönch Martin Luther. Und zum anderen von der 1543 publizierten Erkenntnis des Nikolaus Kopernikus, wonach nicht die Erde Mittelpunkt des damals bekannten Universums ist, sondern die Sonne, um die unser Planetensystem sich dreht. Und dennoch – beide Ereignisse haben, jedes für, erst den monopolistischen Glaubens- und dann den Wissenschaftsanspruch der Kirche infrage gestellt und schließlich langfristig zerstört. Stark vereinfachend betrachtet stehen die beiden Ereignisse damit für die Befreiung des Glaubens von der Monopolkirche (Luther) und für die der Wissenschaft von der Theologie (Kopernikus). Dabei waren die fünfundneunzig Thesen Luthers zunächst nur als Aufforderungen zum Disput gedacht. Sie haben aber die Welt verändert, weil der Absolutheitsanspruch des Papstes und damit der der Kirche hinterfragt wurde. Die Beobachtung Kopernikus' brachte das bis dahin gültige ptolemäische Weltbild ins Wanken. Als die Fehler, die dieser in seiner Betrachtung noch gemacht hatte, ausgeräumt werden konnten, war einer Wissenschaft Tür und Tor geöffnet, die sich zuneh-

Stark vereinfachend betrachtet stehen Martin Luther und Nikolaus Kopernikus für die Befreiung des Glaubens von der Monopolkirche und die Befreiung der Wissenschaft von der Theologie.

mend von der Theologie der römisch-katholischen Kirche emanzipierte.

Es wäre allerdings unzutreffend, Luther oder Kopernikus als Aufklärer zu bezeichnen; sie hatten beide nichts Aufklärerisches im Sinn, und es gab zwischen beiden auch keine Berührungspunkte, wenn man einmal davon absieht, dass sich Luther unter Berufung auf die Bibel kritisch zu den Auffassungen von Kopernikus äußerte.[156]

Man wird jetzt einwenden, dass der Dreißigjährige Krieg, hundert Jahre später, eine Folge der durch Luther initiierten Umwälzungen war, was im Sinne einer Conditio sine qua non auch zutreffend ist. Die auf den Anschlag seiner Thesen folgenden religiösen Auseinandersetzungen können ihm aber nicht angelastet werden, denn sie waren das Ergebnis unterschiedlicher machtpolitischer Ansprüche und des Kampfes der Repräsentanten dieser Ansprüche gegeneinander. Der Dreißigjährige Krieg stellte den blutigen Höhepunkt eines Machtkampfes dar, der als Motiv für die Auseinandersetzungen die

Unvereinbarkeit verschiedener christlicher Glaubensrichtungen vorgab.

Zeitgleich mit Luther und Kopernikus trat Michel de Montaigne auf die philosophische Bühne. Mit dem von ihm vertretenen Skeptizismus, dem Infragestellen aller damals vertretenen Ansichten und Erkenntnisse, war er wesentlicher Wegbereiter der Aufklärung, die viele und sehr unterschiedliche Facetten in den verschiedenen Ländern – England, Frankreich und Deutschland – aufwies, aber insgesamt einen kontinuierlichen Veränderungsprozess darstellte. Durch die Vernetzung jener, die man als Aufklärer bezeichnen kann, entstand ein reger gedanklicher Austausch mit wechselseitiger Beeinflussung.

In England kam es mit der Glorious Revolution Ende des 17. Jahrhunderts zu der vom Parlament der Krone abgerungenen Bill of Rights,[167] einer Kodifikation erster Individualrechte, die bereits als Abwehrrechte gegen die Obrigkeit ausgestaltet waren. Intellektuell wurde die englische Aufklärung durch die Philosophen John Locke und David Hume maßgeblich bestimmt, und weil die Freiheitsrechte in England ausgeprägter waren als in Frankreich, trat dort eine starke naturwissenschaftliche Komponente hinzu, deren bekanntester Vertreter Isaak Newton war.

Demgegenüber war die Aufklärung in Frankreich gesellschafts- und kirchenkritisch geprägt, was seine Ursachen ebenso im Absolutismus eines Ludwig XIV. hatte wie im Wegfall des Edikts von Nantes, mit dem die Verfolgung Andersgläubiger, insbesondere solcher protestantisch-reformierten Glaubens, einherging. In deren Folge kam es zur Auswanderung vieler französischer Hugenotten, die sich zu einem erheblichen Teil in Brandenburg-Preußen niederließen, wo sie von dem Umstand, dass es sich um ein Land mit mehrheitlich protestantisch-reformiertem Glauben handelte, ebenso profitierten wie von der spezifisch preußischen Toleranz.

Die französische Aufklärung wurde getragen von Literaten wie Voltaire, einem Freund Friedrichs des Großen, Denis Diderot, Jean-Jaques Rousseau und Jean Baptiste le Rond d'Alembert. Letzterer wurde von Friedrich dem Großen heftig umworben, damit er nach Berlin komme, um dort Präsident der Akademie der Wissenschaften zu werden, was er jedoch ablehnte. Der ausführliche Schriftwechsel belegt die enge geistige Verbindung zwischen beiden Persönlichkeiten und ist mit jenem zwischen Voltaire und Friedrich dem Großen vergleichbar.

Kein französisches Werk beflügelte die Aufklärung in Frankreich so wie die *Große Enzyklopädie* von Diderot und d'Alembert. Deren Idee war es zunächst gewesen, ein Werk zu schaffen, das das gesamte damalige Wissen aus allen Sachgebieten zusammenfassen würde. Dabei stellten manche Ausgaben derselben, wie die Oktavausgabe von 1778–1783, nach außen hin geradezu fromme, teilweise sogar frömmelnde Werke dar. Zu einem wesentlichen Bestandteil der Aufklärung, manche behaupten gar zur »Bibel der Aufklärung«,[168] wurde dieses Werk jedoch, weil in einzelnen Artikeln themenfremde Thesen, Auffassungen und Meinungen eingewoben wurden, die sich gegen die mächtige Kirche in Frankreich richteten. Diese konnten auf diese Weise, da in einer Enzyklopädie verpackt, äußerst erfolgreich unter das Volk gebracht werden. Dabei vermieden die Verfasser bei der Unterbringung ihrer kritischen Textpassagen Stichworte, bei denen es nahe liegend war, dass die Zensur nach ihnen suchen würde, um gegen das Werk und ihre Verfasser vorgehen zu können. Dadurch wurden die Leser zum Suchen animiert – eigentlich eine sehr wirksame Methode, um ein Werk von immerhin sechsunddreißig Bänden (in der Oktavausgabe) populär zu machen. Durch den streng wissenschaftlichen Charakter der *Großen Enzyklopädie* wurde auch deutlich, dass die Lehren der katholischen Kirche gerade nicht als Teil des Wissens anzusehen waren. Die *Große Enzyklopädie* wurde zum Werk der Aufklärung durch die Akkumulation von Wissen, das mit der Drucklegung und Veröffentlichung in dieser Form zahlreichen Menschen zugänglich gemacht wurde. Tatsächlich verstand Diderot Aufklärung in genau diesem Sinne:

Die Große Enzyklopädie *von Denis Diderot (rechts) und Jean-Baptiste le Rond d'Alembert (links) gilt als* das *Werk der Aufklärung schlechthin und ist mit seinen zahlreichen kritischen Einflechtungen bis heute lesenswert.*

> Aufgeklärt sagt man in Bezug auf erworbene Kenntnisse, klarblickend in Bezug auf natürliche Kenntnisse. Diese zwei Eigenschaften verhalten sich zueinander wie das Wissen zum Scharfsinn. Es gibt Fälle, in denen uns aller erdenkliche Scharfsinn nicht eingibt, wofür wir uns entscheiden sollen; dann genügt es nicht, klarblickend zu sein, sondern dann muss man aufgeklärt sein.[169]

In gewisser Weise kann die Entwicklung des Internets als eine Fortschreibung der Aufklärung verstanden werden, weil unterschiedlichstes Wissen allgemein zugänglich gemacht wird. Es ist daher kein Wunder, wenn sich totalitäre Staaten in aller Welt schwer tun, mit solchen Freiheiten der Informationsbeschaffung und Meinungsbildung umzugehen. Insofern gibt es jenseits religiöser Ideologien auch ganze Staaten, die die Aufklärung noch vor sich haben.

In Deutschland waren die Wegbereiter der Aufklärung nicht die Literaten, sondern die Universitäten. Davon gab es in Deutschland die meisten in ganz Europa, was nicht zuletzt der deutschen Kleinstaaterei zuzuschreiben war. Mancher Landesfürst hielt eine Universität nicht nur für zeitgemäß, sondern auch für einen Ausdruck von Prestige. In ihrer Wirkkraft im Hinblick auf die Aufklärung waren diese Hochschulen allerdings höchst unterschiedlich. Dabei erwies sich die konfessionelle Bindung dort als Hemmschuh, wo der jeweilige Landesfürst in Fragen der Glaubensrichtung nicht allein entscheiden konnte. Wegen der regionalen Begrenztheit und der damit einhergehenden Unabhängigkeit von einem überstaatlichen konfessionellen Zentralismus war der lutherische und reformierte Glaube wesentlich fortschrittsaffiner.

Als Wegbereiter der preußisch-deutschen Aufklärung sind zunächst Christian Thomasius und Christian Wolff zu nen-

Im Falle Christian Wolffs kann erstmals von einer deutschen Philosophie gesprochen werden, die auch im Ausland als solche wahrgenommen wurde.

nen. Beiden kommt das Verdienst zu, die deutsche Sprache für die philosophische Terminologie erschlossen zu haben, denn Deutsch war die Sprache des Bürgertums, während Französisch die des Adels und Latein die des Klerus und der Bildungselite war. Thomasius setzte sich nachhaltig für Toleranz ein, er bekämpfte den Aberglauben und die immer noch vorkommenden Hexenprozesse. So soll eine von ihm verfasste Schrift ursächlich für die Entscheidung Friedrichs des Großen gewesen sein, die Folter abzuschaffen. Beide Aufklärer wirkten an der preußischen Universität Halle und setzten sich mit den dort wirkenden Pietisten durchaus streitig auseinander. Bei Wolff ging der Disput mit August Herrmann Francke so weit, dass er schließlich unter Androhung der Todesstrafe Halle innerhalb von zwei Tagen verlassen musste. Seine Bücher wurden verbrannt, und er ging nach Marburg; fortan hatten auch die Protestanten ihren Galileo Galilei.[170] Erst Friedrich der Große holte ihn nach seinem Regierungsantritt wieder zurück, wobei Wolff es wegen des in Berlin vorherrschenden Einflusses des Französischen auf die Philosophie aber ablehnte, dort hinzugehen. Er wirkte schließlich bis zu seinem Lebensende in Halle.

Das hinterlassene Werk Christian Wolffs war umfangreich genug, um erstmals von einer deutschen Philosophie sprechen zu können, die auch im Ausland als solche wahrgenommen wurde. Wolffs Gedankengebäude zeichnete sich durch die Rationalisierung des philosophischen Systems und seine klare Begriffslehre aus. »Aufklärung« bedeutete für Wolff auch und gerade die Verwendung klar abgegrenzter Termini:

> In der Philosophie darf man keine Ausdrücke verwenden, die man nicht zuvor durch eine genaue Definition expliziert hat. Wenn wir in der Philosophie nur solche Ausdrücke benutzen, die durch eine genaue Definition expliziert worden sind, dann ist der Sinn der Sätze gewiss. Weil aber die Philosophie eine Wissenschaft ist, muss alles, was in ihr behauptet wird, auch bewiesen werden. Weil nun ohne weiteres klar ist, dass eine

> These nicht bewiesen werden kann, bevor ihr Sinn gewiss ist, deshalb muss der Sinn aller philosophischen Sätze gewiss sein und deshalb darf man nur solche Ausdrücke benutzen, die vorher durch eine genaue Definition expliziert worden sind. [...] Die Philosophie ist eine Wissenschaft, und deshalb muss sie ihre Sätze auf dem Wege gültiger Schlussfolgerung aus gewissen und unerschütterten Prinzipien herleiten. [...] So dürfte dies das oberste Gesetz der Philosophischen Methode sein, dass man dasjenige vorausschicken muss, mit dessen Hilfe das folgende [sic] erkannt und ausgewiesen wird.[171]

International bekannt wurde aber ein anderer, einer, der ohne Übertreibung vielleicht als der größte Denker der Menschheit angesehen werden kann. Die Rede ist von dem preußischen Philosophen Immanuel Kant, der in seinem Vorwort zur *Kritik der reinen Vernunft* auf Wolff Bezug nimmt:

> In der Ausführung also des Plans, den die Kritik vorschreibt, d. i. im künftigen System der Metaphysik, müssen wir dereinst der strengen Methode des berühmten Wolff, des größten unter allen dogmatischen Philosophen, folgen, der zuerst das Beispiel gab, (und durch dies Beispiel der Urheber des bisher noch nicht erloschenen Geistes der Gründlichkeit in Deutschland wurde), wie durch gesetzmäßige Feststellung der Prinzipien, deutliche Bestimmung der Begriffe, versuchte Strenge der Beweise, Verhütung kühner Sprünge in Folgerung der sichere Gang einer Wissenschaft zu nehmen sei, der auch eben darum eine solche, als Metaphysik ist, in diesen Stand zu versetzen vorzüglich geschickt war, wenn es ihm beigefallen wäre, durch Kritik des Organs, nämlich der reinen Vernunft selbst, sich das Feld vorher zu bereiten: ein Mangel, der nicht sowohl ihm, als vielmehr der dogmatischen Denkungsart seines Zeitalters beizumessen ist, und darüber die Philosophen, seiner sowohl als aller vorigen Zeiten, einander nichts vorzuwerfen haben. Diejenigen, welche seine Lehrart und doch zugleich das Verfahren der Kritik der reinen Vernunft

vorwerfen, können nichts anderes im Sinne haben, als die Fesseln der Wissenschaft gar abzuwerfen, Arbeit in Spiel, Gewissheit in Meinung und Philosophie in Philodoxie zu verwandeln.[172]

Kant wurde am 22. April 1724 in Königsberg geboren, war das vierte Kind eines Sattler- und Riemermeisters – es ist dabei überhaupt bemerkenswert, dass eine ganze Reihe großer Denker in Deutschland aus relativ einfachen Verhältnissen kam. Wolffs Vater war Gerber, Melanchtons Waffenschmied, Fichte entstammte einer armen Leinenweberfamilie, und Herders Vater war ebenfalls Weber. Verglichen mit den Möglichkeiten, über die der Adel verfügte, ist dessen intellektueller Beitrag zum deutschen Kulturgut eher überschaubar.

Allein aufgrund dieser historischen Erfahrung wäre unsere Gesellschaft gut beraten, wenn sie bei der Mehrheit versuchte, das überdurchschnittlich begabte Humanpotential abzuschöpfen. Eine Minderheit taugt eben nicht zur intellektuellen Reproduktion, dies umso weniger, wenn Dünkel, egal welcher Art, sie zusammenhält. Abgesehen davon ist es eine Frage der politischen Klugheit, wenn alle Schichten einen qualifizierten Zugang zum intellektuellen Wohlstand haben, weil nur so der innere Friede erhalten werden kann. Wer es nicht nach oben schafft, der darf dafür nicht seine soziale Herkunft als Begründung anführen können. So waren Revolutionen immer nur dann erfolgreich, wenn es bei den Revoltierenden Führungskräfte gab, die sich zu Höherem berufen fühlten, aber aufgrund ihrer sozialen Zugehörigkeit keine Chance zum Aufstieg hatten. Gleichheit der Chancen entzieht sozialistischen Ideen, die Neid und Missgunst zur Religion erheben, den Nährboden. Wer sich darauf verlassen kann, dass ihm seine eigene Leistung zu Wohlstand, jedenfalls einem auskömmlichen Leben, verhelfen wird, der will anderen nichts wegnehmen und kann ihnen auch das gönnen, was sie besitzen.

Kant ist Teil der preußischen Geschichte. Friedrich der Große machte ihn per Kabinettsorder vom 31. März 1770 zum ordentlichen Professor für »Logic und Metaphysic«. In seiner Begründung war vom gerühmten Fleiß und der Geschicklichkeit sowie der besonders in den philosophischen Wissenschaften erlangten gründlichen Bildung des Philosophen die Rede. Friedrich der Große verband mit der Ernennung eine Erwartung:

> Uns Unserem königlichen Hause derselbe treu, hold und gegenwärtig seyn [...] die studierende Jugend publice und privatim docendo et disputando ohnermüdet unterrichten, und davon tüchtige und geschickte Subjecta zu machen sich bemühen, wie nicht weniger derselben mit gutem Exempel vorangehen werde.[173]

Kant selbst verließ Königsberg praktisch nicht; er wirkte im Wesentlichen an der dortigen Universität. Die gesicherten Verhältnisse und das gute Einkommen als Professor erlaubten es ihm, sich seinen Studien hinzugeben. In den Jahren 1770 bis 1781 begann er in großer Zurückgezogenheit, seine zeitlosen Werke zu schreiben. Es waren dies im Jahr 1781 die *Kritik der reinen Vernunft*, 1788 die *Kritik der praktischen Vernunft*, 1790 die *Kritik der Urteilskraft*, 1793 *Die Religion innerhalb der Grenzen der bloßen Vernunft* und 1795 *Zum ewigen Frieden*. Diese Werke waren die Antwort auf Kants Fragen an das eigene Dasein: »Was kann ich wissen?«, »Was soll ich tun?«, »Was darf ich hoffen?« und »Was ist der Mensch?«. Die Werke gelten bis heute als philosophisch und wissenschaftlich noch nicht gänzlich ausgeschöpft und somit als zeitlos.[174]

Bevor aber auf die *Kritik der reinen Vernunft* und die *Grundlegung zur Metaphysik der Sitten* mit dem kategorischen Imperativ als Führungspostulat eingegangen wird, soll eine Definition Kants, was für ihn Aufklärung bedeutete, zitiert werden, die er seinerzeit für die *Berliner Monatsschrift* im Dezember des Jahres 1783 schrieb:

Immanuel Kant, der vielleicht größte Denker der Menschheit, war Preuße und hat mit seinem Postulat »Habe Mut, dich deines eigenen Verstandes zu bedienen« einen auch für die heutige Generation gültigen Wahl- und Leitspruch geschaffen.

> Aufklärung ist der Ausgang des Menschen aus seiner selbstverschuldeten Unmündigkeit. Unmündigkeit ist das Unvermögen, sich seines Verstandes ohne Leitung eines anderen zu bedienen. Selbstverschuldet ist diese Unmündigkeit, wenn die Ursache derselben nicht am Mangel des Verstandes, sondern der Entschließung und des Mutes liegt, sich seiner ohne Leitung eines anderen zu bedienen. Sapere aude! Habe Mut, dich deines eigenen Verstandes zu bedienen! ist also der Wahlspruch der Aufklärung.[175]

Diese Definition ist als Leitspruch auch für künftige Generationen geeignet. »Habe Mut, dich deines eigenen Verstandes zu bedienen« kann als ein Maßstab für das eigene Handeln und auch als Führungsgrundsatz angesehen werden. Wer nach den Prinzipien der Aufklärung führen will, der muss sich nach diesem Leitspruch richten; er ist mithin ein zentrales Führungspostulat.

Etwa ein Jahr nach Erscheinen dieser kantschen Definition ergänzte Moses Mendelssohn, der berühmteste Vertreter der preußisch-jüdischen Aufklärung, zur Diskussion um die Frage nach dem Wesen der Aufklärung, dass es sich dabei um einen Prozess handele, bei dem Individuen allmählich lernen, Probleme, die sich ihnen stellen, mit der eigenen Vernunft zu lösen. Die Person Mendelssohns, seine vielfältigen Beziehungen und Freundschaften sowie die sich daraus ergebende Anerkennung prägten das künftige Verhältnis zwischen deutschen Christen und Juden, so zumindest in Berlin. Mendelssohn war stolz auf seine Freundschaft zu dem nicht jüdischen Berliner Verleger Christoph Friedrich Nicolai, dem Gründer der ersten Mittwochsgesellschaft in Berlin, mit dem zusammen er eine Bibliothek der schönen Künste und freien Wissenschaften herausbrachte. Übrigens wurde wegen der Verdienste Nicolais um das christlich-jüdische Verhältnis und die deutsche Aufklärung der von ihm gegründete und heute noch existierende Verlag von mir für die Publikation des vorliegenden Buches ausgewählt.

Das Wirken Mendelssohns zur damaligen Zeit kann gar nicht hoch genug eingeschätzt werden. Zunächst einmal ist ihm in eigener Person etwas gelungen, was in der Tat durch den Leitspruch »Habe Mut, dich deines eigenen Verstandes zu bedienen« charakterisiert werden kann. In Dessau geboren, aus ärmlichsten Verhältnissen stammend, ging Mendelssohn nach Berlin, von der Toleranz Friedrichs des Großen angezogen. Dort erlernte er die deutsche Sprache, studierte Mathematik, lernte Latein, Englisch und Französisch. Schließlich machte er die Bekanntschaft Gotthold Ephraim Lessings, der sein Freund werden sollte. Als dieser wegen seines Lustspiels *Die Juden* angegriffen wurde, mit dem er gegen die Unterdrückung der jüdischen Bevölkerung polemisierte, verteidigte ihn Mendelssohn in einer Weise, wie dies noch nie ein Jude zuvor getan hatte. Damit begann die Befreiung der jüdischen Glaubensgemeinschaft, die sogenannte Emanzipation.[176] Lessing setzte Mendelssohn in seinem *Nathan der Weise* ein dauerhaf-

Moses Mendelssohn, dem Gotthold Ephraim Lessing in seinem Drama Nathan der Weise *ein Denkmal für die Ewigkeit schuf. Er war mit Friedrich Nicolai und Immanuel Kant bekannt und Vater der preußisch-jüdischen Aufklärung, der Haskala.*

tes Denkmal. Wie relativ Kritik an der Toleranzpolitik Friedrichs des Großen in Bezug auf die jüdische Bevölkerung ist, kann einem Zitat von Mendelssohn entnommen werden:

> [...] in welchem einer der weisesten Regenten, die je Menschen beherrscht haben, Künste und Wissenschaften blühend und vernünftige Freiheit zu denken so allgemein gemacht hat, dass sich ihre Wirkung bis auf die geringsten Einwohner seiner Staaten erstreckt. Unter seinem glorreichen Zepter habe ich Gelegenheit und Veranlassung gefunden, mich zu bilden, über meine und meiner Mitbrüder Bestimmung nachzudenken, und über Menschen, Schicksal und Vorsehung, nach Maßgabe meiner Kräfte, Betrachtungen anzustellen.[177]

Dennoch verweigerte Friedrich der Große ihm im Jahr 1777 den Zugang zur Preußischen Akademie der Wissenschaften, obwohl Mendelssohn zum ordentlichen Mitglied gewählt worden war.[178] Letzteres ist auf sein Werk *Phädon oder die Unsterblichkeit der Seele* zurückzuführen, ein sokratisches Gespräch, das ihn weltberühmt machte. Und wie heißt es dort im ersten Gespräch?

> Wollust gegen Wollust, Schmerz gegen Schmerz, und Furcht gegen Furcht vertauschen, gleichsam, wie Münze für ein großes Stück viele kleine einwechseln: dieß ist nicht der Weg zur wahren Tugend. Die einzige Münze, die gültig ist, und für welche man alles andere hingeben muß, ist die Weisheit. Mit dieser schafft man sich alle übrigen Tugenden an: Tapferkeit, Mäßigkeit, und Gerechtigkeit. Ueberhaupt bey der Weisheit ist wahre Tugend, wahre Herrschaft über die Begierden, über die Verabscheuungen, und über alle Leidenschaften; ohne Weisheit aber erlanget man nichts als einen Tausch der Leidenschaften gegen eine leidige Schattentugend, die dem Laster Sklavendienste thun muß, und an sich selbst nichts Gesundes und Wahres mit sich führet. Die wahre Tugend ist eine Heiligung der Sitten, eine Reinigung des Herzens, kein Tausch der Begierden. Gerechtigkeit, Mäßigkeit, Mannhaftigkeit, Weisheit, sind kein Tausch der Laster gegen einander.[179]

Bereits zu Lebzeiten sagte man über ihn: »Von Moses bis Moses war keiner dem Moses gleich.« Deutschland darf stolz auf diesen Preußen sein.

Mit Mendelssohn pflegte Kant einen regen Gedankenaustausch, und es kam zu mehreren Begegnungen zwischen beiden Denkern. Kant war dabei ganz unprätentiös. Als Mendelssohn ihn besuchte, machten sich die Studenten über dessen Äußeres lustig und konnten sich nicht vorstellen, dass ein solcher Mann, klein von Gestalt, mit einem Buckel, etwas mit dem großen Philosophen zu schaffen haben sollte. Als Kant der Anwesenheit Mendelssohn gewahr wurde, nahm er ihn in die Arme, und als beide Hand in Hand den Hörsaal verließen, verstummte das höhnische Gelächter der Studenten. Mendelssohn schrieb später:

> Einen solchen Mann, von so sanfter Gemütsart, guter Laune und hellem Kopfe in Königsberg zum beständigen und inniglichen Umgang zu haben, würde diejenige Nahrung der Seele sein, die ich hier so gänzlich entbehren muss, und die ich mit der Zunahme der Jahre vornehmlich vermisse.[180]

Wie unkompliziert Kant war, zeigt ein anderes überliefertes Beispiel. Als dieser wieder einmal bei einem hohen Offizier zu Gast war, verschüttete ein junger Leutnant etwas Rotwein. Als Kant bemerkte, wie unangenehm ihm dies war, schüttete er absichtlich Rotwein auf das Tischtuch, um mit einigen Strichen von Rotwein die feindlichen Stellungen zu markieren, um die es bei dem Gespräch gerade ging. [181]

Kant war nicht der geschraubte, selbstverliebte Professor, sondern ein allseits bekannter Unterhalter, der so sein Wissen auch außerhalb der universitären Vorlesungen bereitwillig weitergab. Dabei wies er auch preußische Offiziere am Standort Königsberg in seine Denkweise ein. Der Chef des örtlichen Dragonerregiments von Rohr, General von Meyer, ließ Kant vor seinen Offizieren Vorträge über physische Geographie und Mathematik halten. Der spätere Oberpräsident und vormalige Dragonerleutnant Friedrich Leopold Freiherr von Schroetter war ebenso Gast bei Kant wie der Husarengeneral Daniel Friedrich von Lossow. Dies zeigt wieder, welch breiten Raum die Bildung bei preußischen Offizieren einnahm.

Für das Thema Führung soll die *Grundlegung zur Metaphysik der Sitten* aus dem Jahr 1785 in den Mittelpunkt des Interesses gerückt werden, weil dieses Werk im Volk breite Aufnahme erfuhr. Sein Kernstück ist der kategorische Imperativ. Wenn dieser im ersten Moment vielleicht auch einfach und geradezu karg klingen mag, steckt doch eine gewaltige gedankliche Leistung dahinter. Die in der *Grundlegung zur Metaphysik der Sitten* exponierten Theorien erfuhren in der *Kritik der praktischen Vernunft* aus dem Jahr 1788 eine umfassendere und subtilere

Behandlung. Insofern sind beide Werke sich gegenseitig ergänzende Darlegungen der gleichen Gedanken.

Kant war auf der Suche nach einem Gesetz, das einen Absolutheitsanspruch erheben und somit für alle gelten könne, solange sie nur vernunftbegabte Wesen seien.[182] Sein Ziel war demnach die Entwicklung einer Moralphilosophie, die als Gesetz unabhängig von der Erfahrung (also a priori) formuliert werden kann. Um dorthin zu gelangen, machte Kant den guten Willen zum Ausgangspunkt all seiner Überlegungen:

> Es ist überall nichts in der Welt, ja überhaupt auch außer derselben zu denken möglich, was ohne Einschränkung für gut könnte gehalten werde, als allein ein guter Wille.[183]

Der Kant-Biograph Karl Vorländer hält die Klarheit und Schärfe dieses innersten Prinzips der Sittlichkeit für geradezu einmalig, jedenfalls in dieser Form noch von keinem Philosophen und kaum einem Religionsstifter beschrieben.[184]

Beim guten Willen kommt es laut Kant nicht darauf an, was er bewirkt oder ausrichtet, auch nicht auf seine Tauglichkeit zur Erreichung irgendeines vorgegebenen Zwecks, sondern allein darauf, dass das Wollen an sich gut ist. So entscheidet sich der sittlich gute Wille für das Gute nicht aus Neigung und nicht aus Streben nach Glückseligkeit, sondern aus purem Pflichtbewusstsein. Pflicht ist die Notwendigkeit, eine Handlung aus Achtung vor dem Gesetz auszuführen. Kant schreibt dazu:

> Nun soll eine Handlung aus Pflicht den Einfluss der Neigung, und mit ihr jeden Gegenstand des Willens ganz absondern, also bleibt nichts für den Willen übrig, was ihn bestimmen könnte, als objektiv das Gesetz und subjektiv reine Achtung für dieses praktische Gesetz, mithin die Maxime, einem solchen Gesetz selbst mit Abbruch aller meiner Neigungen, Folge zu leisten.[185]

Kant stellt also die Pflicht in den Mittelpunkt seiner Betrachtungen. Weil die nun folgende Apotheose des Begriffs »Pflicht«

zum Schönsten gehört, was Menschenmund je formuliert hat,[186] soll sie nachfolgend wörtlich wiedergegeben werden:

> PFLICHT! Du erhabener großer Name, der du nichts Beliebtes, was Einschmeichelung bei sich führt, in dir fassest, sondern Unterwerfung verlangst, doch auch nichts drohest, was natürliche Abneigung im Gemüte erregte und schreckte, um den Willen zu bewegen, sondern bloß ein Gesetz aufstellst, welches von selbst im Gemüte Eingang findet, und doch sich selbst wider Willen Verehrung (wenngleich nicht immer Befolgung) erwirbt, vor dem alle Neigungen verstummen, wenn sie gleich insgeheim ihm entgegenwirken, welches ist der deiner würdige Ursprung, und wo findet man die Wurzel deiner edlen Abkunft, welche alle Verwandtschaft mit Neigungen stolz ausschlägt, und von welcher Wurzel abzustammen die unnachlaßliche Bedingung desjenigen Werts ist, den sich Menschen allein selbst geben können?[187]

Pflichtgemäßes Handeln lässt Kant also nur gelten, wenn das Motiv der Handlung nicht irgendeiner Neigung entspringt, sondern um seiner selbst willen erfolgt. Dem ist nicht so, wenn sich der Handelnde von seinem Handeln einen spezifischen Vorteil für sich selbst verspricht. Selbstloses Handeln ist, laut Kant, nur dann gegeben, wenn es aus Achtung vor dem Sittengesetz erfolgt. Was das Sittengesetz ist, drückt Kant dann in dem kategorischen Imperativ aus:

> Handle nur nach derjenigen Maxime, durch die du zugleich wollen kannst, dass sie ein allgemeines Gesetz werde.[188]

Gelegentlich[189] ist das Postulat Kants mit dem Hinweis abgetan worden, die von ihm verfolgte Maxime stelle geradezu übermenschliche Anforderungen, weil der Mensch eben doch nicht ausschließlich ein vernunftbegabtes Wesen, sondern vielmehr auch ganz menschlichen Schwächen ausgesetzt sei. Dem muss entgegengehalten werden, dass Kant sich sehr wohl der menschlichen Schwäche bewusst war, er ging mehrfach auf sie ein. Allerdings war es ihm um die formalen Elemente einer Vernunftethik zu tun; er wollte also den Maßstab sittlich korrekten Verhaltens frei von der Betrachtung menschlicher Schwächen entwickeln. Ein Prinzip herauszuarbeiten ist eben auch nur dann möglich, wenn es nicht auf dem Weg dorthin bereits durch Realitäten relativiert wird.

Das von Kant gemeinte Sittengesetz ist dabei kein von außen oktroyiertes Gesetz, sondern vielmehr Ergebnis der menschlichen Befähigung zum Denken. Diese funktioniert nur in Freiheit, und man muss sich ihrer bedienen. Weil diese Freiheit zu dem Kausalgesetz der Natur, wonach nichts ursachenlos und damit frei geschieht, im Widerspruch steht, postuliert Kant neben der Welt der Kausalgesetze eine »intelligible Welt«, in der die Freiheit der Entscheidung gilt und das Sittengesetz Ergebnis dieser Freiheit ist. Der Mensch ist damit Bürger zweier Welten, einer solchen der vorgegebenen Natur- oder Kausalgesetze und einer der Erkenntnisgesetze, bei deren Gestaltung er aber frei wirken kann. Daraus ergibt sich die Überlegenheit des Menschen, die ihn aber zugleich in eine Verantwortung einbindet, welche über das Zeitliche der Natur hinausgeht, und ihn gegenüber dem Ewigen verpflichtet. Schopenhauer, der sich als einen wahren Thronerben der kantschen Philosophie bezeichnete,[190] betrachtete diese Erkenntnis als Teil des unsterblichen Ruhmes Immanuel Kants.[191]

Auch wenn an dieser Stelle offen bleibt, inwiefern Kant durch die bis dahin bereits vorherrschende zeitgenössische Denkweise von der preußischen Pflichterfüllung beeinflusst war, spricht einiges dafür, dass Kants Vorstellung von der Pflicht »die Mitgift ist, die das philosophische Denken in die Ehe mit dem preußischen Thron eingebracht hat«.[192] Unstreitig ist, dass das Wirken und Denken Kants die damalige Geisteshaltung beeinflusste und prägte. Johann Wolfgang von Goethe soll einmal zu Arthur Schopenhauer gesagt haben, dass ihm, sooft er eine Seite aus dem Werk Kants lese, zumute sei, als trete er in ein helles Zimmer ein.[193]

Im Volksmund hat sich die Formulierung »Was du nicht willst, das man dir tu', das füg' auch keinem anderen zu« erhalten – es ist dies nichts anderes als der kategorische Imperativ in allgemeinverständlicher Formulierung.

Friedrich der Große galt als ein aufgeklärter Monarch. Dies spiegelte sich in seinem Kontakt zu führenden Aufklärern wie Voltaire, d'Alembert oder Maupertius, seiner humanistischen Einstellung, seiner Bildung, seinen Veröffentlichungen, seinem Rechtsempfinden und nicht zuletzt auch in seinem ausgeprägten Pflichtgefühl wider. Die nur relative Zensur, die beginnende Rechtsstaatlichkeit und die religiöse Toleranz waren das Ergebnis und damit ein sichtbarer Ausdruck der Aufklärung. Gerade die religiöse Toleranz stellte die Grundlage dafür dar, dass die Zugereisten friedlich nebeneinander leben konnten und das mehrheitlich katholische Schlesien in Preußen erfolgreich integriert werden konnte. So war etwa der Lutheraner Wolff im katholischen Breslau tätig und profitierte dort vom geistig-interreligiösen Diskurs. Das war unter Friedrich dem Großen auch deshalb möglich, weil dieser sich nicht mit geistlichen Würdenträgern abstimmen musste, wie dies bei den Herrschern in weltlichen Fürstentümern katholischen Glaubens der Fall war. Der Preußenkönig war sogar eine Art Quasi-Kirchenoberhaupt in eigener Person, was nicht zuletzt eine Erklärung dafür ist, dass die preußisch-deutsche Aufklärung sich viel weniger gegen etablierte Religionen richtete als dies im katholischen Frankreich der Fall war. Auch wenn die jüdische Bevölkerung nicht in gleichem Maße wie die Anhänger der unterschiedlichen christlichen Konfessionen von der religiösen Toleranz profitierte, so wurde Berlin doch das Zentrum der spezifisch jüdischen Aufklärung,[194] der Haskala. Diese hätte sich ohne die preußische Toleranz nicht in der Form entwickeln können, wie sie es tat.

Zum Abschluss dieses Gedankenganges noch eine Anekdote von Friedrich dem Großen, der Johann Christian Edelmann, einem Anhänger Spinozas, dessen Bücher in der freien

Reichsstadt Frankfurt am Main verbrannt wurden, in Berlin mit der Bemerkung Zuflucht gewährte, dass dort bereits genug Narren seien, weshalb es auf einen weiteren nicht ankomme.[195]

Auch wenn als Höhepunkt der sich entwickelnden Aufklärung allgemein die Französische Revolution von 1789 angesehen wird, so muss deren Vorreitertum im Hinblick auf die Entwicklung hin zu einem anderen Menschenbild – wenn auch die Forderung nach »Gleichheit, Freiheit und Brüderlichkeit« einen wichtigen Meilenstein auf diesem Weg darstellte – doch dadurch relativiert werden, dass die Basis für die Formulierung und Anerkennung der Menschenrechte bereits zuvor in Preußen durch Friedrich den Großen mit dem Allgemeinen Preußischen Landrecht geschaffen worden war, auch wenn dieses erst 1794 durch seinen Nachfolger zum Gesetz wurde.

Gegenstand der Aufklärung im Sinne einer Achtung vor dem Menschen waren auch das Justizwesen und die von Friedrich dem Großen initiierten Reformen, die der Jurist Samuel Freiherr von Cocceji umsetzte. So verfügte der Preußenkönig neben der Abschaffung der Folter, dass bei der damals noch existierenden Strafe des Räderns der Delinquent vor der Prozedur zu töten sei, um ihm die unmenschlichen Leiden zu ersparen; gleichzeitig behielt er diese Strafe jedoch wegen ihrer abschreckenden Wirkung bei. Jene andere des »Säckens«, bei der Kindsmörderinnen in einen ledernen Sack eingenäht wurden, um sie dann im Fluss zu ertränken, hatte Friedrich der Große dagegen bereits unmittelbar nach seiner Thronbesteigung abgeschafft. Was heute als selbstverständlich angesehen wird, war es damals in Europa keineswegs, und Preußen bildete in diesen Fragen somit eine Ausnahme.

Was das Justizwesen insgesamt anbelangt, so ist es nicht übertrieben festzustellen, dass Friedrich der Große den ersten Rechtsstaat in Europa schuf.[196] Wem das zu hoch gegriffen erscheint, der wird jedoch der Formulierung zustimmen müssen, dass es sich bei Preußen um einen Staat des Rechts handelte. Und das, obwohl es vormals eines der rückständigsten Gebiete in Deutschland gewesen war. Auch wenn Friedrich der Große durchaus die Oberaufsicht über die Justiz haben wollte, was er eher als einen Schutz der Armen verstand, so gestand er im nachfolgenden Postulat den Gerichtshöfen dennoch eine gewisse Eigenständigkeit zu, was zu Programm und Leitspruch der kommenden Jahrzehnte werden sollte:

> Ich bin entschlossen, niemals den Ablauf der Prozessführung zu stören: in den Gerichtshöfen müssen die Gesetze sprechen und der Souverän hat zu schweigen; aber von Zeit zu Zeit hat mich dieses Schweigen doch nicht gehindert, die Augen offen zu halten und über die Führung der Richter zu wachen [...].[197]

Voltaire bezeichnete Friedrich den Großen als den »Salomon des Nordens« und Montesquieu sagte über sein eigenes Buch *Vom Geiste des Gesetzes*, dass es nur einen einzigen König auf Erden gäbe, der es gelesen und verstanden habe, womit Friedrich der Große gemeint war.[198] Wie aufgeklärt und modern dieser Monarch war, ist auch der Tatsache zu entnehmen, dass er bei der Strafbemessung die Herkunft des Täters berücksichtigt wissen wollte; die Idee der Milieutheorie ist also möglicherweise viel älter als bislang angenommen.

Unser Menschenbild, die Trennung von Kirche und Staat, unter Beibehaltung unserer christlichen Prägungen, machen unsere aufgeklärte Gesellschaft aus. Wir dürfen das aber nicht als Selbstverständlichkeit ansehen, sondern müssen diese Errungenschaft, für die Generationen gefochten haben, als solche durchaus selbstbewusst im interreligiösen Diskurs und der politischen Auseinandersetzung betonen. Auch das ist Ausdruck eines vernünftigen Geschichtsverständnisses. Wenn wir unsere gesellschaftlichen und geistigen Wurzeln nicht kennen, können wir die Zukunft auch nicht gestalten. Auch müssen wir dann aufpassen, dass wir unsere Entscheidungen nicht ausschließlich einem Prinzip der Nützlichkeit unterwerfen. Dabei soll nichts dagegen eingewendet werden, nützliche Entscheidungen zu treffen, wohl aber dagegen, die Nützlichkeit zum Prinzip des Handelns werden zu lassen, denn das bedeutet Beliebigkeit, Unberechenbarkeit und in letzter Konsequenz eine Relativierung von Recht. Deswegen müssen wir auch in der weltanschaulich-religiösen Auseinandersetzung unsere Positionen klarstellen, herausstreichen und auch verteidigen. Das kulturelle Erbe der Aufklärung verpflichtet, ebenso wie das christliche Menschenbild Maßstab für unser Handeln bleiben muss.

Im Zuge der Aufklärung entstand auch das Bewusstsein von einer prinzipiell zu achtenden Menschenwürde. Und wieder war es Kant, der dies in seiner *Grundlegung zur Metaphysik der Sitten* herausarbeitete. Danach setzt sich das Grundprinzip der Menschenwürde aus drei Elementen zusammen: der Achtung vor dem anderen, dem Respektieren seines Rechts zu existieren und dem Anerkennen einer prinzipiellen Gleichwertigkeit aller Menschen. So Kant wörtlich:

> Der Mensch und überhaupt jedes vernünftige Wesen existiert als Zweck an sich selbst, nicht bloß als Mittel zum beliebigen Gebrauche für diesen oder jenen Willen, sondern muss in allen seinen sowohl auf sich selbst, als auch auf andere vernünftige Wesen gerichteten Handlungen jederzeit zugleich als Zweck betrachtet werden. [...] Die Wesen, deren Dasein zwar nicht auf unserm Willen, sondern der Natur beruht, haben dennoch, wenn sie vernunftlose Wesen sind, nur einen relativen Werth, als Mittel, und heißen daher Sachen, dagegen vernünftige Wesen Personen genannt werden, weil ihre Natur sie schon als Zwecke an sich selbst, d. i. als etwas, das nicht bloß als Mittel gebraucht werden darf, auszeichnet, mithin so fern alle Willkür einschränkt (und ein Gegenstand der Achtung ist). [...] Der praktische Imperativ wird also folgender sein: Handle so, dass du die Menschheit sowohl in deiner Person, als in der Person eines jeden andern jederzeit zugleich als Zweck, niemals bloß als Mittel brauchst. Wir wollen sehen, ob sich dieses bewerkstelligen lasse.[199]

Kants Postulat ist nichts anderes als eine konkrete Formulierung des Verbotes, den Menschen vom Subjekt zum Objekt zu degradieren. Aus dieser Erkenntnis der Aufklärung hat sich dann unser Verständnis von der Würde des Menschen entwickelt. Diese findet denn auch in Artikel 1, Absatz 1, Satz 1 des Grundgesetzes der Bundesrepublik Deutschland prominente Erwähnung. Dabei hätte es dieser Kodifizierung gar nicht bedurft, hat doch sogar die Aufklärung gar nichts prinzipiell Neues entdeckt, denn bereits nach althergebrachter Auffassung ist der Mensch nach göttlichem Abbild geschaffen worden; er ist mithin Repräsentant des Erhabenen auf Erden.[200] Jedem Menschen wohnt somit etwas Göttliches inne, eben eine gottähnliche Würde, für deren Vorhandensein es keiner anderen Begründung bedarf als der der menschlichen Existenz als solcher. Jeder Mensch ist automatisch Träger der Menschenwürde, dies unabhängig davon, ob sie postuliert wird, ob der Einzelne sie explizit anerkennt und sogar davon, ob ihr Träger überhaupt um ihre Existenz weiß. Artikel 1, Absatz 1 des Grundgesetzes ist also kodifizierte Aufklärung im Sinne Kants.

Obwohl es sich um eine deklaratorische Feststellung einer Selbstverständlichkeit handelt, eines immerwährenden Seienden, einer Würde also, die dem Menschsein immanent ist, war es den Gestaltern des Grundgesetzes wichtig, die Menschenwürde festgeschrieben zu wissen, und dies zudem an einer so exponierten Stelle; sie haben diese Feststellung auch noch verstärkt, indem sie alle staatliche Gewalt verpflichteten, sie zu achten und zu schützen. Spätestens da handelt es sich nicht mehr um ein deklaratorisches Postulat, sondern um eine klare Handlungsanweisung, die alle Lebens- und Rechtsbereiche erfasst. Dies zu betonen ist wichtig, um nicht den Eindruck zu erwecken, die Idee, die Menschenwürde zum Führungsmaßstab zu machen, wie es in der Folge getan werden soll, sei irgendeiner »Frömmelei« entsprungen. Auch erfolgt der Rückgriff auf Artikel 1, Absatz 1, Satz 1 des Grundgesetzes keineswegs, weil gerade keine anderen Führungsprinzipien greifbar gewesen wären. Seine Ursache ist vielmehr die, dass in diesem Postulat nahezu alles steckt, was unseren Kulturkreis ausmacht.

Was ist aber nun Menschenwürde tatsächlich und wann ist sie betroffen oder gar verletzt? Das Menschenbild der Aufklärung betrachtet den einzelnen Menschen als Subjekt und nicht mehr als Objekt staatlichen Handelns. Objekt zu sein bedeutet, als Mensch zu einem bloßen Mittel, zur vertretbaren Größe herabgewürdigt zu werden. Es geht hierbei also um die Degradierung des Menschen zum Tier oder gar zur Sache. Das Bundesverfassungsgericht nennt als Beispiele für Verletzungsvorgänge »Erniedrigung«, »Brandmarkung«, »Verfolgung«, »Ächtung« oder etwa sehr konkret im sogenannten »Lüth-Urteil« die »gänzliche Vernichtung der künstlerischen und menschlichen Existenz«, also die vollständige »Entpersönlichung«. Nun wäre Artikel 1, Absatz 1, Satz 1 jedoch eine rein theoretische Feststellung mit wenig Gegenwartsrelevanz, wenn er nur solche besonders auffälligen Fälle im Auge hätte. Dies sieht auch das Bundesverfassungsgericht so, wenn es immer wieder die Objekt-Subjekt-Theorie auch außerhalb der oben genannten geradezu dramatischen Zustandsbeschreibungen zur Anwendung bringt. Ein Formulierungsbeispiel aus der Rechtsprechung des Bundesverfassungsgerichts zum Recht auf informationelle Selbstbestimmung nennt die »Degradierung des Menschen zur vertretbaren Größe«, was wesentlich besser ausdrückt, was gemeint ist.

Was bedeutet dies nun für Führungsentscheidungen? Wie ist die Entlassung von Mitarbeitern zu beurteilen, wenn sie nur erfolgt, um mittels Arbeitsplatzverlagerung in das Ausland den Gewinn eines ohnehin prosperierenden Unternehmens zu erhöhen? Ist ein uneingeschränkter Shareholder-Value, zu Lasten von Mitarbeitern, nicht eine Degradierung des einzelnen Menschen zur vertretbaren Größe, eine Mutation vom Subjekt zum Objekt, wenn die Interessen des Kapitals grundsätzlich, also aus Prinzip, denen des einzelnen Menschen übergeordnet werden?

Führungsentscheidungen könnten dann verwerflich sein, weil sie gegen die Würde des Menschen verstoßen, wenn durch sie ein Unternehmen, das aus Mitarbeiterinnen und Mitarbeitern besteht, mithin einen eigenen Organismus darstellt, so instrumentalisiert wird, dass dieser Organismus nur noch der eigenen, höchstpersönlichen Gewinnmehrung oder Karriereoptimierung dient. Diese Motive sind dabei nicht per se verwerflich, sondern nur dann, wenn diesen Bestrebungen alles andere unterworfen wird, auch das Wohl und Wehe der dem Führenden anvertrauten Mitarbeiter. Wenn dieses Verhalten eine bestimmte Intensität annimmt und die Gefährdung von Mitarbeitern im Hinblick auf ihre wirtschaftliche Existenz impliziert, dann können wir es tatsächlich mit einem Verstoß gegen die menschliche Würde zu tun haben.

Nicht alles, was unanständig ist, nicht jeder militärische Befehl, der Opfer in den eigenen Reihen zur Folge hat, nicht jede Entlassung von Mitarbeitern, auch nicht zwingend die Massenentlassung, stellen einen Verstoß gegen die Menschenwürde dar. Es muss ein spezifisch degradierendes, den Menschen zum Objekt herabwürdigendes Element hinzukommen. Dies kann etwa der Fall sein, wenn im Verhältnis zu den die Menschenwürde berührenden Individualinteressen der Betroffenen nachrangigen Vorteilen seitens dessen, der die Menschenwürde verletzt, systematisch der Vorzug gegeben wird. Dabei muss es sich um Vorteile handeln, die in besonders gravierender Weise im Gegensatz zu den würdeorientierten menschlichen Interessen der Untergebenen stehen. Dies kann angenommen werden, wenn die Verlagerung von Arbeitsplätzen oder die Entlassung von Mitarbeitern ausschließlich der Optimierung von Gewinnen in einem ohnehin ertragreichen Unternehmen dient oder der persönlichen Einkommensmehrung bei leitenden Angestellten.

Es gibt tatsächlich eine ganze Reihe von Entscheidungen und Kommentierungen zu Artikel 1, Absatz 1, Satz 1, die das Arbeitsrecht betreffen. Stichwortartig sind hier die folgenden zu nennen:

Ein Verstoß gegen die Menschenwürde liegt vor, wenn ein Mitarbeiter drangsaliert wird, nur um ihn zum Verlassen des Unternehmens zu bewegen. So beispielsweise, wenn ein Vorgesetzter aller Führungsverantwortung entbunden und mit Arbeiten beauftragt wird, die erkennbar unnötig sind. Unzulässig ist auch das Einholen graphologischer Gutachten ohne Zustimmung des Betroffenen oder die ungerechtfertigte, lückenlose Überwachung von Mitarbeitern. Gleiches gilt für das Mithören von Telefongesprächen, ohne dass der Mitarbeiter davon weiß, und für Genomanalysen.

Militärische Führungsentscheidungen verstoßen dann gegen die Menschenwürde, wenn Opfer auf der eigenen Seite hingenommen werden, obwohl das verfolgte Ziel offensichtlich sinnlos ist, mit weniger Verlusten hätte erreicht werden können oder Opfer in Kauf genommen werden, nur um dem persönlichen Ruhm des Feldherrn zu dienen. Insofern waren die Führungsentscheidungen so manches Feldherrn auch unter diesem Gesichtspunkt verwerflich. Sie sind es grundsätzlich und dürfen nicht hingenommen werden, wenn mit ihnen ausschließlich niedere persönliche Machtinstinkte befriedigt werden. Dafür ist der britische Feldmarschall Bernard Law Montgomery ein Beispiel, der für die Erfüllung seines Wunsches, als Erster den Rhein zu überschreiten, Tausende Soldaten bei der Operation Market Garden opferte, nur um dann bei dieser Operation zu scheitern. Sein Widersacher, der vielleicht begabteste und zur Berühmtheit gewordene amerikanische Feldherr George Patton jr., überquerte den Rhein mit nur geringen Verlusten und blamierte so seinen aufgeblasenen militärischen Gegenspieler vor den eigenen Reihen. Darüber, ob es wirklich nötig war, dass er dann beim Überschreiten des Flusses in der Mitte der Pontonbrücke seinen Jeep anhalten ließ, um demonstrativ in den Rhein zu pinkeln, kann man allerdings getrennter Auffassung sein. Bei seinen Vorgesetzten, wie etwa Bradley oder Eisenhower, war seine direkte und undiplomatische Art nicht gerne gesehen, bei seinen Soldaten war er ob solcher Eskapaden dagegen beliebt, sie hätten für ihn alles getan. Ohne seine Führungsleistung und seine Befähigung, Truppen zu außerordentlichen Leistungen zu bewegen, hätten die Amerikaner beispielsweise in der Ardennenschlacht noch schlechter dagestanden.

Es bleibt festzuhalten, dass Führungsentscheidungen, will man sie auch rückblickend als richtig bezeichnen, immer auch der Menschenwürde Rechnung tragen müssen, ungeachtet dessen, ob sie in staatlicher oder nicht staatlicher Sphäre getroffen werden. Wer einen Führer von Menschen in seiner Wirkkraft beurteilen will, muss dies also auch unter dem Gesichtspunkt der Einhaltung der Menschenwürde tun, weil diese seiner Verantwortlichkeit obliegt und als ein Entscheidungsmaßstab angesehen werden muss.

Wie verhält es sich aber, wenn der Betroffene einer Verletzung seiner Menschenwürde zustimmt oder sich ganz allgemein und freiwillig der eigenen Würde enthebt, unabhängig davon, ob dies bewusst oder unbewusst geschieht? Damit kommen wir zu der keineswegs nur theoretischen Fragestellung, wie es nun mit der Dispositionsfreiheit der Menschenwürde durch den Einzelnen aussieht. Kann er frei über sie verfügen? Die Antwort ist eindeutig, so hat das Bundesverwaltungsgericht[201] dem Argument der Betreiber einer Peepshow entgegengehalten, dass es nicht darauf ankomme, ob die Darstellerinnen das, was sie machen, freiwillig tun und auch tun wollen, weil die Menschenwürde nicht der Dispositionsfreiheit des Einzelnen unterliege.[202] Das individuelle Freiheitsrecht, machen zu können, was einem gerade in den Sinn kommt, kann also durch die eigene Würde begrenzt sein. So ist das Tragen einer Burka oder eines Niqabs keinesfalls als Ausdruck persönlicher oder religiöser Freiheit hinnehmbar, es impliziert vielmehr einen Verstoß gegen die Menschenwürde. So, wie eine Peepshow ihrer Natur nach wegen der dortigen Zurschaustellung von Frauen gegenüber anonymisierten Betrachtern gegen die Menschenwürde verstößt, liegt die Sache nicht anders, wenn eine Frau jedes äußeren Merkmals ihrer Persönlichkeit beraubt durch das Tragen bestimmter

Kleidungsarten demnach vollständig entpersönlicht wird und sie keine Möglichkeit zur sozialen Kommunikation in der Öffentlichkeit hat. Deshalb entspringt das Burkaverbot in Frankreich nicht einer Debatte um Symbolpolitik, sondern stellt eine konsequente Fortschreibung des entsprechenden Prinzips der Aufklärung dar, das in Deutschland aufgrund von Artikel 1, Absatz 1, Satz 2 des Grundgesetzes bei gleichem Sachverhalt mit einer zwingenden Verpflichtung zu staatlichem Handeln verbunden wäre. Es geht daher nicht um Meinungen, um Handlungsfreiheiten, sondern um die Menschenwürde, die bekanntlich der Dispositionsfreiheit der Betroffenen entzogen ist. Damit wird auch deutlich, dass es überhaupt nicht auf die Frage ankommt, ob Frauen, die eine Ganzkörperverhüllung tragen, dies freiwillig oder unter Zwang tun – staatliches Handeln würden sie immer auslösen.[203]

Die Ergänzung des Postulats der Menschenwürde in Artikel 1, Absatz 1 des Grundgesetzes durch Satz 2, wonach alle staatliche Gewalt verpflichtet ist, eben gerade diese Menschenwürde zu achten und zu schützen, bedeutet einen gegen den Staat gerichteten gesellschaftlichen Achtungsanspruch auf positives Tun. Dies gilt prinzipiell auch dann, wenn der Achtungsanspruch auf Menschenwürde aus einer nicht staatlichen Sphäre heraus angegriffen wird. Dennoch stellt sich die Frage, ob dies immer Aufgabe des Staates ist oder ob nicht auch private Institutionen, Interessengruppen und schließlich sogar der Einzelne eine Eingriffsverpflichtung hat, und wenn ja, ob diese dann nicht sogar nach dem Grundsatz der Subsidiarität gegenüber staatlichem Handeln vorrangig wäre.

Der Staat ist die Organisationsform der Gesellschaft, weil diese ohne eine solche nicht handlungsfähig wäre. Daraus ergibt sich eine Primärzuständigkeit der Mitglieder einer Gesellschaft immer dann, wenn sie zu einer Problemlösung auch ohne Rückgriff auf die technische Organisationseinheit des Staates tatsächlich in der Lage wären und der Staat nicht ein Handlungsmonopol für sich reklamiert hat, wie dies etwa beim Gewaltmonopol der Fall ist. Mit diesem Prinzip der Subsidiarität wäre gleichzeitig eine Eingriffsverpflichtung des einzelnen Gesellschaftsmitglieds verbunden. Aus all dem folgt, dass die Schutzverpflichtung zur Wahrung der Menschenwürde jeden erfasst, der eine faktische Macht über Menschen ausübt und sich zu unserem Kulturkreis zugehörig fühlt oder der Wirkkraft des Grundgesetzes de jure unterliegt. Neben dieser philosophischen Betrachtungsweise gibt es mit der Theorie von der Drittwirkung der Grundrechte auch eine juristische Grundlage dafür, dass bestimmte Normen des Verfassungsrechts über die zivilrechtlichen Generalklauseln auch im Verhältnis der Bürger untereinander verbindlich sind. Es ist daher keine Frage der Freiwilligkeit, ob ein Chef die Menschenwürde in seinem Zuständigkeitsbereich achtet; er hat vielmehr eine Verpflichtung dazu und der Geführte einen Anspruch darauf und die Umgebung, das Kollektiv, eine auf dem Gedanken der Subsidiarität basierende Verpflichtung, unter Umständen auch selbst aktiv einzuschreiten. Tatsächlich funktioniert dies in der nicht staatlichen Zuständigkeitssphäre aber nur, wenn die Herleitung, dass der Mensch mit einer unveräußerlichen Würde ausgestattet ist, eine gesellschaftliche und damit allgemeine Anerkennung findet. Recht ist immer nur dann wirksam, wenn die Mehrheit der Menschen, für die es aufgestellt wurde, auch bereit ist, sich nach ihm zu richten. Was nutzt also das unveränderliche Postulat der Menschenwürde in der Praxis des Zusammenlebens, wenn sich eine Gesellschaft dieses hohen Gutes nicht bewusst ist. Insofern bleiben wir aufgefordert, bei der Menschenwürde strenge Maßstäbe anzulegen, auch wenn dieses Prinzip selbstredend nicht inflationär strapaziert werden darf. Um das zu verhindern, muss, einen Schritt vorher, der kategorische Imperativ, wie er von Kant formuliert wurde, zur Anwendung gebracht werden.

Die Aufklärung ist eine der großen Leistungen unseres abendländischen Kulturkreises. Nicht alle Kulturen haben einen solchen Entwicklungsschritt durchlaufen. Daher ist es angemessen, wenn bei der Frage nach der Gleichwertigkeit von Kulturen darauf geachtet wird, wie diese zu den Errungenschaften der Aufklärung stehen. Dies ist nicht Ausdruck mangelnder Toleranz gegenüber anderen Kulturkreisen oder Religionen, sondern vielmehr der berechtigte Anspruch, der sich aus einer freiheitlichen Gesellschaftsordnung heraus formuliert.

Die Verbindung von Aufklärung und dem unserem Gemeinwesen immer noch zugrunde liegenden christlichen Menschenbild ist das, was die eigentliche strukturelle Überlegenheit des Abendlandes ausmacht. Der Islam hat sich der Aufklärung nie angeschlossen. Dabei war er lange Zeit hindurch Wegbegleiter der christlich-abendländischen Philosophie. Den Erhalt der Lehren der griechischen Denker haben wir den Übersetzungsarbeiten islamischer Gelehrter zu verdanken. So wurden die Kommentare des Averroës zu den Werken Aristoteles' bis in die Neuzeit hinein zitiert und waren Gegenstand des philosophischen Diskurses. Als dann Menschenrechte, die Stärkung des Individuums und die Trennung von Politik und Religion schrittweise eingeführt wurden, ist der Islam dieser Entwicklung nicht gefolgt,[204] dabei hat bereits Averroës seinen Glaubensbrüdern angeraten, die Errungenschaften fremder Kulturen anzunehmen und die Gleichheit von Mann und Frau als naturgegeben angesehen.[205] Zu Letzterem hat sich der in den USA zu einer Berühmtheit gewordene General George Patton jr. in seinen Kriegserinnerungen – er war auch im Norden Afrikas eingesetzt – geäußert und die Rückständigkeit der arabischen Kultur so begründet:

> Man kann sich der Frage nicht erwehren, was geschehen wäre, wenn die Araber Christen geworden wären? Ich halte es für sicher, dass die fatalistischen Lehren Mohameds, [sic] die völlige Entrechtung der Frau die Hauptursache des Stillstandes der arabischen Kultur bilden. Sie befindet sich genau dort, wo sie im Jahr 700 gestanden hat, während wir uns weiter entwickelt haben. Das, meine ich, gäbe ein Thema für einige packende Predigten über die Vorzüge des Christentums ab.[206]

Wer heute eine Behauptung dieser Art aufstellt oder dieser Annahme zustimmt, erfährt geradezu reflexartigen Widerspruch. Auch wenn Patton im Ergebnis Recht hat, ist seine Begründung, dass die Überlegenheit der abendländischen Kultur allein dem christlichen Glauben zuzuschreiben sei, nicht vollständig, weil dabei das Durchlaufen der Aufklärung, ein Prozess, den Christen und Juden in Deutschland gleichermaßen erlebt und gestaltet haben, unberücksichtigt bleibt. Denn die Gleichberechtigung von Mann und Frau ist ebenfalls Ausdruck der Aufklärung, auch wenn wir bei Ersterem erhebliche Verzögerungen in der praktischen Umsetzung erlebt haben.

Schließlich stellen besonders grausame Strafen oder ein Missverhältnis von vorwerfbarer Tat und sanktionierender Strafe Verletzungsvorgänge gegen die Menschenwürde dar. So sind die entwürdigenden und grausamen Strafen, wie sie das islamische Strafrecht, die Scharia, vorsieht, mit den Erkenntnissen der Aufklärung schlechterdings unvereinbar.

Wegen dieser Unterschiedlichkeit in der Aufklärungsentwicklung würden wir religiöse Toleranz missverstehen, wenn wir den Islam trotz fehlender Aufklärung als eine Religion ansähen, die in einer offenen Gesellschaft dieselbe Akzeptanz erfahren sollte wie Christentum und Judentum. Denn religiöse Toleranz bedeutet nur Respekt vor der Religion des Andersgläubigen, damit dieser seinen Glauben so ausüben kann, wie er es möchte, solange er damit nicht gegen die geltende Rechtsordnung verstößt. Das ist der Rechtsanspruch unseres Grundgesetzes, wozu auch der Anspruch auf die Errichtung von Moscheen gehört – getreu dem Motto Friedrichs des Großen, dass jeder nach seiner Fasson glücklich werden solle. Zur Toleranz gehört aber keineswegs die Gleichbehandlung als Prinzip bei an sich wesentlich Ungleichem, das gebietet bereits das Grundgesetz. Deshalb ist es sehr wohl ein Unterschied, ob in deutschen Klassenzimmern ein Kruzifix hängt oder eine Lehrerin mit Kopftuch Kinder in Deutschland unterrichtet. Weder kann sich jene darauf berufen, dass ein Kopftuch Ausdruck von Religionsausübung ist, noch muss ein Kruzifix entfernt werden, weil wir kopftuchtragende Lehrerinnen nicht tolerieren wollen. Deshalb ist es auch etwas anderes, Glockengeläut oder den Ruf eines Muezzins in der Nachbarschaft zu hören.

Es lässt sich demnach festhalten, dass für Belange der Führung die Errungenschaften der Aufklärung bedeutsam sind, weil seither Glaube und beweisbare Erkenntnis getrennt werden und somit Begabung und Können nicht mehr prinzipiell unter dem Damoklesschwert stehen, dass ihr Träger aufgrund seines Glaubens, der von andersgläubigen Machthabern nicht gutgeheißen wird, gar nicht erst in die Lage versetzt wird, sie in einer verantwortungsvollen Position sinnvoll zu entfalten. Die Trennung von Glaube und Erkenntnis ist auch in der täglichen Führung gefragt, weil nicht jeder, der nach Ansicht seines Vorgesetzten »falsch glaubt«, auch in der Sache falsch liegt. Kant stellte seiner Erstlingsschrift[207] den Ausspruch Senecas voran, wonach wir auf nichts mehr zu achten haben als darauf, nicht wie Herdenvieh der vorauslaufenden Schar zu folgen: Wir würden dann nur den meistbetretenen, nicht aber den richtigen Weg wählen. Dieser Feststellung kann nur noch der Satz »Habe Mut, Dich Deines eigenen Verstandes zu bedienen« folgen.

Die Menschenwürde ist einer der grundlegendsten Maßstäbe für menschliches Handeln schlechthin. Sie ist unantastbar, auch für die nicht staatlichen Gewalten. Sie nimmt jeden Vorgesetzten in die Pflicht. Deswegen unterliegt sie auch keinerlei Opportunitätsprinzip. Kein Führender, schon gar nicht in staatlichen Einrichtungen, darf sich erdreisten, sie zu relativieren. Allerdings tritt ihre Verletzung nicht immer ganz offen zu Tage. Dennoch gilt prinzipiell, dass, wer Menschen zum Objekt reduziert, weder den Sinn und die Bedeutung der Aufklärung noch den Schutzzweck der Menschenwürde verstanden hat. Im Übrigen sind Führungsentscheidungen immer dann falsch und im Ergebnis auch verwerflich, wenn sie nicht dem kategorischen Imperativ entsprechen, der die Regel schlechthin ist und als solcher auch gleichzeitig zur Schranke jeder Pflichterfüllung wird. Wo guter Wille Motiv des Handelns ist, wird dieses nur schwerlich Ziel von Vorwürfen sein können.

Das alles gilt für jeden, der sich im Schutzbereich unserer freiheitlichen Gesellschaftsordnung aufhält, die »Geschäftsgrundlage« unseres Zusammenlebens in Deutschland ist.

19.

Warum eine bestimmte Gesellschaftsschicht auch eine spezifische Verantwortung zu tragen hat – die bürgerliche Lebensform

Die Aufklärung in Preußen entwickelte sich in den gesellschaftlichen Salons weiter. Die Teilnehmer befanden sich dabei immer in einer gewissen Nähe zum Staat; umgekehrt wurden die Adeligen unter ihnen Teil eines beginnenden preußischen Bürgertums. Dieses war bereit, an der Gestaltung des Gemeinwesens Anteil zu nehmen und wollte sich dabei des eigenen Verstandes bedienen. Ein beginnender preußischer Patriotismus und die Entwicklung dieses Adelsbürgertums waren die Grundlage für die »Selbstreinigung« Preußens, als man sich zwanzig Jahre später der napoleonischen Herrschaft entledigen musste.

Aufklärung bedeutete also auch, einen offenen Meinungsaustausch über die Standes- und Konfessionsgrenzen hinweg zu pflegen. Dabei macht es einen Unterschied, ob unterschiedliche Ansichten, Konfessionen und Herkünfte lediglich toleriert werden oder ob die Vertreter derselben aktiv interagieren. In diesem Zusammenhang müssen Henriette Herz und Rahel Levin genannt werden. Beide stammten aus jüdischen Familien. Erstere war mit dem jüdischen Arzt und Philosophen Marcus Herz verheiratet, einem glühenden Verehrer Kants. Rahel Levin ehelichte später den Schriftsteller Karl August Varnhagen von Ense. Berüchtigt waren beide Frauen, weil sie sich betont weltlich gaben, sich ohne Kopftuch in der Öffentlichkeit zeigten oder durch demonstrative Ausfahrten in der offenen Kutsche die Sabbatruhe brachen. Berühmt wurden sie aber durch ihre Salons, in denen die damalige philosophische und schriftstellerische Intelligenz zu regelmäßigen Versammlungen zusammenkam, darunter etwa Jean Paul, Ludwig Tieck, Ernst von Pfuel, Friedrich Schlegel, Wilhelm und Alexander von Humboldt, Friedrich de la Motte Fouqué, Prinz Louis Ferdinand von Preußen, Moses Mendelssohn, Heinrich Heine, Hermann Fürst von Pückler-Muskau, Clemens von Brentano, Heinrich von Kleist und Johann Gottlieb Fichte. Von den Stammgästen wurde erwartet, sich mit dem standes- und gesellschaftsunabhängigen »Du« anzusprechen. Es verwundert auch nicht, dass angesichts der Zusammensetzung der Teilnehmer aus diesen Salons Bestrebungen erwuchsen, die Rechtsstellung der Juden zu verbessern. So veröffentlichte Christian Wilhelm von Dohm den damals bahnbrechenden Aufsatz »Über die Bürgerliche Verbesserung der Juden«, in welchem er für die Emanzipation des jüdischen Volkes eintrat. Dohm war Gast im Salon des Marcus Herz. Auch wenn es weiterhin Beschränkungen für Juden und auch für Frauen gab, so ist diesen beiden Männern dennoch eine beispielhafte Wirkkraft im Kampf gegen diese Ungleichheit zuzuschreiben.

Beiden Salons ist übrigens auch ein großer Anteil an der Förderung der deutschen Literatur, namentlich ein immer größer werdendes Interesse an Johann Wolfgang von Goethe, zuzuschreiben. Auch die Französin Anne Louise Germaine de Staël-Holstein, allgemein bekannt als Madame de Staël, muss in diesem Zusammenhang genannt werden. Sie verließ auf Druck Napoleons Paris und kam nach Deutschland. Auch ihre Salons zogen weite Kreise und leisteten einen wichtigen Beitrag zur Popularität deutscher Denker. Eine besondere Bedeutung ist jedoch ihrem Buch *De l'Allemagne* beizumessen, mit dem sie das weltweit berühmt gewordene geflügelte Wort von den Deutschen als dem Volk der Dichter und Denker prägte. Selten hat jemand, eine Französin zumal, so geistreich und auch liebevoll über die Deutschen geschrieben. Ein Abschnitt des Werkes beschäftigt sich auch mit Preußen; er wurde von Madame de Staël wie folgt eingeleitet:

> Wer Preussen kennen lernen will, muß den Charakter Friedrichs II. studieren. Ein Mann ist der Schöpfer dieses Reichs, für welches die Natur wenig gethan hatte, und welches sich zur Macht erhob, weil es von einem Krieger beherrscht ward. Es waren in Friedrich II. zwei ganz verschiedene Menschen, ein Deutscher von Natur, ein Franzose von Erziehung. Alles, was der Deutsche in dem deutschen Königreich gethan, hat dauerhafte Spuren hinterlassen; alles, was der Franzose darin versucht hat, ist nicht fruchtbar und gesegnet aufgegangen.[208]

Von den Salons ausgehend entwickelte sich eine neue Bürgerlichkeit, und es waren Frauen, die diese neue Gesellschaftsform förderten – eine Gesellschaftsform, die sich auf dem Nährboden der Aufklärung mit ihrer Weltoffenheit und der Bereitschaft, Bestehendes konstruktiv zu hinterfragen, entwickeln konnte. Bisher Getrenntes, nämlich Adel und Bürgertum, gelangte über die Gedanken der Aufklärung zu einer Symbiose neuer Bürgerlichkeit, die auch religiöse Toleranz implizierte. Was aber ist aus dieser Bürgerlichkeit geworden und wie stellt sie sich heute dar?

»Bürgerlichkeit« und »Bürger« sind Begriffe mit einem historischen Hintergrund. Der historische Bürger war ein Städter, und die Städte mit ihren Bürgern unterstanden regelmäßig nicht der adeligen oder geistlichen Bevormundung, sondern besaßen verbriefte Privilegien und Freiheiten gegenüber den jeweiligen Landesherren. Dieser vom 14. bis zum 16. Jahrhundert vorherrschende Zustand wird bis heute mit dem Satz »Stadtluft macht frei« bezeichnet. Die Bürger solcher Städte entwickelten anstelle einer nicht adeligen, nicht geistlichen und nicht bäuerlichen Kultur eine städtische mit eigenen Normen, Ehrvorstellungen und Symbolen.

Die bürgerliche Gesellschaft des ausgehenden 18. und beginnenden 19. Jahrhunderts, der Hochphase der Aufklärung also, war geprägt von modernen Ideen, deren Wegbereiter Männer wie John Locke, Adam Smith, Jean-Jacques Rousseau, die Enzyklopädisten Denis Diderot und Jean le Rond d'Alembert wie auch die Preußen Immanuel Kant und Moses Mendelssohn waren. Im Zentrum dieser neuen Gedankenwelt standen freie, mündige Bürger in einer sich säkularisierenden Gesellschaft, Bürger, die ihre Belange friedlich und selbstständig regelten, ohne zuviel obrigkeitliche Bevormundung. Dabei waren persönliche Leistung und Bildung ausschlaggebend für den individuellen Erfolg, nicht Geburt und Tradition. Aus dieser Zeit stammt der französische Begriff für Bürger: *citoyen*. Sowohl ein Zustand der relativen Freiheit und Rechtssicherheit als auch eine Öffentlichkeit und die Freiheit von theologischen Dogmen stellte die Grundlage für diese Entwicklung dar. Die Bildung wurde ein weiteres und zunehmend bestimmendes Element dieses neuen Bürgertums.

In der Zeit des 19. Jahrhunderts, in der zweiten Hälfte auch Gründerzeit genannt, veränderte sich das Bürgertum. Mit dem aufkeimenden Kapitalismus, dem zunehmenden Handel und der voranschreitenden Industrialisierung entstand eine neue Schicht von Kaufleuten, Reedern, Bankiers und Fabrikanten. Immer größere Administrationsbedürfnisse ließen im Staat eine Schicht höherer Verwaltungsbeamter und in der Wirtschaft Fabrikdirektoren, also leitende Angestellte, auftreten. Sie waren gebildet und in Beruf und Gesellschaft zum Teil enorm einflussreich. Neu war, dass die jüdischen Mitbürger begannen, ein wichtiger Bestandteil dieses Bürgertums und als solcher auch akzeptiert zu werden. Ein prosperierendes Bankwesen wäre ohne jüdische Beteiligung undenkbar gewesen.

Als ein weiteres Kennzeichen dieses Bürgertums ist ein ausgeprägtes Engagement für das Gemeinwesen und die Toleranz gegenüber anderen Glaubensrichtungen zu nennen. Tatsächlich hatte diese neue Gesellschaftsschicht inzwischen eigene Wertvorstellungen entwickelt, die zum Teil in diametralem

Gegensatz zu bestimmten obrigkeitlichen Strukturen standen: Arbeit versus Müßiggang, Sparsamkeit gegenüber Verschwendung und Ordnung anstatt Hingabe an Launen.

Der marxistische Philosoph Georg Lukács beschrieb den bürgerlichen Beruf in einem Aufsatz aus dem Jahr 1909 wie folgt durchaus zutreffend:

> Bürgerlicher Beruf als Form des Lebens bedeutet in erster Linie das Primat der Ethik im Leben; dass das Leben durch das beherrscht wird, was sich systematisch, regelmäßig wiederholt, durch das, was pflichtgemäß wiederkehrt, durch das, was getan werden muss ohne Rücksicht auf Lust oder Unlust. Mit anderen Worten: die Herrschaft der Ordnung über die Stimmung, des Dauernden über das Momentane, der ruhigen Arbeit über die Genialität, die von Sensationen gespeist wird.[209]

Bürgerliches Pflichtbewusstsein war es schließlich, das die katastrophale Entwicklung im Ersten Weltkrieg hinnehmen und seine Söhne ohne Murren und Hinterfragen in die Knochenmühlen von Verdun und Flandern schicken ließ. In der Weimarer Republik stellten sich Teile des Bürgertums, nämlich die Beamten, allenfalls einmal, nämlich während des Kapp-Putsches, gegen die Zerstörung dieser ersten Demokratie.

Vielleicht sehnte sich das Bürgertum nach einer neuen Ordnung, nachdem es seit 1918 von Niederlage zu Niederlage gegangen war, nicht selten einhergehend mit dem Verlust des wirtschaftlichen Wohlstandes. Und schließlich gelang es dem Kleinbürger Hitler, der aus dem Armenviertel der Habsburgmonarchie stammte, das Mittelmaß zur Regel zu machen. Weite Teile des deutschen Bürgertums waren deutsche Juden, und sie wurden systematisch ausgerottet.

Auch wenn Zivilcourage in jener Zeit nicht die starke Seite des Bürgertums war, wurde der Widerstand um den 20. Juli doch in weiten Teilen von Angehörigen dieser Schicht getragen.

Die Führungskräfte der späteren jungen Bundesrepublik entsprangen dann übrigens nicht den Überbleibseln des klassischen Bürgertums, wie man an Konrad Adenauer sieht, dessen Vater der Erste in seiner Familie war, der das Abitur gemacht hatte, und von dessen Vorfahren keiner bürgerlich im vorstehend genannten Sinne war. Das historische Bürgertum hatte sich, wie bereits ausführlich dargelegt, durch Bildung, Toleranz und soziales Engagement ausgezeichnet. Dem hatte der Wille zur Leistung, auch über mehrere Generationen hinweg, zugrunde gelegen, und das Ergebnis davon war ein zum Teil beeindruckender Wohlstand gewesen. Die zunehmende Freiheit der Entfaltungsmöglichkeiten hatte dabei den Nährboden für diese Entwicklung dargestellt, und es war eine Kultur des zivilisierten Umgangs miteinander entstanden, die spezifische Benimmkodizes enthielt. Von diesem Bürgertum war nun jedoch fast nichts mehr zu spüren. Die Staatstreue des Bürgertums, die gelegentlich zur politischen Teilnahmslosigkeit mutierte, war im Ergebnis eben auch am deutschen Niedergang beteiligt. Zwei Weltkriege sorgten dafür, dass die Elite eines Volkes erheblich, um nicht zu sagen substanziell, dezimiert wurde. Der Verleger Wolf Jobst Siedler soll einmal die Wette abgeschlossen haben, dass er in einem bestimmten Zeitraum auf dem Kurfürstendamm in Berlin keinem Herrn mit Krawatte begegnen würde – für ihn war die fehlende Krawatte ein Zeichen der Entbürgerlichung Berlins.[210]

Was ist heute »bürgerlich«: sind es Äußerlichkeiten, sind die Bürgerlichen am Ende ersetzt worden durch die Schönen und Reichen, wie wir sie in den Klatschspalten bewundern oder, je nach Standpunkt, bemitleiden? Sind das Vorhandensein oder der Wegfall bestimmter äußerer Merkmale Ausdruck der Zugehörigkeit zur Bürgerlichkeit oder der Abgrenzung von ihr, so wie die lange Hose zur Zeit der Französischen Revolution das Erkennungsmerkmal des Bürgers war? Sind die lange Hose des 18. Jahrhunderts und die Krawatte des 20. Jahrhunderts heute ersetzt durch die Louis-Vuitton-Tasche und die Gucci-Brille? In letzterem Fall umfasst das Bürgertum dann die Gruppe der Schönen und Reichen, übrigens auch die Angehörigen des Wohlstandsproletariats, also jene, die einfach nur

Geld haben, wie auch immer sie daran gelangt sind. Wem das zu einschränkend ist, der nehme auch noch all jene hinzu, die so durchschnittlich vor sich hinleben, aber etwas überdurchschnittliche Einkommens- oder Besitzverhältnisse aufweisen.

Tragen die Bürgerlichen von heute die Designertaschen und teuren Brillen als Zeichen der Zugehörigkeit zu ihrer Einkommensklasse und versuchen jene, die gerne bürgerlich wären, es sich aber nicht leisten können, ihren Wunsch durch entsprechende Plagiate zu dokumentieren, gleichsam als Anwartschaft des Äußerlichen?

»Bürgerlich« ist jedenfalls in den Kreisen, die sich selbst als bürgerlich bezeichnen, ein durchaus positiv besetzter Begriff, möglicherweise genauso positiv wie »schön«, »gut« oder »gerecht«. Ist »Bürgerlichkeit« gar ein Begriff, den jeder für sich so interpretieren kann, wie er möchte, und der dabei immer positiv bleibt? Er ist jedenfalls geeignet, einen »versteckten Dissens« hervorzurufen. Im juristischen Sprachgebrauch ist damit ein Sachverhalt gemeint, bei dem sich die Parteien uneinig sind, dies aber nicht wissen.

Sich unreflektiert auf bürgerliche Werte zu berufen, führt daher zu einem Verlust von klaren Positionen und leistet so der politischen Beliebigkeit Vorschub. Ein so undifferenziert definiertes Bürgertum wird keine verbindlichen Wahl- und Meinungsprinzipien zulassen, weil sich fast jeder angesprochen fühlen darf – einheitliche Prinzipien kennt diese amorphe Masse nicht.

Diese Entwicklung nähert Parteien und Kandidaten auch dort einander an, wo Trennschärfe eigentlich Voraussetzung für die Transparenz einer Entscheidung sein sollte. Die eigentlichen Probleme des Landes, deren Lösung vielleicht gerade nicht großkoalitionär oder mittels des üblichen bundesrepublikanischen Dauerkonsenses erfolgen kann, werden versteckt, wo es klarer Meinungen und Positionen bedürfte. Deshalb sollten wir die historische Definition weitgehend wieder aufleben lassen. Mit meiner nachstehenden Begriffsklärung will ich nicht aus-, wohl aber abgrenzen. Und ich will deutlich machen, was ich vom Bürgertum erwarte, wenn es um die Gesundung unserer Gesellschaft geht.

Zum Bürgertum zähle ich nicht die Transferleistungsempfänger, die Ungebildeten oder nur mäßig Ausgebildeten, auch nicht jene, die sich nur über ihr Einkommen oder einen vermeintlichen sozialen Status definieren. Zum Bürgertum zähle ich schließlich auch nicht jene, die jedes Engagement für die Gemeinschaft ablehnen, wie etwa den mittlerweile abgeschafften Wehr- oder Zivildienst oder sonstige alternative Möglichkeiten des gesellschaftlichen Engagements.

Zum Bürgertum möchte ich hingegen jene zählen, die einen gewissen sozialen Status aufweisen, vielleicht schon in der zweiten oder dritten Generation, zudem über eine überdurchschnittliche Bildung besitzen, sich für die Gemeinschaft einsetzen und preußische Tugenden zur Grundlage ihres Denkens und Handelns gemacht haben im Sinne eines humanitären Ganzen sowie über die Bereitschaft verfügen, eine aktive Rolle in der politischen Gestaltung unseres Gemeinwesens zu spielen, mit einem Mindestmaß an Zivilcourage. Auch wenn ich damit »Bürgerlichkeit« von Teilen der Bevölkerung abgrenze, bleibt dennoch ein Bürgertum übrig, das groß genug ist, um prägend zu sein, wenn es denn wollte.

Ein Volk muss seine Politik an bestimmten Grundprinzipien orientieren. Eine Politik, die sich ausschließlich nach Stimmungen ausrichtet, ist zur langfristigen Gestaltung eines Gemeinwesens nicht fähig. Dafür bedarf es Grundprinzipien und Beispiele des Erfolgs durch Beachtung derselben und eine langfristige Denkweise. Ein Volk braucht solche Beispiele; dafür soll das von mir definierte Bürgertum stehen.

Ein Volk, das die Gestaltung seines Gemeinwesens primär dem Staat überlässt, wird immer durch jene regiert werden, die am dringlichsten glauben, diesen zu brauchen. Daher braucht ein Volk auch Beispiele dafür, dass es ausreichend ist, wenn der Staat die Rahmenbedingungen schafft, der Einzelne oder eine Gruppe Einzelner dagegen die Ausgestaltung übernimmt. Auch dafür soll das von mir definierte Bürgertum stehen.

Und schließlich braucht ein Volk Mitglieder, die mehrheitlich bereit sind, etwas von dem, was sie in und mit der Gemeinschaft erwirtschaftet haben, zurückzugeben. Damit ist nicht nur Mäzenatentum gemeint, sondern das für nicht bürgerliche Kreise erkennbare exemplarische Verhalten durch soziales und kulturelles Engagement. Ein Volk braucht diese Beispiele aus der Nachbarschaft; auch dafür soll das von mir definierte Bürgertum stehen.[211]

Wenn ich kurz zuvor von der Korrektur gesprochen habe, welche die historische Beschreibung des Bürgertums erfahren muss, dann ging es mir dabei auch um die Forderung, dass das Einmischen bei Fehlentwicklungen, das Ansprechen von Missständen, das Hinschauen, kurzum, die Zivilcourage unverzichtbare Charakteristika der Bürgerlichkeit zu sein haben. Deshalb ist das von mir definierte Bürgertum dazu angehalten, preußische Tugenden zu reaktivieren und den Anspruch an Führung auch unter Berücksichtigung unserer geschichtlichen Erfahrungen neu zu bestimmen.

Auf Führung bezogen sind Traditionen im Sinne bestimmter Benimm- und Verhaltenskodizes zeitlos. Wer diese aber nur aus Prinzip pflegt, reduziert sie auf eine affektierte Attitüde. Wer bürgerlich sein will, muss auch die Verpflichtungen kennen, die sich aus dieser gewünschten Selbstzuordnung ergeben. »Mehr sein als scheinen« ist der preußische Maßstab und die Verhaltensrichtlinie der Bürgerlichkeit. Ausdruck derselben sind Bildung und gesellschaftliches Engagement, das seine philosophischen Wurzeln letztlich in der christlichen Verpflichtung zur Nächstenliebe hat, nicht aber der offene Knopf am Ärmel, mit dem auf die wirtschaftliche Möglichkeit aufmerksam gemacht wird, sich einen Maßanzug leisten zu können. Insofern hat Bürgerlichkeit, richtig verstanden, etwas mit Preußen zu tun.

20.

Wie es ein schlechter Führer schafft, mühevoll erreichte Erfolge in kurzer Zeit zu ruinieren – Friedrich Wilhelm II.

Die mit dem Tod Friedrichs des Großen eingetretene Zäsur hätte nicht größer sein können. Ein Zitat von Winston Churchill wird dem, was nun anstand, in besonderem Maße gerecht, auch wenn es aus einem völlig anderen Zusammenhang stammt:

> Alle großen Bewegungen und jeder kraftvolle Impuls, den eine Gemeinschaft verspürt, werden entstellt und pervertiert, wenn erst einmal Zeit vergangen ist, und die Verfassung der Erde erstickt alle edelmütigen Bestrebungen ihrer Völker. Eine Aufwallung von Menschenfreundlichkeit in einer Nation entartet leicht zur Hysterie. Militärischer Kampfgeist neigt zur Brutalität. Freiheit führt zu Disziplinlosigkeit, Kontrolle mündet in Tyrannei. Der Stolz einer Rasse bläst sich auf zu lärmender Arroganz. Gottesfurcht verkommt zu Frömmelei und Aberglauben. Von dieser bedauerlichen Regel scheint es keine Ausnahme zu geben, und die wertvollsten Anstrengungen der Menschen, so großartig ihre anfänglichen Resultate aussehen mögen, nehmen ein trostloses Ende – wie Pflanzen, die aufschießen, Knospen und prächtige Blüten hervorbringen, sich dann aber zu einem

> harten Gestrüpp auswachsen und im Winter verdorren. Nur wenn wir daran denken, dass die Fäulnis neues Leben gebärt, dass ein erlöschender Enthusiasmus einem anderen Platz macht, die keimende Eichel durch die toten Blätter der Eiche genährt wird, wächst auch die Hoffnung wieder, dass Aufstieg und Fall bei den Menschen und ihren Regungen nur das wechselnde Blattwerk am beständig wachsenden Baum des Lebens sind, während unterschwellig eine Entwicklung von größerer Bedeutung weitergeht.[212]

Friedrich der Große und damit Preußen hätten einen kraftvollen Nachfolger gebraucht, einen, der die noch nicht abgeschlossene Konsolidierungsarbeit fortsetzen und die längst überfälligen Reformen hätte durchführen können. Stattdessen wurde mit Friedrich Wilhelm II. ein Mann König, der über keine nennenswerten Qualitäten verfügte, sieht man einmal von einer ausgeprägten Libido ab. Mit ihm begann eine Serie der dynastischen Mittelmäßigkeit, nachdem Preußen hundertfünfzig Jahre lang von Herrscherpersönlichkeiten regiert worden war, die bis zur Genialität für ihre Aufgabe geeignet waren. Nach Friedrich dem Großen sollte Preußen nun für die nächsten einhundertfünzig Jahre unter der Regentschaft von Königen stehen, die den monarchischen Ansprüchen zum Teil nur mühsam gerecht wurden, bis Wilhelm II. dann schließlich alles in Schutt und Asche legte.

Durch die qualitative Veränderung bei den nun folgenden Herrschaftsperioden trat schrittweise eine neue Form der Führung im Staat in Erscheinung, nämlich jene durch Staatsbeamte. Hielt Friedrich der Große noch alle Fäden der Regierungsarbeit in seiner Hand, so wurden diese ab jetzt nach und nach von »Spitzenstaatsdienern« übernommen. Bei Friedrich Wilhelm II. war das notwendig, weil er gar nicht auf das Amt eines Monarchen vorbereitet worden war – etwas, was Friedrich der Große versäumt hatte; allerdings war sein Urteil über seinen Neffen und Nachfolger auch vernichtend gewesen, wie folgender Kommentar belegt:

> Friedrich Wilhelm ist ungeschickt in allem, was er tut, ungehobelt, halsstarrig, launenhaft, ein Wüstling, verdorben in seinen Sitten, töricht und widerwärtig, das ist er, nach der Natur gemalt.[213]

Zu Beginn seiner Regentschaft war Friedrich Wilhelm II. durchaus beliebt, weil er so völlig anders war als sein Vorgänger. Seine Neigung für das Militär hielt sich in Grenzen, was im Übrigen dazu führte, dass die Offiziere sich abkapselten und in der Folge zunehmend als eigene Kaste ohne näheren Bezug zu den Bürgern angesehen wurden. Überhaupt liebte Friedrich Wilhelm II. eher einen bürgerlichen Lebensstil und war kein Kostverächter. Im Gegensatz zu Friedrich dem Großen, der eher ein Asket gewesen war, kann man seinen Nachfolger als Hedonisten bezeichnen, der den angenehmen Seiten des Lebens frönte, dies gilt auch für seine Einstellung zu Frauen. Seine erste Ehe wurde geschieden, weil beide Partner es mit der Treue nicht ganz ernst nahmen und deshalb Bedenken aufkamen, die mögliche Nachfolge könne nicht eindeutig dem amtierenden König zugeordnet werden. Doch auch während seiner zweiten Ehe mit Friederike Luise von Hessen-Darmstadt, aus welcher der Thronfolger stammte, unterhielt Friedrich Wilhelm II. Affären mit anderen Frauen. Berühmt geworden ist die langjährige Liebschaft mit seiner Mätresse Wilhelmine Enke, der späteren Gräfin Lichtenau, deren Rolle als »schöne Wilhelmine« sogar verfilmt wurde, ganz zu schweigen von sonstigen Seitensprüngen und Amouren. Neben seiner offiziellen Ehe ging Friedrich Wilhelm II. noch zwei morganatische Ehen mit Julie von Voss, der späteren Gräfin Ingenheim, und Sophie Juliane Friederike Gräfin von Dönhoff ein. Aus diesen Verbindungen stammten Kinder, zu deren Vaterschaft sich der König bekannte und um die er sich auch kümmerte. Seine weiche Art und seine Liebschaften skizzieren das Charakterbild des Monarchen, seine Distanz zum Militär und seine völlig übersteigerte Frömmelei sowie sein Hang zum Okkultismus runden es ab. Die zur Illustration dieser Zeilen gewählten Porträts Friedrich Wilhelms II. und seiner bekanntesten Mätresse veranschaulichen, wie man sich dieses »Herrscherpaar« vorzustellen hat.

Friedrich Wilhelm II. war das ganze Gegenteil seines berühmten Onkels und mehr den weltlichen Vergnügungen zugetan. Zu seinen Affären zählte auch Wilhelmine Enke, die spätere Gräfin Lichtenau.

Als Kronprinz begegnete Friedrich Wilhelm II. im Bayerischen Erbfolgekrieg Johann Rudolf Bischoffswerder, der ein Leben lang versuchte, sich den Nimbus eines Feldherrn zu verschaffen, der er aber nie war. Bischoffswerder sollte dem späteren König nie mehr von der Seite weichen, nachdem er Zeuge einer ersten von diesem gefühlten persönlichen Begegnung mit Jesus Christus geworden war. Die mystischen Neigungen Friedrich Wilhelms II. sollten Bischoffswerder ungeahnte Möglichkeiten eröffnen; immerhin brachte er es unter dessen Regentschaft bis zum Kriegsminister.

Dieser vergleichsweise unbekannte Name findet Erwähnung, weil sich geradezu abenteuerliche Geschehnisse entwickeln sollten, an denen dieser und ein Theologe namens

Christoph Woellner beteiligt waren. Letzterer verband mit der Sympathie für Friedrich Wilhelm II. zugleich eine Ablehnung Friedrichs des Großen, war er doch bei diesem wegen einer nicht standesgemäßen Heirat in Ungnade gefallen. Nach dem Tod Friedrichs des Großen wurde Woellner von Friedrich Wilhelm II. rehabilitiert und später zum »Wirklichen Geheimen Staats- und Justizminister und Chef des geistlichen Departements in lutherischen und katholischen Angelegenheiten« ernannt.

Diese beiden Männer luden Friedrich Wilhelm noch als Kronprinzen zu einer okkultistischen Sitzung ein, in deren Verlauf diesem mithilfe eines Bauchredners, diverser Illuminationen und eines Hohlspiegels weisgemacht wurde, er stünde in übersinnlichem Kontakt zu Leibniz, dem römischen Kaiser Marc Aurel und dem Großen Kurfürsten. Von diesen erhielt der völlig verängstigte Friedrich Wilhelm strenge Anweisungen, zum Pfad der Tugend zurückzukehren. Er war von der Realität der Erscheinungen so überzeugt, dass er die Initiatoren der Sitzung bat, ihn von der Belastung der Begegnung zu befreien.

Schließlich begeisterte sich Friedrich Wilhelm für den freimaurerähnlichen Bund der Rosenkreuzer und wurde im August 1781, also noch zu Lebzeiten Friedrichs des Großen, in der Berliner Freimaurerloge »Zu den drei Weltkugeln«, deren Großmeister Herzog Friedrich August von Braunschweig war, aufgenommen. In dieser Loge war im Jahr 1777 der Ritus des Ordens der Gold- und Rosenkreuzer alten Systems eingeführt worden. Der Bund der Rosenkreuzer ist eine mysteriöse Geheimorganisation mit seltsamer Vergangenheit. Bei seinen geistigen Grundlagen handelt es sich um eine skurrile Mischung aus archaisch-christlichen Überlieferungen, deren Geschichte bis auf Adam zurückgeführt wird. Dessen göttliche Weisheit soll ihm nicht völlig durch den Sündenfall genommen worden und über Noah an Abraham, Isaak und Jakob weitergegeben worden sein, wodurch schließlich auch Moses eingeweiht werden konnte. Die Weitergabe des Wissens erfolge über Druiden und Barden, wodurch ein Nebeneinander von christlicher Geistlichkeit und Naturpriestern konstruiert wurde.[214]

Die weiteren Ereignisse stellen sich als eine Mischung aus religiöser Eiferei, praktischem Intrigantentum und schamloser Vorteilsbeschaffung dar. Und wer glaubt, dass die Séance in der Kronprinzenzeit eine Jugendsünde der späteren Staatsbeamten war, der wird durch die Kenntnis dessen, was nun folgte, eines Besseren belehrt.

Woellner konnte im Jahr 1788 den König davon überzeugen, Karl Abraham von Zedlitz, dem Immanuel Kant seine *Kritik der reinen Vernunft* gewidmet und der in Preußen das Abitur eingeführt hatte, aus dem Ministeramt zu entfernen. Gleichzeitig wurde am 9. Juli 1788 ein Religionsedikt erlassen, das inhaltlich Woellner zugeschrieben wird und das den Status der religiösen Toleranz in Preußen veränderte. Während Friedrich der Große den verschiedenen Glaubensrichtungen gegenüber indifferent gewesen war, solange sich deren jeweilige Anhänger als gute Menschen erwiesen, stellte sich Friedrich Wilhelm II. im Religionsedikt als christlicher Herrscher dar, gab Verhaltensweisen für die Vertreter der christlichen Religionsgemeinschaften vor und sprach sich explizit gegen die Bewegung der Aufklärung aus, deren Vertreter allgemein als Gegner frömmelnder Geheimbünde, wie etwa dem Bund der Rosenkreuzer, galten.

Dies hatte erheblichen Unwillen bei der Bevölkerung zur Folge, weil man in Preußen an die bei Friedrich dem Großen übliche Toleranz gewöhnt war und sich die Aufklärung längst in den Köpfen etabliert hatte. Daraus resultierten zahlreiche Veröffentlichungen gegen das Religionsedikt und ein besonders hervorzuhebender Widerstand aus dem Oberkonsistorium, einer Behörde, die für die Aufsicht über die Zensur verantwortlich war. Die gesellschaftlichen Proteste wurden schließlich so groß, dass Friedrich Wilhelm II. in Zusammenhang mit einem erneuerten Zensuredikt Folgendes äußerte:

> Preßfreiheit in Berlin in Preßfrechheit ausartet, und die Büchercensur völlig eingeschlafen ist, mithin gegen das Edict allerlei aufrührerische Scharteken gedruckt werden.[215]

Bischoffswerder, der es immer geschickt verstand, die königlichen Neigungen für alles Mystische auszunutzen, stellte dem König im August 1790 auf einer Reise nach Schlesien ein junges Mädchen vor, das sich als Medium einen Namen gemacht hatte und als solches durch Orakelsprüche und das hellseherische Bestimmen von geeigneten Heilmethoden zu einer Berühmtheit geworden war. Bei der ersten Séance Friedrich Wilhelms II. mit diesem angeblichen Medium gab dieses den Hinweis, dass der königliche Lebenswandel, der durchaus Anlass zur Kritik geben könne, von Gott vergeben werden würde, wenn der Monarch sich des ebenfalls anwesenden Hermann Daniel Hermes, eines Mannes mit religionspolitischen Ambitionen, annähme. In der Folge wurde Hermes tatsächlich Oberkonsistorialrat und gehörte fortan zur königlichen Umgebung. Weil der Plan so gut funktioniert hatte, wurde in einer weiteren okkultistischen Sitzung mit demselben Mädchen dem König nahegelegt, dass auch der wiederum »zufällig« anwesende Rosenkreuzer Gottlob Friedrich Hillmer zu seinen künftigen Vertrauten gehören solle. Nachdem auch Hillmer Oberkonsistorialrat geworden war, erhielten er und Hermes den Auftrag, eine neue Behörde ins Leben zu rufen und zu führen, die Immediate Examinations-Kommission (IEK). Neben dem König, dem Oberkonsistorium und dem Ministerium Woellners war dies nun die vierte Einrichtung, die sich mit Religionsfragen zu beschäftigen hatte. Die IEK zog nach und nach Kompetenzen an sich, wie auch die Zensur über sogenannte Periodika, eine Publikationsform, die zum intellektuellen Austausch dringend gebraucht wurde, allerdings auch zur Kritik am Religionsedikt. Hillmer soll dem König schließlich vorgeschlagen haben, Periodika ganz zu verbieten, soweit sie sich mit philosophischen und moralischen Fragen auseinandersetzten.

In der Folge geriet nun kein Geringerer als Kant wegen seiner religionsphilosophischen Ausführungen, die aus Sicht der IEK dem Religionsedikt widersprachen, in ernsthafte Schwierigkeiten. Dieser Konflikt zeigt, wie ein intellektuell mittelmäßiger König unter dem Einfluss seiner Hofschranzen mit anerkannten geistigen Kapazitäten seiner Zeit umgehen konnte.

Das wesentliche politische Ereignis in der Regierungszeit Friedrich Wilhelms II., die Französische Revolution im Jahr 1789, stellte die Regierenden in Europa vor die Frage, wann denn Ähnliches im eigenen Land passieren würde. Gleichzeitig wurde in Preußen durch sie eine Debatte um die Beteiligungsrechte des Volkes eröffnet, die die nächsten fünzig Jahre andauern sollte. Insofern war die Entwicklung in Frankreich für die preußischen Regierenden, Intellektuellen und Aufklärer ein bedeutsamer und aufmerksam beobachteter Vorgang. Kant, der zu den exponiertesten Vertretern der Aufklärung gehörte und ein Anhänger der Französischen Revolution war, geriet schon bald in den Focus der IEK, deren Mitglied Oberkonsistorialrat Woltersdorf dem König bereits 1791 vorschlug, Kant das Schreiben zu verbieten.

Und tatsächlich ereilte Kant schließlich das Verbot, die Veröffentlichung einer Aufsatzfolge, die sich mit einem Thema auseinandersetzte, das die originären Betätigungsfelder der religiösen Oberaufsicht des Königs und seiner Behörden berührte, fortzusetzen. Diesem hätte er entgehen können, wenn er von dem besonderen Publikationsprivileg für Hochschulprofessoren Gebrauch gemacht hätte. Statt aber über eine Hochschule zu publizieren, wollte Kant die drei Aufsatzteile in der *Berliner Monatsschrift* erscheinen lassen und dies auch noch unter der Bedingung, dass die IEK eine entsprechende Zensurfreigabe erteile. Diese Vorgehensweise war eine gezielte Provokation; allerdings wurde zum Erstaunen Kants für den ersten Teil der Aufsatzreihe zunächst eine Freigabe zur Publikation erteilt. Erst mit dem Antrag auf Freigabe des zweiten Teils wurde das provozierte Verbot erteilt. Kant erwirkte daraufhin eine Publikationserlaubnis für das Gesamtwerk bei der Universität Jena, gab ihr kurzfristig den Titel *Religion in den Grenzen der bloßen Vernunft* und veröffentlichte sie bei Nicolai in Königsberg. Der Absatz des Buches war enorm, weil sich der bis dahin stattgefundene Zensurstreit als äußerst publikumswirksam erwiesen hatte. Bereits im Jahr 1794, also ein Jahr später, erschien die zweite Auflage, ebenfalls bei Nicolai, daneben eine Vielzahl nicht autorisierter Nachdrucke. Nun wurde Kant vom König direkt angegriffen, insofern dieser ihm in einem Schreiben vom 1. Oktober 1794 vorwarf, mit seiner Schrift zu Entstellung und Herabwürdigung mancher Haupt- und Grundlehren der Heiligen Schrift und des Christentums beizutragen. Gleichzeitig wurde er dazu ermahnt, von vergleichbaren Aussagen in Zukunft Abstand zu nehmen. Kant wies den Vorwurf zurück, beugte sich aber der Aufforderung, sich nicht mehr zu religionsphilosophischen Fragen zu äußern. Er kommentierte dies mit folgenden Worten:

> Schweigen in einem Fall wie der Gegenwärtige ist Unterthanspflicht, und wenn alles was man sagt, wahr seyn muß so ist darum nicht auch Pflicht, alle Wahrheit öffentlich zu sagen.[216]

Es war dies der Tiefpunkt der bis dahin praktizierten preußischen Toleranz und diese sollte in der ursprünglichen Form auch nicht wieder aufleben.

Die Folge dieser Begebenheiten war, dass dieser König keine Impulse zu geben in der Lage war und Preußen begann, seinen intellektuellen Vorsprung zu verlieren. Skurrilerweise war Friedrich Wilhelm II. dennoch insofern erfolgreich, als ihm mit der zweiten und dritten Teilung Polens der größte Landzuwachs für Preußen gelang und das ohne jede militärische Auseinandersetzung.

Die vorstehenden Vorgänge zusammenfassend möchte ich diese als das »Rosenkreuzertheorem« der Macht bezeichnen. Das »Rosenkreuzertheorem« kommt in zwei Formen vor. Die erste liegt dann vor, wenn ein charakterlich schwacher Vorgesetzter, der sich aber erkennbar in besonderem Maße für Nebensächlichkeiten interessiert, von Dritten unter Ausnutzung dieser Neigungen instrumentalisiert wird. In der Regel sind diese Dritten ihrerseits ebenfalls schwach, können aber die zu Tage getretenen Schwächen ihres Vorgesetzten durch Anbiederung und themenbezogene Huldigung geschickt ausnutzen. Dem schwachen Führer schmeichelt dies, gleichzeitig fühlt er sich verstanden und wird deshalb Schlüsselpositionen mit seinen Vertrauten besetzen. Dies muss zwangsläufig mit Intoleranz einhergehen, weil jede Kritik an den Paladinen als persönliche Bedrohung empfunden wird. Selbst wenn dies nicht der Fall sein sollte, so werden diese schon dafür sorgen, dass der formale Entscheidungsträger den inzestuösen Zirkel nach außen abschottet.

So gibt es zahlreiche Unternehmen, die in wirtschaftliche Schwierigkeiten geraten sind, weil die Vorstände sich allzu gern von ihren eigentlichen Aufgaben haben ablenken lassen, nur um an Stellen eine Rolle spielen zu können, an denen sie weder ihren Unternehmen noch ihren Mitarbeitern dienen. Bloßes Affektionsinteresse ist dann die Triebfeder, nicht aber Pflichterfüllung.

Bei der zweiten Variante wird der Vorgesetzte von allen Entscheidungsabläufen faktisch abgehalten, sodass er sich immer mehr von seinen Kernaufgaben entfernt und so an Kenntnis verliert, weil er gar nicht mehr weiß, worum es geht. Um ihn herum hat sich eine einflussreiche Kamarilla gebildet, die beginnt, nach Belieben zu schalten und zu walten.

So lauern im Umfeld aller schwachen, aber auch formal einflussreichen Vorgesetzten potenzielle Manipulatoren, die nur darauf warten, die Möglichkeit zur Intrige zu erhalten. Wer also Vorgesetzte in Spitzenpositionen beurteilen will, sollte zunächst nach der Existenz von Manipulatoren Ausschau halten. Gibt es diese, so ist Vorsicht geboten, da die Architektur der Macht nicht offensichtlich ist oder weil das Unternehmen früher oder später ruiniert sein wird. Umgekehrt ist es für den Führenden essenziell, in seiner Umgebung niemals Manipulatoren zuzulassen, wozu auch gehört, dass man darüber wacht, dass sich die zur Abschirmung notwendigen Instanzen nicht verselbstständigen. Hier bewahrheitet sich der Satz von Kant:

> Daß Könige philosophieren, oder Philosophen Könige würden, ist nicht zu erwarten, aber auch nicht zu wünschen; weil der Besitz der Gewalt das freie Urteil der Vernunft unvermeidlich verdirbt.[217]

Friedrich Wilhelm II. war durch seine mystischen Neigungen in religiösen Fragen völlig dem Einfluss seiner Manipulatoren ausgeliefert und dadurch im Grunde unberechenbar geworden, es sei denn, man konnte seine Umgebung, die ihn beeinflusste und dominierte, durchschauen.

Im Hinblick auf Führung muss man sich immer vergegenwärtigen, dass auch Personen in exponierten Positionen nicht vor Torheiten geschützt sind. Deshalb muss man sich stets fragen, für wen diese denn von Nutzen sind. Der schwachen Führungskraft Stärke einzuimpfen ist nicht möglich; so muss man sich also an die Einflüsterer halten. Diese von den Pfründen der Macht, an denen sie sich laben, zu entfernen, ist wegen den entstandenen Abhängigkeiten von Manipulatoren und formalem Machthaber fast unmöglich. Wer ein solches Konglomerat austrocknen will, muss es gleich ganz entfernen. Dies gilt auch für den Krisenfall, weil Manipulatoren niemals Verantwortung zu tragen bereit sind und diese, wenn etwas schiefgeht, immer den schwachen Vorgesetzten zuschieben.

21.

Warum sich Inkonsequenz und Nachlässigkeit immer irgendwann rächen – die Kanonade von Valmy

Der im vorigen Kapitel kurz erwähnte Landgewinn kam nicht von ungefähr, denn preußischer Außenpolitik war im Vorfeld dessen die längst notwendige Überwindung des preußisch-österreichischen Konflikts gelungen. Nach dem Ende des Siebenjährigen Krieges war es offensichtlich, dass im Deutschen Reich bis auf Weiteres ein preußisch-österreichischer Dualismus die Politik bestimmen würde. War die Habsburgmonarchie als bisher größte Macht im Reich und als traditioneller Träger der Kaiserkrone immer auch dem Reich verpflichtet gewesen, so wurde dies nun durch eine ebenbürtige, dabei aber protestantisch geprägte Macht relativiert. Einen Vorgeschmack davon erhielten die Österreicher, als sie sich ihrem Land das Kurfürstentum Bayern einverleiben wollten und Friedrich der Große, um das zu verhindern, in Böhmen einmarschierte. Im Frieden von Teschen vom 13. Mai 1779 akzeptierte Maria Theresia die preußischen Ansprüche auf die fränkischen Fürstentümer Ansbach und Bayreuth und verzichtete auf Bayern. Dies war auch der letzte Waffengang des alten Friedrichs des Großen. Dennoch versuchte es der nächste Habsburger Kaiser, Joseph II., noch einmal, indem er die österreichischen Niederlande gegen Bayern eintauschen wollte.

In der Folge wurde unter maßgeblicher Beteiligung Preußens der Fürstenbund geschlossen, bestehend aus achtzehn größeren und kleineren Territorien. Friedrich der Große konnte damit als der Bewahrer bayerischer Souveränität angesehen werden, und im gesamten Reich stieg infolgedessen das Ansehen Preußens. Trotz seiner prinzipiellen Gleichgültigkeit in konfessionellen Fragen spielte Friedrich der Große die »protestantische Karte« mit großem Geschick aus. Faktisch wurde er damit zum Bewahrer des Deutschen Reiches, weil er dessen konfessionelle Spaltung nicht zuließ, sondern nachhaltig für die protestantischen Rechte eintrat. Damit wurde Preußen zur eigentlichen Garantiemacht des Westfälischen Friedens von 1648 mit der darin festgeschriebenen Bikonfessionalität im Heiligen Römischen Reich Deutscher Nation.[218]

Die Interessen Österreichs richteten sich daraufhin nach Süden, wo man versuchte, Landgewinne gegenüber den Türken zu realisieren. Preußen hingegen konterkarierte österreichische Bestrebungen durch die Unterstützung Aufständischer in Belgien und Ungarn und hoffte ansonsten auf Vorteile durch die revolutionären Bewegungen in Tirol, Galizien und der Lombardei, die ebenfalls österreichisches Engagement erforderlich machten. Als Kaiser Leopold II. gewahr wurde, dass ein Landgewinn im Süden möglicherweise um den Preis des Verlustes österreichischer Kernlande erfolgen würde, brach er diese Operationen ab und versuchte, sich mit Preußen, das inzwischen von Friedrich Wilhelm II. regiert wurde, zu verständigen. Diese österreichische Initiative führte zur Konvention von Reichenbach, mit der sich beide deutschen Mächte darauf verständigten, sich künftig nicht mehr gegeneinander auszuspielen. Preußen unterließ es ab sofort auch, mit der Französischen Revolution zu sympathisieren. Es machte nun eine Kehrtwende in der Außenpolitik, wie man sie seit den Regierungstagen des Großen Kurfürsten nicht mehr gesehen hatte. Nachdem der preußische Außenminister Ewald Friedrich Graf von Hertzberg, ein Aufklärer und Gegner des völlig unfähigen französischen Königs und seiner österreichischen

Frau Marie Antoinette, in Ungnade gefallen war, wurde er durch den uns bereits bekannten Bischoffswerder ersetzt. In der Pillnitzer Deklaration, die bei der Zusammenkunft von Friedrich Wilhelm II. und dem deutschen Kaiser Leopold II. im August 1791 zustande kam, verständigten sich Preußen und Österreich auf ein gemeinsames Vorgehen gegen Frankreich, zur Niederschlagung der Französischen Revolution. Man war sich auf deutscher Seite schon einig, wie die französischen Gebiete aufgeteilt werden sollten, da erklärte Frankreich dem Kaiser den Krieg, und es folgte das Unausweichliche.

Die preußisch-österreichischen Koalitionstruppen unter der Führung des Generalfeldmarschalls Karl Wilhelm Ferdinand Herzog von Braunschweig-Lüneburg, der als der führende Feldherr seiner Zeit galt, ohne dass er in seiner Person dafür irgendwelche militärisch relevanten Gründe geliefert hätte, drangen langsam, aber stetig in Frankreich mit Richtung auf Paris vor. Der Oberbefehlshaber stand zwar ganz in der friderizianischen Tradition, hatte hohe Ansprüche und war ein guter Truppenausbilder, hatte aber eine ebenso große Scheu davor, ein militärisches Risiko einzugehen. Er wollte diesen Krieg nicht, weil er sich des Erfolges nicht sicher war. Diese Einstellung wirkte sich denn auch auf die gesamte Operationsführung aus. Verdun wurde nach schwerem Bombardement genommen, und man war sich auf preußischer Seite sicher, schon bald in Paris zu stehen, wie eine Mätresse des preußischen Königs, die diesen ins Feld begleitet hatte, in völliger Verkennung der Umstände nach Hause schrieb.[219]

Und tatsächlich boten die französischen Truppen einen zum Teil erbärmlichen Anblick und machten nicht den Eindruck eines ernst zu nehmenden Gegners. Wie gering beispielsweise das Vertrauen des französischen Generals Charles-François du Périer du Mouriez, genannt Dumouriez, in seine Truppen war, zeigt der Umstand, dass er nur in Begleitung einer Kavallerieeskorte diesen gegenübertrat, nachdem er vor ihnen Kanonen und hinter ihnen Kavallerie positioniert hatte. Als ein Kavallerist ihn als Kriegstreiber beschimpfte, forderte er ihn zum Duell heraus, woraufhin dieser allerdings »kniff« – dennoch zweifelsohne eine seltsame Methode zur Durchsetzung der Disziplin. Diese Truppe bot nun der anmarschierenden Koalition bei Valmy, etwa auf halber Strecke nach Paris, die Entscheidungsschlacht an. Dies in einer mehr als merkwürdigen Position, denn die Franzosen verstellten den Koalitionären nicht den Weg nach Paris, sie standen vielmehr so, dass sie eher den Rückzug nach Deutschland verhindern würden. Die Stellung war aber insofern aus französischer Sicht gut gewählt, weil sich im Rücken der Franzosen besetztes Gebiet befand und die Truppen daher schon aus Eigeninteresse standhalten mussten. Aus österreichisch-preußischer Perspektive stellte sich die Lage so dar, als ob der Weg nach Paris frei sei, allerdings mit einem Gegner im Rücken. Vielleicht hätte ein anderer Truppenführer sich anders entschieden, hätte die französische Streitmacht einfach ignoriert, nicht aber der Herzog von Braunschweig-Lüneburg; er nahm das Gefecht an. Das, was sich dann am 20. und 21. September 1792 ereignete, sollte als »Kanonade von Valmy« in die Geschichtsbücher eingehen.

Aus Hochmut verweigerte Braunschweig-Lüneburg den Einsatz seiner wertvollen Infanterie gegen ein Revolutionsheer. Waren bei Rossbach und Leuthen die preußischen Gegner an ihrer Arroganz gescheitert, so erfuhr Preußen selbst nun das gleiche Schicksal, wie überhaupt alles dabei war, sich im Verhältnis zur friderizianischen Zeit ins Gegenteil zu verkehren. Hinzu kam, dass der Herzog zu keinem Zeitpunkt genügend Truppen besaß, um das eigentliche Kriegsziel überhaupt zu erreichen. Was wollte er auch mit vierzigtausend Mann in Paris, mit oder ohne feindliche Truppen im Rücken?

Nachdem nun die Koalitionäre zehntausend Kanonenkugeln verschossen und ohne jedes taktische Ergebnis tausendfünfhundert Soldaten verloren hatten, verharrten die Preußen zunächst in Untätigkeit und zogen sich schließlich zurück, wobei sich dieser Rückzug zum Desaster entwickelte. Um sich von den Revolutionstruppen besser absetzen zu können, gaben sie in der Folge die Festungen Longwy und Verdun auf. Schließlich führten die mangelnde Versorgung der Truppen und die widrigen Wetterverhältnisse dazu, dass sich die Armee, längst zum desolaten Heerhaufen mutiert, einfach auflöste. Das Revolutionsheer der Franzosen entwickelte hingegen ein Gefühl der Stärke, waren sie doch unbesiegt geblieben und wussten als Volksheer die Bürger, aus denen es sich rekrutierte, hinter sich. In der Folge gelang es ihm, die Städte Speyer, Worms und Mainz zu erobern und damit den Krieg nach Deutschland zu tragen, und der französische General Dumouriez konnte sechs Wochen nach Valmy sogar eine österreichische Armee in offener Feldschlacht schlagen. Kein Geringerer als Goethe, der als Weimarer Minister seinen Landesherrn begleitete, rief noch vor dem Desaster den Soldaten zu, dass von dort eine neue Epoche der Weltgeschichte ausgehe.[220] Er meinte es sicherlich anders, hatte aber im Ergebnis recht. Die Verbündeten waren von diesem Zeitpunkt an weder als Koalition noch einzeln in der Lage, den militärischen Drang des revolutionären Frankreichs zu stoppen.

Durch das Überstehen der Kanonade von Valmy und den gefühlten Sieg, auch über die Preußen, gewann das Revolutionsheer jenes Selbstbewusstsein, das in der Folge, dann unter der Führung Napoleon Bonapartes, die Grundlage für seine Eroberung Europas sein sollte. In dem Maße, wie die Franzosen ihr Selbstbewusstsein stärken konnten, war die Ungläubigkeit groß bei jenen, die von den Begebenheiten erfuhren, so etwa bei Friedrich Wilhelm von Steuben. Der in amerikanischen Diensten stehende, vormals preußische Offizier unter Friedrich dem Großen nahm fest an, es handele sich um eine Lüge der Franzosen, und als ihm die Tatsachen bestätigt wurden, konnte er sich dieses militärische Ergebnis nur mit einer von ihm vermuteten diplomatischen Intrige erklären.

Bezüglich der Halbherzigkeit dieser Operation lassen sich durchaus Parallelen zu heutigen Operationen der Bundeswehr bei Auslandseinsätzen aufzeigen. Wir streiten uns um Kompetenzen, wer die auf hoher See erfolgreich operierenden Piraten bekämpfen darf: spezielle Polizeieinheiten oder doch die dafür ausgebildeten Seestreitkräfte der Armee. Wir haben häufig kein robustes Mandat, das es auch erlaubte, Interessen durchzusetzen; so werden Soldaten mit wachsweichen Aufgabenbeschreibungen in Konflikte geschickt, obwohl entschlossenes und kraftvolles Handeln erforderlich wäre. Wie kann ein Land befriedet werden, dessen Bevölkerung von den Taliban terrorisiert wird, wenn anfänglich nur die eigene Verteidigung Gegenstand der *rules of engagement* ist? Will man einerseits aus politischen Gründen eingreifen, andererseits aber dem Wähler nicht zuviel militärischen Einsatz zumuten, dann gefährdet man die eigenen Soldaten. Die politischen Kriegsräte der Zauderer und Skeptiker lassen regelmäßig das Kraftvolle an einer notwendigen militärischen Maßnahme vermissen. Wenn wir schon eine Armee einsetzen, dann muss sie nicht nur das können, was sie verrichten soll, sondern auch das tun dürfen, wofür eine Armee da ist. In diesem Zusammenhang ist es notwendig, die Frage zu stellen, wo die militärischen Mahner sind, wenn es um die Einsätze der Bundeswehr geht. Wann meldet ein Admiral oder General, dass er den Auftrag mit den ihm zur Verfügung gestellten Mitteln, mit den ihm erteilten Vorgaben oder unter den vorgegebenen Rahmenbedingungen nicht ausführen kann? Man muss sich einmal vergegenwärtigen, dass wir unsere Soldaten in Afghanistan mit Bussen befördert haben, die auch in Deutschland im öffentlichen Personennahverkehr eingesetzt werden und in denen die transportierten Soldaten bei einem Anschlag keine Chance haben. Auch die Bewaffnung der in Afghanistan eingesetzten Soldaten ist unzulänglich und es dauert viel zu lange, bis die richtige Ausrüstung, wie etwa gepanzerte Fahrzeuge, in ausreichendem Maße zur Verfügung steht.

Gegenüber der Öffentlichkeit wird kontinuierlich der Eindruck vermittelt, als sei unsere Armee in der Lage, Gefechte von jeher zu vermeiden, und als brauche sie ihre Waffen nur zur Abschreckung, allenfalls zur Selbstverteidigung. Nach Afghanistan geht die angebliche Einsatzarmee als bewaffneter

Aufbauhelfer und auf offizieller Seite braucht man dann Jahre, um wenigstens verbal die Realität anzuerkennen, indem endlich von Gefallenen und von Krieg gesprochen wird. Zustände beim Namen zu nennen ist auch Ausdruck der Fürsorgeverpflichtung. Diese beginnt aber nicht erst in der Politik, sondern bereits innerhalb der militärischen Hierarchie.

Wir unterhalten eine Armee zur Landesverteidigung und lassen es zu, dass sie sich selbst und mit Billigung der politischen Führung als eine Armee im Einsatz bezeichnet, obwohl nicht einmal fünf Prozent der Truppe de facto im Ausland eingesetzt wird. Nach eigener Bekundung ist die Bundeswehr schon bei diesem Verhältnis am Rande ihrer Möglichkeiten. Auch wenn man zugestehen muss, dass die sich im Ausland befindlichen Truppen kalkulatorisch verdreifacht werden müssen, weil sich immer ein Kontingent in der Vorbereitung und ein weiteres in der Nachbereitung befindet, zeigt die bekundete Überforderung doch eine völlige Überadministrierung der Bundeswehr, ein grobes Missverhältnis zwischen eigentlicher Truppe und Stäben. Unsere Armee kämpft mehr mit der eigenen Bürokratie als mit irgendwelchen äußeren Feinden und auch dort, wo sie eingesetzt wird, besteht keine vernünftige Relation zwischen der kämpfenden Truppe und dem Aufwand, den sie in puncto Eigensicherung und Verwaltung verursacht.

Aufbau, Struktur und Einsatzmöglichkeiten der Bundeswehr sind das Ergebnis mangelhafter politischer Zielsetzung, was gleichzeitig eine zunehmende Verselbstständigung von Generalität und Ministerialbürokatie zur Folge hat. Insofern ist Friedrich Wilhelm II. politisch unter uns.

Preußen erklärte sich nach diesem Desaster für neutral, weil sich neue Möglichkeiten in Polen ergaben. Dort war es mit der Regentschaft König Stanislaw August Poniatowskis gelungen, eine Erbmonarchie mit einer Zentralregierung zu etablieren, wozu Friedrich Wilhelm II. gratulierte, um sich dann jedoch, nachdem unter Katharina von Russland einhunderttausend

Soldaten nach Polen einmarschiert waren, nicht davon abhalten zu lassen, einen Teil der Beute für sein Land zu beanspruchen – so erhielt Preußen die Städte Danzig und Thorn. Weil dies so erfolgreich verlaufen war, schlug sich Friedrich Wilhelm II. bei dem anschließenden Aufstand polnischer Patrioten, der sich in erster Linie gegen Russland richtete, auf die russische Seite. Mit der darauf folgenden dritten Polnischen Teilung hatte Preußen dann eine gemeinsame Grenze mit Russland erreicht, um den Preis aber, dass der eigentlich so wichtige Pufferstaat Polen verschwunden war. Insofern waren die zweite und dritte Teilung Polens das Ergebnis einer nur auf den eigenen Vorteil ausgerichteten preußischen Politik, ohne jede Geradlinigkeit und ohne Not, sich so zu verhalten; es war die organisierte außenpolitische Unzuverlässigkeit. Die Landgewinne auf Kosten Polens waren weder Teil einer Überlebensstrategie wie unter dem Großen Kurfürsten noch eines Staatenbildungsprozesses, wie es noch bis zum Ende des Siebenjährigen Krieges der Fall ge-

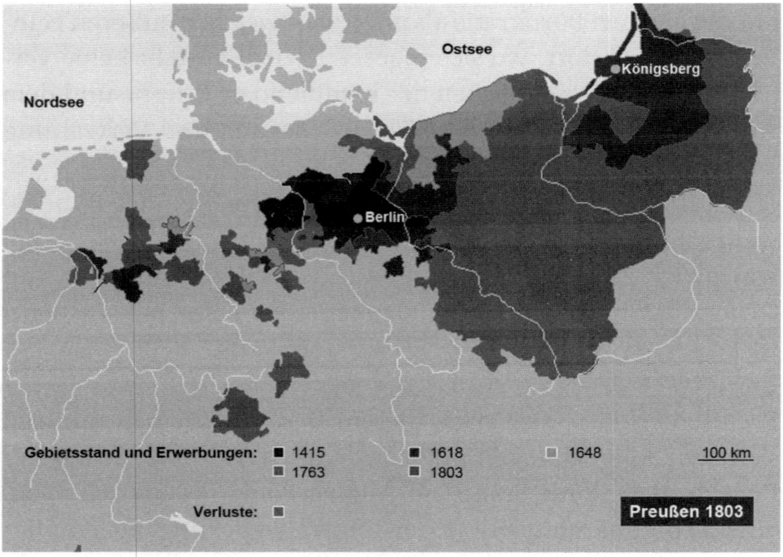

Preußen nach der dritten Polnischen Teilung im Jahr 1803.

wesen war. Die Neutralität und Unzuverlässigkeit sollten Preußen nun an den Abgrund führen.

Doch bis zur preußischen Katastrophe von Jena und Auerstedt sollten noch zwanzig Jahre vergehen, eigentlich Zeit genug, um die entstandenen strukturellen Mängel des friderizianischen Systems zu erkennen und abzubauen. Stattdessen widmete sich Friedrich Wilhelm II. anderen Schwerpunkten und Interessen, weshalb die Defizite vom Ende der Regentschaft Friedrichs des Großen zu seinen eigenen wurden.

Am 16. November 1797 verstarb Friedrich Wilhelm II., der schwächste Monarch in der preußischen Herrschaftsfolge, und sein Sohn Friedrich Wilhelm III. wurde König.

Welche Lehre aber kann man aus diesem Abschnitt der preußischen Geschichte für heutige Führungsbelange ziehen? Nun, zunächst einmal die, dass für den, der als Vorgesetzter nicht entscheidet, entschieden wird. Entscheiden können, entscheiden dürfen und vor allem auch entscheiden wollen gehören zusammen. Wer alle drei Elemente nicht in seiner Person vereint, überlässt informellen Führern, Stimmungen, Arbeitskreisen, Beratern oder Assistenten die Führung. Entscheidungen dürfen durch Dritte vorbereitet und fachlicher Rat soll eingeholt werden. Aber es muss dabei immer klar erkennbar bleiben, von wem die Entscheidung getroffen wird und wessen Absicht exekutiert werden soll.

Um Entscheidungen treffen zu können, braucht der Führer neben der hierarchisch definierten auch eine intellektuelle Kompetenz. Dabei ist der Begriff »intellektuell« wörtlich zu verstehen, also als Ableitung aus dem Lateinischen *intus legere* (»im Inneren lesen«). Es geht demnach nicht allein um eine spezifische Intelligenz, sondern um Wissen. Wissen in jenem Fachgebiet, in dem die Entscheidung getroffen werden soll, kurzum, Sachkenntnis. Der Führer muss sich dabei hüten, in die Rolle des ranghöchsten Schiedsrichters zu geraten. Entscheiden heißt also nicht, lediglich zwischen mehreren Möglichkeiten zu wählen; die Wahl muss vielmehr auch sinnvoll begründet werden und von der eigenen intellektuellen Kompetenz getragen worden sein. Führungsentscheidungen mit einer gewissen Tragweite verlangen Maßstäbe, an denen sich die Entscheidung messen lassen muss, Maßstäbe, die einen mehr oder weniger allgemeingültigen Charakter haben. Es sind dies die Kardinaltugenden Klugheit, Gerechtigkeit, Tapferkeit und Maß.

Klugheit meint dabei hier das Erkennen des Richtigen, im Sinne des Vertretbaren. Im Grunde trifft der Begriff »Weisheit« die Bedeutung besser, nämlich eine umfassende Kenntnis des Sachverhalts und ein ebenso umfassendes Abwägen aller verschiedenen Möglichkeiten des Handelns, wozu auch eine gesunde Einschätzung der eigenen Fähigkeiten und Grenzen gehört und damit ein Blick für das Machbare – Klugheit ist Vernunft.

Entscheidungen müssen gerecht sein. Der Untergebene hat einen Anspruch gegenüber dem Führenden auf Schutz und Fürsorge. Das impliziert geradezu zwingend auch einen Anspruch auf Gerechtigkeit. Nur bei gerechten Entscheidungen kann man eine Umsetzung einfordern, weil sonst die Nichtumsetzung auch nicht sanktioniert werden darf und dem Untergebenen kein Vorwurf gemacht werden kann, wenn er sich einer ungerechten Entscheidung widersetzt. Dabei geht es nicht allein um Gerechtigkeit gegenüber den Mitarbeitern, sondern auch gegebenenfalls gegenüber Dritten. Gerechtigkeit bedeutet zunächst, dass wesentlich Gleiches gleich und wesentlich Ungleiches auch ungleich behandelt wird. Gleiche Arbeit, gleicher Lohn. Unterschiedliche Ergebnisse mit unterschiedlicher Leistungsstärke bedingen dagegen auch unterschiedliche Entlohnung. Divergierenden Gerechtigkeitsempfindungen auf den verschiedenen Entscheidungs-, Umsetzungs- und Führungsebenen muss durch Erklärung entsprochen werden. Gerechtigkeit walten zu lassen bedeutet auch, die Ehre anvertrauter Mitarbeiter zu achten und zu schützen. Der Vorgesetzte ist angehalten, alles zu tun, damit die Gerechtigkeit sein bester Rocher de bronze wird.

Entscheidungen müssen, wo es erforderlich ist, auch tapfer getroffen werden. Von Tapferkeit kann man dort sprechen, wo mit dem eigenen Entscheiden die Gefahr negativer Folgen für sich selbst verbunden ist. So bei finanziellen oder auch karrierebezogenen Nachteilen. Diese Inkaufnahme eigener Verletzlichkeit kann der Geführte von seinem Vorgesetzten erwarten, weil sie ihm sonst seinerseits nicht zugemutet werden kann. Im Sinne des kategorischen Imperativs darf eine richtige und notwendige Entscheidung nicht dadurch beeinflusst werden, dass der Entscheidungsträger Angst um sein persönliches Wohlbefinden hat, das durch diese beeinträchtigt werden könnte. Mut haben, eine bestimmte Entscheidung zu treffen, sich für jemanden einsetzen, obwohl die Mehrheitslage nicht sicher ist, etwas um der Sache willen durchsetzen, wenngleich von den meisten die bequemere Lösung gefordert wird, all dies sind Beispiele für tapferes Handeln.

Jedes Handeln hat auch seine Grenze. Diese ist dort zu ziehen, wo Gier, Selbstsucht oder die bewusste Inkaufnahme der Schädigung Dritter oder derer Interessen, die gegenüber den eigenen gleichwertig sind, mit dem Agieren verbunden wären oder dieses überhaupt erst motivierten. In einer Zeit, wo gesellschaftliche Tabus zunehmend verschwinden und die Gesellschaft manche Torheit zulässt, wo sich die Grenzen der Konvention und der technischen Machbarkeiten bis hin zum völligen Negieren aller tradierten Wertvorstellungen verschoben haben, ist eine innere und im Ergebnis auch äußerlich sichtbare Beschränkung notwendig. Es geht dabei nicht um eine innere Beschränkung im Sinne eines Selbstkasteiens durch eine besonders asketische Lebensweise, sondern vielmehr um das Einhalten von Wertmaßstäben.

Der über allem liegende Maßstab dessen, wie wesentliche Entscheidungen zu treffen sind, ist der kategorische Imperativ, wie er von Immanuel Kant herausgearbeitet wurde: Handle nur nach derjenigen Maxime, von der du zugleich wollen kannst, dass sie ein allgemeines Gesetz werde.

22.

Wie Andeutungen zur schrecklichen Gewissheit werden – die Doppelniederlage von Jena und Auerstedt

Zeitgleich mit dem Niedergang Preußens trat aus den Wirren der Französischen Revolution Napoleon Bonaparte auf die Bühne der Weltpolitik. Er beendete die Revolution, indem er sich selbst an die Spitze der Entwicklung setzte. Napoleon wurde eine der herausragendsten Persönlichkeiten der Weltgeschichte. In der Summe seiner Begabungen ähnelte er Friedrich dem Großen, von dem er immerhin so angetan war, dass er dessen Bild stets mit sich führte. Im Gegensatz zu diesem war Napoleon jedoch maßlos, ein Imperialist im wahrsten Sinne des Wortes. Friedrich der Große wollte nur Schlesien erwerben, Napoleon dagegen die Herrschaft über ganz Europa erringen; das wurde ihm schließlich auch zum Verhängnis.

Napoleon war, ebenso wie Friedrich der Große, ein Kriegsherr; er hatte alle Macht in seinen Händen, war der Souverän Frankreichs und der Oberbefehlshaber seiner Armee und als solcher auch mit dieser im Feld. Er führte sie persönlich an und war nicht nur als Staatsmann, sondern auch als Feldherr außergewöhnlich begabt. Einer seiner späteren Gegner, der Feldmarschall Leberecht von Blücher, soll einmal gesagt haben, dass die Anwesenheit Napoleons auf dem Schlachtfeld vierzigtausend Mann wert sei.[221] Kein Königshaus seiner gegnerischen

Friedrich Wilhelm III., König von Preußen, wollte ein unbehelligtes Leben führen, stand dann aber durch die Folgen der Niederlage gegen Napoleon plötzlich vor ungeahnten Herausforderungen.

Koalitionen hatte eine derartige militärische Begabung aufzuweisen. Der Lauf der Geschichte hatte sich für Preußen also in sein Gegenteil verkehrt, was der amtierende König bis zur Katastrophe so nicht erkannte.

Militärisch stand man in Preußen noch immer unter dem Einfluss Friedrichs des Großen, auch wenn dieser schon zwanzig Jahre lang tot war. Viele Offiziere hatten noch unter ihm gedient, weshalb ihnen der Nimbus der Unbesiegbarkeit anhaftete, obwohl sie seit damals keine Schlacht mehr geschlagen hatten. Auch war mancher Kommandeur und Befehlshaber nur unter dem großen König dazu berufen gewesen, einen Schlachtausgang mitzuentscheiden. Ein anderer König, ein anderer Gegner, zwanzig Jahre später, eine neue Taktik, auf die man nicht eingestellt war und schließlich eine Armee, die in Ausbildung und Ausrüstung völlig veraltet und eigentlich insgesamt nicht kampftauglich war, all diese Umstände haben zu der verheerenden militärischen Niederlage in der Doppelschlacht von Jena und Auerstedt am 14. Oktober 1806 geführt.

In einer Analyse des französischen Außenministeriums vom 25. November 1805 werden der Zustand und die Verfassung Preußens schonungslos und erschreckend zutreffend beschrieben:

> Von allen heute existierenden Mächten ist sie (Preußen) diejenige, welche beim besseren Äußeren und schönsten Aussehen von Festigkeit und Kraft die am weitesten im Verfall vorgeschritten ist.
>
> Preußen befindet sich außerhalb des Prinzips, welches es gegründet hat und welches es existenzberechtigt macht; es entfernt sich alle Tage mehr davon. Es unterhält mit bedeutenden Kosten einen großen militärischen Apparat, aber er lässt durch den Rost der Zeit die Triebfedern zerstreuen, welche die Ruhe entnervt, welche die Bewegungen des Krieges allein erhalten kann. Preußen vergisst, dass es nur ein Staat ist, weil es eine Armee war. Sein Prestige, einige Zeit noch durch frische Erinnerungen und Schaumanöver aufrechterhalten, wird einer gefährlichen und verhängnisvollen Probe eines aufgezwungenen Krieges nicht widerstehen. An dem Tage, an welchem es alle schamvollen Ausflüchte einer ängstlichen Politik, welche den Krieg vermeiden will, vergeblich versucht hat, wird es zu gleicher Zeit um seine Ehre und Existenz kämpfen. An dem Tage, an welchem es eine erste Schlacht verloren hat, wird es aufgehört haben zu bestehen.[222]

Dieser Analyse ist tatsächlich nichts hinzuzufügen; es trat alles genau so ein, wie es dort vorausgesagt wurde. Nach einigen zaghaften und unnützen politischen Manövern, der Verprellung möglicher Bündnispartner und einer theatralischen Bündnisdemonstration am Grab Friedrichs des Großen zwischen König Friedrich Wilhelm III. und dem russischen Zar Alexander kam es zum Krieg mit Frankreich, in dem Preußen relativ allein dastand.

In einem Vorgefecht bei Saalfeld am 10. Oktober 1806 fiel der preußische Prinz Louis Ferdinand, ein Neffe Friedrichs des

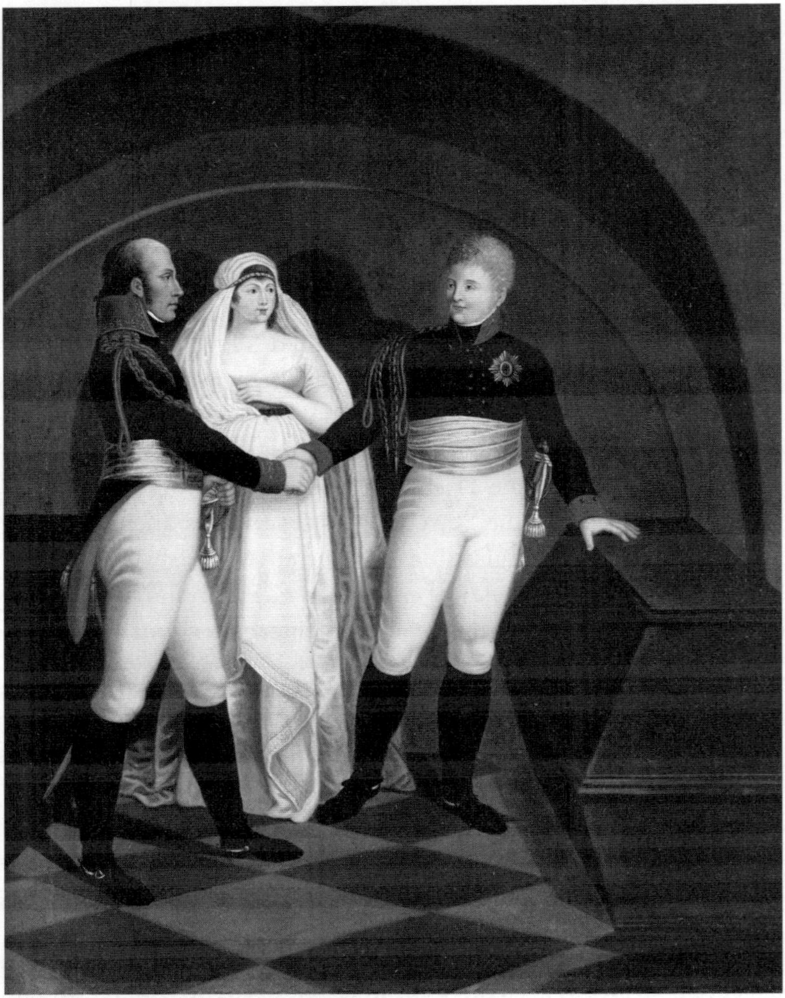

Am Sarg Friedrichs des Großen beschworen Friedrich Wilhelm III. und Alexander I. von Russland ihr Bündnis gegen Napoleon.

Großen. Er galt als einer der Hoffnungsträger, war gebildet und beliebt, hatte eine kritische Einstellung zur Politik des Königs und war Patriot; somit wäre er für die Vertreter einer anderen Politik, wie auch für Preußen insgesamt, eine große

Unterstützung gewesen. Der König kommentierte den in der preußischen Gesellschaft viel beachteten Tod Louis Ferdinands mit dem lapidaren Hinweis, dass er so gestorben sei, wie er gelebt habe. Der Prinz mag vielleicht ein Draufgänger und Frauenschwarm gewesen sein, in Saalfeld hatte er aber seinem Land dienen wollen, das von einem zaudernden und ängstlichen König mit ebensolchen Ratgebern geführt wurde. Dass sein Tod eine Reaktion darauf gewesen sein soll, dass er die drohende Niederlage nicht erleben wollte, ist reine Spekulation. Fontane hat sein Sterben in der letzten Strophe seines Gedichtes über Prinz Louis Ferdinand so beschrieben:

Und als das Wort verklungen,
Rollt Donner schon die Schlacht,
Er hat sich aufgeschwungen,
Und sein Herze noch einmal lacht,
Vorauf den anderen allen
Er stolz zusammenbrach,
Prinz Louis war gefallen
Und Preußen fiel – ihm nach.[223]

Die nun folgende Niederlage am 14. Oktober 1806 war eine totale, aber keine rein militärische, sondern auch eine strukturelle. So ging die Schlacht von Jena und Auerstedt aus allen erdenklichen Gründen verloren, die für eine Niederlage in Frage kommen können. Es bestand eine grundsätzliche Kriegsuntauglichkeit der preußischen Armee, dies auf allen militärischen Gebieten. Es war eben nicht mehr die Streitmacht Friedrichs des Großen oder, andersherum gesagt, sie war es eben noch,[224] insofern sie seit den Tagen dieses großen Königs keine Weiterentwicklung mehr erfahren hatte. Das Offizierskorps war überaltert, die einfachen Soldaten hatten nur Erfahrung im Exerzieren, viele von ihnen seit Jahren keinen einzigen Schuss mehr abgegeben, bei der Artillerie war das gefechtsmäßige Geschützexerzieren, nämlich das Auf- und Abprotzen, vernachlässigt worden, die Offiziere besaßen keine

Karten und die persönliche Ausrüstung der Soldaten war unzulänglich; so passten die Uniformen zum Teil überhaupt nicht, und es fehlte an wärmender Wäsche.

Die preußische Armee war allenfalls noch für Paraden tauglich, nicht aber für einen Krieg. Zu allem Überfluss wurde der Schatten der vormals besten Streitmacht Europas von dem gleichen Oberbefehlshaber geführt, der bereits die Operation von 1792 mit der Kanonade von Valmy zu verantworten gehabt hatte, dem Herzog von Braunschweig-Lüneburg. Zu den bekannten charakterlichen Mängeln dieses Truppenführers trat eine inzwischen eingetretene körperliche und geistige Schwächung hinzu. So stand er unter dem Eindruck des Todes seiner langjährigen Geliebten und war im Übrigen über den bevorstehenden Krieg so erschrocken, dass er zunächst das Kommando verweigerte, um dann doch noch zum Feldherrn ohne jede Ambition zu werden. Als regierender Fürst von Braunschweig neutralisierte er sein eigenes Herzogtum und hielt die eigenen Soldaten aus einem Krieg heraus, dessen Anführer auf preußischer Seite er sein sollte.

Auf der anderen Seite stand nun Napoleon, der nach neuen, den Preußen unbekannten taktischen Grundsätzen zu kämpfen beabsichtigte. Kern der neuen Taktik waren die Tirailleurs: Scharfschützen, die gerade nicht in einer Formation kämpften, sondern zum Teil selbstständig operierten und so den fein säuberlich in der Lineartaktik streitenden Preußen zusetzten. Auch führte Napoleon keinen Proviant mit; er organisierte die Versorgung seiner Armee nicht wie die Preußen mit ihrem veralteten Magazinsystem, sondern stattdessen in dem Land, das er für Kampfhandlungen nutzte. Dadurch und durch den Umstand, dass die französischen Truppen keine Zelte mitführten, waren seine Soldaten viel beweglicher. Auch wollte Napoleon sich nicht mit einer begrenzten militärischen Auseinandersetzung begnügen, wie es in der Zeit der Kabinettkriege üblich war. Seine Taktik sah vor, im Falle einer gegnerischen Niederlage dem Feind nachzusetzen und den Krieg überall dorthin zu tragen, wo sich noch militärische

Kräfte des Gegners befanden. Sein Ziel war dessen völlige Niederwerfung.

So traf in Jena und Auerstedt die kriegsuntaugliche preußische Armee unter der Führung eines völlig überschätzten, ambitions- und fast teilnahmslosen Oberkommandierenden auf einen neuartig operierenden Gegner mit einem überragenden Truppenführer.

Dabei war Napoleon als Feldherr in diesem Gefecht keineswegs überzeugend. Die Preußen hielten sich bei der Schlacht in Jena sogar erstaunlich lange. Auch deshalb glaubte Napoleon bis zum Schluss der Kampfhandlungen, die Hauptarmee Preußens vor sich zu haben. Umso erstaunter war er, als er am Abend des 14. Oktober 1806 erfuhr, dass diese, trotz ihrer zahlenmäßigen Überlegenheit, bei Auerstedt von Marschall Louis Nicolas Davout, seinem fähigsten General, geschlagen worden war. Der Herzog von Braunschweig-Lüneburg war bereits zu Beginn des Gefechtes gefallen; er war von einer Kugel im Kopf getroffen worden und starb wenige Tage später. Am Ort des Geschehens erinnert noch heute ein Denkmal an die Ereignisse von damals.

Die Doppelniederlage von Jena und Auerstedt entfaltete eine nachhaltige Langzeitwirkung. Sie brannte sich unauslöschlich in das kollektive Gedächtnis der deutschen Offiziere nachfolgender Generationen ein[225] und sollte ihr operatives Denken und das Verhältnis von Politik und Militär für die nächsten Jahre prägen. So erscheint es nicht einmal vermessen, wenn man eine Verbindung von Jena und Auerstedt bis hin zu der Urkatastrophe des 20. Jahrhunderts, dem Ersten Weltkrieg, zieht. Insofern war diese verheerende Niederlage ein Ereignis von zentraler politischer Bedeutung und ein Beispiel dafür, wie bestimmte historische Vorkommnisse noch über Jahrzehnte hinweg eine Wirkung entfalten, obwohl sie durch spätere Ereignisse scheinbar überholt worden sind. Diese militärische Schlappe beeinflusste das Sicherheitsbedürfnis des preußischen Staates und des Deutschen Reiches. Weder Preußen, das Land der Grenzstriche, wie Voltaire es einmal sarkastisch bezeichnete, noch später Deutschland hatten natürliche Grenzen, waren vielmehr umgeben von anderen Mittel- und Großmächten und so primär auf die eigene Wirtschaftskraft und die Finanzierung einer überproportional großen Armee angewiesen. So war nach Jena und Auerstedt klar, dass sich das preußisch-deutsche Gemeinwesen nie wieder durch eine Niederlage so an den Rand des völkerrechtlichen Abgrunds drängen lassen durfte. Die verhängnisvollen Ereignisse erfuhren mit der Niederlage von 1918 und dem Ende des Ersten Weltkrieges dann allerdings dennoch eine Wiederholung, mit all ihren Auswirkungen auf die operative politische Kriegsführung im Zweiten Weltkrieg und schließlich auf den Gedanken der Vorneverteidigung während des Kalten Krieges. Möglicherweise wurden der Aufstieg der Nationalsozialisten und das von diesen veranlasste militärische Erstarken Deutschlands deswegen so unreflektiert und unkritisch hingenommen, weil im kollektiven Unterbewusstsein darin irrtümlich eine Parallele zur preußischen Erneuerung nach der Niederlage von Jena und Auerstedt gesehen wurde.

Die Doppelniederlage von Jena und Auerstedt bedeutete aber nicht nur ein rein militärisches Fiasko. Das, was unmittelbar nach der Schlacht passierte, war so beschämend, dass es eigens Erwähnung finden muss, weil es die preußische Politik ebenfalls auf Jahre hinaus prägen sollte. Auch erscheinen erst vor dem Hintergrund dieser Ereignisse der Umfang und die Vollständigkeit der Niederlage in ihrer ganzen Deutlichkeit. Insgesamt ist Preußen nämlich dort militärisch geradezu implodiert. Die Reste der geschlagenen Armee lösten sich zum Teil auf, flohen in Panik, gerieten sich dabei bei dem Versuch, sich in Richtung Berlin durchzuschlagen, gar in die Quere. Offiziere verließen ihre Einheiten, flüchteten, brachten sich und teilweise auch ihre Familien in Sicherheit. Nur wenige Regimenter blieben intakt und konnten sich nach Osten durchschlagen. Zahlreiche Truppenführer aber und insbesondere die Festungskommandanten hinterließen einen besonders kläglichen Eindruck.

In Preußen gab es Festungen, wie Magdeburg, Stettin oder Kolberg. Diese waren zum Teil so stark bewehrt, dass ein Belagerer Wochen gebraucht hätte, um sie einzunehmen. Es ist schwer, eine Hypothese darüber abzugeben, wie die Entwicklung gewesen wäre, wenn diese Festungen nicht kampflos aufgegeben worden wären. Es kann aber als sicher angenommen werden, dass Napoleon seine Armee anders hätte aufteilen müssen, wenn er diese preußischen Stützpunkte hätte in Schach halten wollen; jedenfalls wäre sein Vormarsch in Preußen empfindlich gestört worden. Vielleicht hätten seine Kräfte überhaupt nicht ausgereicht, Preußen so zu besetzen, wie er es schließlich tat.

Aber die Situation entwickelte sich völlig konträr, nämlich zugunsten Napoleons. In Prenzlau kapitulierte am 28. Oktober 1806 Friedrich Ludwig Fürst von Hohenlohe-Ingelfingen, der inzwischen den Oberbefehl über die Reste der preußischen Armee hatte, mit zehntausend Mann kampflos vor etwa tausend Franzosen. Man hatte ihm fälschlicherweise gemeldet, dass seine Armee umstellt sei und die Artillerie unter Munitionsmangel leide. Er verließ sich darauf, machte keine Anstalten, diese Information zu überprüfen und ergab sich, nachdem in einem Kriegsrat alle Stabsoffiziere der Kapitulation zugestimmt hatten. Wir erinnern uns, wie fatal mangelnde Aufklärung ist und wie nachteilig Kriegsräte sein können. Seine Worte »Jeder Widerstand ist nutzlos!«, die ihm zur vermeintlichen Rechtfertigung dienten, sollten zum Fanal der nun folgenden Ereignisse werden.

Als Nächstes kapitulierten die Obersten von Hagen und von Poser mit insgesamt fast viertausend Mann vor siebenhundert Franzosen, wobei beiden nachgesagt wird, sie hätten den Gegner bis zur Kapitulation gar nicht gesehen. Die Festung Stettin ergab sich ebenso kampflos vor achthundert Husaren mit zwei Kanonen und übergab anschließend über fünftausend Mann Besatzung mit einhundert Kanonen. Schließlich öffnete auch Magdeburg seine Tore, das im Siebenjährigen Krieg als Zufluchtsort der preußischen Königin und als Lager für das

Staatsarchiv und den Staatsschatz gedient hatte. Die Festung Magdeburg war bei der Kapitulation fast fünfundzwanzigtausend Mann stark, besaß sechshundert Geschütze und hätte einer Belagerung wochenlang standhalten können.

Manch ein Festungskommandant weigerte sich sogar, die zurückflutenden Soldaten aufzunehmen, weil man an einer Verstärkung nicht interessiert war, auch, weil die Bürgervertretungen der Festungsstädte überhaupt nicht kämpfen wollten und daher an einer Unterstützung durch von der Front zurückkehrende Militärs nicht interessiert waren.

Nur wenige Festungskommandanten waren rühmliche Ausnahmen, so Courbière in Graudenz sowie die Kommandanten der Festungen Kosel und Glatz.

In der Luise-Biographie von Friedrich Adami aus dem Jahr 1900 wird sehr eindrucksvoll beschrieben, wie der Bruder Louis Ferdinands, Prinz August von Preußen, den General Graf von Kalckreuth davon überzeugen konnte, nicht an der Spitze von zwölftausend Preußen zu kapitulieren, nur weil dieser glaubte, von Franzosen umringt zu sein. Tatsächlich entpuppten sich die Gegner bei der daraufhin zusammengestellten Patrouille als Fata Morgana.[226] Prinz August geriet später in Gefangenschaft, nachdem seine Soldaten nicht mehr kämpfen konnten, weil sie über keine funktionstüchtige Munition, kaum Waffen und keine Pferde mehr verfügten. Als er zu Napoleon gebracht wurde, der ihn mit ausgesuchter Höflichkeit behandelt haben soll, bat er sich nur eines aus, nicht mit jenen verwechselt zu werden, die sich bei Prenzlau ergeben hatten.[227] Für ihn war der Widerstand gegen Napoleon eine Frage des Pflichtbewusstseins und der Ehre.

In Kolberg, einer strategisch nicht besonders bedeutenden Festung, trug sich Ähnliches zu. Sie wurde durch die Verweigerung der Übergabe berühmt und hielt bis zum Tilsiter Frieden im Juli 1807 der französischen Belagerung stand. Der Widerstand begann unter dem Festungskommandanten Ludwig Moritz von Lucadou, der dann auf das intrigante Betreiben des Bürgervertreters Joachim Nettelbeck hin durch Neidhardt von

August Neidhardt von Gneisenau war der Sieger von Kolberg, Generalstabschef unter Blücher und enger Mitarbeiter Scharnhorsts.

Gneisenau ersetzt wurde. In die Geschichtsbücher gingen lediglich Gneisenau und Nettelbeck sowie teilweise noch Ferdinand von Schill, der Führer eines Freikorps, ein. Alle drei waren den Kriegsgenerationen des 20. Jahrhunderts wohl bekannt. Lucadou hingegen blieb zu Unrecht vergessen; heute teilen auch die anderen sein Schicksal. Kolberg war ein Beispiel dafür, was Durchhaltewillen bewegen kann. Es wurde deshalb zu einem Mythos in der preußischen Geschichte und später missbraucht, als sich die Nazis dieses Mythos bemächtigten und beim Rückzug der Wehrmacht diesen Ort wiederum zur Festung erklärten, was dieses Mal die völlige Vernichtung Kolbergs zur Folge hatte.

Napoleon zog am 27. Oktober 1806 als Sieger in die preußische Hauptstadt Berlin ein. Er nahm alle Standarten der früher einmal siegreichen Armee Preußens mit, ließ die Quadriga vom Brandenburger Tor entfernen und nach Paris bringen. Am Grab Friedrichs des Großen soll Napoleon angeblich gesagt haben, dass er selbst sich nicht an diesem Ort befände, wenn jener noch dort weilte. Dennoch nahm er dessen Degen mit – soweit ging der Respekt dann doch nicht.

Die Bevölkerung reagierte auf die militärische Niederlage der Doppelschlacht von Jena und Auerstedt seltsam gleichgültig.[228] Schon die Art, wie die Berliner Bevölkerung nach der Schlacht, am 17. Oktober 1806, durch den Stadtkommandanten Graf von der Schulenburg über die Geschehnisse informiert wurde, zeugt von einer eigenartigen sprachlichen Distanziertheit zu der erlittenen preußischen Gesamtkatastrophe. So von der Schulenburg wörtlich:

> Der König hat eine Bataille verloren. Jetzt ist Ruhe die erste Bürgerpflicht. Ich fordere die Einwohner Berlins dazu auf. Der König und seine Brüder leben![229]

Welch eine Wendung: Fünfzig Jahre zuvor waren die Siege Friedrichs des Großen in ganz Europa gefeiert worden, und nun führte die Niederlage von Jena und Auerstedt, gerade einmal zwanzig Jahre nach dem Tod des großen Monarchen, zum völligen Zusammenbruch des Staates, dem er einst vorgestanden hatte, was von der Gesellschaft nun mit einer bemerkenswerten Unbetroffenheit hingenommen wurde. War Preußen am Ende doch das staatliche Kunstgebilde, für das manche seiner Kritiker es hielten?

In dieser Entwicklung liegt eine historische Lehre für nachfolgende Generationen begründet. Etwas aufzubauen, sich gegen eine Nomenklatura durchzusetzen, kann gelingen, vielleicht mit gewaltigen Anstrengungen. Das gilt heute weniger für Staaten als vielmehr für Unternehmungen. Eine Neugründung ist im Zweifel beweglicher, von Enthusiasmus durchdrungen und, wenn inhabergeführt, regelmäßig mit einer Kompetenz ausgestattet, die eine Herausforderung der Mitbewerber vertretbar macht. Manchem Unternehmen gelingt es, sich am Markt auch dann durchzusetzen, wenn dieser als eigentlich gesättigt eingeschätzt wird, eine Situation, die dem Numerus clausus der Mächte entspricht, der vorherrschte, als Preußen begann, sich im Heiligen Römischen Reich Deutscher Nation eine herausragende Position zu erkämpfen. Da aber die Gründer nicht ewig die Führung innehaben können, stellt sich die

Frage, ob die Strukturen im Unternehmen so geartet sind, dass man auch ohne den Geist der Pioniere auskommt, ob das Unternehmen also mehrgenerationsfähig ist. Auch etablierte Firmen müssen sich diese Frage immer wieder von Zeit zu Zeit stellen, weil eine Abfolge von unglücklich agierenden Unternehmensführern jede bis dahin gewonnene Stabilität schmelzen lässt wie die Klimaerwärmung die Gletscher der Alpen.

Was war nun ursächlich für eine solche Entwicklung in Preußen, für diese geradezu historische Implosion eines Gemeinwesens?

Der preußische Politiker Karl Sigmund Franz Freiherr vom Stein zum Altenstein brachte in einer für den späteren Staatskanzler von Hardenberg ausgearbeiteten Denkschrift vom 11. September 1807, aus der dessen Rigaer Denkschrift entstand, den Zustand Preußens treffend auf den Punkt. Darin war die Rede davon, dass aufgrund der Adelsprivilegien und der die bürgerlichen Rechte lähmenden Zünfte und Monopole ein großer Teil der Nation unfähig gewesen sei, Eigentum zu haben, weshalb es in einem Zustand der persönlichen Sklaverei gelebt habe.[230]

Tatsächlich war die gesellschaftliche Weiterentwicklung seit Friedrich dem Großen eher begrenzt gewesen, was im Wesentlichen an der Lethargie seiner Nachfolger lag. Dabei war Friedrich Wilhelm III. kein schlechter Mensch, er war vielmehr durchdrungen von den Gedanken der Aufklärung und hatte einen durchaus ausgeprägten Bürgersinn mit hohen moralischen Vorstellungen. Als König war er aber zu schwach und konnte mit seiner exponierten Stellung in einer absolutistischen Monarchie nicht umgehen, denn diese hätte eine starke Einflussnahme des Souveräns auf die Tagespolitik und die Gestaltung des Landes erfordert. Dieser Mangel, einhergehend mit dem erdrückenden Vorbild seiner berühmten Vorgänger Friedrich Wilhelm I. und Friedrichs des Großen, die sich um alles persönlich gekümmert hatten, ließen ihn als königliche Führungskraft scheitern. Dies auch, weil das Staatswesen komplexer geworden und Friedrich Wilhelm III. alles andere als genial war. Falsche Ratgeber, des Königs Ängstlichkeit davor, schnell Entscheidungen zu treffen – er bevorzugte es, dass man ihm schriftlich Vorschläge machte, die er dann in Ruhe prüfen konnte – und seine eher schüchtern wirkende Art taten ihr Übriges. Der Staat selbst bestand aus klar abgegrenzten ständischen Gesellschaftsschichten, von denen der Adel eine herausragende Rolle spielte. Auch die Offiziere wurden fast ausschließlich aus dieser Oberschicht gestellt. Träger des Staates war die Armee, weniger die Bürger, auch wenn sich in der Zwischenzeit vereinzelt ein gewisses Bürgerverständnis herausgebildet hatte. Bei den adeligen Offizieren hatte sich hingegen über die Jahre eine spezifische Arroganz bis hin zur Blasiertheit entwickelt, die auch vor ihrem Äußerlichen nicht haltmachte. So hatten sie ihre vorgeschriebenen Uniformen eigenmächtig durch weiße Schals, Stulpenstiefel und Stockdegen ergänzt und verändert.

Der Einzug Napoleons am 27. Oktober 1806 in Berlin symbolisierte die politische Niederlage Preußens.

Die zunehmende Entfremdung von Bürgertum und Adel, von Militär und Gesellschaft hatte zur Folge, dass die militärische Niederlage gegen Napoleon von den Bürgern Preußens weniger als ihre Angelegenheit oder ihre eigene Niederlage angesehen wurde als vielmehr die der Militärs; und die hatten in den Augen der Nichtmilitärs eine »Abreibung« verdient. Es störte daher auch niemanden, dass gefangen genommene Offiziere durch die Straßen Berlins getrieben wurden. Die Bevölkerung ergab sich in ihr Schicksal. Die Administration arbeitete mit der französischen Besatzung zusammen, die das Land auszusaugen begann. Das Verhalten des preußischen Beamtentums zeigt hier, wie dicht Pflichtbewusstsein und unwürdige Servilität beieinanderliegen können. Pflichtbewusstsein ist eben kein Selbstzweck. Es ist nur dann erstrebenswert, wenn auch das Ziel, dem es dient, ein erstrebenswertes ist.

Der König und die Königin waren nach Ostpreußen geflohen. Preußen wurde schließlich durch das Friedensdiktat von Tilsit am 9. Juli 1807 auf einen Restbestand reduziert, zu dem aber immerhin die vier wesentlichen Provinzen Brandenburg, Pommern, Preußen und Schlesien gehörten. Der preußische König war nur noch ein Souverän von den Gnaden der Franzosen und der Fürsprache der Russen.

Die vormals europäische Großmacht vegetierte nur noch als Schatten ihrer selbst dahin, ruiniert durch zwei schwache Könige und deren unbrauchbares Gefolge. Man hat fast den Eindruck, als sei da ein Operettenstaat aus dem europäischen Drehbuch der Politik einfach herausgenommen worden.

Und dennoch begann eine Selbsterneuerung, die historisch beispielhaft ist und in ihrer Anlage und Durchführung auch für Führungsverhalten in der Gegenwart als Exempel dienen kann. Am Anfang dieser Selbsterneuerung stand eine schonungslose Analyse dessen, was zu dem verheerenden Zustand geführt hatte und was verändert werden musste, um wieder eine Stellung einnehmen zu können, die in etwa jener entsprach, die das Land vor der Doppelniederlage von Jena und Auerstedt innegehabt hatte.

Die preußische Königin Luise brachte es in einem Brief an ihren Vater auf den Punkt:

> Wir sind eingeschlafen auf den Lorbeeren Friedrichs des Großen, welcher, der Herr seines Jahrhunderts, eine neue Zeit schuf. Wir sind mit derselben nicht fortgeschritten, deshalb überflügelt sie uns.[231]

Dieser Analyse ist eigentlich nichts hinzuzufügen. Die verantwortungsscheue Neutralitätspolitik Preußens hatte zur Isolation geführt. Zu dem Zeitpunkt, als man noch Verbündete gehabt hatte, war man zu einem gemeinsamen Handeln nicht bereit gewesen, und als man dann handelte, waren die Verbündeten bereits geschlagen oder abgefallen und im Alleingang war Preußen dem Genius Napoleons nicht gewachsen gewesen. Die preußische Königin Luise wurde in der Folgezeit zum Mythos, es entwickelte sich um sie ein regelrechter Luisenkult. Dazu trug die scheinbare Standfestigkeit der Königin im Unterschied zu ihrem Mann, ihr Verhältnis zu Stein und Hardenberg sowie ihre berühmte Begegnung mit Napoleon bei. Während sie mit den beiden genannten Preußen zwei große Männer beförderte, blieb die Begegnung mit Napoleon ohne jede Wirkung, auch wenn diese in Fernsehfilmen gelegentlich heroisiert wird. Das Königshaus war der Gewaltigkeit eines Napoleon grundsätzlich und gänzlich unterlegen – man kann fast sagen: Es mutete gegen ihn sogar erschreckend naiv an.

Unter dem Eindruck der Niederlage nahm der König höchstselbst eine Analyse vor, die er bereits am 12. Dezember 1806 unter dem Namen »Ortelsburger Publikandum« niederschrieb. Er bezeichnete darin die Geschehnisse als beispiellosen Skandal in der Geschichte der preußischen Armee – womit er auch recht hatte. Für die Zukunft ordnete er die sofortige Erschießung jener an, die grundlos kapitulierten oder mit einer Waffe unter fremder Fahne angetroffen würden. Abseits der offensichtlichen Zeichen königlicher Wut wurde doch etwas ausgesprochen, das wegweisend werden sollte für den anste-

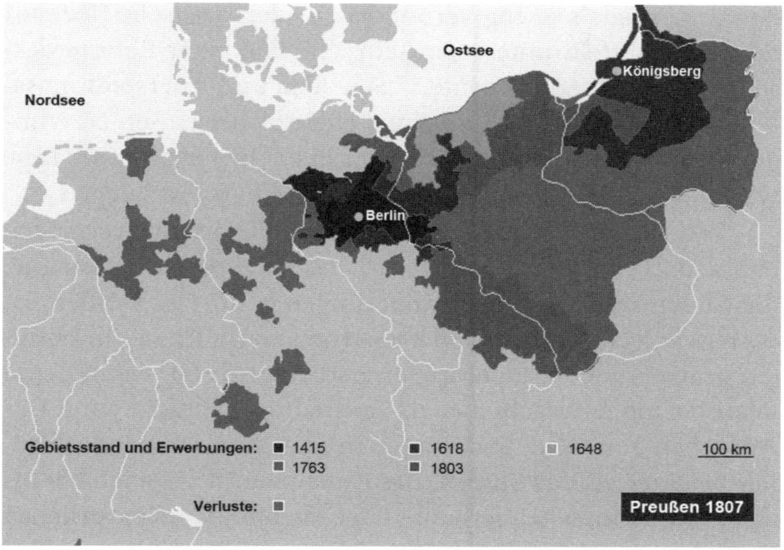

Preußen im Jahr 1807 nach den Gebietsverlusten infolge der Niederlage gegen Napoleon.

henden Umbau. So wollte der König, dass künftig die Aufnahme in das Offizierskorps für jeden möglich sei, der sich im Kampf auszeichnet hatte, unabhängig von seiner Provenienz. Dieser Grundsatz des Leistungsprinzips, der Relativierung von Herkunft und Stand, zog sich schließlich wie ein roter Faden durch das gesamte militärische Reformwerk und betraf auch den nicht militärischen Teil. Diese radikalen Gedanken stellten eine völlige Abkehr von der bisherigen Politik dar, nach der der Adel wesentlicher Träger der Armee gewesen war. Gleichzeitig sollte die Umsetzung dieses Gedankens ein Erstarken des Bürgertums und eine bisher fehlende Verzahnung von Zivil- und Militärgesellschaft zur Folge haben.

Solche Korrekturen sind wegen ihrer Radikalität zumeist erst in oder nach der Katastrophe möglich, und das auch nur, wenn der Zusammenbruch ein vollständiger ist. Erst musste das mit den Ansprüchen der absoluten Monarchie und den Aspirationen des Erbadels so eng verbundene friderizianische Heer auf dem Schlachtfeld unterlegen sein, ehe von einer Reform desselben die Rede sein konnte.[232] Seit Jena und Auerstedt mussten die Deutschen noch zweimal eine solchermaßen erzwungene Standortbestimmung durchmachen, bevor sie in der Lage waren, ihren Weg für die Zukunft dauerhaft festzulegen.

Weil die Menschen ein natürliches Beharrungsvermögen haben und eine im Grunde natürliche Neigung zur Harmonie, die Gefahr läuft, durch Veränderungen gestört zu werden, ist es schwierig, außerhalb von katastrophenähnlichen Einschnitten gravierende Veränderungen herbeizuführen, wenn deren Realisierung mit Nachteilen in Verbindung gebracht wird. Das Ausgeben von Geld, auch unter Inkaufnahme von Schulden, fällt leichter als das Sparen, das Faulenzen ist angenehmer als das Trainieren, wie überhaupt ein Gehen mit dem natürlichen Fluss der gesellschaftlichen Entwicklung weniger anstrengend ist als ein ständiges Optimieren, das man auch noch gegen eine vermeintliche Mehrheit durchsetzen muss. Diese Erkenntnis erklärt, warum eine schonende, schrittweise Veränderung zur Vermeidung einer drohenden Katastrophe oftmals zum Scheitern verurteilt ist. Sie erklärt auch, warum Umwandlungen auch in einem Unternehmen wohl überlegt sein müssen, was den Zeitpunkt ihrer Realisierung anbelangt, weil sie ansonsten häufig nicht durchsetzbar sind. Nicht, weil sie als solche falsch wären, sondern weil die Akzeptanz einer Veränderung auch bei den Vorgesetzten nicht gegeben ist. Gegen die alten friderizianischen Zöpfe war vor Jena und Auerstedt kein Kraut gewachsen; danach ließen sie sich aber abschneiden.

Deshalb kommt den Personen an der Unternehmensspitze eine so nachhaltige Führungsverantwortung zu. Sie haben es nämlich in der Hand, die Katastrophe zu vermeiden, indem sie ständig und stetig das Schiff auf Kurs halten. Dort, wo Vorgesetzte keine Gefahren sehen oder mögliche Bedrohungen anders beurteilen, ist es für nachgeordnete Führungskräfte schwer, Aktivitäten zur Vermeidung einer Katastrophe einzuleiten. Sie müssen sich nämlich nicht nur gegen das natürliche

Beharrungsvermögen durchsetzen, sondern auch noch gegen den Vorgesetzten. Dabei wirkt sich die Leistungskraft insbesondere großer Unternehmen zusätzlich nachteilig aus, weil diese sehr lang schlechtes und nicht visionäres Management aushalten. Irgendwann sind dann die Kritiker verstummt oder sie wurden durch Manipulatoren auf wenig einflussreiche Positionen verschoben, sodass jetzt nur noch die Katastrophe die Kurskorrektur einleiten kann.

Dabei muss insofern zur Vorsicht gemahnt werden, als sich der Weckruf nicht immer so gewaltig ankündigt wie in Jena und Auerstedt. Manchmal hört man ihn nicht, weil man einfach zu fest schläft.

Neben der unbedingten Wahrnehmung eines bestimmten Zustandes als Katastrophe bedarf es zu dessen Sanierung geeigneter Personen, die über Erfolgsmodelle verfügen, die zur Überwindung eingesetzt werden können, sowie über die Kraft, diese auch durchzusetzen. Schließlich müssen sie die Akzeptanz jener haben, deren Katastrophe sie überwinden sollen. Und manchmal ist es so, dass solche Personen überhaupt nur oder erst im schlimmsten Fall in Erscheinung treten, weil man sie vorher nicht gehört hat, sie unbequem waren oder sich aufgrund der Erkenntnis, doch nichts ändern zu können, andere Betätigungsfelder gesucht hatten. Ignoranz vergrault eben auch geistige Kapazitäten. Eine freie Gesellschaft bietet zu viele Möglichkeiten, als dass man auf ein Unternehmen, eine Stadt und schließlich auf ein Land angewiesen wäre, um sich zu betätigen, idealistisch zumal. Der Wegzug von in Deutschland gut ausgebildeten Menschen, die zunehmende Politik- und Politikerverdrossenheit und eine gefühlte Ohnmacht gegenüber der Unvernunft sind Reaktionen, die eine Mischung aus Frustration und Hoffnungslosigkeit darstellen, die sich in einer Abstimmung mit den Füßen in einer Immigration ins Private ausdrücken.

Die Beschreibung der preußischen Erneuerung soll mit einem Hinweis auf die Reden Johann Gottlieb Fichtes an die deutsche Nation eingeleitet werden, weil hier die deutsche Philosophie begann, von ihren Höhen zum Volke hinabzusteigen, wie Friedrich Meinecke einmal angemerkt hat.[233] Fichte entwarf in vierzehn Reden eine durchaus auch romantische Vorstellung von der deutschen Zukunft. Trotz ihres teilweise idealistischen Charakters sind seine Appelle doch zum geistigen Rüstzeug einer sich konstituierenden deutschen Nation geworden, einer Nation, die mehr sein sollte als nur ein Staatenbund, mehr als eine landsmannschaftliche Vereinigung. Weil Fichte auch dazu aufrief, die Trägheit abzuschütteln und wir heute an einer nationalen Lethargie leiden, weil wir eine »Man müsste«-Gesellschaft geschaffen haben, soll der entsprechende Passus aus der vierzehnten Rede wiedergegeben werden:

> Es sind Jahrhunderte herabgesunken, seitdem ihr nicht also zusammenberufen worden seid, wie heute; in solcher Anzahl; in einer so großen, so dringenden, so gemeinschaftlichen Angelegenheit, so durchaus als Nation und Deutsche. Auch wird es euch niemals wiederum also geboten werden. Merket ihr jetzo nicht auf und gehet in euch, lasset ihr auch diese Reden wieder als einen leeren Kützel der Ohren, oder als ein wunderliches Ungethüm an euch vorübergehen, so wird kein Mensch mehr auf euch rechnen. Endlich einmal höret, endlich einmal besinnt euch. Geht nur diesesmal nicht von der Stelle, ohne einen festen Entschluß gefaßt zu haben; und jedweder, der diese Stimme vernimmt, fasse diesen Entschluß bei sich selbst und für sich selbst, gleich als ob er allein da sei, und alles allein thun müsse. Wenn recht viele einzelne so denken, so wird bald ein großes Ganzes dastehen, das in eine einige engverbundene Kraft zusammenfließe. Wenn dagegen jedweder, sich selbst ausschließend, auf die übrigen hofft, und den andern die Sache überläßt, so gibt es gar keine anderen, und alle zusammen bleiben, so wie sie vorher waren. – Fasset ihn auf der Stelle, diesen Entschluß. Saget nicht, laß uns noch ein wenig ruhen, noch ein wenig schlafen und träumen, bis etwa die Besserung von selber komme. Sie wird niemals von selbst kommen. Wer, nachdem er einmal das Gestern versäumt hat, das noch bequemer

> gewesen wäre zur Besinnung, selbst heute noch nicht wollen kann, der wird es morgen noch weniger können. Jeder Verzug macht uns nur noch träger und wiegt uns nur noch tiefer ein in die freundliche Gewöhnung an unsern elenden Zustand.[234]

Nationalbewusstsein, Idealismus und die Wut über die Deklassierung ermöglichten es führungsstarken Personen, sich im preußischen Staat durchzusetzen, Personen, die bisher nicht oder nicht in diesem Umfang in Erscheinung getreten waren. Der späteren preußischen Selbsterneuerung sollte der zivile und militärische Erfolg beschieden sein, weil dafür Männer zur Verfügung standen, die das, was erneuert werden musste, aus eigener Kenntnis heraus beurteilen konnten und bezüglich einer Lösung klare Vorstellungen von dem hatten, was dabei herauskommen sollte. Sie mussten sich nicht mühevoll einarbeiten, sondern konnten Ideen und Vorstellungen aus dem Stand heraus artikulieren und auch umsetzen. Gleichzeitig vollzog sich in Preußen ein Paradigmenwechsel. War es seit dem Großen Kurfürsten im Wesentlichen durch seine Herrscher geprägt worden und bis dahin ausschließlich durch diese nach außen in Erscheinung getreten, so begann sich dies mit Friedrich Wilhelm III. insofern zu relativieren, als dass Preußen nunmehr auch als Staat und nicht mehr nur als Machtinstrument eines Souveräns auf der Bühne der Politik in Erscheinung trat. Entsprechend seien hier nicht nur der König, sondern der gesamte preußische Staat, seine Verwaltung und insbesondere die politischen Köpfe und Berater des Königs Gegenstand der Betrachtung. Einen Weg von Jena und Auerstedt nach Leipzig hätte es ohne die Reformer des preußischen Gemeinwesens nicht gegeben – es war ein Ringen dieser Persönlichkeiten um die Seele des Staates.[235] Gleichzeitig zwang Napoleon, sicherlich ohne es explizit zu wollen, Preußen zur Hinwendung zur Moderne, einer Moderne, die zu realisieren die Könige nach Friedrich dem Großen aus eigener Kraft nicht in der Lage gewesen waren, einer Moderne, die die Grundlage für die preußische Führungsrolle in Deutschland werden sollte.

Im Hinblick auf heutige Führungsbelange kann festgehalten werden, dass nur der Erfolg hat, der das, was er anfängt, auch richtig macht. Sonst ist es besser, auf die Umsetzung ganz zu verzichten. Führungskraft kann nicht sein, wer Entscheidungen nur halbherzig verwirklicht. Wer Opfer von anderen verlangt, ist auch verpflichtet, sich selbst mit seiner ganzen Bereitschaft einzubringen. Die Ereignisse um die Kanonade von Valmy zeigen, dass scheinbar kleinere Niederlagen durchaus dazu angetan sein können, eine große Niederlage vorzubereiten. Deshalb muss man seine Sache auch im Kleinen immer ordentlich machen, weil sich die Auswirkungen nie ganz vorhersagen lassen.

Jena und Auerstedt belegen, wie die kontinuierliche Vernachlässigung substanzieller Befähigungen einen ebenso konsequenten und vollständigen Zusammenbruch des Gesamten zur Folge haben kann und dass Stärke eben immer nur eine Momentaufnahme ist. Wer sie nicht pflegt und sich nur auf den Lorbeeren früherer Zeiten ausruht, der wird eines Tages aufs Übelste überrascht, weil die Kontrahenten selten gleichermaßen schlafen.

Dabei ist die Absicht, Stärke dauerhaft aufrechtzuerhalten, im Zweifelsfall immer mit Widerständen verbunden, weil Mitarbeiter, Untergebene, kurzum, jene, die an der Basis die Energie aufbringen müssen, sich auch einmal ausruhen wollen. Deshalb muss Stärke stetig erhalten werden, die Anstrengungen dafür aber dosiert sein. Nur zu Höchstleistungen anzutreiben führt irgendwann zur Verweigerung. Stärke lässt sich durch ein gleichmäßiges Niveau ausdrücken, das allerdings auf Abruf gesteigert werden kann. Schon ein maßvolles, aber gleichmäßiges Niveau wird im Allgemeinen über dem Durchschnitt liegen und die diesem noch aufgesetzte Steigerung dann alles in der Umgebung übertreffen. Umgekehrt wird der, der die Zügel schleifen lässt, der aus Nachlässigkeit eine Tugend macht, Zuschauer anlocken, die sich über die »Schmiere« freuen, die die Arroganz der Vernachlässigung erhalten hat.

Was die nun im folgenden Kapitel näher zu betrachtende Selbsterneuerung Preußens anbelangt, so kann man ihr im Bezug auf die Führungsthematik unserer Zeit entnehmen, dass ein Land, ein Unternehmen, kurz ein jeder gesellschaftliche Organismus sich auch aus einer vernichtenden Niederlage herausarbeiten kann, wenn er Begeisterung für die Sache zu erzeugen in der Lage ist. Dazu muss etwas Spezifisches vorhanden sein. In Preußen war dies der Geist eines Friedrich des Großen, an dessen Zeit die Reformer, was die Stellung Preußens in Deutschland anbelangte, wieder anknüpfen wollten.

23.

Warum jede Niederlage auch Vorteile bietet, wenn man nur die richtigen Schlüsse daraus zieht – die preußische Selbsterneuerung

Die zivile Erneuerung Preußens wird gemeinhin unter dem Begriff der Stein-Hardenberg'schen Reformen gefasst. Beide Namensgeber, sowohl Heinrich Friedrich Karl Reichsfreiherr vom und zum Stein als auch Karl August Freiherr, späterer Fürst von Hardenberg, waren keine gebürtigen Preußen. Ersterer kam aus Nassau, Letzterer aus Hannover. Der dritte maßgebliche, aber nicht im gleichen Atemzug genannte Reformer, Gerhard Johann David von Scharnhorst, war ebenfalls Hannoveraner. Die Beispiele dieser drei Persönlichkeiten zeigen, dass man Preuße nicht allein nur aufgrund seiner Geburt sein konnte, sondern auch aufgrund einer bestimmten Einstellung und der Bereitschaft, Preußen und seinem König unbedingt dienen zu wollen. Auch heute, wo es den Staat Preußen als solchen längst nicht mehr gibt, darf man sich unabhängig vom Geburtsort als Preußen bezeichnen, wenn man bereit ist, die preußischen Tugenden und Ideale zur Richtschnur des eigenen Lebens zu machen. Preuße zu sein ist also auch in unseren Tagen keine Frage der Herkunft, sondern der Einstellung.

Die Reformen von Stein, Hardenberg und Scharnhorst sind nicht allein nur wegen des von ihnen initiierten exemplarischen Prozesses der Selbsterneuerung Preußens bedeutsam und als solche schon ein Beispiel für Führung und Verantwortung, sondern insbesondere auch wegen des philosophischen Ansatzes, den alle Reformer gemeinsam vertraten und der allen Umwandlungsschritten zugrunde lag. Es war dies das unbedingte Streben danach, die Bürger Preußens durch Gleichstellung rechtlich und auch faktisch zu befreien. Zugleich wollten die Reformer dadurch eine Leidenschaft für König und Vaterland entfachen und so im Volk die Bereitschaft zur patriotischen Pflichterfüllung hervorrufen.

Der bedeutsamste unter den Konstrukteuren der Erneuerung war sicherlich Stein, der die entscheidenden und grundlegenden Impulse gab. Weil dieser durch sein Wirken einer der prägendsten Staatsmänner Deutschlands war, soll etwas näher auf seine Biographie eingegangen werden. Stein trat, übrigens zunächst gegen die Vorstellungen seiner Eltern, in preußische Dienste ein, weil er von Friedrich dem Großen begeistert war und Preußen als die modernere der beiden deutschen Führungsnationen galt.[236] Diese Entscheidung war dabei keineswegs im Sinne seiner familiären Interessen: Ohne die selbstlose Hilfe seiner Schwester wäre die laufende Verwaltung des Familiengutes nicht möglich gewesen. Insofern machte es sich Stein damit nicht leicht; tatsächlich sollte sich diese Entscheidung in der Folge aber doch als die wichtigste in seinem Leben erweisen.

Stein war ein gebildeter Mann; so galt seine Privatbibliothek, die er im Laufe seines Lebens zusammengestellt hatte, als eine der größten der damaligen Zeit, und er unterhielt zu ihrem Ausbau ein weit verzweigtes Netzwerk an Lieferanten, die ihn mit Büchern versorgten. Die thematische Breite der dort gesammelten Werke lässt auf den Umfang seiner Bildungsinteressen und sein so erworbenes Wissen schließen. Dabei sollen geschichtliche Fragen so sehr im Mittelpunkt seines geistigen Lebens gestanden haben, dass sich aus der Art, wie er diesen nachging, die ganze Persönlichkeit Steins begreifen ließ.[237] Historischen Studien, die er auch zu Papier brachte, so etwa im Falle seiner *Geschichte Frankreichs*, widmete er sich auch in Zeiten höchster Anspannung; sie waren seine moralische Rüstkammer und aus ihnen schöpfte er idealistische Empfindungen.[238]

Stein war mit den Denkansätzen Kants vertraut, wenn er ihm auch nicht persönlich begegnet war. Leistungsschwäche, Verlogenheit und das Bevorzugen eigener Interessen vor denen des Gemeinwesens verabscheute er und brachte dies auch stets aufs Neue zum Ausdruck – ohne jeden Anflug von Verbindlichkeit. Seine Wert- und Ehrvorstellungen waren fundamental und standen einer manchmal erforderlichen Geschmeidigkeit immer wieder im Weg. Eine Begebenheit aus der Zeit, die Stein am russischen Hof verbrachte, nachdem er auf Druck von Napoleon hatte entlassen werden müssen, zeigt seine furchtlose und moralische Geradlinigkeit: Als die russische Zarin angesichts des desaströsen Rückzugs Napoleons sagte, dass sie sich schämen würde, wenn jetzt auch nur noch ein französischer Soldat aus Deutschland entkäme, antwortete Stein der deutschstämmigen Zarin ebenso schneidig wie scharf:

> Eure Majestät haben sehr unrecht so zu sprechen über ein großes, tapferes und treues Volk, dem anzugehören Sie das Glück haben. Sie hätten sagen müssen: Nicht des deutschen Volkes schäme ich mich, aber meiner Herren Brüder und Vettern, der deutschen Fürsten. Ich habe siebzehnhunderteinundneunzig und siebzehnhundertvierundneunzig am Rhein erlebt. Hätten die deutschen Fürsten ihre Pflicht getan, so wäre kein Franzose jemals über den Rhein, geschweige denn über Elbe, Oder und Weichsel gekommen![239]

Auch die Freunde Steins hatten es nicht leicht, mit seiner Persönlichkeitsstruktur zurechtzukommen. So werden ihm Zornesausbrüche, Pedanterie, Halsstarrigkeit und eine hohe Erwartungshaltung gegenüber Mitarbeitern und Dritten nachgesagt.[240] Für Stein war Friedrich der Große der »Referenzpunkt« seines Weltbilds[241] und damit Maßstab bei der Beur-

»Hätten die deutschen Fürsten ihre Pflicht getan, so wäre kein Franzose jemals über den Rhein, geschweige denn über Elbe, Oder und Weichsel gekommen«, schleuderte Heinrich Friedrich Karl vom und zum Stein der russischen Zarin entgegen.

teilung von dessen Nachfolger, mit dem Ergebnis, dass diese vor seinen Augen nicht gut wegkamen. Auch gegenüber den Mitarbeitern und Ministern des Königshauses war er in seiner Beurteilung unerbittlich.

Stein stach als Beamter früh positiv hervor, weil er durch seine Fähigkeiten im Bereich der Führung und Organisation im preußischen Bergbau erfolgreich war.[242] Allerdings hielten die Neigung Steins, zu sagen, was er dachte, seine offensichtliche Enttäuschung über die Regierungsarbeit Friedrich Wilhelms III. und seine Vorstellungen von ständischer Ordnung den König lange Zeit davon ab, ihn zum Minister zu berufen. Obwohl Steins Leistungen schon längst für diese Ernennung gesprochen hätten, erfolgte diese erst im Jahr 1804. Wie schwer Friedrich Wilhelm III. sich damit getan hatte, brachte er selbst später im Entlassungsschreiben vom 3. Januar 1807 zum Ausdruck. Einmal im Amt, erhob Stein Forderungen nach einer anderen Zuständigkeits- und Ministerorganisation, die den Ministern mehr Selbstständigkeit einräumen sollte. Und so war der Konflikt vorbestimmt, denn das Regierungssystem in Preußen war faktisch auf das Schalten und Walten zweier Minister zugeschnitten, während die übrigen kein alleiniges Vortragsrecht beim König hatten. Dies aber empfand Stein als unerträglich, weil er nicht wusste, was aus seinen Vorlagen wurde. Der Kragen platzte ihm, nachdem der Minister von Haugwitz entgegen seiner Order nach dem Sieg Napoleons bei Austerlitz am 2. Dezember 1805 ein Bündnis mit Frankreich schloss, das auch noch vom heimischen Kabinett genehmigt wurde.

So kam es zu der Entstehung der am 27. April 1806, also noch vor der Niederlage von Jena und Auerstedt, abgefassten, geradezu impertinenten und gänzlich undiplomatischen Denkschrift Steins mit dem Titel »Darstellung der fehlerhaften Organisation des Kabinetts und der Notwendigkeit der Bildung einer Ministerialkonferenz«. Darin forderte Stein eine Reorganisation staatlicher Führung und die Entlassung der königlichen Entourage. Diese Schrift beeindruckt durch die Geradlinigkeit und Direktheit, mit der die Führungsprobleme im Staat angesprochen werden – auch scheute Stein nicht davor zurück, jene Politiker, die er für untragbar hielt, sogar explizit beim Namen zu nennen.

Die Schrift beginnt mit einem kurzen Vergleich der Regierungsarbeit der bisherigen preußischen Könige, um dann dem aktuell amtierenden Monarchen aufgrund seiner Abgeschiedenheit von seinen Ministern eine Kenntnis der Umstände, die für eine zutreffende Entscheidung eigentlich notwendig wäre, gänzlich abzusprechen – dies allein ist bereits ein ungeheuerlicher Affront. Und es kommt noch schlimmer, wenn Stein anschließend auch an dem vom König gebildeten Kabinett, bestehend aus den Kabinettsräten Beyme und Lombard sowie Haugwitz und dem Freund des Königs, General von Köckritz, kein gutes Haar lässt, ja, diesen Männern sogar jegliche Kompetenz abspricht. Die entsprechende Passage ist so bemerkenswert, dass sie in ihrer ganzen Länge zitiert werden soll.

> Der geheime Kabinettsrat Beyme besaß als Kammergerichtsrat Achtung wegen seines geraden, offenen Betragens, seiner

gründlichen und gesunden Beurteilung, seiner Arbeitsamkeit. Er besitzt Kenntnisse der Rechtsgelehrsamkeit; die zur Leitung der inneren Angelegenheiten notwendigen staatswirtschaftlichen Kenntnisse fehlen ihm gänzlich.

Das neue Verhältnis, in welches er als Kabinettsrat kam, machte ihn übermütig und absprechend, die gemeine Aufgeblasenheit seiner Frau war ihm nachteilig, seine genaue Verbindung mit Lombard und dessen Familie untergrub seine Sittenreinheit, seine Liebe zum Guten, und verminderte seine Aufmerksamkeit.

Der Geheime Kabinettsrat Lombard ist physisch und moralisch gelähmt und abgestumpft, seine Kenntnisse schränken sich auf französische Schöngeisterei ein; die ernsthaften Wissenschaften, die die Aufmerksamkeit des Staatsmannes oder des Gelehrten an sich ziehen, haben diesen frivolen Menschen nie beschäftigt. Seine frühzeitige Teilnahme an den Orgien des Rietz, (der Gräfin Lichtenau) [sic],[243] seine frühe Bekanntschaft mit den Ränken dieser Menschen haben sein moralisches Gefühl erstickt und an dessen Stelle eine vollkommene Gleichgültigkeit gegen das Gute und Böse (bei ihm) gesetzt. [...]

Das Leben des mit dem Kabinett affilierten Staatsministers Graf von Haugwitz ist eine ununterbrochene Folge von Verschrobenheit oder von Verworfenheit.

In seinen akademischen Jahren behandelt er die Wissenschaft seicht und unkräftig, sein Betragen war süßlich und geschmeidig.

Er folgte dann den Toren, die Deutschland vor 30 Jahren das Geniewesen trieben, strebte nach dem Nimbus der Heiligkeit, der Lavater umgab, ward Theosophe, Geisterseher und endigte mit der Teilnahme an den Gelagen des Rietz, an den Intrigen dieser Frau, verschwendete die dem Staat gehörige Zeit am Lombre-Tisch und seine Kräfte in sinnlichen Genüssen jeder Art. Er ist gebrandmarkt mit dem Namen eines ränkevollen Verräters seiner täglichen Gesellschafterin, eines Mannes ohne Wahrhaftigkeit und eines abgestumpften Wollüstlings.

(Der General Köckritz ist ein eingeschränkter ungebildeter Kopf von einem gemeinen Charakter und Denkungsart, die ihm einen unwiderstehlichen Hang zur Plattheit in Ansichten, Beschlüssen und Auswahl der Umgebungen gibt, und womit er eine höchst schädliche und unverständige Geschwätzigkeit verbindet.)

Die Zusammensetzung des Kabinetts ersetzt also nicht durch seine (subjektive) Eigenschaften das Fehlerhafte der Einrichtung selbst, und eine notwendige Folge des Fehlerhaften der Einrichtung und der fehlerhaften Auswahl der Personen ist das Missvergnügen der Bewohner dieses Staates über die gegenwärtige Regierung (das Sinken ihrer Achtung in der öffentlichen Meinung) und die Notwendigkeit einer Veränderung.

Es ist demnach notwendig, dass eine unmittelbare Verbindung zwischen dem König und den obersten Staatsbeamten wieder hergestellt werde, dass die Personen, welche den Vortrag der Staatsgeschäfte zur endlichen Entscheidung bei dem König haben, gesetzlich und öffentlich hiezu berufen, ihre Versammlungen zweckmäßig organisiert und mit Verantwortlichkeit versehen werden.[244]

Wer den Mitarbeitern eines Vorgesetzten ein solches Zeugnis ausstellt, der kritisiert auch den, der für die Personalauswahl verantwortlich ist, also in diesem Fall den preußischen König Friedrich Wilhelm III. höchstselbst. Es ist unglaublich, dass in einer absolutistischen Monarchie ein Untergebener, wenn er auch ein Adeliger war, einem König so die Meinung sagen konnte. Auch wenn dieses Verhalten auf die Persönlichkeitsstruktur Steins zurückzuführen ist, so war er doch ebenfalls in der preußischen Tradition tief verwurzelt, gemäß derer man seinem König gegenüber durchaus Kritik vorbringen konnte. Wir erinnern uns an das Immediatsrecht, wie es bereits unter Friedrich Wilhelm I. üblich gewesen war. Dennoch ist das Verfassen einer solchen Denkschrift keineswegs eine Selbstverständlichkeit, sondern eine Frage des Mutes, der Charakterstärke und der Leidenschaft für das eigene Land. Insofern ist Stein ein Vorbild für uns Heutige, weil in einer freiheitlichen Demokratie das zur Selbstverständlichkeit werden müsste, was Stein gar in einer absolutistischen Monarchie als natürlich erachtete.

Doch abgesehen davon gibt der zitierte Ausschnitt aus der Denkschrift auch einen ganz guten Einblick darein, wie sich der Staat seit Friedrich dem Großen entwickelt und warum dessen Tod eine derartige Zäsur für das Leben in Preußen dargestellt hatte. So hoffnungsvoll die Menschen beim Tode Friedrichs des Großen in die Zukunft blickten, hofften sie doch auf Reformen und eine gesellschaftliche Weiterentwicklung, so offensichtlich wurde mit der Zeit, dass seine Nachfolger Friedrich Wilhelm II. und III. nicht das Kaliber ihres großen Vorgängers waren. Die Art, wie Preußen in den Krieg mit Frankreich unter Napoleon hineinschlitterte und die Umstände der Niederlage zeigen, dass in der Zwischenzeit zunehmend wenig kompetente Personen an wichtige Positionen gelangt waren, was dem Geschick des Landes nicht zuträglich war.

Im weiteren Verlauf der Denkschrift, wenn auch gegen Ende, folgen konkrete Vorschläge, wie der preußische Staat zu organisieren sei. Dabei ist weniger dieser strukturelle Aspekt bedeutsam als vielmehr der quasi-konstitutionelle Ansatz Steins, wonach der König eher Moderator der Regierungsarbeit sein, sich jedenfalls nicht gegen einen Ministerrat durchsetzen können solle. Schließlich beendet Stein seine Ausführungen mit einer geradezu visionären Bemerkung, die allerdings erneut an Impertinenz kaum zu überbieten ist:

> Sollten des Königs Majestät die vorgeschlagene Veränderung der Regierungsverfassung nicht beschließen, sollten sie fortfahren, unter dem Einfluß eines Kabinetts zu handeln, so ist zu erwarten, dass der Staat (den er regiert) entweder sich auflöst oder seine Unabhängigkeit verliert, und dass die Liebe und Achtung seiner Untertanen ganz verschwindet.[245]

Er sollte recht behalten, denn wenige Monate später war Preußen nur noch ein Schatten seiner selbst. Die Denkschrift selbst erreichte den König nicht direkt und unmittelbar, was nicht an Stein lag, denn dieser hatte sie General von Rüchel mit der Bitte übergeben, sie an den König weiterzuleiten, was dieser nach Kenntnisnahme des Inhalts jedoch nicht für angemessen hielt. Auch die Königin, die ebenfalls gebeten wurde, die Schrift zu übergeben, lehnte dies ab, da sie glaubte, dass sich der König darüber zu sehr aufrege. Weil die Denkschrift aber dennoch in den Kreisen der Kritiker kursierte und eine Unterstützung auch von der königlichen Familie erhielt, wodurch der König dennoch von ihrer Existenz erfuhr, avancierte Stein schließlich zum informellen Wortführer einer sich formierenden Opposition. Dem und der Empörung des Königs zum Trotz wurde Stein nach der Niederlage von Jena und Auerstedt das Außenministeramt angeboten, was zunächst für den Großmut Friedrich Wilhelms III. sprach. Wie nicht anders zu erwarten, lehnte Stein es jedoch ab, was angesichts seiner mangelnden diplomatischen Fähigkeiten durchaus nachvollziehbar war. Er hatte indes auch Gründe, die auf den Erfahrungen beruhten, die er gemacht hatte, als er in früheren Jahren einmal diplomatisch tätig gewesen war und die dafür notwendige Geschmeidigkeit als unerträglich empfunden hatte, weshalb er schon zuvor ähnliche Angebote ausgeschlagen hatte. Obwohl dem König dies bekannt war, nahm er Steins Ablehnung des Außenministerpostens zum Anlass, ihn nun zu entlassen.

Im Entlassungsbrief, dem auch entnommen werden kann, wie sehr sich Friedrich Wilhelm III. durch die Weigerung Steins gekränkt fühlte, schrieb er, dass er sich in Stein anfänglich nicht geirrt habe, sondern dass Stein als »ein widerspenstiger, trotziger, hartnäckiger und ungehorsamer Staatsdiener anzusehen« sei, »der, auf sein Genie und seine Talente pochend, weit davon entfernt, das Beste des Staats vor Augen zu haben, nur durch Capricen geleitet, aus Leidenschaft und aus persönlichem Haß und Erbitterung« handele.[246]

Es ist am Beispiel Steins auch interessant zu beobachten, wie schwer es undiplomatische Menschen haben, auch wenn sie über außergewöhnliche Begabungen und ein breites Wissen verfügen, insbesondere, wenn sie auch noch gegen Ignoranz und mangelnde Befähigung in ihrer Umgebung ankämpfen müssen. Nur wenige Vorgesetzte vermögen, mit solchen Persönlichkeiten fertig zu werden. Vor allem solche, die es selbst gewohnt sind, durch eine gewisse Servilität aufzusteigen, scheuen Menschen, die ihrerseits bereit sind, eine Meinung klar zu artikulieren. Das gilt übrigens auch für deren Umfeld. So liebt man durchaus das klare Wort, bewundert dessen Verfasser sogar, die Solidarisierung mit ihm scheut man hingegen. Daher ist im Falle solcher Persönlichkeiten zumeist ein zweifacher Konflikt vorprogrammiert, zum einen mit den Vorgesetzten, gegen deren undurchdringliche Attitüde sie wie gegen eine Wand anlaufen, und zum anderen mit sich selbst, bedingt durch die Ungeduld der Betroffenen, weil sie entweder nicht zu Wort kommen oder nicht verstehen, warum sich ihre Meinung nicht durchsetzt.

Allerdings gehört zur wahren Größe desjenigen, der einen Führungsanspruch erhebt, auch, dass er sich darüber im Klaren ist, wie sehr ein ungehemmter Vortrag der Kritik seitens eines Mitarbeiters dazu angetan ist, die eigene Autorität zu untergraben. So ist es nicht grundsätzlich verwunderlich, dass einen eher zaudernden und entscheidungsschwachen König, der über seinen eigenen Schatten gesprungen war, um seinem renitenten Minister die Hand zu reichen, die blanke Wut packte, als dieser das Angebot dann auch noch ausschlug.

Die Entlassung nutzte Stein, um die schon bald, nämlich im Juni 1807, zu Berühmtheit gelangte »Nassauer Denkschrift« zu verfassen. In ihr formulierte er den staatlichen Reformbedarf Preußens und legte die Grundzüge der bürgerlichen Partizipation an der politischen Entscheidungsfindung fest wie auch seine Vorstellungen zur kommunalen Selbstverwaltung. Dabei ging Stein von einer Entscheidungssubsidiarität aus und vertrat somit die Idee eines Gemeinwesens mit deutlicher Bürgerpartizipation:

> Ist der Eigentümer von aller Teilnahme an der Provinzial-Verwaltung ausgeschlossen, so bleibt das Band, das ihn an sein Vaterland bindet, unbenutzt; die Kenntnisse, welche ihm seine Verhältnisse zu seinen Gütern und Mitbürgern verschaffen, unfruchtbar; seine Wünsche um Verbesserungen, die er einsieht, um Abstellung von Missbräuchen, die ihn drücken, verhallen oder werden unterdrückt, und seine Muße und Kräfte, die er dem Staat unter gewissen Bestimmungen gern widmen würde, werden auf Genüsse aller Art verwandt oder in Müßiggang aufgerieben.[247]

Der hier formulierte Gedanke ist nach wie vor aktuell, wenn man auch seinen Bezug auf die Besitzenden auflösen, diese Gruppe neu definieren und ein erweitertes Verständnis politischer Partizipation vornehmen muss. Besitzende sind heute nicht jene, die über Immobilien und Produktionsmittel verfügen, sondern die, welche aufgrund ihrer geistigen Anlagen, ihrer Bildung und der sich idealerweise daraus ergebenden finanziellen Möglichkeiten eine spezifische Unabhängigkeit für sich geschaffen haben. Und politische Partizipation ist in einer parlamentarischen Demokratie natürlich nicht mehr so zu verstehen wie zu Beginn des 19. Jahrhunderts. Heute geht es um die Frage, ob jene, die zu der neu definierten Gruppe der Besitzenden gehören, nicht nur theoretisch politisch mitwirken dürfen, sondern auch in der Realität de facto aktiv werden können, sich jedenfalls subjektiv in den demokratischen Prozess eingebunden fühlen. An Letzteres nicht zu glauben ist verständlich, wenn die tatsächliche Mitwirkung durch eine völlige »Vermachtung« der unterschiedlichen Interessengruppen und den erschwerten Zugang zu denselben so behindert wird, dass der Besitzende im Sinne der hier vorgenommenen Definition sich als nicht vertreten oder gar von der politischen Teilnahme ausgeschlossen empfindet.

Wir beobachten seit Jahren einen Braindrain, einen Zug der fähigsten Köpfe weg aus Deutschland, obwohl unser Land über eine besondere Infrastruktur der Justiz, des Gesundheits- und Schulwesens verfügt, mithin auch als sicher gilt. Ursache für die beschriebene Entwicklung ist die gefühlte Ohnmacht vieler, die nicht daran glauben, die Entwicklung des eigenen Landes mitbestimmen zu können und sich einer bestimmenden Ignoranz der Fordernden und Leistungsschwachen ausgesetzt fühlen. Für diese Menschen wird Deutschland auf ein Angebot unter mehreren reduziert, das sie in letzter Konsequenz zusammen mit einer im Entstehen begriffenen und künftig vagabundierenden Weltelite ganz oder teilweise annehmen können. So »veroberflächlichen« wir in der Folge unsere Gesellschaft, weil wir unsere nationale Kultur und Identität durch eine regionale, rein technische Infrastruktur ersetzen und damit globalisierend vereinheitlichen. Deshalb ist es wichtig, dass das Land, dem diese neuen Eliten entstammen, für diese wieder attraktiv wird, um sie dadurch in ihm zu halten. Dazu müssen sie aktiv in die Meinungsbildung eingebunden werden. Die politischen Parteien sind deshalb gut beraten, wenn sie die Nähe zu diesen Eliten suchen und auch gezielt Politik für Leistungsträger machen, um deren Abwanderung zu verhindern. Mit Transferleistungsempfängern lässt sich jedenfalls keine Spitzenposition im Weltmaßstab erkämpfen oder erhalten.

Stein ging es vor allem darum, den Staat mit seinen Beamten so umzuformen, dass Bürgersinn und Gemeinschaftsgeist gefördert wurden. Denn das preußische Beamtentum und die Bürokratie hatten die ständische Partizipation schrittweise ersetzt – Stein waren diese Strukturen zu festgefahren. Deshalb sollte dem Gemeinwesen neue Kraft gegeben werden, indem seine Bürger zur Mitwirkung angehalten wurden.

Die »Nassauer Denkschrift« ist im Hinblick auf die Gedankenwelt Steins deshalb so interessant, weil diese in ihr unverwässert, also im Original, zu Tage tritt, während spätere

Formulierungen immer auch der Einflussnahme anderer ausgesetzt waren. Mit dieser Denkschrift wurde die geistige Grundlage für die Erneuerung des preußischen Staates gelegt, und sie gilt damit bis heute als eine der großen Leistungen aus der Mitte preußischer Beamtenschaft. Mit Steins Vorstellungen zur kommunalen Selbstverwaltung, die später sukzessive in praktische Politik umgesetzt wurden, ist dieser bis heute lebendig geblieben und Preußen somit Wegbereiter eines politischen Subsidiaritätsverständnisses geworden. Überhaupt waren die Kerngedanken der preußischen Reformer von Beginn an auf Freiheit, politische Teilhabe der preußischen Bürger und ein daraus resultierendes nationales Verständnis ausgerichtet gewesen.

Die Wirkung der Denkschrift und die sich verschlechternden politischen Verhältnisse in Preußen führten denn auch bald dazu, dass Stein wieder in das königliche Kabinett berufen wurde, war man doch auf der Suche nach einem Staatsmann, der die bestehenden Probleme durch Sachverstand und Führungsbefähigung würde ausräumen können. Pikanterweise war es Napoleon, der die Entlassung Hardenbergs forderte und den Namen Steins ins Spiel brachte. Trotz der Kränkung, die Stein ob seiner Entlassung empfunden hatte, folgte er ohne Zögern der Aufforderung seines Königs, wieder ein Staatsamt zu übernehmen, wobei auch Hardenberg seinen Anteil am Zustandekommen dieser Entscheidung hatte. Steins Verhalten stellt Pflichterfüllung in seiner reinsten Form dar, denn er stellte die Interessen des Staates über sein eigenes Befinden. Heute sind manche Politiker mitten in der Amtszeit plötzlich des Postens müde und treten zurück, wie Kinder, die wegen Lustlosigkeit ein Spiel beenden und die anderen verdattert zurücklassen, nachdem sie noch kurz zuvor um deren Gunst gebuhlt haben.

Im Mittelpunkt der zweiten Amtszeit Steins standen nun die Reformen. Der Auftakt dazu wurde mit dem Oktoberedikt vom 9. Oktober 1807 gemacht. Schon dessen Ansatz war neu, denn dort war die Rede vom Einzelnen und inhaltlich von der

Befreiung des Individuums aus staatlicher und halbstaatlicher Bevormundung. Es beginnt mit folgenden Worten:

> Nach eingetretenem Frieden hat Uns die Vorsorge für den gesunkenen Wohlstand Unserer getreuen Untertanen, dessen baldigste Wiederherstellung und möglichste Erhöhung vor allem beschäftigt. Wir haben hierbei erwogen [...] alles zu entfernen, was den einzelnen bisher hinderte, den Wohlstand zu erlangen, den er nach Maß seiner Kräfte zu erreichen fähig war [...].[248]

Kernelemente des Oktoberedikts waren der freie Erwerb von Grundeigentum, die Freiheit der Gewerbeausübung und insbesondere die Auflösung der Gutsuntertänigkeit, die nach einigen Ausführungen dann geradezu lapidar festgeschrieben wurde:

> Mit dem Martinstage eintausendachthundertzehn (1810) hört alle Gutsuntertänigkeit in Unseren Staaten auf.[249]

Dadurch sollte die bislang bestandene Kluft zwischen Adel und Bürgertum abgeschafft werden, um so aus Untertanen Bürger des Staates zu machen. Mit dem Ansatz der ideellen Partizipation, bei dem sich der Einzelne als ein Teil eines Ganzen fühlen sollte, wurde eine Voraussetzung für Patriotismus und Nationalgefühl geschaffen, ein Verständnis für Preußen als Ganzes, eine Einheit von Haupt und Gliedern, wie es der Große Kurfürst einmal bezeichnet hatte. Theodor von Schön, einer der Mitverfasser des Oktoberedikts, nannte dieses die »Habeas-Corpus-Akte der Freiheit«.[250]

Das Oktoberedikt verfolgte dabei einen merklich anderen Ansatz, als wir ihn heute gewohnt sind; so geht es dort darum, die Voraussetzungen dafür zu schaffen, dass ein jeder Bürger entsprechend seiner Leistungskraft erfolgreich sein könne. Auch wenn die Verhältnisse damals anders waren als heute und die Bedingungen für freie gewerbliche Entfaltung viel schlechter, stellenweise sogar überhaupt nicht vorhanden, so kann doch die Frage gestellt werden, ob wir heute tatsächlich schon so gute Voraussetzungen zur freien Betätigung am Markt haben, dass wir uns auf das gleichmäßige Verteilen des Erwirtschafteten beschränken können. Die Einleitung des Oktoberedikts zielt jedenfalls auf persönliche Subsidiarität des Bürgers und auch des Staates ab. Letzterer soll in erster Linie die Bedingungen dafür schaffen, dass möglichst viele seiner Bürger an den Segnungen der Freiheit auch tatsächlich partizipieren können – zu denen eben auch die Freiheit der Gewerbeausübung gehört. Deshalb wäre es heute eine primäre Aufgabe des Staates, aber auch der Gesellschaft und der diese vertretenden Politiker, die Vorteile dieser Freiheit der gewerblichen Betätigung in den Mittelpunkt der Wahrnehmung zu rücken und den Menschen Mut zu machen, sich ihrer zu bedienen.

Das Oktoberedikt bildete den Auftakt zu den nun folgenden Reformen, an deren Ende, soweit Stein dafür die Verantwortung trug, die neue Städteordnung vom 19. November 1808 stand, die zur Grundlage der weiteren deutschen Gemeindeverfassung werden sollte. In ihr wurde das Bürgerrecht, das ebenfalls Frauen und Nichtchristen zugestanden wurde, ebenso geregelt wie das kommunale Wahlrecht und die kommunale Selbstverwaltung; sogar der noch heute übliche Gebrauch der Amtskette ist in ihr festgeschrieben. Beide, das Oktoberedikt und die Städteordnung, atmen den Geist der Freiheit, sie fördern die individuelle Gestaltungsmöglichkeit und reißen dort Barrieren ein, wo diese Standesgrenzen schützen und damit Erfolgsaussichten behindern. Die Urheberschaft der Städtereform kann eindeutig Stein zugeordnet werden; ohne seine grundlegenden Gedanken in der »Nassauer Denkschrift« wäre man wohl nicht dazu gekommen, einen solchen Reformschritt zu verwirklichen.[251] Die Städteordnung war so anders als alles Vorherige, so neuartig im Ansatz, dass das Bürgertum der ostelbischen Kleinstädte und der wenigen großen Residenzen und

Handelsstädte mit den erhaltenen Freiheiten zunächst nichts anzufangen wusste, dies vielleicht auch, weil sie sie nicht hatten erkämpfen müssen. Mancher Bürokrat war skeptisch, bis hin zum Protest, wie eine Selbstbestimmung durch gewählte Repräsentanten überhaupt funktionieren solle.

Heute sind wir Freiheitsrechte und Demokratie gewohnt. Dennoch verkommt unsere Freiheit zu einem Ablehnungsprivileg in Bezug auf Pflichten. Besser wäre es, wenn wir den Bürgern diese Freiheitsrechte wieder so vermittelten, dass der Einzelne Lust an der Nutzung derselben entwickelt und nicht in der permanenten Erwartung lebt, dass der Staat etwas richten wird, für das eher er selbst verantwortlich ist. Freiheit bedeutet die Möglichkeit zum Gestalten in Eigenregie bei gleichzeitiger Übernahme der Verantwortung für dessen Folgen. Insofern gibt es eine »Ebenenkongruenz« von Entscheidung und Folge, mit der es unvereinbar ist, wenn freiheitliche Entscheidungen auf der einen Ebene getroffen werden, die wirtschaftlichen und politischen Folgen aber auf einer anderen Ebene eintreten. Deshalb darf Bequemlichkeit als Ausrede für mangelnden Bürgersinn nicht akzeptiert werden. Tatsächlich haben alle Bürger ein verbrieftes Recht auf Teilhabe und – neben den Privilegien, die einen Rechtsstaat ausmachen, wie etwa Abwehrrechte der Bürger gegen unrechtmäßiges staatliches Handeln – zudem noch vielfältige Einwirkungs- und Mitwirkungsrechte. Nur weil mancher Bürger diese nicht kennt oder sich nicht berufen fühlt, aktiv am gesellschaftlichen Leben teilzunehmen, ändert dies nichts an ihrer Existenz. Wir alle bleiben aufgefordert, die Idee der Demokratie immer wieder in Erinnerung zu rufen. Sie ist weniger ein Recht auf kollektives Meckern denn auf kollektives Mitbestimmen. Heute warten wir zu oft auf die Regulierungen des Staates, dabei haben wir die Aufgabe, den Staat zu regulieren.

Die Stein'schen Reformen hatten ihre Gegner, insbesondere unter jenen mit einem falsch verstandenen Traditionsbewusstsein, die glaubten, den absolutistischen Gegebenheiten der friderizianischen Epoche das Wort reden zu müssen. Dabei war die Hinfälligkeit der bestehenden Ordnung auch für das »blödeste Auge mit ausreichender Deutlichkeit bewiesen worden«, wie sich der Stein-Biograph Max Lehmann ausdrückte.[252]

Auch wenn manches der Stein'schen Reformen bruchstückhaft blieb, nicht jede Gesetzesformulierung perfekt war und der große Staatsmann insbesondere die Realisierung seiner Vorstellungen von einer vollständigen Institutionalisierung einer Ständevertretung nicht komplett umsetzen konnte, so war das, was Stein in nur vierzehn Monaten leistete, doch erstaunlich, wenn man bedenkt, dass es vor ihm in Preußen Jahre bedurft hatte, um auch nur kleinste Reformen auf den Weg zu bringen. Erschwerend kam für Stein zudem hinzu, dass er in der Zeitspanne seines Wirkens auch noch ein Vierteljahr lang von der unmittelbaren Führung des Staatsgeschäfte abgehalten wurde, weil er sich mit den Vertretern Napoleons über die Kontributionen Preußens auseinandersetzen musste. Dennoch setzte Stein für die weiteren Reformen Maßstäbe und ist so überhaupt ein Beispiel dafür, dass immer die großen Ideen zur Überwindung gesellschaftlicher Probleme notwendig sind. Es bedarf aber auch starker Persönlichkeiten, die den Mut haben, diese zu formulieren und nicht nachlassen, ehe sie ihre Visionen verwirklichen können und umgesetzt sehen. Steins klare Vorstellungen davon, wie etwas im Staate zu organisieren sei, die philosophisch-konzeptionellen Ansätze seiner Politik und die praktischen Ergebnisse seiner Bemühungen sind ursächlich dafür, dass Stimmen der Nachwelt ihn sogar für den größten deutschen Staatsmann halten.[253]

Für Preußen war er es sicherlich, denn das Epochemachende seines gesetzgeberischen Wirkens bestand darin, dass er den Nachweis erbrachte, dass das friderizianische Preußen auch nach dem Tod des größten seiner Könige und trotz eines erheblichen Gebietsverlustes und einer geschlagenen Armee überlebensfähig und nie ein bloßes Kunstgebilde gewesen war, wie manche Kritiker gelegentlich verächtlich behauptet hatten.[254]

Es ist bedauerlich, dass diesem großen Staatsmann in den Schulen nur eine geringe Aufmerksamkeit zuteil wird, zumal sein Vorbildcharakter als Preuße und Deutscher auch heute noch aktuell ist. Ich selbst habe Stein erst spät kennen-, dann aber auch umfassend schätzen gelernt. Sein Vertrauen in die Selbstheilungskräfte der Gesellschaft, wenn man nur für eine ausreichende Partizipation ihrer Bürger sorgt, muss ein zeitloses Programm sein, verbunden mit der Aufgabe, Letztere zu motivieren, von ihren Gestaltungsrechten auch Gebrauch zu machen; und deshalb ist ein kontinuierliches Absinken der Wahlbeteiligung nicht hinnehmbar.

Stein wollte im Volk eine gärende Stimmung der Unzufriedenheit gegenüber Napoleon schüren, um so den Usurpator mit dessen eigenen Mitteln in einer Art Volkserhebung schlagen zu können. Als dann in Spanien erstmalig die Begrenztheit der Macht auch eines Napoleon sichtbar wurde, brachte Stein seine und die Hoffnung seiner Freunde auf ein Ende der napoleonischen Ära in einem Brief an Wilhelm Ludwig Georg von Sayn-Wittgenstein vom 15. August 1808 zum Ausdruck, nachdem er bereits in einem Immediatbericht vom 27. Juli 1808 einer Annäherung an Österreich zur Befreiung Deutschlands unter Zurückstellung überkommener Rivalitäten das Wort geredet hatte. Der Brief an Wittgenstein wurde vom französischen Geheimdienst abgefangen, was Steins Position und die Verhandlungssituation Preußens gegenüber Napoleon unmittelbar gefährdete. Um im Gegenzug Stein zu diskreditieren, ließ der Franzose Steins Brief in der Zeitung veröffentlichen. Gleichzeitig wurden die französisch-preußischen Verhandlungen über die zu leistenden Kontributionen erschwert, nicht zuletzt auch, weil sich die politischen Freunde Steins, unter anderem Scharnhorst, Gneisenau, Karl Wilhelm Georg von Grolmann und Johann Wilhelm Süvern, in einer Petition vom 14. Oktober 1808 gegen die Annahme des Vertrags von Paris über die preußischen Geldzahlungen und Truppenstellungsverpflichtungen ausgesprochen hatten. Der Druck auf Stein, aber auch auf den König, wurde immer größer. Als Solidaritätsbekundung publizierte der preußische Staatsrat Johann Wilhelm Süvern Ende Oktober 1808 ein Gedicht auf Stein, dessen dritte Strophe hier zitiert werden soll, gleichsam als schöner Abschluss der hier vorgestellten Ausführungen zu Leben und Werk des großen Staatsmannes:

> Wer Dich besitzt ist reich, ist sicher in Gefahren
> Ein Schatz von Geist und Kraft, vereint in Dir, ist sein.
> O mög er sorgsam Dich, dem Volk zum Heil, bewahren,
> Dich, seines Diadems kostbarsten Edelstein.[255]

Am 24. November 1808 kam es schließlich zur endgültigen Entlassung Steins – nicht nur auf Druck Napoleons, vielmehr waren auch Reformer wie zum Altenstein und der von Stein selbst ins Kabinett berufene Otto Carl Friedrich von Voß an seinem Sturz beteiligt. Wer viel anstößt, der muss eben irgendwann einmal auch mit der Gegenkraft rechnen. Manch einer fühlte sich durch Stein zurückgesetzt und verletzt, weshalb anlässlich seiner Entlassung nicht nur bedauernde Stimmen zu hören waren. Diese Entlassung Steins war zwar ehrenvoll, zwang ihn aber fortan, im Hintergrund der politischen Bühne zu bleiben.

Die Reformarbeit kam in der Folge trotz des Versuchs Steins, Schlüsselpositionen mit Reformern zu besetzen, und eines ausführlichen politischen Testaments dieses Staatsmannes, das zwar Theodor von Schön verfasst hatte, aber von Stein gebilligt worden war, zunächst eher ins Stocken. Auch die finanzielle Lage Preußens zwang den König, Hardenberg um die Übernahme der Verantwortung zu bitten. Dieser konnte sich nur schwer dazu durchringen, wieder Minister zu werden, denn die napoleonischen Eroberungen und deren Folgen hatten ihm sehr zugesetzt. Napoleon hatte ihm die Nähe zum König untersagt, auch wenn es trotzdem Kontakt gegeben hatte, seine Besitzungen waren zum Teil geplündert worden, und seine Finanzen waren »belastet«, um es vorsichtig auszudrücken. Und so machte er seinen erneuten Eintritt in die Regierung von umfassenden Zugeständnissen abhängig – von denen er dann in der Folge wirtschaftlich auch durchaus profitierte.

Dass die Stein'schen Reformen durch Hardenberg der ursprünglichen Linie getreu fortgesetzt werden würden, war zu erwarten, weil sie einmal vom König sanktioniert worden waren und zum anderen einen Geist atmeten, der dem, was Hardenberg selbst bereits in seiner »Rigaer Denkschrift« geschrieben hatte, vom geistigen Ansatz her nicht unähnlich war. Es ging im Wesentlichen um Freiheit und Gleichberechtigung und damit um ein allgemeines Eintreten der Bürger, des ganzen preußischen Volkes, für eine gemeinsame Sache.

Hardenberg war ein erfahrener Politiker, der bereits im Jahr 1790 als Minister in der Grafschaft Ansbach und Bayreuth Erfahrungen gesammelt hatte. Dort hatte er nahezu selbstständig regiert und beide Markgrafenschaften gegen alle Widerstände lokaler Adeliger vereinigt. Als diese dann nach dem Tod des Markgrafen an Preußen gefallen waren, hatte Hardenberg die rechtlichen und steuerlichen Gegebenheiten den preußischen angepasst. In dieser Zeit hatte er auch Mitarbeiter um sich geschart, die ihn später in Preußen begleiten sollten. Wer also seinen Lebenslauf kannte, dem hätte klar sein können, was nun kommen sollte. Als der König Hardenberg wieder für ein Ministeramt gewinnen wollte, bat dieser sich aus, das Kabinett so zusammensetzen zu können, wie er es wollte, und reklamierte für sich den Titel eines Staatskanzlers. Mit seiner Ernennung dazu am 4. Juni 1810 vereinigte er schließlich in seiner Person eine Macht, die bis dato in Preußen einzigartig war.

Die Fortsetzung der Reformarbeit lässt sich im Wesentlichen so zusammenfassen, dass Hardenberg die Maßnahmen Steins in konkrete Verordnungen und Gesetze fassen ließ, nicht ohne Widerstand der adeligen Grundbesitzer. Besonders hervorgehoben werden soll aber das Wirken Wilhelm von Humboldts, welcher hinzugerufen wurde, da man zu der Erkenntnis gelangt war, dass die Reformgedanken und Absichten Steins und Hardenbergs ihre Wirkung nur dann würden hinreichend entfalten können, wenn man sie dem Volk auch vermittelte,

Wilhelm von Humboldt standardisierte das staatliche Bildungssystem durch eine Vereinheitlichung der Prüfungen, Lehrpläne und Unterrichtsmaterialien.

wozu es allerdings einer Erneuerung des Bildungswesens bedurfte. Ein solcher Ansatz war den preußischen Königen zwar bisher an sich nicht fremd gewesen. So hatten sie sich fast alle um das Bildungswesen im Land verdient gemacht. Dieses Mal ging es aber nicht allein um eine Grundbildung der Bevölkerung, sondern um eine grundsätzliche Reform des gesamten Systems mit einer systematischen Organisation, die alle Stufen der Bildung erfassen sollte. Dafür gewannen die Reformer eben Humboldt, nach dessen Auffassung ein Mensch dann ausreichend ausgebildet war, wenn man ihn in die Lage versetzte, selbstständig zu denken, und er soviel gelernt habe, dass er für sich selbst weiterzulernen imstande sei, sich mithin seines eigenen Verstandes bedienen könne.

Humboldt standardisierte das staatliche Bildungssystem durch eine Vereinheitlichung der Prüfungen und die Überwachung der Erstellung von Lehrplänen und -büchern. Im

Mittelpunkt seiner Reformen stand die Gründung der Friedrich-Wilhelm-Universität in Berlin, die seit 1949 Humboldt-Universität genannt wird; immerhin geht sie auf eine Forderung Humboldts zurück.[256] Die Idee war auch, dass der Staat sich aller Einmischungen in das intellektuelle Leben der Universität enthalten solle, es sei denn, der akademische Pluralismus sähe sich durch die Professoren selbst bedroht. Wie sehr hat die Humboldt-Universität von 1933 bis 1989 jedoch unter politischen Einflussnahmen gelitten! Die Friedrich-Wilhelm-Universität nahm im Vergleich zu den Hochschulen anderer Staaten eine herausragende Stellung ein. Berlin war nun Universitätsstadt, und Preußen hatte damit einen Ersatz für Halle gefunden, das es im Rahmen der napoleonischen Neugliederung verloren hatte. Zutreffenderweise wies der preußische König darauf hin, dass Preußen das, was es an physischen Möglichkeiten verloren habe, nunmehr durch geistige Mittel auszugleichen in der Lage sein müsse.

Dieses Postulat gilt auch für uns heute, und wir sollten uns nachdrücklicher darauf besinnen, dass unsere Ressourcen sich im Wesentlichen auf die Köpfe und Herzen der hier lebenden Menschen beschränken. Deshalb kommt der Bildung der jeweils nächsten Generationen auch in Zukunft eine große Bedeutung zu. Selbst wenn dieses Ziel politisch nicht die gleiche Attraktivität besitzen mag wie andere Themen, weil sich die Bildungserfolge ebenso wie die -vernachlässigungen erst Generationen später auswirken, müssen wir darauf mehr Augenmerk legen. Nicht die Diskussion um Hartz-IV-Empfänger, die ohnehin eine Minderheit darstellen, darf unsere politische Landschaft prägen, sondern die Bildung. Es stellt keinen vernünftigen Ansatz dar, die Hauptschule wegen mangelnder Attraktivität abzuschaffen. Besser wäre es, wenn der Sinn des jeweiligen Schultyps stärker erkennbar würde. Es kann nicht sein, dass eine Schulart, die einmal ihre Berechtigung hatte, allein deshalb infrage gestellt wird, weil sie zum Sammelbecken derjenigen geworden ist, die nur noch erschwert bildungsfähig sind. Natürlich sind staatlichen

Zwangsmaßnahmen hier Grenzen gesetzt, aber eine freie Gesellschaft muss nicht alles als gottgegeben hinnehmen. Wer sich als Ausländer der deutschen Bildung verweigert, darf hier keinen Platz haben, und wer sich als Deutscher auch der Minimalbildung entziehen will, muss von finanziellen Unterstützungen, die sich an das Schuldesaster anschließen, wenigstens teilweise ausgeschlossen werden. Jedes Jahr mühen sich Politiker darum, Ausbildungsplätze in der Wirtschaft einzuwerben. Ich habe selbst die Erfahrung gemacht, dass es unterhalb der Abiturientenebene schwer ist, Interessenten für einen Ausbildungsplatz zu finden, die dafür das geistige Rüstzeug besitzen. Die Bewerber, die aus dieser Ebene kommen, sind zu einem erheblichen Teil überhaupt nicht ausbildungsfähig. Deshalb ist es unumgänglich, dass sich unser Gemeinwesen und der Staat mit dem Thema Bildung auseinandersetzen. Unser Anspruch muss es sein, die besten Schulen und Universitäten zu haben. Preußens Erfolge sind nachweislich auf sein überlegenes Bildungssystem zurückzuführen. Aus dieser Erfahrung müssen wir lernen, daran müssen wir anknüpfen.

Doch zurück zu den Betrachtungen zur Selbsterneuerung Preußens. Diese blieben unvollständig, wenn sie nicht um den wichtigen Hinweis auf die schrittweise Gleichstellung der jüdischen Bevölkerung ergänzt würden. Hardenberg fand dazu die folgenden ebenso einfachen wie beeindruckenden Worte:

> Ich stimme für kein Gesetz der Juden, das mehr als die vier Worte enthält: gleiche Pflichten, gleiche Rechte.[257]

Humboldt drückte sich in seinem »Entwurf zu einer neuen Konstitution für die Juden« ähnlich aus, wenn er schrieb:

> Meiner Überzeugung nach wird daher keine Gesetzgebung über die Juden ihren Endzweck erreichen, als nur diejenige,

Karl August Fürst von Hardenberg äußerte die folgenden prägnanten Worte: »Ich stimme für kein Gesetz der Juden, das mehr als die vier Worte enthält: gleiche Pflichten, gleiche Rechte.«

> welche das Wort Jude in keiner anderen Beziehung mehr auszusprechen nöthigt, als in der religiösen, und ich würde daher allein dafür stimmen, Juden und Christen vollkommen gleich zu stellen.[258]

Mit dem Edikt vom 11. März 1812 wurden die deutschen Juden als Inländer und Staatsbürger des preußischen Staates betrachtet, wenn sie im Besitz von Einbürgerungsurkunden, Generalprivilegien, Schutzbriefen oder besonderen Konzessionen waren. Die Emanzipation der jüdischen Bevölkerung in Preußen ging zwar nur schrittweise voran, und es waren auch nicht alle Nichtjuden von dieser beginnenden Gleichstellung begeistert, ein Anfang war aber immerhin gemacht. So erhielt David Friedländer, ein Schüler Mendelssohns, als erster jüdischer Deutscher einen Sitz im Berliner Stadtrat. In den folgenden Befreiungskriegen kämpften über vierhundert Juden, und fast ein Fünftel von ihnen erhielt dafür das Eiserne Kreuz. Ihre Nachkommen formten eine starke jüdische Gemeinde und waren aus dem

Geistes- und Kulturleben, aber auch aus der Politik des Landes fortan nicht mehr wegzudenken. Heute will es mir scheinen, dass wir auch diese frühere Integrationsleistung vergessen haben, ebenso wie die Bereitschaft der jüdischen Mitbürger, sich aktiv für das Gemeinwesen einzusetzen. Preußen unterschied nicht zwischen Katholiken, Juden und Protestanten. Es war trotz der christlichen Wurzeln, die es unzweifelhaft prägten, ein an sich säkularisierter Staat geworden. Da nicht auszuschließen ist, dass das hier Gesagte im Hinblick auf die jüdische Emanzipation als etwas zu pathetisch empfunden wird, soll der Vollständigkeit halber ein Hinweis zur Relativierung angefügt werden. Tatsächlich begann diese Emanzipation mit dem Wirken Mendelssohns, worauf bereits eingegangen wurde. Friedrich der Große war dabei trotz der von ihm verkörperten Toleranz kein Vertreter der jüdischen Gleichberechtigung. Daran änderte auch die Privilegierung Einzelner, der sogenannten Hofjuden, nichts. Umgekehrt fand das jüdische Leben in einer sehr abgekapselten Form statt, was von den Juden selbst durchaus befördert wurde. So wurde ihre Bildungssehnsucht durch die polnischen Rabbiner unter Hinweis auf den Untergang der jüdischen Religion behindert und der Gebrauch deutscher Bücher unter Androhung des Ausschlusses aus der Gemeinde verboten. Die Übersetzung der fünf Bücher Mose durch Mendelssohn wurde mit einem Bann belegt, dem sich die Rabbiner in Fürth, Frankfurt, Hamburg und Prag anschlossen.[259] Nach dem Abschütteln der napoleonischen Herrschaft erfuhr die von Hardenberg geförderte jüdische Emanzipation aufgrund der restaurativen Bemühungen und der nicht gerade judenfreundlichen Gesinnung Friedrich Wilhelms III. erhebliche Schwierigkeiten. Auch litt der preußische Staat unter der mangelnden Einheitlichkeit in Bezug auf die Rechtsstellung der jüdischen Bevölkerung. Sie differierte in den ehemals französisch besetzten Gebieten zu der in Westpreußen. Die Hemmnisse für Juden, im Staat aufzusteigen oder wirtschaftlich erfolgreich zu sein, waren vielfältig und wechselnd, sodass sich viele entschlossen, zum Christentum zu konvertieren und sich taufen zu lassen. Auch die Nachfahren Mendelssohns wurden alle mit Ausnahme seines ältesten Sohnes getauft, und die Biographie des Preußen Karl Marx hätte sich vielleicht anders dargestellt, wenn sich nicht sein Vater, obgleich aus einer jüdischen Familie mit einer über Generationen bewahrten Rabbinertradition stammend, hätte taufen lassen. So konvertierten zwischen den Jahren 1812 und 1846 etwa viertausend deutsche Juden in Preußen zum Christentum.[260] Sie zogen die Integration durch religiöse Assimilation einem Warten auf staatliche Emanzipation durch gesellschaftliche Toleranz vor.

Trotz der allenfalls holprig vonstattengehenden Emanzipation der jüdischen Deutschen schlossen sich viele von ihnen den Befreiungskriegen gegen Napoleon an, dies obwohl beispielsweise im Königreich Westfalen unter König Jérôme, dem Bruder Napoleons, die völlige Gleichstellung in der Verfassung bereits verankert war. In den Befreiungskriegen erhielt ein jüdischer Freiwilliger den Orden Pour le Mérite, zweiundachtzig jüdische Soldaten verdienten sich das Eiserne Kreuz und dreiundzwanzig wurden zu Offizieren ernannt.[261]

Es bleibt also festzuhalten, dass nicht alle Reformansätze im Ergebnis funktionierten oder sofort ihre Wirkung entfalteten. Dennoch bleiben sie wegen der darin zum Ausdruck kommenden Geisteshaltung historische Meilensteine, die die weitere Entwicklung Preußens und des späteren Deutschlands entscheidend geprägt haben. Preußen jedenfalls hat die Gedankengänge seines größten Sohnes, Immanuel Kants, begonnen, in praktische Politik umzusetzen.

Heute mutet uns die Frage nach der Gleichberechtigung von Juden und Christen eigenartig an, auch wenn allgemein bekannt ist, zu welchen Folgen diese Ressentiments einmal geführt haben. Dabei geht es auch in unserer Zeit noch um die Gleichberechtigung und damit Integration Angehöriger anderer Nationen oder Glaubensrichtungen. Interessant ist in diesem Zusammenhang der Humboldt'sche Ansatz, der nicht selbst ein integrativer war, sondern die Integration bereits voraussetzte.

Die Folge derselben mussten gleiche Rechte, aber auch gleiche Pflichten für alle sein, denn seiner Ansicht nach gab es keinen Grund dafür, dass ein Staat Fremde, die sich nicht in dieser Form am Gemeinwesen beteiligen wollten, dauerhaft dulden müsse.[262] In Bezug auf die Integration sind die Rechte und die ihnen korrespondierenden Pflichten also zwei Seiten der gleichen Medaille. Integration meint demnach nicht primär die Akzeptanz alternativer Lebens- und Glaubensformen durch die vorhandene Mehrheit, sondern in gleichem Maße auch die Akzeptanz der vorgegebenen Regelungen und Verpflichtungen durch die integrationswillige Minderheit. Damit wird auch deutlich, dass Integration nicht allein ein Überzeugen, gar Beknien, der Zuwandernden bedeuten kann, sich den gegebenen Strukturen anzupassen; es ist damit vielmehr in erster Linie auch die Erwartung verbunden, dass sie sich freiwillig bemühen werden, die vorgefundenen Pflichten als Gegenleistung zu den neu erworbenen Rechten auch zu erfüllen. Es sind dies im Wesentlichen solche, die sich aus der Leitkultur der Einheimischen ergeben, in Deutschland also die Grundwerte der Gesellschaft, wie sie etwa im Grundgesetz, als kodifiziertes Ergebnis unserer historischen Erfahrung, niedergelegt sind.

Die Darstellung des zivilen Teils der Stein-Hardenberg'schen Reformen soll mit einem Zitat aus der Thronrede Hardenbergs ergänzt werden, die dieser im Februar 1811 hielt:

> Das neue System – das einzige, wodurch Wohlstand gegründet werden kann – beruht darauf:
>
> Dass jeder Einwohner des Staates persönlich frei [sic], seine Kräfte auch frei entwickeln und benutzen könne, ohne durch die Willkür eines anderen behindert zu werden;
>
> dass niemand einseitig eine Last trage, die nicht gemeinsam und mit gleichen Kräften getragen werde;
>
> dass die Gleichheit vor dem Gesetze einem jeden Staatsuntertanen gesichert sei, und dass Gerechtigkeit streng und pünktlich gehandhabt werde;

> dass das Verdienst, in welchem Stande es sich finde, ungehindert emporstreben könne;
>
> dass in die Verwaltung Einheit, Ordnung und Kraft gelegt werde;
>
> dass endlich durch Erziehung, durch echte Religiosität und durch eine zweckmäßige Einrichtung ein Nationalgeist, ein Interesse und ein Sinn gebildet werde, auf dem unser Wohlstand und unsere Sicherheit fest gegründet werden können.
>
> Allgemeine Gewerbefreiheit ist eine Hauptbedingung des Wohlstandes. Sie kann nur stattfinden, wo die Abgaben zwischen Stadt und Land völlig gleichgestellt sind.[263]

Wie aktuell letzte Anmerkung noch heute ist und wie stark sich die steuerliche Belastung von Stadt und Land auch in unseren Tagen noch unterscheiden kann, lässt sich am Beispiel der großen deutschen Städte mit ihren hohen Gewerbesteuerhebesätzen aufzeigen. Dennoch ist man immer wieder überrascht, wenn ein Unternehmen dies zum Anlass für einen Umzug nimmt. Zumindest in Frankfurt am Main wird ihm dann zumeist Unverständnis für die finanzielle Situation der Stadt vorgeworfen; dabei hat diese es im Allgemeinen bis zu diesem Zeitpunkt versäumt, sich um ihre Gewerbetreibenden im Sinne einer aktiven Politik zu kümmern. Deshalb machte schon Hardenberg deutlich, wie sehr es Aufgabe der Stadt sei, gegenüber den in ihr angesiedelten Unternehmen die Unterschiedlichkeit der steuerlichen Belastung zu begründen und sich mehr um jene zu kümmern.

Gerechtigkeit war etwas, das schon unter Friedrich Wilhelm I. als dessen bester Rocher de bronze bezeichnet und fortan ein Inbegriff Preußens wurde. Wenn man mit den Entscheidungen des Königs nicht einverstanden war, berief man sich darauf, dass es auch noch ein Kammergericht gäbe. Sehr viel später äußerte der preußische Abgeordnete Hermann Wagener am 18. März 1870 im norddeutschen Reichstag das Folgende:

> Ich mag gewesen sein, wo ich wollte, stets habe ich schon von weitem den schwarz-weißen Schlagbaum in meinem Herzen mit Freuden begrüßt und stets habe ich das Gefühl der vollkommenen Rechtssicherheit gehabt, sowie ich meinen ersten Schritt durch diesen Schlagbaum hindurch gemacht habe. Nicht England und nicht Frankreich, kein anderes Land kann sich von Anbeginn mit unserem preußischen Vaterlande in Bezug auf die Handhabung des Rechts messen und vergleichen.[264]

Gerechtigkeit, die allen Staatsbürgern gewährt wird, stellt auch die Grundlage für jeden Nationalstolz dar. Ohne sie ist dieser nur temporärer und effekthascherischer Patriotismus. Heute haben wir unstreitig einen Rechtsstaat, dabei ist unser Problem aber, dass zunehmend von einer »gefühlten Ungerechtigkeit« gesprochen wird und so Zweifel an unserer gesellschaftlichen Ordnung genährt werden. Auch eine nicht gelingende Integration von eingewanderten Ausländern und ihren Nachkommen kann die Rechtsstaatlichkeit und damit die Gerechtigkeit infrage stellen. Das steht auch einem begründeten Nationalstolz entgegen, der angesichts unserer Geschichte ohnehin keinen leichten Stand hat.

Gerechtigkeit und Gleichberechtigung waren Zielsetzungen Steins und Hardenbergs, der bekanntesten Erneuerer des preußischen Gemeinwesens, nach denen in der späteren Geschichtsschreibung die Reformen der damaligen Zeit benannt wurden. Aber sie waren nicht die einzigen Akteure der damaligen Zeit; ihr Wirken wurde durch mehr oder weniger große Namen begleitet und unterstützt, manchmal unmittelbar, bisweilen auch nur ideell. Manch einer ist bekannt geworden, insgesamt sind aber wenige von ihnen in unserem kollektiven Gedächtnis präsent. Wilhelm von Humboldt kennen wir bereits; der Philosoph und Prediger Friedrich Schleiermacher mit seinen patriotischen Predigten darf jedoch ebenso wenig fehlen wie Fichte mit seinen *Reden an die Deutsche Nation* oder Ernst Moritz Arndt mit seinem Werk *Geist der Zeit*, um nur einige zu nennen. Mit der preußischen Erneuerung tauchte erstmals die Idee vom emanzipierten Bürger auf, einem Bürger, von dem quasi als Gegenleistung verlangt werden könne, dass er bereit sei, sich auch für das Gemeinwesen zu engagieren. Diese Gedanken der Teilnahme und Teilhabe sollten noch lange nachwirken; sie waren schließlich der unmittelbare Nährboden für die Verfassungsdiskussion, wie sie unter Friedrich Wilhelm IV. ihren Höhepunkt erfahren sollte.

Doch noch ein Wort zu Friedrich Wilhelm III., der in der Geschichtsschreibung keine besonders positive Erwähnung gefunden hat und als ein unter dem Einfluss seiner früh verstorbenen Frau Luise stehender, zögerlicher Monarch mit wenig Esprit beschrieben wird. Dies alles ist zutreffend, und in Preußen hätte es nach Friedrich dem Großen zum Erhalt seiner Bedeutung anderer Könige bedurft, als Friedrich Wilhelm II. und III. sie darstellten. Aber man muss diesem Monarchen bei aller Kritik doch auch zugestehen, dass er die Reformen mittrug. Er unterschrieb die Verordnungen und Gesetze und zeigte mit seinem »Ortelsburger Publikandum« auch ganz persönlich, dass es ihm letztlich um die Gleichberechtigung und Chancengleichheit der Bürger des von ihm regierten Staates ging. Insofern war er von seinen geistigen Anlagen her ein durchaus moderner und vor allem auch aufgeklärter Monarch, wenn er auch in der Rolle eines Königs überfordert war, jedenfalls im Hinblick auf die Anforderungen in einer absolutistischen Monarchie. Man kann jedoch auch die Umkehrfrage stellen, nämlich ob es nicht vielleicht gerade dieses Herrschers bedurft hatte, um die preußische Selbsterneuerung in Gang zu setzen. Womöglich konnte ein Stein nur unter einem solchen König so wirkungsvoll der Kragen platzen.

Fragen wir uns abschließend noch, welche Lehren wir aus diesen Entwicklungen für heutige Führungsfragen ziehen können. Wir haben gesehen, dass Niederlagen nur dann verheerend sind, wenn nichts aus ihnen gemacht wird, und man also nichts aus ihnen lernt. Wenn man sich zur Erneuerung aufrafft, darf man nicht auf halbem Weg stehen bleiben und nicht nur vordergründig die allgemeinen Erwartungen befriedigen. Wer sinnvolle Konsequenzen aus einer Niederlage ziehen will, der muss deren Ursachen mit Stumpf und Stiel ausreißen und darf nicht dann bereits nachlassen, wenn die Wirkung der Niederlage verblasst und die Umgebung glaubt, die bis dato unternommenen Anstrengungen seien nun schon ausreichend. Dazu bedarf es aber der richtigen Köpfe: Menschen also, die nicht nur kraftvoll ausführen, sondern zuvor auch einen Plan von dem besitzen, was sie anstreben. Der Bauplan der Reformen war bei Stein ein bestimmtes Weltbild, das sich aus seiner umfangreichen Bildung speiste, und damit verbundene klare Vorstellungen von der erwünschten Partizipation und Gleichstellung der Bürger. Wer heute zur Sanierung eines Unternehmens primär Berater braucht, empfiehlt sich im Wesentlichen nur als Vorgesetzter, nicht aber als Gestalter – Stein und Hardenberg waren beides. Führung bedeutet ab einer bestimmten Ebene also nicht nur Exekution, sondern das Besitzen eines Bauplans der Gestaltung, der zu seiner Existenz nicht selten das philosophische Fundament eines Weltbilds benötigt. Deshalb muss in Fällen, in denen es um ein eigenständiges Gestalten geht, nach der Absicht des Führenden gefragt werden, einer Absicht, die sich nicht in der Steigerung von Umsatzzahlen oder der Kostenreduktion erschöpfen darf.

24.

Warum sich grundsätzliche Erneuerungen besser mit den Betroffenen umsetzen lassen – die preußische Wehrpflicht

In Preußen war es unabdingbar, die Reformen auch auf das Militär zu erstrecken, dem angesichts der alles umwälzenden Niederlage nun besonderes Augenmerk gelten musste. Dabei gab es schon vorher Diskussionen um militärische Reformen, weil man eine Antwort auf die Frage suchte, wie denn eine Armee zu organisieren sei, wenn der Monarch als Souverän nicht über die notwendigen Feldherrenbegabungen verfügte, wie dies nach Friedrich dem Großen leider stets der Fall gewesen war. Der Militärtheoretiker Oberst Christian von Massenbach beantwortete die Frage unter Hinweis auf die neue Art der napoleonischen Kriegsführung mit der Forderung nach einer Professionalisierung der militärischen Planung und Führung, weil das Schicksal Preußens nicht davon abhängen dürfe, ob der jeweilige Monarch ein begabter Stratege sei. Allerdings wurde trotz derartiger Überlegungen bis zum Jahr 1806 wenig unternommen, um entsprechende Veränderungen in die Praxis umzusetzen. Erst die beschriebene Niederlage brach alle bis dahin vorhandenen Widerstände, und auch der König fand nun endlich die Kraft, sich von den überkommenen Traditionalisten wie etwa einem Möllendorf zu lösen. Eine überlieferte Unterhaltung des Königs aus dem Jahr 1810 zeigt, wie stark er bis dahin unter dem Einfluss der militärischen Traditionalisten gestanden hatte:

> [...] allein ich wagte dies bei meiner Jugend und Unerfahrenheit nicht, und vertraute jenen beiden Veteranen,[265] die unter den Lorbeeren ergraut waren und meines Dafürhaltens dieses Alles besser als ich verstehen mussten [...]. Trat ich wider die Meinung jener Veteranen als Reformator auf, und es wäre dann schlecht gegangen, so hätte es wohl geheißen: »Der junge Herr hat keine Erfahrung!«[266]

Friedrich Wilhelm III. versuchte nach der Doppelniederlage von Jena und Auerstedt, aus dieser seine Lehren zu ziehen. Aufgrund dessen konnten die Gedanken, im Militär ein standesunabhängiges Leistungsprinzip einzuführen, wie es der König in seinem »Ortelsburger Publikandum« niedergeschrieben hatte, mit dessen Order vom 6. August 1808 tatsächlich auch in praktische Politik umgesetzt werden. Von diesem Zeitpunkt an gab es beim Militär keinerlei Standesprivilegien mehr; jeder hatte die gleichen Pflichten und Rechte.

Den Bestrebungen, bessere Truppenführer zu bekommen, auch, um von den militärischen Fähigkeiten des Monarchen unabhängig zu werden, ging eine Säuberung der Armee von den für die Doppelniederlage von Jena und Auerstedt verantwortlichen militärischen Versagern voraus. Zahlreiche Offiziere wurden unehrenhaft entlassen, manche sogar zum Tode verurteilt – Urteile, die allerdings nie vollstreckt wurden. Von den vormals hundertdreiundvierzig Generalen blieben deshalb und wegen inzwischen stattgefundener Pensionierungen nur zwei für die Befreiungskriege übrig, Blücher und Tauentzien. Zahlreiche Regimenter wurden aufgelöst, weil sie sich aufgrund ihres Verhaltens als ungeeignet erwiesen hatten, die Tradition der Tapferkeit und des militärischen Ruhms, wie die preußischen Armee sie unter Friedrich dem Großen errungen hatte, fortzusetzen. Deshalb sucht man später viele Regimentsbezeichnungen aus den Schlesischen Kriegen vergeblich.

Zum Kopf der militärischen Erneuerung sollte der bereits genannte Scharnhorst werden, ein Mann aus einfachen Verhältnissen, der erst mit sechsundvierzig Jahren nach Preußen gekommen war. Zuvor hatte er in hannoverschen Diensten gestanden, erst bei den Dragonern, später bei der Artillerie. Scharnhorst hatte an der Artillerieschule unterrichtet und war als Militärschriftsteller durchaus anerkannt gewesen. Weil er sich als Nichtadeliger jedoch benachteiligt fühlte, war er in preußische Dienste getreten, wo er geadelt wurde. Als Oberst hatte er an der Doppelschlacht von Jena und Auerstedt teilgenommen, sich nach der Niederlage bis nach Lübeck durchgeschlagen und dann in der letzten preußischen Schlacht vor der Besetzung in Preußisch-Eylau am 7. und 8. Februar 1807 gekämpft. Er war zum Generalmajor befördert und vom König zum Vorsitzenden der Militär-Reorganisationskommission ernannt worden.

Der sonst so zögerliche König, der durch sein Verhalten so manche Entwicklung zu fördern unterlassen, wenn nicht gar behindert hatte, besaß jedoch im Hinblick auf die militärische Reorganisation erstaunlich klare Vorstellungen und brachte diese auch ebenso deutlich zum Ausdruck. So wird es auch verständlich, dass er sich gegen die Einrichtung eines »Departements des Kriegsministers«, also eines Kriegsministeriums als weiterem Hauptdepartement wehrte, fürchtete er doch um den Verlust seiner Einflussmöglichkeiten, wenn diesem ein Fachminister vorstehen würde.[267] Wenn es schließlich dennoch zu der Einrichtung eines Kriegsministeriums kam, dann deswegen, weil die Angleichung an die übrigen Verwaltungsbehörden es erforderlich machte. Zu der Ernennung eines Kriegsministers kam es aber nicht. Gerade weil der König im militärischen Bereich seine eigenen Vorstellungen hatte, war es notwendig, ihm den vollen Umfang der geplanten Reformen vorzuenthalten, damit diese überhaupt verwirklicht werden konnten, und so gab Scharnhorst immer nur soviel preis, wie der König mehr oder weniger zügig akzeptieren konnte.[268] Dabei kam Scharnhorst sein militärischer Rang zupass, weil er in guter preußischer Tradition als Militär ein unmittelbares Vortragsrecht beim König besaß, was insbesondere nach der Entlassung Steins wichtig war. Während die zivilen Minister zum Teil nur einmal pro Woche vortragen durften, besaß Scharnhorst ein tägliches Unterredungsrecht.

Im Mittelpunkt der militärischen Reformen, gleichsam als theoretische Basis, stand die Forderung nach Einführung der allgemeinen Wehrpflicht, im Sinne einer gleichmäßigen Verpflichtung aller männlichen Einwohner, das Vaterland zu verteidigen und dem König zu dienen. Weil die Reformer in der Trennung von Volk und Armee die eigentliche Ursache für die Niederlage von 1806 sahen und sich der durch die Französische Revolution entfesselten nationalen Kräfte bewusst waren, wussten sie, dass eine Befreiung Preußens, wenn man sich dabei auf die Armee stützen wollte, nur gelingen konnte, wenn eben diese Armee nicht nur einen breiten Rückhalt in der Bevölkerung haben, sondern sich darüber hinaus auch aus dieser heraus bilden und nicht nur rekrutiert würde. Scharnhorst formulierte diesen Gedanken einmal ganz schlicht so, dass alle Bewohner des Staates geborene Verteidiger desselben sein müssten.[269] Auch hier ist wieder der partizipatorische Gesamtansatz der Reformabsichten zu erkennen. Dem Gedanken der Wehrpflicht lag dabei auch das Bestreben zugrunde, der Nation Selbstständigkeit einzuflößen, damit sie sich ihrer selbst gewahr würde; sie sollte sich zu achten wissen, um diese Achtung auch von anderen einfordern zu können.[270]

Doch wenn mit einer Wehrpflicht auch die Bereitschaft verbunden sein sollte, dass sich der wehrpflichtige Soldat als Staatsbürger verstand und aus diesem Selbstverständnis heraus zum geborenen Verteidiger wurde, musste der Umgang in der Armee grundsätzlich verändert werden. Entehrende Strafen, aber auch standesbezogene Privilegien, die höchst unterschiedliche Aufstiegschancen mit sich brachten, mussten abgeschafft werden. Zur Gleichberechtigung bei der Besetzung der Offiziersstellen schrieb Gneisenau, dass es kein Monopol für Verdienste gebe, weshalb man auch den Bürgerlichen die

Kopf der militärischen Erneuerung wurde der im Jahr 1804 geadelte Gerhard Johann David von Scharnhorst, ein Mann aus einfachen Verhältnissen, der erst im Alter von sechsundvierzig Jahren in preußische Dienste getreten war.

Triumphpforte aufzuschließen habe, durch die andernfalls das Vorurteil nur die Adeligen einziehen lassen wolle.[271] Dazu mussten die Grenzen der Stände aufgelöst, wenigstens aber die Übergänge fließend gemacht werden. Die Idee war, ein Bündnis der Regierung mit der Nation zu schaffen.[272] Eine Einführung der Wehrpflicht bedeutete damit zwangsläufig auch die Öffnung von Offizierspositionen für Nichtadelige. Das lässt sich leicht lesen und stellt sich aus heutiger Sicht als Selbstverständlichkeit dar. Tatsächlich ging dem Adel dadurch aber eines seiner zentralen Fundamente und Betätigungsfelder verloren. Der Wegfall eines wichtigen beruflichen Einsatzbereiches, für den der Adel bisher nahezu ausschließlich privilegiert gewesen war, musste daher durch die Erschließung von neuen Beschäftigungsfeldern auch außerhalb der bis dahin angestammten kompensiert werden. Infolgedessen kam es im Laufe der Zeit zu einem Vordringen des Adels in bis dahin den Bürgerlichen vorbehaltene Berufe und damit zu einer gegenseitigen Durchdringung der bislang genuinen Aktivitätssphären von Adel und Bürgertum. In dieser Hinsicht und wegen der neuen Wahrnehmung des Leistungsprinzips, um bestimmte Hierarchieebenen zu erreichen, hatte die Einführung der Wehrpflicht eine erhebliche gesellschaftspolitische Auswirkung.

Es ist daher nicht verwunderlich, dass das Vorhaben Scharnhorsts bei den Zeitgenossen die Frage aufwarf, ob er wirklich ein revolutionärer Neuerer oder doch fest in der damaligen, friderizianisch geprägten Weltanschauung verankert war. Clausewitz beschrieb die Positionierung Scharnhorsts treffend mit den folgenden Worten:

> Er erkannte die unveränderte Zeit, er sah die Unzulänglichkeit der alten Manier, aber er suchte aus dem Alten selbst das Neue hervorgehen zu lassen, um auf so kurzem Wege, mit so wenigem Aufheben als möglich, zu einer naturgemäßen Methode zu gelangen.[273]

Das militärische Vorbild Friedrichs des Großen mit seiner geradezu genialen Kriegsführung war fest in den Köpfen von Scharnhorst und seinen Mitstreitern verankert. Hermann von Boyen, ein Genosse Scharnhorsts und dessen späterer Nachfolger, bezeichnete den großen Kriegsherrn gar als »Zierde der Menschheit« und »größten König auf Erden«, dessen Erbe es zu bewahren gelte.[274] Sie alle waren also revolutionär in der Sache, nicht aber in ihrer Grundeinstellung.

Durch die Allgemeinheit der Wehrpflicht sollten alle Stände erfasst werden. Auch wenn es zu Widerständen kam und die Forderung nach der Möglichkeit eines Freikaufs vom Militärdienst geäußert wurde, befreite die neu eingeführte Pflicht die bürgerlichen Soldaten aus ihrer Rolle als Angehörige der untersten sozialen Schicht. Ihre damit einhergehende Besserstellung und insbesondere die Art ihrer Rekrutierung im Rahmen der allgemeinen Wehrpflicht sorgten dafür, dass dem einfachen Soldaten eine neue Art der Ehre zukam, weil ein Wehrpflichtiger etwas grundsätzlich anderes ist als ein Söldner.[275]

Scharnhorst erkannte anhand der revolutionären Armee Frankreichs den ungeheuren Vorteil, den ein Staat hat, wenn er zu seiner Verteidigung auf sein ganzes Volk als Ressource zurückgreifen kann und nicht nur auf die Soldaten eines stehenden Heeres, das im Allgemeinen keine zehn Prozent der potenziellen Truppen einer Bürgerarmee ausmacht. Er war der Ansicht, dass man die Verteidigung des Vaterlandes zur Sache jedes einzelnen Bürgers machen müsse, eines Bürgers, der sich ganz zum Krieg hergeben sollte, weil es dabei um seine Privatinteressen, um seine Freiheit, ging.[276] Die Reformer scheuten sich auch nicht, ihrer geistigen Anlehnung an die Französische Revolution Ausdruck zu verleihen, wie Clausewitz im August 1808 in der *Jenaischen Allgemeinen Literatur-Zeitung* schrieb:

> Die jetzige Aufhebung aller ehemaligen Einschränkungen, aus eigenem freien Willen der Regierung, und in der Überzeugung, daß es so dem Geist und den Bedürfnissen des Volkes angemessen sei, beweist, daß nicht alle Früchte der Französischen Revolution verloren gegangen sind und daß wir mitten unter Niederlagen und Umsturz doch wirklich fortschreiten.[277]

Wenn aber ein Anspruch darauf bestehen soll, dass sich jeder für eine Wehrpflicht infrage kommende Bürger diesem Dienst an der Gemeinschaft verpflichtet fühlt, muss die Behandlung der Wehrpflichtigen durch ihre Vorgesetzten diesem auch Rechnung tragen und die mit einer Wehrpflicht einhergehende bürgerliche Würde respektieren.

Im Grunde aber war man jetzt dabei, den Gedanken der Aufklärung in praktischen und konkreten Gesetzen auch beim Militär Gestalt zu geben. Darin besteht die eigentliche Leistung der Reformer, in der Kodifikation der Aufklärung, die in Form des Allgemeinen Preußischen Landrechts bereits eine beeindruckende rechtliche Grundlage hatte. Und so ist das Postulat des Oktoberedikts, wonach es ab dem Martinstag nur noch freie Leute geben solle, in all diesen Ansätzen wiedererkennbar.

Diese Gedanken und Überlegungen wurden in der damaligen Zeit keineswegs von allen Bürgern und Verantwortungsträgern geteilt. Es gab vielmehr erheblichen Widerstand gegen eine allgemeine Wehrpflicht, und diese wurde sogar als das »Grab aller Kultur« bezeichnet.[278] Hermann von Boyen, der selbst anfänglich der neuen Wehrpflicht gegenüber eher skeptisch eingestellt gewesen war, ja, die Armee gar als einen Widerspruch zur Aufklärung und damit zum Wert der Einzelpersönlichkeit angesehen hatte, erkannte schließlich die Möglichkeit, eine Wehrpflichtarmee zu einer Erziehungsstätte der Nation zu machen. Er sah nunmehr in ihr ein willkommenes Gegengewicht zur Erschlaffung und Verweichlichung der Gesellschaft, die er als gefährliche Zeiterscheinungen betrachtete.[279] Boyen war es auch, der nach der Doppelniederlage von Jena und Auerstedt wie kein zweiter ein bürgerliches Leben mit der Militärreform verband, weshalb er sich für die Fortsetzung des Werkes von Scharnhorst nach dessen Tod, unterstützt durch Gneisenau und Grolmann, als besonders geeignet erwies.

Zur eigentlichen Einführung der Wehrpflicht kam es erst im Jahr 1814, und weil schon vorher Wege gefunden werden mussten, um die Wehrkraft Preußens zu erhöhen, schuf Scharnhorst mit dem sogenannten Krümpersystem eine breite Möglichkeit der soldatischen Ausbildung, ohne gegen die von Napoleon auferlegten Truppenbegrenzungen zu verstoßen. Durch einen schnellen Wechsel der Rekruten, die kurzzeitig beurlaubte Soldaten ersetzten, und durch die dadurch bedingte kurze und intensive Ausbildung konnten viel mehr Bürger mit den soldatischen Gepflogenheiten vertraut gemacht werden, als dies bei längerem Wehrdienst möglich gewesen wäre. Dadurch sollte es im Kriegsfall möglich sein, den aktiven militärischen Kern relativ schnell durch die Einberufung von Reservisten zu erweitern, was eine Grundlage für das spätere Erstarken der preußischen Armee in den Befreiungskriegen werden sollte. Die Erfahrungen mit dem Krümpersystem führten im Jahr 1813 zunächst zur Errichtung der Landwehr, dann aber 1814 zum Erlass der allgemeinen Wehrpflicht, auch wenn dieser erst nach der ersten napoleonischen Niederwerfung und damit im Wesentlichen erst nach dem Ableben Scharnhorsts in Kraft trat.

Eines der zentralen Motive Scharnhorsts und der Väter der Wehrpflicht bei der Konzeption derselben war die ihr inhärente Möglichkeit, die geistigen Anlagen des Einzelnen zur Erreichung eines gemeinsamen Zwecks zu nutzen. Den Ausgangspunkt aller Überlegungen bildeten dabei sittlich-humanitäre Erwägungen, die zunächst einen deutlichen Vorrang vor den nützlichen hatten. Scharnhorst war seiner Zeit weit voraus, insofern er den Offizieren neben ihrer originär militärischen auch eine staatspolitische Aufgabe zuwies. Hier sind durchaus theoretische Ansätze zu erkennen, die rund hundertfünfzig Jahre später unter gedanklicher Urheberschaft und maßgeblicher Beteiligung von Wolf Stefan Traugott Graf von Baudissin in das Konzept der sogenannten Inneren Führung eingeflossen sind, wie es die Bundeswehr erst eingeführt, dann weiterentwickelt hat und bis heute noch kennt. Insofern knüpft die Innere Führung an die in der Zwischenzeit versandeten Überlegungen der preußischen Heeresreformer an.[280]

Die Innere Führung war zunächst einerseits der Versuch einer Antwort auf die jüngste Vergangenheit und dem damit verbundenen Widerspruch zwischen einem hierarchischen System, das über Waffengewalt verfügte, und andererseits einer sich zunehmend pluralistisch und friedfertig verstehenden Gesellschaft.[281] Das Konzept der Inneren Führung war anfangs erstaunlich definitionsschwach. So versuchte der erste Kommandeur der Schule für Innere Führung und spätere Generalinspekteur, Ulrich de Maizière, sogar, auf dem Wege eines Preisausschreibens eine griffige Definition zu erzielen.[282] Im Laufe der Zeit gelang es zunehmend, das, was Innere Führung bedeutet, zu definieren, und heute ist sie fest etabliert und in der Zentralen Dienstvorschrift ZDv 10/1 verankert. Die Idee der Inneren Führung mit der des Soldaten als Staatsbürger in Uniform verpflichtet diesen dazu, über das nachzudenken, was er tut. Der Befehl entbindet nicht von verantwortlichem Handeln.[283]

Für Wolf Graf von Baudissin stand es fest, dass nur der sich als Soldat für ein Land uneingeschränkt einsetzen kann, der nach seinen Möglichkeiten auch Teilhabe am politischen, geistigen, kulturellen und sozialen Leben seines Volkes hat.

Natürlich ist das, was Scharnhorst dachte, nicht identisch mit den Überlegungen der Inneren Führung, die im Übrigen eine Antwort auf die geradezu willenlos machende Instrumentalisierung der Wehrmacht war. Dennoch hat der Gedanke eines Staatsbürgers in Uniform seinen Ursprung im Denken Scharnhorsts, weshalb dieser preußische Reformer auch zu Recht zu den Persönlichkeiten unserer Armee zählt, deren Andenken im Rahmen der Tradition bewahrt wird. So war das kritische Hinterfragen von Anweisungen oder angeblich nicht veränderbaren politischen Situationen in den deutschen Streitkräften durchaus Tradition, wenn auch mit verschieden stark ausgeprägter Intensität und sehr unterschiedlichen Ergebnissen; während der Hitlerdiktatur war dies allerdings lediglich auf Ausnahmen beschränkt. Aber selbst in dieser dunklen Zeit gab es mit Generaloberst Ludwig Beck, Generaloberst Kurt von Hammerstein Equord, Generalmajor Henning von Tresckow und Oberst Claus Graf Schenk von Stauffenberg eben solche Ausnahmen, um nur einige zu nennen. Bis heute ist das offene Wort gelebte Tradition in der Bundeswehr, auch als Ausdruck der Inneren Führung.

Mit der Aufstellung der Bundeswehr ist in der Bundesrepublik die allgemeine Wehrpflicht eingeführt worden, die in Zeiten des Kalten Krieges die Möglichkeit eröffnete, die Bundeswehr von fünfhunderttausend Mann auf zweieinhalb Millionen Soldaten anwachsen zu lassen. Die über Jahre andauernde Auseinandersetzung über den unterschiedlichen Wert von Zivil- und Wehrdienst, die damit einhergehende Politisierung der Gewissensentscheidung und eine bis zum Ende der Wehrpflicht währende Unfähigkeit der militärischen Führung, die ihnen anvertrauten Wehrpflichtigen sinnvoll einzusetzen, haben jedoch im Laufe der Zeit zu einer politischen Verlotterung der Wehrpflicht geführt. Zuletzt war diese mit einem komatösen Patienten vergleichbar, der nur noch durch Lippenbekenntnisse von Politikern am Leben gehalten wurde. Mit der Abschaffung der Wehrpflicht ist es versäumt worden, der derzeit größten sozialpolitischen Herausforderung, nämlich der älter werdenden Gesellschaft und der damit einhergehenden Zunahme von Pflegefällen, angemessen zu begegnen. Die Antwort auf eine festgestellte Wehrungerechtigkeit, hätte auch eine allgemeine Dienstpflicht für alle Deutschen sein können.

Die nun vollzogene Abschaffung der Wehrpflicht bedeutet zugleich auch die Auflösung des Bindegliedes zwischen Armee und Bevölkerung. Die Wehrpflicht war der Garant dafür, dass sich die Bevölkerung für militärische Operationen und Einsätze nicht nur aus wirtschaftlichen Gründen interessiert. Insofern sind die Überlegungen Scharnhorsts auch heute noch gültig, weil alle Staatsbürger und insbesondere die Politiker bestrebt sein müssen, etwas vom Wesen und den Möglichkeiten des Krieges zu begreifen[284] – alle wesentlichen Fragen der Nation müssen auch alle Bürger angehen.

Auch Clausewitz sah die Erfolgschancen der Armee und die Motivierung der Soldaten zutreffenderweise mit der Einstellung der Zivilbevölkerung verknüpft. Die Richtigkeit dieser Beobachtung musste etwa die amerikanische Administration im Vietnamkrieg schmerzlich erfahren. So gewannen die amerikanischen Streitkräfte in diesem Krieg zwar alle Schlachten, verloren aber den Krieg.

Baudissin unterschied nur noch funktional zwischen dem Staatsbürger mit und jenem ohne Uniform, darüber hinaus wies er aber beiden die gleichen staatspolitischen Verpflichtungen zu. Dies stellte auch einen Beitrag zur geistigen Implementierung der Wehrpflicht dar und knüpfte unmittelbar an das gesellschaftliche Verständnis der preußischen Reformer an. So Baudissin wörtlich:

> Die Forderung an den Staatsbürger mit und ohne Uniform sind [sic] im Grunde die gleichen; sie verlangen Selbstbewusstsein und Gemeinsinn, verantwortliches Mitdenken und Handeln, vor allem in einer Zeit, in der politisches und soldatisches Handeln kaum mehr zu unterscheiden ist.[285]

Daneben stand es für Baudissin, wie bereits erwähnt, außer Frage, dass nur der sich als Soldat für ein Land uneingeschränkt engagieren könne, der nach seinen Möglichkeiten Teilhabe am politischen, geistigen, kulturellen und sozialen Leben seines Volkes habe:

> [...] der in dem Waffendienst einen selbstverständlichen und notwendigen Teil seiner staatspolitischen Rechte und Pflichten sieht, der Mit-Soldaten und Mit-Bürger in gemeinsamer Sache anerkennt, der treu seinem Dienstherren als mitverantwortlicher Staatsdiener dient, das aber ist der Soldat als Staatsbürger in Uniform. Dieser Staatsbürger entstand erst mit der modernen Demokratie.[286]

Auch wenn Baudissin die Beschränkung seines Postulats auf die Zeit einer modernen Demokratie vornimmt, so sind die Ähnlichkeiten zu den Gedankengängen der preußischen Reformer doch eklatant.

Nicht alles, was mit der Einführung der Wehrpflicht im Jahr 1814 verbunden war, funktionierte auf Anhieb, waren doch zahlreiche Sphären davon betroffen; so bedingte sie etwa die Neuorganisation der Militärbehörden, die Neufassung der Beförderungsbestimmungen von Offizieren oder die Veränderung der Militärstrafen. Allen Widrigkeiten zum Trotz hatte Scharnhorst aber immer das Ganze im Blick:

> Man darf bei der neuen Einrichtung die einzelnen Gegenstände nicht ohne das Ganze betrachten. Den Geist der Armee zu erheben und zu beleben, die Armee und Nation inniger zu vereinen und ihr die Richtung zu ihrer wesentlichen und großen Bestimmung zu geben – dies ist das System, welches bei den neuen Einrichtungen zugrunde liegt – und dieses mögen diejenigen erst studieren, welche sie beurteilen wollen.[287]

Die allgemeine Wehrpflicht wurde in Preußen dann aber erst im Rahmen der eigentlichen Befreiungskriege umgesetzt, nicht zuletzt deshalb, weil Friedrich Wilhelm III. jedes Risiko eines Eingreifens Napoleons zu vermeiden suchte. Vereinzelt wird sogar davon gesprochen, dass die preußische Heeresreform eigentlich gescheitert war.[288] Für den historischen Moment mag das zutreffend sein, wie die preußischen Reformen insgesamt durch den entschlussschwachen Friedrich Wilhelm III. nicht selbst vorangetrieben wurden. Aber es war damit ein wichtiger Anfang gemacht worden, der zunächst und ganz unmittelbar zur Niederlage Napoleons und in der weiteren Folge zu einer strukturellen Überlegenheit deutscher Armeen führen sollte – eine Überlegenheit, die wir erst heute durch Vernachlässigung allmählich aufgeben.

Abschließend sei wiederum ein Blick auf die Relevanz des Gesagten für heutige Führungsbelange geworfen. So können wir festhalten, dass es einer Inneren Führung auch bei Wirtschaftsunternehmen bedarf. Der Wunsch nach einem Arbeitsplatz, der den Stelleninhaber ernähren soll, und nach einem Unternehmen, das eine Bonifikation für die Führung ermöglicht, macht noch keinen Organismus aus, der in der Lage ist, eine Eigendynamik zu entwickeln. Ohne diese sind aber alle Organisationseinheiten immer auf die Instruktionen angewiesen, mit denen sie in Bewegung versetzt werden. Sich selbstständig zu bewegen macht aber den Entwicklungsschritt von der Funktionsgemeinschaft zum Organismus aus. Die Innere Führung in einem solchen schafft Sicherheit und ist die Grundlage für Vertrauen und die Bereitschaft zum selbstständigen Handeln. Moderne Unternehmen brauchen deshalb eine Verfassung, mit der eine Innere Führung geregelt wird. Je weniger etwas in der Gesellschaft selbstverständlich ist, umso mehr entwickelt sich die Kodifikation einer Inneren Führung zum strategischen Vorteil.

25.

Warum man ein Gefühl dafür entwickeln muss, wann die Zeit reif ist, um Oktroyiertes abzuschütteln – die preußische Erhebung

Es rumorte schon längere Zeit in Preußen, und die Ablehnungshaltung gegenüber den Franzosen wurde immer deutlicher. Insbesondere in den Aufmarschgebieten und Sammelräumen der *Grande Armée* ging sie bis zum Hass, weil sich die Franzosen, bevor sie nach Russland marschierten, wie Besatzer aufgeführt und die Menschen entsetzlich leiden gelassen hatten. Manch einer hatte auf ein Zeichen des Aufstands gewartet. Einer von denjenigen, die es nicht abwarten konnten, war Ferdinand Baptista von Schill.[289] Nach einer schweren Verletzung bei Auerstedt schlug er sich nach Kolberg durch und betätigte sich dort als eine Art Freischärler, indem er den Franzosen durch wiederholte Überfälle zusetzte. Infolgedessen wurde er vom König befördert. Seine Raids brachten ihm zunehmend Gefolgschaft ein, und als er schließlich unter dem Jubel der Bevölkerung in Berlin einzog, glaubte er, die Zeit für einen allgemeinen Aufstand sei gekommen. Die sich daran anschließende bewaffnete Auseinandersetzung mit den Franzosen sollte indes in Stralsund mit seinem Tod und dem vieler seiner Anhänger enden.[290] Die Zeit war eben einfach noch nicht reif gewesen und die französische Besatzung noch zu stark. Dennoch kann auch festgehalten werden, dass in der Bevölkerung viele dem Aufstandsversuch von Logenplätzen zugesehen hatten und vielleicht auch selbst bereits den Weg aufs Parkett gewagt hätten, wenn Schill erfolgreich gewesen wäre. Feigheit und einen Patriotismus, der erst dann ausgelebt wird, wenn nichts mehr schiefgehen kann, gab es auch schon damals.

Für den von Napoleon geplanten Angriff auf Russland mussten die Preußen ein Hilfskorps von zwölftausend Mann unter der Führung des Generals Johann David Ludwig Yorck stellen. Als sich die *Grande Armée* dann nach dem Brand von Moskau auf dem Rückzug befand, vermochte dieser es, seine Soldaten vergleichsweise gut aus den Weiten Russlands zurückbringen. Er wurde daraufhin vom russischen Kaiser wie auch von den preußischen Offizieren in russischen Diensten umworben. Sein Pflichtgefühl gegenüber dem preußischen König verbot es ihm zunächst aber, eigenmächtig zu handeln, und es war für Clausewitz, der sich ebenfalls in russischen Diensten befand, nicht einfach, Yorck dazu zu bewegen, sich wenigstens mit der Möglichkeit eines Seitenwechsels zu befassen. Als Yorck schließlich die Entscheidung traf, überzutreten, war ihm das Ausmaß seines Handelns bewusst, wie jener Rede zu entnehmen ist, die er am Abend vor der Vertragsunterzeichnung vor seinen Offizieren hielt. Wenn man sie liest, fällt einem die unverkennbare Ähnlichkeit mit der berühmten Rede Friedrichs des Großen ins Auge:

> Meine Herren, das französische Heer ist durch Gottes strafende Hand vernichtet; es ist der Zeitpunkt gekommen, wo wir unsere Selbstständigkeit wiedergewinnen können, wenn wir uns jetzt mit dem russischen Heere vereinigen. Wer so denkt wie ich, sein Leben für das Vaterland und die Freiheit hinzugeben, der schließe sich mir an; wer dies nicht will, der bleibe zurück. Der Ausgang unserer heiligen Sache mag sein, wie er will, ich werde auch den stets achten und ehren, der

»[...] es ist der Zeitpunkt gekommen, wo wir unsere Selbstständigkeit wiedergewinnen können, wenn wir uns jetzt mit dem russischen Heere vereinigen«, sagte General Johann David Ludwig Graf von Yorck, als er die Konvention von Tauroggen vor seinen Soldaten begründete.

> nicht meine Meinung teilt und zurückbleibt. Geht unser Vorhaben gut, so wird der König mir meinen Schritt vielleicht vergeben; geht er misslich, so ist mein Kopf verloren. In diesem Falle bitte ich meine Freunde, sich meiner Frau und Kinder anzunehmen.[291]

Unbeschreiblicher Jubel soll Yorck am Ende seiner Rede entgegengeschlagen sein.[292] Am 30. Dezember 1812 unterzeichnete er, nach dem Durchleben eines enormen Gewissenskonflikts, die Konvention von Tauroggen. Damit löste er sein preußisches Hilfskorps aus der napoleonischen Armee heraus. Die Flankendeckung der zurückflutenden französischen Streitmacht entfiel und den Russen war der Weg nach Berlin geöffnet. Dies war gleichzeitig der unmittelbare Auslöser für die nun folgenden Befreiungskriege.

Yorck handelte in hohem Maße eigenmächtig und machte es sich nicht leicht damit; so wird berichtet, dass sein Haar über Nacht weiß geworden sei, so sehr habe ihn die Gewissensentscheidung, ob er den Vertrag mit dem russischen General Hans-Karl von Diebisch unterzeichnen solle, geplagt. Wie wenig sein Handeln selbstverständlich war, ist daran zu ermessen, dass der König trotz aller Demütigungen, die er in der Vergangenheit erlitten hatte, und trotz der auch auf militärischem Gebiet eingeleiteten Reformen nicht so weit war, die Eigenmächtigkeit Yorcks zu sanktionieren. Ihm kann zugutegehalten werden, dass es keine Bündnisverpflichtungen gab und weite Teile Preußens immer noch besetzt waren. Auch zauderte der König, wie so oft; aber in diesem Fall war er zudem noch wütend über diese Eigenmächtigkeit eines seiner Offiziere.

Yorck versuchte, sein Handeln in zwei Briefen an Friedrich Wilhelm III. zu rechtfertigen. Beide bringen sein Denken und eigentlich seine gesamte Geisteshaltung anschaulich zum Ausdruck. Daher soll hier der zweite Brief wörtlich wiedergegeben werden:

> Ich erwarte nun sehnsuchtsvoll den Ausspruch Ew. Majestät, ob ich gegen den wirklichen Feind vorrücke, oder ob die politischen Verhältnisse es erheischen, dass Ew. Majestät mich verurteilen. Beides werde ich mit treuer Hingebung erwarten, und ich schwöre Ew. Königlichen Majestät, dass ich auf dem Sandhaufen ebenso ruhig, wie auf dem Schlachtfelde, auf dem ich grau geworden bin, die Kugel erwarten werde. Ich bitte daher Ew. Königliche Majestät um die Gnade, bei dem Urteil, das gefällt werden muss, auf meine Person keine Rücksicht nehmen zu lassen. Auf welche Art ich sterbe, ich sterbe immer wie Ew. Majestät alleruntherthänigster und getreuester Unterthan
>
> Yorck.[293]

Dieses Denken hat noch spätere Generationen beeinflusst. Einer seiner Nachkommen, Peter Graf Yorck von Wartenburg, war ein führendes Mitglied des Kreisauer Kreises und Angehöriger des Widerstands vom 20. Juli 1944. Er verlor aus diesem

Peter Graf Yorck von Wartenburg war der Urgroßenkel von General Johann David Ludwig Graf von Yorck, Mitglied des Kreisauer Kreises und als solcher Teilnehmer am Widerstand vom 20. Juli 1944.

Anlass sein Leben. Wir erinnern uns an den Satz auf dem Grab von der Marwitz': »Wählte Ungnade, wo Gehorsam keine Ehre brachte.« Es ist diese Geisteshaltung, für die Preußen bis heute berühmt ist. Und es ist eine Geisteshaltung, die auch während der Nazidiktatur nicht ganz in Vergessenheit geriet, wenn auch nur bei einer Minderheit. Margret Boveri sah in der Geschichte Preußens, übrigens unter Berufung auf dieselben historischen Beispiele, die auch hier Erwähnung gefunden haben, eine Tradition der Gehorsamsverweigerung – eine Tradition, die im Laufe der Zeit jedoch verloren ging.[294]

Heute werden wir einerseits nicht müde, Zivilcourage zu fordern, können dann aber, wenn sie auftritt, nicht damit umgehen. Das ist durchaus verständlich, weil es gerade ihr herausragendes Merkmal ist, dass derjenige, der sie aufbringt, sich dadurch gleichzeitig gegen eine relative oder absolute Mehrheit stellt oder sich eben nicht sicher sein kann, ob sein Handeln unmittelbar die allgemeine Zustimmung erfahren wird. Aus der

Rückschau darf man nicht ableiten, dass es grundsätzlich besonderer Umstände bedarf, damit Zivilcourage gefragt ist. Manchmal verlangt bereits die Normalität danach, und man muss seine Karriere möglicherweise auch für etwas Geringeres aufs Spiel setzen als für hehre staatstragende Zukunftsfragen. In manchen Situationen kann Zivilcourage schon allein darin bestehen, »nein« zu sagen, bei etwas nicht mitzumachen oder sich zu beschweren. Das macht sie so schwer vorausberechenbar. Und deshalb braucht man Maßstäbe, an denen man sich orientieren kann. Maßstäbe, die verlässlich sind, weil sie nicht dem Zeitgeist unterliegen. Hier bieten sich die preußischen Tugenden als Bestandteil eines solchen Wertekanons an.

Doch zurück zu den Ereignissen um den preußischen Aufstand. General Yorck bekam zwar wieder ein Kommando und zeichnete sich darin auch aus, er musste jedoch relativ lange auf einen königlichen Gunstbeweis warten. Friedrich Wilhelm III. stand eben nie an der Spitze des Aufstands, wobei ihm aber zugutegehalten werden muss, dass eine Kriegserklärung gegen Frankreich auch nicht so einfach war angesichts der Tatsache, dass das eigene Land noch in weiten Teilen besetzt war und die neue Koalition noch nicht stand. Es war vielleicht eine der großen Leistungen Hardenbergs, dass er schließlich auch das österreichisch-preußische Bündnis zustande brachte. Der österreichische Staatskanzler Klemens von Metternich verhandelte nämlich parallel zu den Koalitionsgesprächen mit Preußen zugleich auch mit Frankreich – ein weiteres Beispiel dafür, dass es der Habsburgmonarchie immer nur dann um Deutschland ging, wenn es zum Vorteil der eigenen Interessen war. Im Grunde hätte sich jedes Bündnis zwischen Österreich und Frankreich aus der Historie heraus von selbst verboten. Am 17. März 1813 erklärte Preußen dann jedenfalls Frankreich den Krieg. Mit gleichem Datum wandte sich Friedrich Wilhelm III. an sein Volk:

> An mein Volk!
> […] Brandenburger, Preußen, Schlesier, Pommern, Litauer! Ihr wisst, was euer trauriges Los ist, wenn wir den beginnenden Kampf nicht ehrevoll enden. Erinnert Euch an die Vorzeit, an den großen Kurfürsten, an den Großen Friedrich. Bleibt eingedenk der Güter, die unter ihnen unsere Vorfahren blutig erkämpften: Gewissensfreiheit, Ehre, Unabhängigkeit, Handel, Kunstfleiß und Wissenschaft. Gedenkt des großen Beispiels unserer mächtigen Verbündeten […]. Es ist der letzte entscheidende Kampf, den wir bestehen für unsere Existenz, unsere Unabhängigkeit, unseren Wohlstand; keinen anderen Ausweg gibt es als den ehrenvollen Frieden oder einen ruhmvollen Untergang. Auch diesem würdet Ihr getrost entgegen gehen um der Ehre willen, weil ehrlos der Preuße und der Deutsche nicht leben vermag. Allein, wir dürfen mit Zuversicht vertrauen: Gott und unser fester Wille werden unserer gerechten Sache den Sieg verleihen, mit ihm einen sicheren, glorreichen Frieden und die Wiederkehr einer glücklichen Zeit.[295]

Am gleichen Tag ordnete der König die Errichtung einer Landwehr an, die als Krönung der preußischen Heeresreform bezeichnet werden darf.[296] Der König rief dann per Gesetz vom 21. April 1813, das allerdings erst am 24. Juli desselben Jahres verkündet wurde, alle waffenfähigen Männer zum Widerstand gegen Napoleon auf. So sollte der Landsturm dem Feinde den Einbruch und Rückzug versperren, ihn stets außer Atem halten, seine Munition, Lebensmittel, Kuriere und Rekruten abfangen, seine Hospitäler ausheben, ihn nächtlich überfallen, ihn einzeln und in Trupps vernichten und so weiter.[297] Dem ging eine Eingabe Gneisenaus voraus, aus der im Folgenden zwei Passagen zitiert werden sollen:

> Ein Krieg, wie der gegenwärtige, ist nicht ein gewöhnlicher Krieg. Nicht etwa um eine Provinz wird gekämpft, sondern für die Sicherheit des Thrones, für die Unabhängigkeit der Nation, für die heiligsten Güter des Lebens, für die Befreiung von einem

> scheußlichen Joch, das jeden Wohlstand der Nation vernichtet, ihr Blut zur Unterjochung fremder Völker fordert, selbige um jede edlere Kultur bringt und sie in den Stand der Rohheit zurückwirft. In einem solchen Kampf muß daher die größte Anstrengung entwickelt werden. Jeder Staatsbürger, er gehöre der Armee an oder nicht, muß daran Theil nehmen, sei es auf mittelbare oder unmittelbare Weise. Eine solche Handlungsweise hat Rußland gerettet, und mit Recht legen unsere Verbündeten einen hohen Werth auf eine solche Kraftäußerung.[298]

Wieder tritt hier der Gedanke der Gesamtpartizipation zutage. Es spielt aber auch ein Stück Erfahrung aus jener Zeit mit, als Preußen in die Katastrophe von Jena und Auerstedt hineingeschlittert war. Die bittere Erinnerung an die Unzuverlässigkeit gegenüber den Verbündeten, vor allem aber an die Trennung von Armee und Bürgertum sowie an die bereitwillige Unterstützung Napoleons durch den preußischen Staatsapparat mag von Gneisenau im Hinterkopf gehabt haben, als er dann fortfuhr:

> Kein königlicher Beamter, kein Mitglied einer Verwaltungsbehörde, kein Polizei- oder Postbeamter, kein Magistratsmitglied darf in dem Bezirk bleiben, wohin der Feind vordringt. Wer es dennoch thut, ist seiner Stelle entsetzt.[299]

Bereits am 10. März 1813, dem Geburtstag der verstorbenen Königin, stiftete Friedrich Wilhelm III. das Eiserne Kreuz, eine Auszeichnung für alle, die sich an der Befreiung Preußens beteiligen würden – also nicht nur für Offiziere und Adelige. Bis heute ist das Eiserne Kreuz das Erkennungszeichen deutscher Luft- und Panzerfahrzeuge.

Die Preußen konnten nach mehreren Gefechten, in der Folge mit einer Koalition aus Russen und Österreichern sowie anderen kleineren Staaten, Napoleon bei der Völkerschlacht bei Leipzig vom 16. bis zum 19. Oktober 1813 schlagen. In diesem Zusammenhang verdiente noch ein weiterer Mann besondere Erwähnung, der preußische Offizier Gerhard Leberecht von Blücher, der mit Stein bekannt war und auf den Scharnhorst große Stücke hielt, was auf Gegenseitigkeit beruhte.[300] Er war bereits bei den ersten Koalitionskriegen aufgefallen, als Oberst verwundet worden und hatte in Anspielung an den legendären Husarengeneral Friedrichs des Großen den Spitznamen »der neue Ziethen aus'm Busch« bekommen.

In der Doppelschlacht von Jena und Auerstedt hatte Blücher im Rang eines Generalleutnants gestanden und die preußische Vorhut gegen den französischen General Davoust kommandiert. Seine Truppen waren dabei aber fast völlig aufgerieben worden; er hatte sich jedoch erst ergeben, als sie keine Munition und auch kein Brot mehr hatten. Auf Empfehlung Scharnhorsts[301] war er dann gegen einen französischen Offizier ausgetauscht worden und nach Pommern heimgekehrt. Mit der preußischen Niederlage war er kaum fertig geworden, auch nicht mit dem diplomatischen Ringen danach. »Die Fatalisten sind mir zu fatal«, pflegte er zu sagen und Hardenberg hatte er als »Trübsalspritze, Tintenspion und Federfuchser« bezeichnet. Seine Ablehnung gegenüber Napoleon war den Franzosen nicht verborgen geblieben und so war Blücher im Jahr 1812 aus diplomatischer Vorsicht vom nominellen Amt des Generalkommandeurs Pommerns enthoben worden. Im Rahmen der Befreiungskriege übernahm er dann ein preußisches Korps, das aber mehrheitlich aus Russen bestand. Sein Generalstabschef wurde der bereits erwähnte Gneisenau, mit dem er ein kongeniales Führungsduo bildete: Der eine war der Truppenführer, der andere der Planer und Stratege. So gibt es durchaus Stimmen, wonach Blücher manche ihm vorgelegte Planung nicht verstand;[302] er war im Wesentlichen Truppenführer. Seine Truppen führte er dafür durch persönliches Beispiel und konnte durch seine Art der Führung Schlachten entscheiden. Ein Schreiben an seine Frau gibt etwas von seiner hemdsärmeligen Art wieder, ein Brief, den er am 4. Mai 1813 schrieb, nachdem er in der Schlacht von Groß Gröschen, zwei Tage zuvor, zwei Streifschüsse und eine ernstere Verwundung an der Seite erhalten hatte, was auch Zeugnis davon ablegt, dass er es als Kommandeur gewohnt war, »von vorne« zu führen:

> [...] was vor nachricht du auch erhälst, so sey ruhig, den ob ich gleich 3 kugell erhalten und auch ein Perd erschossen, so ist doch alles nicht gefährlich, und ich bin und bleibe in volliger tetigkeit. Satisfaction habe ich genug, den ich habe den Herrn Napoleon zwey mahl angegriffen und beide mahl geworften. Die Schlacht ist so mörderisch gewesen, daß beide teille erschöpft wahren und beide mangel an amunition hatten. Der feind hat ungleich mehr wie wihr verlohren, aber es ist auch manche brave waffen Bruder aus der weld geschieden. [...] vor heutte kann ich nicht mehr schreiben, da ich auß marschire. [...] negstens will ich dich mehr sagen, gott mit dich. Ich habe einen Schuß im rücken, der mich sehr schmerzt, die kugell bring ich dich mit.[303]

Blücher wurde zu einer der treibenden militärischen Kräfte und einem der herausragendsten Truppenführer im Kampf gegen Napoleon. Zu seinen Erfolgen gehörten die Schlacht am Katzbach am 26. August 1813, die Teilnahme an der Völkerschlacht von Leipzig und der Rheinübergang bei Kaub in der Neujahrsnacht 1814, als er Napoleon nach Frankreich nachsetzte, die gewonnenen Schlachten bei La Rothière am 1. Februar 1814 und bei Laon am 9. und 10. März 1814, Letztere dabei gegen Napoleon in höchsteigener Person, sowie die Erstürmung des Montmartre mit der darauffolgenden Besetzung von Paris, nachdem die französischen Truppen kapituliert hatten.

Friedrich Wilhelm III. ernannte Blücher zum Fürsten von Wahlstatt und er erhielt das Gut Krieblowitz, wo er auch seine letzte Ruhestätte finden sollte. Er hatte auch dort nichts für Diplomatie übrig, wo sie mit seinem Gerechtigkeitssinn nicht in Einklang zu bringen war. Als die Diplomaten nach den ersten Niederlagen Napoleons und beginnenden Verhandlungen über einen Frieden in Erwägung zogen, dass der Krieg eher zum Schein fortgeführt werden könne, äußerte sich Blücher gegenüber dem Oberbefehlshaber der alliierten Truppen ebenso eindeutig wie geradlinig:

> Wir müssen nach Paris. Napoleon hat allen Hauptstädten Europas seinen Besuch abgestattet; sollten wir weniger höflich sein? Kurz, er muß dem Thron entsagen, und bis er nicht heruntergeworfen ist, werden wir keine Ruhe haben.[304]

Blüchers Ansicht ist durchaus auch heute noch aktuell. So lassen wir es zu, dass manche Staaten durch allerlei Diktatoren und Usurpatoren erst bedroht werden, um dann in der Folge unsererseits eine diplomatische Lösung in Erwägung zu ziehen. Besser wäre es, den Staatsgaunern dieser Welt deutlich zu machen, dass es den Internationalen Strafgerichtshof in Den Haag gibt und sie außerdem immer Gefahr laufen, dass der Konflikt in ihrem Machtbereich ausgetragen werden könnte.

Blücher lehnte nach dem Friedensschluss von Paris, am 30. Mai 1814, ein Amt auf dem Wiener Kongress mit den bekannten markigen Worten ab:

> Mir würden in Wien nur die Glacéhandschuhe platzen, und ich sehe schon, dass die Preußen schon bald wieder Fausthandschuhe anziehen müssten.[305]

Tatsächlich mussten die Preußen schon bald wieder besagte Fausthandschuhe anziehen, denn mitten in die Verhandlungen des Wiener Kongresses hinein platzte die Nachricht von der Rückkehr Napoleons, und Blüchers größte Stunde schlug am 18. Juni 1815, als es zur finalen Schlacht bei Waterloo kam. In einem ersten Gefecht wurde Blücher von Napoleon noch geschlagen, verließ aber nicht das Schlachtfeld, sondern kehrte in das Gefecht zurück und verstärkte die im Wanken begriffenen Truppen Arthur Wellesleys, des Dukes of Wellington. Von diesem stammt der berühmt gewordene Satz: »Ich wünschte, es

Gerhard Leberecht von Blücher, Fürst von Wahlstatt, besiegte Napoleon bei Waterloo, wurde Ehrenbürger der Stadt London und erhielt die Ehrendoktorwürde der Universität Oxford.

wäre Nacht, oder die Preußen kämen«, und die Preußen kamen und da war Napoleon endgültig geschlagen.

Blücher war einmal in ganz Europa als der Bezwinger Napoleons bekannt. Er wurde geadelt und erhielt höchste Auszeichnungen seitens der Souveräne aller Koalitionspartner. Zudem wurde ihm eine Sonderform des Eisernen Kreuzes verliehen, der sogenannte Blücherstern, er wurde Ehrenbürger der Stadt London und erhielt die Ehrendoktorwürde der Universität Oxford. Heute dagegen ist sein Grab leer, sein Andenken ebenso vergessen wie die einmal bekannte Redewendung »Der geht ran wie Blücher an der Katzbach«. Nur ein paar Straßennamen erinnern noch daran, dass Blücher einmal eine Berühmtheit war, ein Preuße, den man bewunderte und den man wieder bewundern darf.

Man mag das Gedenken an diesen großen Preußen für anachronistisch halten. Wer aber einmal in London war und dort den Erinnerungskult um Wellington gespürt hat, der vermag zu erkennen, wie sehr unser Nationalgefühl auch heute noch unter dem letzten Krieg leidet. So gibt es in London einen

Wellingtonpalast mit einem Museum über die Schlacht von Waterloo, einen Triumphbogen – den Wellington Arch – und einen nach dem Siegesort des Feldherren benannten Bahnhof – Waterloo Station –, um nur die Elemente zu nennen, auf die jeder Besucher Londons während seines Aufenthalts trifft. Man braucht in einem Volk Führungspersönlichkeiten, die in schwieriger Lage den Mut haben, Menschen zu führen und auch bereit sind, diesen Mut einzusetzen, die also in der Lage sind, Menschen mitzureißen und so Entwicklungen beeinflussen können. Blücher wurde durch seine angriffslustige Art, mit der er Napoleon bis nach Frankreich verfolgte, und durch seine militärisch kompromisslose Art der Beiname »Marschall Vorwärts« zuteil. Er war kein Intellektueller, sondern hatte vielmehr eine hemdsärmelige, dadurch aber auch menschliche Art; seine Briefe bezeugen das noch heute. Seine Männer liebten ihn und waren bereit, für ihn und damit für Preußen etwas zu riskieren. Blücher verkörperte auf seine Art eine Verbindung des friderizianischen mit dem reformierten Preußen. Seine Truppenführung erinnert an die Leidenschaft und Unmittelbarkeit von Friedrich dem Großen. Mit seiner militärischen Entschlossenheit, das napoleonische Ungeheuer zu schlagen, verkörperte er den unbedingten Willen, Preußen wieder zu dem zu machen, was es einmal gewesen war: einer der mächtigsten Staaten in Europa.

Blücher ist es wert, als Beispiel für Führung wiederentdeckt zu werden. Er hatte in seiner militärischen Art eine gewisse Ähnlichkeit mit dem amerikanischen General Patton jr. Leider habe ich keine expliziten Hinweise darauf gefunden, dass Patton, ein hochgebildeter General, der auch mit der deutschen Geschichte und Literatur vertraut war, Blücher als historisches Beispiel wahrgenommen hat. Dies kann aber angenommen werden, denn Patton war mit allen wesentlichen Schlachten der Weltgeschichte vertraut. Wie Blücher war Patton ein General, der auch in schwieriger militärischer Situation den Ausweg im Zweifelsfall immer im Angriff suchte. Patton entschied die Ardennenschlacht und war der erste alliierte Befehlshaber, der mit seinen Truppen den Rhein überschritt. Auch er war ein »Marschall Vorwärts« und bei seinen Soldaten äußerst beliebt; sie waren in aller Regel stolz darauf, unter ihm gedient zu haben. Und als paradigmatisch für sozialistischen Gestaltungswahn ist die Schaffung des Blücher-Ordens in der ehemaligen DDR anzusehen, welchen man für den Fall eines erfolgreichen Angriffs gegen Westdeutschland bereits in großen Stückzahlen auf Vorrat hatte produzieren lassen.

Für heutige Führungssituationen lässt sich den Ausführungen dieses Kapitels entnehmen, dass es nur weniger Entschlossener bedarf, um eine bestimmte Entwicklung anzustoßen, wenn die Zeit erst einmal reif dafür ist. Diesen Zeitpunkt als Menschen- oder Meinungsführer zu erkennen, ist die eigentliche Kunst. Zu viele bleiben in der Deckung und werden ihren Enthusiasmus erst dann entfalten, wenn sich aus ihrer Meinungsbekundung keine Gefahr mehr für sie ergeben kann. Vorgesetzte, die kein Gefühl für den Augenblick haben, laufen Gefahr, dass sie von den Ereignissen überrannt werden und dann allenfalls noch aus der Loge des Zuschauers mehr beobachten als führen können. Im Ungehorsam erfolgreich zu sein, kann man nicht planen. Dies ist eher eine Frage der Intuition. Den, der dann auf diese hört, auch wenn er Gefahr läuft, im Falle eines Fehlschlages negativen Konsequenzen ausgesetzt zu sein, zeichnet jene Seelenstärke aus, von der anderenorts bereits die Rede war. Charakter und innere Werte, die wie ein Kompass die Richtung vorgeben – eine Richtung, die eine schützende Mehrheit verweigert –, lassen dann aus der bloßen Intuition die geplante Handlung entstehen. Persönlichkeiten wie Gneisenau, Yorck und Blücher, so unterschiedlich diese auch waren, verkörpern diese Eigenschaften und haben gerade, weil sie nicht angepasst, geschmeidig und servil waren, einen alles entscheidenden Beitrag zur Befreiung Preußens geleistet.

26.

Warum man am Erfolg alle beteiligen muss, die einen Beitrag zum Gelingen geleistet haben – der preußische Vormärz

Mit der finalen Niederwerfung Napoleons hatte Preußen seine nationale Integrität wiederhergestellt. Auf dem Wiener Kongress wurden die Grenzen der deutschen Länder neu festgelegt, nachdem Napoleon die Landkarte zuvor gründlich durcheinandergebracht hatte. Zwei entscheidende territoriale Veränderungen waren für die weitere geschichtliche Entwicklung besonders bedeutsam, nämlich der Verzicht Österreichs auf seine niederländischen Ansprüche und seine ehemaligen Besitzungen am Oberrhein, was einherging mit der Übernahme der Rheinprovinzen durch Preußen. So wie dessen früherer Erwerb Schlesiens eine Weichenstellung für die Führungsdualität in Deutschland gewesen war, so hatten die Ergebnisse des Wiener Kongresses für Österreich die künftige Orientierung nach Südwesten und damit einhergehend die perspektivische Beschränkung seines Einflusses in Deutschland zur Folge.

Weil Preußen jetzt mit den Rheinprovinzen einerseits und den eigentlichen preußischen Kernlanden andererseits über zwei nicht zusammenhängende Staatsgebiete verfügte, waren Auswirkungen für die dazwischenliegenden Länder zwangsläufig. Und da Preußen zudem nach den Ergebnissen des Wiener Kongresses in Deutschland nun erstmals größer war als Österreich, entwickelte es wie kein anderes deutsches Land ein ganz originäres Interesse an der Übernahme zunächst einer koordinierenden und schließlich einer führenden Rolle in Deutschland, zumal Preußen eine territorial »kritische Masse« erreicht hatte. Wenn es dennoch zur Führungsübernahme weder unter Friedrich Wilhelm III. noch unter seinem Nachfolger Friedrich Wilhelm IV. reichte, so lag es an deren persönlicher Führungsschwäche und daran, dass ihre Umgebung einen solchen Gedanken nicht fördern konnte. Vielleicht wäre Stein dazu in der Lage gewesen, aber seine Vorstellungen von einer Revitalisierung des Deutschen Reiches waren noch dualistisch geprägt. Diesen preußisch-deutschen Dualismus sollte erst Otto Eduard Leopold von Bismarck-Schönhausen auflösen.

Die territoriale und damit einhergehende politische Verlagerung Österreichs, weg aus Deutschland und hin nach Südosten, ist ein Beispiel dafür, wie eine wenig ausgeprägte strategische Denkweise ein Land in die Bedeutungslosigkeit führen kann. Auch wenn die abschließende »Filetierung« Österreichs erst nach dem Ersten Weltkrieg erfolgte, so war der Grundstock für eine Reduzierung der Habsburgmonarchie doch bereits mit dem Erwerb der Königskrone durch Friedrich I. in Preußen, dem Verlust Schlesiens und den Ergebnissen des Wiener Kongresses gelegt worden. Die Beispiele zeigen, wie kritisch es sein kann, auf etwas zu verzichten oder etwas zuzugestehen, was zum Zeitpunkt des Verlustes zwar keinen großen Eigenwert darzustellen scheint, strategisch dann aber doch von entscheidender Bedeutung sein kann. Leider lassen sich Ereignisse und Entscheidungen dieser Art, obwohl sie strategische Weichenstellungen darstellen, erst retrospektiv ausmachen, weil sie zunächst nur marginale Auswirkungen zu haben scheinen, gleichsam perspektivisch »getarnt« sind.

Bei der territorialen Neugliederung in Deutschland musste nicht nur ein Neuzuschnitt mancher Ländereien vorgenommen, sondern auch eine Antwort darauf gefunden werden, wie denn diese Staaten-, Fürstentümer-, Städte- und Grafschafts-

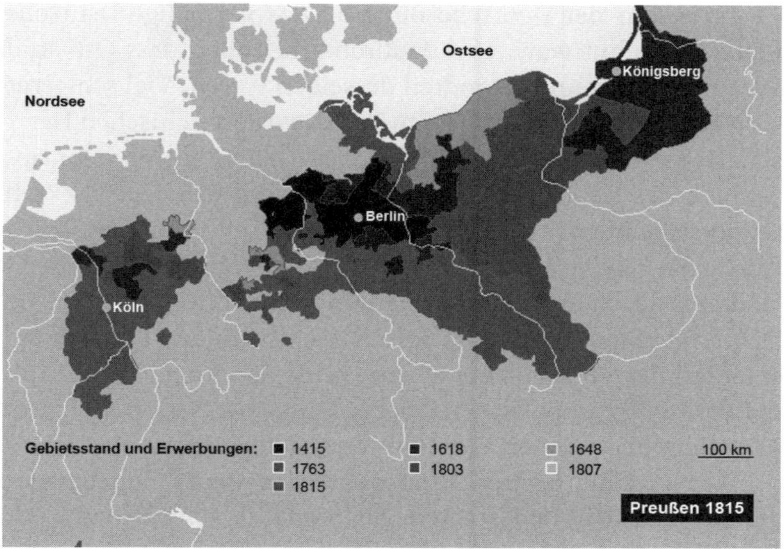

Nach dem Sieg über Napoleon gewann Preußen seine vormalige Größe wieder zurück. Die Karte zeigt die Landesgrenzen im Jahr 1815.

akkumulation künftig organisiert werden sollte. Auf dem Wiener Kongress wollte man daher eine Art Nachfolgemodell des unter napoleonischem Druck aufgelösten Deutschen Reiches schaffen. Im Ergebnis fanden sich neununddreißig souveräne Fürsten und freie Städte zum Deutschen Bund zusammen, einem konfessionell durchaus ausgewogenen Bund, wenn er diesbezüglich regional auch durchaus seine Schwerpunkte hatte. Der Deutsche Bund wurde dabei keinesfalls als eine allgemeine Notlösung angesehen; vielmehr glaubten die Zeitgenossen, dass es gelingen könne, eine duale Führung von Preußen und Österreich im Deutschen Bund zu institutionalisieren. Es war dies die letzte Gemeinschaftsschöpfung der alten europäischen Führungsschicht und sollte immerhin fünfzig Jahre lang bestehen, bis die Explosivkräfte einer Nationalbewegung und ein preußischer Führungsanspruch unter einem anderen König und mitgetragen von einem starken preußischen Ministerpräsidenten, Bismarck, diesen Bund schließlich sprengten.[306]

Wie sehr der Deutsche Bund an das vormalige Deutsche Reich angelehnt war, wird dadurch erkennbar, dass Ost- und Westpreußen kein Bestandteil desselben waren. Viel schwerer wog allerdings, dass der größte Teil des österreichischen Herrschaftsgebietes sich aus den gleichen Gründen nunmehr außerhalb des Deutschen Bundes befand und der deutsche Teil Österreichs kleiner war als der deutsche Teil Preußens. Auch führte die Beteiligung Englands über das Königreich Hannover, Hollands durch Luxemburg und Dänemarks durch Holstein am Deutschen Bund dazu, dass dessen Rechtsordnung faktisch Bestandteil des Völkerrechts wurde – eine Situation also, die mit der des Heiligen Römischen Reiches Deutscher Nation nach dem Westfälischen Frieden von 1648 vergleichbar war.

Der Artikel 57 der Bundesakte des Deutschen Bundes machte den Mitgliedsstaaten das monarchische Prinzip zur Verpflichtung, was gleichzeitig die uneingeschränkte Souveränität der einzelnen Staaten festschrieb. Der wesentliche Unterschied zum untergegangenen Heiligen Römischen Reich Deutscher Nation war aber das Fehlen einer Zentralgewalt. Lediglich um der alten Tradition zu folgen, sollte Österreich als Präsidialmacht den Vorsitz führen. Die preußischen Diplomaten hatten sich ursprünglich eine stärkere Exekutive und mehr staatenübergreifende Institutionen vorgestellt, konnten sich in dieser Angelegenheit aber gegen Österreich nicht durchsetzen. So fehlte es im Deutschen Bund an einer allgemein verbindlichen Exekutiven, einer gemeinsamen Währung und bis zur Gründung des Deutschen Zollvereins, der mit dem Deutschen Bund nicht identisch war, auch an einer einheitlichen Grenzbesteuerung. Er war also kein Bundesstaat, sondern ein Bund souveräner Staaten, die sich untereinander zu arrangieren begannen, wobei wegen der sehr unterschiedlichen Größe, Wirtschaftskraft und territorialen Lage der einzelnen Mitglieder verschiedene Abhängigkeiten entstanden.

Vergleicht man diese Situation mit der Gegenwart in der Europäischen Union, so steht nach einer Entscheidung des deutschen Bundesverfassungsgerichts fest, dass die Souveränität der Bundesrepublik Deutschland im Sinne einer Eigenstaatlichkeit unangetastet bleiben muss und es somit die Vereinigten Staaten von Europa mit einer Zentralgewalt zumindest aus deutscher Sicht nicht geben wird.

So bleibt das Problem bestehen, dass sich der europäische Staatenbund trotz Beibehaltung der einzelstaatlichen Souveränität dennoch als Ganzes präsentieren müsste. Aus der Sicht der Bürger stellt sich die EU nur dort als ein selbstständig agierender Staatsorganismus dar, wo es um den Erlass neuer Vorschriften, insbesondere auf Nebengebieten, geht. So entsteht mehr und mehr die Sorge vor einem unkontrollierbaren »Beamten- und Politikereuropa«. Zwar werden vor den Wahlen zum Europäischen Parlament dessen Wichtigkeit und Machtfülle betont, gleichzeitig schicken aber alle Parteien ihre zweite und dritte Reihe nach Brüssel. Fünf Jahre lang erfährt man dann nichts mehr vom Wirken der Parlamentarier, soll aber rechtzeitig vor den nächsten Wahlen von deren Erfolgen beeindruckt sein. Seit dem Vertrag von Lissabon hat die EU eine neue Repräsentanz durch die Schaffung des Amtes des EU-Präsidenten und -Außenministers bekommen. Dass dafür zwei Personen auserwählt wurden, die ob ihrer europäischen Unbedarftheit von allen akzeptiert werden, zeigt, dass die EU im Wesentlichen eine Plattform, aber keine eigene Souveränität darstellt.

Auch bezüglich der inneren Machtbalance ähnelt die EU dem Deutschen Bund. So sind die Größe der einzelnen Staaten sowie ihre politische und wirtschaftliche Kraft höchst heterogen. Selbst der Anspruch an eine kulturelle oder gesellschaftspolitische Homogenität ist angesichts der unterschiedlichen Charakteristika der einzelnen Staaten manchmal nur mit viel Fantasie als erfüllt anzusehen – hier war der Deutsche Bund durch seine Beschränkung auf deutsche Länder wesentlich homogener.

Anstatt von zwei großen Staaten wird die EU durch mehrere wirtschaftlich und politisch starke Nationen dominiert.

Frankreich und England versuchen dabei regelmäßig, ihre eigenen nationalen Interessen durchzusetzen, während man bei uns den Eindruck hat, dass wir eher die Interessen der Gemeinschaft im Auge haben – zugegebenermaßen sind wir auch einer ihrer Nutznießer. Insgesamt neigen wir aber dazu, das mit der eigenen Geschichte begründete schlechte Gewissen zum Maßstab unseres politischen Agierens zu machen. Dabei wäre es längst an der Zeit, dass wir uns auch machtpolitisch emanzipierten. Das muss nicht auf Kosten einer europäischen Gemeinschaft erfolgen; so muss es nicht stören, wenn die eigene außenpolitische Souveränität in einer europäischen aufginge, was aber angesichts der unterschiedlichen nationalstaatlichen Vorstellungen so lange schwierig sein dürfte, wie den nationalen Interessen insbesondere außerhalb Deutschlands regelmäßig der Vorrang eingeräumt wird. Gleichzeitig sind die Machtinstrumentarien in Europa höchst unterschiedlich verteilt, und die europäische Gemeinschaft als solche besitzt keine eigenen. Außenpolitik ist aber nicht allein eine Angelegenheit der Diplomatie; vielmehr braucht sie auch die notwendigen Mittel, um diese souverän gestalten zu können. Zu den Machtmitteln gehören dabei immer auch militärische Möglichkeiten, und auch hier zeigt sich ein europäisches Dilemma. Zwar haben die Mitgliedsstaaten eigene Armeen, diese unterstehen aber der jeweiligen nationalen Kommandogewalt und lassen sich nur schwer in einen europäischen Führungsverbund integrieren. Dort, wo es wirklich möglich ist, handelt es sich bei der NATO um ein Verteidigungsbündnis, das mit der EU weder politisch noch regional identisch ist.

Eine Quasi-Souveränität der EU würde sich auch im Verhältnis zu den USA zeigen müssen. Deren Rolle hat sich mit der Wirtschaftskrise grundsätzlich gewandelt. Dabei geht es weniger darum, ein von den Vereinigten Staaten zunehmend hinterlassenes Vakuum zu füllen, als vielmehr darum, diese machtpolitisch auf der internationalen Bühne zu unterstützen. Auch wenn der Kalte Krieg vorüber ist, muss es doch bei der geistigen Allianz bleiben, die uns nach dem Zweiten Weltkrieg zusammenhielt und die auf unseren gemeinsamen europäischen Wurzeln fußt. Diese darf allerdings nicht das Bild eines großen Bruders an der Seite zahlreicher auf ihre außenpolitische Unabhängigkeit eifersüchtig bedachter Einzelstaaten abgeben, sondern das eines Miteinanders zweier Partner, den Vereinigten Staaten von Amerika und den außenpolitisch vereinten Staaten von Europa. Das Schlüsselwort ist hier die »geistige Allianz«, also eine Wertegemeinschaft, deren Interessen über die der nationalen Volkswirtschaften hinausgehen. Wir haben ebenso wie die USA ein gesellschaftspolitisches Wertekonzept, das uns verbindet und für die Zukunft eint. Dies ist unser Angebot im Hinblick auf eine freie Welt und Ursache für den Konflikt mit jenen, die diese Freiheit scheuen wie der Teufel das Weihwasser.

Ohne an dieser Stelle nochmals auf religiöse Unterschiede eingehen zu wollen, so muss doch klargestellt werden, dass unser Verständnis von Staat und Religion, von der Gleichberechtigung von Mann und Frau und von der Würde des Menschen Maßstab für eine freie Welt sein muss. Dies nicht, weil diese Maßstäbe von uns kommen, sondern weil es die des Naturrechts sind, die sich in unserem Kulturkreis mit der Aufklärung als allgemein anerkannte Werte haben implantieren können und nun erneut einen gemeinsamen Nenner darstellen. Wer Teil unseres Kulturkreises werden will, muss das, was diesen ausmacht, auch vorbehaltlos und dauerhaft mittragen, sonst wird aus der Wertegemeinschaft nur eine Ausdehnung der Wirtschaftsgemeinschaft, eine Art gigantische Freihandelszone oder Zoll- und Währungsunion.

Einen gemeinsamen Kulturkreis hatten auch die drei Souveräne Alexander von Russland, Franz von Österreich und Friedrich Wilhelm III. von Preußen im Blick, als sie im Jahr 1815 mit der Heiligen Allianz ein vertragliches Gemeinschaftswerk schufen, welches das Christentum als Basis des Zusammenschlusses vorsah, um so das bloße Zweckbündnis gegen Napoleon auf eine dauerhafte geistige Basis zu stellen. Die drei Souveräne des »schwarzen Adlers« gelobten, ihre gegenseitigen Beziehungen auf die Wahrheiten zu gründen, die die unvergängliche Religion des Erlösers lehrt. Dem preußischen König und dem österreichischen Kaiser war es angesichts der theatralischen Natur des Zaren nicht ganz wohl bei der Sache und Metternich bezeichnete den Vertragstext sogar als »lauttönendes Nichts«. Vielleicht hat jedoch die Heilige Allianz, der nach und nach auch andere Staaten beitraten, einen Beitrag zum Frieden geleistet. Trotz einer in der Retrospektive berechtigten »Entromantisierung« dieses Bündnisses, stellt sich die Frage, ob es in unserer Zeit richtig war, den bewusst unterlassenen Gottesbezug in der nicht angenommenen Europäischen Verfassung hinzunehmen. Die westliche Wertegemeinschaft tut sich im Umgang mit radikalisierenden Elementen anderer Glaubensrichtungen jedenfalls viel schwerer.

Es gibt noch einen zweiten Aspekt, den es lohnt zu erwähnen, wenn man von der Heiligen Allianz spricht: unser Verhältnis zu Russland. Wir sind in Europa das einzige Land, das so ausgeprägte historisch bedingte Verbindungen sowohl zu den Vereinigten Staaten als auch zu Russland gleichermaßen hat. Während es die Österreicher schaffen, ihre früheren K.u.K.-Bezüge zu Gebieten wiederaufleben zu lassen, die heute in Tschechien, der Slowakei und Ungarn et cetera liegen, ist unsere Antwort auf die Geschichte ein Streit um die Besetzung des Rates der Stiftung Flucht, Vertreibung, Versöhnung. Eine Erinnerung an Preußen ist ohne Polen nicht denkbar, und die russische Zarin Katharina die Große war eine preußische Prinzessin. Das sollten wir uns in Erinnerung rufen, wenn wir an unsere östlichen Nachbarn denken. Polen und Russland sind fester Bestandteil unserer Geschichte und bedürfen unserer besonderen Aufmerksamkeit.

Auch wenn ansonsten der praktische Wert der Heiligen Allianz zu relativieren ist, so hatte sie doch insofern Bedeutung, als sie alle Gedanken einer Restauration im Sinne einer anti- oder postrevolutionären Deklaration enthielt.[307] Und genau da begann das Problem, weil sie die aktive Teilnahme von Teilen des Volkes an der Befreiung Preußens zugunsten einer restaurativen Unterwerfung unter konfessionell gefasste christliche Moralprinzipien und einem königlichen Gottesgnadentum im Sinne eines Status quo ante eigentlich ausschloss. Das mit den Befreiungskriegen einhergehende Element des Volkskrieges gab der Bevölkerung geradezu zwangsläufig eine stärkere Position bei Forderungen nach politischer Teilhabe. So wollten das Volk, Intellektuelle und Studenten nach ihrem Engagement in den Befreiungskriegen jetzt die Umwandlung des begonnenen militärischen in einen politischen Beteiligungsprozess verwirklicht sehen. Insofern hatte die preußische Erhebung auch ihren Preis für die Krone. Die Souveränität des Königs war also inzwischen in mehrfacher Hinsicht relativiert worden, weil dieser ohne die Unterstützung seines Volkes die Befreiung Preußens nicht hätte verwirklichen können, da er nicht der Initiator desselben war, sondern zauderte und tolerierte.

Ein ganz wesentliches Element der Deutschen Bundesakte war deren Artikel 13, der lapidar bestimmte, dass alle Bundesstaaten eine landständische Verfassung erhalten sollten.

Noch von Wien aus beschied Friedrich Wilhelm III., dass eine Repräsentation des Volkes gebildet werden solle. Angesichts seines danach an den Tag gelegten Verhaltens ist nicht sicher, ob es sich dabei um ein romantisch motiviertes Versprechen des Augenblicks handelte, denn tatsächlich erfüllte er dieses Verfassungsversprechen vom 22. Mai 1815 nie vollständig. Dabei interessiert uns weniger die Frage, ob so eine frühe Chance der Demokratieentwicklung vertan wurde, als vielmehr die, aus welchen Gründen dem preußischen König nach und nach das Verfassungsthema entglitt.

Um die Verhältnisse in Preußen besser beurteilen zu können, muss die Situation in Deutschland insgesamt betrachtet werden. Dadurch wird auch besser verständlich, was dann im Vormärz und bis zur Revolution von 1848 passierte, und auch, wie es später zu der kleindeutschen Lösung, nämlich einem Deutschland ohne Österreich, kam.

Die Einführung von Landesverfassungen erfolgte in Ländern wie Bayern, Baden und Württemberg. Mit der Aufnahme ausgewählter Grundrechte wurde dem Bürger eine staatsfreie Sphäre zugestanden. Die verfassungsrechtlichen Demokratierechte von damals waren keineswegs mit denen einer modernen Demokratie, wie wir sie heute kennen, zu vergleichen. So wurden die Vorrechte des Adels durch das Schaffen eines Zweikammersystems begünstigt, das Wahlrecht war ein Zensuswahlrecht und setzte Grundbesitz und/oder eine bestimmte Steuerleistung voraus. Insgesamt wurde nur ein Bruchteil der Bevölkerung an einer ansatzweise demokratischen Willensbildung beteiligt.

Bereits in diesem Zusammenhang zeigten sich die ersten Auswirkungen der territorialen Verlagerung Österreichs und der damit verbundenen Folgen für die in den deutschen Staaten wichtige Verfassungsfrage. So befand sich das österreichische Staatsgebiet nicht nur größtenteils außerhalb des Deutschen Bundes, Österreich war auch noch ein Vielvölkerstaat, zusammengesetzt aus Völkern, die durchaus ihr eigenstaatliches Selbstverständnis hatten, souveränen Staaten glichen und dies in praktischer Politik auch immer wieder umzusetzen versuchten. Die einzelnen Völker Österreichs erhoben nicht nur Ansprüche an den Gesamtstaat, sondern auch wechselseitig, und die Bürger stellten sie an jene Länder, denen sie nun angehörten; so Deutsche und Tschechen in Böhmen oder Magyaren und Nichtmagyaren in Ungarn. Weil die einzelnen Völker Österreichs aber nie ein ganzes Volk werden wollten, gab es auch zu keinem Zeitpunkt einen Träger für eine gesamtösterreichische Volkssouveränität. Österreichs Probleme begannen daher nicht beim Verhältnis von Individuum und Staat, sondern bereits früher, nämlich bei dem von der Einzelnationalität zum Gesamtstaat. Die Einführung von parlamentarischen Strukturen musste daher desintegrierend, ja geradezu staatssprengend wirken, solange die Volksvertreter nicht einem gemeinsamen Volk angehörten oder die Interessen eines solchen vertraten, sondern stets nur die ihres eigenen Volkes gegenüber dem Gesamtstaat. Der österreichische Staatskanzler Metternich, einer der mächtigsten Männer auf der politischen Bühne Österreichs, hatte dies auch erkannt und so war seine ablehnende Haltung gegenüber jeder Verfassungsüberlegung mit dem festen Willen zu einer ausgeprägten und vollständigen Wiederherstellung des Status quo ante verbunden. Hinzu kam, dass die zögerliche Haltung eines entschlussschwachen und unsicheren, dennoch autokratisch führenden Kaisers Franz I. das ganze Land lähmte und es zunehmend in den Zustand einer Diktatur der Bürokratie versetzte. Dieser wurde noch verschlimmert, als Franz I. starb und sein Sohn, der geistesschwache Ferdinand I., Kaiser wurde. Die Tatsache, dass nun ein handlungsunfähiger Kaiser an der Spitze einer absolutistischen Monarchie stand, führte schließlich dazu, dass sich die unterschiedlichen politischen Kräfte gegenseitig blockierten und Regierung und Verwaltung von der Angst vor einer Revolution beherrscht wurden. Hinzu kam, dass es in Österreich ein ausgeprägtes System der gesellschaftlichen Überwachung und eine Zensur gab, denn es sollten um jeden Preis Ruhe und Ordnung gewahrt und der Status quo erhalten werden. Österreich hatte daher ein besonderes Interesse daran, dass im übrigen Deutschland keine antirestaurativen Forderungen entstünden und erst recht keine, die auf Österreich übergreifen könnten.

Preußen befand sich zum einen in seinem staatsrechtlichen Zustand, ohne Verfassung, zwischen den süddeutschen Staaten und Österreich; zum anderen waren die Verhältnisse dort schlichtweg völlig anders. Auch Preußen bestand inzwischen aus einer Vielzahl von Landsmannschaften, es war aber kein Vielvölkerstaat. So begründete der Freiherr vom Stein die Notwendigkeit einer Verfassung mit der unterschiedlichen landsmannschaftlichen Herkunft und konfessionellen Bindung:

> Die Bildung einer Staatsverfassung halte ich für den preußischen Staat eine unerläßliche Bedingung seiner Erhaltung und Entwicklung. Ihm fehlt geographische Einheit, Volkseinheit,

> denn er besteht aus reinen Slawen, aus germanisierten Slawen, aus Sassen, aus Franken, Religionseinheit, denn 2/5 seiner Bevölkerung sind Katholiken, und diesen Mängeln kann nur durch Bildung eines Vereinigungspunkts für alle diese fremdartigen Teile abgeholfen werden, einer Nationalanstalt, wo alle zusammentreten und über die gemeinschaftlichen Angelegenheiten sich beraten.
>
> Es ist ein sonderbarer Widerspruch, in den die verfallen, welche der Meinung sind, der Deutsche sei noch nicht reif zu einer Verfassung. Finden sich Menschen zu Staatsbeamten in hinlänglicher Menge, warum sollen sich denn nicht Menschen zu Abgeordneten in einer Ständeversammlung finden?[308]

Und es ist zutreffend, dass mit dem Neuzuschnitt Preußens wieder einmal etwas vormals Heterogenes vereint werden musste – so galt es, die einzelnen Provinzen zu einem Ganzen zu verschmelzen. Im Gegensatz zur österreichischen Auffassung hielt der preußische Staatskanzler Hardenberg eine demokratische Legitimation der wesentlichen Entscheidungen aber für ein maßgebliches Element dieses Einigungsprozesses.[309]

Wenn Friedrich Wilhelm III. in seinem Verfassungsversprechen vom 22. Mai 1815 erklärte, dass bürgerliche Freiheit und die auf Gerechtigkeit und Ordnung gegründete Verwaltung in den Eigenschaften des Regenten ihren Rückhalt fänden, dann verkannte er, dass der Wunsch nach einer Verfassung und nach demokratischer Teilhabe auch durch die Schwäche der preußischen Könige seit Friedrich dem Großen begünstigt wurde. Der König war eben nicht mehr der integrative Faktor, und er war auch nicht mehr identisch mit dem Staat. Letzteres war nicht allein Folge der charakterlichen Schwäche Friedrich Wilhelms III., sondern auch der Tatsache, dass der preußische König sein Land in die Schwierigkeiten mit Napoleon hineinmanövriert hatte, aus denen er selbst es dann mit den gewohnten Kräften nicht mehr hatte herausbringen können.

Auch wenn die maßgeblichen Positionen in Politik und Militär während der preußischen Erneuerung von Adeligen besetzt waren, so sind diese im Grunde als adelige Bürger anzusehen, die Lösungen schufen und damit dem Absolutheitsanspruch des Königs faktisch ein Ende bereiteten. Mit dem Bemühen um eine Verfassung und demokratische Teilhabe ging es im Grunde darum, den im Rahmen der Restauration festgeschriebenen absolutistischen Ansprüchen der Monarchie eine Absage zu erteilen. Der Staat war eben nicht mehr der Staat des Königs, sondern ein Staat des Volkes. Das Volk wollte sich nicht allein um einen König scharen, sondern um eine Verfassung, mit einem König an der Spitze. Und da war nun die Sprengkraft der Stein-Hardenberg'schen Reformen zu spüren, gleichsam einem Grollen wie bei einem heraufziehenden Gewitter. Insofern hätte eine Verfassung einen wichtigen Meilenstein in der natürlichen Weiterentwicklung eines nunmehr auch vom Volk getragenen Staatswesens dargestellt.

Wenn man Preußen unter dem Aspekt einer fehlenden Verfassung beurteilen will, dann muss sehr genau zwischen dem rechtsstaatlichen und dem demokratischen Ansatz einer Verfassung unterschieden werden. Man würde nämlich Preußen nicht gerecht werden, wenn man es gegenüber den Verfassungsstaaten Bayern, Württemberg oder Baden als rechtsstaatlich rückständig und gegenüber Österreich als gleich undemokratisch einstufte. Preußen war ein Staat des Rechts; so beinhaltete bereits das Allgemeine Preußische Landrecht bürgerliche Abwehrrechte gegen den Staat und sah eine durchaus unabhängige Gerichtsbarkeit vor. Ein rechtsstaatliches Nachholbedürfnis war in Preußen viel geringer vorhanden als in anderen deutschen Staaten. Es war auch nach heutigen Maßstäben ein moderner Verwaltungsstaat mit einer besonderen Beamtenschaft, die nicht nur Kern des Staates war, sondern sich sogar als allgemeinen Stand verstand. Die preußische Beamtenschaft war nicht nur Träger staatlicher Innovation, sie ließ keinen Zweifel daran, dass sie an Recht und Gesetz gebunden war.[310] Auch wenn sie keine administrative Alternative zu einer Verfassung oder gar Volkssouveränität darstellen konnte, so war ihr Selbstverständnis doch durch ein Verantwortungsbewusstsein und -verständnis geprägt, das dem Grundsatz des Treu-Dienens entsprang und als typisch preußisch verstanden werden kann. Die Rechtsstaatlichkeit preußischer Beamter war rückblickend betrachtet also durchaus ein Stück Verfassungsersatz. Auch vollbrachte die preußische Verwaltung bedeutende Leistungen. So hielt sie in der Restaurationszeit an der Gewerbefreiheit ebenso fest wie an der Heirats- und Niederlassungsfreiheit. Die Industrieförderung durch technische Bildung, die Regulierung des Berg- und Hüttenwesens und der Ausbau des Verkehrswesens sind weitere Beispiele dafür.

Die einzelnen Regionen Preußens, die durchaus heterogenen Charakter besaßen, wurden dezentral durch sogenannte Oberpräsidenten geführt. Diese sahen es als ihre Aufgabe an, Preußen durch einen einheitlichen Geist zusammenzuhalten; die Verwaltung müsse versuchen, die Macht des öffentlichen Geistes zu repräsentieren, da ein Kampf gegen diesen nutzlos sei und nur zur Feindschaft zwischen Regierung und Volk führe. Typisch für die preußische Art einer dezentralen Regierung war auch, dass die Bezirksregierungen, deren Mitglieder die Oberpräsidenten waren, als Kollegialorgan ausgestaltet waren. Durch die kollegiale Beschlussfassung sollte Unparteilichkeit, aber auch die Einheitlichkeit der Verwaltung sichergestellt werden. Eine Besonderheit der preußischen Verwaltung war des Weiteren die, dass bei der Zusammensetzung des höheren Beamtentums eine indirekte Demokratisierung dadurch erfolgte, dass der Anteil der bürgerlichen Beamten an den Oberpräsidien fünfundsiebzig Prozent und an den Landräten achtundzwanzig Prozent betrug. Ursächlich dafür war auch eine strenge Auslese bei der Auswahl der Bewerber, die schon vom Allgemeinen Preußischen Landrecht insoweit vorgegeben worden war, als dort festgelegt wurde, dass niemandem ein Amt aufgetragen werden solle, der nicht hinlänglich dafür qualifiziert sei und entsprechende Proben seiner Geschicklichkeit abgelegt habe.[311] In einer Instruktion vom 21. Dezember 1808 wurde schließlich Folgendes bestimmt:

> [...] daß gegen Offizianten, welche ihr Amt lau verwalten oder andere Privatleidenschaften befriedigen, ohne Nachsicht und unbekümmert um Stand und Rang mit Energie verfahren werden müsse. Auch dürften keine Subjekte im Amt geduldet werden, die durch ihr Privatleben Gleichgültigkeit gegen Recht und Moralität an den Tag legten oder sich durch ihren Wandel, etwa Spiel oder Trunk, verächtlich machten.[312]

Die Meinungsbildung war, auch bezogen auf den König, keineswegs autokratisch. Seit 1817 gab es den nach langen kontroversen Auseinandersetzungen eingerichteten Staatsrat. Diesem gehörten die volljährigen Prinzen, Minister und hohe Beamte an. Auch wenn der Errichtung dieses Gremiums lange kontroverse Auseinandersetzungen vorausgingen, so wurde dieses zu einer Institution und wird im Rückblick als die »letzte glänzende Vertretung der absoluten Monarchie« bezeichnet sowie als »eine Vereinigung von Talent, Sachkenntnis und unerschrockenem Freimut«.[313] Obwohl der König nicht an dessen Empfehlungen gebunden war, ist zu keinem Zeitpunkt ein Gesetz gegen das ausdrückliche Votum dieses Gremiums erlassen worden. Insgesamt kann Preußen daher durchaus als ein Staat der Obrigkeit, nicht aber der Willkür, bezeichnet werden. Auch wenn es zu diesem Zeitpunkt noch kein Rechtsstaat war, wie wir ihn heute kennen, so war es doch ein Gesetzesstaat und als solcher auch ein Staat des Rechts.

Als der König mit der Kabinettsorder vom 30. März 1817 eine Verfassungskommission einberief, war das Ergebnis eine heillose Zerstrittenheit unter den Mitgliedern, weil fast die Hälfte einer Verfassung ablehnend gegenüber stand. Die Angst vor einem Entgleiten der demokratischen Bewegung festigte beim König zunehmend den Entschluss, über die Provinzialstände hinaus keine Volksvertretungen zuzulassen. Er wurde dabei durch antikonstitutionelle Kräfte bestärkt, die eher an

Ständevertreter zur Unterstützung des Königs als an eine Dezentralisierung staatlicher Gewalt dachten. Im Jahr 1823/24 wurden zunächst dem König untergeordnete Provinzialvertretungen eingerichtet und mehrheitlich mit Adeligen besetzt. Die Forderung nach politischer Teilhabe, der sich weder Hardenberg noch Stein widersetzten, wandelte sich Schritt für Schritt zu einer von den Liberalen maßgeblich geprägten bürgerlichen Unruhe. Zusammen mit dem sukzessiven Scheitern der Verfassungsbemühungen wurde auch der Reformschwung deutlich gebremst und in Preußen nahmen die Kräfte der Restauration allmählich immer stärker zu. Als Hardenberg 1822 verstarb, war das von ihm maßgeblich geprägte Reformzeitalter beendet. Allerdings war es ihm mit dem Staatsschuldenedikt, in der Rückschau auch »Hardenbergs Zeitbombe« genannt, gelungen, die Grundlage für eine künftige Demokratisierung Preußens zu schaffen, indem er die Bewilligung von Kreditaufnahmen durch den Staat von der Zustimmung einer »landesweiten Ständeversammlung« abhängig gemacht hatte. Erstaunlicherweise waren es Militärs, die Bedenken gegen diese Entwicklung äußerten, weil sie einen Geldmangel im Falle eines militärischen Konflikts befürchteten, der ohne entsprechende Vertretungen nicht behoben werden könnte. So wies der preußische General Karl von Müffling in einer Denkschrift aus dem Jahr 1825 darauf hin, dass man mit einer Ständeversammlung nicht bis zum Entstehen einer Krise warten müsse und schlug deshalb eine periodisch zusammentretende Versammlung, bestehend aus einhundertzehn Angeordneten, bereits für 1828/29 vor.[314]

Und tatsächlich wurden im Jahr 1828 Provinziallandtage eingeführt, wenn auch auf dem Verordnungswege. Ihre Zusammensetzung aus Angehörigen des Adels, Städtern und Großbauern entsprach allerdings schon zu dem Zeitpunkt der Einführung nicht mehr den aktuellen Gegebenheiten. So wurde die Stellung des Adels insbesondere in den westlichen Provinzen Preußens, wo dieser eine untergeordnetere Rolle als in den östlichen Provinzen spielte, überbetont. Diese künstliche

Einführung des Adelsprivilegs hatte dementsprechend auch heftige Proteste in der Bevölkerung zur Folge.

Obwohl sich die Verfassungsanhänger zugegebenermaßen gelegentlich wechselseitig blockierten und eine Radikalisierung der Forderungen aus dem sogenannten liberalen Umfeld erfolgte, muss die Ursache für das Scheitern dieses Prozesses doch auch und gerade beim König gesucht werden. Er war mitverantwortlich dafür, dass entsprechende Bestrebungen nie über die Provinziallandtage hinauskamen. Ihm muss vorgehalten werden, dass er zu keiner Zeit die Kraft hatte, dem Volk etwas von dem Vertrauen zurückzugeben, das er bei der preußischen Erhebung willig angenommen hatte. Der gesamte weitere Verlauf zeigte, dass Friedrich Wilhelm III. weiterhin und auch in dieser entscheidenden Frage ungeeignet war, die politische Führung auszuüben.

Neben dem Anspruch auf eine Verfassung, der sich aus Artikel 13 der Bundesakte herleiten ließ, gab es eine Forderung, die im Völkerschlachtgedanken wurzelte und durch die Schaffung eines Deutschen Bundes indirekt begünstigt wurde, nämlich den Wunsch nach einem geeinten deutschen Vaterland. Diese Forderung hatte deshalb eine andere Dimension und schließlich auch Sprengkraft, weil sie länderübergreifend war. Das damalige Streben nach einer deutschen Vereinigung lässt uns Parallelen ziehen, wenn wir heute, zwanzig Jahre nach der Wiedervereinigung, über die Vor- und Nachteile dieses Glücksfalls der deutschen Geschichte philosophieren. Die Einheit Deutschlands ist Gegenstand einer historischen Sehnsucht, und es ist dafür zu viel Blut geflossen, als dass man sich mit einer Teilung des Landes jemals hätte abfinden können und dürfen. Leider war manch ein Politiker damals nur allzu gerne bereit, einen Status quo der deutschen Teilung als normative Kraft des Faktischen hinzunehmen. Die Verantwortung vor unserer eigenen Geschichte zwingt uns Deutsche, die nationale Einheit auch in den Köpfen der Menschen zu vollenden. Die auf eine dauerhafte Teilung Deutschlands ausgerichtete SED war immer eine Sektiererin von Sowjets Gnaden und hat sich schon aus diesem Grund an der deutschen Geschichte versündigt.

Im Deutschland des anbrechenden 19. Jahrhunderts gärte es ganz maßgeblich in den Kreisen, die auch die geistige Phalanx des napoleonischen Widerstandes bildeten: den Burschenschaften, den Turnvereinen, kurzum, den Gruppen jüngerer Intellektueller, die für eine Nationalbewegung standen. Sie alle einte neben liberalem Gedankengut eine nationalstaatliche Gesinnung, und diese war mehr und mehr in der Lage, Menschen in allen Teilen Deutschlands zu mobilisieren.

Die Vertreter der Restauration in Deutschland wurden schließlich aufgeschreckt, als es am 18. Oktober 1817 zu einer Versammlung von über fünfhundert Studenten auf der Wartburg in Thüringen kam. Der Termin war in Anlehnung an den dreihundertsten Jahrestag des Anschlagens der fünfundneunzig Thesen an die Schlosskirche von Wittenberg durch Martin Luther und den der Völkerschlacht von Leipzig gewählt worden. Die Studenten demonstrierten gegen die restaurativen Kräfte und für ein gemeinsames Vaterland im Sinne einer deutschen Nation. Ihr Wahlspruch war »Ehre, Freiheit, Vaterland«, und sie gaben sich eine Fahne mit den Farben Schwarz, Rot und Gold, in Anlehnung an die Uniformen des Lützow'schen Korps, das im Rahmen der Freiheitskriege gegen Napoleon gekämpft hatte und aus dem viele spätere Angehörige der sogenannten Urburschenschaft stammten. Schließlich wurde die Allgemeine Deutsche Burschenschaft als Zusammenschluss regionaler Einheiten gegründet. Symbolischer Ausdruck des Widerstands gegen die Restauration war eine Bücherverbrennung, die eigentlich gar keine war, da nur Attrappen verbrannt wurden, darunter auch Werke von dem nachstehend noch erwähnten August von Kotzebue. Verbrannt wurden aber auch eine preußische Ulanenuniform und ein österreichischer Korporalstock.

Am 23. März 1819 kam es mit der Ermordung des Schriftstellers August von Kotzebue in Mannheim durch den vierundzwanzigjährigen ehemaligen Theologiestudenten Karl Ludwig Sand zum Fanal. Sand, der noch zu Lebzeiten zu einer Berühmtheit wurde, hatte sich das Opfer seiner Tat gut ausgesucht, stand der Unterhaltungsschriftsteller Kotzebue in den Augen der Vertreter der patriotischen Bewegung mit seinen insbesondere bei der Frauenwelt beliebten Stücken doch für eine Verführung der Jugend und moralischen Relativismus. Kotzebue seinerseits kritisierte die jungen Patrioten wegen ihres Chauvinismus und hatte sich noch im März über die Aufsässigkeit der Burschenschaftsbewegung lustig gemacht. Während er unmittelbar an den Folgen der Verletzungen durch einen eigens dafür präparierten Dolch, den Sand auf dem Schlachtfeld von Leipzig aufgelesen haben soll, starb, überlebte Letzterer seine Verletzungen, die er sich in Selbstmordabsicht anschließend selbst beigebracht hatte. Noch während der Haft entwickelte sich in der Bevölkerung eine so ungeheure Verehrung für Sand, dass angeblich die Mitgefangenen ihre Ketten anhoben, wenn sie an dessen Zelle vorbeigehen mussten, damit er bei seiner Genesung nicht gestört werde. Seine Hinrichtung geriet dann zu einem ziemlichen Spektakel, und es heißt, die ihn verehrenden Schaulustigen hätten ihre Taschentücher im Blut des Hingerichteten getränkt und seine Haarlocken fortan Reliquienstatus gehabt.

Die Angst davor, dass die mühsam wiederhergestellte politische Ordnung wieder ins Wanken geraten könne, die Tatsache, dass Friedrich Wilhelm III. in Preußen zu keinem Zeitpunkt die Kraft hatte, sich den restauratorischen Bestrebungen im Sinne der Einhaltung seines Verfassungsversprechens zu widersetzen oder wenigstens den Prozess konstruktiv zu begleiten, und schließlich die geradezu existenzielle Sorge in Österreich, es könne zu einer gesamtstaatlichen Ordnung kommen, waren die Hintergründe dafür, dass vom 6. bis zum 31. August 1819 eine Ministerkonferenz im böhmischen Karlsbad stattfand. Der Kurort Karlsbad wurde gewählt, weil man hoffte, ohne nennenswerte Aufmerksamkeit liberale Entwicklungen auf administrativem Wege stoppen zu können. Das Ergebnis waren die Beschlüsse von Karlsbad, die unter maßgeblicher Federführung Metternichs die Bekämpfung revolutionärer Umtriebe vorsahen. Sie bezogen sich im Wesentlichen auf an den Universitäten gegen angebliche umwälzerische Bestrebungen zu ergreifende Maßnahmen, die Einschränkung der Pressefreiheit und die zentrale Untersuchungsmöglichkeit aufständlerischer Betätigungen. Diese Beschlüsse wurden am 20. September 1819 von der Bundesversammlung verabschiedet. Während der Deutsche Bund bis dahin nur ein lockerer Staatenbund gewesen war, nahm er mit der Exekution der Karlsbader Beschlüsse nun plötzlich eine reale innenpolitische Gestalt und exekutive Gewalt an, wenn auch im Sinne der Restauration.

Am 18. Oktober 1819 wurden die Karlsbader Beschlüsse von Hardenberg übernommen und in die Praxis umgesetzt. Die nunmehr stattfindende Verfolgung liberaler und nationaler Kräfte, die als Demagogen bezeichnet wurden, gestaltete sich in Preußen besonders intensiv. Betroffen waren zum Beispiel Ernst Moritz Arndt, Karl Marx, Hoffmann von Fallersleben, Georg Büchner, Ludwig Jahn oder E. T. A. Hoffmann. Letzterer war von 1819 bis 1821 als Kammergerichtsrat Mitglied in der preußischen Immediat-Kommission zur Ermittlung hochverräterischer Verbindungen und anderer gefährlicher Umtriebe. Als er dann jedoch die Vorgehensweise der Behörden in seiner Erzählung *Meister Floh* satirisch darstellte, kam er selbst in Schwierigkeiten. In Zusammenhang mit der Umsetzung der Karlsbader Beschlüsse traten zudem auch die Minister Humboldt, Boyen und Beyme, die dem liberalen Lager zugerechnet wurden, aus Protest zurück. Hardenberg war kein Anhänger dieser Beschlüsse, wurde aber von der allgemeinen Revolutionsfurcht erfasst. Auch diese Entwicklung gereichte Friedrich Wilhelm III. nicht zum Ruhm.

In diesem Zusammenhang ist auch noch ein weiteres Ereignis nationaler Kräfte zu erwähnen, wenngleich es ebenso wenig in Preußen stattfand wie das Wartburgfest oder die Ermordung Kotzebues, nämlich das Hambacher Fest vom 27. bis 30.

Mai 1832. Dieses war das letzte Großereignis der Vertreter einer nationalen Einigung, die immerhin dreißigtausend Menschen zusammenbrachten, bevor es zu den eigentlichen revolutionären Umtrieben kam. Das Hambacher Fest hat seinen festen Platz im kollektiven Bewusstsein von deutscher Eigenstaatlichkeit. Die Initiatoren Philipp Jakob Siebenpfeiffer, Georg August Wirth und Friedrich Schüler waren mutige Männer, viel mutiger als jene, die in den achtziger Jahren des 20. Jahrhunderts bereit waren, sich mit der deutschen Teilung abzufinden. Wie sehr diese dabei war, Normalität zu werden, erlebte ich, als ich einmal die Aufgabe hatte, für den Vorsitzenden der Geschäftsleitung, dessen Assistent ich war, die Begrüßungsrede aus Anlass einer Abteilungsleiterreise nach Hambach zu schreiben. Es war im Jahr 1989, und ich wies in meinem Entwurf darauf hin, wie sehr wir die mutigen Männer um Siebenpfeiffer vergessen hätten. Mein Chef war unsicher, ob es opportun sei, auf die deutsche Teilung einzugehen. Ich antwortete darauf mit dem Hinweis, dass kein Ort dafür geeigneter als Hambach und es geradezu eine Verpflichtung sei, als Vorgesetzter dort zur damaligen deutschen Teilung klare Worte zu sprechen, was er daraufhin auch tat.

Doch zurück zur Situation des damaligen Preußen. Wenn man sich auf den wichtigen Politikfeldern nicht zu bewegen versteht, sucht man sich häufig auf Nebengebieten zu betätigen, von denen man sich eine gewisse populistische Wirkung verspricht. Friedrich Wilhelm III. wollte wenigstens auf religiösem Sektor etwas Markantes bewirken und brachte mit der Preußischen Union die gegenseitige Kommunikantenzulassung bei Lutheranern und Reformierten auf den Weg, die jedoch von vielen als eine unerwünschte Einmischung der Obrigkeit in religiöse Fragen kritisiert wurde. Mit der katholischen Kirche überwarf er sich in der Frage der Zulässigkeit von Mischehen, die von dieser rigoros abgelehnt wurde. Im Zuge der Auseinandersetzung kam es schließlich sogar zur Verhaftung des Kölner Erzbischofs Clemens August Freiherr Droste zu Vischering und zu erheblichem Widerstand in den katholisch geprägten Landesteilen Preußens. Friedrich Wilhelm III. war also nicht einmal dort, wo er etwas Eigenes leisten wollte, erfolgreich.

Eine weitere noch zu lösende Aufgabe neben der Bewältigung der innenpolitischen Probleme stellte für Preußen auch die Frage dar, was mit den zahlreichen Grenz- und Mautstellen anzufangen sei. Diese standen dem freien Warenverkehr zwischen den beiden preußischen Landesteilen wie auch der uneingeschränkten Mobilität der Eisenbahn, dem modernsten und schnellsten Beförderungsmittel der damaligen Zeit, erheblich im Wege. Der Nationalökonom Friedrich List schrieb dazu im Jahr 1819:

> Achtunddreißig Zoll- und Mautlinien in Deutschland lähmen den Verkehr im Innern und bringen ungefähr dieselbe Wirkung hervor, wie wenn jedes Glied des menschlichen Körpers unterbunden wird, damit das Blut ja nicht in ein anderes überfließe. Um von Hamburg nach Österreich, von Berlin in die Schweiz zu handeln, hat man zehn Staaten zu durchschneiden, zehn Zoll- und Mautordnungen zu studieren, zehnmal Durchgangszoll zu bezahlen. Wer aber das Unglück hat, auf einer Grenze zu wohnen, wo drei oder vier Staaten zusammenstoßen, der verlebt sein ganzes Leben mitten unter feindlich gesinnten Zöllnern und Mautnern, der hat kein Vaterland. Trostlos ist dieser Zustand für Männer, welche Wirken und handeln möchten.[315]

Preußen hatte drei entscheidende Interessen im Hinblick auf jegliche Art von Zollunion. Zum einen repräsentierte es den größten Teil des Deutschen Bundes. Zum zweiten war das preußische Staatsgebiet als solches geteilt, sodass bereits ein innerpreußischer Warenverkehr von einem Landesteil zum anderen die Durchquerung fremder Hoheitsgebiete bedingte. In der Umkehrung gab es zudem auch fremde Hoheitsgebiete, die von preußischen Landen vollkommen eingeschlossen waren. Und schließlich zum dritten war Preußen wegen der unterschiedlichen wirtschaftlichen Grundausrichtungen der preußischen Rheinprovinzen einerseits und der brandenburgisch-ostpreußischen Regionen andererseits an einem steten und unbehinderten Warenaustausch zwischen diesen beiden Teilen interessiert. So wurden die preußischen Ostprovinzen zu einem entscheidenden Absatzgebiet für die Kohle- und Stahlproduktion der Rheinprovinzen. Freier Warenverkehr war in Zusammenhang mit der preußischen Zielsetzung einer freien Gewerbepolitik zudem auch dazu geeignet, das Ziel der Heranbildung einer selbstständigen Unternehmerschicht zu fördern.[316] Damals trat etwas ein, das einhundertfünfzig Jahre später im sogenannten Cecchini-Bericht in Bezug auf die europäische Einigung als Prognose und Ziel formuliert wurde, dass sich nämlich durch den Wegfall von Zollgrenzen und sonstigen Handelsbarrieren erhebliche finanzielle Vorteile ergeben sollten. So wurde bereits im Jahr 1988 eine Ersparnis der damaligen EG-Staaten von zwischen fünfhundert Millionen und einer Milliarde Ecu[317] pro Jahr und ein Personaleinsparvolumen von fünfundsiebzigtausend Mitarbeitern bei den Zollverwaltungen mit der Grenzöffnung im Jahr 1992 prognostiziert.[318] Insgesamt wurde das Einsparpotential auf mindestens zweihundert Milliarden Ecu geschätzt.[319] Nach der Schilderung von Friedrich List kann man sich Ähnliches vorstellen von der Entstehung des ersten Zollvereins bis zur späteren deutschen Einigung.

Zollvereine waren keine Erfindung der Preußen; dennoch stellte das Zollgesetz vom 26. Mai 1818 eine Meisterleistung preußischer Verwaltungskunst dar.[320] Unter preußischer Führung wurde am 1. Januar 1834 der Deutsche Zollverein ins Leben gerufen, der Zollgrenzen aufwies, die bereits ziemlich identisch mit den Umrissen des späteren Deutschen Reichs der kleindeutschen Lösung waren. Österreich hatte im Rahmen seiner eher konzeptionslosen Deutschlandpolitik in der Entstehungsphase des Deutschen Zollvereins immer wieder etwas einzuwenden, war aber nicht in der Lage, dessen Errichtung konstruktiv, etwa durch eine Alternative, zu verhindern, was in der Konsequenz seinen Ausschluss aus einer deutschen Gemeinschaft bedeutete. Insofern war der Deutsche Zollverein bereits ein Meilenstein auf dem Weg hin zu einer deutschen Einigung ohne Österreich – hier zeigt sich, wie dieses ein weiteres Mal die Nachwirkungen einer politischen Entwicklung nicht voraussah.

Im Übrigen stagnierte Preußen im Bereich der Außenpolitik vollständig. Selbst die Julirevolution in Frankreich und das Entstehen des Königreichs Belgien, immerhin an der Westgrenze Preußens, wurden von der königlichen Administration einfach hingenommen, was symptomatisch für die Passivität und Lethargie war, die das Land in außenpolitischen Fragen an den Tag legte. Weil der König auf seinen Kanzler Hardenberg angewiesen war, wollte er mithilfe der beiden Minister Wilhelm Ludwig Georg Fürst von Wittgenstein und Jean Pierre Frédéric Ancillon zumindest ein Gegengewicht zu dessen Machtposition schaffen; nach dem Tod Hardenbergs kontrollierten diese fortan als eine Art Hofkamarilla die Politik – Friedrich Wilhelm III. befand sich somit erneut in einer Regierungssituation, wie er sie zur Zeit der Doppelniederlage von Jena und Auerstedt schon einmal hatte erleben müssen. Insbesondere die Revolutionsangst eines Ancillon und dessen Verehrung für Metternich hinderten Preußen daran, frühzeitig die sich abzeichnende politische Entwicklung zu bestimmen.

Friedrich Wilhelm III. starb schließlich am 7. Juni 1840. Er wurde neben seiner Frau Luise, um die sich ein wahrer Kult entwickelt hatte, der bis heute andauert, in einem Mausoleum im Park des Charlottenburger Schlosses beigesetzt. Er hatte sicherlich vieles besser machen wollen als sein Vater, war aber dennoch alles andere als ein großer König gewesen. So war er während seiner gesamten Regentschaft ein großer Zauderer geblieben und hatte der Politik niemals seinen Stempel aufdrücken können. Man muss ihm allerdings zugutehalten, dass er es nach der vernichtenden Niederlage von Jena und Auerstedt wenigstens zuließ, dass fähigere Männer als er das Land umgestalten konnten. Als diese jedoch an Einfluss verloren oder wegen mangelnder königlicher Unterstützung mürbe geworden waren, war Friedrich Wilhelm III. nicht in der Lage, die preußischen Reformen nach dem Sieg über Napoleon fortzusetzen oder irgendeine wesentliche Entwicklung in Preußen zu initiieren und voranzutreiben. Schließlich beflügelte er durch den Bruch seines Verfassungsversprechens gar die Restauration, obwohl gerade die antirestaurativen Kräfte Preußens die Hoffnungsträger dafür waren, dass das Land seine Souveränität einmal würde zurückgewinnen können. Durch deren Verfolgungen im Zuge der Karlsbader Beschlüsse ließ Friedrich Wilhelm III. es zu, dass die spezifisch preußische Aufklärung, die unter Friedrich dem Großen ihren Aufschwung genommen hatte, sich nicht weiterentwickeln konnte. Das nie vollständig eingelöste Verfassungsversprechen war im Ergebnis Ausdruck der besonderen politischen Unzuverlässigkeit und Führungsschwäche des Königs. Solange sich die Berater um Friedrich Wilhelm III. im Prinzip einig waren, konnte man mit diesem schwachen, beeinflussbaren König leben. Als aber der äußere Feind besiegt war und die Uneinigkeit gerade in der Verfassungsfrage substanzielle Züge annahm, hätte es einer starken monarchischen Führungsrolle bedurft. Das Nichteinhalten des Verfassungsversprechens muss dem Monarchen politisch vorgehalten werden. Betrachtet man die Entwicklung in Preußen seit dem Oktoberedikt, so zeigt sich immer wieder, dass die bürgerliche Partizipation dort nicht als Chance, sondern eher als Büchse der Pandora verstanden wurde und die restaurativen Kräfte nur durch den napoleonischen Druck und den Überraschungsreformcoup eines Stein in die Schranken gewiesen werden konnten – auch dies war ein Ausdruck der notorischen Führungsschwäche Friedrich Wilhelms III. Dieses harte Urteil ist deshalb gerechtfertigt, weil der König faktisch immer noch der mächtigste Mann im Staat war. Wenn er Stärke bewiesen hätte, hätte niemand in Preußen es gewagt, gegen ihn zu opponieren. Das wäre mit dem preußischen Selbstverständnis unvereinbar gewesen. Vielleicht hätte sich nicht einmal Metternich gegen Preußen durchsetzen können. Doch Friedrich Wilhelm III., der Zauderer, verkannte insgesamt seine historische Rolle und ihm kann deshalb keine historische Größe zugesprochen werden.

Und dennoch erwiesen sich die im Zuge der Stein-Hardenberg'schen und Scharnhorst'schen Reformen begonnenen Entwicklungen hin zu einer Erneuerung des Landes schließlich als Grundstein dafür, dass Preußen schon sechzig Jahre später die Führung in Deutschland übernehmen und dieses einen konnte. Doch dazu sollte es wiederum eines Mannes von friderizianischer Natur bedürfen. Zuvor jedoch übernahm der Sohn Friedrich Wilhelms III., Friedrich Wilhelm IV., mit immerhin schon fünfundvierzig Jahren die Regentschaft.

Abschließend wollen wir auch diesmal wieder die Parallele zu heutigen Führungssituationen aufzeigen. So sehen wir, wie gefährlich es ist, wenn man Erwartungen nicht erfüllt, die man durch ein Versprechen geschürt hat, durch das man Anhänger gewonnen hat, es dann jedoch nicht einhält. Wer etwas verspricht, der muss es auch halten, und wer sich mit dem Versprechen Gefolgschaft erkauft hat, dem wird der Kredit entzogen, wenn dieses Darlehen nicht pünktlich zurückgezahlt wird. Der Verlust von Glaubwürdigkeit ist die unmittelbare Folge, weil die Gefolgschaft das Gefühl bekommt, nur ausgenutzt worden zu sein. So lässt sich ein Führungsanspruch nur begründen, wenn man auch zum eigenen Wort steht. Ein Vorgesetzter, der nicht in der Lage ist, diesem grundsätzlich die Verbindlichkeit eines Gesetzes zu verleihen, wird nicht ernst genommen.

27.

Warum man niemals warten darf, bis andere die Führung übernehmen – die preußische Revolution

Es ist nicht ganz einfach, dem nächsten Regenten auf dem Preußenthron, Friedrich Wilhelm IV., gerecht zu werden. Er gehört zu den weniger bekannten Königen Preußens, was an dem Umstand liegen könnte, dass ihn bereits seine Zeitgenossen für den schwächsten preußischen Monarchen hielten[321] und auch die Nachwelt nicht milder in ihrem Urteil war. Vielleicht ist deshalb das Interesse an ihm weniger ausgeprägt; so gibt es kaum biographisches Material und nur wenige Abhandlungen, die sich mit ihm beschäftigen. Friedrich Wilhelm IV. galt einerseits als der uncharismatischste preußische König, hatte aber andererseits durchaus ein Gespür für den Augenblick und konnte in gewissen Situationen seine Umgebung für sich begeistern oder seine eigene Begeisterung über eine Sache so mitreißend zum Ausdruck bringen, dass ihm spontan die Sympathien der Anwesenden zuflogen. Bei einem Besuch im August 1848 im Rheinland soll Friedrich Wilhelm IV. gar solche Begeisterungsstürme ausgelöst haben, dass die von Karl Marx herausgegebene *Neue Rheinische Zeitung* eine Ausgabe ausfallen lassen musste, weil die Arbeiter, die mit der Erstellung derselben betraut waren, stattdessen lieber dem König zujubeln wollten. Trotzdem war er im Jahr 1844 der erste preußische Monarch, der Gegenstand einer Karikatur wurde; auf dieser stellte man ihn als betrunkenen, übergroßen und fetten gestiefelten Kater dar, der den

Fußspuren Friedrichs des Großen folgt – welch ein Kontrast also zu den würdevollen Abbildungen seines großen Vorgängers! Sein Regierungs- und Führungsstil macht im ersten Moment den Eindruck der Wankelmütigkeit sowie der Orientierungs- und Planlosigkeit. Es heißt, er sei selbst für jene ein Rätsel geblieben, die ihn besser kannten.

Friedrich Wilhelm IV. wird gemeinhin als vielseitig begabt, gemütvoll, geistig beweglich, oft jedoch auch als unberechenbar beschrieben.[322] Sein Bruder Wilhelm, der spätere deutsche Kaiser, urteilte über ihn wie folgt:

> [...] Trotz dem Allen ist mir nicht im Geringsten bange; Fritz hat so eminente Eigenschaften, er hat einen so conciliianten Verstand, weiß Auswege zu finden, auf die Niemand fällt, dass er immer das Gute und Beste zu finden im Stande sein wird. Wie ich dir neulich schon glaubte ich schrieb: wir werden ihn Sprünge machen sehen, vor-rück- und seitwärts, so dass man irre an ihm werden könnte; aber er wird sich immer wieder fangen oder einfangen lassen.[323]

Clausewitz, der als Lehrer an der Kriegsschule in Berlin den Unterricht des Kronprinzen übernommen hatte, schrieb später an diesen:

> Hätte ich das Glück länger genossen, Sie zu unterrichten, ich würde es nicht darauf abgesehen haben, Ihnen meine Kriegskunst aufzubürden – sondern durch die Entwicklung meiner Ansicht die Ihrige zu wecken.[324]

Und der Friedrich-Wilhelm-Biograph, Walter Bußmann, beschreibt ihn in Zusammenhang mit dessen künstlerischen Neigungen mit der Worten:

> Friedrich Wilhelm war ein zeichnender, redender und schreibender Mensch, und das Nichtausgeführte unter den Bauplänen ist ebenso quellenhaltig, wie das Vollendete.[325]

Friedrich Wilhelm IV. schlug sich recht gut in den Revolutionswirren. Er war ein besserer König, als sein heutiger Ruf glauben macht.

Friedrich Wilhelm IV. war geprägt durch eine stark religiöse Grundausrichtung, die seinen Bruder Wilhelm bereits 1838 argwöhnen ließ, er sei einer Frömmlersekte in die Hände gefallen.[326] Dabei war sein religiöser Ansatz ökumenischer als der seines Vaters; so machten die Lehren der katholischen Kirche einen Teil seines religiösen Weltbildes aus – immerhin hatte er eine katholische Prinzessin geheiratet. Er war vom Gottesgnadentum überzeugt und hegte romantische Vorstellungen von seiner Rolle als König. Er war ein Gegner des seit der Ankündigung seines Vaters schwelenden Verfassungsprojektes und sollte Preußen die erste Verfassung geben. Gerne wäre er Kaiser geworden, lehnte die Kaiserkrone dann aber ab.

Schon diese Eindrücke zeigen, dass Friedrich Wilhelm IV. sich der Nachwelt als durchaus ambivalent präsentiert, was es erschwert, über ihn zu urteilen. Gelegenheiten zur politischen Gestaltung und historischen Profilierung gab es während seiner Regierungszeit jedenfalls genügend. Ein Blick auf seinen wenig stringenten Regierungskurs legt dabei die Frage nahe, ob er die sich ihm präsentierenden Chancen überhaupt immer als solche erkannte und richtig interpretierte oder ob er seine Meinung einfach so schnell änderte, dass der außenstehende Betrachter gelegentlich die Orientierung verlor. Bei genauerem Hinsehen wird jedoch deutlich, dass er während seiner gesamten Regentschaft durchaus genaue Vorstellungen von dem hatte, was er wirklich wollte und sich erst dann in das Unvermeidbare (zum Beispiel die Erlassung einer Verfassung) fügte, wenn es nicht mehr anders ging. Insgesamt bewies er in den Revolutionswirren sogar taktisches Geschick und auch eine gewisse Standfestigkeit im Umgang sowohl mit den Revolutionären als auch mit den liberalen und konservativen Kräften in Preußen. So kann man durchaus auch die Auffassung vertreten, die vermeintliche Sprunghaftigkeit in seinen Handlungsweisen sei nur auf taktische Finesse zurückzuführen. Obwohl nun also seine Regierungsarbeit sicherlich gewisse Mängel aufwies, kann man dennoch konstatieren, dass er insbesondere in den nun anstehenden Revolutionswirren der richtige König am richtigen Platz war. Seiner Besonnenheit ist es zu verdanken, dass Preußen besser als manch anderes Land aus diesem Geschichtsabschnitt hervorging und die Krone eher stabilisiert wurde.

Bei der historischen Würdigung der Leistungen Friedrich Wilhelms IV. muss rückblickend auch berücksichtigt werden, dass die Zeit nicht für alles, was dann unter der Regentschaft seines Bruders, dem späteren Wilhelm I., und vor allem Bismarcks gelang, schon zu seiner eigenen Regierungsperiode reif war. Diese stellte somit also ein Interregnum vor dem Aufbruch in eine neue Zeit dar. Wesentliche Ereignisse, die während der Regierungszeit Friedrich Wilhelms IV. stattfanden, waren der Konflikt um eine preußische Verfassung, die auch in Preußen auftretende Wirtschaftskrise, die Märzunruhen des Jahres 1848, das Antragen der Kaiserwürde durch das Paulskirchenparlament und der erste Krieg um Schleswig und Holstein.

Als Friedrich Wilhelm IV. den Thron bestieg, wurde dieser Regentenwechsel von so vielen Hoffnungen begleitet wie kaum ein anderer,[327] und es schien, als würde er den Erwartungen auch entsprechen können. So rehabilitierte er den liberalen Exminister Boyen, machte ihn gar zum Kriegsminister und verlieh ihm schließlich den höchsten Orden Preußens. Gleichzeitig entließ er den als Demagogenverfolger bekannten Karl Albert von Kamptz und löste die Kommission zur Untersuchung demagogischer Umtriebe auf. Der Schriftsteller und Widerständler gegen die Herrschaft Napoleons in Preußen, Ernst Moritz Arndt, erhielt nachträglich das Eiserne Kreuz, und der als »Turnvater« bekannte und ebenfalls im Kampf gegen die napoleonische Besatzung engagierte Friedrich Ludwig Jahn wurde gleichermaßen rehabilitiert. Zahlreiche Burschenschaftler, deren Namen von der Kanzlei des Kronprinzen erfasst worden waren, wurden wieder auf freien Fuß gesetzt, ebenso die inhaftierten Erzbischöfe. Den Anliegen der Katholiken im Land wurde durch die Einrichtung einer entsprechenden Abteilung im Kultusministerium Rechnung getragen. Friedrich Wilhelm IV. hatte ein Gespür für den Symbolgehalt von Politik und so verwundert es nicht, dass weitere ähnliche Entscheidungen, bislang zugunsten der Verfolgung ausgesetzter Menschen, den Eindruck entstehen ließen, dass er der liberalen Sache zu dienen bereit sei. Allerdings holte der Monarch auch seine pietistischen Gesinnungsfreunde aus dem streng konservativen Umfeld in seine Nähe. Dazu gehörten Personen aus dem Gerlachkreis, wie Leopold von Gerlach, der sein Generaladjutant wurde; so entwickelte sich um die Brüder Gerlach schrittweise die berüchtigte Hofkamarilla.

Auch in der Verfassungsfrage sah es nach einem Kurswechsel aus. Friedrich Wilhelm IV. machte nach seiner Inthronisation den Verfassungsbefürwortern mit zwei öffentlichen Reden neuen Mut und erklärte auf eine schriftliche Anfrage, was denn aus den Verfassungsplänen werde, dass er dieses edle Werk immer treu pflegen und sich um dessen weitere Entwicklung kümmern werde.[328] Als dann jedoch die Bestrebungen der Liberalen, durch derartige Äußerungen bestärkt, immer nachdrücklicher vorgetragen wurden, beschloss der König, ein deutliches Zeichen im gegenteiligen Sinne zu setzen und ließ per Kabinettsorder vom 4. Oktober 1841 erklären, dass er nicht beabsichtige, eine Nationalversammlung einzuberufen. Theatralisch fügte er hinzu, dass zwischen ihm und dem Volk kein Blatt Papier (gemeint war die Verfassung) Platz habe und er weiterhin beabsichtige, Preußen väterlich zu führen. Dadurch brachte er die liberalen Kreise gegen sich auf, und im Zuge der steigenden Unzufriedenheit über seinen politischen Kurs intensivierten sich die politischen Auseinandersetzungen durch Gründung zahlreicher Debattierclubs.

Entsprangen die Äußerungen des Königs zur Verfassungsfrage unmittelbar nach seiner Inthronisation also letztlich nur taktischem Kalkül oder hatte Friedrich Wilhelm IV. die Folgen, die sich aus dem Erlass einer Verfassung ergeben würden, anfänglich schlichtweg unterschätzt und wandte sich daher erst später gegen eine solche? Er war jedenfalls von der Notwendigkeit einer väterlichen Führung des Landes durch den König und vom Gottesgnadentum seiner eigenen Regentschaft zutiefst überzeugt. Aus seiner Sicht gab es daher folgerichtig keine Veranlassung für die Einführung einer Verfassung, weil seine Untertanen von einem Monarchen geführt wurden, der sich einer höheren als der parlamentarischen, nämlich der göttlichen Macht verpflichtet fühlte.

Friedrich Wilhelm IV. war in seiner Haltung zur Verfassungsfrage und zur Unantastbarkeit der königlichen Autorität durch die geistige Hinterlassenschaft seines Vaters geprägt. Dessen testamentarische Niederlegungen aus dem Jahr 1827 wiesen den Nachfolger im Sinne eines Hausgesetzes an, die königliche Macht genauso ungeteilt zu lassen, wie er sie von seinem Vorgänger erhalten habe. Lediglich und ausschließlich für den Fall der Aufnahme neuer Kredite dürfe eine reichsständische Versammlung einberufen werden.[329] Diese Zeilen des Vaters, wie auch andere testamentarische Äußerungen, dazu seine Erlebnisse in der Verfassungskommission hatten den Entschluss des Kronprinzen, das »monarchische Prinzip« aufrechtzuerhalten, gefestigt.

Diese frühen Prägungen, die konservativen Einflüsse aus der Umgebung Friedrich Wilhelms IV. und der in seiner Persönlichkeitsstruktur angelegte Hang zu romantischen Verklärungen lassen ein Gesamtbild entstehen, welches das, was andere als Wankelmütigkeit in seiner Politik beurteilen, in Wahrheit sogar als Zielgerichtetheit erscheinen lässt. Es kann daher angenommen werden, dass Friedrich Wilhelm IV. nie beabsichtigte, das Verfassungsversprechen seines Vaters, von dem dieser selbst noch zu Lebzeiten wieder Abstand genommen hatte, unter seiner Regentschaft nun einzulösen. Und wenn er im Laufe der Zeit doch Zugeständnisse machte, dann nur, weil er sich dazu politisch gezwungen sah und weil ihm ein Nachgeben im Einzelfall opportuner schien als ein Aufgeben seiner Position im Ganzen. So war die aufoktroyierte Verfassung von 1850 das Ergebnis einer solchen Reaktion des »Sich-Dreinfügens«, nicht aber das eines gestaltenden Vorgehens.

Hier zeigt sich ein weiteres Mal, dass die Wiederbelebung Preußens im Sinne einer Fortsetzung der Reformen an den Beharrungskräften der Restauration scheiterte. In diesem Zusammenhang soll ein bestimmter Konflikt exemplarisch herausgegriffen werden, weil er einen besonderen Vertreter altliberalen Geistes betraf, den Staatsminister Heinrich Theodor von Schön, der aufgrund seiner Persönlichkeit im Rahmen dieses Buches einer Betrachtung wert ist. Nach dem Tod Friedrich Wilhelms III. wurde Schön unter dessen Nachfolger am 10. September 1840 Staatsminister. Weil er aber als sogenannter Altliberaler bekannt war, wurde aus diesem Lager mit seiner Berufung auch eine gewisse Hoffnung verbunden, die Verfassungsfrage nun aus der Stagnation befreien und unter der neuen Regentschaft positiv zum Abschluss bringen zu können. Und tatsächlich äußerte sich Schön in einem Papier mit dem Titel *Woher und Wohin* kritisch darüber, dass die Verfassungspläne nun erneut ins Stocken geraten waren:

> Die Provinzial-Landtage wurden vom Volke mit wahrem Enthusiasmus aufgenommen, weil sie ein Beweis der Anerkennung der Mündigkeit des Volkes zu sein schienen, und weil man glaubte, durch sie neben der Beamten-Stimme auch eine Volksstimme an den Souverän bringen zu können, und man glaubte dies umso sicherer, als die Richtung der Zeit es zu fordern schien. [...] So stand es in Preußen im Jahr 1840. Da fragte der König vor seiner Huldigung: »Welche früheren Zusicherungen wollt Ihr Preußischen Stände bestätigt haben?« Und der Landtag antwortete: »Nur die Vollführung dessen, was im Jahre 1815 und späterhin in ständischer Hinsicht zugesagt ist, und zwar wünschen wir General-Stände, die auf Erfordern Rath geben, damit die obersten Administrationsbeamten, der ständischen Versammlung gegenüber, nicht wie bei den Provinzial-Landtagen, über die Landtage zu stehen kommen.« [...] Und wer gab diese Antwort? Nicht eigenthum- und heimathlose Menschen; nicht gedankenleere Jünglinge, nicht momentan aufbrausende Geister, die nur blindhin nach Neuerungen haschen; sondern begüterte Männer, Männer von Urtheil und gereifter Erfahrung, Männer in grauen Haaren stellen den Antrag, und zwar solche, welche, wenn ihr Verlangen zur Anarchie oder auch nur entfernt zur Illoyalität hinführen könnte, dadurch mehr verlieren würden, als das regierende Haus zu befürchten haben

dürfte. [...] Solche Männer waren es, nicht Proletarier, sondern die ersten Notabilitäten des Landes, voll Treue im Herzen gegen den Souverän, voll Eifer für sein und seines Landes Bestes, gewissenhaft in ihrer Pflicht. [...] Und gegen wen ist der Antrag gestellt? Mit Nichten gegen den Souverain, wohl aber gegen die Werkzeuge des Gouvernements, welche die Culturentwicklung im Volke hemmen, das Volk in Unmündigkeit festhalten wollen, und sich allein nur, gleich den katholischen Priestern, als Vollmündige betrachten.[330]

Schön ging es aber auch um einen modernen Staatsaufbau mit einer heute üblichen Gewaltenteilung. Deshalb wandte er sich gegen die Rolle der Beamtenschaft, die eine Neigung besaß, sich auch in gerichtliche Entscheidungen einzumischen. Schön sah sich als Vertreter des Volkes, eine Rolle, die er den Berliner Ministerialen jedoch absprach.[331] In seiner Autobiographie schreibt er daher:

> Eben darf der Beamte, der nicht bloß als Maschine da steht, sondern eine öffentliche Meinung haben muß, von dieser da, wo es darauf ankommt, niemals weichen. Die gewöhnliche Continentalrede: Es ist mir befohlen, ist in england keine Entschuldigung. Auch von dem beamten, der vor dem Volke lebt, fordert man, daß er seiner Ueberzeugung lebe u. sterbe. Es giebt gesellschaftlich kein größeres verbrechen, als gegen seine Ueberzeugung zu sprechen oder zu hanndeln.[332]

Dies alles war politischer Sprengstoff, weil hier ein überaus anerkannter Beamter seine eigene Berufsgruppe infrage stellte und nach parlamentarischer Kontrolle über dieselbe verlangte. Wie sehr Schön damit einen Nerv traf, gibt wiederum Aufschluss darüber, welch große Erwartungen die liberalen Kreise im Jahr 1840 auf das Wirken des neuen Regenten setzten. So schreibt der Bruder des Königs, Wilhelm, seiner Schwester Charlotte:

> Ich hoffe immer noch, daß Fritz den Schön nun entlassen wird, denn von ihm rührt alles Unheil her. Seit 15 Jahren ist er mir als Liberaler-Revolutionär bekannt. Jetzt geht die Saat auf! Aber leider wollte Fritz über ihn niemals die Augen sich öffnen lassen bisher![333]

Obwohl Schön die Gunst des Königs noch von dessen Kronprinzenzeit her besaß, ging er dann doch wegen besagter Schrift seines Amtes verlustig. Der König stand unter erheblichem Einfluss einer beamtenorientierten Hofkamarilla und so zeigt die Entlassung Schöns, dass dieser sich in Wirklichkeit mit der mächtig gewordenen Beamtenschaft angelegt hatte.

Doch kurz etwas zur Vita dieses besonderen Preußens. Geboren am 20. Januar 1773 in dem in Preußisch-Litauen gelegenen Schreitlaugken, studierte er Rechts- und Staatswissenschaften in Königsberg und wurde dort vom Wirken Immanuel Kants beeinflusst, dessen Schüler er auf Geheiß seines Vaters wurde.[334] In seiner Autobiographie widmet er sich zudem auch ausführlich seiner Begegnung mit Fichte,[335] der sich zeitgleich in Königsberg aufhielt und sich gleichermaßen mit Kant austauschte. Schön wurde in seinem Denken auch durch den Professor der Philosophie und Ökonomie Christian Jakob Kraus, einen Vertreter der Ideen Adam Smiths, geprägt, der ihn schließlich zur Aufnahme staatswirtschaftlicher Studien animierte. Im Anschluss an das zweite juristische Staatsexamen und eine dreijährige Reise durch Deutschland und Großbritannien trat Schön als Beamter in den preußischen Staatsdienst als Kriegs- und Domänenrat im damals preußischen Bialystock ein. Nach der Doppelniederlage von Jena und Auerstedt ging er dann mit dem preußischen Hof nach Königsberg und wurde schließlich ein Mitarbeiter Steins. Mit diesem war er eng verbunden und betätigte sich auch als Verfasser von dessen politischem Testament. Am 12. April 1809 wurde Schön Regierungspräsident für Preußisch-Litauen. Dem folgte sechs Jahre später die Ernennung zum Oberpräsidenten von Westpreußen und Regierungspräsidenten von Danzig und im

Jahr 1824 zum Oberpräsidenten von Ost- und Westpreußen. Seine Beliebtheit bei weiten Teilen der preußischen Bevölkerung war so groß, dass seine Anhänger aus Dankbarkeit für seine Dienste sogar die noch vorhandenen Schulden auf sein Gut übernahmen, nachdem er sein Amt hatte aufgeben müssen. Schön wird auch als herausragender Vertreter eines ostpreußischen monarchietreuen Adels- und Beamtenliberalismus bezeichnet, der als einziger nicht die ihm gebührende Würdigung erfuhr.[336] Dabei ließ er nie Zweifel an seiner Loyalität gegenüber dem König; seinen Widerspruchsgeist hielt er gerade für einen Akt des treuen Dienens[337] – ein Verhalten, dem wir bereits mehrfach im Verlauf dieses Buches begegnet sind. Schön war mit seiner Insistenz ein Wegbereiter der preußischen Demokratie; dabei konnte er damals nicht ahnen, welche Brisanz seine Forderung einmal bekommen sollte, als später eine geist- und ideallos gewordene Beamtenschaft zum willfährigen Instrument einer Diktatur mutierte. Eine Art Rehabilitierung erfuhr er am 22. Mai 1848 durch seine Wahl zum Alterspräsidenten in der preußischen Nationalversammlung. Schön ist dem breiten Publikum heute unbekannt, wie so viele andere große Persönlichkeiten der damaligen Zeit. Dabei gehörte er durchaus zu den prägenden Gestaltern der preußischen Erneuerung.

So wie sich die politische Diskussion um die Verfassungsfrage immer wieder zuspitzte, veränderte sich in Preußen schließlich auch die wirtschaftliche Lage zunehmend nachteilig. Die Folgen der Industrialisierung führten zu einer Verarmung weiter Teile der Bevölkerung, was insofern ein neues Phänomen darstellte, als bisherige Verarmungen eher Folge von Kriegen oder Naturkatastrophen gewesen waren. Neu war auch die Anzahl der Protestaktionen sowie die Tatsache, dass es zu Übergriffen auf Unternehmer kam, zu deren Niederschlagung zum Teil sogar militärische Gewalt eingesetzt werden musste. Damit sah sich der König zum einen mit der Forderung nach parlamentarischer Mitsprache und zum anderen mit der Notwendigkeit konfrontiert, die wirtschaftliche Not in der Bevölkerung zu beheben. Wie schnell der Unmut in der Bevölkerung ob einer solchen Situation zur kritischen Masse anwachsen kann, hatte die Französische Revolution von 1789 gezeigt, in deren Vorfeld vergleichbare Bestrebungen und Zustände unter der geschickten Regie der Revolutionsführer kanalisiert und zu den entscheidenden Auslösern des Aufstandes gemacht worden waren. Preußen bewegte sich mithin unmittelbar auf eine zentrale innenpolitische Krise zu.

Insgesamt lebte fast die Hälfte seiner Bevölkerung nahe am Existenzminimum und allein im Monat April 1847 wurden hundertachtundfünfzig Hungerrevolten, Plünderungen von Lagern und Läden, Straßenblockaden und Markttumulte gezählt. Dabei waren die Proteste bis dahin noch nicht politisch, sondern zunächst nur wirtschaftlich motiviert, weil es den Menschen um das bloße Überleben ging. Dies änderte sich jedoch, als Intellektuelle begannen, diese Missstände anzuprangern. Dadurch wurden auch solche Bevölkerungsteile darauf aufmerksam, die davon nicht unmittelbar betroffen waren, und es kam es zu einer breiten Politisierung des Volkes. Der politische Funke sprang über, als die Existenz dieser Misere ursächlich mit der politischen Führung durch eine »besitzende Klasse« in Verbindung gebracht wurde. So hatten die Theorien eines Karl Marx – selbst Preuße – ihre Ursache auch und gerade in preußischen Missständen. Es soll hier nicht auf die Marx'schen Theorien im Detail eingegangen werden; dennoch sei kurz angemerkt, dass die marxistische Lehre von der apodiktischen Entfremdung des Menschen durch das Privateigentum ein würdeloses Menschenbild voraussetzt – die persönlichen Beweggründe des Menschen sind in Wahrheit sehr viel facettenreicher und individueller, als dass dieser sich durch staatliche Eigentumszuteilung glücklich machen ließe.[338]

Neben der schwelenden Verfassungsfrage und der beginnenden Politisierung wirtschaftlicher Missstände war nach wie vor der Wunsch nach nationaler Einigung und nach einem deutschen Nationalstaat ein brisantes Thema, das noch eine nicht unerhebliche gesellschaftspolitische Sprengkraft entfalten sollte.

Es war die Zeit, in der auch andere europäische Völker ihre Geschichte entdeckten und den Wunsch nach nationaler Eigenständigkeit zu artikulieren begannen. In der Folge versuchten sie mehr oder weniger erfolgreich, bestehende Zwangseingliederungen und Unterjochungen zu bekämpfen. Im Unterschied zu anderen Völkern, die danach strebten, sich aus der Umklammerung einer Fremdherrschaft zu lösen, wie etwa die Griechen aus der des Osmanischen Reiches, war es das Ziel der Deutschen, sich zu einer Nation zusammenzuschließen, die mehr sein sollte als nur ein Bund von deutschen Ländern.

Angesichts dieser konfliktgeladenen politischen und wirtschaftlichen Stimmungslage nahmen die revolutionären Umtriebe zu, und die Polizei- und Truppenpräsenz musste verstärkt werden. Innerhalb der königlichen Umgebung bestand Uneinigkeit darüber, wie weiter vorgegangen werden solle, wie man eine Eskalation, ein Entgleiten der Entwicklung, verhindern könne. Die konservativen Kreise empfanden zunehmend ein Gefühl der Bedrohung, insbesondere nach dem Sturz Metternichs und den Meldungen über die zeitgleich stattfindenden revolutionären Unruhen in Wien. Das Umfeld Friedrich Wilhelms IV. war dabei in sich gespalten, war es doch geprägt durch das Nebeneinander von liberalen, zum Teil auch revolutionären Einflüssen und zugleich solchen, die die Position des preußischen Königs als oberste Autorität grundsätzlich anerkannten und unterstützten. Diese Ambivalenz prägte die weitere Entwicklung.

Als es zu erneuten Aufmärschen in Berlin kam, nahm Friedrich Wilhelm IV. zunächst die Hoch- und Jubelrufe vom Schlossbalkon aus entgegen, um dann, gleichsam als erstes Zugeständnis, die volle Pressefreiheit mit folgenden Worten verkünden zu lassen:

> Der König will, dass Preßfreiheit herrsche; der König will, dass der Landtag sofort einberufen werde; der König will, dass eine

> Konstitution auf der freisinnigsten Grundlage alle deutsche Länder umfasse; der König will, dass eine deutsche Nationalflagge wehe; der König will, dass alle Zollschlagbäume fallen; der König will, dass Preußen sich an die Spitze der Bewegung stelle.[339]

Die darauffolgende Begeisterung wäre vielleicht geeignet gewesen, die Lage zu entspannen, wenn der König nicht anschließend den Befehl gegeben hätte, den Schlossplatz räumen zu lassen, um, wie er sagte, dem dortigen Skandal ein Ende zu machen. Die Ausführung der Räumung übertrug er dem als kompromisslos geltenden Generalleutnant Karl Ludwig von Prittwitz. Diesem entglitt die Situation jedoch vollends und so löste er durch sein Verhalten regelrechte Straßenkämpfe aus, die an Brutalität und Entschlossenheit auf beiden Seiten eine völlig neue Dimension der Auseinandersetzung annahmen. So hatte man am Ende Verluste von dreihundert Demonstranten und hundert Soldaten zu beklagen – dies waren acht Mal so viel Opfer, wie es bei den Unruhen in Wien gegeben hatte.

Um die Situation zu beruhigen, gab Friedrich Wilhelm II. daraufhin den Befehl, die Truppen aus Berlin abzuziehen. Diese Entscheidung war nicht unumstritten, hielten die einen sie doch für richtig, da durch sie immerhin weitere Verluste vermieden wurden, während andere, darunter Wilhelm, der Bruder des Königs, sie scharf verurteilten. Von ihm werden folgende Worte kolportiert:

> Bisher hab' ich wohl gewusst, dass Du ein Schwätzer bist, aber nicht, dass Du eine Memme bist! Dir kann man mit Ehren nicht mehr dienen.[340]

Ob sich Wilhelm wirklich so äußerte, kann durchaus als fraglich angesehen werden.[341] Unzweifelhaft dürfte aber sein, dass es zu scharfen Auseinandersetzungen zwischen den Brüdern kam. Wilhelm galt als das, was man heutzutage als »Hardliner« bezeichnen würde. Und weil er sich einmal dahin gehend geäußert hatte, dass es richtig sei, auf Demonstranten zu schießen, erhielt er den Spitznamen »Kartätschenprinz« und wurde in der Folge nach England gebracht, weil seine Anwesenheit in Berlin nicht zur Beruhigung der Situation beigetragen hätte. Auch dieses Vorkommnis zeigt, wie wichtig es zu dieser Zeit war, dass ein Mann wie Friedrich Wilhelm IV. die Regierungsgeschäfte führte. Sein Bruder, der spätere König Wilhelm I., sollte im Hinblick auf politische Entscheidungen immer nur eine so gute Hand haben wie sein engster Berater Otto von Bismarck. Möglicherweise hätte die preußisch-deutsche Geschichte einen anderen Gang genommen, wenn man sich im Berlin der damaligen Zeit nicht durch ein einigermaßen konziliantes Verhalten alle Optionen offengehalten hätte.

Der Truppenabzug aus Berlin war für den König nicht ohne Risiko, und manch einer, nicht zuletzt auch seine Gattin Elisabeth, fühlten sich an die schrittweise Demontage der Herrschaft des französischen Königs Ludwig VI. und seiner Frau Marie Antoinette erinnert. Das Militär seinerseits empfand den Abzug aus Berlin als Demütigung; Friedrich Wilhelm IV. fuhr daraufhin hinaus nach Potsdam und sprach dort zu den versammelten Offizieren. Als er diesen jedoch zu verstehen gab, dass seine Anwesenheit dort dazu diene, der Bevölkerung zu verstehen zu geben, dass vom Militär keine Gefahr ausgehe und auch er sich im Schutz der Bürger sicher fühle, soll sich Augenzeugenberichten zufolge ein erkennbarer Unmut ihm gegenüber breitgemacht haben, was bei preußischen Offizieren ganz und gar ungewöhnlich war. Seine Rede wurde in den Zeitungen abgedruckt und dadurch der Allgemeinheit bekannt; dadurch entstand der Eindruck, er beteilige sich nun an der Revolution. Mit der Proklamation «An mein Volk und an die deutsche Nation» brachte Friedrich Wilhelm IV. sogar zum Ausdruck, dass er sich zur Rettung Deutschlands an die Spitze des Gesamtvaterlandes zu stellen bereit sei.

Auf das preußische Militär und dessen Loyalität konnte sich Friedrich Wilhelm IV. dennoch stets verlassen; es sollte einer der entscheidenden Stützpfeiler seiner Macht bleiben. Obwohl die Soldaten zum Teil aus den gleichen Gesellschaftsschichten kamen wie jene, die bereit waren, die Revolution zu unterstützen und dies auch zum Teil taten, gab es keine Fälle der Gehorsamsverweigerung. So wurde mit militärischer Hilfe unter anderem ein polnischer Aufstand in Posen niedergeschlagen und die Besetzung Düsseldorfs durch das westfälische Infanterieregiment Nr. 16 zwecks Niederschlagung des von Radikalen unterstützten Steuerboykotts durchgeführt; weitere Beispiele ließen sich aufzählen.

Als dann Dänemark versuchte, sich Schleswig und Holstein einzuverleiben, gelang es Preußen in einem Handstreich, diese beiden Länder zu besetzen. Bei dieser Operation ist allerdings kritisch anzumerken, dass Preußen zwar dadurch in der Lage war, seine potenzielle Führungsrolle zu unterstreichen, die mangelnde außenpolitische Koordination jedoch andererseits zeigte, wie wenig politischer Instinkt bei Friedrich Wilhelm IV. und seiner Umgebung vorhanden war. So musste er unter dem Druck von Russland und England das gewonnene Gebiet wieder aufgeben, und im Frieden von Malmö vom 26. August 1848 wurde die Grundlage für einen geradezu peinlichen Rückzug und damit die Wiederherstellung des dänischen Status quo ante gelegt. Die gesamte Operation wurde damit im Ergebnis überflüssig. Dennoch schadete sie dem Ansehen Preußens bei den Abgeordneten der Nationalversammlung in der Frankfurter Paulskirche, welche den Rückzug anfangs scharf missbilligten, offensichtlich nicht; anders ist nicht zu erklären, dass Friedrich Wilhelm IV. dennoch im weiteren Verlauf die Kaiserwürde angetragen wurde – wenn dies auch das Ergebnis der Entscheidung für eine kleindeutsche Staatenlösung ohne Österreich war.

Zunächst erlebte der Monarch jedoch ein traumatisches Erlebnis, als am 19. März 1848 der Trauerzug für die Märzgefallenen am königlichen Schloss vorbeizog und er aufgefordert wurde, seine Mütze abzunehmen, um den Toten mit entblößtem Haupt die Referenz zu erweisen. Und als schließlich von ihm verlangt wurde, sich der Nationalbewegung anzuschließen, ritt Friedrich Wilhelm IV. am 21. März 1848 mit einem in Zivil gekleideten Gardisten, der die schwarz-rot-goldene Fahne trug, in die Stadt. In improvisierten Reden bekundete der König dort seine Unterstützung für die deutschnationale Sache und nahm in der Folge die Ovationen des Volkes entgegen.[342] Vertreter der konservativen Seite waren von seiner Handlungsweise enttäuscht, Varnhagen von Ense sprach von einem elenden und lächerlichen Ansehen; umgekehrt zeigen die Ereignisse, dass die Rolle des Königs nicht in Frage gestellt wurde. Wie sehr Friedrich Wilhelm IV. in der Lage war, auch starke Persönlichkeiten für sich einzunehmen, zeigt ein Dialog zwischen ihm und Bismarck, dem späteren Reichskanzler, der am 20. Juni 1848 in Sanssouci stattfand und wie folgt überliefert worden ist:

> »Was werfen Sie mir eigentlich vor?« – »Die Räumung Berlins.« – »Die habe ich nicht gewollt«, erwiderte der König. [...] »Man ist immer klüger, wenn man von dem Rathause kommt; was wäre denn damit gewonnen, dass ich zugäbe, wie ein Esel gehandelt zu haben? Vorwürfe sind nicht das Mittel, einen umgestürzten Thron wieder aufzurichten, dazu bedarf ich des Beistandes und tätiger Hingebung, nicht der Kritik.« Die Güte mit der er dies und Ähnliches sagte, überwältigte mich. Ich war gekommen in der Stimmung eines Frondeurs, dem es ganz recht sein würde, ungnädig weggeschickt zu werden, und ging vollständig entwaffnet und gewonnen.[343]

Diese Postur Friedrich Wilhelms IV. konnte Bismarck aber nur deshalb beeindrucken, weil dieser an seiner Ehre angerührt worden war und die Autorität des Königs für ihn zudem niemals infrage stand.

Kritik üben ist in der Tat leicht; in schwieriger Lage einen anderen zu unterstützen oder sich für eine Sache zu engagieren, ist dagegen nicht so einfach. Denn Farbe zu bekennen bedeutet immer, die Deckung zu verlassen und das bis dahin genossene Privileg, erst einmal zuzuschauen und abzuwarten, wie sich die Sache entwickelt, zu verlieren. Das ist umso schwerer, wenn die Situation nicht nach Sieg aussieht. Auch heute gibt es zahlreiche Kritiker an den politischen Geschehnissen; eine Vielzahl von ihnen glaubt, es immer besser zu wissen als die amtierenden Entscheidungsträger. Tatsächlich aber urteilt und agiert man auf dem harten Stuhl der Verantwortung anders als auf dem bequemen Logensessel der Zurückgezogenheit und Unverletzbarkeit. Auch wenn Bismarck sich hier beeindruckt zeigte, ließ er sich weder in jenem Moment noch später zu »Beistand oder tätiger Hingebung« bewegen. Er weigerte sich vielmehr stets, unter Friedrich Wilhelm IV. Minister zu werden und begründete dies in der Rückschau mit den folgenden Worten:

> Es ist oft weniger schädlich, etwas Unrichtiges als nichts zu tun. Ich habe nie den Mut gehabt, die Gelegenheiten, die mir dieser persönlich so liebenswürdige Herr mehrmals, zuweilen scharf und beinahe zwingend, in den Jahren 1852–1856 geboten hat, sein Minister zu werden, zu benutzen oder ihre Verwirklichung zu fördern. Wie er mich betrachtete, hätte ich ihm gegenüber keine Autorität gehabt, und seine reiche Phantasie war flügellahm, sobald sie sich auf dem Gebiete praktischer Entschlüsse geltend machen sollte. Mir fehlte die schmiegsame Gefügigkeit zur Übernahme ministerieller Vertretung von politischen Richtungen, an die ich nicht glaubte oder für deren Durchführung ich dem Könige den Entschluss und die Konsequenz nicht zutraute.[344]

Umgekehrt äußerte auch Friedrich Wilhelm IV. kontradiktorisch zu seinem schriftlichen Vorschlag, Bismarck ein Ministeramt anzutragen, an anderer Stelle über diesen, dass er nur zu gebrauchen sei, wenn das Bajonett schrankenlos walte.[345] Dass Bismarck jedoch aus anderem Holz geschnitzt war, sollte er schon wenige Jahre später eindrucksvoll unter Beweis stellen, als er unter Wilhelm I. frühere Fehlentscheidungen dessen

Vorgängers korrigierte, Neuerungen einführte und vieles von dem kraftvoll in die Tat umsetzte, was Friedrich Wilhelm IV. nur zaghaft begonnen, lediglich unter politischem Zwang ausgeführt oder schlicht überhaupt nicht in Angriff genommen hatte.

Werfen wir noch einmal einen Blick auf die weitere Entwicklung in der Verfassungsfrage. Diese war das Ergebnis des von Hardenberg initiierten und bereits erwähnten Staatsverschuldungsgesetzes vom 17. Januar 1820. Zwar hatte sich Preußen eine Zeit lang behelfen können, weil Kredite über die Preußische Seehandlung aufgenommen wurden und sich von vornherein in Grenzen hielten. Mit diesem Notbehelf kam man aber nicht mehr weiter, als zusätzliche Gelder benötigt wurden, da das zentralistische Frankreich beabsichtigte, ein an strategischen Anforderungen ausgerichtetes Eisenbahnnetz aufzubauen, und man im Hinblick auf diese Entwicklung nicht hinter dem Kontrahenten zurückbleiben wollte. Wegen des geltenden staatlichen Kreditaufnahmeverbotes war der Eisenbahnbau bisher von privaten Initiativen finanziert worden, was den Nachteil hatte, dass er privatwirtschaftlichen und nicht nationalstaatlichen Interessen unterlag, erst recht nicht strategischen. Zur Finanzierung des Projektes musste nun eine landesweite Ständeversammlung einberufen werden, die aber in den Augen Friedrich Wilhelms IV., getreu den testamentarischen Äußerungen seines Vaters, nur dazu angetan war, die für den Ausbau des Streckennetzes benötigten Kredite zusammenzutragen. Plebiszitäre Elemente wollte er nicht damit verbunden sehen, was er in seinem königlichen Patent vom 3. Februar 1848, mittels dessen der erste Vereinigte Landtag einberufen wurde, unmissverständlich zum Ausdruck brachte. In seiner Thronrede aus Anlass der ersten Zusammenkunft der vereinigten Provinziallandtage machte er deutlich, dass keine Macht ihn zu der Schaffung einer konstitutionellen Regierungsform bewegen könne und der Vereinigte Landtag im Übrigen auch kein legislatives Parlament sei. Die Reaktion darauf blieb nicht aus, und der erste Vereinigte Landtag beschloss, die Bewilligung von Kreditmitteln für die strategisch wichtige Verbindungsstrecke zwischen den beiden preußischen Landesteilen so lange abzulehnen, bis der König eine regelmäßige Einberufung dieser Institution sichergestellt habe.

Bei der zweiten Sitzung des Vereinigten Landtages verabschiedete dieser dann ein Gesetz zur Wahl einer konstituierenden preußischen Nationalversammlung, deren erste Besetzung überwiegend aus dem liberalen und linksliberalen Lager stammte. Als diese die königliche Autorität über das Militär infrage stellte, ließ Friedrich Wilhelm IV. die Nationalversammlung am 9. November 1848 mit militärischer Gewalt in die Stadt Brandenburg verlegen und ihr mitteilen, dass sie erst wieder am 27. November zusammentreten könne. Inzwischen hatte man in den konservativen Kreisen wieder Mut gefasst, weil der österreichische Kaiser die Revolution in Wien beendet und sogar Abgeordnete der Versammlung in der Paulskirche, wie etwa Robert Blum, hatte hinrichten lassen. Eine nochmalige Zusammenkunft der Nationalversammlung scheiterte dann an ihrer mangelnden Beschlussfähigkeit, und so wurde sie am 5. Dezember 1848 durch Friedrich Wilhelm IV. aufgelöst.

Dieser erließ allerdings, um die Gemüter zu beruhigen, am gleichen Tag eine preußische Verfassung, die erstaunlich modern sein sollte. Sie beinhaltete Grundrechte wie die Unverletzlichkeit der Wohnung, Religionsfreiheit, Freiheit von Wissenschaft und Lehre oder auch das Recht auf persönliche Freiheit und auf Eigentum sowie auf Presse- und Versammlungsfreiheit.

Dass der Erlass der Verfassung einen taktischen Versuch Friedrich Wilhelms IV. darstellte, den durch die Auflösung der preußischen Nationalversammlung verursachten Affront zu kompensieren, zeigen die königlichen Vermerke, die er in der Verfassung anbringen ließ und die eine baldige Revision bezüglich der Zusammensetzung der Ersten Kammer und des Wahlmodus der Zweiten Kammer zur Folge hatten. Im Jahr 1850 kam es dann, nachdem alle revolutionären Umtriebe in Deutschland beendet oder niedergeschlagen worden waren, zu der erwarteten Revision. Trotz der Änderung zahlreicher Artikel mit zum Teil erheblichen Relativierungen oder Einschränkungen änderte sich an der Tauglichkeit dieser Verfassungsurkunde jedoch nichts Grundsätzliches. Im Unterschied zu Österreich, das seine Verfassung am 31. Dezember 1851 aufhob und damit wieder zum absolutistischen Staat wurde, modifizierte Preußen seine Verfassung lediglich; sie behielt jedoch ihre Gültigkeit. Die monarchische Gewalt wurde darin allerdings insofern erweitert, als die Regierung nunmehr dem König unterstand und das Heerwesen, die Beamtenschaft und die Diplomatie nicht länger der Parlamentskontrolle unterlagen. Trotz dieser Stärkung der Position des Königs änderte sich nichts am grundsätzlich konstitutionellen Charakter Preußens. So legte Friedrich Wilhelm IV. am 6. Februar 1858 den Eid auf die Verfassung ab und erkannte damit seine verfassungsrechtlichen Grenzen an.

Eine wesentliche Beschränkung erfuhr allerdings das Wahlrecht, insofern mit der Revision von 1850 das preußische Dreiklassenwahlrecht eingeführt wurde, was zugleich die Aufhebung des Grundsatzes der Wahlgleichheit bedeutete. Dies ergab sich daraus, dass bei dieser Form der indirekten Wahl drei sich am Einkommen und damit an den Steuerbeiträgen orientierende Klassen von Urwählern jeweils die gleiche Anzahl an Wahlmännern stellen konnten, welche dann im direkten Wahlgang die Abgeordneten wählten. Die drei Abteilungen setzten sich jedoch aus sehr unterschiedlich großen Bevölkerungsteilen zusammen; so umfasste die oberste Klasse nur etwa vier Prozent der gesamten Wählerschaft. Die Relation zwischen der Größe der jeweiligen Bevölkerungsschicht und der Anzahl der sie vertretenden Wahlmänner war daher sehr ungleich. Aus der heutigen demokratischen Betrachtungsweise heraus kann rückblickend festgestellt werden, dass das Dreiklassenwahlrecht Preußen stigmatisierte und die Vorzüge des umfangreichen Grundrechtskataloges seiner Verfassung erheblich relativierte. Es stand weiter hinter dem Demokratieprinzip, wie wir es heute kennen, zurück. Dieses soll nun in der Folge in Form eines Exkurses kurz beleuchtet werden.

Bei demokratischen Prozessen muss in Kauf genommen werden, dass der Einzelne mit seiner Stimme seine Interessen durchsetzen will, die nicht zwangsläufig mit denen der Gesellschaft identisch sein müssen. Problematisch wird dies aber, wenn sich die Zusammensetzung jener, die sich an den demokratischen Prozessen beteiligen, so verändert, dass die mehrheitlich und damit demokratisch zustande gekommenen Entscheidungen von der Minderheit als nicht hinnehmbare Belastung empfunden werden.[346] Zur einer solchen wird eine demokratische Entscheidung, wenn die Minderheit, obwohl sie ein berechtigtes Interesse hat, keine Chance mehr erhält, von der Mehrheit angehört zu werden und dadurch ein Gefühl der Machtlosigkeit bekommt. Man wird jetzt einwenden, dass die Möglichkeiten des Rechtsstaates und ein besonderer Grundkonsens unserer Gesellschaft ausreichend vor dieser Situation schützen. So kann etwa eine Minderheit, die sich durch Mehrheitsentscheidungen bedrängt fühlt, Schutz bei der Judikativen suchen und sich auf die Abwehrrechte des Grundgesetzes gegen den Staat berufen. Beispiele zeigen aber die Grenzen des juristischen Minderheitenschutzes auf.

Allerdings belastet uns die demographische Entwicklung hinsichtlich des sich in ihr abzeichnenden zahlenmäßig ungesunden Verhältnisses der Generationen zueinander. Immer weniger arbeitende junge müssen für die Alters- und Gesundheitsversorgung immer mehr älterer Menschen aufkommen. Die gesellschaftliche Mehrheit der Alten oder Älteren entscheidet also, dass die Minderheit der Jungen die Altersversorgung finanziell zu tragen hat. Wer jetzt einwendet, dass die älteren Mitbürger schließlich ihrerseits zuvor für ihre Beiträge für ihre Altersversorgung gezahlt haben, hat leider das System der umlagefinanzierten Altersversorgung nicht ganz verstanden. Wir finanzieren nicht die Rente vor, die wir dann später selbst verbrauchen werden, sondern zahlen jetzt die

Rente jener, die sie gegenwärtig beziehen. Diejenigen, die keine Nachkommen haben, lassen sich von fremden Kindern ihre Altersversorgung finanzieren. Diejenigen dagegen, die aufgrund eigener Kinder im Hinblick auf die Altersversorgung autark wären, werden immer weniger und schließlich eine Minderheit. Dabei lassen wir uns immer neue Anreize einfallen, wie wir Paare davon überzeugen wollen, sich für Kinder zu entscheiden, und meinen, mit dem Angebot ausreichender Krippenplätze und einem Elterngeld Patentlösungen gefunden zu haben. Leider vergessen wir dabei aber, das nahe Liegende anzusprechen, nämlich den Zusammenhang zwischen dem Erhalt einer adäquat großen Nachkommenschaft und der Altersversorgung und die Tatsache, dass Kinder zu bekommen durchaus auch eine Verpflichtung ist und nicht wegen der Angst vor einer Beschränkung der eigenen Freizeitaktivitäten abgelehnt werden darf.

Ein zweites Beispiel ist das sich verändernde Größenverhältnis von Steuerzahlern zu den Empfängern staatlicher Transferleistungen. Der Anteil am Bundeshaushalt, der für Sozialausgaben verwendet wird, steigt seit Jahren und beträgt inzwischen fünfzig Prozent. Die Mehrheit der Wähler ist bereits in irgendeiner Form Empfänger staatlicher Transferleistungen. Wie soll nun im Zuge eines demokratischen Entscheidungsprozesses dafür gesorgt werden, dass die Berechtigung, staatliche Transferleistungen zu erhalten, wieder eingeschränkt wird? Eine Mehrheit der Transferleistungsempfänger wird auf demokratischem Wege immer sicherzustellen wissen, dass die Einnahmebasis jedenfalls nicht kleiner, idealerweise sogar erweitert wird, was im Zweifelsfall immer auf Kosten einer kleiner werdenden Minderheit der Leistungsträger erfolgt.

Eine politische Partei, die nicht kampagnenfähig ist, daher nur traditionelle Wahlkampftechniken einsetzen kann und zudem mäßig befähigte Kandidaten aufstellt, die einen Wahlsieg allein aus persönlichen wirtschaftlichen Gründen anstreben, wird, um die Wählergunst zu erheischen, immer das versprechen, was eine vermeintliche Mehrheit hören will – selbst wenn es nicht gut für das Volk ist, wohl aber für die Pfründe der eigenen Abgeordneten. Die Zunahme der Zahl der Transferleistungsempfänger führt dazu, dass in den beiden großen Volksparteien die Zahl jener, die sich mehr Sozialstaat wünschen, auch zunimmt.

Die Politik beschäftigt sich in allen Facetten mit den Transferleistungsempfängern, was unter sozialen und vor allem kommerziellen Gesichtspunkten durchaus richtig ist. Aber man darf nicht aus den Augen verlieren, wer letztlich dafür aufkommen muss. Auch Leistungsträger wollen pfleglich behandelt werden und dürfen nicht politisch sich selbst überlassen bleiben, nur weil man davon ausgeht, dass sie ihren Unterhalt eigenständig erwirtschaften können.

Wenn aber die Minderheiten sich nicht mehr berücksichtigt fühlen, werden sie nach Wegen suchen, wie sie sich dem Diktat der Mehrheit und ihrer Repräsentanten entziehen können. Das kann dadurch geschehen, dass Einzelne das Land verlassen oder jedenfalls versuchen, einen Teil der Steuern nicht im eigenen Land anfallen zu lassen beziehungsweise sich aus den Entscheidungsprozessen zurückziehen. Dies betrifft dabei im Wesentlichen die Leistungsträger. So beobachten wir, wie bereits erwähnt, eine zunehmende Abwanderung der deutschen Bildungselite ins Ausland und im Inland eine fortschreitende Gleichgültigkeit bezüglich der Gestaltungsmöglichkeiten in unserer Gesellschaft. Der Ursprung dessen ist keine prinzipielle *Politik*verdrossenheit, sondern eine *Politiker*verdrossenheit, weil sich zunehmend jene politisch engagieren, die sich von ihrem Wirken wirtschaftliche Vorteile vom System versprechen.

Um es noch einmal deutlich zu sagen: Es soll keineswegs dem preußischen Dreiklassenwahlrecht das Wort geredet werden. Aber wir müssen uns schon darüber im Klaren sein, dass dem *One man, one vote* eine besondere Verpflichtung gegenüber dem Minderheitenschutz innewohnen muss und dies bereits unterhalb der verfassungsrechtlich gebotenen Eigentums- oder Selbstentfaltungsgarantien.

Abschließend noch eine Anmerkung zur preußischen Verfassung. Diese blieb intakt bis zum Ende der preußischen Monarchie und mit ihr ist die Person Friedrich Wilhelms IV. untrennbar verbunden. Gleiches gilt auch für die Ablehnung der Kaiserkrone, die ihm von den Abgeordneten der seit dem 18. März 1848 tagenden Paulskirchenversammlung, dem ersten frei gewählten deutschen Parlament, angetragen wurde. Seine Antwort an die Kaiserdeputation vom 3. April 1848, die lautete, dass er die Kaiserkrone nicht annehmen könne, weil die anderen deutschen Fürsten dem nicht zugestimmt hätten, war relativ moderat gehalten. Seiner Schwester gegenüber wurde er schon deutlicher und bezeichnete das Ansinnen als »Frankfurter Mensch-Esel-Hund-Schweine-und-Katzen-Deputation«.[347] Erstaunlicherweise ließ er anschließend erklären, dass er nach wie vor bereit sei, die Führung im Bund zu übernehmen, womit er aber in Österreich auf Widerstand stieß, das durch das Zerschlagen aller revolutionären Bestrebungen im eigenen Machtbereich erstarkt war und zunehmend eigene Machtansprüche im Deutschen Bund klarer artikulierte. Als es dann zu einem politischen Konflikt im Kurfürstentum Hessen kam, der immerhin eine Teilmobilmachung in Preußen auslöste, nutzte Österreich die Gunst der Stunde und erzwang in dem Vertrag von Olmütz vom 28. und 29. November 1850 den durch die Revolutionswirren etwas lädierten Deutschen Bund, den Status quo ante im Hinblick auf die österreichische Führung wieder aufleben zu lassen. Der Vertrag von Olmütz wurde von den Konservativen in Preußen als eine Art der nationalen Demütigung empfunden, was den Ruf nach einer Restauration laut werden ließ. Er wird aber nicht nur als Schmach, sondern auch als Sieg der Vernunft oder als Ausgleich ohne Sieger und Besiegte angesehen.[348]

Zusammenfassend lässt sich die Regentschaft Friedrich Wilhelms IV. wie folgt kommentieren:

Während der revolutionären Umtriebe machte er vordergründig einen wankelmütigen Eindruck. Dennoch waren manche seiner Aktionen durchaus mutig, und er vermochte es, sich ganz gut durchzulavieren, auch wenn er dadurch das Gegenteil eines Machtpolitikers darstellte. Allerdings gelang es ihm nicht, die Berater und politischen Kräfte in seiner Umgebung auf ein gemeinsames Ziel hin auszurichten. Insbesondere der Kreis um die Gebrüder Gerlach hatte einen erheblichen konservativen Einfluss auf Friedrich Wilhelm IV. und war bestrebt, die Revolution schnell und mit allen Mitteln zu beenden. Die Tatsache, dass dieser König immer nur so viel nachzugeben bereit war wie unbedingt notwendig, zeugt im Ergebnis doch von einem erheblichen taktischen Geschick. So verstand er es, sich immer, wenn eine Situation ihm über den Kopf zu wachsen drohte, die Forderungen liberaler oder gar revolutionärer Bestrebungen scheinbar zu Eigen zu machen. Vielleicht gab es für ihn aufgrund seines Charakters auch gar keine Alternative dazu, sich durchzulavieren und in ausweglosen Situationen nachzugeben.

Es bleibt noch hinzuzufügen, dass die während der Regentschaft Friedrich Wilhelms IV. längst spürbare Friedrich-Renaissance den Konservativen und auch dem König selbst im Wege stand: Friedrich der Große hatte mit seiner antiklerikalen Position alles andere als einen christlichen Staat vertreten und der auf ein Gottesgnadentum begründeten Königswürde die Pflichterfüllung entgegengesetzt. Ernst Ludwig von Gerlach, Gründer und langjähriger Führer der Konservativen Partei, vermied es zeitlebens, für Friedrich II. den Beinamen »der Große« zu verwenden.[350]

Friedrich Wilhelm IV. war zwar von den übernommenen monarchischen Prinzipien geprägt, wurde aber dennoch zum Vater der ersten preußischen Verfassung und leistete insofern einen Beitrag zur inneren Stabilität Preußens. Die preußische Verfassung kann sogar als durchaus modern eingestuft werden. So wurden beispielsweise gleich zu Beginn derselben die Grundrechte genannt, während die spätere Paulskirchenverfassung diese erst nach hundertneunundzwanzig Artikeln erwähnte.

Zur Übernahme einer Führungsrolle in Deutschland wäre Preußen unter Friedrich Wilhelm IV. nie in der Lage gewesen; insofern muss das mögliche Unverständnis in Bezug auf die Ablehnung der deutschen Kaiserkrone durch den Monarchen relativiert werden. Weder war er eine Führungspersönlichkeit, die so etwas gegen Österreich hätte durchsetzen können, noch gab es in seiner Umgebung Männer, die ihn bei einem solchen Vorhaben hätten begleiten können. Der Vertrag von Olmütz war daher die logische Konsequenz der nicht zu verleugnenden politischen Führungsschwäche dieses Königs. Im Ergebnis muss man ihm aber auch zugutehalten, dass die Zeit für eine deutsche Einigung einfach noch nicht reif war. Unabdingbare Voraussetzung dafür war das Herausdrängen Österreichs aus dem deutschen Verbund, wozu Friedrich Wilhelm IV. nicht bereit war. In einem Brief an den österreichischen Kaiser schrieb er:

> Kein Leuthen mehr und kein Kolin; Leipzig soll der Wahlspruch gegen die inneren Feinde des gemeinsamen Vaterlandes wie gegen die außeren sein.[351]

Ein Deutschland ohne Österreich war aber nicht mit Diplomatie zu erreichen, sondern nur mit Machtpolitik, deren wichtigste Bestandteile eine klare politische Linie und auch die Bereitschaft zu kriegerischen Auseinandersetzung waren, verbunden mit der Absicherung gegen politische Störungen seitens anderer Länder.

Außenpolitisch hatte Friedrich Wilhelm IV. keine wirklich größeren militärischen Konflikte zu verantworten. Als besonderes Verdienst kann man gar die Wahrung preußischer Neutralität im Krimkrieg ansehen, der von 1853 bis 1856 zwischen Russland auf der einen und dem Osmanischen Reich, Frankreich und Großbritannien auf der anderen Seite ausgetragen wurde. Denn trotz Fortbestehen der Heiligen Allianz kam es dort zum Konflikt zwischen Russland und Österreich, da Letzteres Russland dazu drängte, sich aus den Donaufürstentümern zurückzuziehen, um diese anschließend selbst zu besetzen. Im Anschluss daran ließ Österreich über zweihunderttausend Mann an der russisch-österreichischen Grenze aufmarschieren, wodurch dort eine erhebliche Menge russischer Kräfte gebunden wurde. Bismarck sprach in einer Reichstagsrede vom 19. Februar 1878 einmal davon, dass die preußische Neutralität im Krimkrieg das ausschließliche Verdienst Friedrich Wilhelms IV. gewesen sei; allein dessen persönlicher Widerstand habe die Teilnahme Preußens verhindert.[352] Die preußische Neutralität während des Krimkrieges war dann die Conditio sine qua non für die Ausschaltung Österreichs bereits acht Jahre später, weil Russland 1866 im deutschen Krieg gegen Österreich ebenfalls neutral bleiben sollte. Insofern war Friedrich Wilhelm IV. für ein Interregnum ein durchaus geeigneter König.

Wir verdanken ihm zudem die Vollendung und Renovierung zahlreicher kulturhistorisch bedeutsamer Bauwerke. Mit der von ihm initiierten Vollendung des Kölner Doms hat er sich ein Denkmal im preußischen Rheinland geschaffen, das eine dauerhafte Erinnerung an seine Regentschaft darstellt und als eine katholische Kirche zugleich auch die ökumenischen Ansätze Friedrich Wilhelms IV. im Hinblick auf ein gemeinsames Christentum sichtbar verkörpert.

Der Monarch erlitt mehrere Schlaganfälle und wurde schließlich so krank, dass sein Bruder Wilhelm als Prinzregent die Regierungsgeschäfte am 7. Oktober 1858 übernahm und dann selbst preußischer König wurde, nachdem Friedrich Wilhelms IV. am 2. Januar 1861 verstorben war. Er wurde, wie nach ihm auch seine Frau, in Potsdam in der Grabeskirche beigesetzt – heute in unmittelbarer Nachbarschaft der größten preußischen Herrscher, Friedrichs des Großen und Friedrich Wilhelms I.

Schlagen wir nun wieder die Brücke zu heutigen Führungsbelangen. Am Beispiel von Friedrich Wilhelm IV. können wir sehen, dass es Menschen gibt, die in ihrer Schwäche Stärke zeigen können. Es mag sich der Nachteil ergeben, dass unter ihrer Führung keine nachhaltigen Ergebnisse erzielt werden können, doch bewahren sie durch ihre Stärke in der Schwäche den Status quo. Darin liegt die Gefahr des starken Konservatismus, nämlich nichts zu bewegen, aber stark in der Verharrung zu sein. Auch hier stellt sich die Frage nach den wirklichen Machthabern im Hintergrund, denn nicht jede Schwerfälligkeit ist das Ergebnis der Behäbigkeit des Vorgesetzten. Manchmal wird dieser auch gesteuert durch starke Personen in seinem Umfeld. Das Erkennen der wahren Machthaber ist die Voraussetzung für die Möglichkeiten der Einflussnahme auf die Führung. Dabei darf das Beharrungsvermögen und die Entschlossenheit der »Eingenisteten«, sich gegen jede Veränderung zur Wehr zu setzen, nicht unterschätzt werden. Friedrich Wilhelm IV. musste erhebliche Energien aufbringen, um die innere Stabilität zu bewahren und sich gegen seine eigenen Berater zu behaupten. Wer sich in einer solchen Situation befindet, ist schwach, wenn er nicht dazu in der Lage ist, sich durch Um- und Neubesetzung Luft zu verschaffen.

28.

Warum der zweite Mann besser sein muss, wenn der erste nicht alle Qualitäten in seiner Person vereinigen kann – der preußische Ministerpräsident Otto von Bismarck

Wilhelm I., Bruder und Nachfolger von Friedrich Wilhelm IV., war ein echter Soldatenkönig; er kannte jedes Detail der Armee, weil er als Zweitgeborener und damit nicht unmittelbarer Thronanwärter darin seine Passion gefunden hatte. Mit den Problemen, die sich aus dem Erstarken der Bürgerrechte, dem Rollenverständnis des Parlaments und dessen Auswirkungen auf die Staatsorganisation der folgenden Jahre ergaben, wurde Wilhelm I. denn auch nicht aus eigener Kraft fertig. Er fand jedoch in dem vormaligen preußischen Gesandten in Paris, Otto von Bismarck, einen Mann, der durch das politische Talent, die charakterliche Beharrungskraft und das diplomatische Geschick, die er erst als preußischer Ministerpräsident und dann als erster deutscher Kanzler unter Beweis stellte, die deutsche Geschichte geradezu einzigartig prägen sollte. Bismarck war der Mann hinter dem König und der heimliche Beherrscher preußischer Politik. Er war es auch, der die Einigung Deutschlands mit Hilfe von drei Kriegen vollzog, nachdem er mit seinen wuchtigen Hieben der Realpolitik die Ideale des

Der preußische König Wilhelm I. schenkte glücklicherweise den Ratschlägen seines genialen Ministerpräsidenten, Otto von Bismarck, Gehör und wurde so – wenn auch gegen innere Widerstände – zum ersten Kaiser des Deutschen Reiches.

Deutschen Bundes und der Heiligen Allianz zerschlagen hatte. Bismarck hatte etwas Friderizianisches an sich, und nach dem Debakel der Herrschaft Friedrich Wilhelms II. und den eher passiv ausgerichteten Regentschaften Friedrich Wilhelms III. und Friedrich Wilhelms IV. wurde in Preußen nun wieder an die Machtpolitik Friedrichs des Großen angeknüpft.

Wilhelm I. führte Preußen in das Deutsche Reich und sollte als erster König Preußens zugleich auch deutscher Kaiser werden. Er galt als Vertreter eines nüchternen und härteren Kurses. Und wieder waren die Hoffnungen, die auf ihn gesetzt wurden, groß, war die Regentschaft seines Bruders doch ebenso wie zuvor schon die seines Vaters von Entschlusslosigkeit geprägt und die Langeweile in dieser Zeit die alles beherrschende Großmacht in Preußen gewesen, wie böse Zungen behaupteten.[353] Den Erwartungen an ihn entsprechend, verkündete

Wilhelm noch als Prinzregent seinen Ministern, dass Preußen moralische Eroberungen machen und ein energisches Verhalten in der Politik an den Tag legen müsse.[354]

Bei seiner Krönungsfeier betonte er dann auf das Nachdrücklichste die Wichtigkeit einer Heeresreform und eine Erhöhung der Friedensstärke der Armee um immerhin ein Drittel. Aber es gelang ihm in der Folgezeit nicht, sich gegen den erheblichen Widerstand der Liberalen im Landtag durchzusetzen. Die Situation wurde verschärft, als bei den Neuwahlen zur zweiten Kammer die sogenannten Altliberalen, die ebenso zu den Gegnern der Heeresreform gehörten wie die 48er-Demokraten, im Zusammenschluss mit diesen und anderen als Deutsche Fortschrittspartei die stärkste Fraktion bilden konnten. Als diese schließlich den Versuch unternahm, die Ausgabenpolitik der parlamentarischen Kontrolle zu unterwerfen, löste die Regierung das Parlament kurzerhand auf und schrieb Neuwahlen aus, die den liberalen Fraktionen aber eine noch stärkere Mehrheit, nämlich über achtzig Prozent der Sitze, einbrachte. Daraufhin strich das Parlament, das sich nun mehrheitlich aus Abgeordneten des liberalen Lagers zusammensetzte, sämtliche Mehrausgaben für die Armee. Dadurch wiederum spitzte sich der Konflikt zu, und der König stand vor der Wahl, das parlamentarische Mitspracherecht wider sein eigenes Vorhaben walten zu lassen oder von der monarchischen Prärogative Gebrauch zu machen. Er war verzweifelt und spielte sogar mit dem Gedanken, zugunsten seines ältesten Sohnes abzudanken. In dieser Phase wurde er auf den damaligen preußischen Gesandten in Paris, Otto von Bismarck, aufmerksam gemacht, von dem es hieß, er sei der richtige Mann, um diese Krise zu bewältigen. Bismarck dachte und empfand als kurbrandenburgischer Vasall und war bereit, mit dem König den Kampf um das Militärbudget auf Biegen und Brechen durchzustehen und sich ebenso uneingeschränkt für Wilhelm I. einzusetzen. Er fand dafür diesem gegenüber die folgenden Worte:

> In dieser Lage werde ich, selbst wenn Eure Majestät mir Dinge befehlen sollten, die ich nicht für richtig hielte, Ihnen zwar diese meine Meinung offen entwickeln, aber wenn Sie auf der Ihrigen schließlich beharren, lieber mit dem König untergehen, als Eure Majestät im Kampf mit der Parlamentsherrschaft im Stiche lassen.[355]

Das Parlament jedenfalls nahm die Ernennung Bismarcks als Kampfansage und Ankündigung eines Staatsstreiches auf. Ausgerechnet in seiner ersten Rede vor der Budgetkommission bediente sich Bismarck dann Formulierungen, die nicht nur deutlich machten, dass die Befürchtungen berechtigt waren, sondern die seinen Ruf zudem im Grunde bis heute prägen sollten:

> Preußen könne [...] wie schon ein Blick auf die Karte zeige, mit seinem schmalen langgestreckten Leibe die Rüstung, die Deutschland zu seiner Sicherheit bedürfe, allein nicht länger tragen; diese müsse sich auf alle Deutschen gleichmäßig verteilen. Dem Ziele würden wir nicht durch Reden, Vereine und Majoritätsbeschlüsse näher kommen, sondern es werde ein ernster Kampf nicht zu vermeiden sein, ein Kampf, der nur durch Eisen und Blut erledigt werden könne.[356]

Der preußische Kriegsminister, Albrecht von Roon, der zugegen gewesen war, missbilligte diese Aussage, weil er derartige »geistige Exkurse« nicht für der Sache dienlich hielt. Insgesamt brachte diese Äußerung Bismarck viel Ärger ein; so wirkte auch die Königin Augusta, eine Widersacherin Bismarcks, in der Folge massiv auf Wilhelm I. ein, was bei diesem nicht ohne Wirkung blieb. Der Wirbel war so groß, dass sich Bismarck genötigt sah, dem König auf dessen Rückreise nach Berlin bis nach Jüterbog entgegenzufahren, um ihn wieder zu besänftigen, bevor dieser mit den vermuteten Presseveröffentlichungen konfrontiert würde. Bismarck beschreibt diese für ihn kritische Situation in seinen Erinnerungen wie folgt:

> Er [der König] war unter der Nachwirkung des Verkehrs mit seiner Gemahlin sichtlich in gedrückter Stimmung, und als ich um Erlaubnis bat, die Vorgänge während seiner Abwesenheit klarzulegen, unterbrach er mich mit den Worten:
>
> »Ich sehe ganz genau voraus, wie das alles endigen wird. Da, vor dem Opernplatz, unter meinen Fenstern, wird man Ihnen den Kopf abschlagen und etwas später mir [...].«
>
> [...] Als er schwieg, antwortete ich mit der kurzen Phrase: »Et après, Sire« – »Ja, après, dann sind wir tot!« erwiderte der König. »Ja«, fuhr ich fort, »dann sind wir tot, aber sterben müssen wir früher oder später doch, und können wir anständiger umkommen? Ich selbst im Kampfe für die Sache meines Königs, und Eure Majestät, indem Sie Ihre königlichen Rechte von Gottes Gnaden mit dem eigenen Blute besiegeln, ob auf dem Schafott oder auf dem Schlachtfelde, ändert nichts an dem rühmlichen Einsetzen von Leib und Leben für die von Gottes Gnaden verliehenen Rechte. [...] Eure Majestät sind in der Notwendigkeit zu fechten, Sie können nicht kapitulieren, Sie müssen, und wenn es mit körperlicher Gefahr wäre, der Vergewaltigung entgegentreten.«
>
> Je länger ich in diesem Sinne sprach, desto mehr belebte sich der König und fühlte sich in die Rolle des für Königthum und Vaterland kämpfenden Offiziers hinein. [...] Er fühlte sich bei dem Portepée gefasst und in der Lage eines Offiziers, der die Aufgabe hat, einen bestimmten Posten auf Tod oder Leben zu behaupten, gleichviel, ob er darauf umkommt oder nicht.[357]

Es war sicherlich nicht das letzte Mal, dass Bismarck versuchte, seinen König mit flammenden Worten in eine bestimmte Richtung zu lenken. Wilhelm I. war durchaus entschlussfreudig und beherzt, aber auch beeinflussbar. In dieser Hinsicht stand er in der Tradition aller nach Friedrich dem Großen den preußischen Thron innehabender Souveräne. Und so wie Friedrich Wilhelm III. in Stein und Hardenberg hatte auch Wilhelm I. in Bismarck einen exzellenten Berater. Das geistige Erbe Friedrichs des Großen wurde also nicht durch die nach-

Otto Fürst von Bismarck, der erste deutsche Kanzler, dem es als Ministerpräsidenten in Preußen gelang, die deutschen Länder unter preußischer Führung zum Deutschen Reich zu einen.

folgenden Könige, sondern durch Männer wie Stein, Hardenberg, Scharnhorst und Bismarck fortgetragen und mit Letzterem auch zu seinem Ende gebracht.

Wie sehr Bismarck den Nerv seines Monarchen traf, sollen eine Begebenheit um 1880 und ein Zitat von 1874 veranschaulichen. Auch wenn beide nicht mit vorstehend beschriebenem Vorkommnis in Zusammenhang stehen, sind diese Beispiele doch gut geeignet, die innere Haltung Wilhelms I. zu beleuchten.

Um 1880 nahm der preußische Offizier Schmidt von einem Küstriner Infanterieregiment – als solcher galt er zur Zeit Wilhelms I. als hoffähig – an einem Hofbankett teil und trat dabei ungewollt dem russischen Gesandten so heftig auf die Zehen, dass dieser ihn beschimpfte, gar beleidigte. Um seine Ehre wiederherzustellen, wollte sich der preußische Offizier duellieren und bat bei seinen Vorgesetzten um eine entsprechende Erlaubnis. Die Regiments-, Brigade- und Divisionskommandeure lehnten gleichermaßen ab, wohl aus Rücksicht auf die preußischrussischen Beziehungen. Erst der kommandierende General vermittelte zwischen Schmidt und dem russischen Gesandten, der sich daraufhin in aller Form entschuldigte. Damit war die Sache für Schmidt aus der Welt geschafft, hatte aber für seine Vorgesetzten noch ein Nachspiel. Als nämlich Wilhelm I. von der Ablehnung ebenjener drei Kommandeure erfuhr, wurden diese abgelöst, mit der Begründung, dass Vorgesetzter nicht sein könne, wer nicht in der Lage sei, die Ehre eines preußischen Offiziers zu schützen und wiederherzustellen.[358]

Das zweite Beispiel betrifft die Allerhöchste Verordnung über die Ehrengerichte der Offiziere im Preußischen Heer vom 2. Mai 1874, die nachstehend auszugsweise wörtlich zitiert werden soll:

> [...] Ich erwarte daher von dem gesamten Offizierkorps Meines Heeres, dass ihm, wie bisher so auch in Zukunft, die Ehre das höchste Kleinod sein wird; dieselbe rein und fleckenlos zu erhalten, muss die heiligste Pflicht des ganzen Standes wie des Einzelnen bleiben. [...] Sein Ehrenwort darf er [der Offizier] nie leichtsinnig verpfänden.[359]

Bismarck war der intellektuelle Kopf hinter der nun folgenden Entwicklung. Er dominierte das weitere Geschehen stets unangefochten und lenkte die Geschichte Preußens eindrucksvoll ihrem Höhepunkt zu. Insofern ist er ein Vorbild der Führung und seine Leistung als Staatsmann bis heute fast unerreicht, auch wenn man manche seiner Methoden und Maßnahmen aus heutiger Sicht durchaus kritisch betrachten kann. Will man aber seine historische Größe angemessen würdigen, so muss man sich in seine Zeit hineinversetzen und versuchen, die damaligen Umstände vor dem geistigen Auge erstehen zu lassen sowie ein Gefühl für die Stimmungen und Opportunitäten zu entwickeln. Erst danach können dann heutige Maßstäbe zur Beurteilung angelegt werden. Doch auch nach diesen war Bismarck zweifelsohne historisch gesehen ein großer Mann. Ihm haben wir die deutsche Einigung zu verdanken. Er war auch für den Zuschnitt Deutschlands in seiner wesentlichen Beschränkung auf das Gebiet des Heiligen Römischen Reiches Deutscher Nation verantwortlich. Und schließlich wurde durch sein Zutun der preußisch-österreichische Dualismus überwunden, der sogar aus der Sicht der beiden inzwischen ebenbürtig gewordenen Staaten zu einem Problem für den Deutschen Bund geworden war und diesen aufgrund der mit ihm verbundenen Interessenskonflikte über Jahre hinweg gelähmt hatte. Den Bestrebungen der Österreicher, den Deutschen Bund zu reformieren, lag nicht allein der Wunsch zugrunde, diesen in seinen Entscheidungsstrukturen zu verbessern, sondern auch die Absicht, die nicht deutschen Länder Österreichs durch den Deutschen Bund schützen zu lassen. Österreich plante daher, in der ihm wohlgesonnenen Stadt Frankfurt am Main einen Fürstentag abzuhalten. Der Gegenstand der Reformbestrebungen war dabei die Einführung eines Fünferdirektoriums und eines daneben existierenden Bundesrates. In beiden Gremien sollte Österreich den Vorsitz führen, wenn auch ansonsten die Stimmen zwischen Österreich und Preußen gleich verteilt werden sollten. Um es gleich vorwegzunehmen: Preußen war auf dem Fürstentag, der vom 16. August bis zum 1. September 1863 in Frankfurt am Main stattfand, erst gar nicht vertreten. Dies, obwohl der österreichische Kaiser Franz Joseph persönlich zu Wilhelm I. gefahren war und rund dreißig regierende Fürsten die Einladung unterzeichnet hatten. Es war Bismarck, der dem König von einer Teilnahme Preußens an besagtem Fürstentag abgeraten hatte, da er befürchtete, dass sich diese ungünstig auf die Stellung Preußens in Deutschland auswirken könne, was er um jeden Preis verhindern wollte. In seinen Gedanken und Erinnerungen heißt es dazu:

> Es wurde mir nicht leicht, den König zum Fernbleiben von Frankfurt zu bestimmen. Ich bemühte mich darum auf der Fahrt von Wildbad nach Baden [...]. Ich glaubte den Herrn überzeugt zu haben, als wir in Baden anlangten. Dort aber fanden

> wir den König von Sachsen, der im Auftrage aller Fürsten die Einladung nach Frankfurt erneuerte. Diesem Schachzug zu widerstehen, wurde meinem Herrn nicht leicht. Er wiederholte mehrmals die Erwägung: »Dreißig regierende Herren und ein König als Kurier!« und er liebte und verehrte den König von Sachsen, der unter den Fürsten für diese Mission auch persönlich der Berufenste war. Erst um Mitternacht gelang es mir die Unterschrift des Königs zu erhalten für die Absage an den König von Sachsen. Als ich den Herrn verließ, waren wir beide in Folge der nervösen Spannung der Situation krankhaft erschöpft, und meine sofortige mündliche Mitteilung an den sächsischen Minister von Beust trug noch den Stempel dieser Erregung. Die Krisis war aber überwunden und der König von Sachsen reiste ab ohne meinen Herrn, wie ich es befürchtet hatte, nochmals aufzusuchen.[360]

Ohne Preußen konnte der Fürstentag zu keinen Ergebnissen kommen, die für den Deutschen Bund als Ganzes verbindlich gewesen wären. Bismarck-Kritiker könnten nun einwerfen, dass so die Chance vertan wurde, bereits 1863 ein großdeutsches Reich mit immerhin siebzig Millionen Einwohnern zu schaffen. Allerdings wäre Deutschland dann ein Vielvölkerstaat geworden und der Dualismus zwischen Preußen und Österreich zusätzlich noch durch einen »germanisch-deutschen« und einen »slawisch-magyarisch-deutschen« Völkerdualismus verstärkt worden. Man kann deshalb erhebliche Zweifel haben, ob ein solcher Zusammenschluss auf Dauer Bestand gehabt hätte, war Österreich doch schon sehr eingespannt, um allein nur in seinem Zuständigkeitsbereich Ruhe und Ordnung sicherzustellen. Während sich der österreichische Interessensschwerpunkt eher auf den Südosten bezog, ging es Preußen im Wesentlichen um deutsche Anliegen. Hinzu kam, dass die nicht deutschen Besitzungen Preußens zum einen wesentlich kleiner waren als die vergleichbaren nicht deutschen Besitzungen Österreichs und dass zum anderen die Verbindung zwischen Ostpreußen und Brandenburg-Preußen eine ganz andere war als etwa die zwischen Galizien und Österreich. Schließlich muss bei einer Beurteilung der Ereignisse der Umstand Berücksichtigung finden, dass es beim damaligen Herrschaftsgebiet Österreichs um ein Territorium ging, das keineswegs nur dem heutigen Österreich entsprach, sondern noch zusätzliche Ländereien, wie Ungarn, Galizien, Slavonien oder Kroatien, umfasste. Im Verhältnis zu jenem Teil Österreichs, der zum Deutschen Bund gehörte, waren diese Länder wesentlich größer. Demgegenüber handelte Bismarck als Preuße und damit für einen Staat, der zwar aus zwei größeren Teilen bestand, aber in sich eine homogene, weil deutsche Bevölkerungsstruktur aufwies. Und sollte Bismarck deutschnationale Gefühle gehabt haben, dann galten diese sicherlich nicht Ungarn, Galizien, Slavonien oder Kroatien. Bismarck ging es um die Vormachtstellung Preußens in Deutschland und dieses Ziel verlor er nicht mehr aus dem Auge. Dabei war der gescheiterte Fürstentag von Frankfurt nur ein leiser Auftakt, gemessen an dem, was nun folgen sollte.

Die Diskussion um eine Bundesreform wurde schon bald von dem deutsch-dänischen Konflikt verdrängt, dessen Ausgangspunkt die Herzogtümer Schleswig und Holstein waren, von denen nur Letzteres zum Deutschen Bund gehörte. Beide Herzogtümer wurden in Personalunion von den jeweiligen Inhabern der dänischen Krone regiert und durch ein Versprechen der dänischen Könige aus dem 15. Jahrhundert als »up ewig ungedeelt« und von Dänemark autonome Provinzen angesehen. Dennoch wurde Schleswig im Jahre 1863 faktisch eine dänische Provinz. Damit gingen auch unterschiedliche Thronfolgeansprüche einher, die in der Folge zahlreiche juristische Fakultäten beschäftigen sollten. Der Konflikt wurde seinerzeit als äußerst kompliziert angesehen. Der englische Premierminister Lord Palmerston sagte dazu, dass die schleswig-holsteinische Frage überhaupt nur von drei Menschen verstanden worden sei: von dem Prinzregenten Albert, der verstorben war, von einem deutschen Gelehrten, der darüber verrückt geworden sei und von ihm selbst, der die Sache aber vergessen habe.[361]

Der Konflikt wurde auf deutscher und dänischer Seite mit erheblichen nationalistischen Gefühlen begleitet. Weil Dänemark den Forderungen nicht nachgeben wollte, waren sich Preußen und Österreich darin einig, im Rahmen des Deutschen Bundes handeln zu müssen. So wurde am 7. Dezember 1863 in Frankfurt die Bundesexekution mit knapper Mehrheit beschlossen. Zur Konfliktbeilegung sollte Holstein militärisch besetzt werden. In der Folge wurden die Dänen aufgefordert, die neue Gesamtverfassung zu widerrufen, mit der Schleswig ein faktischer Teil von Dänemark geworden wäre. Als dies unterblieb, besetzten preußische und österreichische Soldaten das Fürstentum. Oberkommandierender war Generalfeldmarschall Wrangel, der aber wegen Eigenmächtigkeiten, Eigensinnigkeit und im Grunde auch wegen Unfähigkeit nach einer Auseinandersetzung mit Moltke erst kaltgestellt und schließlich ganz abgelöst werden musste. Das Kernstück der militärischen Operation stellte der Sturm auf die Düppeler Schanzen dar, ein verlustbringender, aber erfolgreicher Angriff, der allerdings noch keinen Frieden brachte; dieser sollte erst eintreten, als in der Folge ganz Jütland bis zum Skagerak von preußisch-österreichischen Truppen besetzt wurde. Als Ergebnis wurden Schleswig und Holstein nebst Lauenburg Gemeinschaftsbesitz von Österreich und Preußen mit gemeinsamer Landesregierung auf Schloss Gottorp in Schleswig. Da sich dies jedoch als nicht praktikabel erwies, wurde in der Konvention von Gastein schließlich die geteilte Verantwortung beschlossen; Österreich regierte fortan Holstein und Preußen Schleswig, Lauenburg wurde gegen eine Geldzahlung an Preußen abgetreten. Diesem Ergebnis waren Verhandlungen vorausgegangen, die darauf abzielten, die beiden Herzogtümer unter dem Erbprinzen Friedrich von Augustenburg als weiteren deutschen Bundesstaat zu vereinen; dies verhinderte Bismarck jedoch gezielt, da es ihm von Anfang an darum ging, beide Herzogtümer mit dem preußischen Staat zusammenzubringen:

> Die up ewig Ungedeelten müssen einmal Preußen werden. Das ist das Ziel nach dem ich steuere; ob ich es erreiche, steht in Gottes Hand. Aber ich könnte nicht verantworten, preußisches Blut vergießen zu lassen, um einen neuen Mittelstaat zu schaffen. Die Halsstarrigkeit der Dänen wird uns wahrscheinlich schaffen, was wir brauchen, den Kriegsfall.

Der Abbruch der dänisch-deutschen Beziehungen, die gemeinsame Führung der Herzogtümer durch Preußen und Österreich wie auch das spätere Verhindern des Entstehens eines neuen Staates aus Schleswig und Holstein waren Konsequenzen Bismarck'scher Politik. Dieser Konflikt zeigte zudem, dass Bismarck, ähnlich wie Friedrich der Große, bereit war, Konfliktlösungen auf militärischem Wege billigend in Kauf zu nehmen. Dabei wartete er stets auf die passende Gelegenheit, um die preußische Verantwortung für das Geschehen relativ gering halten zu können, und auf einen Auslöser, um dann zielgenau und nachhaltig zuzuschlagen. Das machte seine Staatskunst aus, und es zeigt im Hinblick auf Führung auch die Überlegenheit jener Menschen, die im Sinne eines strategischen Zieles zu handeln vermögen, anstatt nur taktische umzusetzen oder als Richtlinie im Blick zu haben.

Da die österreichischen Truppen im Deutsch-Dänischen Krieg einen besseren Eindruck hinterließen als die preußischen, strebte Bismarck einen eindrucksvollen Sieg an, den er gegen den militärischen Rat bei den Düppeler Schanzen dann auch geradezu erzwang. Überhaupt ordnete er die militärischen Maßnahmen einem politischen Ziel unter und dirigierte die bewaffneten Aktionen dann entsprechend. Die Kommandeure wiesen Bismarck darauf hin, dass es ihrer Ansicht nach einer Armee nicht zustehe, sich in politische Angelegenheiten einzumischen.

Als es in der Folge über die Führung der beiden Herzogtümer zu Konflikten mit Österreich kam, schloss Bismarck sogar einen Präventivkrieg gegen Österreich nicht aus, um die Vormachtstellung Preußens in Deutschland sicherzustellen.[362]

Den Bundesbruch von 1866 führte dieser dann ebenso planmäßig herbei, wie er potenzielle Hindernisse auf dem Weg Preußens zur deutschen Hegemonialmacht politisch eliminierte. Zunächst musste der preußischen Mittelmachtstellung jedoch insofern Rechnung getragen werden, als die Nachbarstaaten bei einem möglichen Vorgehen gegen Österreich entweder explizit neutral bleiben mussten oder ihre Passivität als Rückendeckung einkalkuliert werden konnte. Letzteres war bei Russland der Fall; bereits Friedrich der Große hatte ja erkannt, dass dieser Nachbar für die weitere Entwicklung Preußens von Bedeutung sein würde, da dessen enorme Größe alle politischen Bewegungen in Deutschland, und damit auch in Preußen, zu beeinflussen in der Lage war. Russland hielt sich aus dem sich nun anbahnenden Konflikt vollständig heraus, auch als dieser schließlich in der militärischen Auseinandersetzung zwischen Preußen und Österreich kulminierte. Es war also für einen von Preußen initiierten »Hegemonialbildungskrieg« nicht hinderlich. Diese Zurückhaltung Russlands war auch der durch Österreich erlittenen Demütigung im Krimkrieg und den verletzenden Bestimmungen des darauffolgenden Pariser Friedens von 1856 geschuldet, der den Russen die Präsenz von Flotten oder Befestigungen im Schwarzen Meer untersagte.

Um sich auch die Neutralität Frankreichs für den Fall zu sichern, dass es zu einem Krieg zwischen den deutschen Führungsnationen kommen sollte, versprach Preußen diesem seine Unterstützung, falls es nach dem Ableben des belgischen Königs Leopold I. Gebietsansprüche, insbesondere in Luxemburg, geltend machen wolle. Außenpolitische Erfolge benötigte Frankreich dringend, weil das französische Abenteuer in Mexiko das Land bis dato gebunden und schließlich mit der Erschießung Maximilians I., der dort kurz zuvor als Kaiser inthronisiert worden war, in einem Fiasko geendet hatte.

Schließlich erreichte Bismarck am 8. April 1866 zudem ein Nichtangriffsbündnis mit Italien. Auch wenn dieses nur befristet war, bedeutete dies doch, dass Preußen nunmehr keine zusätzlichen Bedrohungen befürchten musste. Das bestehende Bündnis zwischen Frankreich und Italien stellte gleichzeitig eine zweite, zunächst politische Front gegen Österreich dar. Letzteres erwies sich bei den Ereignissen rund um Königgrätz insofern als wertvoll, als die Österreicher einen erheblichen Teil ihrer Armee auf dem südlichen Kriegsschauplatz, also an der italienischen Front, belassen mussten.

Innerhalb Deutschlands musste nun nur noch Österreich isoliert oder eine Lösung gefunden werden, damit der Deutsche Bund als Bindeglied deutscher Staaten den preußischen Hegemonialbestrebungen nicht länger im Wege stand. Einen Versuch Österreichs, einen großdeutschen Zollverein einzurichten, in dem es selbst Mitglied sein würde, wurde von Preußen mit der Anerkennung des Königreichs Italien beantwortet und daraufhin von Österreich nicht weiter verfolgt. Abgesehen davon war die Begeisterung über eine wirtschaftliche Einbindung Österreichs in den Zollverein auch bei den süddeutschen Staaten gering, galt es doch als wirtschaftlich rückständig. Tatsächlich litt Österreich darunter, dass es infolge der beginnenden Industrialisierung zunehmend schwieriger zu Geldmitteln kam. Bereits seit 1815 musste Wien immer wieder Kredite aufnehmen, um die gegenüber den Einnahmen überproportional anwachsenden Ausgaben finanzieren zu können und den drohenden Staatsbankrott abzuwenden. Zum Zeitpunkt der endgültigen Entscheidung über die Vormachtstellung in Deutschland war Österreich eigentlich fast völlig bankrott und konnte dem regelmäßigen Schuldendienst schon nicht mehr nachkommen.[363] Infolgedessen sah es sich auch gezwungen, die militärischen Anstrengungen einzuschränken, unabhängig davon, wie sich die außenpolitische Entwicklung gestaltete.

Dies ist nicht das erste und einzige Beispiel in der Geschichte dafür, dass geordnete Staatsfinanzen die Voraussetzung für militärische Sicherheit und die Grundlage für die Gestaltung oder Erweiterung des politischen Handlungsspielraums gewesen sind. Schon Friedrich der Große konnte nur deshalb so agieren, wie er es tat, weil er einen solventen Staatshaushalt übernommen, diesen bis zum Siebenjährigen Krieg in Ordnung gehalten und dabei Gelder speziell für einen Feldzug eingeplant hatte. In der heutigen Zeit dominieren die USA aufgrund ihrer militärischen Möglichkeiten. Nur sehr langsam dämmert es den politisch Interessierten, dass diese Großmacht im Zuge der Finanz- und Wirtschaftskrise ihre militärischen Optionen wird einschränken müssen. Der sich dahin gehend abzeichnende Kurs der Vereinigten Staaten ist auch dem Umstand geschuldet, dass sich das Land wirtschaftlich in einem Zustand befindet, der dem Österreichs im Jahr 1866 nicht unähnlich ist. Deshalb müssen bei geo- und militärstrategischen Überlegungen die wirtschaftlichen Möglichkeiten der agierenden Länder zur Behebung potenzieller Konflikte besonders beleuchtet werden. Sonst unterschätzen wir, dass die jüngste Finanzkrise auf Weltebene und die Verschuldung Europas und der Vereinigten Staaten von Amerika größere militärische Operationen oder Konflikte überhaupt nicht mehr zulassen. Die Weltwirtschaft verträgt nicht nur keine weitere Störung, auch haben die NATO-Staaten keine finanziellen Ressourcen mehr, um militärpolitisch grundsätzlich eingreifen zu können. Insofern sind wir gut beraten, wenn wir die Krisenherde der Welt im Idealfall auf kleiner Flamme weiter köcheln, jedenfalls aber nicht überkochen lassen, auch wenn die Gefahr nicht klein ist, dass ein Schwellenland diesen Umstand auszunutzen weiß.

Doch nun zurück zu den Entwicklungen in Preußen unter dem Wirken Bismarcks. Im Deutschen Bund erfolgte der eigentliche Bruch, als preußische Truppen in Holstein einmarschierten und Österreich die Aktivierung der Bundesarmee durchsetzte, um dies zu unterbinden. Preußen trat daraufhin aus dem Deutschen Bund aus, was dessen faktisches Ende bedeutete, und es forderte die anderen deutschen Staaten ultimativ auf, sich ihm darin anzuschließen. Sachsen, Hannover und Kurhessen lehnten dies jedoch ab, drei Länder also, die entweder der Vereinigung der ost- und westpreußischen Truppen geographisch im Wege standen oder, wie Sachsen, ein Pufferstaat zu Österreich waren.

Die nunmehr heraufziehenden militärischen Ereignisse waren der Höhepunkt einer Auseinandersetzung, die insbesondere zu Beginn des Jahres 1866 Schritt für Schritt eskalierte, wobei die Grundlagen dafür bereits mit dem Deutsch-Dänischen Krieg von 1864 gelegt worden waren. So leitet Theodor Fontane sein zweibändiges Werk mit dem bezeichnenden Titel *Der deutsche Krieg* wie folgt ein:

> Der Frieden von 1864 gebar den Krieg von 1866. Gleich sein erster Paragraph barg das kommende Zerwürfnis. Österreich und Preußen hatten gemeinschaftlich gesiegt, Schleswig-Holstein war gemeinschaftlicher Besitz der beiden Sieger geworden, und diese Gemeinschaftlichkeit enthielt die Keime eines beinah unausbleiblichen Konflikts.[364]

Dieses nur flüchtige Skizzieren der preußischen Bündnis- und Neutralitätspolitik macht deutlich, wie zielstrebig der politische Boden für die nun kommende Auseinandersetzung durch Bismarck vorbereitet worden war. Österreich wurde geradezu filetiert, herausgelöst und schließlich mit einem Rest an Bündnispartnern aus dem deutschen Spielfeld gedrängt – und zwar endgültig. Der nun anstehende preußisch-österreichische Krieg fand zeitgleich mit einem anderen Selbstbehauptungskrieg statt, nämlich dem amerikanischen Sezessionskrieg von 1861 bis 1865, und so stellt sich hier wie dort die rein hypothetische Frage, wie denn die Geschichte verlaufen wäre, wenn die USA in Süd- und Nordstaaten geteilt worden wären und eine durch eine Niederlage Österreichs ermöglichte deutsche Einigung nicht erfolgt wäre. Beide Kriege sind für die jeweiligen Länder weichenstellend gewesen sowohl in Hinsicht auf deren jeweilige Zukunft als auch für das spätere Verhältnis beider Staaten zueinander.

Zum Abschluss sei erneut der Bezug zu heutigen Führungssituationen aufgezeigt. Man sieht an der Vorgehensweise Bismarcks die Überlegenheit von Menschen, die vom Ergebnis her denken. Ein großes Ziel muss vom Ergebnis her definiert und auch in der täglichen Arbeit unter diesem Blickwinkel realisiert werden. Wer sich also jemandem entgegenstellen möchte, der muss sich zunächst fragen, was dessen möglicherweise unausgesprochene strategische Ziele sind. Diese zu erkennen eröffnet die Option, die eigenen taktischen Maßnahmen an der Strategie des anderen auszurichten.

Auch zeigt dieser Geschichtsabschnitt, dass immer wieder Führungspersönlichkeiten auftreten, die es verstehen, Ziele zu formulieren, die in einer Dimension angesiedelt sind, die sich deutlich jenseits all dessen bewegt, was die Bewahrer des Altbekannten überhaupt für denkbar, geschweige denn für machbar halten. Wenn solche Menschen in die Lage versetzt werden, einen Machtapparat zu nutzen, kann ihnen jedenfalls taktisch fast nichts mehr entgegengesetzt werden.

29.

Warum grundsätzliche Konflikte auch grundsätzlich ausgetragen werden müssen – die Schlacht von Königgrätz

Preußen bereitete sich auf die kommende militärische Auseinandersetzung vor, während Österreich nicht einmal in der Lage war, den diversen Signalen der aufkeimenden Bedrohung durch praktische Politik zu begegnen. So kauften die Preußen im Rahmen ihrer Vorbereitungen in Böhmen Getreide auf, was wegen der zunehmenden Nachfrage dort sogar zu erheblichen Preissteigerungen führte. Obwohl das den Österreichern nicht verborgen blieb, wollte man dort kein Ausfuhrverbot aussprechen, wie man überhaupt alles unterlassen wollte, was Preußen zu nachteiligen Handlungen gegenüber Österreich hätte veranlassen können.[365]

Die Bevölkerung reagierte in Preußen und Österreich höchst unterschiedlich auf die sich immer stärker abzeichnende Wahrscheinlichkeit eines Krieges zwischen beiden Staaten und auf die damit einhergehenden Vorbereitungen. Neben einer öffentlich zur Schau getragenen Überheblichkeit war in Österreich nahezu eine Euphorie zu beobachten, die auch auf dem Vertrauen beruhte, das dem Oberkommandierenden Feldzeugmeister Ludwig August von Benedek entgegengebracht wurde. In Preußen war man indes gegen den Krieg, nicht zuletzt auch, weil es mit den Liberalen eine starke Gegnerschaft zu Bismarck gab. Stellenweise sah es so aus, als wäre es diesen gelungen, eine echte Massenbewegung gegen den Krieg auszulösen.[366] Manche Kriegsgegner misstrauten auch schlicht der eigenen Stärke; man hielt die österreichische Armee einfach für potenter, die preußische jedenfalls nicht für stark genug. Selbst konservative Kräfte waren gegen den Krieg; bei Ludwig von Gerlach führte dies zum Bruch mit Bismarck, und Clemens Perthes, ein Freund Roons, soll dessen Politik als revolutionär bezeichnet haben, weil sie ohne jede Rücksicht auf Grundsätze allein danach trachte, die jeweilige Lage für Machterfolge auszunutzen.[367] Die Österreicher waren von dieser kriegsunlustigen Stimmung unterrichtet und rechneten mit einer diplomatischen Lösung. Dabei unterschätzten sie aber das preußische Pflichtbewusstsein, das ein inneres Räsonieren in den Hintergrund treten lässt, wenn es um Pflichterfüllung geht, weil der König ruft. Fontane beschreibt dies an einem Beispiel, das zur Veranschaulichung nachstehend wörtlich wiedergegeben werden soll:

> Im Posenschen wurde Gottlieb Kruschel einberufen. Er hatte früher bei der Garde gestanden. Nun war er verheiratet (fünf Kinder) und hatte des Vaters Hof. Als die Order kam, war viel Bangen im Haus. Ein Lediger, der auch früher gedient, trat an Kruschel heran und bot ihm an, er wolle »für ihn eintreten«. Alles redete zu. Kruschel besann sich eine Weile, dann sagte er: »Der König hat noch keinen Krieg ohne mich geführt« und als das nicht gelten sollte, schnitt er die Verhandlung damit ab: »Der König hat mich gerufen und nicht dich; was solle daraus werden, wenn jeder einen anderen schicken wollte; – ich gehe.« Und er ging. Er erlag der Seuche. Auf dem Pohrlitzer Kirchhof bei Brünn ist er bestattet worden.[368]

Dieses Beispiel zeigt, dass ein besonderes Pflichtbewusstsein auch die niederen Stände erfasst hatte, denn der König repräsentierte den Staat, die Gemeinschaft, die den Einzelnen nun brauchte, und so stand es außer Frage, dass man diesem Anspruch auch Folge leistete. Bismarck hatte diese Entwicklung vorhergesehen und entsprechend einkalkuliert.[369] In Preußen vertrauten die Bürger dem König und damit der Führung. Die preußische Krone stand für das Recht, ein Recht, das den Anspruch auf Pflichterfüllung erheben konnte, weil es allgemein verbindlich war – der Staat war verlässlich.

Dass ein solches Folgeleisten aus Pflichterfüllung auch gefährlich werden kann, zeigt der preußisch-deutsche Patriotismus, der Deutschland im Jahr 1914 in die Katastrophe nahezu hineinkatapultierte. So kann die Pflichterfüllung auch zu einer kollektiven Verblendung führen, die dann alle Bedenken unterdrückt.

So, wie es früher eine selbstverständliche Bereitschaft der Menschen zur Pflichterfüllung gab, erleben wir heute eine ebenso reflexartige Ablehnung gegenüber fast jedweder staatlichen Erwartung an den Bürger oder Aufforderung zum selbstlosen Handeln. Eine Gesellschaft kann aber nicht überleben, wenn zwar die Entscheidungsbefugnis individualisiert, die Verantwortung für diese Entscheidungen aber kollektiviert wird. Patriotische Pflichterfüllung ist eben gerade nicht etwas, was primär der Gemeinschaft vorbehalten wäre, der man erst beitritt, wenn die Anzahl jener, die sich patriotisch benehmen, groß genug ist. Patriotismus und Pflichterfüllung in der kollektiven Deckung auf Abruf bereitzuhalten ist Ausdruck unserer »Man-müsste-Gesellschaft«. Darunter leiden wir heute, weil zu viele von anderen etwas erwarten, was sie selbst erst einzulösen bereit sind, wenn sie sich des kollektiven Schutzes auch beim Beziehen einer Position sicher wähnen.

Patriotismus und Pflichterfüllung sind dabei keineswegs immer in heroischem Sinne zu verstehen, sie sind vielmehr bereits im Kleinen gefragt.

So wie die Gemeinschaft dem Einzelnen gegenüber aus dem Sozialstaatsprinzip heraus eine kollektive Verpflichtung zum Beistand hat, gehört zur individuellen Pflichterfüllung umgekehrt auch, diese Leistungen nicht als Selbstverständlichkeit hinzunehmen, sondern alles zu unternehmen, um von diesen wieder unabhängig zu werden. Patriotismus zu leben impliziert weiterhin, seine Steuern zu zahlen, wobei man durchaus die bestehenden Steuergesetze im Rahmen ihrer Gestaltungsmöglichkeiten ausnutzen kann. Unpatriotisches Verhalten und eben auch keine Pflichterfüllung ist es hingegen, Steuern zu hinterziehen, indem man Vermögens- oder Einkommenswerte versteckt, die Vorteile des Landes, in dem man steuerpflichtig ist, aber in Anspruch nimmt und sich am Ende auch noch mit der Rolle eines Vorbildes schmückt. Insofern gibt es einen Patriotismus auch in Friedenszeiten und außerhalb von Fußballweltmeisterschaften.

Doch zurück zur preußischen Geschichte. Am 3. Juli 1866 kam es mit der Schlacht von Königgrätz zum Höhepunkt der Auseinandersetzung zwischen Preußen und Österreich. Dies war nicht irgendeine militärische Auseinandersetzung, derer es so viele in der deutschen Geschichte gab. Mit dem Sieg von Königgrätz brachte Preußen das zum Abschluss, was Friedrich der Große mit dem Ersten Schlesischen Krieg begonnen und was nach dem Siebenjährigen Krieg und den Ergebnissen des Hubertusburger Friedens im Jahr 1763 einen vorläufigen Höhepunkt erreicht hatte. Mit der österreichischen Niederlage bei Königgrätz war die seit Friedrich I. schrittweise erfolgte, seit dem Siebenjährigen Krieg im Deutschen Reich bestehende und nach den Befreiungskriegen im Deutschen Bund fortgesetzte bipolare Führungsstruktur zweier deutscher Großmächte, Preußen und Österreich, unwiderruflich an ihr Ende gelangt. Nach Königgrätz war Preußen die führende Macht in Deutschland und die nunmehr fast hundertfünfzig Jahre andauernde Rivalität zu seinen Gunsten beendet. Bereits der nächste Schritt der preußischen Diplomatie und Kriegskunst sollte dazu führen, dass Österreich schließlich kein Teil Deutschlands mehr war. Dem Ergebnis der Schlacht von Königgrätz kommt damit weltgeschichtliche Bedeutung zu, weil es unmittelbarste Auswirkungen auf die deutsche Geschichte hatte – dies, wenn man so will, im Grunde bis heute. Denn dieser preußisch-österreichische Krieg war nach dem Deutsch-Dänischen Krieg der zweite von insgesamt drei Staatenbildungskriegen, an dessen Ende das Deutsche Reich stand, als dessen Rechtsnachfolger sich wiederum die Bundesrepublik Deutschland versteht.

Helmuth Karl Bernhard von Moltke war der geistige Vater des Sieges von Königgrätz. Bereits seit 1833 hatte er dem Generalstab angehört, war aber danach einige Jahre als militärischer Berater in den Diensten des türkischen Sultans tätig gewesen. Im Deutsch-Dänischen Krieg berief ihn Wilhelm I. zum Stabschef General Wrangels, um das Durcheinander in dessen Stab zu beenden. Mit dieser Entscheidung begann die eigentliche Laufbahn eines der besten Strategen der Neuzeit und eines der erfolgreichsten, was die Weiterentwicklung des deutschen Generalstabes betrifft.[370] Moltke war zum Zeitpunkt des Krieges gegen Österreich bereits vierundsechzig Jahre alt.

Der Aufmarsch der preußischen Armeen, auch unter Ausnutzung des gegenüber dem österreichischen wesentlich besseren preußischen Eisenbahnnetzes, war eine militärisch-organisatorische Meisterleistung. Doch zunächst musste Moltke mit dem Handicap fertig werden, dass der preußische König zögerte, was den Aufmarsch anbelangte, wollte er doch den »Bruderkrieg« nicht als Erster beginnen. Deshalb wurde abgewartet, bis die Österreicher am 27. April 1866 mit der Mobilmachung begannen. Erst dann folgten die Preußen am 5. Mai mit sechs Korps und am 12. Mai 1866 mit der gesamten Feldarmee. Deshalb bezeichnete Moltke später die strategische Situation des Aufmarsches zum Krieg von 1866 als die vielleicht komplizierteste, die die Weltgeschichte bisher erlebt hatte.

Das Problem beim Aufmarsch der Preußen war der Umstand, dass die deutschen Königreiche Hannover und Sachsen diesem hinsichtlich der geographischen Lage und bezogen auf das bestehende Bündnis im Wege standen, insofern sie zwischen den westlichen und östlichen Provinzen Preußens beziehungsweise zwischen Preußen und Österreich gelegen waren. Das eine Königreich verhinderte die Vereinigung der

Helmuth Karl Bernhard Graf von Moltke war der geniale Stratege hinter den preußisch-deutschen Siegen im Krieg von 1866 und im Deutsch-Französischen Krieg von 1870-1871.

Truppen aus beiden preußischen Landesteilen, das andere einen Angriff mit gesicherter Flanke. Die Preußen forderten Hannover auf, sich ihnen anzuschließen, was jedoch abgelehnt wurde. Infolgedessen begann Preußen mit einem konzentrischen Vormarsch auf die zusammengezogenen hannoverschen Truppen. Dabei kam es am 27. Juni 1866 zu einem Gefecht bei Langensalza, weil ein preußisches Detachement glaubte, die Nachhut der Hannoveraner vor sich zu haben, welche ihrerseits meinten, die Hauptarmee der Preußen griffe sie an. Die mit nur neuntausend Mann den Hannoveranern mit zwanzigtausend Mann deutlich unterlegenen Preußen verloren zwar dieses Gefecht, dennoch mussten die Hannoveraner am Ende kapitulieren, weil sich die Preußen so geschickt um ihre Armee herum gruppiert hatten, dass eine Fortsetzung der Kampfhandlungen angesichts der Munitionsknappheit, des Proviantmangels und der allgemeinen Erschöpfung der Truppen vom König von Hannover als aussichtslos eingestuft wurde – eigentlich ein unrühmliches Militärdebakel. Für die preußische Westarmee war nun der Weg an den Main frei.

Was Sachsen anbelangte, so hatte Moltke mit der Mobilmachung keine Hemmungen mehr, dieses Nachbarland zu besetzen, weil man es nur so dazu bringen konnte, sich Preußen anzuschließen. Hätte Sachsen sich verweigert, so hätte sein Heer entweder nach Böhmen zurückweichen oder sich abermals in ein festes Lager bei Pirna einschließen müssen; in beiden Fällen hätte Preußen sich jedoch der reichen Hilfsquellen des Landes bedienen können.

Die aus Truppenteilen des westlichen Preußens zusammengesetzte Elbarmee (ca. sechsundvierzigtausend Mann) unter der Führung von Eberhard Herwarth von Bittenfeld zwang die sächsische Armee, nach Süden in Richtung Böhmen auszuweichen; dadurch wurden bei Königgrätz die österreichischen Truppen verstärkt. Die Besonderheit des Aufmarsches bestand nun darin, dass Moltke die preußische Armee aufgeteilt in einzelne Abteilungen gegen Österreich marschieren ließ. Seine Absicht war es, die Armeeteile erst am Ort der Entscheidung zusammenzuführen. So marschierten neben der Elbarmee zwei weitere Armeen nach Süden – die erste (ca. dreiundneunzigtausend Mann) befehligt von Prinz Friedrich Carl und die zweite (ca. einhundertfünfzehntausend Mann) unter der Führung des Kronprinzen Friedrich Wilhelm. Weil die preußischen Truppenteile dabei besonders weit auseinandergezogen waren, konnte sich der österreichische Oberkommandierende von Benedek nicht vorstellen, dass sich alle drei Armeen im Raum Königgrätz tatsächlich vereinigen würden. So verteidigte sich Benedek bei Königgrätz tapfer nach Westen, gegen die Elbarmee und die erste Armee, verlor aber zu guter Letzt, weil für ihn überraschend die zweite Armee von Norden kommend seine rechte Flanke angriff, wodurch die Schlacht dann schnell entschieden wurde. Der getrennte Aufmarsch und die Vereinigung der gesamten militärischen Kraft bei Königgrätz beschrieb Moltke später mit dem berühmt gewordenen Motto »Getrennt marschieren, vereint schlagen«. Auch wenn der Aufmarsch ein logistisches und führungstechnisches Meisterstück war – man bedenke die Größe der Armeeteile und die defizitären Möglichkeiten der damaligen Kommunikationsmittel – so war der Vorgang als solcher, diese Art des Vorgehens, doch nicht ganz neu. Bereits Friedrich der Große hatte diese Technik des Aufmarsches im Jahr 1757 praktiziert, als er seine Armee am 18., 20. und 22. April staffelweise nach Böhmen eindringen ließ, um sich eine gute militärische Ausgangsposition zu sichern[371] – und tatsächlich ließ sich Moltke von den damaligen Ereignissen inspirieren. Erfahrungen aus der Geschichte können also auch hundert Jahre später noch nützlich und anregend sein.

Auch wenn im Rückblick der preußische Sieg zu erwarten und die Niederlage der Österreicher verheerend war, so galt der Sieg damals doch keineswegs als sicher, übrigens nicht einmal während der Schlacht. Selbst der preußische König Wilhelm I. äußerte sich während der Kampfhandlung skeptisch in Bezug auf deren Ausgang, weil sich die Gefechte als äußerst heftig herausstellten, die Kräfteverhältnisse anfangs nahezu ausgewogen waren, den Österreichern ihre artilleristische Überlegenheit zugutekam und es stellenweise, etwa im Skipwald, einem unübersichtlichen Waldgebiet, zu einem Gefecht Mann gegen Mann kam. Die Nerven des Königs waren daher äußerst angespannt, zumal die erwartete Entlastung durch die zweite preußische Armee unter der Führung des Kronprinzen auf sich warten ließ: Moltke jedoch, der ein Meister der stoischen Ruhe war, wusste den König mit den Worten zu beruhigen, dass Majestät an diesem Tag nicht nur eine Schlacht, sondern einen Krieg gewinnen würde, was so auch eintrat.

Die österreichische Armee hatte im Allgemeinen einen recht guten Ruf und galt aufgrund der Eindrücke aus dem Deutsch-Dänischen Krieg als überlegen. Der Vergleich beider Armeen zeigt ein differenziertes Bild und gibt Aufschluss über die waffen- und führungstechnischen Unterschiede.

Die österreichische Kavallerie genoss großes Ansehen und laut Augenzeugenberichten muss es ein imposanter Anblick gewesen sein, als sie in das Gefecht eingriff. Die Reitertruppen der Preußen waren im Vergleich zu den österreichischen weniger gut organisiert. Eigentlich erstaunlich, sind doch viele militärische Entscheidungen unter Friedrich dem Großen gerade durch seine Kavallerie entschieden worden – man erinnere sich etwa der legendären Reitergenerale Seydlitz und Ziethen. Vielleicht lag dies daran, dass Clausewitz ihnen nicht die ihnen angemessene Bedeutung eingeräumt hatte. Lediglich der Neffe des Königs, Prinz Friedrich Carl, hatte immer wieder auf den Ausbau dieser Waffengattung gedrängt.

Überlegen waren die Österreicher auch bei der Artillerie; so verfügten sie über deutlich mehr Kanonen mit gezogenem Lauf, die wesentlich präzisere Schüsse abgeben konnten. Dieser technische Vorteil wurde noch durch den Umstand unterstrichen, dass die Österreicher des Terrains kundig waren und aus mehr oder weniger bekannten Feuerstellungen heraus operieren konnten.

Das preußische Militär war technischen Neuerungen gegenüber durchaus aufgeschlossen, was sich bei der schnellen Einführung des Zündnadelgewehrs gezeigt hatte, dem sogar ein Vorteil zugesprochen wurde, der schlachtentscheidend gewesen sein soll. Die gesamte preußische Infanterie war mit diesem Gewehr, einem Hinterlader, ausgestattet, das aufgrund der deutlich höheren Feuergeschwindigkeit und der Tatsache, dass man es aus jeder Gefechtsposition heraus nachladen konnte, dem österreichischen Lorenzgewehr überlegen war. Dabei war Letzteres keineswegs veraltet, es gab den Österreichern aber nicht die Möglichkeit, eine massiv angreifende Infanterie zu stoppen, weil das vom Angreifer genutzte Gelände wegen der gekrümmten Flugbahn der Geschosse aus dem Lorenzgewehr nicht ausreichend »bestrichen« werden konnte. Hinzu kam, dass die Feuergeschwindigkeit nur bei zwei Schuss pro Minute lag und der Schütze zum Nachladen, weil es sich um einen Vorderlader handelte, auch noch aufstehen musste. Das Zündnadelgewehr konnte dagegen bis zu sieben Schuss in der Minute abfeuern. Dadurch waren die preußischen Soldaten in der Lage, infanteristische Bajonettangriffe, wie sie in der gegnerischen Armee üblich waren und vom österreichischen Kaiser Franz Joseph geradezu unbeirrbar befürwortet wurden, wirkungsvoll zu stoppen. Die preußische Infanterie war die einzige in Europa, die zu diesem Zeitpunkt mit Hinterladern ausgerüstet war. Dabei war es nicht selbstverständlich, dass diese neue Militärtechnik in Preußen in diesem Umfang eingesetzt wurde, waren die ersten Ergebnisse im Umgang mit derselben doch keineswegs erfolgreich gewesen. Man hatte sich jedoch systematisch mit ihrer Verbesserung beschäftigt und durch eine regelmäßige Schießausbildung war es schließlich gelungen, die angesprochene infanteristische Überlegenheit zu gewinnen.

In der preußischen Armee waren alle Bevölkerungsteile vertreten, weil die preußische Militärdienstpflicht konsequent zur Anwendung kam. In diesem Zusammenhang zeigte das hervorragende preußische Schulsystem seine Wirkung, weil das Bildungsniveau der Soldaten auf preußischer Seite weit überdurchschnittlich war. Es gibt daher Stimmen, die behaupten, preußische Schulmeister hätten die Schlacht bei Königgrätz gewonnen.[372] Tatsächlich bestand zwischen dem verhältnismäßig hohen Bildungsniveau der Truppen und ihrer Disziplin, Anpassungsfähigkeit und Tapferkeit im Kampf sowie ihrer Vaterlandsliebe ein gewisser Zusammenhang. Dem war sicherlich auch zuträglich, dass es in Preußen neben den Polen keine nationalen Minderheiten gab, die in der Armee integriert werden mussten, während die Österreicher sogar sprachliche Verständigungsprobleme hatten. Schließlich waren die Lehren aus Jena und Auerstedt nicht verblasst; so ließ die preußische Armee seither niemals wieder Kastengeist oder eine Vernachlässigung der Bildung einkehren.

Auffallend war bei der österreichischen Armee eine latente Disziplinlosigkeit auch auf höchsten Führungsebenen. So warnte Benedek den Generalmajor Leopold Freiherr von Edelsheim-Gyulai, seinerseits immerhin Kommandeur der 1. Leichten Kavalleriedivision, öffentlich davor, eigenmächtig zu handeln; er drohte ihm für den Fall einer Widersetzung gegen diese Weisung sogar mit der Verurteilung durch ein Kriegsgericht.[373] Edelsheim-Gyulai selbst mag dadurch gebremst worden sein, auf andere Offiziere machte diese Warnung jedoch keinerlei Eindruck. Benedek musste auch darauf achten, dass nachgeordnete Truppenführer die Aufstellung ihrer Einheiten nicht einfach danach ausrichteten, wovon sie sich größere Aussichten auf Erfolg und damit Belobigung versprachen. Manch ein österreichischer Offizier sah seine Aufgabe eher als einen Sport an, in dem es galt, mit der größten Trophäe, dem Maria-Theresia-Orden, ausgezeichnet zu werden, der für hervorragende Tapferkeit verliehen wurde. Als tapfer konnte man sich aber weder in der nicht zum Einsatz kommenden Reserve noch in den Stäben erweisen, weshalb die Verlockung, die dieser mit hohem Prestige verbundene Orden darstellte, wenig geeignet war, die Offiziere dazu zu bewegen, ihre eigenen Interessen dem Gesamten unterzuordnen. Denn wenn der angeordnete Einsatz mutiges Handeln nicht möglich machte, dann musste man sich eben eigene Aktionsfelder der Tapferkeit suchen, was jedoch nur unter Umgehung bestehender Befehle und damit auf Kosten der Disziplin vonstatten gehen konnte. Hinzu kam, dass aus diesem Grunde auch die Arbeit in den Stäben unbeliebt war und sich daher keineswegs immer die Besten darin profilierten.

Überhaupt soll es Benedek bei den österreichischen Offizieren mit mangelnder Ernsthaftigkeit[374] zu tun gehabt haben. Wenn diese allerdings das, was sie erwartete, auf die leichte Schulter nahmen, ist dies ein Zeichen dafür, dass sie nicht auch nur den Ansatz eines politischen Gespürs hatten; immerhin ging es um die österreichische Stellung in Deutschland. Dabei hätte schon der Umstand, dass die beiden größten Länder des Deutschen Bundes, die vor kurzem noch als Verbündete deutsche Interessen im Krieg gegen Dänemark vertreten hatten, nun kurz vor einer bewaffneten Auseinandersetzung standen, Anlass zum Nachdenken geben müssen.

Gab es noch einen weiteren Faktor, der die Überlegenheit der Preußen bedingt hätte? Es gab ihn, und zwar steht er in direktem Zusammenhang mit den militärischen Reformen, die bereits zu Anfang des Jahrhunderts initiiert worden waren und den Aufbau eines Generalstabes beinhaltet hatten. Wir erinnern uns an die Überlegungen, wie man denn mögliche Unzulänglichkeiten eines preußischen Königs auf militärischem Gebiet kompensieren könne. Die Antwort darauf war die Bildung eines Generalstabes gewesen. Zunächst waren die Vorschriften für Stabsoffiziere vereinheitlicht sowie eine topographische und eine kriegsgeschichtliche Abteilung gebildet worden. Die sogenannten Generalstabsreisen waren als fester Bestandteil der Stabsausbildung preußischer Offiziere etabliert worden. Im Gegensatz zu Österreich hatte man in Preußen die Offiziere daran gewöhnt, dass sie zwischen den Stäben der einzelnen Truppenteile und dem Generalstab zu wechseln hatten; dadurch waren Ressentiments ab- und nicht wie in Österreich aufgebaut worden.

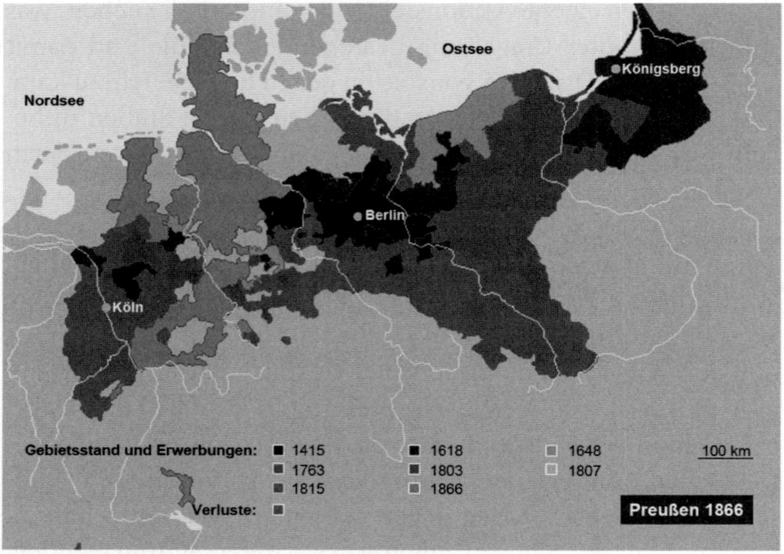

Die Veränderung der Landkarte nach dem Sieg über Österreich und seine Verbündeten im Jahr 1866. Preußen war nun endgültig deutsche Vormacht geworden.

Zudem hatten die Preußen bereits über dreißig Jahre vor Königgrätz damit begonnen, sich mit den militärischen Vorzügen des Eisenbahnwesens zu beschäftigen. Wenn man sich mit dem Schienentransport anfangs etwas zurückhaltend gezeigt hatte, dann nur deshalb, weil dessen Vorteile nicht gleich offenkundig waren. So hatte das Bewegen von Mannschaften, Waffen und Gerät per Linienverkehr anfangs keine Zeitersparnis mit sich gebracht, weil es an ausreichenden Lokomotiven und geeigneten Waggons gemangelt hatte. Als aber die Eisenbahn begonnen hatte, sich als echte Alternative zu erweisen, hatte der preußische Generalstab in dieser Frage ebenso interveniert wie in der des Chausseebaus, weil man in der eigenen verkehrstechnischen Infrastruktur auch Nachteile für den Fall gesehen hatte, dass sie in die Hand des Gegners geraten sollte.[375]

Während des Krieges trat folglich noch eine weitere Besonderheit der preußischen Armee zutage, die sich in der Folge noch weiter herausbilden sollte, nämlich die Bereitschaft der Offiziere zur selbstständigen Gefechtsführung. So reagierte beispielsweise Prinz Friedrich Karl sehr flexibel auf sich verändernde Lagen, ohne notwendige Rücksprache und ohne Moltkes Absicht dadurch insgesamt zu gefährden.[376]

Zusammenfassend lässt sich festhalten, dass die beiden Armeen waffentechnisch ebenbürtig gewesen wären, wenn Österreich die Überlegenheit des Zündnadelgewehres taktisch ausgeglichen hätte. Was Disziplin und Ausbildung anbelangt, waren die Preußen ebenso überlegen wie in der Transportinfrastruktur, vor allem aber in der operativen Befähigung durch einen funktionierenden Generalstab. Schließlich sah sogar Benedek selbst den Zustand seiner Armee so kritisch, dass er nach Wien telegrafierte und den österreichischen Kaiser dringend bat, Frieden zu schließen, weil die Katastrophe für die Armee unvermeidlich sei. Nach einem ersten Vorgefecht nahm er die gesamte Armee auf die Elblinie bei Königgrätz zurück. Nach anstrengenden Rückmärschen war sie auf einen Raum von etwa zehn Quadratkilometern zusammengedrängt und muss auf ihren Oberbefehlshaber einen geradezu erbärmlichen Eindruck gemacht haben.

Mit der österreichischen Niederlage war die anfängliche Hemmung König Wilhelms I., einen Bruderkrieg zu entfesseln, wie weggeblasen; er wollte gar mit den siegreichen Truppen nach Wien marschieren. Diesem Vorhaben widersetzte sich jedoch der Staatsmann Bismarck energisch, weil er eine Demütigung Österreichs unter allen Umständen vermeiden wollte. So setzte er unter Androhung seiner Demission durch, dass der Marsch nach Wien nicht stattfand. Österreich musste im Frieden von Prag vom 23. August 1866 auch kein Land an Preußen abtreten; es wurde allerdings gezwungen, seine Ansprüche auf die Elbherzogtümer fallen zu lassen und die Auflösung des Deutschen Bundes anzuerkennen. Die süddeutschen Verbündeten Österreichs wurden ebenfalls honorig behandelt; sie mussten nur bescheidene Kriegsentschädigungen zahlen. Allerdings ging Preußen mit jenen Ländern radikaler um, die der Arrondierung des eigenen Staatsgebietes dienten. So wurden Hannover, Kurhessen, Nassau und die Freie Stadt Frankfurt durch Annexion mit Preußen vereinigt. Das war in der Folge nicht ganz unproblematisch, weil die Bevölkerung dieser Gebiete noch lange ihren ursprünglichen Landesherren treu ergeben war. Frankfurt, das seinen gesamten Silberschatz in Berlin abliefern musste, konnte sich nur schwer mit seiner »Eingemeindung« abfinden. Das besserte sich erst, als die Frankfurter Kaufmannschaft die Vorteile des freien Warenverkehrs infolge der Zollunion zu spüren begann. Sachsen blieb selbstständig, wenn es auch in den neu gegründeten Norddeutschen Bund integriert wurde.

So zeitigten die Ereignisse von Königgrätz die vielleicht grundsätzlichste Umwälzung in der deutschen Geschichte. Die Beendigung des preußisch-österreichischen Dualismus und die damit einhergehende Trennung der Interessenslagen beider Länder ließen in der Folge ein anderes Deutschland entstehen. Österreich orientierte sich mehr nach Südosteuropa und wurde so eine slawisch-magyarische Macht, während sich ein mitteleuropäisches Deutschland zu einigen begann.

Abschließend seien hier in einem Exkurs noch zwei Verweise zu den Nachkommen Generalfeldmarschall Moltkes gegeben. Dessen Neffe, Helmuth Johannes von Moltke, sollte zu Beginn des Ersten Weltkrieges Chef der obersten Heeresleitung werden, schätzte sich selbst jedoch für die Aufgabe des Feldherrn im Kriege als zu schwerblütig, bedächtig, bedenklich und gewissenhaft ein; auch glaubte er, ihm fehle die Fähigkeit, unter Umständen alles auf eine Karte zu setzen. Dennoch wurde er gegen seinen Willen, auf Wunsch des deutschen Kaisers, Oberbefehlshaber und somit sozusagen ein Opfer seines berühmten Namens. Er besaß in der Tat keineswegs die Genialität seines Onkels und hatte als Führer das Scheitern des Schlieffenplans zu verantworten, wie auch die Tatsache, dass aufgrund seiner Fehlentscheidungen aus einem Bewegungskrieg schon bald ein Stellungskrieg wurde, aus dem die Deutschen dann nie wieder herauskamen.

Ein anderer Nachkomme des großen Generalfeldmarschalls, sein Urgroßneffe Helmuth James Graf von Moltke, gereichte diesem und seinem Land jedoch zur Ehre, gehörte er doch zu den Widerstandskämpfern gegen Hitler. Nach dem Namen des moltkeschen Gutes erhielt die Widerstandsbewegung um ihn und Peter Graf Yorck von Wartenburg die Bezeichnung »Kreisauer Kreis«. Helmuth James Graf von Moltke wurde nach dem gescheiterten Attentat gegen Hitler wegen seiner Beteiligung an der Verschwörergruppe hingerichtet.

Welche Schlüsse können wir aus den Ausführungen dieses Kapitels für heutiges adäquates Führungsverhalten ziehen?

Patriotismus ist nichts wert, wenn er nicht mit Pflichtbewusstsein gepaart ist, denn reden allein reicht nicht, wenn es an tatkräftigem Zupacken mangelt, sobald dieses benötigt wird. Pflichterfüllung ist kein Verhalten nur für die Krise und für die Notlage, sondern bereits dann, wenn nicht öffentlichkeitswirksam gehandelt wird und man mit ihr gerade nicht »punk-

Helmuth James Graf von Moltke war einer der Köpfe des Widerstandes vom 20. Juli 1944 und Begründer des Kreisauer Kreises, welcher nach seinem Tagungsort, dem Gut der Familie Moltke, benannt worden war.

ten« kann. Andernfalls handelt es sich um einen Worthülsen-Patriotismus.

Patriotismus und schneidiges Auftreten nützen nichts, wenn die Bereitschaft zur Disziplin als eine Form der Unterordnung, vor allem aber der Pflichterfüllung, nicht gegeben ist. Den Anspruch darauf kann ein Vorgesetzter aber nur dann wirksam erheben, wenn er sicherstellt, dass auch jene, die durch Disziplin ihrer Pflichterfüllung nachkommen und sich deshalb keine offensichtlichen Meriten erwerben können, bei der Belobigung Berücksichtigung finden. Wenn diejenigen, die tun, was man ihnen sagt, grundsätzlich die »Dummen« sind, werden sich Eigenmächtigkeiten den Weg bahnen.

Bei großen Operationen müssen auch die Rahmenbedingungen gut vorbereitet werden. Dabei muss man eventuell auch zu drastischeren Maßnahmen greifen. So wie Preußen Hannover und Sachsen zur Parteinahme zwang, müssen auch im Wirtschaftsleben die Rahmenbedingungen im eigenen Sinn gestaltet, müssen Flanke und Rücken frei sein. In Wirklichkeit handelt es sich um eine Abwandlung des bereits bekannten Prinzips der Schwerpunktbildung. Dazu gehört auch, die Führung weitgehend von der Stabsarbeit zu entlasten. Stäbe sollten in erster Linie dazu da sein, Führungsentscheidungen vorzubereiten und weniger, um Verwaltungsarbeiten zu übernehmen. Oftmals tun sie aber nur Letzteres, mit der Folge, dass sie die Hierarchie stärken, aber die Linie lähmen.

Gegen einen weitgehend gleich starken Gegner hat man nur eine Chance, wenn man alle seine Möglichkeiten uneingeschränkt zu aktivieren in der Lage ist. Umgekehrt muss partielle Unterlegenheit durch Taktik kaschiert werden. Wer an Prinzipien festhält, obwohl sie nicht per se überlegen sind, schafft Gefahren, die die ganze Operation gefährden.

Kommt es zum Erfolg, ist man gut beraten, den Misserfolg oder gar die Niederlage des anderen nur im Stillen auszukosten. Niederlagen, die mit Demütigungen verbunden sind, schaffen neue Gegner und nicht selten Rachegelüste, die auf Hass gründet sind. Umgekehrt kann man sicher sein, dass die Umgebung Sieg und Niederlage auch dann zuordnen kann, wenn man sie nicht zum Gegenstand des offensichtlichen Triumphes macht.

30.

Warum man niemals aus Stolz einen Konflikt beginnen sollte – die Emser Depesche

Der letzte Anstoß zum Krieg gegen Frankreich kam von Bismarck, der den Einsatz von Waffengewalt billigend in Kauf nahm. Dennoch erklärte Frankreich den Krieg formal zuerst und aktivierte damit jene nationalen deutschen Gefühle, die letztlich die deutsche Einigung tragen sollten. Der Deutsch-Französische Krieg von 1870–1871 wird in vielen Geschichtsbüchern als ein Ereignis unter vielen anderen, gleichsam der Vollständigkeit halber, abgehakt, verbunden mit dem Hinweis auf die Kaiserproklamation vom 18. Januar 1871 im Spiegelsaal von Versailles und vielleicht noch dem, dass in Deutschland jährlich der sogenannte Sedantag gefeiert wurde, mit dem man an die siegreiche Schlacht bei Sedan am 2. September 1870 erinnerte. Diese Information wirkt jedoch meist eher befremdlich; wie soll es auch heute noch nachvollziehbar sein, dass sich ein Volk über eine gewonnene Schlacht freut? Dabei ist Sedan ein Symbol für die gelungene Einigung der Deutschen und damit die Befriedigung einer nationalen Sehnsucht. Wer sich also für die Geschichte hinter der Geschichte interessiert, für den lohnt sich ein tieferer Einstieg in den Themenkomplex dieses Deutsch-Französischen Krieges. Nach den Ausführungen über die Ereignisse von Leuthen und Königgrätz wird einer militärischen Betrachtung hier nunmehr zum dritten Mal

Der Sedantag am 2. September wurde bis 1918 aus Anlass des Sieges bei Sedan gefeiert – das Ereignis ist heute jedoch in Vergessenheit geraten.

ein etwas breiterer Raum eingeräumt, was aber insofern gerechtfertigt ist, als der Krieg von 1870–1871 eine ganze Reihe von grundlegenden Faktoren für die spätere deutsche Geschichte und die weitere Entwicklung des deutsch-französischen Verhältnisses zeitigte. Gerade weil am Ende dieses Krieges die deutsche Einigung stand und damit eine alte Sehnsucht der Deutschen nach einem geeinten Vaterland in Erfüllung ging, darf dieser Krieg nicht als eine der vergessenen Tragödien in der wechselhaften Geschichte dieser beiden Länder, die sich erst nach 1945 zu einer gemeinsamen Zukunft in Europa entscheiden konnten, abgetan werden.

Bevor nun der Deutsch-Französische Krieg in den Mittelpunkt der Betrachtungen rückt, sollen zuvor die ihn auslösenden Ursachen wenigstens gestreift werden. Man referiert sie in den Geschichtsbüchern gemeinhin unter dem Begriff Emser Depesche. Als Anfang Juli 1870 der spanische Wunsch bekannt wurde, die Krone des Landes einem Hohenzollernprinzen anzutragen, ließ Frankreich nichts unversucht, um dieses Vorhaben zu vereiteln, weil man sich durch die Aussicht, es auch an der französischen Südgrenze mit einer den Hohenzollern verbundenen Monarchie zu tun zu haben, bedroht fühlte. Diese Pläne Spaniens wurden von Preußen, namentlich dem König, nie forciert, man stand ihnen sogar eher neutral gegenüber.[377] Allerdings verstand Bismarck es äußerst geschickt, die französische Entrüstung zu schüren. So trug er ganz bewusst nicht zur Klärung der Situation bei. Er war sogar sichtlich erbost, als der preußische König und die anderen Protagonisten in dieser Entwicklung den Anschein eines diplomatischen Sieges zugunsten Frankreichs zuließen, insofern sich das preußische Königshaus auf französischen Druck hin bereit erklärte, sich von dem Vorhaben zu distanzieren. Bismarck wollte unter keinen Umständen den Eindruck aufkommen lassen, dass Frankreich Preußen einschüchtern könne. Auf beiden Seiten entstand so eine latente Kriegsbereitschaft, die mit dem Aufrechterhalten der jeweils eigenen Ehrvorstellungen begründet wurde, wobei Bismarck einen Krieg gegen Frankreich längst einkalkuliert hatte.[378]

Als auf diplomatischer Ebene alles schon geregelt zu sein schien, der Vater des für die spanische Krone infrage kommenden Hohenzollernprinzen Karl Anton von Hohenzollern-Sigmaringen in dessen Namen bereits auf die Krone verzichtet hatte, erreichte Bismarck ein Telegramm aus Bad Ems, wo sich der preußische König Wilhelm I. zur Kur aufhielt. Darin berichtete dieser ihm von den Gesprächsinhalten seines letzten Treffens mit dem französischen Gesandten Vincent Graf Benedetti. Benedetti hatte dort zu erreichen versucht, dass sich Wilhelm I. dem bereits ausgesprochenen Verzicht Karl Antons auf die spanische Krone nicht nur anschließen würde, sondern zudem als preußischer König und Oberhaupt der Hohenzollern den dauerhaften Verzicht der Hohenzollern auf die spanische Krone erklärte. Benedetti hatte entsprechende Anweisungen von Napoleon III. erhalten.

Diese Depesche erreichte Bismarck beim Abendessen mit Roon und Moltke. Er hatte inzwischen angesichts der sich abzeichnenden Niederlage auf politischer Ebene und den aus seiner Sicht eher dilettantischen diplomatischen Schritten des Königs sogar die Möglichkeit des eigenen Rücktritts ins Gespräch gebracht, was die Stimmung bei besagtem Abendessen deutlich drückte. Als Bismarck dann die Emser Depesche gelesen hatte, beschloss er, diese so zu verändern und an die Presse zu geben, dass sich Paris darüber nicht nur ärgern, sondern diplomatisch gedemütigt fühlen müsse. Die Weitergabe der gekürzten Depesche erfolgte jedoch nicht, ohne dass Bismarck sich zuvor bei Moltke rückversichert hätte, dass die preußische Armee in der Lage wäre, aus dem Stand heraus zu mobilisieren. Bismarck wusste also genau, was er auszulösen bereit war. Moltke erklärte, dass ein preußischer Aufmarsch keineswegs zusätzliche Zeit benötigen würde. Da saßen nun die drei nach dem König mächtigsten Männer zusammen und berieten sich in einem kurzen Gespräch nonchalant darüber, wie denn Frankreich in seine Grenzen verwiesen werden könne. Die nicht wirklich strategisch ausgerichtete Handlungsweise des preußischen Königs wurde so durch Bismarck und seine Mitstreiter wieder auf die machtpolitische Spur gebracht. Als die Depesche redigiert war, waren sich alle drei einig, dass das nun für einen Krieg ausreichen müsse.[379] Und die Stimmung stieg sichtbar angesichts der sich nun abzeichnenden Entwicklungsmöglichkeiten. Sie bekamen wieder Lust zu essen, wie Bismarck in seinen Erinnerungen erwähnte.[380]

Und tatsächlich verfehlte die redigierte Fassung des königlichen Telegramms, das als die Emser Depesche in die Geschichtsbücher eingehen sollte, ihre Wirkung nicht. Die französische Regierung war sich zwar zunächst nicht sicher, wie sie darauf reagieren sollte. Schließlich befahl aber Napoleon III. den Krieg, weil er sich durch die Stimmung im Volk mitreißen ließ. Damit stand Frankreich auch noch als Aggressor da, was den diplomatischen Erfolg Bismarcks vollendete.

War die Haltung des preußischen Volkes im Vorfeld des Krieges gegen Österreich in Bezug auf die bevorstehenden Kampfhandlungen eher zurückhaltend bis ablehnend gewesen, so ergab sich nun ein völlig anderes Bild. Bereits bei der Rückreise Wilhelms I. nach Berlin und erst recht nach seiner Thronrede war man von der Notwendigkeit eines Krieges überzeugt. Möglich war das alles nur deshalb, weil auf beiden Seiten lange genug von Krieg geredet worden war[381] und niemand so recht die Kraft gefunden hatte, einen Waffengang zu verhindern. Krieg stellte eben die Fortsetzung der Politik mit anderen Mitteln dar, und Bismarck war durchaus bereit, dieses Instrument auch einzusetzen, denn nur ein Krieg gegen Frankreich würde die klaren Verhältnisse schaffen können, die für den Aufbau eines starken Mittelstaates Deutschland unter preußischer Führung unabdingbar waren. Auch bei diesem Konflikt verstand Bismarck es, mögliche Störungen aus anderen Ländern im Vorfeld diplomatisch auszuschließen, und die russische Stärke wurde als potentielles Gegengewicht zu Österreich fest eingeplant, nachdem er sich der Unterstützung der süddeutschen Staaten bereits im Vorfeld versichert hatte. Die Vorgänge am Vorabend des Deutsch-Französischen Krieges und die diesen schließlich auslösende Provokation durch die Emser Depesche zeigen die Virtuosität und Entschlossenheit eines Mannes, der von dem Ziel eines geeinten Deutschlands unter preußischer Führung beseelt und nicht mehr abzubringen war. Bismarck wollte in der Tat das Werk Friedrichs des Großen mit großen Hammerschlägen vollenden; wobei man konstatieren muss, dass Letzterer »nur« die Stabilisierung seines Königreiches im Sinn gehabt hatte.

Die Literatur über diesen Krieg ist relativ überschaubar. Wer sich aber richtig hineinvertiefen will, dem sei das vierbändige Werk Theodor Fontanes *Der Krieg gegen Frankreich 1870–1871* empfohlen. Fontane ist für seine Liebe zum Detail bekannt, und man kann anhand seiner Schilderungen auf einer Karte geradezu minutiös alle Bewegungen der deutschen und französischen Armeen nachvollziehen. Fontane suchte selbst die Schlachtfelder dieses Krieges auf, ebenso wie jene von Königgrätz oder Düppeln. Er hat aber keinen bloßen Hurrapatriotismus zu Papier gebracht. Vielmehr sprach er sich dagegen aus, die Schilderungen von der Grausamkeit des Krieges mit Verweisen auf deutsche Tapferkeit und französische Minderwertigkeit auszuschmücken[382] und lehnte die Verherrlichung des bloß Militärischen, ohne sittlichen Inhalt und höheren Zweck, als widerlich ab.[383]

Fontane sah auch die Gefahr, dass die in Deutschland übliche patriotische Schmeichelei gegenüber dem Militär bei diesem eine überhöhte Selbsteinschätzung auslösen und ihm im öffentlichen Leben einen gefährlich starken Einfluss verschaffen könne.[384] Und tatsächlich sollte die einsetzende Verklärung dieses Krieges und der deutschen Erfolge dort die Zeit bis 1914 maßgeblich prägen. Die Kriegsbegeisterung in der deutschen Öffentlichkeit im Jahr 1914 wird vor dem Hintergrund der Geschehnisse von 1870–1871 verständlicher. Man glaubte nämlich, die Franzosen wieder so schnell schlagen zu können wie in diesem früheren Krieg. Die fünfzigtausend Toten, die dieser allein in der ersten Phase gekostet hatte, waren inzwischen vergessen, ebenso wie das Wissen darum, dass Frontalschlachten besonders viel Blut kosten und nur zu gewinnen sind, wenn eine erhebliche numerische und waffentechnische Überlegenheit gegeben ist. All diese Erkenntnisse waren jedoch fünfzig Jahre später in den Knochenmühlen von Verdun wie weggewischt. So wie der Krieg von 1870–1871 dazu geführt hatte, dass die französische Armee fortan unterschätzt wurde, hatte er zugleich auch den Mythos von der unschlagbaren deutschen Armee mit einer geradezu genialen operativen Führung entstehen lassen.

Zahlreiche Ereignisse des Krieges bieten illustrative Beispiele für das Thema Führung, und wenn im Folgenden Einzelheiten der militärischen Auseinandersetzung beschrieben werden, dann entstammen diese nicht nur angelesenem Wissen, sondern beruhen auch auf persönlichen Beobachtungen, die ich bei dem Besuch der wesentlichen Schlachtfelder dieses Krieges habe anstellen können. Bei den Besichtigungstouren beeindruckt, ähnlich wie in Königgrätz, die große Anzahl an Denkmälern, auch, weil sie in einem guten bis sehr guten Zustand sind und nicht selten offensichtlich immer noch regelmäßig gepflegt werden. Sie geben einen guten Eindruck davon, welche deutschen Regimenter wo gekämpft haben: dies ist deutsche Geschichte zum Anfassen. Hierzu noch einmal Fontane:

> Die Pietät der Kameraden, die Liebe der Angehörigen haben das Dreieck[385] Gravelotte, Mars La Tour, St. Privat zu einem Friedhof umgeschaffen. Hundertfach ragen die Monumente empor, fast kein Truppenteil (sei es im Korps- oder Regimentsverbande), der nicht seinen Gefallenen einen Stein errichtet hätte.[386]

Was Fontane hier beschreibt, ist auch heute noch so vorzufinden. Mit seinem Werk in der Hand ist es ein Erlebnis, diese Gegend zu besuchen, wenn man sich auch für diese Art der historischen »Eroberung« sehr viel Zeit nehmen muss.

Wer die Gefechtsfeldbewegungen auf der Karte ansieht, bekommt den Eindruck, dass dieser Feldzug das Ergebnis eines perfekten Zusammenspiels und genialen Operationsplans war, geradlinig in Anlage und Ablauf, und schließlich von einem großen Sieg in Sedan gekrönt. Dennoch zeigt sich bei genauerem Hinsehen, dass er nicht gänzlich ohne Friktionen ablief und weder der Sieg gewiss war noch die Verklärung der deutschen Armee und ihrer Infanterie, die alles zu ermöglichen schien, vollends gerechtfertigt. Dies sind Mythen, die wegen des grandiosen deutschen Sieges um die Geschehnisse dieses Krieges gewoben wurden und so in der Folge einen nicht unwesentlichen Beitrag zur bereits angesprochenen Selbsttäuschung geleistet und damit im Ergebnis auch nach Verdun geführt haben. Dieser Ort, der wie kein zweiter für die Katastrophe des Ersten Weltkrieges steht, ist gerade einmal dreißig Kilometer von Metz entfernt, wo der erste Teil des Krieges von 1870–1871 für die deutschen Verbündeten entschieden wurde. Fontane hatte genauer hingesehen, und man hätte bei ihm nachlesen können, was bis 1914 verdrängt worden war:

> Die französische Armee, was nicht oft genug gesagt werden kann, war glänzend. Nie hatte das Kaiserreich, weder das erste noch das zweite, etwas Besseres ins Felde gestellt. Der Feind unterlag einer Macht, die ihm an Zahl, an Rechtsbewußtsein und allerdings auch an Führung überlegen war. Die Armeen selbst waren ebenbürtig.[387]

Was die beteiligten deutschen Länder anbelangt, ist festzuhalten, dass nach dem Sieg der Preußen über Österreich bei Königgrätz auf preußischer Seite nunmehr auch die in die Armee des norddeutschen Bundes integrierten Sachsen, Kurhessen und die vormaligen hannoverschen Regimenter kämpften. Verstärkt wurde diese Armee durch Truppen der verbündeten Bayern, die zwei Korps stellten, und durch Württemberger und Badener, die zusammen ebenfalls ein Korps bildeten. Dies war insofern eine bis dahin einmalige Konstellation, als ein Krieg der Deutschen, zumal gegen einen solchen Gegner, ohne Beteiligung Österreichs erfolgen sollte. So wurde durch ein Militärbündnis die deutsche Einigung im Sinne einer »kleindeutschen Lösung«, also ohne Österreich, vorgenommen.

Erstaunlich ist, wie falsch die Franzosen die politische Lage interpretierten, was zur Folge hatte, dass sie die Preußen und ihre Verbündeten unter- und die eigene Befähigung zum Aufmarsch schließlich überschätzten. So hatten die Franzosen gehofft, dass die süddeutschen Staaten, Württemberg, Baden und Bayern, sich nicht den Preußen und damit dem Norddeutschen Bund anschließen würden. Doch nicht nur diese Erwartung zerschlug sich, sondern es stockte auch der französische Aufmarsch so erheblich, dass an einen französischen Angriff auf deutsches Gebiet, trotz vorausgegangener Kriegserklärung, überhaupt nicht mehr zu denken war.

Den Preußen hingegen gelang ein absolut planvoller Aufmarsch. Insgesamt wurden unter preußischer Führung drei Armeen mit über vierhunderttausend Mann aufgeboten. Wie auch in Königgrätz, sollten diese sich erst auf dem Schlachtfeld vereinigen und bis dahin getrennt marschieren.

Drei ostpreußische Korps wurden zunächst zusammen mit zwei Kavalleriedivisionen zur Deckung von Schlesien und Sachsen gegen Österreich zurückgehalten und teilweise erst später nachgeführt. Diese Reserven verstärkten später deutlich die bei dem eigentlichen Aufmarsch zahlenmäßig zunächst nur geringe Überlegenheit der Deutschen.

Den vom preußischen Generalstab erarbeiteten Planungsunterlagen konnte man für den Fall einer militärischen Auseinandersetzung mit Frankreich folgende Intentionen entnehmen:[388]

1. Versammlung aller deutschen Kräfte im zentralen Raum der Pfalz zwischen Mosel und Rhein.
2. Übernahme des Gesetzes des Handelns sofort nach Beendigung des Aufmarsches.
3. Sofern der Gegner nicht vorher offensiv würde und es dadurch rasch zur Entscheidungsschlacht käme – Vorgehen des deutschen Heeres in Richtung Paris, südlich an Metz vorbei, mit dem Ziel, die feindlichen Kräfte anzugreifen, sie nach Norden abzudrängen und zur Kapitulation zu zwingen.

Moltke schreibt dazu in seiner *Geschichte des Deutsch-Französischen Krieges*:[389]

> Der [...] Feldzugplan fasste [...] die Eroberung der feindlichen Hauptstadt ins Auge [...]. Auf dem Weg dahin sollte die Streitmacht des Gegners möglichst von dem an Hülfsmitteln reichen Süden ab und in das engere Hinterland des Nordens gedrängt werden. Maßgebend aber vor Allem war der Entschluss, den Feind, wo man ihn traf, unverzüglich anzugreifen und die Kräfte so zusammen zu halten, dass es mit überlegener Zahl geschehen könne.

Im Hinblick auf Führungsmodelle zeigt sich hier zum wiederholten Mal, wie vorteilhaft es ist, einen Strategen in den eigenen Reihen zu haben. Dies muss nicht zwangsläufig der Führende in eigener Person sein; dieser ist aber gut beraten, den fähigen Köpfen in seiner Umgebung die nötigen Entfaltungsmöglichkeiten zu geben. Wer Vorsitzender eines Vorstandes ist, muss nicht unbedingt selbst ein genialer Stratege sein. Es reicht aus, wenn er es versteht, sich mit solchen Mitarbeitern zu umgeben, die diese Fähigkeit besitzen. Insofern gehört eine gute Personalpolitik, die auch das Emporkommen starker Persönlichkeiten ermöglicht, unbedingt zum guten Führen. Dabei müssen nur die Grenzen der ersten und zweiten Reihe klar abgesteckt werden. Wilhelm I. tat sich hier leichter, da seine Position nicht angreifbar war, weil nur er König sein konnte. Heutige Führungskräfte müssen jedoch ihre übergeordnete Position gegenüber den unter ihnen arbeitenden fähigen Mitarbeitern deutlich markieren.

31.

Warum die Niederlage im Kopf der Führung beginnt, wenn die Kräfte auch vergleichbar sind – der Krieg mit Frankreich

Tatsächlich verlief der gesamte Krieg im Wesentlichen nach den zuvor zitierten Vorgaben. Dennoch gestaltete sich weder der Kriegsauftakt so geordnet, wie Moltke das rückblickend Glauben machen wollte, noch hatte dieser die Entwicklung bis zur Einschließung von Metz im Griff; sie entglitt dem Generalstab vielmehr bereits zu Beginn des Feldzuges, mit der Folge, dass bei keiner der ersten Schlachten eine zahlenmäßige Überlegenheit der Deutschen vorlag, obwohl eine solche insgesamt bestand. Erst beim Anmarsch auf Sedan vermochten es die Deutschen, ihre Truppen so zu konzentrieren, dass die numerische Überlegenheit gewährleistet war. Dass der Erfolg bis zur Einschließung von Metz dennoch so umfassend war, ist im Ergebnis den Unterführern vor Ort zu verdanken und geht vor allem auch auf das Konto der eher schwachen französischen Führung.

Der Deutsch-Französische Krieg lässt sich stark vereinfacht in fünf Abschnitte einteilen: die Vorschlachten im Rahmen des Grenzübertritts, die Schlachten um Metz, jene vor und bei Sedan, schließlich die Belagerung von Paris und schlußendlich die mehr oder weniger großen Scharmützel bis hin zu offenen Feldschlachten im französischen Hinterland, die parallel dazu verliefen. Insbesondere die ersten drei Abschnitte des Krieges sind interessant, weil nach Sedan der Krieg praktisch gewonnen war.

Nach dem Grenzübertritt kam es zu ersten grenznahen Schlachten auf französischem Boden, am 4. August bei Weißenburg und am 6. August bei Wörth und Spichern. Alle drei Schlachten wurden von deutscher Seite in Unterzahl begonnen und erst im Laufe des Gefechtes konnte eine Überzahl durch das Heranführen weiterer deutscher Truppen erreicht werden, was überproportional viele Verluste auf deutscher Seite kostete. Von Siegern oder Verlierern bei diesen Schlachten zu sprechen ist eher theoretisch, weil es sich auf deutscher Seite allenfalls um gefühlte Siege handelte, auch weil die Franzosen aufgrund der sich sukzessive heranbildenden deutschen Übermacht auswichen. Moltkes Absicht, immer eine numerische Überlegenheit auf dem Schlachtfeld zu haben, erfüllte sich bei den Vorschlachten immer erst im Laufe der Gefechtshandlung, nie aber von Anfang an.

Auch lernten die deutschen Truppen zum ersten Mal die Abwehrkraft des französischen Chassepotgewehrs kennen, das über eine größere Reichweite verfügte als das bereits bekannte, in der preußischen Armee verwendete Zündnadelgewehr. Daneben kam bei den Franzosen ein Maschinengewehr, die Montigny Mitrailleuse, zum Einsatz, und schon in einer frühen Phase des Krieges wurde deutlich, dass Frontalangriffe gegen diese Waffen wenig Aussicht auf Erfolg haben würden, eine Erfahrung, die im Laufe des Feldzuges noch mehrfach bestätigt werden sollte. Die spätere Auswertung dieses Umstandes sollte nur die Militärdoktrin der nächsten Jahre prägen, drang jedoch nicht so sehr ins Bewusstsein der späteren Verantwortlichen, als dass dadurch die Katastrophe, die sich ab 1915 im Stellungskrieg des Ersten Weltkrieges als Ergebnis wiederholter Frontalangriffe manifestierte, hätte verhindert werden können. Aufgrund der verheerenden Wirkung des Chassepotgewehrs und der Mitrailleuse lösten sich die Angriffsformationen der deutschen Truppen immer wieder auf und Unterführer vor Ort trafen dann selbstständig taktische Entscheidungen. Auch kam in diesem Krieg die eigentlich längst veraltete Lineartaktik immer noch zur Anwendung. So griffen die Regimenter im Wesentlichen als zwei hintereinander aufgestellte sogenannte Treffen an. Um der vernichtenden Wirkung des Chassepotgewehrs zu entgehen, musste das erste der Regimenter angreifen und »nach vorne durchgehen«. Dadurch zwängte sich das nachfolgende in alle sich bietenden Zwischenräume, was zu einer völligen Vermischung der Bataillone führte und damit zur Auflösung der ursprünglich bestehenden Gefechtsformationen.

Die deutsche Artillerie war hingegen überlegen; sie stellte während des gesamten Feldzuges die entscheidende Unterstützung der angreifenden Infanterie dar. Tatsächlich hatte die Auswertung der Gefechte um Königgrätz zu einer Restrukturierung dieser Waffengattung geführt. Man kann beim Studium des Waffenvergleichs fast den Eindruck gewinnen, dass sich die Möglichkeiten und Befähigungen der infanteristischen Grundwaffe, des Gewehrs, und der artilleristischen Feuerunterstützung seit Königgrätz im Verhältnis zum Gegner geradezu umgekehrt hätten.

Bei Weißenburg, wo die erste Vorschlacht geschlagen wurde, gelang es der vorgeschobenen Sicherung des I. französischen Korps, drei deutsche Divisionen aufzuhalten und ihnen erhebliche Verluste zuzufügen. Wenn die Deutschen die Schlacht von Weißenburg dennoch für sich entscheiden konnten, dann eben nur deshalb, weil sie nach und nach genug Kräfte in das Gefecht werfen konnten, nicht aber, weil sie operativ oder führungstechnisch überlegen gewesen wären. Trotz der schließlich hergestellten sechsfachen Überlegenheit versäumte es die deutsche Führung, den Gegner zu verfolgen, schlimmer noch, man verlor sogar den Kontakt, was an der Unfähigkeit der deutschen Leitung lag, nach dem anfänglichen Durcheinander wieder eine geordnete Gefechtsführung aufzubauen. Den Franzosen gelang es hingegen, sich weiter westlich auf strategisch bedeutsamen Höhenausläufern der Vogesen festzusetzen, Stellungen, die taktisch gut gewählt und daher Erfolg versprechend waren, was bei den angreifenden deutschen Truppen im weiteren Verlauf hohen Blutzoll fordern sollte.

Mangelnde Aufklärung und ein ungenaues Lagebild auf Seiten der Deutschen führten im weiteren Verlauf dazu, dass sich ihre Truppen bei ihrem Vormarsch so nah an den Gegner heranschoben, dass allein aufgrund eines sich blitzartig ausweitenden örtlichen Scharmützels eine weitere Schlacht entstand. In der Vorschlacht bei Wörth standen die deutschen Vorposten den feindlichen schon zu nahe, und der Eifer der Unterführer wie der Truppen, es zum Kampf zu bringen, war zu groß.[390] So entwickelte sich aus einem Vorhutgefecht sodann eine nicht vorausgeplante Schlacht, an der auf deutscher Seite drei Armeekorps beteiligt waren. Flankenbewegungen waren wegen des Improvisationscharakters der Schlacht nicht möglich, ebenso wenig, wie den Gegner einzuschließen. Zum zweiten Mal gelang es zudem nicht, diesen zu verfolgen, als er schließlich in Bedrängnis geraten war und sich zurückziehen musste, und so konnte der französische General Patrice de Mac-Mahon mit seinen dezimierten und eigentlich nicht mehr kampffähigen Truppen nach Westen ausweichen, um in der Folge eine neue Armee im französischen Hinterland aufzustellen. Dennoch wurde auch der Ausgang der Schlacht bei Wörth auf deutscher Seite wiederum als gefühlter Sieg empfunden. Dabei waren gegen Ende soviel deutsche Truppen in dieses Gefecht geführt worden, dass sich geradezu zwangsläufig eine zahlenmäßige Überlegenheit und damit ein Erlahmen der französischen Abwehr ergab.

Am gleichen Tag kam es auch bei Spichern etwas weiter nördlich am rechten Flügel der anrückenden Streitmacht zu einem Gefecht, das sich sogar aus mangelnder Subordination ergab. So vermeinte der Befehlshaber der ersten Armee, General Karl Friedrich von Steinmetz, gegen den ausdrücklichen Befehl Moltkes, allein vorgehen zu müssen. Wiederum waren es mangelhafte Aufklärung und eine darauf fußende falsche

Lagebeurteilung, die auf deutscher Seite zu der irrigen Auffassung führten, die Franzosen seien dabei, abzuziehen. Tatsächlich hatten sich diese aber hinter der Saar verschanzt und warteten auf den deutschen Angriff. Das eigenmächtige Vorrücken der ersten Armee hatte nun zur Folge, dass sie sich zwischen die französischen Truppen und die zweite Armee der eigenen Streitkräfte schob. Damit waren die Deutschen ungewollt tief gestaffelt und konnten dem Gegner nur wenig Kampfkraft entgegensetzen. Schließlich trat eine einzelne Division der ersten Armee gegen ein französisches Korps an, das sich zur Verteidigung gerüstet hatte. Dies führte zur ungeplantesten Schlacht des ganzen Feldzuges.[391]

Die Lage dort wurde aufgrund der deutschen Unterlegenheit so ernst, dass die kommandierenden Generale des VIII. und III. Armeekorps ihre Truppenteile ebenso eigenmächtig dieser in Bedrängnis geratenen Division zu Hilfe schickten. Wie in Weißenburg und Wörth, so mussten auch in Spichern immer mehr frische Truppen herangeführt werden, um ein Desaster zu verhindern. Dabei wurden die nach und nach eintreffenden Einheiten immer dort eingesetzt, wo es am nötigsten erschien, was eine völlige Vermischung der Truppenteile zur Folge hatte. Die Deutschen konnten von Glück sagen, dass die Franzosen deren anfängliche Unterlegenheit nicht erkannten und daher keinen Vorteil aus dem Desaster der gegnerischen Führung schlugen. Schließlich bewerteten auch die Franzosen die Lage falsch und brachen das Gefecht ab. Es wiederholte sich nun das Geschehen von Weißenburg und Wörth: Wiederum waren die Deutschen außerstande, die Verfolgung des Gegners aufzunehmen, dieses Mal, weil die einzelnen Truppenteile erst entflochten und neu geordnet werden mussten, und wiederum wurde der Ausgang der Schlacht dennoch als Sieg empfunden.

Weil die deutschen Truppen zu Beginn aller drei Grenzschlachten keine numerische Überlegenheit hatten und für operative Gefechtsfeldbewegungen angesichts der taktischen Planlosigkeit und der damit verbundenen Führungsschwierigkeiten kein Raum war, sie sich vielmehr zu Frontalschlachten gezwungen sahen, waren bereits zu diesem Zeitpunkt ungewöhnlich hohe Verluste mit einem überproportional großen Anteil an Offizieren zu verzeichnen – Verluste, die schwer auszugleichen waren.

Eine anrührende Anekdote am Rande: Beim Aufräumen des Schlachtfeldes von Wörth fand man einen toten französischen Offizier, der sich wohl in der Stunde seines Todes des schriftlichen Grußes seines Kindes erinnerte, das ihm als Andenken einen Zettel mit den Worten *Mon cher papa* mitgegeben hatte. Dies fand Eingang in die Berliner *Kreuzzeitung*, die dazu nachstehendes Gedicht veröffentlichte:

»Mon cher papa.«

Zu Wörth auf blut'gem Felde,
Da liegt ein blasser Mann,
Die Kugel hat ihn getroffen,
Aus der Wunde das Blut ihm rann.
Das Auge ist ihm gebrochen,
Er starb den Schlachtentod –
Aber noch das gebrochene Auge
Blickt auf ein Blatt, von Blut so rot.

Das Blatt hält er umschlossen
Mit seiner rechten Hand,
»Mon cher papa«, dies Wörtlein
Darauf geschrieben stand.

Ein Krieger hat es genommen
Aus seiner Hand gar lind, –
Dem sind die Tränen gekommen,
Er dacht an sein eigenes Kind.

Es war noch eine Zeit, in der man nicht nur Verständnis für die Leiden der anderen Seite hatte, auch Ritterlichkeit war ein fester Bestandteil der militärischen Auseinandersetzung. Damit soll weder das Unglück des Einzelnen relativiert noch der Tod heroisiert werden, wohl aber darauf hingewiesen werden, dass man auch einen bewaffneten Kampf mit einem gewissen Minimalanstand führen kann, etwas, was im Zweiten Weltkrieg den Deutschen von Beginn an abhanden kam, letztlich aber allen Kriegsbeteiligten abgesprochen werden muss.

Doch zurück zum Deutsch-Französischen Krieg. Die drei deutschen Armeen marschierten also nach dem Grenzübertritt und den genannten Grenzschlachten nach Westen, wobei die erste derselben direkt auf Metz zusteuerte, während die zweite und dritte Armee die Stadt südlich umgehen sollten. Die französischen Kräfte waren inzwischen geteilt. Der französische General Patrice de Mac-Mahon nahm seine Truppen nach den Gefechten von Weißenburg und Wörth bis nach Châlons, weit westlich von Metz, zurück, um eine neue Armee (nunmehr mit immerhin vier Korps und zwei Kavalleriedivisionen, also etwa einhundertvierzigtausend Mann) zu bilden. Jene französischen Kräfte aus Lothringen, die auch an der Grenzschlacht von Spichern beteiligt gewesen waren, also etwa hundertachtzigtausend Mann, wurden bis zur Stadt Metz zurückgenommen.

Die erste Armee der deutschen Truppen hielt ostwärts vor Metz, um ein Ausweichen der französischen Truppen nach Osten zu verhindern, wenn Metz und damit die französischen Truppen südlich umgangen würden. Der Befehlshaber der ersten Armee, besagter General Steinmetz, verstand daher seine Aufgabe laut den erhaltenen Ordern dahin gehend, dass er sich passiv verhalten solle. Der Hintergrund der diesbezüglichen Befehle Moltkes war der, dass vermieden werden sollte, dass die Deutschen sich wieder in ein unkontrolliertes Gefecht verwickeln ließen. Man wollte warten, bis die zweite Armee in der Lage sein würde, die linke Flanke zu decken. In dieser Situation beobachtete Generalmajor Eduard Kuno von der Goltz, Kommandeur einer preußischen Brigade, die bei Colombey, westlich von Metz, lag, dass die Franzosen im Begriff waren, nach Westen abzuziehen. Um dies zu verhindern, beschloss er nun eigenmächtig, anzugreifen. Die Franzosen machten, wie erwartet, unverzüglich kehrt, und plötzlich stand der angreifenden Brigade ein ganzes französisches Korps gegenüber, ein Zustand, wie wir ihn aus den Vorschlachten bereits kennen. Das Gefecht entwickelte sich zu einer veritablen Schlacht. Aufgrund der anfänglichen Unterlegenheit auf preußischer Seite mussten umliegende Truppenteile zu Hilfe eilen. Diese gefährliche Situation konnte erst entschärft werden, als von Süden her ein ganzes deutsches Korps in die tiefe Flanke der Franzosen vorstieß. Wie bei den Grenzschlachten waren die deutschen Angreifer zu Beginn der Schlacht unterlegen, und wieder musste eine numerische Unterlegenheit im Laufe des Gefechtes durch das Heranführen weiterer Truppen ausgeglichen werden. Und ein weiteres Mal wurde diese Entwicklung ausgelöst durch die Eigenmächtigkeiten eines Frontkommandeurs.

Es gibt Stimmen, die diese damit rechtfertigen, dass es zu lange gedauert hätte, eine Entscheidung bei der Division oder gar dem Korps herbeizuführen, und dass das Vorgehen in Eigenregie eines Frontkommandeurs, der einen besseren Blick auf das Gefechtsfeld hatte, einer sich damals bereits herausbildenden Auftragstaktik entsprach. Gemäß dieser werden einem Kommandeur keine detailgenauen Befehle gegeben, sondern die Absicht der Führenden verdeutlicht und eben ein Auftrag erteilt in der Erwartung, dass der Befehlsempfänger zu selbstständigem Handeln und Entscheiden in der Lage ist.[392] Die immer wieder zu beobachtenden Eigenmächtigkeiten deutscher Frontkommandeure waren durchaus auch auf Erziehung, Selbstbewusstsein und Unabhängigkeit im Denken zurückführen. Sie unterließen es, sich bei den Vorgesetzten abschließend der Legitimation ihres Vorgehens zu vergewissern und trafen die Entscheidungen selbst, was von den Unterführern durchaus auch so erwartet wurde, führten sie doch von vorne und konnten deshalb die Geschehnisse aus eigener

Beobachtung beurteilen. Goltz hatte zwar nach eigenem Gutdünken gehandelt, wohl aber im Sinne der übergeordneten Führung, weil die Franzosen auch nicht nach Westen ausweichen sollten. Dennoch gibt es keinen Grund, die Eigenmächtigkeit bei Colombey zu verklären, immerhin kostete die sich daraus entwickelnde Schlacht Hunderten von Soldaten das Leben. Ob man durch taktisches Vorgehen mit weniger Verlusten zu dem gleichen Ausgang hätte gelangen können, lässt sich jedoch im Nachhinein schwer sagen. Jedenfalls war Goltz ein erhebliches Risiko eingegangen. Selbst wenn man das Verhalten eines Goltz aber kritisch bewertet, so kann doch hervorgehoben werden, dass das Einspringen anderer Kommandeure zur wechselseitigen Unterstützung und die damit verbundene Eigenmächtigkeit etwas waren, was sich unter dem noch näher zu beleuchtenden Begriff des »Führens mit Auftrag« als eine Besonderheit der deutschen Armeen herausgebildet hatte.

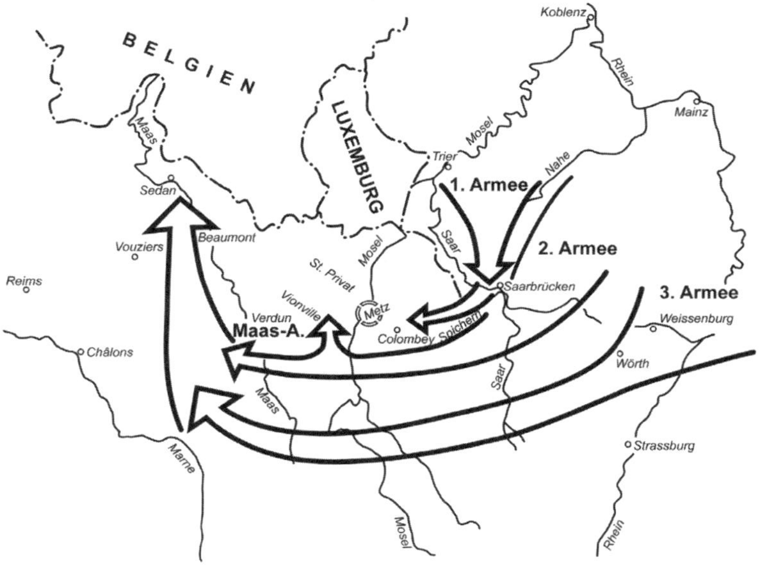

Nicht alles verlief so, wie es geplant war, dennoch macht der Feldzug von 1870 in der Rückschau einen gut organisierten Eindruck.

Nachdem die Schlacht von Colombey glimpflich zugunsten der deutschen Truppen entschieden worden war, setzten sich die Franzosen durch Metz hindurch nach Westen ab. In der Folge kam es auf deutscher Seite wieder zu Missverständnissen zwischen der operativen und der taktischen Führung, die zu einer ernsthaften Gefahr wurden. Durch intensive Aufklärung galt es nun, die Absichten des Gegners und die Situation westlich von Metz auszukundschaften. Obwohl diesbezüglich eine klare Weisung gegeben wurde und zudem genügend Kavalleriekräfte vorhanden waren, erwies sich die Aufklärung im Ergebnis als bei Weitem nicht ausreichend. Dies, wie auch die Diskrepanz der Auffassungen darüber, was der Gegner vorhabe, führten dazu, dass das Oberkommando der zweiten Armee zu dem Schluss kam, man müsse möglichst schnell nach Westen gelangen, während Moltke eine Entscheidungsschlacht bereits unmittelbar hinter Metz erwartete. Dabei lieferten die Resultate der Aufklärung durchaus Indizien dafür, dass sich westlich von Metz bereits starke feindliche Kräfte befanden. Diese wurden jedoch nicht beachtet, was Schlieffen zwar sarkastisch, aber durchaus treffend wie folgt beschrieb:

> Es ist irrig zu glauben, dass im Kriege Meldungen der Kavallerie von Bedeutung oder auch nur erwünscht sind. Der höhere Führer macht sich in der Regel ein Bild vom Feind, bei dessen Ausmalung persönliche Wünsche die Hauptarbeit zu besorgen haben. Scheinen eingehende Meldungen mit diesem Bilde übereinzustimmen, so werden sie mit Befriedigung beiseite gelegt. Widersprechen sie, so werden sie als gänzlich falsch verworfen und berechtigen zu dem Schlussurteil, dass die Kavallerie wieder einmal völlig versagt hat.[393]

Eine unzureichende Aufklärung und die mangelnde Bereitschaft, die Aufklärungsergebnisse richtig zu deuten sowie die falsche Disposition der zweiten Armee führten also dazu, dass deren III. Armeekorps westlich von Metz nahezu allein auf die gesamte französische Armee stieß, die die Stadt inzwischen passiert hatte und somit in der Flanke der zweiten Armee stand. So kam es zu einem Gefecht zwischen Mars-la-Tour und Vionville, also auf einer Linie, die von Metz ausgehend von Ost nach West verläuft, wobei der Angriff der deutschen von Süden nach Norden vorgetragen werden musste. Und es wiederholte sich nunmehr zum fünften Mal das inzwischen bekannte Muster, dass nämlich die Deutschen zu Beginn der Schlacht deutlich unterlegen waren, was aber von den Franzosen wiederum nicht ausgenutzt werden konnte. Und erneut hatten die Deutschen Mühe, das Schlachtfeld zu dominieren. Dies gelang erst, als sie weitere Verbände in ausreichender Zahl in das Gefecht führen konnten; schließlich kam ihnen auch die beginnende Dunkelheit zugute. Die Deutschen hatten sechzehntausend Opfer zu beklagen. Weil im Wesentlichen nur zwei Armeekorps betroffen waren, wurde der Verlust insgesamt als umso schwerwiegender wahrgenommen. Der einzige taktische Vorteil, der sich für die Deutschen aus diesem Aufeinandertreffen ergeben hatte, war der, dass die Franzosen nunmehr wussten, dass ihr Weg in den Westen verstellt war. Am anderen Tag verlegten diese ihre Truppen daher an den Westrand von Metz auf eine nunmehr von Norden nach Süden verlaufende Linie mit Front nach Westen. Wesentliche Eckpunkte waren die Dörfer St. Privat im Norden und Gravelotte im Süden, die der nun folgenden Schlacht auch ihren Namen gaben. Auch diese begann als Frontalschlacht, wobei die Franzosen erhöht lagen, mit freiem Schussfeld. Und wieder traten auf deutscher Seite bereits bekannte Probleme zutage, zum einen die technische Unterlegenheit der eigenen Waffen gegenüber den französischen Chassepotgewehren und zum anderen erneut die fehlende Aufklärung. So gingen die Deutschen von der Möglichkeit aus, die französischen Linien zu umfassen. Sie nahmen dabei St. Privat als den vermeintlich nördlichsten Punkt der französischen Verteidigungslinie an. Erst im Laufe des Gefechtes wurden ihnen bewusst, dass eine Umgehung deutlich weiter im Norden stattfinden musste. Da-

Die hohen Verluste auf deutscher Seite bei dem Angriff auf St. Privat waren das Ergebnis mangelnder Gefechtsaufklärung und einer per se unterlegenen Waffentechnik.

durch wurde nicht nur wertvolle Zeit verloren, auch der Blutzoll war wieder enorm, weil der Punkt für die Umgehung zu früh gewählt worden war und es dadurch dort zu frontalen Angriffe kam. Erst als unter der Führung des sächsischen Kronprinzen Albert das Umgehen des wirklich nördlichsten Punktes der französischen Verteidigungslinie gelang, konnten die französischen Stellungen von Nord nach Süd aufgerollt werden, und die Franzosen fluteten schließlich wieder nach Metz zurück. Dadurch war eine ganze französische Armee in Metz eingeschlossen und insofern ging der Schlachtplan auf, wenn auch unter erheblichen Verlusten und dank vieler Zufälle.

Es ist in anderem Zusammenhang bereits auf die Schlacht von Cannae und ihren Einfluss auf das operative Denken des späteren Generalstabschefs Alfred Graf von Schlieffen eingegangen worden. Dieser nahm an der Schlacht von St. Privat teil, und es ist erstaunlich, dass in der Militärgeschichtsschreibung die erstaunliche Ähnlichkeit der Schlacht von St. Privat mit dem Gesamtfeldzugplan, also dem Schlieffenplan, wie er 1914 zur Anwendung kommen sollte, bisher nicht berücksichtigt worden ist. Legt man den deutschen Operationsablauf des Angriffs auf St. Privat über den des Angriffs im Westen im Jahr 1914, so hört man Schlieffen förmlich sagen, dass in diesem Fall der linke Flügel hätte stark gemacht werden müssen. Bei St. Privat war dies gerade noch gelungen, 1914–1915 dagegen scheiterte das Unternehmen am Flügel.

Dennoch waren die Verluste der deutschen Truppen bei St. Privat und Gravelotte mit zwanzigtausend Mann noch größer als bei Vionville. Damit hatten die Deutschen nun insgesamt fünfzigtausend Opfer zu beklagen. Diese erschreckenden Verlustzahlen führten im Großen Hauptquartier zu einer kritischen Bestandsaufnahme, in deren Verlauf der preußische Kriegsminister Roon den König bat, die Angriffe angesichts der Verluste so nicht weiter fortzusetzen, wogegen sich Moltke mit Erfolg verwehrte. Nur zum Vergleich: Die Zahl der deutschen Verluste entsprach bis dato bereits der, die die Amerikaner im gesamten Vietnamkrieg einhundert Jahre später zu beklagen hatten.

Festzuhalten ist, dass die Deutschen zu diesem Zeitpunkt trotz alledem eines ihrer Kriegsziele erreicht hatten, nämlich eine immerhin hundertfünfzigtausend Mann starke französische Armee zu separieren und in Metz einzuschließen, wenn auch um den Preis erheblicher Verluste.

Die deutschen Streitkräfte gliederten sich nun um, und die erste und zweite Armee verblieben unter der Führung des Prinzen Friedrich Carl als Belagerungsarmee in Metz. Unter der Führung des sächsischen Kronprinzen, der sich bei St. Privat so grandios bewährt hatte, wurde die vierte, die Maasarmee, gebildet. Es stellte dies einen außerordentlichen Vertrauensbeweis dar, waren die Sachsen doch vier Jahre zuvor noch Gegner der Preußen gewesen – nun aber führte ihr Kronprinz preußische Verbände. So umgegliedert marschierten die Deutschen nunmehr mit zwei Armeen weiter nach Westen. Ab jetzt gewann der Feldzug an Geschmeidigkeit. Die Aufklärung wurde besser, und die Lagebeurteilungen enthüllten durchweg zutreffend die gegnerischen Absichten. So stellte sich schließlich heraus, dass die noch verbleibenden französischen Verbände nicht weiter nach Westen zur französischen Hauptstadt wollten, sondern über einen nördlich gelegenen Weg wieder zurück nach Metz drängten, um die dort eingeschlossenen französischen Truppen zu befreien und sich wieder mit ihnen zu vereinen. Um dies zu verhindern, mussten die deutschen Armeen eine Rechtsschwenkung nach Norden vollziehen, um so den französischen Truppen den Weg nach Westen abzuschneiden.

Von diesem Zeitpunkt an kam die Überlegenheit der deutschen Truppen bereits zu Beginn der neuerlichen Kampfhandlungen zum Tragen. Nach kleineren und größeren Vorgefechten, in deren Verlauf es ihnen gelang, die französischen Truppen weiter nach Norden zur belgischen Grenze hin abzudrängen, konnten schließlich alle französischen Streitkräfte in Sedan eingekesselt werden. Nach konzentrischem Artilleriefeuer und angesichts der deutlichen Überlegenheit der Deutschen kapitulierten die französischen Truppen schließlich am 2. September 1871, und der französische Kaiser Napoleon III. geriet in Gefangenschaft. Damit war der Feldzug eigentlich entschieden. Die Tatsache, dass der Krieg dann doch noch bis zum vorläufigen Friedensschluss am 26. Februar 1871 fortdauerte, liegt in dem Umstand begründet, dass in Paris die Republik ausgerufen wurde und diese keineswegs zu kapitulieren bereit war. Die Deutschen schlossen daraufhin Paris ein, und den Franzosen gelang es, im ansonsten unbesetzten Frankreich neue Truppenverbände aufzustellen, mit denen sich deutsche Truppen noch ein Vierteljahr hindurch zahlreiche Gefechte liefern sollten.

Beim Friedensschluss von Frankfurt am 10. Mai 1871 wurden für die Verlierer weitaus härtere Konditionen festgeschrieben als seinerzeit nach dem innerdeutschen Krieg für Österreich. Metz sollte für etwa fünfzig Jahre, bis zum Jahr 1918, deutsch sein, und die Reparationszahlungen, die Frankreich an Deutschland zu leisten hatte, waren immerhin so hoch, dass sie wegen der damit verbundenen Inflation ab 1874 zur ersten Wirtschaftskrise des noch jungen wilhelminischen Deutschen Reiches führten. Schwerer wog jedoch das Ausmaß der Demütigung, die in der Kaiserproklamation in Versailles, der Herzkammer des Stolzes der französischen Nation, kulminierte. Beinahe fünfzig Jahre später sollte dieser Ort dann für die Deutschen zum Inbegriff der Kränkung werden, insofern sie durch die Unterzeichnung des Friedensvertrages von Versailles am 28. Juni 1919 an die ihnen von den Siegermächten des Ersten Weltkrieges auferlegten widrigen Konditionen als Wiedergutmachung gebunden wurden. Hier trat genau das ein, was im vorherigen Kapitel als Führungslehre herausgearbeitet wurde. Die französische Demütigung von 1871 schlug 1919 mit voller Wucht zurück.

Noch eine Bemerkung zu Moltke, dessen Operationsführung auch dieser Sieg zuzuschreiben war: Nach dem Sieg von Königgrätz erwarb er bei Kreisau in Schlesien mithilfe einer Schenkung des preußischen Staates ein Gut. Dort lebte er und dort wurde er auch begraben – seine Gebeine sind übrigens bis heute verschollen. Es ist lohnenswert, sich dieses Gut anzusehen; es ist wiederhergestellt und renoviert worden und dient heute als deutsch-polnische Begegnungsstätte. Im Eingangsbereich des Gutshauses hängt auf beiden Seiten jeweils ein großes Bild. Auf der einen Seite sieht man eine Abbildung des kleinen Moltke, wie er sich in dem bei Lübeck liegenden Ratekau hinter einer Hausmauer vor den einziehenden Franzosen versteckt; dies geschah am 6. November 1809, also während des Krieges gegen Napoleon, dessen Truppen Lübeck gegen den Widerstand Blüchers besetzten und plünderten, was den Vater Moltkes in erhebliche finanzielle Schwierigkeiten brachte. Das andere Bild zeigt Moltke auf dem Höhepunkt seiner militärischen Karriere nach dem Sieg über Frankreich bei der Siegesparade auf den Champs-Élysées in Paris am 1. März 1871. In diesen zwei Bildern zeigt sich die historische Entwicklung seiner Zeit: von den Demütigungen eines Napoleon über Leipzig und Sedan bis hin zum zweimaligen Versailles.

Das ganze Ausmaß des Desasters, das der Deutsch-Französische Krieg für Frankreich bedeutete, kommentierte der spätere französische Staatspräsident Charles de Gaulle wie folgt:

> Eine ungeheuere Katastrophe, ein Frieden aus Verzweiflung, vergeblich geopferte Leben, ein Staat ohne Grundlagen, eine Armee, die nur aus den entlassenen Kriegsgefangenen des Feindes bestand, zwei Provinzen weggerissen, Milliarden zu bezahlen, ein Viertel des Landes von Siegertruppen besetzt, die Hauptstadt im Blutbad eines Bürgerkrieges, ein eiskaltes und ironisches Europa: das waren die Bedingungen, unter denen ein niedergeworfenes Frankreich den Weg seiner Bestimmung wieder einschlug.[394]

Welche Erkenntnisse kann man nun aus diesen Ereignissen für das Thema der Führung ziehen?

Erstens: Wenn eine Truppe unbedingt zu etwas entschlossen ist und ebenso unbedingt eine Entscheidung herbeiführen will, bedarf es einer umso nachhaltigeren Durchsetzung der eigenen Absicht, um zufällige Entwicklungen, ein Entgleiten der Führung oder die Übernahme der Entscheidungsgewalt durch nachgeordnete Unterführer zu verhindern. Für Vorgesetzte in zivilen Positionen bedeutet dies, dass es einer besonders engen Führung bedarf, wenn der Wunsch nach Gewinnmaximierung ebenso groß ist wie die Möglichkeiten zu seiner Realisierung. Nur so können die vorhandenen Kräfte auch unter Kontrolle gehalten werden. Die Finanzkrise hat dies sehr eindrucksvoll vor Augen geführt. So waren einzelne Finanzjongleure in der Lage, ganze Volkswirtschaften in eine Krise zu stürzen, getrieben von dem hemmungslosen Wunsch nach persönlicher Profitmehrung ohne Rücksicht auf Verluste. Der Vorwurf, den man den Banken wirklich machen kann, ist die unterlassene Dienstaufsicht und dass keine klaren Regelungen aufgestellt worden sind. Es wäre durchaus eine Betrachtung wert, an diesem Beispiel die unterschiedlichen Vorsatz- und Fahrlässigkeitsformen einmal durchzuspielen. Handelte es sich um Fahrlässigkeit, weil man naiv darauf vertraute, dass das unerwünschte Ergebnis schlichtweg nicht eintreten werde, oder wurde alles billigend oder gar bewusst in Kauf genommen, inklusive des Kollapses des Finanzsystems? Kommt man zu letzterem Ergebnis, hätte es sich sogar um Vorsatz gehandelt.

Zweitens: Ein Plan ist nur so wertvoll und praktikabel, wie gewährleistet werden kann, dass seine Ausführung nicht immer wieder und auch noch an der entscheidenden Stelle durch das Verhalten der Unterführer geradezu grundsätzlich gefährdet wird. Der beste Plan nützt nichts, wenn die nachgeordnete Führung nicht in der Lage ist, im Sinne der Absicht der übergeordneten zu handeln. Dies will gekonnt und vor allem gelernt beziehungsweise eingeübt sein – sich als hierarchisch höchster Führer auf die Klarheit der eigenen Anweisung zu verlassen, reicht bei Weitem nicht aus. Ich habe immer wieder die Erfahrung gemacht, dass ein Auswerten des Auftrages, welches impliziert, dass man erkennt, welche Leistung der Vorgesetzte im Wesentlichen erwartet, was die genauen Auflagen sind und wo man die eigenen Grenzen anzusetzen hat, mühsam geschult, immer wieder erläutert und geradezu penetrant eingeübt werden muss. Die Erfahrungen von Königgrätz und des Deutsch-Französischen Krieges sind zusammen mit den militärphilosophischen Ausführungen eines Clausewitz und den Erkenntnissen eines Scharnhorst in einen Führungsvorgang eingeflossen, wie ihn die Bundeswehr bis heute praktiziert und wie ich ihn für vorbildlich halte – er wird im nächsten Kapitel beschrieben. Die Anwendung derartig strukturierter Führungsabläufe will gekonnt sein. Wenn sie funktionieren, sind sie das Ergebnis eines langen Erziehungs- und Ausbildungsprozesses. Nur so kann das Spannungsverhältnis zwischen notwendiger Eigenverantwortlichkeit vor Ort und ebenso notwendiger zentralistischer Führung bei großen oder vielen zu führenden Einheiten gelöst werden.

Drittens: Wenn in einem Unternehmen mit einer großen oder gar gewaltigen Führungsspanne die oberste Führungskraft nicht, wie noch Friedrich der Große, in der Lage ist, von vorne zu führen, muss dieses Manko zwingend durch Aufklärung, vor allem aber Disziplin, ausgeglichen werden. Wenn die Aufklärung vor Ort unterbleibt, die Aufklärungsergebnisse mangelhaft sind oder die obere Heeresleitung grundsätzlich die falschen Schlüsse daraus zieht, dann kann eine große Führungsspanne schnell zum Desaster werden. Die sich immer wiederholenden Abläufe bei diesem militärhistorischen Beispiel haben sehr deutlich gezeigt, dass es leichtsinnig und im schlimmsten Falle sogar hasardeurhaft sein kann, ohne adäquate Aufklärung zu führen oder die Ereignisse sich ungeplant entwickeln zu lassen. Wer die Lage nicht kennt, der führt nicht, obwohl er Befehle gibt. Und wer ohne ein genaues Lagebild Anweisungen gibt, der missbraucht Vertrauen bei den Empfängern derselben, weil diese sich darauf verlassen können müssen, dass die Instruktionen wohlbegründet sind. Damit sie es auch wirklich sind, muss man als Führender wissen, was man tut. Hierin liegt gleichzeitig auch die Grundlage dafür, dass man einen Anspruch auf Gehorsam, auf Befolgung der gegebenen Anweisungen, erheben kann. Die Notwendigkeit, dass diesem Anspruch Folge geleistet wird, ist umso größer, je nachhaltiger die Gefahren sind, die mit der Befolgung der Anweisung verbunden sind.

Viertens: Die Erfolge wurden am Anfang des Krieges geradezu erzwungen, waren jedenfalls nicht das Ergebnis eines planvollen Vorgehens. Die oberste Führung war gezwungen, taktische Fehler durch verstärkten Personaleinsatz auszugleichen und musste dennoch große Opferzahlen hinnehmen. Auch wenn sich dieser Krieg auf der Karte wie ein homogenes Ganzes darstellt, getragen von einem einzigen strategischen Schlachtplan, wird bei näherem Hinsehen doch deutlich, dass die Führung der deutschen Armeen zu Beginn holprig war und dass bloße militärische Kraft in Form von numerischer Überlegenheit statt filigraner Taktik das primäre Mittel zur Zweckerfüllung war. Dieses Verhalten lässt sich insofern auf das zivile Leben übertragen, als kraftvolle Gegner, etwa große Unternehmen, niemals unterschätzt werden dürfen, da sie in der Lage sind, ihre taktischen und manchmal sogar strategischen Mängel durch Kraft, also in diesem Fall den Einsatz von Geld- und Machtmitteln, auszugleichen. Sie sind häufig bereit, die Kompensation der Schwachpunkte durch Geldmittel geradezu hemmungslos zu praktizieren. In diesen Fällen kann nicht unbedingt immer davon ausgegangen werden, dass bei wichtigen Entscheidungen die Vernunft das oberste Kriterium ist. Für solche Unternehmen steht das Ziel im Vordergrund; der Weg dorthin nimmt eher eine sekundäre Bedeutung ein – hier ist man auch durchaus bereit, Opfer in Kauf zu nehmen. Die Gefahr wird noch erhöht, wenn sich aufgrund mangelnder Dienstaufsicht das Prinzip Kraft vor Taktik durchsetzen kann, zumindest aber billigend in Kauf genommen wird oder wenn die Entscheidungsträger überhaupt keiner Kontrolle unterworfen sind beziehungsweise vermeinen, im Wesentlichen sanktionsfrei handeln zu können.

Fünftens: Es zeigt sich immer wieder, dass ein Weg gefunden werden muss, wie die Tatsache, dass ein Führer vor Ort einen besseren Überblick über die Sachlage hat und bisweilen schnelle Entscheidungen erforderlich sein können, mit dem Umstand in Einklang gebracht werden kann, dass die Meldewege von ihm zu den höheren Führungsebenen umständlich und die dort stattfindenden Entscheidungsprozesse ihrerseits langwierig sein können. Es ist dies die Frage nach einer »praktischen Konkordanz« von unterschiedlichen Führungs- und Kompetenzebenen sowie Informationslagen.

Die Eigenmächtigkeit deutscher Frontkommandeure in den Jahren 1870–1871 war auch das Ergebnis ihres Selbstverständnisses. Dadurch, dass alle Offiziere in ihrer gesellschaftlichen Stellung unabhängig vom individuellen Rang gleichgestellt waren und allesamt einem Souverän dienten, hatte sich bei ihnen ein besonderes Selbstbewusstsein ausgeprägt, das in direktem Zusammenhang mit einem spezifischen Verständnis von Ehre stand. Dies förderte die Bereitschaft der Offiziere, Entscheidungen auch ohne Absicherung zu treffen, wenn dies im Sinne der übergeordneten Führung und mit den eigenen Ehrvorstellungen vereinbar war beziehungsweise das Festhalten an einem einmal erhaltenen Befehl dieser Ehre widersprach. Insofern kann aus den Eigenmächtigkeiten militärischer Führer im Krieg von 1870–1871 ganz unmittelbar etwas für ein Führungsprinzip abgeleitet werden, das in der weiteren Entwicklung in der Form der Auftragstaktik zum Gegenstand der Führerausbildung in der Bundeswehr wurde.

Die genannten Eigenmächtigkeiten gerade bei den Vorschlachten, zu Beginn des Feldzuges, verhinderten einerseits eine geordnete Gefechtsführung durch die übergeordnete Führungsebene. Andererseits stellten sie den nachvollziehbaren Versuch der Unterführer dar, der verheerenden Wirkung des Chassepotgewehrs auszuweichen. Und es ist nicht ausgeschlossen, dass sich der ganze Feldzug anders entwickelt hätte, wenn es nicht zu diesen Eigenmächtigkeiten gekommen wäre. Was wäre passiert, wenn die französische Armee sich nicht einem so aggressiven Gegner, der immer wieder eine deutliche numerische Überlegenheit auf dem Gefechtsfeld herbeiführte, ausgesetzt gesehen hätte? Vermutlich hätte sie sich von Metz aus nach Westen absetzen können, wenn General Goltz nicht eigenmächtig angegriffen hätte, was mit der Einschließung der Franzosen in Metz endete.

Im Hinblick auf Führung zeigen die Vorgänge des Deutsch-Französischen Krieges, soweit sie hier erläutert wurden, was es heißt, wenn ein Organismus auch ohne die unmittelbare Führung funktioniert. Die Befähigung zur selbstständigen Entscheidung und die Bereitschaft, in Bedrängnis geratenen Mitstreitern zu helfen, vermögen die Führung dort zu ersetzen, wo sie aus bestimmten Umständen nicht selbst die Weisungen erteilen kann. Wer seinen Verantwortungsbereich im Griff haben will, der versetzt seine nachgeordneten Mitarbeiter durch Ausbildung, Beispielgeben und das Beharren auf Disziplin in die Lage, selbstständig im Sinne der eigenen Absicht auch dort zu handeln, wo keine klaren Detailvorgaben bestehen. Friktionen im Ablauf und Selbstständigkeit in der Reaktion darauf zeigen, dass Reserven zwingend notwendig sind, wenn die operativen Geschehnisse sich nicht so entwickeln, wie es ursprünglich geplant war – und das ist häufiger der Fall als angenommen.

Es seien nun noch einige Bemerkungen dazu angeführt, welche Folgen der Kriegsausgang in Frankreich zeitigte. Bezeichnend ist, dass der französische Marschall François-Achille Bazaine, ein beliebter und bewunderter Offizier, wegen seiner etwas lethargischen Gefechtsführung und der Übergabe der eigentlich schwer einnehmbaren Festung Metz nach seiner Entlassung aus preußischer Kriegsgefangenschaft des Hochverrates angeklagt und zum Tode verurteilt wurde. Allerdings brachte der inzwischen zum Staatsoberhaupt aufgestiegene Marschall Mac-Mahon es nicht über sich, das Urteil zu vollstrecken. Stattdessen wurde Bazaine zu zwanzig Jahren Haft verurteilt, aus der er unter mysteriösen Umständen entkam; er verbrachte seinen Lebensabend in Spanien.[395]

Der französische Staat und die französische Gesellschaft begannen unmittelbar nach der geradezu traumatischen Niederlage ihrer Armee, diese zu reorganisieren. Neben der Einführung der Wehrpflicht beschäftigte man sich mit der Verbesserung der Artillerie und der Spionageabwehr. Als sich im Jahr 1894 dann die Angst, dass die Entwicklung eines neuen 120-mm-Geschützes verraten worden sein könnte, mit gesellschaftlichen Vorurteilen vermischte, kam es zu einer öffentlichen Katastrophe, die vor dem Hintergrund der französischen Niederlage nachvollziehbarer wird, weshalb sie hier Erwähnung findet.

Als im Generalstab der französischen Armee eine undichte Stelle angenommen wurde, kam es zur Beschuldigung des jüdischen Hauptmannes Alfred Dreyfus, was sich zu der nach ihm benannten Affäre auswuchs. Dreyfus war unschuldig, hatte aber wegen der politischen Rahmenbedingungen und vor allem seiner Zugehörigkeit zum Judentum zu keinem Zeitpunkt eine Chance, dem manipulierten Verfahren gegen ihn zu entgehen. Die Meinungen bezüglich seiner Degradierung, seiner Verurteilung zu lebenslanger Haft und der anschließenden Verbannung auf die Teufelsinsel, wo er unter unmenschlichen Haftbedingungen ausharren musste, spalteten im Laufe der Zeit die französische Gesellschaft. Dreyfus wurde später rehabilitiert: Der Fall bleibt jedoch ein Schandfleck der französischen Geschichte. Dies im Übrigen nicht allein wegen der Umstände der Verurteilung des Hauptmannes, sondern auch wegen der Hartnäckigkeit, mit der sich staatliche Stellen gegen eine spätere Aufklärung des Falls stellten. Die Dreyfusaffäre zeigt auch, wie zerstörerisch sich staatlich verordnetes Unrecht auf die Reputation einer Gesellschaft auswirken kann. Zwar kann der Fall nicht mit dem Antisemitismus in Deutschland der späten dreißiger Jahre des 20. Jahrhunderts verglichen werden; in Bezug auf die dahinterliegenden gedanklichen Strukturen, die allzu große Bereitschaft der Gesellschaft, einem Juden allein wegen seiner Religionszugehörigkeit den Hochverrat zuzutrauen, unterschied sich der französische Antisemitismus allerdings nicht vom deutschen oder polnischen. Und auch unsere heutige Gesellschaft muss aufpassen, dass bestimmte Glaubenszugehörigkeiten nicht wieder zur Grundlage für Ressentiments werden. Der von Al Kaida ausgehende islamistisch motivierte Terrorismus bleibt eine Herausforderung nicht nur für die Sicherheitsdienste, sondern auch für uns als offene Gesellschaft. Dabei darf der Rechtsstaat niemals infrage gestellt oder in seiner Wirkkraft als Staat des Rechtes beschränkt werden. Guantánamo ist der amerikanische Sündenfall, der die Leuchtturmfunktion der Vereinigten Staaten für die freie Welt auf Jahre hinaus beschädigt hat. Es ist schon erstaunlich, wie sehr man dort bereit war, die Einschränkung des Rechtes bis hin zum staatlich verordneten Unrecht auch gesellschaftlich hinzunehmen. Die französische Öffentlichkeit forderte die Verurteilung von Dreyfus und nahm seine Rehabilitierung dann kommentarlos auf. Gesellschaftliche Strömungen und Meinungsäußerungen, auch einer Mehrheit, sind deshalb niemals geeignet, den Rechtsstaat zu ersetzen. Auch wenn alle für oder gegen etwas sind, muss man sich darauf verlassen können, dass nach rechtsstaatlichen Gesichtspunkten entschieden wird.

32.

Warum ein ehrgeiziges Vorhaben nur durch eine großartige Vision gelingt – die deutsche Einigung von 1871

Der Deutsch-Französische Krieg von 1870–1871 war im Januar 1871 endgültig entschieden. Bereits am 18. des Monats kam es zur Kaiserproklamation im Spiegelsaal von Versailles, nachdem zum Jahreswechsel die Verfassung des neuen Deutschen Reiches in Kraft getreten war. Vielen Beteiligten und Anwesenden war gar nicht bewusst, dass es sich dabei um den Jahrestag der Krönung des Kurfürsten Friedrich zum ersten König von Preußen handelte. Auch waren die Auffassungen darüber, was die Ereignisse dieses Tages bedeuten sollten, eher divergent. Ein Teil der Bevölkerung glaubte, dass nun das Königreich Preußen zu Grabe getragen würde. Andere wiederum, wie der preußische Kronprinz Friedrich Wilhelm, sahen darin das Wiederaufleben des Deutschen Reiches, das jetzt nach einem Interregnum von fünfundsechzig Jahren wiederhergestellt worden war.[396] Erst in der Rezeption wurde das Ereignis zur Revanche gegenüber dem »Jahrhundertfeind« hochstilisiert. Die für Frankreich demütigenden Ereignisse begannen mit der Festpredigt, die eher einer gegen Ludwig XIV. gerichteten Strafpredigt glich und mit allerhand Allegorien, zweifelhaften Analogien und erfundenen Mythen untermalt wurde. So wurde behauptet, die Zerstörung des Heidelberger Schlosses durch französische Truppen sei ebenfalls an einem 18. Januar begangen worden, und in den deutschen Zeitungen äußerte man sich befriedigt darüber, dass die Kaiserproklamation im Zentrum der feindlichen Macht stattgefunden hatte. In der Folge wurde nichts ausgelassen, um die Kaiserproklamation aus der Sicht der deutschen Bevölkerung als zentrale Abrechnung mit Frankreich erscheinen zu lassen. Dabei war der Akt nie als solcher geplant gewesen. Versailles war einfach nur der geeignetste Ort für diese Feierlichkeiten: Er lag weit genug entfernt von Paris, das von den deutschen Truppen noch nicht eingenommen worden war, um von dort aus nicht beschossen zu werden, und zugleich nah genug, um die militärische Entwicklung verfolgen zu können. Zudem gab es dort weit und breit den einzigen Saal, der genug Raum dafür bot, ein Ereignis dieser Art überhaupt stattfinden zu lassen. Obwohl also die Kaiserproklamation in Versailles, die in unmittelbarem Zusammenhang mit der sich abzeichnenden Niederlage der Franzosen und der Einkesselung von Paris stand, ursprünglich nicht als Provokation gedacht war, hatte sie dennoch eine verheerende Wirkung auf die französische Bevölkerung. Ohne diese an einem der heiligsten Orte französischen Selbstverständnisses erfolgte Demütigung Frankreichs wäre es wahrscheinlich nicht zu der Art von Erniedrigung gekommen, die Deutschland seinerseits im Jahr 1919, bezeichnenderweise wiederum in Versailles, erdulden musste. Die wechselseitigen Demütigungen von Deutschen und Franzosen bis zum Jahr 1940 lassen ermessen, wie großartig die Leistung der Versöhnung von de Gaulle und Adenauer war, mit der die »Erbfeindschaft« beendet wurde. Vielleicht sollten wir wenigstens ein paar Straßen und Brücken nach Charles de Gaulles benennen, der uns half, unseren Platz in der Völkergemeinschaft wiederzufinden und das Verhältnis zu unserem Nachbarland zu normalisieren. Deutschland und Frankreich haben gemeinsame Wurzeln und das, was sich beide Länder wechselseitig angetan haben, ist ein sehr trauriges Kapitel der Geschichte.

Die Kaiserproklamation war im Übrigen ein diplomatisches Meisterstück Bismarcks, stand doch keineswegs von vornhe-

Die Tatsache, dass die Kaiserproklamation – am 18. Januar 1871 – in Versailles stattfand, stellte eine der zahlreichen Demütigungen dar, die Deutschland und Frankreich sich gegenseitig zufügten.

rein fest, dass mit der anstehenden französischen Niederlage zwangsläufig auch die Zustimmung aller deutschen Länder und Fürsten vorliege. Dabei musste Bismarck zunächst einmal Wilhelm I. selbst davon überzeugen, dass es richtig und opportun sei, sich zum Kaiser krönen zu lassen und zwar zum deutschen Kaiser, denn der König wollte Preußen und damit seine königliche Stellung nicht im Bund aufgehen lassen. Die Tatsachen, dass das Gerangel um den kaiserlichen Titel in Bismarcks Sinne entschieden wurde, dass die Bemühungen, das starke Bayern für die Bundessache zu gewinnen, von Erfolg gekrönt waren und die Ressentiments in Preußen überwunden werden konnten, zeugen von dem außerordentlichen diplomatischen Geschick dieses großen Staatsmannes.

Von dem Jahr 1871 an gab es folglich wieder ein Deutsches Kaiserreich. Mit anderem Zuschnitt, anderer Struktur und einer völlig neuen Machtverteilung. Nach der Gründerkrise, die auf das durch die französischen Reparationszahlungen bedingte rasante Wirtschaftswachstum im jungen Deutschland gefolgt war, kam es erneut zu einem wirtschaftlichen Aufschwung, der seinesgleichen suchte. Es sollte bis 1914 das Stahl- und Chemiemonopol auf dem Weltmarkt innehaben; und wer weiß heute noch, dass für ein Chemiestudium in den USA bis zum Jahr 1918 ausgeprägte Kenntnisse der deutschen Sprache notwendig waren? Insgesamt entwickelte sich Deutschland damals zur größten Binnenwirtschaftsmacht in Europa. Nicht umsonst wurde die Zeit vor der Jahrhundertwende »Gründerzeit« genannt. Dies war das Ergebnis der deutschen Einigung und dem dadurch bedingten Wegfall der den Markt behindernden Grenzen und unterschiedlichen Bestimmungen. Folge der Marktvereinheitlichung waren zudem zahlreiche Unternehmensgründungen, mit denen übrigens auch die Emanzipation jüdischer Mitbürger einherging.

In diesem Zusammenhang soll ein selten thematisierter Umstand angesprochen werden: die veränderte Wahrnehmung des Unternehmertums. Dies mag vordergründig nichts mit Preußen zu tun haben; es lässt sich aber dennoch ein Bezug aufzeigen, wenn man nämlich Unternehmertum als Tugend betrachtet. Unternehmer zu sein hat etwas mit Mut, Entschlusskraft und insbesondere Verantwortung für die eigenen Mitarbeiter zu tun, und dies sind Auffassungen, die etwas Urpreußisches an sich haben. In diesen Zusammenhang gehört auch die Frage, warum sich in unserer Gesellschaft immer weniger Menschen für die risikoreichere Variante des Geldverdienens als Unternehmer entscheiden und ob dies auch an der Art und Weise liegt, wie Unternehmer in unserer Gesellschaft wahrgenommen werden.

Zunächst soll eine Unterscheidung zwischen Unternehmern, Unternehmen und leitenden Angestellten erfolgen, dies auch, weil sich angestellte Vorstände und Geschäftsführer gerne als Unternehmer bezeichnen.

Das Reichsgericht hatte Ende des 19. Jahrhunderts in einem Urteil zu definieren, was eine Eisenbahn sei, und war zu dem Ergebnis gekommen, dass es sich dabei um eine Bahn aus Eisen handele. Diese verblüffend einfache und schlichte semantische Interpretation reizt dazu, den Begriff des Unternehmers ebenso simpel zu definieren, eben als jemanden, der etwas unternimmt. Und es stimmt tatsächlich, der Unternehmer unternimmt etwas. Dies erfolgt in Form einer Betätigung am Markt. Insoweit könnten auch leitende Angestellte Unternehmer sein.[397] Damit aber jemand zum Unternehmer wird, muss er zusätzlich noch ein mit der Unternehmung in Zusammenhang stehendes höchstpersönliches wirtschaftliches Risiko tragen. Ein rein finanzielles Risiko, etwa in Form des Ausbleibens der Bonifikation, weil sich eine bestimmte unternehmerische Entscheidung nicht wie erwartet trägt, reicht für die Qualifikation als Unternehmer nicht aus. Das wirtschaftliche Risiko eines leitenden Angestellten beschränkt sich im Allgemeinen darauf, dass Belobigungen ausbleiben oder ein Angestelltenvertrag nicht fortgesetzt wird; es ist aber niemals ein substanzielles.[398]

Demgegenüber basiert eine »unternehmerische Unternehmung« auf dem finanziellen Engagement des Unternehmers und auf seinen Ideen. Er steht persönlich für den Erfolg oder Misserfolg der ganzen Unternehmung ein. Dabei ist es unerheblich, ob seine Haftung durch die Nutzung bestimmter Gesellschaftsformen, wie die der Gesellschaft mit beschränkter Haftung oder die der Aktiengesellschaft, auf das eingesetzte Kapital beschränkt wird. Ein Unternehmer sieht eine Chance darin, mit dem eingesetzten eigenen Kapital, nicht selten auch mit seiner eigenen Arbeitskraft, durch die Gründung einer Unternehmung einen wirtschaftlichen Vorteil am Markt zu erzielen. Der Unternehmer bestimmt so über eigenes Geld sowie über das eigene Risiko, während der Manager mit fremdem Geld und fremdem Risiko hantiert.

Ein Unternehmen ist demgegenüber nur eine organisatorische Einheit. Sie kann von einem Unternehmer geführt werden, wenn dieser der Inhaber ist oder, wenn er nicht mehr Allein- oder Mehrheitsinhaber ist, es als Unternehmer gegründet hat. Man könnte eine solche organisatorische Einheit als eine »unternehmerische Unternehmung« bezeichnen. Im anderen Fall kann man von einer »unternehmenden Kapitalanlage« sprechen.

Die Unterschiedlichkeit zwischen dem Berufsbild des echten Unternehmers und dem des leitenden Angestellten ergibt sich schon aus dem Umstand, dass Ersterer in der Regel nicht Angestellter werden will und ein solcher gemeinhin nicht Unternehmer. Der Unterschied zwischen beiden muss also noch größer sein als es eine erklärende Definition zu fassen vermag, denn tatsächlich verbergen sich dahinter verschiedene Weltbilder.

Es steht außer Zweifel, dass sich leitende Angestellte ab einer bestimmten Hierarchieebene durchaus unternehmerisch betätigen können. Sie werden aber deshalb nicht zu Unternehmern, auch wenn manche von ihnen nicht müde werden, ihre angebliche unternehmerische Seite in Diskussionszirkeln, Interviews und bei sonstigen Gelegenheiten besonders herauszustellen. Sie tun nach außen hin so, als handele es sich bei ihrem Arbeitgeber um ihr Unternehmen, dessen Schicksal sie teilen; stattdessen teilt allenfalls ihre Bonifikation das Schicksal des Unternehmens. Etwas sarkastisch ausgedrückt ließe sich der Unterschied zwischen einem Unternehmer und einem Angestellten auf die Formel bringen, dass ein Unternehmer im Wesentlichen seinen Markt gestaltet, während ein Angestellter im Wesentlichen sich selbst gestaltet – mit Hilfe des ihn beschäftigenden Unternehmens.

Der Einsatz des eigenen Geldes und die faktisch persönliche Haftung des Unternehmers veranlasst diesen dazu, nur das auszugeben, was für den Erfolg der Unternehmung unbedingt notwendig ist. Die Tatsache, dass dieser seine Mitarbeiter entweder unmittelbar vom eigenen Geld oder mittelbar, nämlich von den Erträgen der Unternehmung bezahlt, prägt seine Einstellung ihnen gegenüber und bedingt, dass er sie im positiven Sinne wie seine eigenen Leute behandelt. Das eigene Unternehmen ist ein Stück von einem selbst. Nicht selten ist die ganze Familie involviert, entweder, weil alle mehr oder weniger mitarbeiten, oder, weil das Unternehmen das gemeinsame Leben bestimmt – finanziell oder auch nur unter dem Gesichtspunkt, dass der Unternehmer wenig Zeit für seine Familie hat.[399]

Doch wie werden nun Unternehmen und Unternehmer in der Gesellschaft wahrgenommen? Nun, die öffentliche Meinung macht sich in der Regel nicht die Mühe, zwischen Unternehmern und Unternehmen, gleich welchen Typs, zu unterscheiden. Wenn von Unternehmen gesprochen wird, meint man in der Regel große und größte Unternehmen, mithin solche, die im DAX notiert sind, als Global Player in Erscheinung treten oder allgemeine Bedürfnisse der Öffentlichkeit befriedigen, wie Banken, Versicherungen, Automobilhersteller, Energieversorger oder Telekommunikationsunternehmen. In jüngster Zeit sind auch sonstige Kapitalanlagegesellschaften und Fonds aller Art hinzugetreten. Besondere Aufmerksamkeit ziehen Unternehmen auf sich, wenn sie mit Aktionen in Erscheinung treten, die als störend oder unmoralisch empfunden werden. Dies sind beispielsweise Entlassungen, Arbeitsplatzverlagerungen, Lohnkürzungen, Preiserhöhungen in einem Bedürfnisbereich oder schlicht persönliches Fehlverhalten ihrer angestellten Manager. Schockierend wirkt es dabei, wenn bezüglich ein und desselben Unternehmens von Milliardenverlusten die Rede ist und zugleich Abfindungen in Millionenhöhe an die Verursacher gezahlt oder Entlassungen von Mitarbeitern bei gleichzeitiger Meldung von Milliardengewinnen angekündigt werden. Es gibt Unternehmen, in denen ganze Führungsstrukturen ihren Arbeitgeber als Selbstbedienungsladen verstehen. In diesen Fällen geht es den Akteuren schon lange nicht mehr um das Wohl des Unternehmens, sondern nur noch um das eigene. Wenn man das öffentliche Auftreten mancher Manager sieht, kann man sich schwerlich vorstellen, dass diese noch wissen, dass sie lediglich über eine geliehene Befehlsgewalt verfügen und die Insignien ihrer Macht nur auf Zeit erhalten haben. Auch findet nicht selten eine subtile Form der Unterschlagung durch den Einsatz unternehmerischer Mittel für scheinbar gesellschaftliches Engagement statt. Durchaus willkommenes Sponsoring ist nicht immer zwingend Ausdruck einer gesellschaftlichen Verantwortung, sondern manchmal bloße Effekthascherei der initiierenden Vorstände oder Geschäftsführer. Manch ein Bundesverdienstkreuz und manch eine Ehrendoktorwürde und erst recht der Titel eines Honorarprofessors sind eher mit Mitteln des Arbeitgebers des Ausgezeichneten finanziert worden, als dass sie eine wirkliche Eigenleistung, gar eine akademische, honorierten.

Mein Vater erzählte mir die Geschichte von einem preußischen Beamten, der gefragt wurde, warum er an einem Abend nach Beendigung seiner Dienstgeschäfte, als er noch einen privaten Brief schreiben wollte, seine eigene Lampe angedreht und die dienstlich gestellte Lichtquelle ausgeschaltet habe. Der Beamte soll geantwortet haben, dass es genüge, wenn er zu privaten Zwecken in der staatlichen Wärme sitzen dürfe. Ich weiß nicht, ob die Geschichte sich so zugetragen hat, aber sie ist geeignet, eine gewisse Geisteshaltung zum Ausdruck zu bringen. Eine Geisteshaltung, die ich gerade in den großen Unternehmen zunehmend vermisse.

Weil die veröffentlichte Meinung vorwiegend durch Manager bestimmt wird, die jede Demut vor der Aufgabe verloren haben, die das ihnen überantwortete Unternehmen als Spielfeld für die eigene Entwicklung ansehen und mit einer gewissen Selbstherrlichkeit und nicht selten auch mit Skrupellosigkeit agieren, gerät eine ganze Berufsgruppe in Verruf. Dieses negative Bild erstreckt sich unglücklicherweise auch auf die Unternehmer, weil die Öffentlichkeit nur schwer zu differenzieren in der Lage ist.

Von dem positiven Unternehmertum wird in der Öffentlichkeit kaum gesprochen. Unternehmertum als solches wird allenfalls wegen der damit verbundenen Risikobereitschaft als respektabel empfunden, nicht aber als vorbildlich. Dabei braucht unsere Gesellschaft Unternehmer, nicht nur wegen der Arbeitsplätze, die sie schaffen, sondern auch wegen der Geisteshaltung, die Unternehmertum verkörpert. Während einige fertige Strukturen nutzen, schaffen andere neue Strukturen. Nur mit neuen Erfindungen, neuen Dienstleistungen und neuen Arbeitsplätzen schaffen wir auch neue Märkte. Diese Verknüpfung von Unternehmertum und der Zukunftsfähigkeit unseres Landes wird nicht einmal in Sonntagsreden thematisiert. Tatsächlich aber sind Unternehmer unmittelbar gefragt, wenn es um die Lösung unserer derzeitigen wirtschaftlichen Problemen geht, weil von der unternehmerischen Entwicklung in unserem Land insgesamt unsere Gestaltungsfähigkeit in Bezug auf die Zukunft in einer globalisierten Wirtschaft abhängt.

Ungeachtet dessen, dass wir unsere Wirtschaftsordnung gerne als soziale Marktwirtschaft bezeichnen, bleibt sie dennoch ein Unterfall des Kapitalismus. Hier hat Joseph A. Schumpeter eine interessante Verbindung von Unternehmertum und der wirtschaftlichen Weiterentwicklung unserer Wirtschaftsordnung formuliert, indem er darauf hinwies, dass der Unternehmer derjenige sei, um den sich alles drehe. Unternehmer sind nach seiner Auffassung die treibenden Kräfte der Innovation und auch der schöpferischen Zerstörung, dies unabhängig davon, ob sie große oder kleine, alteingesessene Betriebe oder Neugründungen ihr Eigen nennen. Unternehmerische Vorhaben sind die Quelle neuer Arbeitsplätze, höherer Einkommen und des allgemeinen wirtschaftlichen Fortschritts.[400] Dem ist eigentlich nicht viel hinzuzufügen, außer, dass der Rückgang der Zahl von Unternehmern zugleich auch die Wahlmöglichkeiten der Angestellten im Hinblick auf mögliche Arbeitgeber einschränkt. Die Freiheit von Unselbstständigen hängt also davon ab, dass es eine Gruppe gibt, deren Position eine andere ist.[401] Geht die Auswahl an Arbeitgebern zurück, nimmt die Konzentration bei den noch verbleibenden zu. Damit steigen die Einflussmöglichkeiten großer und größter Unternehmen, und der Ruf nach staatlicher Regulierung und geregelter Kontrolle übermächtig werdender Konzerne wird nachhaltiger. Der Rückgang der Unternehmerzahl bringt daher zugleich auch ein Mehr an Staat mit sich, da staatliche Politik immer versucht, auf dem Verordnungswege etwas zu korrigieren, was auf dem Einsichtswege in der Gesellschaft nicht funktioniert hat.

Eine Gesellschaft, in der sich die kollektive Erfahrung im Wesentlichen im Verwalten fremden Eigentums erschöpft, ohne dass der Erfolg oder Misserfolg unmittelbar mit einem persönlichen Risiko verknüpft wäre, mutiert zu einer »Man-müsste-Gesellschaft«. Sie wartet darauf, dass jemand kommt, um die Probleme zu lösen, die kein Einzelner zu lösen bereit ist. Auch das verstärkt den Ruf nach staatlicher Einflussnahme. Der Staat kennt jedoch in seiner wirtschaftlichen Hilflosigkeit keine anderen Mittel als Steuererhöhungen und Subventionen oder sonstige wenig überzeugende Anreize, um eine Entwicklung auszulösen, die in Wirklichkeit einer bestimmten Geisteshaltung bedarf.

Zu guter Letzt sind Unternehmer für unsere Gesellschaft auch deshalb wichtig, weil sie all das verkörpern, was dieser heute fehlt, nämlich persönliche Risikobereitschaft, Verantwortungsbewusstsein gegenüber den eigenen Leuten und Streben nach gewinnbringenden Innovationen. Wir können die Globalisierung nur gestalten, wenn wir uns auf unternehmerische Initiativen verlassen können.[402] Nur wer den Markt, auch in seiner globalisierten Form, als Herausforderung und Chance versteht, kann ihn mit formen und mit gestalten – nicht aber, wer Risiken scheut und sich von Bedenken entmutigen lässt.

Obwohl also alles dafür sprechen würde, Unternehmer pfleglich zu behandeln und alles zu tun, damit eine unternehmerische Betätigung wenigstens als Option in die Berufswahlüberlegungen junger Menschen einfließt, geschieht nichts dergleichen. Dies auch, weil die Schlagzeilen über unfähige, sich selbst bedienende Manager sich in den Vordergrund des Interesses gespielt haben. Darüber vergisst man allzu leicht die vielen Unternehmer, die sich mit großem Engagement um den ihnen anvertrauten Betrieb und ihre Mitarbeiter kümmern, um deren Wohl sie besorgt sind. Diese werden von leitenden Angestellten, die sich in mächtigen Verbänden organisieren, die inzwischen alle Facetten des wirtschaftlichen Lebens bestimmen, politisch zunehmend an den Rand gedrängt und auch deshalb von der Politik immer weniger beachtet.

Welche Lehren können Führungskräfte aus den Ausführungen dieses Kapitels ziehen? Nun, wir haben hier gesehen, dass Bewegung nur zum Teil durch Anweisungen erzeugt werden kann. Sie muss vielmehr der Eigeninitiative entspringen. Es kann nicht befohlen werden, etwas zu riskieren. Insofern gilt es, Rahmenbedingungen zu schaffen, die eine Entfaltung der Stärken und Potenziale der Mitarbeiter ermöglicht. Die menschlichen Neigungen sind im Wesentlichen bekannt und ausgeforscht. Wer wider ihre Natur anweisen will, der muss gewaltige Energien und Kontrollsysteme aufwenden und wird sich schließlich doch nur mit Mittelmaß zufriedengeben müssen. Freiheit zu nutzen und sie zu fördern kann daher ein Führungsgrundsatz sein.

33.

Warum der, der alles vorgibt, auch alles entscheiden muss und etwaige Fehler dabei in Kauf genommen werden müssen – die Auftragstaktik

Wie wir bereits gesehen haben, kam es im Deutsch-Österreichischen und im Deutsch-Französischen Krieg bei den Unterführern immer wieder zu selbstständigen, zum Teil höchst eigenwilligen Entscheidungen. Das hat im Ergebnis einen wesentlichen Beitrag zum Erfolg der preußisch-deutschen Armeen geleistet. Der französische Militärhistoriker Oberstleutnant Léonce Rousset beschreibt die deutsche Überlegenheit wie folgt:

> So kam es, dass die Offiziere entschlossen waren, unter allen Umständen die Initiative zu behalten und alles zu leisten, dessen sie fähig waren, während die Mannschaften zu Pflichteifer und zur Eigenständigkeit ermuntert wurden, wobei jeder verpflichtet war, selbst zu denken, zu untersuchen und sich seine eigenen Gedanken zu machen.[403]

Das ist schon ein bemerkenswertes Urteil über eine Armee, der man in der öffentlichen Wahrnehmung das Denken und jede damit verbundene Selbstständigkeit abzusprechen bereit ist.

Umso erstaunlicher ist, dass diese Beurteilung auch zur Begründung späterer militärischer Erfolge deutscher Truppen so oder so ähnlich wiederholt werden kann. Auf die Frage nach dem »Warum« wird gemeinhin als Ursache dafür das »Führen mit Auftrag« oder die sogenannte »Auftragstaktik« genannt, deren Herkunft und Inhalt Gegenstand dieses Kapitels sein sollen.

Eine gewisse Eigenwilligkeit der Truppenführer mit der daraus resultierenden Bereitschaft zum selbstständigen Entscheiden sowie die zunehmende Notwendigkeit, militärische Unterführer in die Lage versetzen zu müssen, auch ohne Rücksprache zu handeln, haben über einen Zeitraum von etwa hundertfünfzig Jahren schrittweise zur Herausbildung ebenjener Führungstechnik geführt, die unter dem Begriff der »Auftragstaktik« oder »Führen mit Auftrag« nach und nach ein immer festerer Bestandteil der Führungskultur deutscher Armeen geworden und heute in der Vorschriftenwelt der Bundeswehr fest verankert ist. Das Führen mit Auftrag ist eine wesentliche Vorgabe innerhalb der Bundeswehr; es handelt sich dabei um weit mehr als um einen technischen Arbeitsablauf, weil aus einem historisch begründeten Führungsverhalten erst ein Führungsprinzip und schließlich eine Führungsphilosophie geworden ist. Heute ist die Auftragstaktik fester Bestandteil der bereits erwähnten Inneren Führung und somit auch des Gedankens eines »Staatsbürgers in Uniform«.[404]

Der Inhalt dieser Führungsphilosophie und ihre praktischen Vorteile, insbesondere im Gefecht, werfen die Frage auf, ob diese auch außerhalb des Militärs, also auch für die zivilen Bereiche des Führens, etwa in der Wirtschaft, gelten und somit auch dort zur Anwendung gebracht werden können. Und da die Auftragstaktik ihren Ursprung in der preußischen Militärgeschichte hat, gehört diese Fragestellung auch in den Kontext dieses Buches.

Gemeinhin gilt die Auftragstaktik als ein Schlüssel für die operative Überlegenheit der deutschen Streitkräfte in beiden

Weltkriegen.[405] In seiner Darstellung der Ereignisse vom August des Jahres 1914, als es zwischen einem preußisch-deutschen Korps und angreifenden Russen im damaligen Ostpreußen zur Schlacht von Tannenberg kam, beschreibt der russische Schriftsteller Alexander Solschenizyn die Auftragstaktik als die Vereinigung von an sich Unvereinbarem, nämlich bedingungsloser, preußischer Disziplin und beweglicher europäischer Initiative.[406] Und der Militärhistoriker Martin van Creveld kam bei einem Vergleich der deutschen und der amerikanischen Armee im Zweiten Weltkrieg zu dem Ergebnis, dass das deutsche Heer eine vorzügliche Kampforganisation sei und ihm in Hinblick auf Moral, Elan, Truppenzusammenhalt und Elastizität unter den Armeen des 20. Jahrhunderts wahrscheinlich keine ebenbürtig sei.[407] Er begründete seine Auffassung damit, dass, anders als die weitverbreiteten Klischees vom »Kadavergehorsam« und der »preußischen Disziplin« glauben machen wollen, das deutsche Militär spätestens seit der Zeit des älteren Moltke die entscheidende Bedeutung der Eigeninitiative und der Eigenverantwortlichkeit selbst auf unterster Ebene immer betont habe. Und in einer als kritisch gedachten Studie aus dem Jahr 1889 wurde geäußert, dass nirgends Unabhängigkeit des Urteils und Freiheit des Wollens, vom kommandierenden General bis hinunter zum Unteroffizier, so gepflegt und gefördert worden seien wie in der deutschen Armee.[408]

Wenn man so etwas liest, fragt man sich, wo denn die Selbstständigkeit des Denkens geblieben war, als die Elite deutscher Offiziere in den braunen Sumpf der Nazizeit hineinrutschte, nachdem eine ganze Generation junger Männer an den Fronten des Ersten Weltkrieges von den Offizieren unterschiedlicher Führungsebenen ohne jede kritische Rückfrage, ohne jedes Hinterfragen, verheizt worden war. So betrachtet war die Loyalität der Offiziere im Ersten Weltkrieg in Hitlers Augen eine Art Feuerprobe. Deutsche Offiziere versagten nicht erst im Zweiten Weltkrieg, sondern bereits im Ersten, insofern sie zu keinem Zeitpunkt dagegen aufbegehrten, dass ganze Jahrgänge für äußerst fragwürdige taktische Maßnahmen geopfert wurden. Das Vertrauen in die Richtigkeit von Führungsentscheidungen wurde schon damals grenzenlos ausgenutzt, und die Hoffnung auf Sieg machte viele blind.

Der Umstand aber, dass der Widerstand um den 20. Juli 1944 maßgeblich von deutschen Offizieren aller Ränge – vom Leutnant bis zum General – und aus unterschiedlichen Gesellschaftschichten – von bürgerlicher und adeliger Herkunft gleichermaßen –, getragen wurde, macht deutlich, dass es eben auch solche gab, die sich des Wahlspruches der Aufklärung, »*Sapere aude* – Habe Mut, dich deines eigenen Verstandes zu bedienen«, erinnerten und bereit waren, unter Einsatz ihres Lebens danach zu handeln. Sie waren zudem auch dem Grundsatz der mit dem Offiziersdasein verbundenen Pflichterfüllung treu, die dem Recht zu dienen hat und nicht einer Funktion. Aus diesem Exkurs soll ersichtlich werden, dass Auftragstaktik und ein politisch motiviertes Hinterfragen einer militärischen Strategie zu trennen sind und nichts miteinander zu tun haben.

Doch zurück zu Wesen und Struktur der Auftragstaktik. Bevor die Frage beantwortet werden kann, ob sie ein über den militärischen Kontext hinausgehender und damit grundsätzlicher Führungsansatz sein könnte, muss sie zunächst definiert und von ihrer Alternative, der Befehlstaktik, abgegrenzt werden.

Während Letztere die Freiräume und damit die Entscheidungskompetenzen der nachgeordneten Befehlsebenen begrenzt, bis der Ermessensspielraum der Untergebenen auf Null reduziert wird, geht die Auftragstaktik von der Eigenverantwortlichkeit nachstehender Entscheidungsträger aus und beschränkt sich auf das Vorgeben von Leitlinien. Bei der Befehlstaktik werden die Anweisungen also bis ins Detail spezifiziert, kurzum, es wird befohlen, wie etwas zu erledigen ist. Demgegenüber formuliert die Auftragstaktik ein Auftragsziel und beschreibt im Wesentlichen eine »linke und rechte Grenze«, die der Auftragsempfänger nicht überschreiten darf. So lässt sich die Auftragstaktik mit einfachen Worten wie folgt beschreiben: »Sagen, was getan werden muss, und es dabei demjenigen, dem die Anweisung gilt, überlassen, wie er es dann tatsächlich tut.« Die Auftragstaktik definiert demnach nur das Ziel, während die Befehlstaktik auch den Weg dahin festlegt. Im Rahmen der Auftragstaktik ist daher die erste und wichtigste Fragestellung für den, der dem Auftrag nachkommen soll, welche wesentliche Leistung verlangt wird und an welche Auflagen und Grenzen er gebunden ist. Und des Weiteren, ob sich die Lage seit Erhalt der Anweisung verändert hat und, falls dem so ist, ob er, wenn er die ursprüngliche Anweisung befolgt, noch im Sinne der zentralen Absicht der übergeordneten Führung handelt.

Der Unterschied zwischen Auftrags- und Befehlstaktik ist dabei nicht nur ein formaler, sondern erstreckt sich auch auf die Erwartungshaltung der Anweisenden gegenüber den Ausführenden. So wird bei der Auftragstaktik der Befehlsempfänger, der Ausführende, zum Mitdenken veranlasst, weil er Teil eines die Hierarchie übergreifenden Entscheidungsprozesses wird. Wer nur eine linke und rechte Grenze als Handlungsbeschränkung erhält, muss die nicht im Detail definierten Zwischenräume selbstständig ausfüllen. Dies kann nur wirksam und sinnvoll erfolgen, wenn man als Weisungsträger etwas von der Sache versteht und die Bereitschaft aufbringt, Verantwortung für das zu übernehmen, was man zum Ausfüllen der Zwischenräume entschieden und umgesetzt hat. Es führt also zu nichts, wenn im Rahmen der Auftragstaktik eine »Kompetenzautobahn« zur Verfügung gestellt wird, die dann aber durch Zögerlichkeit, Ängstlichkeit und mangelndes Wissen auf den verschiedenen Hierarchieebenen zu einem »Entscheidungstrampelpfad« degeneriert.[409]

Meine eigene Erfahrung hat mich gelehrt, dass es nicht einfach ist, die Prinzipien der Auftragstaktik bei Führungskräften einzuführen, wenn diese nicht zuvor entsprechend »auftragstaktisch sozialisiert« worden sind. Vorgesetzte, die an genaue Vorgaben, ein Anweisen im Detail, gewöhnt sind, können mit den Freiheiten der Auftragstaktik zunächst nichts anfangen, und es bedarf eines intensiven Gewöhnens, eines ständigen Ermutigens, um sie von den Vorzügen dieser Führungsphilosophie zu überzeugen.[410] Erschwerend kommt noch hinzu, dass sich in unserer Gesellschaft, die auch das Verhalten der Führungskräfte mitprägt, zunehmend die Tendenz, vor eigenverantwortlichem Handeln zurückzuscheuen, etabliert hat. Das Streben nach Rückversicherung von oben, das Kollektivieren der Verantwortung und die mangelnde Bereitschaft, sich auch dort zu engagieren, wo der Ausgang der Unternehmung ungewiss ist, stehen einer schnellen Einführung der Auftragstaktik in zivilen Bereichen entgegen.

Wer diese nutzt, muss Vertrauen in seine Untergebenen mitbringen und auf die Qualität der nachgeordneten Führungskräfte achten, denn diese bestimmt den Umfang der zu gewährenden Freiheiten. Ist diese Qualität nicht gegeben, wird es früher oder später erforderlich sein, in Teilbereichen oder gänzlich wieder von der Auftrags- zur Befehlstaktik zu wechseln. Allgemein gilt, umso niedriger die hierarchische Ebene, auf der ein Befehl ausgeführt werden soll, desto weniger Freiraum ist im Sinne einer Auftragstaktik sinnvoll. Es ist zudem bemerkenswert, dass die innere Verfassung des Organismus, in dem die Anweisenden und Weisungsempfänger tätig sind, eine überaus wichtige Rolle spielt, wenn es darum geht, diesen so zu sozialisieren, dass die Auftragstaktik in ihm praktiziert werden kann. Bei der Bundeswehr entspricht dies der Inneren Führung. Was ist aber das Gegenstück dazu in der Wirtschaft, außerhalb militärischer Strukturen?

Bevor wir uns dieser Frage zuwenden, sei zunächst noch einmal ein Blick auf die historischen Wurzeln der Auftragstaktik geworfen. Letztere lässt sich nicht von einem Initialereignis herleiten, sondern ist vielmehr Ergebnis einer Entwicklung, die sich über etwa zweihundert Jahre zurückverfolgen lässt. Aufgrund der diffusen Quellenlage und der zum Teil divergierenden Interpretationen derselben stehen ganz unterschiedliche Theorien über ihren Ursprung nebeneinander. Darunter trifft man auf solch unfundierte Behauptungen wie die, die Auftragstaktik sei von hessischen Soldaten aus dem amerikanischen Unabhängigkeitskrieg nach Deutschland gebracht worden, habe also amerikanische Wurzeln,[411] oder auch auf bloß apodiktische Feststellungen wie jene, die die Urheberschaft derselben Gneisenau attribuiert,[412] ohne dies jedoch näher zu begründen. Gerne wird auch auf Scharnhorst verwiesen, der die Grundlagen zur Auftragstaktik gelegt haben soll, während seine Nachfolger diesen Gedanken dann nur noch weiterentwickelt hätten.[413] Eher vereinzelt werden ihre Ursprünge dem persönlichen Wirken bereits der preußischen Könige Friedrich des Großen und seines Vaters Friedrich Wilhelm I. zugeschrieben[414] und im Übrigen als das Ergebnis eines allgemeinen Lebensstils der damaligen Zeit angesehen.[415] Und schließlich wird von anderen Kritikern die Entwicklung der Auftragstaktik auf Moltke und den von ihm geprägten preußischen Generalstab zurückgeführt.[416] Mit Ausnahme der etwas abenteuerlichen Behauptung, hessische Soldaten hätten die Auftragstaktik in Deutschland implantiert, ist allen übrigen Thesen gemein, dass sie deren Wurzeln mehr oder weniger tief, aber einhellig in der preußischen Geschichte ansiedeln.

Es gibt eine ganze Reihe von Veröffentlichungen, die sich mit dem Ursprung der Auftragstaktik beschäftigen, sei es auf akademischem oder populärwissenschaftlichem Niveau. Die vorliegende Arbeit hat nicht den Anspruch, eine weitere Abhandlung zu diesem Thema zu präsentieren; es werden daher lediglich ausgewählte preußische Wurzeln der Auftragstaktik beschrieben, insofern diese für die Beantwortung der Frage, ob Letztere sich auf das zivile Führen übertragen lässt, notwendig sind. Weil die Auftragstaktik eine Führungsphilosophie ist, soll bei der Verfolgung ihrer geschichtlichen Wurzeln mit den militärischen Führungskräften, den Offizieren, also mithin jenen begonnen werden, die im Rahmen einer militärischen Hierarchie Befehle empfangen und auch erteilen.

Seit Friedrich Wilhelm I. war der Adel verpflichtet, dem König Offiziere zur Truppenführung zur Verfügung zu stellen. Dadurch bekam Friedrich Wilhelm I. nicht nur das aufmüpfige Landjunkertum in den Griff, es wurde auch eine Militärkaste geschaffen, die dem Monarchen besonders verpflichtet war. Die besondere gesellschaftliche Stellung dieser Adelsoffiziere, die sie aufgrund ihrer adeligen Herkunft in die Nähe des Königs rückte, prägten ihr Offiziersbewusstsein und ihr Führungsselbstverständnis.

Die Bereitschaft zu eigenständigem Handeln, gegebenenfalls auch gegen explizite Anweisungen des unmittelbaren Vorgesetzten, wohl aber immer im Sinne eines übergeordneten Interesses, ist ein Kernelement und Charakteristikum der Auftragstaktik und Voraussetzung für deren Funktionieren. Weil mit der Eigenständigkeit im Handeln die Gefahr der Maßregelung für dasselbe oder gar ein Karrierenachteil verbunden sein konnten, wenn sich die selbstständig getroffene Entscheidung als falsch erwies, muss die Frage nach der beruflichen und finanziellen Abhängigkeit der damaligen Offiziere gestellt werden.

In der preußischen Armee konnte der karge Sold nicht zu einer Abhängigkeit vom militärischen Dienstherrn führen. Wenn es also eine gewisse Unabhängigkeit der Offiziere gab, lag dies daran, dass sie auf ihre sozialen und familiären Strukturen zurückgreifen konnten.

Dadurch besaßen sie die Bereitschaft, die eigene Meinung auch dann zu artikulieren, wenn diese nicht auf Zustimmung beim Vorgesetzten oder gar bei dem König stoßen würde. In der preußischen Geschichte gibt es zahlreiche Beispiele für sozusagen »standesbedingte« Aufmüpfigkeit. Man denke hier etwa an die diversen Formen des Aufbegehrens hoher Offiziere gegenüber Friedrich dem Großen, so an die Widerworte eines Ziethen, der den König sogar vor der versammelten Truppe anfuhr,[417] an das Wortgefecht zwischen Letzterem und Schwerin,[418] an die Weigerung eines Marwitz, das Jagdschloss zu Hubertusburg zu plündern, wie von Friedrich befohlen, oder auch an das Entlassungsgesuch Blüchers.

In der Schlacht von Rossbach hatte Seydlitz eine Kostprobe seiner selbstständigen Entschlusskraft gegeben und in der Schlacht von Zorndorf soll Friedrich der Große ihn mehrfach aufgefordert haben, in das Kampfgeschehen einzugreifen. Schließlich habe er ihm sogar gedroht, dass er den Kopf verlieren werde, wenn er jetzt nicht angreife, worauf Seydlitz dem königlichen Boten gesagt haben soll, dass dem König nach der Schlacht sein Kopf zur Verfügung stehen werde, es ihm aber während derselben noch erlaubt sein müsse, von ihm Gebrauch zu machen.[419] Seydlitz tat gut daran, seine Schwadronen zurückzuhalten und erst dann anzugreifen, als die russischen Soldaten bereits erschöpft waren, denn durch dieses Abwarten gelang es ihm, den Gegner im wahrsten Sinne des Wortes zu zerschlagen und so die Schlacht zu entscheiden. In der Schlacht von Kolin forderte Friedrich der Große Prinz Moritz auf, endlich in das Schlachtgeschehen einzugreifen, was dieser nicht wollte, weil er den Zeitpunkt für nicht gekommen hielt. Unter Tränen soll er dem königlichen Befehl nachgekommen sein, und die Schlacht endete mit einer empfindlichen Niederlage der Preußen.[420]

Bei genauerem Hinsehen wird man allerdings feststellen, dass es sich bei den angeführten Beispielen auch nicht um Aufmüpfigkeit und Ungehorsam handelt, sondern vielmehr um die uneingeschränkte Bereitschaft zum selbstständigen Denken. Diese erfuhr bereits unter dem Großen Kurfürsten ihre erste Ausprägung, und es gelang den preußischen Herrschern in der Folge immer wieder, Persönlichkeiten in ihrer unmittelbaren Nähe wirken zu lassen, die diese Befähigung aufwiesen. Das Hinnehmen von eigenständigem Denken nachgeordneter Truppenführer seitens eines absolutistischen Souveräns hat eben etwas mit Toleranz zu tun und vor allem mit Stärke und Gefestigtheit der eigenen Persönlichkeit. Weil jedoch die Unabhängigkeit im Urteil kein Selbstzweck sein darf, muss sie als taktisches Element der Gefechtsführung zu Tage treten. Es ist hier also die Rede von konstruktivem Widerspruch, nicht von solchem aus Prinzip. Im Rahmen der Auftragstaktik bedeutet dies, dass Entscheidungen auf dem Gefechtsfeld selbstständig getroffen werden müssen, soweit dies die von der Führung vorgegebenen Grenzen gestatten und die Auswertung des Auftrages es erfordert. Dass die Selbstständigkeit im Denken preußischer Offiziere auch in dieser Hinsicht bereits früh gegeben war, belegen zahlreiche Beispiele aus den Schlesischen Kriegen, bei denen auf preußischer Seite Offiziere durch eigenständige Attacken und Gefechtsoperationen manchmal eine ganze Schlacht entschieden, zumindest aber deren Ausgang entscheidend beeinflussten, so geschehen bei Hohenfriedberg, Leuthen, Torgau oder Zorndorf. Zu selbstständigen Entscheidungen der Offiziere konnte es also auch zur Zeit der Kabinettskriege kommen, wenngleich dort die starren Gefechtsformationen der Lineartaktik, bei denen die Regimenter ohne die Bildung von Reserven hintereinander aufgestellt wurden und die Soldaten eines Regiments jeweils auf einer Linie nebeneinander zu stehen kamen, keine selbstständigen Gefechtsoperationen im eigentlichen Sinne zuließen. Ganz anders war dies bei den Reiterregimentern und erst recht, wenn ganze Armeeteile selbstständig unter eigener Führung operieren und handeln mussten, wie dies in den Schlesischen Kriegen immer wieder der Fall war. So schlug der König seine Schlachten häufig nur mit einem Teil seiner Armee. Die Darlegungen Friedrichs des Großen in seinen militärischen Schriften zu Taktik und Gefechtsführung zeigen deshalb auch erste Ansätze einer direktiven Methode der Befehlsgebung,[421] wenn man auch noch nicht von einer expliziten Auftragstaktik sprechen kann. Aber immerhin äußerte sich Friedrich der Große in seinen Instruktionen für die Kavallerie im Sinne einer Auftragstaktik, indem er schrieb:

> Sollte aber der Feind in der Zeit die geringsten Bewegungen machen oder Generale absehen, daß sie den Feind mit Vortheil attaquiren können, so sind sie hiermit vom Könige auctorisiret, solches ohne Anstand zu thun.[422]

Auch aus späterer Zeit gibt es Beispiele des Widerspruchs im Sinne einer Bereitschaft der Offiziere, selbstständig zu denken und zu handeln. Paradigmatisch sind hier die Entscheidung eines Grafen Yorck, sich ohne die Einwilligung Friedrich Wilhelms III. mit seinem gesamten Korps Russland anzuschließen, oder, weniger spektakulär, der heftige Schriftwechsel zwischen Moltke und Steinmetz beim Vorrücken der deutschen Armeen im Jahr 1870, in den sich schließlich sogar Wilhelm I. einschalten musste, was Steinmetz jedoch nicht von weiterem Widerspruch abhielt, glaubte er doch, seinen König falsch beraten zu sehen.[423] Der uns bereits aus den Einigungskriegen bekannte Generalfeldmarschall Prinz Friedrich Karl von Preußen soll einmal einem besonders dienstbeflissenen Generalstabsoffizier gesagt haben, dass der König ihn zum Stabsoffizier gemacht habe, damit er wisse, wann er nicht zu gehorchen habe.[424] Aufmüpfigkeit und ein teilweise bis zum Ungehorsam gehendes Verhalten wird gelegentlich als Grundlage der Auftragstaktik und als das Bewundernswürdige an einer Armee angesehen, die ansonsten eher für ihre Disziplin und uneingeschränkte Funktionalität bekannt war.[425]

Auf das Denken deutscher Militärs hat die traumatische Doppelniederlage von Jena und Auerstedt immer einen bestimmenden Einfluss gehabt.[426] So stand die schonungslose Analyse der Ursachen, die zu dem Fiasko geführt hatten, denn auch am Anfang des Erneuerungsprozesses der preußischen Armee. Wie wir bereits gesehen haben, standen dabei zwei Elemente im Mittelpunkt: die schon angesprochene Befreiung des Soldaten und eine bisher noch nicht erwähnte Änderung der Gefechtsführung preußischer Truppen, die nun der französischen Art zu kämpfen angepasst werden musste. Die zuvor beschriebene Lineartaktik, die beinhaltete, dass die Soldaten hinter- und nebeneinander aufgestellt waren und man ohne Reserven angriff, erlaubte gerade keine Institutionalisierung einer Auftragstaktik im Sinne der operativen Befähigung zum selbstständigen Handeln auf Kompanie- und Bataillonsebene.[427] Erst die Einführung eigenständig operierender Verbände sollte in praxi den Weg zu einer Systematisierung der Auftragstaktik ermöglichen. Dies war eine der zentralen Ideen

Scharnhorsts,[428] der sich gegen dogmatische Gefechtsvorgaben aussprach.[429] Friedrich Wilhelm III. formulierte entsprechende Grundsätze[430] nach dessen Vorgaben, mit denen eine spätere Auftragstaktik begann, Gestalt anzunehmen. Scharnhorsts Mitreformer Gneisenau wandte dann als Stabschef Blüchers in den Befreiungskriegen eine direktive Methode der Truppenführung an.[431] In der Folge wurden von Schülern Scharnhorsts die Gedanken einer direktiven Methode mit der Vorstellung vom mitdenkenden Soldaten verbunden und in Lehrbüchern beschrieben – ein frühes Zeugnis einer sich durchsetzenden Auftragstaktik.[432]

Insbesondere der frühe Tod Scharnhorsts ließ die neuen Denkansätze ins Stocken geraten. So beklagte sich beispielsweise Steinmetz, damals noch Major, im Deutsch-Dänischen Krieg von 1848 darüber, dass zu wenig Freiheiten gewährt würden und zuviel Rückfragen erfolgten. Er sprach aber auch davon, dass zu wenig Verantwortlichkeit verlangt werde.[433]

Die sich zunehmend verbessernde militärische und später auch intellektuelle Ausbildung ließ einen Offizierstypus entstehen, der sich durch Ehrgefühl, Standesbewusstsein und ein daraus resultierendes spezifisches Selbstverständnis auszeichnete sowie durch die Bereitschaft, Verantwortung zu übernehmen, und, daraus resultierend, durch Selbstständigkeit im Denken.

Die Auftragstaktik ließ sich noch nicht institutionalisieren, weil die Gefechtsgliederungen erst im Zuge der Auswertung der Kriege gegen Österreich und Frankreich ihren Erfordernissen angepasst wurden. Bis dahin war das selbstständige Handeln, das plötzliche Umgliedern mitten im Gefecht, mehr aus der Not geboren denn das Ergebnis einer Führungsphilosophie. Die vernichtende Wirkung der österreichischen Artillerie im Krieg von 1866 und des französischen Chassepotgewehrs im Krieg von 1870–1871 erzwangen selbstständige Entscheidungen eher unfreiwillig im Rahmen eines Überlebenskampfes als intendiert als Element taktischer Führung. Dies gilt auch für die Unterstützung, die von den Nachbarverbänden geleistet werden musste, wenn es darum ging, die Negativkonsequenzen des eigenmächtigen Handelns eines Truppenführers zu kompensieren, wenn der Initiator in erhebliche operative Schwierigkeiten geraten war. Überhaupt gab es in der preußischen Armee nach Scharnhorst wieder die Neigung, wenig an einmal Bewährtem zu verändern. So wurde die Gefechtsführung nach den Erfahrungen des Preußisch-Österreichischen und des Deutsch-Französischen Krieges im Hinblick auf die Taktik nicht modifiziert. Wenn man sich die Bilder von St. Privat ansieht, bekommt man bereits eine Vorstellung von der Gefechtsführung an den festgefahrenen Westfronten im Ersten Weltkrieg.

Die Auswertung der Einigungskriege durch Moltke führte schließlich zu neuen Reglements, in deren Mittelpunkt inzwischen klar erkennbare Vorformen der Auftragstaktik standen. Dies führte über das Exerzierreglement von 1888 zur erstmaligen Erwähnung des Prinzips der Auftragstaktik, wenn diese auch noch nicht wörtlich genannt wird:

> Die zerstreute Kampfart bedingt [...], dass jeder Zug und innerhalb desselben jede Gruppe selbständig die richtigen Mittel zur Durchführung der gestellten oder aus der Gefechtslage sich ergebenden Aufgaben zu finden wisse. [...] Der Bataillonskommandeur hat beim Eintritt in den Kampf seine Befehle an jeden der Kompanieführer – möglichst im Beisein aller – kurz, klar und bestimmt zu erteilen, die Wahl der Mittel aber zu überlassen.[434]

Hatte Moltke vor allem die handelnden Offiziere im Blick, kam mit der Felddienstordnung von 1908 eine Formulierung auf, die geradezu kühn anmutet:

> So bleibt entschlossenes Handeln das erste Erfordernis im Kriege. Ein jeder – der Höchste Führer wie der jüngste Soldat – muss sich stets bewusst sein, dass Unterlassen und Versäumnis ihn schwerer belasten als ein Fehlgreifen in der Wahl der Mittel.[435]

Dieser Gedanke erscheint einerseits geradezu revolutionär, weil er sich gleichermaßen an Offiziere und einfache Soldaten richtet, andererseits ist er nichts anderes als die Weiterentwicklung der Auffassung, dass die Bürger eines Landes geborene Verteidiger desselben sind, wie die preußischen Heeresreformer es sahen. In der Heeresvorschrift von 1936 wurde schließlich die Verankerung der Auftragstaktik im deutschen militärischen Vorschriftenwesen auch inhaltlich expliziert. In der heute verwendeten Heeresdienstvorschrift liest sich die Auftragstaktik wie folgt:

> 604. Führen mit Auftrag ist oberstes Führungsprinzip im Heer, im Krieg mehr noch als im Frieden. [...]
> 609. [...] Führer, die nur auf Befehle warten, können die Gunst des Augenblicks nicht nutzen. Alle Führer müssen stets bedenken, dass Unentschlossenheit und Versäumnis ebenso verhängnisvoll sein können wie Handeln aus falschem Entschluss. [...]
> 610. Selbstständigkeit befähigt den Führer, jede Lage überlegt und kühn auszunutzen. So muss er, wenn es notwendig ist, auch ohne Befehl die Aufgaben eines anderen übernehmen oder von seinem Auftrag abweichen, um im Sinne der übergeordneten Führung zu handeln. [...]
> 621. Gegenseitiges Vertrauen von Führern und Geführten bestimmt den Zusammenhalt der Truppe, es ist Grundlage für das Führen mit Auftrag.[436]

Nach dieser ausführlichen Betrachtung der historischen Wurzeln der Auftragstaktik soll nun ein Blick auf ihre Implementierung in der Bundeswehr geworfen werden. Bei deren Aufbau wurde die Entwicklung der Auftragstaktik zunächst nicht explizit aus der preußischen Geschichte hergeleitet, sondern mit der fortschreitenden Waffentechnologie begründet, wie der erste Bundesverteidigungsminister, Theodor Blank, ausführte.[437] Demnach erfordert die mangelnde Möglichkeit, alle Befehle einer sich schnell ändernden Lage anzupassen, die

Selbstständigkeit im Urteil bei nachgeordneten Führungskräften. Ähnlich äußerte sich auch der geistige Urheber der Inneren Führung, Wolf Graf von Baudissin.[438] War die Auftragstaktik am Anfang ihrer Wiederentdeckung in Deutschland eher ein operatives Element, wurde sie nach und nach auch als eine Selbstverständlichkeit im Rahmen des heute von der Bundeswehr gepflegten Menschenbildes begriffen. Die Konzepte der Inneren Führung und des Staatsbürgers in Uniform gehen von der Bereitschaft auch der Soldaten aus, sich eine eigene Meinung zu bilden. Heute ist man der Ansicht, dass die Auftragstaktik am besten zu unserem modernen Menschenbild vom mitdenkenden Bürger passt, wie es ins Grundgesetz Eingang gefunden hat.[439] Es ist daher nicht verwunderlich, dass die eben genannten Konzepte so mit der Auftragstaktik verwoben werden, dass sich vor diesem Hintergrund ein einheitliches Selbstverständnis soldatischer Ordnung herauszubilden vermag. Heute beschreibt die Heeresdienstvorschrift der Bundeswehr die Auftragstaktik als das oberste Führungsprinzip, das den nachgeordneten Führern Handlungsfreiheit gewährt, auf gegenseitigem Vertrauen basiert und von jedem Soldaten neben gewissenhafter Pflichterfüllung unter anderem auch die Bereitschaft zur Übernahme von Verantwortung, zur Zusammenarbeit und zu selbstständigem, schöpferischem Handeln im Rahmen des Auftrages verlangt. Dabei wird auch deutlich gemacht, dass Führen mit Auftrag die Bereitschaft des Vorgesetzten erfordert, das Auftreten von Fehlern in der Umsetzung hinzunehmen, weil den unterstellten Führern Freiheit bei der Durchführung des Auftrages gegeben werden soll. Das bedeutet jedoch nicht, dass Letztere sich der Verantwortung für die getroffenen Entscheidungen entziehen können. Die Freude am Tragen von Verantwortung gilt daher als die vornehmste Eigenschaft eines Vorgesetzten; so soll sich jeder militärische Führer in allen Lagen mit seiner ganzen Persönlichkeit einsetzen und für seine Überzeugungen einstehen. Führen mit Auftrag erfordert somit auf das gemeinsame Ziel ausgerichtete, aufeinander abgestimmte Anstrengungen, selbstständig denkende, verantwortungsfreudige und im Sinne des Ganzen handelnde Soldaten und ein hohes Maß an Übereinstimmung im Denken und Handeln. Gemeinsame Grundwerte, ein gleiches Verständnis von Pflichten und Rechten und die Beachtung geltenden Rechts auch unter extremer Belastung werden vorausgesetzt.

Dies macht deutlich, wie sehr die deutsche Auftragstaktik die Selbstständigkeit des Truppenführers bei den Entscheidungsprozessen in den Vordergrund stellt und wie sich das preußisch-deutsche Führungsverständnis bis heute wenigstens der Vorschriftenlage nach erhalten hat. Die Ausführungen in der aktuellen Heeresdienstvorschrift sind geprägt durch Begriffe wie »Selbstständigkeit des Handelns« oder »gegenseitiges Vertrauen und Bereitschaft zur Verantwortungsübernahme«. Man kann dabei kritisch hinterfragen, ob in einer Friedensarmee beziehungsweise einer Streitmacht, die im Wesentlichen Situationen der asymmetrischen Bedrohung ausgesetzt ist, noch die geeigneten »Lehrmeister« dafür zu finden sind.[440] Tatsächlich handelt es sich aber um eine Geisteshaltung, die auch in Friedenszeiten und den genannten Situationen zum Tragen kommt.

Die Auftragstaktik gehört damit heute zu jener Sorte von Begrifflichkeiten, bei denen eine begründende oder erläuternde Bestimmung ebenso wenig erfolgt wie bei den Konzepten der sozialen Marktwirtschaft, freiheitlich demokratischen Grundordnung oder der Mitbestimmung. Dabei wäre es in Bezug auf alle genannten Begriffe im Grunde sinnvoll, ihren Ursprung und ihre philosophischen Grundlagen herauszuarbeiten, um festzustellen, ob sie noch im ursprünglichen Sinne verwendet werden oder längst durch das Wirken Einzelner oder ganzer Interessensgruppen einen Bedeutungswandel erfahren haben, der sie von den Grundsätzen, die sie einmal verkörperten, bereits weit entfernt hat. [441]

Auch wenn es sich bei der zitierten Heeresdienstvorschrift um einen Befehl mit dem Anspruch auf Gehorsam handelt, ist keineswegs sicher, ob sich die Auftragstaktik dauerhaft erhalten lässt. Zum einen hat sich die gesellschaftliche Stellung des Offiziers verändert und zum anderen nimmt eine allgemeine Tendenz in unserer Gesellschaft zu, die dahin geht, eher nicht auffallen zu wollen, sich anzupassen, vor Verantwortung zurückzuscheuen und erst dann Entscheidungen treffen zu wollen, wenn die Meinung des Vorgesetzten oder die Mehrheit bereits feststeht. Wenn weiter oben davon gesprochen wurde, dass die Eigenständigkeit, Entscheidungen zu treffen, auch eine Frage der Vorgesetzten war, so gilt das auch heute noch. Leider ist auch die Bundeswehr nicht davor gefeit, nach und nach in ihren Reihen ein Klima der »Stromlinienförmigkeit« auftreten zu sehen. Neben den gesellschaftlichen Einflüssen spielt hier auch eine ausgeprägte Erwartung an eine kontinuierliche Gehaltssteigerung eine Rolle, die an ein Beurteilungssystem gekoppelt ist, das sich im Laufe der Zeit so inflationiert, dass Zehntel über die nächste Einkommensklasse und in der Folge über die endgültige Ruhestandsbesoldung entscheiden. Die zuvor genannte »Stromlinienförmigkeit« wird gemeinhin damit gerechtfertigt, dass man aus Angst vor dem jeweiligen Vorgesetzten nicht eigenständig zu handeln wage. Dabei kann mangelnde Courage nicht durch den Verweis auf Mängel des Systems entschuldigt werden. Eine Praxis der Maßregelung im Falle von Gewissensentscheidungen gibt es ebenso wenig wie ein durch Maßregelung institutionalisierter Verstoß gegen die Grundsätze der Auftragstaktik. Wenn die Politik aber nicht den Mut hat, Auslandseinsätze als Kriegseinsätze zu bezeichnen, obwohl dies angesichts der dafür aufgewendeten militärischen Mittel mehr als gerechtfertigt ist, darf es nicht verwundern, wenn sich Befehlende im Zweifelsfall lieber exakt an Vorgaben halten oder solche einfordern, bevor sie entscheiden, anstatt eigenmächtig zu agieren – das Handeln ins Ungewisse als wesentliches Element der Auftragstaktik wird auf diese Weise marginalisiert. Tatsächlich macht es nämlich einen Unterschied, ob Entscheidungen bei einem Einsatz nach Friedens- oder Kriegsrecht beurteilt werden. Davon kann die Richtigkeit und Angemessenheit militärischer Aktionen abhängen. Es geht nicht darum, rechtsfreie Räume für Militärs zu schaffen, wohl aber darum, die rechtlichen Rahmenbedingungen dem Auftrag der Soldaten anzupassen. Es ist der Auftragstaktik mehr als abträglich, wenn Soldaten ihre militärischen Entscheidungen bei Kriegseinsätzen vor deutschen Staatsanwaltschaften und Gerichten nach Friedensrecht rechtfertigen müssen. Das Funktionieren der Auftragstaktik ist auch und gerade eine Frage der Rahmenbedingungen. Die verfassungsrechtlich gebotene Verhältnismäßigkeit für staatliches Handeln bindet im Frieden den Befehlenden anders als in einem Krieg. Krieg ist etwas Absolutes, bei dem sich die Verhältnismäßigkeit mehr auf die Zweckmäßigkeit des Vorgehens bezieht als auf die Frage, ob denn wirklich das am wenigsten belastende Mittel zur Erreichung des Zieles zum Einsatz kommt. Zudem wird der Adressat staatlicher Gewalt nach Friedensrecht von den rechtsstaatlichen Normen geschützt, während im Krieg zwar weiterhin die rechtstaatliche Ordnung gilt, der Gegner jedoch primär durch das Kriegsvölkerrecht geschützt ist. Die Auftragstaktik ist für den Krieg entwickelt worden und nicht für ein bewaffnetes Technisches Hilfswerk, dessen Handeln nach Inlandsrecht beurteilt wird. Der Versuch, die Öffentlichkeit glauben zu machen, dass es eine Kombination aus Friedenseinsatz und militärischer Gewalt gegen einen erbarmungslos vorgehenden Gegner, wie dies in Afghanistan der Fall ist, geben könne, ist ein Ausdruck politischer Verantwortungslosigkeit. Die Fürsorgepflicht eines Verteidigungsministers für die Streitkräfte beginnt bereits bei der Grundanlage des Auslandseinsatzes. Dazu gehört auch, es bereits im Vorfeld deutlich zu machen, wenn es sich bei einer militärischen Intervention um einen Kriegseinsatz handelt, spätestens aber dann, wenn sich eine Stabilisierungsoperation zu einem solchen entwickelt hat. Der inzwischen überkommene sprachliche Drahtseilakt der Auflage, dass deutsche Soldaten, die in Afghanistan getötet werden, nicht als Gefallene zu bezeichnen seien, stellt im Hinblick auf jene, die dort ihr Leben geopfert haben, und auf ihre Angehörigen eine nachträgliche Umdeutung des Einsatzzweckes dar, die einer Herabwürdigung gleichkommt.

Nach all dem ist es umso erstaunlicher, dass nach dem Luftschlag bei Kundus vom 4. September 2009, der von einem deutschen Heeresoberst ausgelöst wurde, niemand die Frage aufwarf, ob sein Handeln nicht von den Rahmenbedingungen der Auftragstaktik gedeckt war. Denn diese kann bekanntlich nur funktionieren, wenn das dafür notwendige Vertrauen dem selbstständig Handelnden gegenüber gegeben ist. Deshalb gilt, dass Soldaten, die kritische Entscheidungen bei Kriegseinsätzen getroffen haben, grundsätzlich auch ein Anrecht auf den Schutz durch ihren Dienstherren vor den Vorverurteilungen seitens der »veröffentlichten Meinung« und selbsternannter Verteidigungsexperten haben. Dies gilt auch und gerade dann, wenn ein Befehl Ergebnisse zeitigt, die nicht in das politische Schönwetterbild passen und man über das Zustandekommen derselben und die Mittel-Zweck-Relation vielleicht sogar streiten kann. Die Auftragstaktik, der auch der Minister unterliegt, verlangt Vertrauen in die Untergebenen und damit auch Akzeptanz von Entscheidungen, die im Nachhinein vielleicht kritisch betrachtet werden können.

Die Entwicklung der Auftragstaktik wurde durch den Umstand gefördert, dass komplexere militärische Operationen mangels örtlicher Lagekenntnis seitens der Führung nicht zentral gesteuert werden können. Die fortschreitende Aufklärungs- und Informationstechnologie ermöglicht allerdings zunehmend auf allen Führungsebenen den Zugriff auf ein Echtzeitlagebild. Diese Entwicklung wird auch innerhalb der NATO massiv vorangetrieben und ist Gegenstand entsprechender Forschungsprojekte. So vorteilhaft dies ist, so sehr führt ein einheitliches Lagebild auf allen Ebenen auch zu Schwierigkeiten in der Handhabung der Auftragstaktik.[442] Zum einen kann dann nämlich jede Führungsebene die Lage bei allen nachstehenden Ebenen beurteilen, womit gleichzeitig die Voraussetzung dafür geschaffen ist, dass für diese Ebene auch entschieden werden kann. Welchen Sinn aber hat dann noch eine Führungsphilosophie, die gerade auf die Selbstständigkeit nachgeordneter Führungsebenen abzielt? Wird das Umsetzen der Auftragstaktik in die Praxis nicht ungleich schwieriger werden, wenn der eigentliche Hintergrund für ihre Einführung, nämlich die Notwendigkeit, informationelle Defizite bei der obersten Führung durch das Erteilen einer gewissen Entscheidungsbefugnis an nachgeordnete, vor Ort agierende Führungskräfte zu kompensieren, durch die Neuerungen der Technik an Bedeutung verliert, weil sich die Auftragstaktik dann in einem Prinzip der führungstechnischen Subsidiarität verliert? Hinzu kommt, dass sich die nachgeordneten Führungsebenen dank der neuen Technologien vor dem Treffen einer Entscheidung vergewissern können, ob diese vom Vorgesetzten auch gebilligt wird. In einem gesellschaftlichen Umfeld, das zunehmend dazu tendiert, Fehlentscheidungen auch dann im Nachhinein zu sanktionieren, wenn sie zu dem Zeitpunkt, als sie getroffen wurden, vertretbar waren, wird sich ein Entscheidungsträger sehr genau überlegen, ob er selbstständig agieren will, wenn seine Vorgesetzten den gleichen Informationsstand haben wie er. Warum sollte er bei schwierigen Entscheidungen dem Vorgesetzten das Risiko der Fehlentscheidung abnehmen, wenn seine eigene Karriere gelegentlich von Nuancen in der Beurteilung abhängt und Vorgesetzte dazu neigen, ihr Verhalten von der Frage abhängig zu machen, ob dieses gerade opportun ist? Nur wenn ein einheitliches Lagebild weiterhin die Akzeptanz einmal getroffener, zu diesem Zeitpunkt vertretbarer Entscheidungen zulässt, obwohl sich im Nachhinein eine bessere Alternative herauskristallisiert hat, hat die Auftragstaktik eine Zukunft.

Und schließlich wird das Führungsverständnis innerhalb der Bundeswehr durch die Verwirklichung entsprechender NATO-Großprojekte zur Verbesserung der Informationsübermittlung an das der Amerikaner, bei dem es weniger um das Erreichen eines determinierten Ziels als um die Formulierung eines bestimmten Weges geht, angenähert. Mit dem Schwinden militärischen Einflusses der Deutschen geht die Dominanz amerikanischer Führungsprinzipien einher. Es bleibt jedoch kritisch anzumerken, ob im Bereich der Militärtaktik und -strategie nicht Ähnliches zu erwarten ist, was wir in der Finanzwirtschaft schon erlebt haben, dass sich nämlich amerikanische Auffassungen unreflektiert durchsetzen, die sich auf unsere Gegebenheiten allerdings nicht eins zu eins übertragen lassen. Man muss sich auch fragen, warum die deutsche Auftragstaktik, obwohl sich diese immer bewährt hat, während sich die amerikanische Armee im Allgemeinen nur durch ihre materielle Überlegenheit, selten aber durch ihr taktisches Führungsgeschick profiliert hat, nicht von dieser und anderen Armeen, zumindest den der NATO angehörigen, übernommen worden ist. Dabei waren die Amerikaner von der deutschen Art des Führens durchaus beeindruckt und haben sich bei der Weiterentwicklung eigener Vorschriften von deutschen Offizieren beraten lassen. Warum sie bis heute den gegenteiligen Führungsansatz vertreten, nämlich die bereits erwähnte Befehlstaktik, begründet van Creveld wie folgt:

> Aus Gründen, die nur schwer einsehbar sind, die vielleicht aber damit zusammenhängen, dass ein wissenschaftlich fundiertes Management zuerst in den Vereinigten Staaten entstand und dort auch weiterhin angewendet wurde, entwickelten amerikanische militärische Führer keine Parallele zur Auftragstaktik, deren Prinzipien viele von ihnen, laut General Patton, schwer verständlich fanden. Amerika war ja schließlich die Heimat des Taylorismus, eines Leistungssystems, das jede Bewegung des Arbeiters vorauszusehen und zu diktieren versuchte, mit dem Ziel, aus ihm eine menschliche Maschine zu machen, die so zuverlässig arbeitete wie die mechanischen, die er bediente.[443]

Will man das Prinzip des Führens mit Auftrag über die Vorschriftenlage hinaus erhalten, so muss man es pflegen und gegen alle Versuche, die Befehlstaktik zu präferieren, verteidigen. Die taktische Überlegenheit deutscher Befehls- und Kommandostrukturen ist ein Stück preußischer Tradition und als solche erhaltenswert. Auch hier sollten wir historisch argumentieren und dürfen uns nicht von einem durch dunkle Kapitel unserer Vergangenheit generierten Komplex von Erfahrungen abschneiden lassen, die durchaus gegenwartstauglich sind.

34.

Warum das Führen nach dem Prinzip der Auftragstaktik in der Wirtschaft bisher nicht erfolgreich war – die Offiziersausbildung als Zusatzqualifikation

Es soll nun im Folgenden untersucht werden, ob die Auftragstaktik auch in der zivilen Wirtschaft Verwendung finden kann. Der Frage nach dieser Übertragbarkeit sei ein Zitat des Militärhistorikers Martin van Creveld vorangestellt:

> Im Gegensatz zu den weitverbreiteten Klischees vom »Kadavergehorsam« und der »preußischen Disziplin« hatte das deutsche Heer spätestens seit der Zeit des älteren Moltke immer die entscheidende Bedeutung der Eigeninitiative und -verantwortlichkeit, selbst auf der untersten Ebene, betont. In dieser Hinsicht war es der deutschen Industrie weit überlegen, wo bis in das zwanzigste Jahrhundert das autoritäre Prinzip des Befehls von oben und des Gehorsams von unten vorherrschte.[444]

Um die Antwort auf die oben aufgeworfene Frage etwas kühn vorwegzunehmen, so lässt sich der Grundsatz der Auftragstaktik natürlich auf ein ziviles Unternehmen übertragen, denn er umfasst weit mehr als nur den Umgang mit kriegerischen Friktionen. Diesen kann in der Tat am besten mittels dieser Führungstechnik begegnet werden, weil ihr ein Handeln ins Ungewisse systemimmanent ist. Auch in der zivilen Wirtschaft kann beim Umgang mit den dort auftretenden Friktionen die Managerplanung keine Alternative zur Auftragstaktik bieten.[445]

Warum findet dann die Auftragstaktik in den Unternehmen der zivilen Wirtschaft keine Verbreitung? Und warum glauben manche, dass mit einem kooperativen Führungsstil auch eine Art Auftragstaktik einhergeht? Im Hinblick auf die in ihnen wirkende Struktur sind sich das Militär und zivile Unternehmen nicht unähnlich. Freilich geht es beim Militär um die Sicherheit eines Volkes und ihm stehen im Konfliktfall beinahe unbegrenzte Möglichkeiten des Handelns mit nur geringen Restriktionen, etwa seitens des Kriegsvölkerrechts, zur Verfügung. Ein ziviles Unternehmen muss hingegen seine wirtschaftliche Existenz sichern und ist dabei einer starken Limitierung der Mittel durch wirtschaftliche Zwänge und einer geradezu vollständigen Regulierung der Handlungsoptionen durch bürgerliches Recht, Steuerrecht, Verwaltungsrecht und viele sonstige zu beachtende Regelungswerke, wie das Recht auf Mitbestimmung, Wettbewerbsrecht sowie Bilanz- und Bewertungsvorgaben, ausgesetzt. Und dennoch lassen sich Parallelen aufzeigen. So sind Unternehmen ebenfalls hierarchisch gegliedert, und es gibt dort gewisse »Führungsgrundgebiete«, wie sie das Militär mit den Themenbereichen Taktik oder operative Führung, Versorgung beziehungsweise Logistik, Feindbeurteilung und Personal kennt. In der Wirtschaft werden diese Führungsgrundgebiete zwar anders bezeichnet, und sie variieren auch von Unternehmen zu Unternehmen. Aber es tauchen immer wieder dieselben Zuständigkeitsbereiche wie Vertrieb, Finanzen, Personal sowie bestimmte betriebliche oder produktionstechnische Organisationseinheiten auf. Auch verfügen Wirtschaftsunternehmen heute über Führungseinheiten, die zum Teil geradezu generalstabsmäßig organisiert sind. Die Tatsache, dass militärische Verbände immer von einem Kommandeur oder einem Befehlshaber geführt werden, während Unternehmen, wenn sie größer geworden sind, in aller Regel kollektiv durch einen Vorstand geleitet werden, vermag als alleiniges Argument dafür, dass in beiden Feldern unterschiedliche Führungsstile Anwendung finden, nicht zu überzeugen. Es soll hier nicht noch einmal näher auf Clausewitz eingegangen werden; dennoch sei erneut der Hinweis erlaubt, dass sich seine in dem Buch *Vom Krieg* niedergelegten Erkenntnisse, wie wir bereits gesehen haben, förmlich eins zu eins auf die Wirtschaft übertragen lassen. Während aber das Militär im Zweifelsfall den Gegner kennt, haben es Unternehmen mit einer geradezu institutionalisierten asymmetrischen Bedrohung zu tun. Die Ursachen für die völlig unterschiedlichen Führungsstile von Militär und Wirtschaft liegen dennoch woanders und sind in Wirklichkeit sehr profan. Sie begründen sich in dem Umstand, dass die Auftragstaktik weder in ihren Grundzügen noch in ihrer Geschichte oder in ihrer führungsbezogenen Wirkkraft in der zivilen Wirtschaft bekannt ist. Dies liegt in erster Linie daran, dass es praktisch keine Reserveoffiziere in führenden Positionen der Wirtschaft gibt und dass selbst da, wo diese vorhanden sind, die darunterliegenden Befehlsketten fehlen, die aus Vorgesetzten bestehen müssten, die selbst wiederum als Offiziere Erfahrung im Umgang mit der Auftragstaktik haben. Könnte man auf eine solche Struktur bauen, wäre es nämlich relativ einfach, eine reibungslose Einführung und Nutzung der Auftragstaktik zu gewährleisten.

Auch wenn man in den ministeriellen Stabsabteilungen der Bundeswehr nicht müde wird, darüber zu philosophieren, wie man die zivile Wirtschaft für die Bundeswehr interessieren könnte, bringt man es dort nicht fertig, die besondere Führungsphilosophie, die ein Kernelement der Standardausbildung für Offiziere ist, so transparent und verständlich für Dritte zu machen, dass allein deswegen in der Wirtschaft ein Interesse an Reserveoffizieren entsteht. Vielleicht ist dieses Defizit auch das Ergebnis eines mangelhaften Verständnisses der Bundeswehr von ihrer eigenen Führungsphilosophie und -ausbildung. Es gibt jedenfalls Studien, die eine solche Vermutung stützen.[446] Dabei ist die Bundeswehr die einzige Institution in Deutschland, die eine strukturierte Führerausbildung durchführt. In der Wirtschaft hingegen begnügt man sich mit selbsternannten Führungstrainern oder Beratern, die sich im Zweifelsfall noch nie mit Führungsphilosophien auseinandergesetzt haben und natürlich erst recht nicht mit einer Auftragstaktik, die das Ergebnis einer zweihundertjährigen Entwicklung und deren praktische Tauglichkeit durch zahlreiche kriegsgeschichtliche Beispiele belegt ist. Wer sie einführen will, muss sie erst einmal genau kennen und ihre Inhalte den Mitarbeitern der verschiedenen Hierarchieebenen auch vermitteln können – dies nicht nur als reine Führungstechnik, sondern auch als Ausdruck einer spezifischen Führungsphilosophie. Das wird jedoch erschwert, wenn man nicht auf Analogien zum Militär zurückgreifen kann, weil man nicht über das entsprechende Wissen verfügt. Dann wird man sich schwertun, die Geschichte, Inhalte und spezifischen Vorteile der Auftragstaktik selbst nachzuvollziehen, anderen verständlich zu machen und das eigene Verhalten daran auszurichten. Ein Offizier dagegen, der Wesen und Zweck der Auftragstaktik anhand ebenjener Analogie zum militärischen Kontext plastisch veranschaulichen könnte, wird aufgrund genau dieses Hintergrundes häufig kritisch betrachtet.

Gelegentlich wird versucht, die Tatsache, dass das notwendige Wissen in der Regel also überhaupt nicht vorhanden ist, es in der Wirtschaft keine allgemeingültigen Führungsprinzipien gibt und in vielen Unternehmen nicht einmal eine nachvollziehbare einheitliche Führungskultur zu erkennen ist, durch intern oder extern angebotene Führungslehrgänge zu kompensieren. In deren Rahmen wird allerdings gemeinhin keine Führungsphilosophie vermittelt, sondern es kommen mehr oder weniger selbst entwickelte Führungstechniken zur Sprache. Abgesehen davon, dass deren Inhalte zum Teil fragwürdig sind, ist es unverständlich, dass sie überhaupt eingesetzt werden, ohne dass man sich im Unternehmen zuvor Gedanken darüber gemacht hätte, welches Führungsprinzip überhaupt zugrunde gelegt werden soll. Nicht selten wird die Auswahl der Inhalte und des Anbieters solcher Führungslehrgänge auch noch von nachgeordneten Stäben, wie dem betrieblichen Bildungswesen oder der Personalabteilung, getroffen, obwohl es Sache der obersten Leitung, des Chefs, sein müsste, das Führungsprinzip festzulegen. Man stelle sich nur einmal vor, eine der im Laufe des Buches erwähnten Persönlichkeiten wie Friedrich der Große oder Moltke hätten eine solche Entscheidung delegiert und sie ohne Kontrolle ihrerseits entstehen lassen ... Sie verkörperten mit ihrer eigenen Person das Führungsprinzip und lebten es sichtbar vor. Menschen orientieren sich an Standards, die von übergeordneten Instanzen vorgelebt werden.[447] Um dies in Bezug auf die eigenen Mitarbeiter zu erreichen, bedarf es folglich mehr, als seinen Willen zu artikulieren und mit Hilfe von Stäben und Anweisungen zu exekutieren.

Doch zurück zu den Gründen für das bisherige Scheitern der Auftragstaktik in der Unternehmensführung. Eine wesentliche Ursache dafür liegt also, wie wir soeben gesehen haben, darin, dass die Vorzüge einer Offiziersausbildung in der Wirtschaft nicht erkannt werden und im Gegenteil von vielen Führungskräften die Schulung seitens einer Unternehmensberatung der Führerausbildung bei der Bundeswehr vorgezogen wird. Ja, eine Offiziersausbildung wird häufig sogar eher als nachteilig angesehen, weil sich die ungedienten Führungskräfte nicht vorstellen können, dass ein vernünftiger Umgang mit Mitarbeitern und eine Offiziersausbildung keine Gegensätze darstellen.

Hinzu kommt, dass es schwer ist, eine Denkweise einführen zu wollen, die nicht dem Zeitgeist entspricht. In unserer Gesellschaft hat sich, wie bereits erwähnt, eine Kultur der Anpassung etabliert, eine Entwicklung, die inzwischen geradezu beängstigende Formen annimmt. Immer mehr Führungskräfte beschränken ihr Streben auf das Funktionieren innerhalb eines Systems und kommen zunehmend davon ab, etwas selbsttätig gestalten zu wollen. Die Frage nach den Auflagen und

Grenzen bestimmt das Verhalten mehr als die nach den Gelegenheiten und Möglichkeiten. Wer sich dem bloßen Funktionieren verschrieben hat, ist einer Diskussion über die Auftragstaktik nicht zugänglich, einen Unternehmer könnte man hingegen nicht durch Befehlstaktik führen. Ersterer will nach klaren Anweisungen agieren und Letzterer unternimmt in Eigenregie etwas innerhalb der gegebenen Grenzen des Marktes.

Als Exkurs muss noch hinzugefügt werden, dass die Auftragstaktik einer eigenen Sprache bedarf. Wer seinen Untergebenen Freiräume lassen will, der muss die eigene Absicht und die Grenzen, innerhalb derer er gehandelt wissen will, umso klarer formulieren. Deshalb kommen bei Anweisungen im Rahmen der Auftragstaktik Formulierungen zur Anwendung wie »Meine Absicht ist es ...«, »Mir kommt es darauf an, dass ...« oder »Dazu befehle ich ...«, was etwas moderater durch »Ich möchte ...« ersetzt werden kann. Ein solches Reden muss nicht gleich auf offene Ohren stoßen, schon gar nicht bei jenen, die die Hintergründe nicht kennen oder nicht verstehen.

Wer dennoch die Auftragstaktik einführen will, muss sich auf einen längeren Zeitraum der Vermittlung und anschließenden Adaption derselben seitens der hierarchischen Ebenen einstellen müssen. Entscheidend ist aber, dass die oberste Führung mit der Implementierung der Auftragstaktik als Führungsprinzip beginnt. Diese muss daher *top down* vollzogen, anstatt von Arbeitsgruppen sozusagen *bottom up* gehandhabt zu werden – eine Vorgehensweise, die in unserer »weichgespülten« Gesellschaft schon per se argwöhnisch beäugt wird, selbst wenn man einmal von den vielfältigen Mitsprache- und Mitbestimmungswünschen der dazwischen angesiedelten Mitarbeiterinnen und Mitarbeiter und der Betriebsräte absieht. Dies verstärkt sich noch, wenn zudem herauskommt, dass die Auftragstaktik aus dem militärischen Bereich stammt.

Das Militär brauchte etwa zweihundert Jahre, bis sich eine Methode wie die Auftragstaktik entwickeln und etablieren konnte. Selbst zur Kultivierung der sie überlagernden Inneren Führung, so, wie wir sie heute kennen, bedurfte es zwei Drittel des Bestehenszeitraums der Bundeswehr. Es verwundert daher nicht, dass sich Organisationseinheiten, die einem viel größeren und schnelleren Anpassungsbedarf und einer viel kürzeren Lebensdauer unterliegen als militärische Strukturen, sich mit einer einigermaßen homogenen Führerausbildung, einer einheitlichen Denkweise bezüglich des Umgangs mit Mitarbeitern und schließlich dem Aufbau und der Aufrechterhaltung des notwendigen Teamgeistes schwerer tun. Die Behebung derartiger Defizite wird dadurch erschwert, dass der dauerhafte Verbleib einer Führungskraft in einem Unternehmen zunehmend unwahrscheinlicher geworden ist – wenngleich es zutreffend ist, dass es die Wirtschaft früher, als der Wechsel des Arbeitsplatzes noch nicht so selbstverständlich war wie heute, auch nicht schaffte, die Auftragstaktik zum Prinzip der Führung zu erheben.

Letzteres ist auch dann nicht einfach, wenn ein neues Unternehmen gegründet wird, weil die Zusammenführung von Mitarbeitern, die eine zum Teil sehr unterschiedliche Sozialisierung erfahren haben, die Vereinheitlichung eines Führungsprinzips erschwert, dies zumal gerade in Unternehmen, die sich am Markt erst einmal durchsetzen müssen und keine Zeit haben, sich mit Fragen der Führungskultur auseinanderzusetzen. Wenn es zunächst nur darum geht, mit beschränkten Mitteln den Break-even zu erreichen und sich wirtschaftlich zu behaupten, dann wird der Unternehmer im Zweifelsfall einfach sagen, was zu tun ist und wie es getan werden muss. Und dennoch wäre auch hier die Auftragstaktik einführbar, indem man sie nach und nach den neu zusammengestellten Führungskräften beibrächte. Man muss dabei nur darauf achten, dass die Auftragstaktik nicht falsch verstanden und bei denen, die sie nicht kennen, als schlaffe Führung interpretiert wird.

Das Kommen und Gehen von Führungskräften kann zwar den Vorteil haben, dass auch neue Sichtweisen in ein Unternehmen eingeführt werden, hat aber den Nachteil, dass sich eine

Führungsphilosophie wie die Auftragstaktik im Unternehmen nicht dauerhaft aufrechterhalten lässt. Man müsste dazu neue Mitarbeiter immer einer Grundeinweisung unterziehen, in der Hoffnung, dass eine solche ausreichte, um ein Wissensdefizit auszugleichen, das der unterschiedlichen Sozialisierung geschuldet ist, und mit der Intention, zunächst die gesamten beschriebenen Ressentiments abzubauen – und das in der Probezeit.

Wie wir bereits gesehen haben, hat sich die Auftragstaktik nicht allein als taktisches Element herauskristallisiert, sondern war und ist auch Ausdruck einer Geisteshaltung, die über Jahre hinweg entwickelt wurde. Diese impliziert unabdingbar ein wechselseitiges Vertrauen der einzelnen Hierarchieebenen zueinander. Wenn die Nutzung der Auftragstaktik einen relativen Spielraum bei den Untergebenen ermöglichen soll, bedeutet dies gleichzeitig, dass im Hinblick auf die gewährten Entscheidungsfreiheiten Vertrauen in die nachgeordneten Führungsebenen bestehen muss. Und ebenso kann ein eigenverantwortliches Handeln nachgeordneter Stellen nicht institutionalisiert oder erwartet werden, wenn der Entscheidungsträger Gefahr läuft, für seine Art der Auftragserfüllung zur Rechenschaft gezogen zu werden, obwohl er sich durchaus noch innerhalb der Vorgaben bewegt hat, vielleicht inhaltlich nur an die Grenzen seiner Kompetenz gegangen ist oder unorthodoxe Lösungsansätze vorgezogen hat.

Ein solches Vertrauen kann als Geisteshaltung entwickelt werden; es muss in einer schnelllebigen Zeit und einer solchen der Kollektivierung der Verantwortung aber auch kodifiziert werden. Für ein Unternehmen bedeutet dies, dass es eine interne Verfassung haben muss, die nicht nur erlebbar, sondern auch in ein Regelwerk gefasst ist. Die interne Verfassung der Bundeswehr ist die Innere Führung. Ein Unternehmen besitzt in dieser Hinsicht zunächst nichts Organisches, sondern nur vom Gesetzgeber vorgegebene Regelwerke. Eine Regelung der Mitbestimmung und das Betriebsverfassungsgesetz wie auch irgendwelche schwammigen Selbstverpflichtungen im Rahmen eines Corporate Governance Kodex ersetzen keine Unternehmensverfassung. Eine solche muss, wenn sie die Grundlage für eine Führung mit Auftrag werden soll, das Thema Führung auch explizit zum Gegenstand ihrer Bestimmungen machen. Dazu bedarf es aber mehr als einiger moderner Formulierungen, die leider allzu oft eher dem Vernebeln bestimmter Umstände dienen als der Konkretisierung von gewünschtem Verhalten, so etwa im Falle der Begriffe »Fairness«, »Vertrauen« und »Transparenz«. So ist es auch modern geworden, sich als Unternehmen eine interne Verfassung zu geben. Beim Lesen derselben stellt sich dann allerdings sehr schnell heraus, ob es sich dabei nur um stereotype, dem Zeitgeist huldigende Formulierungen handelt oder um wirklich durchdachte Führungsgrundsätze. So manche amerikanische Anleihe hätte dabei unterbleiben können, wenn sich die Verfasser der eigenen Geschichte bewusst gewesen wären. Unternehmen eines Landes, das auf Immanuel Kant und die preußischen Tugenden zurückgreifen kann, benötigen eigentlich keine geistigen Fremdanleihen. Deshalb liegt es nahe, die Erkenntnisse aus der preußischen Geschichte in die Grundgedanken einer Unternehmensverfassung einfließen zu lassen.

Ein Blick zurück auf die Ausführungen dieses Kapitels zeigt, dass man die Auftragstaktik nur dann im eigenen Unternehmen etablieren kann, wenn man das notwendige Wissen über sie besitzt. Wer Führungsstrukturen aufbauen will, dabei jedoch die einzige Institution als Inspirationsquelle konsequent ausblendet, bei der man Führungsprinzipien nicht nur lernt, sondern auch praktisch anwendet, dies zum Teil unter sehr gefährlichen, existenziellen Umständen, der muss Alternativen dazu anbieten. Diese leiden aber zumeist an einer fehlenden philosophischen Untermauerung. Wer eine Führungskultur wirksam implementieren will, der muss auch ein sinnvolles Konzept anbieten können, das vorsieht, wie sich die Führungsprozesse im Einzelnen gestalten sollen. Sonst unterliegen diese nur der Macht der Gewohnheit, aber keinen verbindlichen Regeln.

35.

Unsere Gesellschaft heute – wie wir mit Werten und Traditionen umgehen

Die Beschreibung von Beispielen für Führung und Verantwortung aus der preußischen Geschichte führt zu der Frage, wie Preußen in unserer Gesellschaft heute wahrgenommen wird und welchen Stellenwert die herausgearbeiteten Tugenden heute noch haben.

Deutschland lag 1945 in Trümmern, und der von unserem Land ausgegangene Krieg hat unvorstellbares Leid über Millionen von Menschen gebracht, unzählige Tote gefordert und zu dem Verlust weiter Teile unserer Heimat geführt. Dieser Krieg und besonders das nationalsozialistische Terrorregime brachten das deutsche Volk aber auch um seine Ehre; diese ging mit der Ermordung von Millionen von Menschen – die meisten davon Juden, viele davon Deutsche, also Landsleute der Täter – verloren. Ohne den Widerstand gegen Hitler, der seinen Höhepunkt in dem Versuch der Männer und Frauen vom 20. Juli 1944 hatte, den »Führer« gewaltsam zu beseitigen, hätte es überhaupt keine Basis für ein Wiedererlangen der Ehre Deutschlands gegeben. Die Verschwörer des 20. Juli, aber auch die Widerstandsgruppe der Weißen Rose und Einzelkämpfer, wie der Bürgerbräu-Attentäter Johann Georg Elser, haben gezeigt, dass nicht alle Deutschen Täter, Unterstützer, tolerierende oder schweigende Mehrheit waren. Insofern bewahrheitete sich letztlich die Hoffnung Henning von Tresckows,[448] der er mit seinem Verweis auf jene Bibelstelle Ausdruck verlieh, in der Abraham seinen Gott bittet, Sodom zu verschonen, wenn sich auch nur zehn Gerechte darin fänden.[449] Deutschland konnte auf diese zehn Gerechten verweisen und wurde daher verschont. Das gilt aber nicht für Preußen, dem Opfer der Erinnerung, obwohl sich weite Teile des deutschen Widerstandes bei ihrem Denken und Handeln auf ihre preußischen Wurzeln beriefen und die »Gerechten« zu einem wesentlichen Teil Preußen aus Überzeugung waren.

Nach der Zerstörung des Landes begann der Wiederaufbau. Aus ökonomischen Gründen und weil es stellenweise um das nackte Überleben ging, mussten zunächst die materiellen Voraussetzungen für ein Weiterleben geschaffen werden. Für ein Aufarbeiten der jüngsten Vergangenheit waren jedenfalls unmittelbar nach dem Krieg kein Raum und vielleicht auch kein Wille vorhanden. Allerdings versuchten die Siegermächte, durch die Maßnahme der Entnazifizierung belastete Personen zur Rechenschaft zu ziehen und zu verhindern, dass jene, die während der Diktatur an mehr oder weniger exponierter Stelle tätig gewesen waren, wieder eine bedeutende Rolle spielen könnten. Im Ergebnis scheiterte dieses Konzept jedoch; so wurden die meisten Zugehörigen der zweiten und dritten Ebene mit überschaubaren Auflagen vermeintlich »entnazifiziert«, ohne in der Folge weiter behelligt zu werden. Dass man nicht alle Beteiligten entsprechend ihrer Schuld belangen konnte, ist einerseits verständlich, weil ja fast das ganze Volk involviert gewesen war und man zunächst der Notwendigkeit des minimalen Funktionierens Nachkriegsdeutschlands Rechnung tragen musste. An dieser Betrachtungsweise ändern auch die Nürnberger Prozesse nichts, die letzten Endes nur einen sehr kleinen Teil der Verantwortlichen straften, wenngleich sich darunter die exponiertesten Vertreter des Regimes befanden. Die Ergebnisse der Entnazifizierung waren auch deswegen unbefriedigend, weil die Beantwortung der eigentlichen Schuldfrage durch sie eher behindert wurde, da durch eine so geartete Absolution noch keine Aufarbeitung der nahen Vergangenheit durch die Bevölkerung gegeben war. Tatsächlich hatten »die da oben« nur in einem solchen Ausmaß verbrecherisch tätig werden können, weil auch der »Mittelbau« und die breite Masse des Volkes mitgewirkt, zumindest aber das Geschehen hingenommen hatte. Insofern lässt sich die Verantwortlichkeit allenfalls persönlich differenzieren, nicht aber strukturell.

Der Beginn der Verarbeitung dieser größten historischen Katastrophe der Deutschen hat erst sehr viel später eingesetzt. Entwicklung und Wirkkraft der 68er-Generation werden vor dem Hintergrund der bis dahin mangelnden kollektiven Auseinandersetzung mit der Thematik verständlicher. Wie schwer man sich damit getan hat, hinzunehmen, dass ein ganzes Volk mit all seinen Einrichtungen und Institutionen an dieser Katastrophe mitgewirkt hat, erkennt man unter anderem auch daran, dass man beim Aufbau der Bundeswehr nur sehr begrenzt darauf erpicht war, Offizieren, die am Putschversuch des 20. Juli 1944 beteiligt gewesen waren, in dieser neuen Armee einen Posten zu geben. Sie mussten sich im Nachhinein noch Vorwürfe über ihr Handeln anhören, und es dauerte lange, bis die Bundeswehr erkannte, dass diese Offiziere zu ihren Vorbildern gehören und das Andenken an sie ein wesentlicher Bestandteil der Bundeswehrtradition sein müsste. Noch länger dauerte es, bis die Traditionspflege der Bundeswehr von dem Festhalten an vermeintlichen militärischen Vorbildern aus dem Zweiten Weltkrieg befreit wurde. Beispiele von militärischen Aktionen auch des vergangenen Weltkrieges sind durchaus zur Unterrichtung von Offizieren geeignet. Aber die Akteure dieser Operationen, selbst wenn sie militärisch erfolgreich waren, aus diesem Grund zu Vorbildern zu machen, wenn auch nur als Namensgeber einer Kaserne, hat eine andere Dimension. Das Wirken der Wehrmacht kann nicht von dem politischen Umfeld, das ihren Auftrag seinerzeit bestimmte, getrennt betrachtet werden. Ohne die Wehrmacht wäre es den der Truppe nachfolgenden Tötungseinheiten Himmlers nicht gelungen, den Rassenwahn der Nationalsozialisten in die Praxis der Vernichtung umzusetzen, und viele Offiziere höchster Ränge schwiegen in Kenntnis dieser Verbrechen.

Ich habe daher immer jede Verbindung zu Ehemaligenverbänden der Wehrmacht abgelehnt. Dennoch gehört es sich, dass wir den Toten auch aus diesem letzten Weltkrieg ein ehrendes Gedenken bewahren. Nicht jeder konnte sich wehren, viele waren Opfer des Systems, mindestens indem sie ihr Leben ließen. Jene hingegen, die Handlungsmöglichkeiten hatten, ohne sie zu nutzen, dürfen nicht in die Nähe von Vorbildern gerückt werden. Doch gibt es viele, die den Mut zum Widerstand gehabt haben, wenn auch manchmal sehr subtil. Weil wir auf diesen Aspekt unserer Geschichte stolz sein können, sollen dem vielfältigen Widerstand in einer flüchtigen Skizze wenigstens ausschnittweise Namen und Gesichter zugeordnet werden. Zu seinen exponiertesten Vertretern gehörten Oberst Claus Schenk Graf von Stauffenberg, der eigenhändig versuchte, Hitler umzubringen, daneben Generaloberst Ludwig Beck, der sein Amt in dem Moment zur Verfügung stellte, als er von Hitlers Expansionsplänen erfahren hatte, und Generalfeldmarschall Erwin von Witzleben, der für die Zeit nach einem erfolgreichen Staatsstreich für den Posten des Oberbefehlshabers der gesamten Wehrmacht vorgesehen war.

Weitere zu nennende Persönlichkeiten sind der General der Infanterie Carl-Heinrich Rudolf Wilhelm von Stülpnagel, der am 20. Juli bereits alle NS-Strukturen in Paris unter Kontrolle hatte, außerdem Generalmajor Henning von Tresckow, der als eine treibende Kraft des Attentats von 1944 anzusehen ist, nach dessen Scheitern den Freitod wählte und zudem bereits an einer früheren Verschwörung gegen Hitler unmittelbar beteiligt gewesen war. Aber auch Generalmajor Friedrich Olbricht soll Erwähnung finden, der zusammen mit Oberst Albrecht Ritter Mertz von Quirnheim den für die Zwecke des Attentats umgewandelten Mobilmachungsplan der Wehrmacht, »Operation Walküre«, auslöste und somit den Staatsstreich im Inneren des Reiches ausführen wollte. Weite-

Claus Schenk Graf von Stauffenberg, der Kopf des Widerstandes vom 20. Juli 1944.

re tapfere Männer sollen genannt werden, wie Generalmajor Hellmuth Stieff, Fritz-Dietlof Graf von der Schulenburg, Oberst Cäsar von Hofacker, Oberleutnant Werner von Haeften, Leutnant Fabian von Schlabrendorff, Adam von Trott zu Solz, Julius Leber, Carl Friedrich Goerdeler, Ulrich von Hassell oder Hans von Dohnanyi – und alle gereichen zum Vorbild. Diese Verschwörer haben sich als Preußen bezeichnet und ihr Handeln und Wirken als einen Akt der Pflichterfüllung angesehen, auch im Sinne der Ehrenrettung Deutschlands.

Vor dem Hintergrund eines eher unreflektierten Neuanfangs bei dem sozialen und politischen Aufbau wollte man vordergründig alles hinter sich lassen, was äußerlich an die Ursachen der Katastrophe erinnern könnte. Deshalb wurden die preußischen Traditionen bewusst ausgeblendet, und man hat im Laufe der Zeit, aus Gründen der Political Correctness, zugelassen, dass Preußen, Militarismus und der Nationalsozialismus schließlich gleichgesetzt wurden. Wie wir bereits gesehen haben, ist in diesem Sinne die Propagandazielsetzung von Goebbels, ein Kontinuum von Friedrich dem Großen bis hin zu Hitler herzustellen, durchaus aufgegangen – von Preußen wollte man jedenfalls nichts mehr wissen. Und man musste sich auch deshalb nicht wirklich mit ihm auseinandersetzen, weil seine Kernlande entweder faktisch nicht mehr deutsch waren oder von der DDR verwaltet wurden, die sich für das preußische Erbe auch nicht weiter interessierte.

Bis heute haben wir uns nie mit den immateriellen Schäden an unseren Traditionen und Werten und dem bis zur Vergessenheit gehenden Überlagern unserer bis dahin erbrachten historischen Leistungen auseinandergesetzt und damit die Frage gestellt, ob nicht auch die deutsche Nation in gewisser Hinsicht Opfer geworden ist.

Dabei liegt es mir fern, die vielen menschlichen Opfer und das unvorstellbare Leid, das die Nationalsozialisten verschuldet haben, zu relativieren oder Täter und Opfer gleichzusetzen. Leidtragende könnten aber meine eigene und die nachfolgenden Generationen in Deutschland sein, jene nach 1945 Geborenen, die die »Gnade der späten Geburt« erfuhren. Leidtragende sind sie, weil die nationalsozialistische Barbarei ihnen etwas genommen hat, was ihrer Generation bis zum heutigen Tag fehlt. So können wir mit der Zeit vor 1933 nicht unbefangen umgehen, denn Begeisterung oder gar Anerkennung für diese Zeit öffentlich zu äußern, heißt, sich zunächst einmal durch die braunen Schichten unserer Geschichte durcharbeiten zu müssen: teils seine Meinung verdeutlichend, teils sich entschuldigend oder sich abgrenzend. Auch in diesem Buch waren einleitende Worte nötig, um herauszustellen, warum Preußen nichts mit den Nationalsozialisten gemein hat. So haben wir unsere ganze Geschichte sich von den zwölf Jahren der nationalsozialistischen Herrschaft überlagern, verdrängen und relativieren lassen. Wer im Ausland etwas über uns Deutsche zu wissen glaubt, der verbindet uns mit einem tausendjährigen Reich, das die Nationalsozialisten schaffen wollten und das bereits nach kaum mehr als einer Dekade in Schutt und Asche lag. Dabei fußt unsere Geschichte im Heiligen Römischen Reich Deutscher Nation, das tatsächlich tausend Jahre alt wurde, ehe es auf Druck von Napoleon aufgelöst wurde. An diese kulturellen Wurzeln wird nicht gedacht, sie werden übersehen oder sind schlicht unbekannt.

Und natürlich sind wir auch Opfer geworden, weil fast jede Familie Tote zu beklagen hatte; viele mussten aus ihrer Heimat fliehen, und wir haben unvorstellbar viele Deutsche jüdischen Glaubens, also einen Teil unserer Kultur und unserer kulturellen Identität, verloren. Das wirkt sich bis heute aus – auch in wirtschaftlicher Hinsicht. Vielleicht hätte sich zumindest das deutsche Bankwesen anders entwickelt, wenn wir noch auf die zahlreichen jüdischen Privatbankiers zählen könnten. Darum dürfen sich die düsteren Worte des Rabbiners Leo Baeck aus dem Jahr 1945, nach seiner Befreiung aus dem Konzentrationslager Theresienstadt, einfach nicht bewahrheiten:

> Für uns Juden aus Deutschland ist eine Geschichtsepoche zu Ende gegangen. Eine solche geht zu Ende, wenn immer eine Hoffnung, ein Glaube, eine Zuversicht endgültig zu Grabe getragen werden muss. Unser Glaube war es, dass deutscher und jüdischer Geist auf deutschem Boden sich treffen und durch Vermählung zum Segen werden können. Dies war eine Illusion – die Epoche der Juden in Deutschland ist ein für alle Mal vorbei.[450]

Auch deshalb müssen wir uns der preußischen Geschichte erinnern, weil sich in der zweiten Hälfte des 18. Jahrhunderts die Symbiose christlichen und jüdischen Geistes zu einer historischen Blüte entwickelt hatte. Bezüglich Preußens haben auch jene, die es besser hätten wissen müssen, nämlich Intellektuelle wie die Vertreter der Frankfurter Schule, alles getan, um eine differenzierte Betrachtung im beschriebenen Sinn zu verhindern. Es dauerte zwar Jahre, bis sich dieses Gedankengut entfaltete, dafür leistete dann die 68er-Generation ganze

Arbeit und führte einen endgültigen Bruch mit den bis dahin als selbstverständlich akzeptierten Traditionen herbei. Das Spruchband mit den Worten »Unter diesen Talaren, Muff von tausend Jahren«, das beim Einzug der Professoren an der Universität Göttingen vor diesen hergetragen wurde, brachte diese neue Geisteshaltung zum Ausdruck. In der Folgezeit wurde bei der nun aufkommenden politischen Diskussion in der Gesellschaft auch Gewalt angewendet, die sich schrittweise zum selbstverständlichen Instrument der Auseinandersetzung entwickelte. Wir erinnern uns an die Demonstrationen gegen die Startbahn West des Frankfurter Flughafens, das Atomendlager Gorleben oder einfach nur an die Hausbesetzerszene. Bezüglich der Wehrpflicht sprach man nur noch vom »Kriegsdienst«, und das Recht, aus Gewissensgründen den Wehrdienst zu verweigern, wurde zu einer Verweigerung aus »gewissen Gründen«. Spätere Minister waren sowohl geistig als auch aktiv an dieser Veränderung gesellschaftlicher Einstellungen beteiligt. Zurzeit sind wir dabei – vierzig Jahre nach dem Entstehen der 68er-Generation –, diese zu verklären. Doch tatsächlich schuf diese Geisteshaltung keine Werte, selbst wenn man ihren Vertretern zugesteht, dass sie Denkprozesse anstießen und Verkrustungen aufbrachen.

Im Sinne des hier Ausgeführten fühle ich mich daher auch als Opfer, weil wir uns bis heute tief im Inneren schwertun mit Nationalbewusstsein oder gar Nationalstolz, kurzum, im Umgang mit unserer diese Ideen versinnbildlichenden bundesrepublikanischen Fahne. Auf die Herkunft unserer Fahne könnten wir Deutschen durchaus stolz sein – dennoch benötigten wir die Zeit bis zur Fußballweltmeisterschaft 2006, um wenigstens temporär ein äußerlich unverkrampftes Verhältnis zu ihr zu bekommen. Trotzdem bleibt Nationalstolz etwas, was bei uns mit einer grundsätzlichen Skepsis betrachtet wird – auch von uns selbst. Die Fahne wird bei uns zurzeit nur als Zeichen einer diffusen Gruppenzugehörigkeit akzeptiert.

Patriotismus im eigentlichen Sinne war in der Zeit nach dem Zweiten Weltkrieg nicht opportun, man wollte ihn nicht zeigen, und seine Existenz war unerwünscht. Gustav Heinemann, der Bundespräsident zur Zeit der 68er-Generation, antwortete auf die Frage, ob er sein Land liebe, mit den Worten, er liebe seine Frau. Von einem Staatsoberhaupt kann jedoch durchaus verlangt werden, dass er für das Land, das zu repräsentieren er freiwillig angetreten ist, auch so etwas wie Liebe und Verbundenheit empfindet. Vielleicht war die Antwort Heinemanns eher als ein privates, schönes Bekenntnis zu seiner Ehefrau zu verstehen denn als Ausdruck seiner Einstellung zu unserem Gemeinwesen – er war jedenfalls auch bekannt für skurrile Bemerkungen. Sein späterer Nachfolger, der ehemalige Bundespräsident Köhler, fand nach seiner Wahl vor der Bundesversammlung jedenfalls ganz andere Worte, die so manchen Zuhörer nach den Erfahrungen mit bisherigen Äußerungen von Politikern angenehm überraschten, war man es doch nicht gewohnt, solcherlei eigentliche Selbstverständlichkeiten auch ausgesprochen zu hören. Dass Köhler schließlich nicht in der Lage war, die Belastungen, die das Amt mit sich bringt, um der Pflichterfüllung willen zu tragen, hat viele im Land, in dem er wohlgelitten war, enttäuscht. Die Übernahme eines politischen Amtes ist freiwillig. Mit der öffentlichen Bestätigung durch eine freie und demokratische Wahl werden die Hürden, dieses wieder aufzugeben, höher gelegt, weil eine Kandidatur auch das Versprechen beinhaltet, als Träger des Amtes treu zu dienen, und das heißt auch, durchzuhalten und Widrigkeiten in Kauf zu nehmen.

Weite Teile Preußens schienen für immer verloren und in der sowjetisch besetzten Zone, der späteren DDR, wollte man sich gar der steinernen Zeugen Preußens entledigen. Die Vernichtung von Gebäuden aus preußischer Zeit und somit auch von Vergangenheit erfolgte dabei äußerst planvoll. Weil man die vielen Bauwerke, die man in der sozialistischen Geschichtsklitterung mit Junkertum und Großbürgertum gleichsetzte, nicht alle abreißen konnte, wurden sie systematisch durch eine bewusst artfremde Nutzung ruiniert oder ihre Zerstörung wurde billigend in Kauf genommen. Ein Beispiel unter vielen ist das Schloss in Reinsberg, in dem Friedrich der Große seine letzten Jahre als Kronprinz verbracht hatte und das später sein Bruder bis zu dessen Tode bewohnte: Es wurde zu einem Diabetikerheim umgestaltet. Die neue Nutzung der Räume veränderte durch den Wandanstrich mit abwaschbarer Ölfarbe und durch in die Kamine eingebaute Heizkörper den Charakter des historischen Barockschlosses sehr zu seinen Ungunsten. Andere Schlösser wurden zu Schulen und Kindergärten umfunktioniert, oder man überließ sie absichtlich dem Verfall.

In den vormaligen Zentren Preußens, Berlin und Potsdam, ging es aber um mehr als um Zerstörung und Verwandlung durch neue Nutzung. Man wollte ein weithin sichtbares Exempel statuieren und jede architektonische Verbindung zu Preußen und seiner Geschichte abbrechen. So wurde das Stadtschloss in Berlin, das nicht so stark zerstört war, als dass man es nicht hätte wiederherstellen können, schlichtweg abgerissen, ebenso wie die Potsdamer Garnisonskirche. Diese Bauwerke verkörperten aus der Sicht der sozialistischen Machthaber in besonderem Maße den angeblichen preußischen Militarismus. Tatsächlich war die Potsdamer Garnisonskirche ein Ausdruck der Ehrfurcht vor Gott. Erst Hitler, mit seinem geradezu perversen Geschichtsverständnis, entweihte dieses Bauwerk mit dem Tag von Potsdam im wahrsten Sinne des Wortes. Aber die DDR-Regierung war dankbar für jeden sich bietenden Grund, wenn es darum ging, all das zu ächten, was noch aus preußischer Zeit stammte. Erst Jahre später veränderte sich die offizielle Sichtweise auf die Dinge, wenn auch nicht aus Gründen der Einsicht in Versäumnisse und Fehlverhalten, sondern nur des schnöden Mammons wegen, als man nämlich erkannte, dass preußische Geschichte durchaus ein Touristenmagnet war, der Devisen brachte.

Selbst die Person Friedrichs des Großen war in der DDR der Vereinnahmung aus ideologischen Gründen ausgesetzt: Erst wurde er verfemt, und als man glaubte, mit einer Besinnung auf den großen Monarchen eine Stabilisierung und Legitimierung der sozialistischen Diktatur zu ermöglichen,[451] wurde seit den siebziger Jahren die Aneignung seines geschichtlichen Erbes schrittweise vorbereitet und dann auch vollzogen. Sichtbarster Ausdruck dessen war die Rückkehr des berühmten Denkmals Friedrichs des Großen von Daniel Rauch an seinen angestammten Platz an der Prachtstraße Unter den Linden.

Die ideologischen Motive der SED bei der Beseitigung der steinernen Zeugen preußischer Glorie müssen berücksichtigt werden, wenn über den Wiederaufbau des Berliner Stadtschlosses diskutiert wird. Es geht nicht um die Bebauung einer x-beliebigen Fläche, es geht auch nicht um die Frage, ob Berlin ein modernes Gebäude ähnlichen Ausmaßes verträgt, sondern allein darum, ob wir die ideologisch begründeten Frevel der SED mit einer Ewigkeitsklausel versehen wollen. Der wenigstens teilweise historische Aufbau des Stadtschlosses ist die einzig richtige Antwort auf den Abriss, der politischen Motiven gehorcht hatte. Preußen repräsentiert eine Zeit, die wichtige Errungenschaften mit sich gebracht hat. Diese Geschichte heißt es anzunehmen, und sie hat sich auch in Bauwerken manifestiert, die es verdient haben, erhalten oder sogar wiederaufgebaut zu werden. Der geplante Name für das neu aufzubauende Stadtschloss – Humboldtforum – anstelle der alten Bezeichnung, wie auch der Plan, in dem Gebäude kein Museum über Preußen mit all seinen Facetten, sondern eine Naturkundesammlung einzurichten, passt zu unseren Ressentiments gegenüber Preußen und unserem vorauseilenden Gehorsam, um niemanden zu brüskieren. Dabei wäre das Stadtschloss ein guter Ort, um den verlorenen Gebieten Preußens und diesem selbst ein Denkmal zu setzen. Dort könnten wir uns daran erinnern, dass etwa Schlesien und Königsberg früher einmal deutsch waren, aber auch zur Kenntnis nehmen, dass das heute polnische Breslau fast wieder so aufgebaut wurde, wie es einmal aussah. Im Übrigen sollte man nicht alles, was in Zusammenhang mit den ehemaligen preußischen Ostgebieten steht, Vereinigungen überlassen, die für die unabdingbare Völkerverständigung nicht immer das richtige Gespür haben. So ist der Verlust der einstmals deutschen Ostgebiete nicht allein auf das Thema der Flucht und Vertreibung zu reduzieren; es handelt sich dabei vielmehr um einen Teil der nationalen Geschichte, die uns alle betreffen sollte und nicht nur eine Frage der persönlichen Betroffenheit Einzelner ist.

Bis die Wiedervereinigung in die spezifische Systemwelt Ostdeutschlands hineinplatzte, hatte die DDR systematisch eine diktatorisch verordnete Gleichmacherei, die nur auf einem Nährboden der Unfreiheit gedeihen konnte, und damit das Eliminieren von Kultur betrieben. Aus unseren ostdeutschen Landsleuten wurde ein Volk von Proletariern, die nicht einmal mehr eine konfessionelle Bindung hatten.

Wenn der SED etwas gelang, dann war es die endgültige Zerschlagung des Bildungsbürgertums, auch wenn dieses schon vorher in zwei Kriegen sehr gelitten hatte. Gerade das, was das alte Bürgertum unter anderem ausgezeichnet hatte, nämlich die geistige und gesellschaftliche Entwicklung einer Familie über mehrere Generationen hinweg, wurde systematisch verhindert. Ein Instrument dazu war die Beschränkung der akademischen Ausbildung auf nur eine Generation, immer vorausgesetzt, dass die jeweilige Familie politisch unauffällig war beziehungsweise sich regierungskonform verhielt.

Es ist daher erstaunlich, dass nicht einmal zwanzig Jahre seit der Wiedervereinigung Deutschlands vergangen sind – einem Glücksfall unserer Geschichte – und die sozialistische Diktatur bereits beschönigt oder gar vergessen wird. Jene Partei, die sowohl für Zwangsadoptionen verantwortlich war als auch für das Erschießen von Menschen an der innerdeutschen Grenze, weil diese ihr Menschenrecht auf freie Wahl des Wohnortes wahrnehmen wollten, eine Partei, die tagtägliche Unterdrückung bedeutete, erfährt mit ihrer Nachfolgerpartei Die Linke heute in manchen Gegenden Ostdeutschlands starken Zuspruch und wird dort mehrheitlich gewählt. Der Umstand, dass der langjährige Ehrenparteivorsitzende dieser Partei der Fälscher der letzten Kommunalwahlen in der ehemaligen DDR ist, hatte keine weiteren Konsequenzen. Mit PDS und jetzt Die Linke gab und gibt es im vereinigten Deutschland eine in den Parlamenten vertretene Partei, die immer noch die Systemfrage stellt und das will, was wir von 1933 bis 1989 auf deutschem Boden lange genug hatten – eine sozialistische Gesellschaftsform. Die Erlebnisse des Nationalsozialismus oder des real existierenden Sozialismus zeigen, dass diese unfreien Gesellschaftssysteme allenfalls ein oder zwei Generationen überleben können und stets immensen Schaden hinterlassen – trotzdem mauserte sich diese Partei zum Koalitionspartner. Nach der Werterelativierung durch die 68er-Generation wird so eine geistige Vergesellschaftung gefördert.

Natürlich musste im Rahmen der Wiedervereinigung auch mit der Herausforderung einer Versöhnung umgegangen werden, wozu auch die Aufarbeitung des SED-Unrechts und der Machenschaften der Staatssicherheit gehört. Völlig unangemessen ist es in diesem Zusammenhang, wenn die Täter sich selbst zu Opfern stilisieren und den Anschein erwecken wollen, als sei das, was in der DDR geschah, zumindest vertretbar gewesen. Wer so denkt, macht aus der Versöhnung eine Verhöhnung der wirklichen Opfer. Diesen sollte Respekt gezollt werden durch die Einordnung der DDR als zweite Diktatur auf deutschem Boden nach dem Nationalsozialismus.

Auf einem geistigen Nährboden der nationalen Orientierungslosigkeit entwickelte sich dann im Anschluss an das von internationaler Seite von den Deutschen erwartete Bewältigen der Vergangenheit und Eingestehen der deutschen Schuld eine Spaß- und Freizeitgesellschaft, in der unter anderem das Kinderkriegen lästig erschien und die Arbeit der Frau nur dann als wertvoll und für sie als selbstverwirklichend angesehen wurde, wenn sie einen Beitrag zum eigenen Konsum oder dem ihres Mannes beitragen konnte. Die Frau, die ihre Berufung im Hausfrauendasein, in der Erziehung der Kinder und im Führen eines »familiären Kleinbetriebes« sah, wurde zu einer Art gesellschaftlichem Underdog. Dass sie die Karriereentwicklung ihres Mannes oftmals erst ermöglichte, weil sie sich um Kinder und Haushalt kümmerte, wurde in eine Ausbeutung ihrer Person umgedeutet, da dieses Lebenskonzept nicht in das Weltbild vieler Linken und der von ihnen vereinnahmten Moderne passte.

Und weil die demographische Entwicklung Deutschlands nur in langweilenden Sonntagsreden angesprochen wird, sei hier mit aller Deutlichkeit einmal darauf hingewiesen, dass die Tatsche, dass eine berufstätige Frau in ihrer Leistung höher bewertet wird als eine Hausfrau und Mutter, zu einem volkswirtschaftlichen Problem noch nie da gewesenen Ausmaßes führen kann. So wie ein permanentes Finanzieren des eigenen Wohlstandes über Kredite, einschließlich der dafür aufzuwendenden Zinsen, früher oder später zu einem wirtschaftlichen Kollaps führt, wird eine Gesellschaft kollabieren, wenn sie glaubt, ihre eigene Altersversorgung ohne die auf dem Solidarprinzip basierende Finanzierung durch ihre Kinder bewältigen zu können. Wenn meine Generation in etwa zehn Jahren in Pension geht, dann werden etwa zwanzig Jahre lang Renteneinkommen finanziert werden müssen, denen nicht genug Leistungskraft durch berufstätige junge Menschen gegenübersteht. Man kann nur hoffen, dass die Folgen der bis dahin geplatzten Wirtschaftsblase alle verarbeitet sein und wir nicht vor einer jahrzehntelang andauernden Krise stehen werden, die ein Land mit einer besseren Alterspyramide wahrscheinlich besser überstünde.

Auch die Entscheidung für den eigenen Nachwuchs hat etwas mit Pflichtbewusstsein zu tun, mit einem Sinn für die Interessen der nachfolgenden Generationen. Es geht nicht darum, der traditionellen Rollenverteilung zwischen Mann und Frau das Wort zu reden, sondern darum, nicht alles unter Berufung auf die Emanzipation der Frau als veraltet und somit überholt abzutun. Mütter, die sich ausschließlich um ihre Kinder kümmern, müssen in ihrer Tätigkeit gleichberechtigt anerkannt werden gegenüber den Frauen, die sich für die Kombination aus bezahlter Arbeit und Erziehungsarbeit entschieden haben.

Eine neue Erfahrung für uns alle stellt die Globalisierung mit der mit ihr einhergehenden ungebremsten Öffnung nahezu aller Märkte dar. Die Folgen sind für den Einzelnen schwer abzusehen. Dazu wäre es nötig, sich mit durchaus komplexen Fragen der Wirtschaftspolitik zu befassen, was aber auch dezidierte Kenntnisse über Fertigungs-, Kommunikations- und Logistikprozesse und nicht zuletzt über andere Staaten voraussetzte. Schließlich sind zum Verständnis gesellschaftlicher und politischer Abläufe Geschichtskenntnisse über einzelne Staaten notwendig, welche bisher weder geographisch noch politisch die nächstliegenden Bezugspunkte für uns waren, wie etwa die Länder Asiens oder Osteuropas. Und es zeigt sich, dass Menschen, die schon zu der heimischen Wirtschaft keinen Zugang haben, von den ökonomischen Zusammenhängen der Globalisierung völlig überfordert sind und deshalb nach staatlicher Reglementierung rufen.[452]

Und tatsächlich ist die wirtschaftliche Entwicklung immer wieder dazu angetan, Zweifel an der Beherrschbarkeit der Kräfte des Marktes zu nähren. So kam es mit der internationalen Finanzmarktkrise, nur acht Jahre nach dem Platzen der Internetblase im Jahr 2000, zu einem globalisierten Kollaps. Die deutsche Sparergemeinschaft erlebte plötzlich, dass sie Opfer einer leichtfertigen Kreditvergabe an amerikanische Immobilienkäufer werden konnte und das in vielen Fällen auch bereits geworden war. Mit der Pleite der bis dahin renommierten Bank Lehman Brothers wurde ein neues Kapitel des internationalen Finanzmarktes aufgeschlagen. Manch selbst ernannte Wirtschaftsweise und viele Politiker überboten sich gegenseitig an Vorschlägen, wie man eine Wiederholung der Vorgänge, die zum Kollaps geführt hatten, in der Zukunft vermeiden könne. Man war sich schnell einig, dass die Renditegier einzelner Banker die Ursache gewesen war, und suchte nach Wegen, wie dies künftig durch bessere Kontrollinstrumente, eine bessere Bankenaufsicht und ein international anerkanntes Regelwerk verhindert werden könne. Langsam setzte sich bei dem ein oder anderen die späte Erkenntnis durch, dass die amerikanischen Finanz- und Unternehmensregeln nicht als immerwährendes Vorbild gelten konnten. Bis dahin war in Europa versucht worden, vieles eher unkritisch zu imitieren, was in den USA an wirtschaftsrechtlichen und -betriebswirtschaftlichen Ideen entwickelt worden war. Der amerikanische Sarbanes-Oxley Act war »Geburtshelfer« für den deutschen Corporate Governance Kodex. Mit den dort genannten Festlegungen glaubten die Verfasser, das Vertrauen in die deutsche Wirtschaft, vor allem in börsennotierte Unternehmen, wiederherstellen zu können. Dabei sind darin nur Plattitüden enthalten und allenfalls eine Wiederholung von aktienrechtlichen Vorgaben. Kurz, der Kodex liest sich wie ein Anfängerskript für das Studium des Gesellschaftsrechts. Das, was aber selbstverständlich wäre, ist nicht geschehen, nämlich Regeln für das Verhalten und Benehmen von Vorständen und Managern zu formulieren, die den Vorstellungen eines ordentlichen Kaufmanns entlehnt wären. Preußische Wertvorstellungen sucht man jedenfalls in den aufgestellten Regeln vergebens. Dabei kann man die Kräfte der Wirtschaft nur in den Griff bekommen, wenn sich bereits der Einzelne beherrscht und auch dann seine Pflicht tut, wenn dies von niemandem überwacht wird. In der Formulierung eines Corporate Governance Kodex wären die Gebote der Pflichterfüllung, Gerechtigkeit und Toleranz also ebenfalls durchaus ebenfalls angebracht.

Fehlentwicklungen in großen Unternehmen entstehen trotz der Existenz von Aufsichtsräten, weil diese nicht selten mit den Vorständen Hand in Hand zusammenarbeiten beziehungsweise ihre vorgegebenen Kontrollfunktionen nicht zuverlässig ausüben. Die Tatsache, dass der Vorgänger eines neuen Vorstandsvorsitzenden häufig der Aufsichtsratschef ist, erschwert die Situation. Da die Entscheidungen des neuen Vorstandschefs zumindest in den Folgejahren an die Entscheidungen seines Vorgängers anknüpfen, entzieht sich so der bisherige Vorstandschef nachträglich der Kontrolle eines Aufsichtsrates, weil er dessen eigener Vorsitzender wird. Es wäre aber falsch, die Schuld nur bei den Arbeitgebern selbst zu suchen, denn nicht alle Fehlentscheidungen in einem Aufsichtsrat werden gegen die Stimmen der Arbeitnehmervertretungen getroffen oder haben der Doppelstimme des Aufsichtsratsvorsitzenden bedurft.

Nicht jede Entwicklung in einem Unternehmen kann gänzlich verborgen bleiben, und es ist schlechterdings unvorstellbar, dass sich eine ganze Finanzkrise außerhalb einer ordentlich praktizierten Dienstaufsicht entwickelt haben soll. Dabei behaupten manche Manager schon, von weniger komplexen Dingen, wie der umfassenden Inanspruchnahme von Prostituierten durch Betriebsräte auf Firmenkosten oder von systematisch eingesetzter Korruption zur Gewinnung von Aufträgen, keine Kenntnis gehabt zu haben. Das sorgfältige Verwalten anvertrauten Eigentums impliziert geradezu zwingend die Überwachung nachgeordneter Einheiten – Dienstaufsicht gehört zu den Selbstverständlichkeiten des Führens.

Korrektes Verhalten kann nur dort dauerhaft verlangt werden, wo Fehlverhalten nicht sanktionslos bleibt. Recht muss zu seiner Wirksamkeit mehrheitlich anerkannt, aber auch durchgesetzt werden. Dazu sind nicht neue Gesetze erforderlich, sondern eine konsequente gesellschaftliche Ächtung versagender Manager. Diese sollten eben keine gut bezahlten Vorträge mehr halten dürfen und keine öffentlichen Plattformen mehr bekommen, weil sie den Anspruch, etwas zu sagen zu haben, schlichtweg verwirkt haben. Denn Pflichterfüllung impliziert immer auch, ein Beispiel zu geben, getreu dem kategorischen Imperativ von Kant.

Fehlverhalten in den Führungsetagen gewinnt deshalb an politischer Brisanz, weil in einer Gesellschaft, in der die Transferleistungsempfänger zunehmen, Schlagzeilen über die sanktionslose Selbstbedienung kaum geeignet sind, einer kritischen Überprüfung der uns langsam erdrückenden Sozialausgaben das Wort zu reden. Und es ist schwer, unberechtigten Nutznießern des Sozialstaates angesichts des Verhaltens mancher exponierter Vertreter von Staat und Wirtschaft einen Vorwurf zu machen, der als solcher auch akzeptiert wird, weil diese Nutznießer in der Regel auch dazu neigen, ihre Chancen und

Möglichkeiten auf ihrem Niveau zu nutzen, wenn sie keine inneren oder gesellschaftlichen Grenzen kennen. Man hat leider immer mehr den Eindruck, dass sich eine allgemeine Selbstbedienungsmentalität ausbreitet, die alle Schichten des Volkes erfasst. Die Hemmschwelle, sich Dinge anzueignen, die einem nicht zustehen, sinkt deutlich.

Mit Gesetzen werden diese Verhaltensweisen nicht in den Griff zu bekommen sein, sondern nur mithilfe von Vorbildern, an denen man sich orientieren kann und die als Maßstab auch wahrgenommen werden. Preußische Tugenden lassen sich nicht verordnen; sie sind eine Frage der Erziehung und der gesellschaftlichen Werteerwartung. Wenn sich alle daran orientieren würden, dann traute sich keiner auszubrechen; wenn aber nur wenige dazu bereit sind, dann wird aus dem Festhalten an Prinzipien schnell ein Kampf gegen Windmühlen.

In Deutschland machen sich zunehmend eine gefühlte Ungerechtigkeit und Unsicherheit breit. Auch wenn die Arbeitslosigkeit momentan wieder rückläufig ist und die heimische Wirtschaft mancher Widrigkeit trotzt, bleiben doch die strukturellen Mängel bestehen. Dazu zählt ein zunehmendes Erlahmen der staatlichen und auch privaten Handlungsfreiheit infolge konkreten Geldmangels, weil wir immer mehr für unser Sozialsystem und die Transferleistungsempfänger ausgeben müssen und die damit verbundene Abgabenlast unvermindert hoch ist. Die teilweise unzulängliche Integration von Bürgern mit Migrationshintergrund und auch die Gleichgültigkeit gegenüber der Bildungspolitik seitens vieler Mitbürger jedweder Herkunft, obwohl Bildung die einzige Behauptungschance für ein Land ist, das über keine exportfähigen Rohstoffe verfügt, tun ihr Übriges. Auch hier kann man von Preußen lernen, da die systematische Bildung der Bürger einen ganz maßgeblichen Beitrag zum Aufstieg dieses Staates leistete.

In fast jeder politischen Diskussion spielt die Globalisierung eine wesentliche Rolle, und es wird der Eindruck erweckt, dass nicht nur der Einzelne keinen Einfluss hat, sondern auch unsere Politiker nur noch Getriebene einer Globalisierungshydra sind. Unwissen und Machtlosigkeit stellen aber von jeher einen idealen Nährboden für ein Gefühl der Bedrohung dar. Die jüngste Finanzkrise zeigt das überaus deutlich: Manche waren sofort betroffen, andere spürten zunächst gar nichts davon, um die Auswirkungen dann später umso härter am eigenen Leibe zu erfahren. Das Diffuse also macht den Menschen Angst, und sie merken, dass die Politiker ebenfalls ratlos sind. Was ist, wenn die Ratlosigkeit begründet ist und Krisen tatsächlich nicht mit den Mitteln der Politik behoben werden können, wirkungslose Rettungsversuche aber Milliarden verschlungen haben, die noch unsere Enkel und Urenkel belasten werden?

Das Gefühl der persönlichen Bedrohung stellt aber auch eine zusätzliche Einschränkung dar, weil Menschen dadurch beginnen, irrational zu denken und schließlich auch so zu handeln. Es ist der Sache nicht dienlich, dass zudem Politiker, die gezwungen sind, in den stetig kürzer werdenden Zyklen wahlkampffreier Zeiten Entscheidungen zu fällen, in unserer Mediengesellschaft immer mehr dem Volk nach dem Mund reden und ihm suggerieren, dass sich Probleme lösen lassen, wenn man nur ein paar Gesetze ändert und die Verteilungs- der Leistungskomponente vorzieht. Problematisch wird das alles, weil die Herausforderungen zu groß sind, als dass sie ohne grundsätzliches Umgestalten, das langen Atems bedarf, beantwortet werden könnten. Leider geben die Wähler umgekehrt lieber dem die Stimme, der eine Problemlösung ohne Beteiligung des Wählers verspricht. Tatsächlich sind die Schäden in unserem Land aber zu groß und die finanziellen Möglichkeiten zu begrenzt, um die Reparaturdauer für die Fehler der Vergangenheit auf eine kurze Zeit begrenzen zu können. Im Tagesgespräch sind heute die zu hohe Arbeitslosigkeit, die nicht zukunftsfähigen und finanzierbaren Altersversorgungs- und Gesundheitssysteme oder auch die nicht ausgeglichenen Staatsfinanzen, um nur einige Eckpunkte der staatlichen Misere zu nennen. Wenn ein Vorschlag präsentiert wird, wie unsere Probleme gelöst werden könnten, wird im Allgemeinen sehr genau darauf geachtet, dass Einschnitte, die die Mehrheit betreffen, möglichst nur verhalten geäußert und allenfalls unter Verwendung der vorsichtigen Formulierung »man müsste ...« erwähnt werden.

Neben den technischen Antworten auf die Frage, wie wir die Probleme des Staates in den Griff bekommen können, bedarf es einer Korrektur der Wertvorstellungen – Wertvorstellungen, die unser Volk zusammenhalten und nicht zuletzt auch Grundlage aller Entscheidungen und jeglichen Handelns sein müssen.

Deutschland befindet sich am Beginn des 21. Jahrhunderts daher zugleich auch in einer Wertekrise. Deren Ausmaß bemisst sich nicht allein nach dem der zu erwartenden dramatischen Folgen, sondern danach, wie groß die Aufwendungen sein müssen, um diese abzuwenden, sowie danach, ob überhaupt die Möglichkeiten dazu bestehen und ob die zur Katastrophenabwendung notwendigen Führungspersönlichkeiten vorhanden sind. Dem zuletzt erwähnten Faktor ist es geschuldet, dass unsere gesellschaftliche Krise eine so fundamentale ist. Denn unsere Probleme gehen in erheblichem Maß auf fehlende Führung durch wirklich geeignete Personen zurück. Gegen diese Behauptung könnte man jetzt einwenden, dass unsere Gesellschaft sicherlich über genauso viele Führungskräfte verfügt wie andere und dass diese wahrscheinlich auch nicht schlechter sind. Was nutzt das aber, wenn entscheidende Führungspositionen in Wirtschaft und Politik mit Personen besetzt werden, die dem Anspruch, den ein Geführter an einen Führer haben kann, nicht gerecht werden können. Ich bestreite, dass wir es mehrheitlich mit guten Führungskräften zu tun haben. Dort, wo es aber solche gibt, spielen sie gesellschaftlich keine herausragende Rolle, oder ihr Wirkungskreis ist zu begrenzt, als dass sie einen signifikanten Beitrag zur gesellschaftlichen Lösung unserer Probleme beitragen könnten. Personen, die begründet einen Führungsanspruch erheben, sollten auch gesellschaftliche Führungspositionen einnehmen. In technischer Hinsicht haben wir durchaus die Antworten auf die drängenden Fragen, wie der wirtschaftlichen Krise beizukommen ist, wir sind nur nicht in der Lage, auch die gesellschaftliche Krise zu meistern, die aber vorrangig angegangen werden müsste. Denn die technischen Antworten können ohne eine Besserung der gesellschaftlichen Gesamtsituation keine Abhilfe schaffen, weil es dann eben an den Möglichkeiten zur Umsetzung fehlt. Die Forderung nach guten Führern ist allerdings eher verpönt; es ist modern geworden, auch das Führen zu einem Gemeinschaftserlebnis zu machen. Wir sind fixiert auf den führungstechnischen Ausgleich und eine ausgewogene Machtbalance, was zu dem Ergebnis geführt hat, dass Führung durch sogenanntes Teambuilding ersetzt worden ist. Als das entscheidende Kriterium bei der Vergabe von leitenden Positionen in einem Unternehmen wird mittlerweile Teamfähigkeit angesehen, nicht aber eine mögliche Führungsbefähigung.

Wie groß der Unterschied zwischen Vorgesetzten, die auf diese Weise ausgewählt wurden, und wirklichen Führern ist, merkt man vor allem in schwereren Zeiten, wenn etwa das wirtschaftliche Umfeld nicht mehr jeden Fehler verzeiht oder auch unkonventionelle Entscheidungen und deren Durchsetzung erforderlich werden. Eigene Meinungen und eine überdurchschnittliche Führungsbefähigung werden in solchen Situationen dann wieder vorausgesetzt und verlangt. Dabei stellt sich die Frage, ob man immer zwingend bis zur Krise warten muss, um sich wieder auf hohe Führungsqualitäten zu besinnen. Aber vielleicht ist dies auch ein Bestandteil der menschlichen Natur: Churchill wurde erst britischer Premierminister, als die Bedrohung Großbritanniens für jeden erkennbar war, und er wurde auch sofort wieder abgewählt, nachdem der Gegner, Deutschland, besiegt war.

In der Politik werden die Führungspositionen nicht durch die Entscheidungen einiger Vorgesetzter als Folge eines durchdachten Auswahlprozesses, etwa durch Assessment-Verfahren, besetzt, sondern sind das Ergebnis eines andauernden demokratischen Prozesses. Zunächst könnte man annehmen, dass dieser auch eine Form eines Assessment-Verfahrens sei, da sich in einer Partei in einem demokratisch geprägten Durchsetzungsprozess nur der behauptet, der das auch in anderen demokratischen Entscheidungsprozessen kann. Dem steht aber entgegen, dass dieser Auswahlprozess gar nicht so demokratisch ist, wie er auf den ersten Blick erscheint. Die Erfahrung zeigt nämlich, dass mehrheitlich nur gewählt werden kann, was in kleinen Zirkeln der Macht vorher festgelegt wurde – nicht selten auch unter der Hand. Dabei sind diese Zirkel für Außenstehende zum Teil weder einsehbar noch hat man Möglichkeiten, darin aufgenommen zu werden. Diese »Gremiendérivate« der Parteidemokratie können spezielle Gruppierungen sein, die einen bestimmten Flügel faktisch repräsentieren, oder sie sind aus Politikern und anderen einflussreichen Persönlichkeiten zusammengesetzt, die man in der Politik zu brauchen glaubt, die aber ihrerseits tendenziell in der Deckung bleiben wollen.

Vor Abstimmungsüberraschungen werden die Strippenzieher dann durch ein mehrstufiges Delegiertenwahlrecht geschützt. Diese Delegierten verhalten sich nämlich regelmäßig so, als hätten sie ein imperatives Mandat, weshalb ihr Abstimmungsverhalten zuverlässiger prognostizierbar ist, als dies bei einer basisdemokratischen Wahl der Fall wäre. So wird eine Partei zur Demokratie einer Nomenklatura.

Diesen Begrenzungen der Demokratie durch parteiinterne Vorgänge steht die Tatsache gegenüber, dass nur diejenigen gewählt werden können, die sich auch zur Wahl zur Verfügung stellen, und das sind nur wenige. Von der Parteiführung wird als Erklärung dafür regelmäßig der Umstand genannt, dass Politik für beruflich erfolgreiche Menschen, etwa solche, die überdurchschnittlich verdienen, keine wirtschaftliche Alternative darstellt. Abgesehen davon, dass Politiker damit deutlich machen wollen, dass sie selbst zu wenig verdienen, ist diese Aussage auch inhaltlich falsch. Unsere Politiker verdienen nicht schlecht – auch wenn ich dafür plädieren würde, sie besser zu bezahlen. Der wesentliche Irrtum besteht aber darin zu glauben, dass politisches Engagement auf hoher Ebene überhaupt eine Alternative zu einer Betätigung in der freien Wirtschaft sein müsse. In der Wirtschaft Erfolgreiche könnten es sich nämlich möglicherweise sogar leisten, sich auch aktiv in die Politik einzubringen. Manch einer, der außerhalb der Politik erfolgreich ist, kann sich durchaus vorstellen, für einen gewissen Zeitraum seinem Land zu dienen, um ihm etwas zurückzugeben oder einfach nur aus Überzeugung. Das wahre Problem liegt daher in der Erkenntnis dieser Personen begründet, dass all das, was sie außerhalb der Politik geschaffen und geleistet haben, bei dem demokratischen Auswahlverfahren in einer Partei in aller Regel nicht zählt. Das Kleben von Plakaten und das Verteilen von Flugblättern werden höher bewertet als berufliche Erfahrung außerhalb der Politik, und es ist äußerst schwierig, Zugang zu den inneren Kreisen der Parteiaktiven zu bekommen.[453] Wer in der Wirtschaft wirklich erfolgreich gewesen ist, der verspürt wenig Motivation, sich bei einem Engagement in der Politik wieder an all jenen Menschen vorbeizuarbeiten, die er auf seinem bisherigen beruflichen Aufstieg bereits hinter sich gelassen hat.

Gelegentlich wird dies mit dem Hinweis darauf gerechtfertigt, dass Politiker über Befähigungen und Erfahrungen verfügen müssen, die in einem hierarchisch funktionierenden Unternehmen nicht gesammelt werden können. Es ist sicherlich zutreffend, dass nicht alle Unternehmer oder Topmanager für die Politik allein deshalb geeignet sind, weil sie wirtschaftlich erfolgreich waren. Es sollte aber auch nicht ausgeschlossen werden, dass in der Wirtschaft gemachte Erfahrungen und Talente Einzelner sehr wohl auch in der Politik Anwendung finden können. Mit demselben Argument müsste man ansonsten übrigens Politiker von der Wirtschaft, soweit es um Schlüsselpositionen geht, fernhalten. Gegen diesen Umkehrschluss werden aber Politiker sofort etwas einzuwenden haben, weil ihnen mit der Umsetzung dieses Gedankens doch erhebliche Pfründe einer lukrativen Anschlussverwendung nach ihrer politischen Tätigkeit verloren gingen. Diejenigen Banken, die von der Finanzkrise am ehesten betroffen waren, waren übrigens solche, bei denen Politiker die Aufsicht hatten.

Es soll hier nicht für die zwangsweise Berücksichtigung von Vertretern der Wirtschaft oder gar Unternehmern bei den politischen Auswahlverfahren plädiert werden, sondern dafür, mehr Pluralismus bei der Frage nach der Herkunft der Kandidaten für ein politisches Amt walten zu lassen. Die Vertreter vor allem der bürgerlichen Parteien wären gut beraten, systematisch auch in den Bereichen der Wirtschaft und des Unternehmertums nach Kandidaten für politische Ämter zu suchen, um diesen dann eine Möglichkeit zur Entfaltung ihrer Ideen zu geben. Alexis de Tocqueville beschrieb diesen Zustand sehr eindrucksvoll in seinem Buch *Über die Demokratie in Amerika*, das 1835 herausgegeben wurde:

> Während die natürlichen Neigungen der Demokratie das Volk dazu bringen, die bedeutenden Männer von der Macht auszuschließen, veranlasst eine nicht minder starke Neigung diese Männer, sich von der politischen Laufbahn fernzuhalten, in der es so schwer ist, man selbst zu bleiben und voranzukommen, ohne sich billig zu machen.[454]

Wenn sich politische Mitgestaltung als Erwerbsquelle wirtschaftlich nicht lohnt, es aber für wirtschaftlich Erfolgreiche dennoch schwer ist, sich qualifiziert so einzubringen, dass die Chance besteht, zu einem Entscheidungsträger zu avancieren, dann bleibt Politik jenen vorbehalten, für die der Politikerlohn bereits eine Verbesserung ihrer Einkommenssituation darstellt. Viele Politiker, die uns zur Wahl stehen, entsprechen ganz und gar nicht mehr den an sie gestellten Erwartungen. Manchmal scheint es fast, als ob der Weg in die Politik dadurch motiviert wird, dass man in anderen Berufsbereichen nicht erfolgreich genug war, um dort bestehen zu können. Der Wert einer Demokratie zeigt sich eben auch in der Kompetenz seiner Volksvertreter. Wobei es auch Aufgabe des Volkes ist, genügend geeignete Personen für die Politik zu gewinnen. Die Krux liegt darin, dass niemand bereit ist, sich zu engagieren. Wer sich aber nicht selbst einbringt, der kann auch keine Forderungen nach einer Verbesserung der Situation stellen. Jeder wird in eine bestimmte Zeit hineingeboren, aber nicht jeder hat das Glück, an den Schalthebeln der gesellschaftlichen Gestaltung zu sitzen. Wenn wir uns jedoch die preußische Geschichte ansehen, dann müssen wir uns die Frage stellen, ob wir tatsächlich gut beraten sind, wenn wir es als gegeben hinnehmen, dass schwache Volksvertreter in unserer Zeit das Sagen haben.

Von dieser Entwicklung des mangelnden politischen Engagements ist im Prinzip die ganze Gesellschaft, das bürgerliche Lager aber im Besonderen, betroffen, weil jene sozialen Gruppierungen, aus der vorzugsweise diejenigen kommen, die in der Politik eine wirtschaftliche Alternative sehen, strukturell eben nicht als bürgerlich einzuordnen sind, wenn man »Bürgerlichkeit« auch nur halbwegs im hier beschriebenen Sinne definiert. Damit verschiebt sich das politische Kräftezentrum auch unter diesem Gesichtspunkt zunehmend nach links, worin eine Gefahr für unser Gemeinwesen liegt, weil inhaltliche Qualität nun einmal strukturell eher bei den Erfolgreichen zu finden ist.

Zu den genannten Punkten kommt hinzu, dass sich in Deutschland eine ausgeprägte Kultur des Neides entwickelt hat. Auf politischer Ebene findet man vielfach eine durchaus als sozialistisch zu bezeichnende Grundhaltung. Diese lässt es nicht zu, Leistungen anzuerkennen, wenn sie dem Leistungsträger zu Wohlstand verholfen haben, und dieser ihn auch noch genießt. Es wird weniger die Frage nach der Arbeit gestellt, die dem erwirtschafteten Lebensstandard zugrunde liegt, und auch nicht nach den Hürden, die auf diesem Weg genommen werden mussten, denn teilweise steckt eine enorme Anstrengung hinter dem Erfolg und auch das Eingehen größerer Risiken. Stattdessen wird eher Glück als Ursache für das Wohlergehen vermutet. So wird auch nicht danach gefragt, wie der Betreffende eigentlich zu seinem Erfolg gekommen ist; stattdessen wird lamentiert, dass der andere »Glück gehabt« habe und man selbst eben nicht. Diese Betrachtungsweise versucht, den Neid allein damit zu rechtfertigen, dass jeder einen Anspruch auf Glück habe und es daher ungerecht sei, wenn es dem einen zuteil werde und dem anderen nicht. Tocqueville bemerkt dazu:

> Man darf sich nichts darüber vormachen, dass die demokratischen Institutionen den Neid im menschlichen Herzen sehr stark entwickeln helfen.[455]

Diese Aussage gilt es aber zu differenzieren. So gibt es zwischen den USA und Deutschland gewaltige Unterschiede im Respektieren von Erfolgen. Erfolgreiche Amerikaner gelten dort als Vorbild und zeigen den materiellen Teil ihres Erfolges auch ganz ungeniert, während dieser den Erfolgreichen in Deutschland missgönnt wird. An diesem Beispiel zeigt sich deutlich der Unterschied der zwei genannten Kulturen. Seit dem Dreißigjährigen Krieg erwarten wir Deutsche, dass die Obrigkeit sich darum bemüht, das »Glück« gleich zu verteilen. Wenn dies nicht der Fall ist, wird auf den Leistungsunterschied mit Neid reagiert. Die Auswanderer nach Amerika hingegen wollten sich gerade von der staatlichen Bevormundung lösen und gaben ihre ganze Kraft, um Erfolg zu haben.[456]

Natürlich braucht es zu Letzterem auch Glück; allerdings hat das auf die Dauer nur der Tüchtige – so besagt ein bekanntes Sprichwort. Es mag banal klingen, aber häufig hat auch der mehr Glück, der mehr zu leisten bereit ist. Die harte Arbeit, die hinter einem wirtschaftlichen Erfolg steckt, wird oftmals nicht gesehen. Die Fälle, in denen jemand tatsächlich mit nur wenig Aufwand und unter einem geringen Risiko zu etwas gekommen ist, sind selten und taugen daher nicht als Maßstab.

Von Umverteilung zu sprechen ist immer dann reizvoll, wenn den Zuhörern suggeriert werden kann, dass viele etwas davon haben werden und nur wenigen etwas genommen wird. Im Unterbewusstsein des Betrachters geht es ja letztlich um die Umverteilung von Glück, auf das alle den gleichen Anspruch haben sollten.

Besser wäre es, wenn Leistungsträger als Vorbilder angesehen würden. Immerhin zeigen sie, dass die Gesellschaft Wohlstand zulässt und sich Leistung auch auszahlt. Nicht selten hat ein solcher Leistungsträger jedoch nicht nur eigene Besitztümer, sondern auch Errungenschaften zugunsten Dritter erwirtschaftet, dies vielleicht in Form von Arbeitsplätzen, höheren Steuerzahlungen und gelegentlich auch Sponsoring oder gar Mäzenatentum. Möglicherweise ergibt sich für den Einzelnen auch die Erkenntnis, dass so mancher Leistungsträger gar nicht klüger ist als er selbst. Dieser war vielleicht nur mutiger und konsequenter in der Umsetzung seiner Ziele oder hat schlicht andere Prioritäten in seinem Leben gesetzt und eventuell auch mit weniger Freizeit oder zulasten des Familienlebens mehr oder weniger teuer dafür bezahlt. Und eventuell stellt der ein oder andere dann fest, dass er über vergleichbare Qualitäten verfügt und nur sein Leben verändern muss, um erfolgreich zu sein.

Man stelle sich vor, es gäbe diese personifizierten Erfolge nicht. Dann müsste sich jeder mit Mittelmaß zufriedengeben – eine groteske Vorstellung der Perspektivlosigkeit.

So versäumen wir es immer mehr, die Freiheit und damit die Möglichkeiten des Einzelnen, sein Leben zu gestalten, in den Vordergrund zu rücken. Stattdessen reden wir der staatlichen Bevormundung das Wort. Freiheit wird nur dann heftigst reklamiert, wenn es um die Abwehr von Pflichten geht, nicht aber bei der Definition von Chancen. Die Kombination aus mangelndem Pflichtbewusstsein, der willfährigen Hinnahme einer steigenden Anzahl von Transferleistungsempfängern und dem offensichtlichen Neid auf den wirtschaftlichen Ertrag Erfolgreicher beeinträchtigt ein Volk, wenn es keine durch Traditionen oder Erziehung erworbenen Abwehrkräfte hat. Die Situation ist befriedigend, solange es noch genug Bürger gibt, die ihre Arbeit leisten, und eine starke Wirtschaft, die in der Lage ist, gesellschaftliche Fehler auszugleichen, getreu dem Motto, dass bei viel Wind jeder segeln kann.

Wir haben aber immer weniger Wind. Aus dem Land der Dichter und Denker, das Deutschland einmal war, und aus dem europäischen Wirtschaftsmotor ist ein Land des Mittelmaßes geworden, was nicht nur ökonomische und soziologische Zahlen belegen – ein ganzes Volk wird in seinem Verhalten mittelmäßig. Wer staatliche Bevormundung und mangelnde Leistungsbereitschaft bei simultanem gleichmäßigem Wohlstand erreichen will, versucht die Visionen eines Thomas Morus, die dieser in seinem Buch *Utopia* beschrieben hat, mit denen aus George Orwells *1984* zu einer neuen Gesellschaftsform zu verbinden.

36.

Die preußischen Tugenden – ein Schlusswort

Auffällig ist, dass die genannten Probleme von einem fortschreitenden Werteverfall im eigenen Land überlagert, begleitet und vielfach überhaupt erst verursacht werden. Eine Vielzahl derselben ist als Folge einer über Jahrzehnte andauernden Relativierung und Negierung dessen, was man gemeinhin als preußische Tugenden bezeichnet, entstanden. Pflichterfüllung, Gerechtigkeit und Toleranz sind *die* gesellschaftlichen Primärtugenden, die sich in eine Reihe von Sekundärtugenden, wie Leistungsbereitschaft, Zuverlässigkeit, Glaubwürdigkeit, Ehrlichkeit, Gottesfurcht und Loyalität, aber auch Ehre und Respekt, auffächern lassen. Diese Primär- und Sekundärtugenden haben konkrete Entsprechungen in der Gesellschaft, wie den ehrbaren Kaufmann, den treu dienenden Beamten oder den fleißigen Angestellten, den unbestechlichen Entscheider, den fürsorgenden Vorgesetzten und den loyal dienenden Vertrauten. Diese Ausprägungen von Tugenden sind in der derzeitigen wirtschaftlichen Krise plötzlich wieder gefragt, und es wird über sie als wünschenswerte Faktoren diskutiert.

Aus diesem Grund haben unsere wirtschaftlichen und gesellschaftlichen Probleme auch etwas mit Preußen zu tun, jedenfalls soweit es um eine Einstellung zum Gemeinwesen geht. Eine Gesellschaft besteht zwar aus Individuen, dies bedeutet aber nicht, dass sich jeder Einzelne rücksichtslos ausleben kann.

Das Interesse der Gemeinschaft muss bei allen individualistischen Ansprüchen immer Berücksichtigung finden, da die Entfaltung persönlicher Gepflogenheiten nicht auf Kosten der Allgemeinheit gehen darf.

Die Lösung der Probleme, die sich durch einen Werteverfall ergeben, beginnt demnach beim Einzelnen, dem Individuum. Die Individuen bilden in ihrer Summe die Gesellschaft; der Staat ist ihre bloße Organisationsform. Der Auf- oder Abstieg einer Nation ist auch die Gesamtheit aller Einzelauf- oder abstiege. Wenn also ganze Gesellschaften »aus dem Ruder laufen« ist dies das Ergebnis von Handlungsweisen, bei denen viele Individuen keiner geraden mehr Linie folgen, einmal abgesehen von dem Fall, dass mitunter auch bereits eine Minderheit in der Lage ist, eine Gesellschaft oder einen Staat zu seinem Nachteil zu beeinflussen. Selbst dann aber müssten viele Individuen diese Entwicklung zumindest passiv tolerieren. Wenn der Einzelne nicht mehr leistungsbereit ist, kann er von der Gesellschaft und vom Staat auch kein Engagement verlangen. Das auf dem christlichen Menschenbild beruhende Subsidiaritätsprinzip setzt gerade voraus, dass jeder alles selbst zur Verbesserung seiner Situation versucht, bevor er die Hilfe der Allgemeinheit beansprucht. Wird aber die eigene Leistungsbereitschaft durch unreflektiertes Anspruchsdenken ersetzt, beginnt ein Teufelskreis, weil sich die Zahl derer erhöhte, die immer mehr Ansprüche stellen, ohne die Bereitschaft zu zeigen, selbst etwas zur Verbesserung der eigenen Lage beizutragen.

Wenn der Einzelne nicht mehr loyal seinem Land oder seinem Unternehmen gegenüber ist, dann wird er sich irgendwann mit der Situation konfrontiert sehen, dass dieses Verhalten, das außer ihm noch viele andere an den Tag legen, auch die Loyalität des Gemeinwesens gegenüber dem Einzelnen sinken lässt. Wenn jeder nur danach fragt, wie sich das eigene Tun für ihn selbst auszahlt, kann er auch nicht mehr erwarten, dass andere etwas nur um seiner selbst willen tun. Kennedy kleidete diesen Zusammenhang in folgende Worte: »Frage nicht danach, was Dein Land für Dich tun kann, sondern danach, was Du für Dein Land tun kannst.« Dabei müssen wir Deutsche gar nicht Kennedy bemühen, sondern können auf eine französische Redensart zurückgreifen, die dabei dem Inhalt nach doch so deutsch ist: *travailler pour le roi de Prusse.* Wörtlich übersetzt heißt sie »arbeiten für den preußischen König«, frei übertragen hingegen »etwas um der Sache willen tun«. Es geht um das Handeln aus Pflicht, ohne Erwartung eines Vorteils; es zählt allein der »gute Wille«.

Aber es führt zu keinem Ergebnis, wenn man immer nur anderen etwas vorwirft; man muss bei sich selbst anfangen, wenn man Verhaltensänderungen erreichen will. Wir müssen in unserem Inneren Maßstäbe ausbilden, Vorbilder definieren und gegebenenfalls selbst zu einem solchen werden, an dem andere sich orientieren können. Solche Maßstäbe könnten eben auch das sein, was man gemeinhin als preußische Tugenden bezeichnet und deren Charakteristika und Wirkungsmacht anhand von Beispielen im Laufe dieses Buches herausgearbeitet wurden. So müssen wir unsere Erwartungen an unsere Gesellschaft sowie an jeden Einzelnen von uns als ihre Bürger klarer formulieren und auf diese Weise ein Ziel und damit die Zukunft neu bestimmen. Dabei sollte Preußen mit seinen Errungenschaften und seinen historischen Leistungen ein gesellschaftliches Vorbild und somit Bestandteil dieser Zukunftsvision werden. Lassen Sie uns uns aktiv auf Preußen berufen, um deutlich zu machen, dass man auf gesellschaftlicher Ebene nicht alles mit Gesetzen und Verordnungen regeln kann. Das Ergebnis von Erziehung, Ausbildung, Beispielgeben und Vorleben wird dann eine Gesellschaft sein, die sich für die Anständigkeit entschieden hat und diese auch lebt. Dazu muss man das Andenken an Preußen von ignoranter Geschichtsklitterung und verzerrenden Unwahrheiten befreien. Andererseits darf man die preußische Epoche aber auch nicht romantisieren oder sie nur auf militärischen Pomp und Marschmusik reduzieren. Auch das Beleuchten der kritischen Aspekte preußischer Geschichte muss gewährleistet sein, um Verklärung und damit Unglaubwürdigkeit keinen Vorschub zu leisten.

In Preußen ist von den Menschen unter der Führung seiner Herrscher und ihrer Staatsdiener in den Jahren von 1640 bis 1871 Großartiges geleistet worden. Es hat in dieser Zeit schrittweise Verantwortung erst in Deutschland und dann für Deutschland übernommen. Egal, was die Zukunft für uns bringen wird; Preußen, mit seiner Geschichte und seinen Leistungen, muss Teil unseres kollektiven Gedächtnisses bleiben, denn es ist ein Beispiel für Führung und Verantwortung.

Die in diesem Buch referierten Beispiele aus der preußischen Geschichte haben eine Reihe von Errungenschaften zu Tage treten lassen, die auch in unseren Tagen noch ihre Gültigkeit haben können. Sie sind in diesem Sinne zeitlos und können für unsere heutigen Belange nutzbar gemacht werden. Es ist hier die Rede von Tugenden und Führungsgrundsätzen. Diese sind zu Anfang des Buches kurz skizziert worden; nachdem nun aber dezidiert auf die preußische Geschichte eingegangen worden ist, der sie entspringen, sollen sie im Folgenden noch einmal ausführlicher beschrieben werden.

Betrachten wir nun zunächst die erste preußische Tugend, die Pflichterfüllung. Wie wir bereits gesehen haben, war die Geschichte Preußens durchdrungen vom besonderen Einsatz seiner Kurfürsten und Könige für das eigene Land, zum Wohle, Ausbau und Aufstieg desselben. Der Große Kurfürst ging mit seinem Beispiel voran und seine Nachfolger, Friedrich Wilhelm I. und Friedrich der Große, erhoben die Pflichterfüllung zum Prinzip. Dies prägte ganze Generationen und blieb nicht auf das Königshaus beschränkt, sondern wurde zu einem gesellschaftlichen Prinzip und einer Lebenseinstellung. Ohne Frage ist damit die Pflichterfüllung eine der preußischen Tugenden. Sie hat etwas Selbstloses, weil sie eben erst dann ihr eigentliches Wesen entfaltet, wenn nicht der Wunsch nach einer Belobigung die Triebfeder für das Durchführen der Aufgabe ist – kurz, sie entspringt dem guten Willen.

Der Pflichterfüllung sind die Sekundärtugenden Gehorsam und Zuverlässigkeit zuzuordnen.

Gehorsam darf aber niemals ein Selbstzweck sein und muss dort seine Grenze haben, wo durch ihn höhere Güter verletzt oder in Mitleidenschaft gezogen würden. Aus Gehorsam um jeden Preis wird sonst schnell Feigheit, und der Einzelne würde sich zum willenlosen Werkzeug seiner Vorgesetzten degradieren. Pflichterfüllung kann dann also auch im Ungehorsam, in der Gehorsamsverweigerung, bestehen.

Unter Zuverlässigkeit ist der eigene Anspruch zu verstehen, seine Sache ordentlich zu machen. Insofern ist auch die Loyalität Ausdruck derselben. Und weil diese Form der Pflichterfüllung kein bloßes Lippenbekenntnis sein darf, zeigen sich ihr Wert und ihre Beständigkeit erst dann, wenn niemand sie kontrolliert oder überwacht.

Auch die Bildung steht für Zuverlässigkeit, in dem Sinne, dass durch sie Leistungsfähigkeit und -bereitschaft gewährleistet werden. Die Gesellschaft muss alles tun, damit die Bildung einen hohen Stellenwert behält – diesem Anspruch gerecht zu werden, entspricht ihrer Pflichterfüllung in dieser Frage. Die des Einzelnen besteht wiederum darin, die von der Gemeinschaft gebotenen Möglichkeiten, sich zu bilden, auch wahrzunehmen.

Als zweite preußische Primärtugend wäre die Gerechtigkeit zu nennen. Um diese auszuüben, sind Neutralität beim Entscheiden sowie die Existenz einer (Rechts-)Ordnung und von (Rechts-)Regeln erforderlich. Neutral kann nur sein, wer die Regel vor dem Wettbewerb, vor dem Vergleich, bei dem er Richter sein soll, also vor der Entscheidung, bekannt gibt und sich auch an diese hält, unabhängig davon, wie der (Wett-)Streit, das Urteil, dann ausgeht. Wenn man nach preußischen Tugenden fragt, wird die Gerechtigkeit vielleicht nicht immer gleich zu Beginn genannt, sondern eher die Ordnungsliebe oder, häufig etwas negativ konnotiert, die preußisch-deutsche Gründlichkeit. Aber Gerechtigkeit lässt sich nicht mit einer Haltung des Laisser-faire institutionalisieren, sondern nur mit Berechenbarkeit. Für die Institutionalisierung der Gerechtigkeit, die in Preußen früher vonstatten ging als in anderen Ländern, standen in besonderem Maße die preußischen Könige, wie Friedrich Wilhelm I., Friedrich der Große, aber auch deren Nachfolger. Gerechtigkeit hat auch etwas mit Gottesfurcht zu tun, einem Charakteristikum, das die preußischen Herrscher immer auszeichnete, selbst Friedrich II., auch wenn er dies am wenigsten von allen erkennen ließ. Gottesfurcht bedeutet anzuerkennen, dass Untaten auf Erden nicht nur nicht im Sinne des Schöpfers sind, sondern nach unserem Gastspiel im Diesseits dann im Jenseits gerichtet werden. Gerechtigkeit ist auch Ausdruck des Respekts vor den Mitmenschen als gleichwertigen Geschöpfen eines Gottes. Und sie bedeutet Achtung vor der Tatsache, dass Macht immer etwas Geliehenes ist.

Die dritte preußische Primärtugend ist schließlich die Toleranz – Toleranz gegenüber anderen Glaubensrichtungen und anderen Landsleuten. Das Zusammenleben der vielen Flüchtlinge, die anderenorts um ihres Glaubens willen verfolgt worden und deshalb nach Brandenburg-Preußen gekommen waren, war nur möglich, weil sie dort alle nach ihrer Fasson leben durften. Dieses Nebeneinander unterschiedlicher Glaubensrichtungen hat Preußen immer geprägt, von der Säkularisierung des Ordensstaates über den Anschluss des brandenburgischen Kurfürsten Joachim II. an die Reformation bis zu dem Zusammentreffen der unterschiedlichen reformatorischen Glaubensrichtungen im preußischen Herrscherhaus, am Hofe und innerhalb des lokalen Adels. Durch die Erweiterung des Hoheitsgebietes mussten andere Glaubensrichtungen, wie der Katholizismus in Schlesien, respektiert werden. Und so war es auch nicht verwunderlich, dass die spezifisch jüdische Aufklärung, die Haskala, ihren Ursprung in Preußen nahm, wie überhaupt Aufklärung, die in Preußen großgeschrieben wurde, Ausdruck von Toleranz ist.

Letztere ist nur dann institutionalisierbar und kann dauerhaft aufrechterhalten werden, wenn es zum einen an der Spitze ein Beispiel gibt, das sie vorlebt, und zum anderen eine

»Klammer«, die die Unterschiede und damit das Gemeinwesen zusammenhält. Ersteres war in Preußen das Herrscherhaus und hier insbesondere wieder Friedrich der Große, Letzteres war die Fahne. Insofern hat Toleranz auch etwas mit Vaterlandsliebe zu tun, weil sie nichts anderes bedeutet, als dass man Unterschiede und Verschiedenheiten im Rahmen eines Gemeinsamen akzeptiert. Toleranz verbinden wir mit dem Schwarz-Rot-Gold der Freiheitskriege, der Forderung nach parlamentarischer Mitsprache und nach deutscher Einheit. Einigkeit und Recht und Freiheit sind unsere Fahne im übertragenen Sinne, auf die wir stolz sein können und der wir uns verpflichtet fühlen müssen. Das impliziert aber auch, dafür zu sorgen, dass alle unsere Mitbürger, mit und ohne Migrationshintergrund, sich hinter diese Fahne scharen.

Preußen steht mithin für Pflichtbewusstsein, Gerechtigkeit und Toleranz. Wer diesen Tugenden gerecht wird, ist Preuße im Geiste. Preuße zu sein war immer eine Frage der Einstellung. Auch heute, wo es Preußen nicht mehr gibt, bedeutet Preuße zu sein, diese Tugenden zu vertreten und in der Gesellschaft ein Beispiel zu geben, danach zu leben und sie dort durchzusetzen, wo es die eigenen Einflussmöglichkeiten zulassen.

Ich bin Preuße, kennt ihr meine Farben?
Die Fahne schwebt mir weiß und schwarz voran;
dass für die Freiheit meine Väter starben,
das deuten, merkt es, meine Farben an.
Nie werd ich bang verzagen,
wie jene will ich's wagen.[457]

Anhang

Anmerkungen

1 Deutscher Bundestag, 6. Wahlperiode, Stenographische Berichte, 172. Sitzung vom 24. Februar 1972, S. 9838.

2 Zitat von Ernst Ludwig von Gerlach, zit. n. Schoeps, Hans-Joachim, *Preußen, Gesammelte Schriften*, Abteilung III, Bd. 11, Hildesheim, Georg Olms, 2001 [im Folgenden: Schoeps, Abt. III, Bd. 11], S. 18.

3 Die Formulierung stammt von Wolmar, W. Wolfram von, *Ein Requiem für Preussen*, Göttingen, Musterschmidt, 1957, S. 16.

4 Dupuy, Trevor N., *Der Genius des Krieges, Das deutsche Heer und der Generalstab 1807–1945*, Graz, Ares, 2009, S. 23.

5 Clausewitz, Carl von, *Vom Kriege*, Stuttgart, Philipp Reclam jun., 1994, S. 39.

6 So Ludendorff, zit. n. Ritter, Gerhard, *Staatskunst und Kriegshandwerk, Das Problem des »Militarismus« in Deutschland, Erster Band: Die altpreußische Tradition (1740–1890)*, München, R. Oldenburg, 1970, S. 14.

7 Dupuy, a. a. O., S. 31.

8 Ebd., S. 26.

9 Vgl. stellvertretend für viele Autoren: Kroll in Wehinger, Brunhilde (Hg.), *Geist und Macht, Friedrich der Große im Kontext der europäischen Kulturgeschichte*, Berlin, Akademie, 2005, S. 196.

10 Ritter, Gerhard, *Friedrich der Große, Ein historisches Profil*, Leipzig, Quelle & Meyer, 1942, S. 10.

11 Ritter wurde zum Wortführer gegen die deutsche Kriegsschuldfrage in der sogenannten Fischer-Kontroverse, einer der führenden Historikerdebatten in der Bundesrepublik.

12 Meinecke, Friedrich, *Die deutsche Katastrophe, Betrachtungen und Erinnerungen*, Wiesbaden, E. Brockhaus, 1946, S. 64.

13 »Friedrich der Große im Spiegel der Nachwelt«, Bericht der Seminarergebnisse durch Th. Ellwein und W. Brückmann, abge-

druckt in der *Zeitschrift für Religions- und Geistesgeschichte*, zit. n. Schoeps, Hans-Joachim, *Die Ehre Preußens*, Stuttgart, Friedrich Vorwerk, 1951, S. 17.

14 So Schoeps, Abt. III, Bd. 11, a. a. O., S. 10.

15 Volz, Gustav Berthold, *Die Werke Friedrichs des Großen*, Bd. 1, Berlin, Reimar Hobbing, 1913, S. 54 f.

16 Ebd., S. 55.

17 »Politisches Testament Friedrich Wilhelms«, in Dietrich, Richard (Hg.), *Politische Testamente der Hohenzollern*, München, Deutscher Taschenbuch Verlag, 1981, S. 64.

18 Köppen, Fedor von, *Die Hohenzollern und das Reich, Von der Gründung des Brandenburgisch-Preußischen Staates bis zur Wiederherstellung des Deutschen Kaisertums*, Bd. 1, Glogau, Carl Flemming, 1884, S. 257.

19 Dietrich, a. a. O., S. 66.

20 Machiavelli, Niccolò, *Der Fürst*, hg. von Rudolf Zorn, Stuttgart, Alfred Kröner, 1978, S. 55.

21 1. Samuel 17, 38 ff.

22 Machiavelli, a. a. O., S. 57.

23 Zit. n. Köppen, a. a. O., S. 96.

24 Ebd., S. 91.

25 Dietrich, a. a. O., S. 54.

26 Zit. n. Köppen, a. a. O., S. 178.

27 Tharau, Friedrich-Karl, *Die geistige Kultur des preußischen Offiziers von 1640 bis 1806*, Mainz, v. Hase & Koehler, 1968, S. 26.

28 Vgl. dazu Dilthey, Wilhelm, *Weltanschauung und Analyse des Menschen, Seit Renaissance und Reformation, Gesammelte Schriften*, 2. Bd., Stuttgart, B. G. Teubner, 1991, S. 107, 132 f., insb. 276 ff.

29 Zit. n. Köppen, a. a. O., S. 178.

30 Ebd., S. 220.

31 Ebd., S. 146.

32 Der Bürgermeister Michael Zarlang hat 1671 in lateinischer Sprache in der Turmspitze der Berliner Nicolaikirche daher folgende Mitteilung niederlegen lassen: »Zum Trost der elenden und verarmten Bürger wurde die überaus schlechte, vernichtende Art der Steuererhebung von den Gebäuden und Wohnungen, durch die fast in jedem Monat und Jahr die Bürger jammervoll ausgesogen wurden und ihre Häuser verfielen, ab-

geschafft und dafür zu ihrem großen Vorteil und Nutzen die Verbrauchssteuer oder Akzise eingeführt. Daher wurden im Laufe von zwei Jahren über zweihundert verfallende Häuser wieder hergestellt oder zu einem nicht zu verachtenden Teil neu erbaut.« Zit. n. Oestreich, Gerhard, *Friedrich Wilhelm, Der Große Kurfürst, Reihe Persönlichkeit und Geschichte*, Bd. 65, Göttingen, Musterschmidt, 1971, S. 61.

33 *Friedrich II.*, in Volz, a. a. O., S. 90.

34 Nachfolgend wird ausschließlich die Nummernfolge von Friedrich als preußischer König verwendet. Als Kurfürst von Brandenburg war er Friedrich III. und als Herzog von Preußen Friedrich II.

35 Köppen, a. a. O., S. 206.

36 Zit. n. ebd., S. 286.

37 Dietrich, a. a. O., S. 173.

38 Zit. n. Köppen, a. a. O., S. 290.

39 Ranke, Leopold, *Zwölf Bücher Preußischer Geschichte*, 1. Bd., Hamburg, Standard, 1957, S. 369.

40 Carlyle, Thomas, *Geschichte Friedrichs des Grossen*, Leipzig, Georg Kummer, 1927, S. 16.

41 Dietrich, a. a. O., S. 103.

42 Clark, Christopher, *Preußen, Aufstieg und Niedergang, 1600–1947*, München, Deutsche Verlags-Anstalt, 2006, S. 164.

43 Oberstleutnant i. G. Eckard Meyer-Detring, damals Kommandeur des Jägerbataillons 152.

44 Dietrich, a. a. O., S. 119.

45 Fontane, Theodor, *Der Stechlin*, hg. von Peter Goldamer, Gotthard Erler, Anita Golz, Jürgen Jahn, Berlin, Aufbau, 1993, S. 280.

46 Friedrich der Große, *Mein lieber Marquis!, Sein Briefwechsel mit Jean-Baptiste d'Argens während des Siebenjährigen Krieges*, Zürich, Manesse, 1986, Brief vom 18.9.1760, S. 229.

47 Marwitz, Friedrich August Ludwig von der, *Nachrichten aus meinem Leben 1777–1808*, hg. von Günter de Bruyn, Berlin, Der Morgen, 1989, S. 26 f.

48 Zit. n. Köppen, a. a. O., S. 398.

49 Venohr, Wolfgang, *Fridericus Rex, Friedrich der Große, Portrait einer Doppelnatur*, Bergisch Gladbach, Gustav Lübbe, 1986, S. 62 [im Folgenden: Venohr, *Fridericus Rex*].

50 Shakespeare, *Julius Cäsar*, 3. Akt, 2. Szene.

51 Jean Racine, 1639–1699, franz. Dramatiker, erzielte 1667 mit *Andromaque* den Durchbruch und forderte in der Folgezeit Corneille und Molière heraus. Mit dem Intrigenstück *Bajazet* (1672) beherrschte er endgültig die Pariser Bühne.

52 Pierre Corneille, 1606–1684, franz. Dramatiker, erzielte beachtliche Erfolge mit der Tragikomödie *Le Cid* und galt ab 1642 für etwa zehn Jahre als führender Theaterschriftsteller in Paris. Neben den Dramatikern Molière und Racine verblasste sein Ruhm jedoch allmählich.

53 Dilthey, Wilhelm, *Studien zur Geschichte des deutschen Geistes, Gesammelte Schriften*, 3. Bd., Stuttgart, B. G. Teubner, 1992, S. 87 [im Folgenden: Dilthey, *Studien zur Geschichte*].

54 Eberhard Lämmert, in Wehinger, a. a. O., S. 16.

55 Publius Flavius Vegetius Renatus lebte um 390 nach Christi Geburt, Autor der militärwissenschaftlichen Abhandlung *Epitomae rei militaris*, die auf Quellen bei Cato, Cornelius Celsus, Frontius, Paternus und die kaiserlichen Verfassungen von Augustus, Trajan und Hadrian zurückgreift. Eigentlich war Vergetius Veterinärmediziner und hatte in dem Werk *Artis Mulomedicinae* den Begriff des »Thüringers« für eine Pferderasse geprägt, der später auf den Volksstamm übertragen wurde.

56 Friedrich der Große, »Betrachtungen über die Taktik und einige Aspekte des Krieges oder Betrachtungen über einige Veränderungen in der Art der Kriegführung«, in Johannes Kunisch (Hg.), *Aufklärung und Kriegserfahrung, Klassische Zeitzeugen zum Siebenjährigen Krieg, Bibliothek der Geschichte und Politik*, Bd. 9, Frankfurt am Main, Deutscher Klassiker Verlag, 1996, S. 517.

57 Tharau, a. a. O., S. 17, mit zahlreichen Beispielen von brandenburgisch-preußischen Offizieren, die diesem Bildungsideal entsprachen (Otto Christoph von Sparr, Jakobsen von Schört, Konrad von Burgsdorff usw.) sowie S. 30.

58 Friedrich II., *Antimachiavell*, in Volz, a.a.O, Bd. 7, S. 15.

59 Dilthey, *Studien zur Geschichte*, a. a. O., S. 84.

60 Mann, Thomas, *Friedrich und die große Koalition, Essays II*, Große kommentierte Frankfurter Ausgabe, Frankfurt am Main, S. Fischer, 2002, S. 121.

61 Zit. n. Hein, Max, *Friedrich der Große, Ein Bild seines Lebens und Schaffens*, Berlin, Reimar Hobbing, 1901, S. 56.

62 Von Clausewitz, a. a. O., S. 39.
63 *Instruction König Friedrich Wilhelms I. für seinen Nachfolger (1722)*, in Dietrich, a. a. O., S. 118.
64 Friedrich II., in Volz, a. a. O., Bd. 7, S. 197.
65 Ebd., S. 199.
66 Ebd.
67 Carlyle, a. a. O., S. 169.
68 Friedrich II., in Volz, a. a. O., Bd. 2, S. 3 u. 5.
69 Friedrich II., *Geschichte meiner Zeit*, ebd., S. 63.
70 Venohr, *Fridericus Rex*, a. a. O., S. 153.
71 In Dietrich, a. a. O., S. 187.
72 Ludwig Dehio, zit. n. Kunisch, Johannes, *Friedrich der Große, Der König und seine Zeit*, München, C. H. Beck, 2004, S. 103.
73 So Georg Peabody Goch, in Kunisch, Johannes, *Friedrich der Grosse in seiner Zeit, Essays*, München, C. H. Beck, 2008, S. 52.
74 Kunisch, ebd., S. 20 u. 50.
75 Clark, Christopher, *Preußen, Aufstieg und Niedergang, 1600–1947*, München, Deutsche Verlags-Anstalt, 2006, S. 254.
76 Zit. n. Kunisch, *Friedrich der Große, Der König und seine Zeit*, a. a. O., S. 77.
77 Zit. n. ders., *Friedrich der Große in seiner Zeit*, a. a. O., S. 83.
78 Friedrich II., *Antimachiavell*, in Volz, a. a. O., Bd. 7, S. 112.
79 Kunisch, *Friedrich der Große in seiner Zeit*, a. a. O., S. 89.
80 Ritter, *Friedrich der Große, Ein historisches Profil*, a. a. O., S. 127.
81 Mann, a. a. O., S. 107 ff.
82 Wolmar, a. a. O., S. 35.
83 In Dietrich, a. a. O., S. 199.
84 Ebd., S. 179.
85 Friedrich II., zit. n. Mann, a. a. O., S. 108.
86 Ebd., S. 124.
87 Etwa von Arthur Trebisch, *Friedrich der Große. Ein offener Brief an Thomas Mann*, Berlin, Wilhelm Borngräber, 1916.
88 Kunisch, *Friedrich der Große in seiner Zeit*, a. a. O., S. 52.
89 Venohr, *Fridericus Rex*, a. a. O., S. 236.
90 Schoeps, Abt. III, Bd. 11, a. a. O., S. 72.
91 Preußischer Staatsminister (20.01.1773–23.07.1856).
92 Schön, Theodor von, *Woher und Wohin*, Straßburg, Böhlau, 1842, S. 97.
93 Venohr, *Fridericus Rex*, a. a. O., S. 260.

94 Archenholz, Johann Wilhelm von, »Geschichte des Siebenjährigen Krieges«, in Johannes Kunisch (Hg.), *Aufklärung und Kriegserfahrung, Klassische Zeitzeugen zum Siebenjährigen Krieg, Bibliothek der Geschichte und Politik*, Bd. 9, Frankfurt am Main, Deutscher Klassiker Verlag, 1996, S. 140.
95 Boswell, James, Johnson, Dr. Samuel, *Leben und Meinungen*, Zürich, Diogenes, 2008, S. 158.
96 Zit. n. Clark, a. a. O., S. 252.
97 Venohr, *Fridericus Rex*, a. a. O., S. 261 f.
98 Ebd.
99 Ebd., S. 267.
100 Zit. n. Venohr, Wolfgang, *Der große König, Friedrich II. im Siebenjährigen Krieg*, Bergisch Gladbach, Gustav Lübbe, 1995, S. 132 ff [im Folgenden: Venohr, *Der große König*].
101 Kollo, Willi, *Der Krieg geht morgen weiter oder Die Kunst zu überleben*, Berlin, Zeitbuch, 1970, S. 325 f.
102 Duffy, Christopher, *Friedrich der Große, Ein Soldatenleben*, Köln, Zürich, Benziger, 1986, S. 288.
103 Kollo, a. a. O., S. 497.
104 Vgl. dazu Archenholz, a. a. O., S. 318.
105 Siehe dazu u. a. ebd., S. 203 f.
106 Kollo, a. a. O., S. 325.
107 Zit. n. Kauer, Edmund T., *Blücher, Yorck, Gneisenau, Gesammelte Schriften und Briefe*, Berlin, Peter J. Oestergaard, 1932, S. 7 f.
108 Von der Marwitz, a. a. O., S. 11.
109 In Fontane, Theodor, *Das Oderland, Wanderung durch die Mark Brandenburg*, Zweiter Teil, Berlin, Aufbau, 1997, S. 226.
110 BverfG, 93. Bd., S. 266 ff.
111 Boveri, Margret, *Der Verrat im XX. Jahrhundert, Für und gegen die Nation, Das unsichtbare Geschehen*, Hamburg, Rowohlt, 1956, S. 96.
112 Karl Korn, »Die große Dame des politischen Journalismus«, in *Frankfurter Allgemeine Zeitung* vom 8. Juli 1975, S. 15.
113 Von Tresckow, zit. n. Scheurig, Bodo, *Henning von Tresckow, Ein Preuße gegen Hitler*, Frankfurt am Main, Berlin, Ullstein 1987, S. 210.
114 Von Tresckow, zit. n. Schlabrendorf, Fabian von, *Offiziere gegen Hitler*, Berlin, Siedler, 1984, S. 129.
115 Venohr, *Der große König*, a. a. O., S. 137.

116 Archenholz, a. a. O., S. 132.
117 *Großer Generalstab*, Bd. 6, S. 26.
118 Zit. n. Duffy, a. a. O., S. 217
119 Ebd.
120 Schoeps, Abt. III, Bd. 11, a. a. O., S. 74.
121 Friedrich der Große an d'Alembert, in Dilthey, *Studien zur Geschichte*, a. a. O., S. 93.
122 Von Clausewitz, a. a. O., S. 103.
123 Friedrich II., in Volz, a. a. O., Bd. 6, S. 127 f.
124 Dies gilt für Browne, Daun, Laudon und Lacy ebenso wie für die Russen Apraxin, Fermor und Soltikow sowie für die Prinzen Soubise und Hildburghausen.
125 So Franz Mehring in Augstein, Rudolf, *Preußens Friedrich und die Deutschen*, Frankfurt am Main, S. Fischer, 1968, S. 270.
126 Zit. n. ebd., S. 272.
127 Zitiert nach A. Bisset (Hg.), *Memoires and Papers of Sir Andrew Mitchell*, Bd. 1, S. 455, in Kunisch, *Friedrich der Große, Der König und seine Zeit*, a. a. O., S. 408.
128 Zit. n. Augstein, a. a. O., S. 284.
129 Von Clausewitz, a. a. O., S. 66.
130 Ebd., S. 67.
131 Siehe dazu Archenholz, a. a. O., S. 162.
132 Von Clausewitz, a. a. O., S. 67.
133 Ebd., S. 68.
134 Ebd., S. 113.
135 Kant, Immanuel, *Kritik der Urteilskraft*, Hamburg, Felix Meiner, 2001, B 181.
136 Burckhard, Jackob, *Weltgeschichtliche Betrachtungen*, Erläuterte Ausgabe, hg. von Rudolf Marx, Stuttgart, Alfred Kröner, 1978, S. 234.
137 Mann, a. a. O., S. 119.
138 Von Clausewitz, a. a. O., S. 71.
139 Kollo, a. a. O., S. 497.
140 Mann, a. a. O., S. 116.
141 Friedrich II., zit. n. Kollo, a. a. O., S. 279 f.
142 Ausführlich beschrieben bei de Catt, abgedruckt in Kollo, a. a. O., S. 363.
143 Von Clausewitz, a. a. O., S. 72 f.
144 Ebd., S. 77.

145 Ebd., S. 94 f.
146 Ebd., S. 95.
147 Friedrich II., in Dietrich, a. a. O., S. 171.
148 Ebd., S. 169.
149 Friedrich II, in Volz, a. a. O., Bd. 6, S. 259.
150 Venohr, *Fridericus Rex*, a. a. O., S. 253.
151 So u. a. bei der Demission des Erbprinzen Friedrich Karl von Braunschweig-Bevern, siehe de Catt in Kollo, a. a. O., S. 325.
152 Kunisch, a. a. O., S. 384.
153 Kessel, Eberhard, *Militärgeschichte und Kriegstheorie in neuerer Zeit, Ausgewählte Aufsätze*, Berlin, Duncker und Humblot, 1987, S. 303.
154 Dupuy, a. a. O., S. 45.
155 Venohr, *Fridericus Rex*, a. a. O., S. 394.
156 Friedrich II, »Geschichte des Siebenjährigen Krieges«, in Volz, a. a. O., Bd. 4, S. 179.
157 Clark, a. a. O., S. 253.
158 Wolmar, a. a. O., S. 49.
159 Friedrich II., zit. n. Schoeps, Abt. III, Bd. 11, a. a. O., S. 85.
160 Zit. n. Arndt, Karl J. R., *Der Freundschafts- und Handelsvertrag von 1785 zwischen Seiner Majestät dem König von Preußen und den Vereinigten Staaten von Amerika*, München, Heinz Moos, 1977, S. 7.
161 Abgedruckt in ebd., S. 11 ff.
162 Venohr, *Fridericus Rex*, a. a. O., S. 258.
163 Zit. n. Augstein, a. a. O., S. 324.
164 So Friedrich II. über Karl XII., ebd., S. 551.
165 Günter Mensching in d'Alembert, Jean Le Rond, *Einleitung zur Enzyklopädie*, Hamburg, Felix Meiner, 1997, S. XVI.
166 Unter Berufung auf Josua 10, 12 f.: »[...] dann sagte er in Gegenwart der Israeliten: Sonne bleib stehen über Gibeon [...]. Und die Sonne blieb stehen [...].«
167 Bill of Rights von 1689, wo das Petitionsrecht, das Recht auf ordentlich bestellte Geschworenengerichte und das Verbot übermäßiger und grausamer Strafen als unmittelbarer Anspruch festgeschrieben wurde.
168 Robert Darnton in Selg, Anette, Wieland, Rainer, *Die Welt der Encyclopédie*, Frankfurt am Main, Eichborn, 2001, S. 455.

169 Diderot, Denis, *Philosophische Schriften*, Frankfurt, Europäische Verlagsanstalt, 1967, S. 289.
170 Schupp, Franz, *Geschichte der Philosophie im Überblick*, Bd. 1–3, Hamburg, Felix Meiner, 2003, S. 313.
171 Wolff, Christian, *Philosophia rationalis sive logica*, IV, § 116, S. 53, übers. n. Raffaele Ciafardone, *Die Philosphie der deutschen Aufklärung*, S. 147, zit. n. ebd.
172 Kant, Immanuel, *Kritik der reinen Vernunft*, Hamburg, Felix Meiner, 1989, B XXXVI f.
173 Zit. n. Vorländer, Karl, *Immanuel Kant, Der Mann und das Werk*, Wiesbaden, Marix, 2004, S. 188.
174 Leider, Kurt, *Immanuel Kant, Welt- und Lebensanschauung*, Lübecker-Akademie-Ausgabe, Lübeck, Lübecker-Akademie-Verlag, 1994, S. 5.
175 Kant in Bahr, Eberhard (Hg.), *Was ist Aufklärung, Thesen und Definitionen*, Stuttgart, Philipp Reclam jun., 1996, S. 9.
176 Schallück, Paul, »Moses Mendelssohn und die deutsche Aufklärung «, in Koch, Thilo (Hg.), *Portraits zur deutsch-jüdischen Geistesgeschichte*, Köln, DuMont, 1997, S. 32.
177 Mendelssohn, Moses, *Sammlung theils noch ungedruckter, theils in anderen Schriften zerstreuter von ihm, an und über ihn*, hg. von F. Heinemann, Leipzig, G. Wolbrecht'sche Buchhandlung, 1831, S. 73.
178 Gidal, Nachum Tim, *Die Juden in Deutschland von der Römerzeit bis zur Weimarer Republik*, Köln, Könemann, 1997, S. 117.
179 Mendelssohn, Moses, *Phädon oder über die Unsterblichkeit der Seele*, Hamburg, Felix Meiner, 1979, S. 59.
180 Zit. n. Vorländer, a. a. O., S. 202.
181 Ebd., S. 120.
182 Kant, Immanuel, *Grundlegung zur Metaphysik der Sitten*, Hamburg, Felix Meiner, 1999, RN 389.
183 Ebd., RN 393.
184 Vorländer, a. a. O., S. 294.
185 Kant, *Grundlegung zur Metaphysik der Sitten*, a. a. O., RN 401.
186 Schmidt, in Kant, Immanuel, *Die drei Kritiken in ihrem Zusammenhang mit dem Gesamtwerk*, Mit verbindendem Text zusammengefasst von Raymund Schmidt, Stuttgart, Kröner, 1975, S. 224.

187 Kant, Immanuel, *Kritik der praktischen Vernunft*, Hamburg, Felix Meiner, 2003, RN 154.
188 Ders., *Grundlegung zur Metaphysik der Sitten*, a. a. O., RN 421.
189 So etwa Friedrich Schiller, zit. n. R. Schmidt, a. a. O., S. 222.
190 So Leider, a. a. O., S. 25.
191 Ebd.
192 Ludwig, Ralf, *Kant für Anfänger, Der kategorische Imperativ, Eine Lese-Einführung*, München, Deutscher Taschenbuch Verlag, 1995, S. 5.
193 Leider, a. a. O., S. 25.
194 Venohr, *Fridericus Rex*, a. a. O., S. 209.
195 Clark, a. a. O., S. 301.
196 Venohr, *Fridericus Rex*, a. a. O., S. 209.
197 In Dietrich, a. a. O., S. 133 f.
198 Venohr, *Fridericus Rex*, a. a. O., S. 210.
199 Kant, *Grundlegung zur Metaphysik der Sitten*, a. a. O., RN 428.
200 Genesis 1, 26.
201 BVerwGE, Bd. 64, S. 274.
202 BVerfGE, Bd. 45, S.187, vgl. Maunz/Dürig/Herzog/Scholz, GG, Art. 1, RN 74; BGHZ, Bd. 67, S.119, 125.
203 Vgl. dazu Alice Schwarzer in »Der Schleier der Fundamentalisten« in *Frankfurter Allgemeine Zeitung* vom 20. Juli 2010, S. 27.
204 Meddeb, Abdelwahab, *Die Krankheit des Islam*, Heidelberg, Das Wunderhorn, 2002, S. 32.
205 Ebd., S. 44 f.
206 Patton, George S., *Krieg, wie ich ihn erlebte*, Bern, Alfred Scherz, 1950, S. 35.
207 »Gedanken von der wahren Schätzung der lebendigen Kräfte und Beurteilung der Beweise, derer sich Herr Leibniz und andere Mechaniker von dieser Streitsache bedient haben, nebst einigen vorhergehenden Betrachtungen, welche die Kraft der Körper überhaupt betreffen.«
208 Staël Holstein, Anna Germaine Baronin von, *Deutschland*, Berlin, Julius Eduard Hitzig, 1814, S. 104.
209 Georg Lukács, zit. n. Fest, Joachim, *Bürgerlichkeit als Lebensform, Späte Essays*, Hamburg, Rowohlt, 2007, S. 12.
210 Fest, Joachim, Siedler, Wolf Jobst, *Im Gespräch mit Frank A. Meyer, Der lange Abschied vom Bürgertum*, Berlin, wjs, 2005, S. 9.

211 Vgl. dazu Hayek, Friedrich A. von, *Die Verfassung der Freiheit*, Tübingen, J. C. B. Mohr, 1991. S. 155.

212 Churchill, Winston, *Kreuzzug gegen das Reich des Mahdi*, Frankfurt am Main, Eichborn, 2008, S. 85.

213 *Politische Correspondenz Friedrichs des Großen*, hg. von der Preußischen Akademie der Wissenschaften. Bd. 1, zit. n. Bettina Stangneth, in Kant, *Die Religion innerhalb der Grenzen der bloßen Vernunft*, Hamburg, Felix Meiner, 2003, S. XVII.

214 Edighoffer, Roland, *Die Rosenkreuzer*, München, C. H. Beck, 1995, S. 107.

215 Zit. n. Stangneth, Bettina, in Kant, *Die Religion innerhalb der Grenzen der bloßen Vernunft*, a. a. O., S. XXVII.

216 Kant, Immanuel, *Kants gesammelte Schriften*, Akademie-Ausgabe, Berlin, 1902 ff., Bd. XII, S. 406, zit. n. Irrlitz, Gerd, *Kant, Handbuch, Leben und Werk*, Stuttgart, J. B. Metzler, 2002, S. 44.

217 Kant, »Zum ewigen Frieden«, in *Werke in sechs Bänden*, Bd. 6, hg. von Wilhelm Weischedel, Darmstadt, Wissenschaftliche Buchgesellschaft, 1983, S. 228.

218 Clark, a. a. O., S. 261.

219 Uhle-Wettler, Franz, *Höhe- und Wendepunkte deutscher Militärgeschichte*, Mainz, v. Hase & Koehler, 1984, S. 61 [im Folgenden: Uhle-Wettler, *Höhe- und Wendepunkte*].

220 Ebd., S. 54.

221 Dupuy, a. a. O., S. 57.

222 Zit. n. Kleßmann, Eckart, *Prinz Louis Ferdinand von Preußen, Soldat – Musiker – Idol*, München, Eugen Diederichs, 1995, S. 174.

223 Fontane, Theodor, *Gedichte*, Bd. 1, hg. von Joachim Krueger und Anita Golz, Berlin, Aufbau, 1995, S. 202 ff.

224 Dupuy, a. a. O., S. 33.

225 Williamson Murray, in Müller, Rolf-Dieter, Volkmann, Hans-Erich (Hgs.), *Die Wehrmacht, Mythos und Realität*, München, R. Oldenbourg, 1999, S. 312.

226 Adami, Friedrich, *Luise, Königin von Preußen*, Gütersloh, C. Bertelsmann, [16]1900, S. 217.

227 Ebd., S. 219.

228 Dupuy, a. a. O., S. 47.

229 Zit. n. See, in Luden, Heinrich, Schopenhauer, Johanna, *Die Schlacht von Jena und die Plünderung Weimars im Oktober 1806*,

hg., eingeleitet und kommentiert von Klaus von See und Helena Lissa Wiessner, Heidelberg, Winter, 2006, S. 11.

230 Obenaus, Herbert, *Anfänge des Parlamentarismus in Preußen bis 1948*, Düsseldorf, Droste, 1984, S. 32.

231 Zit. n. Schoeps, Abt. III, Bd. 11, a. a. O., S. 115; es bestehen Zweifel an der Echtheit dieses Briefes, so Demandt, Philipp, *Luisenkult, Die Unsterblichkeit der Königin von Preußen*, Köln, Böhlau, 2003, S. 234, was aber nichts daran ändert, dass die Formulierungen zu einem der preußischen Glaubensbekenntnisse avancierten.

232 Lehmann, zit. nach Augstein, a. a. O., S. 299.

233 Meinecke, Friedrich, *Das Zeitalter der Deutschen Erhebung (1795–1815)*, Göttingen, Vandenhoeck & Ruprecht, 1957, S. 53 [im Folgenden: Meinecke, *Zeitalter*].

234 Fichte, Gottlieb, in Peter Lothar Oesterreich (Hg.), *Schriften zur angewandten Philosophie, Werke II*, Frankfurt, Deutscher Klassiker Verlag, 1977, S. 771.

235 Meinecke, *Zeitalter*, a. a. O., S. 54.

236 Dazu ausführlich Ritter, Gerhard, *Stein, Eine politische Biographie*, Neuausgabe der »neu gestalteten Auflage« von 1958, Stuttgart, Deutsche Verlags-Anstalt, 1981, S. 32 ff.

237 Ebd., S. 49.

238 Ebd., S. 50.

239 Zit. n. Kauer, a. a. O., S. 278, mit Verweis auf Moritz Arndt.

240 Duchardt, Heinz, *Freiherr vom Stein, Preußens Reformer und seine Zeit*, München, C. H. Beck, 2010, S. 109.

241 Ebd., S. 19.

242 Ebd., S. 21, berichtet davon, dass es Stein gelungen sei, die Jahresfördermenge der märkischen Zechen zu verdreifachen.

243 Sie hieß bürgerlich Wilhelmine Enke und war die Mätresse Friedrich Wilhelms II.

244 Stein, Freiherr vom, *Briefe und Amtliche Schriften*, Bd. II, 1. Teil, Stuttgart, Kohlhammer, 1957, S. 210 ff.

245 Ebd., S. 214.

246 Ebd., S. 330.

247 Ebd., S. 389.

248 Ders., *Briefe und Amtliche Schriften*, Bd. II, 2. Teil, a. a. O., S. 458.

249 Ebd., S. 460.

250 Duchardt, a. a. O., S. 51, und indirekt Lehmann, Max, *Freiherr vom Stein*, Bd. 2, Leipzig, S. Hirzel, 1886, S. 281.
251 Ritter, *Stein, Eine politische Biographie*, a. a. O., S. 252.
252 Lehmann, *Freiherr vom Stein*, a. a. O., S. 63.
253 So Hugo Preuß, zit. n. Duchhardt, a. a. O., S. 7.
254 Meinecke, *Zeitalter*, a. a. O., S. 78.
255 Stein, a. a. O., S. 908.
256 Vgl. den Antrag auf Errichtung der Universität Berlin vom 24. Juli 1809, in Humboldt, Wilhelm von, *Werke in fünf Bänden*, Bd. IV, hg. von Andreas Flitner und Klaus Giel, Darmstadt, Wissenschaftliche Buchgesellschaft, 1980, S. 113.
257 Zit. n. Schoeps, Abt. III, Bd. 11, a. a. O., S. 125.
258 Von Humboldt, a. a. O., S. 100.
259 Schallück, in Koch, a. a. O., S. 36.
260 Künzli, Arnold, *Karl Marx, Eine Psychographie*, Wien, Europaverlag, 1966, S. 42.
261 Gidal, a. a. O., S. 146.
262 Von Humboldt, a. a. O., S. 97.
263 Zit. n. Schoeps, Abt. III, Bd. 11, a. a. O., S. 124.
264 Ders., *Preussen, Bilder und Zeugnisse*, Berlin, Propyläen, 1967, S. 11.
265 Gemeint sind der Herzog von Braunschweig und Feldmarschall von Möllendorf.
266 Zit. n. Clark, a. a. O., S. 378.
267 Wohlfeil, Rainer, in Militärgeschichtliches Forschungsamt (Hg.), *Deutsche Militärgeschichte in sechs Bänden, 1648–1939*, Bd. II, Herrsching, Manfred Pawlak, 1983, S. 111.
268 Ebd., S. 115.
269 Hornung, Klaus, *Scharnhorst, Soldat – Reformer – Staatsmann, Die Biographie*, Esslingen, Bechtle, 2001, S. 203.
270 So Scharnhorst, in Kessel, a. a. O., S. 180.
271 Zit. n. Schoeps, Abt. III, Bd. 11, a. a. O., S. 128.
272 Hornung, a. a. O., S. 203.
273 »Über das Leben und den Charakter von Scharnhorst«, Kriegsgeschichtliche Bücherei, Bd. 1, Berlin, 1935, S. 36 f, zit. n. Kessel, a. a. O., S. 177.
274 Meinecke, *Boyen*, a. a. O., S. 20.
275 Schoeps, Abt. III, Bd. 11, a. a. O., S. 127.
276 Lehmann, Max, *Scharnhorst*, Bd. 1, Leipzig, S. Hirzel, 1886, S. 332.

277 Zit. n. Wohlfeil, a. a. O., S. 116.

278 Schoeps, Abt. III, Bd. 11, a. a. O., S. 126.

279 Meinecke, Friedrich, *Das Leben des Generalfeldmarschalls Hermann von Boyen, Erster Band 1771 bis 1814*, Stuttgart, Verlag der J. G. Cotta'schen Buchhandlung, 1896, S. 100 [im Folgenden: Meinecke, *Boyen*].

280 Von Baudissin, zit. n. Rosen in Wiesendahl, Elmar (Hg.), *Neue Bundeswehr – neue Innere Führung? Perspektiven und Rahmenbedingungen für die Weiterbildung eines Leitbildes*, Baden-Baden, Nomos, 2005, S. 37.

281 Militärgeschichtliches Forschungsamt (Hg.), *Anfänge westdeutscher Sicherheitspolitik 1945–1956*, Bd. 3, München, R. Oldenbourg, 1993, S. 861.

282 Ebd., S. 864.

283 ZDv 10/1, Ziff. 401.

284 Von Baudissin, zit. n. Rosen in Wiesendahl, a. a. O., S. 43.

285 Ebd., S. 43.

286 Ebd., S. 44.

287 Zit. n. Pertz, Georg Heinrich, *Das Leben des Feldmarschalls Grafen Neithardt von Gneisenau*, Bd. I, Berlin, Georg Reimer, 1864, S. 539.

288 Nipperdey, Thomas, *Deutsche Geschichte 1800–1866, Bürgerwelt und starker Staat*, München, C. H. Beck, 1983, S. 55 f.

289 Schill diente als Secondeleutnant im Dragonerregiment Nr. V – Anspach-Bayreuth.

290 Marwitz beurteilte Schill wenig positiv; er hielt ihn für urteilsschwach und oberflächlich und bezeichnete seine Aktion in Stralsund als kopflos; von der Marwitz, a. a. O., S. 271.

291 Köppen, Bd. III, a. a. O., S. 356.

292 Droysen, Johann Gustav, *Yorck von Wartenburg, Ein Leben preußischer Pflichterfüllung*, Berlin, Paul Franke, o. J., S. 193.

293 Köppen, Bd. III, a. a. O., S. 359.

294 Boveri, a. a. O., S. 95.

295 Zit. n. Schoeps, Abt. III, Bd. 11, a. a. O., S. 347 f.

296 So ebd., S. 140.

297 Pertz, *Das Leben des Feldmarschalls Grafen Neithardt von Gneisenau*, Bd. III, a. a. O., S. 134.

298 Zit. n. ebd., S. 130 f.

299 Zit. n. ebd., S. 132.

300 Scharnhorst, Gerhard von, *Private und dienstliche Schriften, Veröffentlichungen aus den Archiven Preussischer Kulturbesitz*, Bd. 4, hg. von Jürgen Kloosterhuis und Dieter Heckmann, Köln, Weimar, Wien, Böhlau, 2007, S. 385, 393 und 483 f.

301 Ebd., S. 420.

302 *Marx-Engels-Werke*, hg. vom Institut für Marxismus-Leninismus beim ZK der SED, Berlin, Dietz, 1974, Bd. 14, S. 172, unter Berufung auf eine Äußerung von General Müffling, die dort wie folgt zitiert wird: »daß der alte Fürst Blücher von der Kriegführung gar nichts verstand, ja so wenig, daß, wenn ihm ein Plan zur Genehmigung vorgelegt wurde, selbst wenn er eine unbedeutende Operation betraf, er sich kein klares Bild davon machen und kein Urteil darüber fällen konnte, ob er gut oder schlecht war.«

303 Capelle, Wilhelm, *Briefe des Feldmarschalls Blücher*, Leipzig, Insel, 1942, S. 34.

304 *Marx-Engels-Werke*, a. a. O., Bd. 14, S. 178.

305 Kauer, a. a. O., S. 17.

306 Schoeps, Abt. III, Bd. 11, a. a. O., S. 157.

307 Ebd., S. 160.

308 Stein, *Briefe und Amtliche Schriften*, Bd. V, a. a. O., S. 538 f.

309 Schoeps, Abt. III, Bd. 11, a. a. O., S. 167

310 Ebd., S. 175.

311 Allgemeines Preußisches Landrecht von 1794, 10. Teil, § 70.

312 Zit. n. Schoeps, Abt. III, Bd. 11, a. a. O., S. 176.

313 Heinrich von Treitschke, zit. n. Schneider, Hans, *Der Preussische Staatsrat 1817–1918, Ein Beitrag zur Verfassungs- und Rechtsgeschichte Preussens*, München und Berlin, C. H. Beck, 1952, S. 1.

314 Obenaus, a. a. O., S. 259.

315 Zit. n. Schoeps, Abt. III, Bd. 11, a. a. O., S. 353 f.

316 Kosseleck, S. 102.

317 1 Ecu = 2,07 DM (Stand März 1988).

318 Cecchini, Paolo, *Europa '92, Der Vorteil des Binnenmarktes*, Baden-Baden, Nomos, 1988, S. 34.

319 Ebd., S. 16.

320 Schoeps, Abt. III, Bd. 11, a. a. O., S. 176.

321 Vgl. etwa Holtz, Bärbel, Spenkuch, Hartwin (Hgs.), *Preußens Weg in die politische Moderne, Verfassung – Verwaltung – Politische Kultur zwischen Reform und Reformblockade*, Berlin, Akademie, 2001, S. 107.

322 So Schoeps, Abt. III, Bd. 11, a. a. O., S. 189.
323 Brief des Prinzen Wilhelm an seine Schwester Charlotte, zit. n. Blasius, Dirk, *Friedrich Wilhelm IV. 1757–1861*, Göttingen, Vandenhoeck & Ruprecht, 1992, S. 93.
324 Zit. n. Bußmann, Walter, *Zwischen Preußen und Deutschland, Friedrich Wilhelm IV., Eine Biographie*, Berlin, Siedler, 1990, S. 36.
325 Ebd., S. 312.
326 Clark, a. a. O., S. 501.
327 Schoeps, Abt. III, Bd. 11, a. a. O., S. 183.
328 Clark, a. a. O., S. 503 f.
329 Friedrich Wilhelm III., in Dietrich, a. a. O., S. 400 f.
330 Schön, *Woher und Wohin*, a. a. O., S. 6 f.
331 Sösemann, in Schön, Theodor von, *Persönliche Schriften, Die autobiographischen Fragmente*, Köln, Böhlau, 2006, S. 3 [im Folgenden: Schön, *Persönliche Schriften*].
332 Schön, »Die große Selbstbiographie«, in ebd., S. 130 f.
333 Wilhelm, zit. n. Schön, *Persönliche Schriften*, a. a. O., FN 1300, S. 525.
334 Schön, »Die große Selbstbiographie«, in ders., *Persönliche Schriften*, a. a. O., S. 64 f.
335 Ebd., S. 66 f.
336 Hans Rothenfels, zit. n. Sösemann, in Schön, *Persönliche Schriften*, a. a. O., S. 17.
337 Fuhrich Grubert, in Holtz, Spenkuch, *Preußens Weg in die politische Moderne, Verfassung – Verwaltung – Politische Kultur zwischen Reform und Reformblockade*, a. a. O., S. 37 f.
338 Vgl. Künzli, a. a. O., S. 11.
339 Zit. n. Clark, a. a. O., S. 540.
340 Ebd., S. 543 f.
341 Bußmann, a. a. O., S. 262.
342 Das gesteht auch Varnhagen von Ense zu, so Tageblätter vom 21. März 1848. Siehe Varnhagen von Ense, Karl August, *Tageblätter*, Band 5, hg. von Konrad Feilchenfeldt, Frankfurt am Main, Deutscher Klassiker Verlag, 1994.
343 Ebd.
344 Bismarck, Otto von, *Gedanken und Erinnerungen*, Bd. 1, Stuttgart, Verlag der J. G. Cotta'schen Buchhandlung, 1898, S. 44.

345 Ebd., S. 280.
346 Ebd., S. 50.
347 Vgl. dazu Hayek, a. a. O., S. 145.
348 Clark, a. a. O., S. 566.
349 Bußmann, a. a. O., S. 306.
350 Frank-Lothar Kroll, in Wehinger, a. a. O., S. 187.
351 Zit. n. Bußmann, a. a. O., S. 305.
352 Bismarck, Otto von, *Werke in Auswahl*, Bd. 6, Darmstadt, Wissenschaftliche Buchgesellschaft, 2001, S. 131 f.
353 Schoeps, Abt. III, Bd. 11, a. a. O., S. 238.
354 Ebd.
355 Bismarck, *Gedanken und Erinnerungen*, Bd. 1, a. a. O., S. 269.
356 Ebd., S. 283.
357 Ebd., S. 284 f.
358 Uhle-Wettler, *Höhe- und Wendepunkte*, a. a. O., S. 143 f.
359 Zit. n. Schoeps, Abt. III, Bd. 11, a. a. O., S. 383.
360 Bismarck, *Gedanken und Erinnerungen*, Bd. 1, S. 340 f.
361 Zit. n. Schoeps, Abt. III, Bd. 11, S. 250.
362 Clark, a. a. O., S. 608.
363 Angelow, Jürgen, »Von Wien nach Königgrätz: Die Sicherheitspolitik des Deutschen Bundes im europäischen Gleichgewicht (1815–1866)«, in *Beiträge zur Militärgeschichte*, Bd. 52, München, R. Oldenbourg, 1996, S. 239.
364 Fontane, Theodor, *Der deutsche Krieg von 1866*, Berlin, Das Neue Berlin, 2006, S. 13.
365 Angelow, a. a. O., S. 245.
366 Clark, a. a. O., S. 620.
367 Schoeps, *Die Ehre Preußens*, a. a. O., S. 24, mit weiteren Beispielen.
368 Fontane, *Der deutsche Krieg von 1866*, a. a. O., S. 79.
369 Clark, a. a. O., S. 621.
370 Craig, Gordon A., *Königgrätz 1866 – Eine Schlacht macht Weltgeschichte*, Augsburg, Bechtermünz, 1997, S. 50.
371 Venohr, *Der große König*, a. a. O., S. 93.
372 Craig, a. a. O., S. 44.
373 Ebd., S. 30.
374 Ebd., S. 29.
375 Bremm, Klaus-Jürgen, »Von der Chaussee zur Schiene, Militärstrategie und Eisenbahnen in Preußen von 1833 bis zum

Feldzug von 1866«, in *Militärgeschichtliche Studien*, hg. vom Militärgeschichtlichen Forschungsamt, Bd. 14, München, R. Oldenbourg, 2005, S. 44 ff.

376 Dupuy, a. a. O., S. 121.

377 Bismarck, *Gedanken und Erinnerungen*, Bd. 2, a. a. O., S. 79; Pflanze, Otto, *Bismarck, Der Reichsgründer*, Bd. 1, München, C. H. Beck, 1997, S. 449 ff.

378 Pflanze, a. a. O., S. 467.

379 Ebd., S. 471.

380 Bismarck, *Gedanken und Erinnerungen*, Bd. 2, a. a. O., S. 91.

381 Pflanze, a. a. O., S. 450; Stern, Fritz, *Gold und Eisen, Bismarck und sein Bankier Bleichröder*, München, C. H. Beck, 2008, S. 193 ff.

382 Craig, in Fontane, Theodor, *Der Krieg gegen Frankreich, 1870–1871*, Zürich, Manesse, 1985, S. XXVII.

383 Zit. n. ebd., Vorwort, S. XXVIII.

384 Craig, in ebd.

385 Westlich von Metz, zu den Abläufen später.

386 Fontane, *Der Krieg gegen Frankreich, 1870–1871*, a. a. O., S. 482.

387 Ebd., S. 458 (am Ende der Schlacht von Gravelotte).

388 Kaulbach, in Groote, Wolfgang von, Gersdorff, Ursula von, *Entscheidung 1870, Der deutsch-französische Krieg*, Stuttgart, Deutsche Verlags-Anstalt, 1970, S. 51.

389 Moltke, Helmuth Graf von, *Gesammelte Schriften und Denkwürdigkeiten des General Feldmarschalls Grafen Helmut von Moltke*, Bd. III, Berlin, Ernst Siegfried Mittler & Sohn, 1892, S. 8.

390 Schlieffen, Alfred Graf von, *Cannae*, Berlin, E. S. Mittler & Sohn, 1936, S. 160.

391 Kaulbach, in Groote u. a., a. a. O., S. 64.

392 Uhle-Wettler, *Höhe- und Wendepunkte*, a. a. O., S. 157 f.

393 Schlieffen, a. a. O., S. 177.

394 Zit. n. Begley, Louis, *Der Fall Dreyfus, Teufelsinsel, Guantánamo, Alptraum der Geschichte*, Frankfurt, Suhrkamp, 2009, S. 58.

395 Ebd., S. 62 f.

396 Schulze, Hagen, »Versailles«, in François, Etienne und Schulze, Hagen, *Deutsche Erinnerungsorte*, Bd. 1, München, C. H. Beck, 2001, S. 411.

397 So Schlumpeter, zit. n. Söhngen, Stefan, *Rahmenbedingungen der Elitenbildung in Deutschland und das Problem einer tenden-*

ziellen Abwanderung Angehöriger der jungen Generation aus Deutschland, Eine Untersuchung mit besonderer Berücksichtigung der Bereiche von Politik und Ökonomie, Berlin, Wissenschaftlicher Verlag, 2008, S. 208.

398 Siehe dazu ebd., S. 204 ff.

399 Vgl. dazu Hayek, a. a. O., S. 148.

400 Schumpeter, zit. n. McGraw, Thomas, *Joseph A. Schumpeter – Eine Biographie*, Hamburg, Murmann, 2008, S. 20.

401 Hayek, a. a. O., S. 147.

402 Ebd., S. 151.

403 Zit. n. Dupuy, a. a. O., S. 139.

404 ZDv 10/1, Ziff. 316.

405 So z. B. Theodor Busse, zit. n. Leistenschneider, Stephan, *Auftragstaktik im preußisch-deutschen Heer 1871 bis 1914*, Hamburg, Berlin, Bonn, E. S. Mittler & Sohn, 2002, S. 3.

406 Solschenizyn, Alexander, *August Vierzehn*, Darmstadt und Neuwied, Luchterhand, 1972, S. 148 f.

407 Creveld, Martin van, *Kampfkraft, Militärische Organisation und Leistung der deutschen und amerikanischen Armee 1939–1945*, Graz, Ares, 2005, S. 189.

408 Zit. n. Uhle-Wettler, *Höhe- und Wendepunkte*, a. a. O., S. 161.

409 Helmut Schmidt soll Mitte der sechziger Jahre die Vernachlässigung der Auftragstaktik moniert haben. Seiner Ansicht nach habe sich ein Hang zum Absicherungsbefehlen, zum stärkeren Verwaltungsdenken, eingeschlichen, vgl. Leistenschneider, a. a. O., S. 4.

410 Bestätigend Keller, Jörg, »Mythos Auftragstaktik«, in *Armee in der Demokratie, Zum Verhältnis von zivilen und militärischen Prinzipien, Schriftenreihe des sozialwissenschaftlichen Instituts der Bundeswehr*, Wiesbaden, VS Verlag für Sozialwissenschaften, 2006, S. 158.

411 Lossow, Walter von, »Mission – Type Tactics versus Order – Type Tactics«, in *Military Review* 57 (1977), Heft 6, S. 87–91 (S. 87).

412 Craig, Gordon A., Pferdekamp, Wilhelm, *Die preußisch-deutsche Armee 1640–1945*, Düsseldorf, Droste, 1960, S. 83.

413 Dupuy, a. a. O., S. 307.

414 Uhle-Wettler, Franz, »Auftragstaktik, Was ist das? Können wir sie wiederbeleben?«, in *Truppenpraxis* 36 (1992), S. 131–135

(S. 132 f.); Fiedler, Siegfried, *Grundriß der Militär- und Kriegsgeschichte*, 3 Bände, Bd. 1, München, Schild, 1972–1978, S. 215.
415 Uhle-Wettler, *Höhe- und Wendepunkte*, a. a. O., S. 158.
416 Leistenschneider, a. a. O., S. 61.
417 Venohr, *Der große König*, a. a. O., S. 63.
418 Ebd., S. 54.
419 Ebd., S. 166.
420 vgl. dazu Duffy, a. a. O., S. 183.
421 Görlitz, Walter, *Der Deutsche Generalstab, Geschichte und Gestalt*, Frankfurt am Main, Verlag der Frankfurter Hefte, 1953, S. 14.
422 Friedrich der Große, in Volz, Bd. 6, a. a. O., S. 303.
423 Kessel, a. a. O., S. 552.
424 Görlitz, a. a. O., S. 61; Dupuy, a. a. O., S. 159.
425 Dupuy, a. a. O., S. 159.
426 Murray, in Müller, Volkmann, *Die Wehrmacht, Mythos und Realität*, a. a. O., S. 312.
427 Leistenschneider, a. a. O., S. 25 ff.
428 Ebd., S. 31.
429 Ebd., S. 32.
430 Ebd., S. 33.
431 Vgl. u. a. Millotat, Christian O. E., »Auftragstaktik, das oberste Führungsprinzip im Heer der Bundeswehr, Ihre Entwicklung und Darstellung in deutschen militärischen Führungsgrundlagen«, in *Österreichische Militärzeitung ÖMZ*, Jg. 2001, Heft 3, S. 299 ff. (S. 301).
432 Ebd.
433 Leistenschneider, a. a. O., S. 37.
434 Auszüge aus den Nummern 88 und 96 des Exerzierreglements, zit. n. Millotat, a. a. O., S. 304.
435 Nr. 38 der Felddienstordnung von 1908, zit. n. ebd., S. 305.
436 Heeresdienstvorschrift 100/100.
437 Keller, in Hagen, Ulrich vom (Hg.), *Armee in der Demokratie, Zum Verhältnis von zivilen und militärischen Prinzipien*, Wiesbaden, VS Verlag für Sozialwissenschaften, 2006, S. 156.
438 Zit. n. ebd.
439 Schneiderhan am 5. September 2005 anlässlich des Festaktes zum fünfzigjährigen Bestehen der Bundeswehr im Zentrum für Innere Führung in Koblenz, zit. n. ebd., S. 157.

440 Diese Frage stellt Leistenschneider, a. a. O., S. 4.

441 Dazu Keller, in Hagen, a. a. O., S. 141.

442 Ähnlich äußert sich Leistenschneider, a. a. O., S. 5.

442 Van Creveld, *Kampfkraft, Militärische Organisation und Leistung der deutschen und amerikanischen Armee 1939–1945*, a. a. O., S. 54.

444 Ebd., S. 51.

445 Leistenschneider, a. a. O., S. 6, unter Berufung auf Uhle-Wettler, »Auftragstaktik, Was ist das? Können wir sie wiederbeleben?«, a. a. O., S. 132.

446 Keller, a. a. O., S. 153.

447 Arnold, Frank, *Management, Von den Besten lernen*, München, Carl Hanser, 2010, S. 276.

448 Von Schlabrendorff, a. a. O., S. 129.

449 Genesis 18, 32.

450 Zit. n. Gidal, a. a. O., S. 426.

451 Frank-Lothar Kroll, in Wehinger, a. a. O., S. 197.

452 Hayek, a. a. O., S. 149.

453 Vgl. dazu ausführlich Söhngen, a. a. O., S. 140 ff.

454 Tocqueville, Alexis, *Betrachtungen über die Demokratie in Amerika*, Stuttgart, Philipp Reclam jun., 1901, S. 114.

455 Ebd., S. 113.

456 Vgl. Eppler, Erhard, *Auslaufmodell Staat?*, Frankfurt am Main, Suhrkamp, 2005, S. 47.

457 Erste Strophe des siebenstrophigen Preußenliedes. Die ersten sechs Strophen wurden 1830 als Geburtstagsgeschenk für Friedrich Wilhelm III. gedichtet, die siebte Strophe folgte im Jahr 1851. Vertont wurde das Gedicht 1832.

Verzeichnis der verwendeten Literatur

ADAMI, Friedrich, *Luise, Königin von Preußen*, Gütersloh, C. Bertelsmann, [16]1900.

ADLER, Max (Hg.), *Memoiren der Gräfin Lichtenau, Ein Sittenbild vom Hofe der Hohenzollern*, Dresden, Carl Reissner, 1920.

ANGELOW, Jürgen, »Von Wien nach Königgrätz: Die Sicherheitspolitik des Deutschen Bundes im europäischen Gleichgewicht (1815–1866)«, in *Beiträge zur Militärgeschichte*, Band 52, München, R. Oldenbourg, 1996.

AQUINO, Thomas VON, *Summe der Theologie, Zweiter Band, Die sittliche Weltordnung*, Stuttgart, Alfred Kröner, 3., durchgesehene und verbesserte Auflage, 1985.

ARCHENHOLZ, Johann Wilhelm VON, »Geschichte des Siebenjährigen Krieges«, in Johannes KUNISCH (Hg.), *Aufklärung und Kriegserfahrung, Klassische Zeitzeugen zum Siebenjährigen Krieg, Bibliothek der Geschichte und Politik*, Band 9, Frankfurt am Main, Deutscher Klassiker Verlag, 1996.

ARETIN, Karl Ottmar VON, *Friedrich der Grosse, Größe und Grenzen des Preußenkönigs, Bilder und Gegenbilder*, Freiburg im Br., Herder, 1985.

ARNDT, Ernst Moritz, *Erinnerungen 1769–1815*, hg. von Rolf WEBER, Berlin, Verlag der Nation, 1985.

ARNDT, Karl J. R., *Der Freundschafts- und Handelsvertrag von 1785 zwischen Seiner Majestät dem König von Preußen und den Vereinigten Staaten von Amerika*, München, Heinz Moos, 1977.

ARNOLD, Frank, *Management, Von den Besten lernen*, München, Carl Hanser, 2010.

AUGSTEIN, Rudolf, *Preußens Friedrich und die Deutschen*, Frankfurt am Main, S. Fischer, 1968.

BAHR, Eberhard (Hg.), *Was ist Aufklärung, Thesen und Definitionen*, Stuttgart, Philipp Reclam jun., 1996.

BECKER, Thorsten, *Fritz*, Reinbek bei Hamburg, Rowohlt, 2006.

BEGLEY, Louis, *Der Fall Dreyfus, Teufelsinsel, Guantánamo, Alptraum der Geschichte*, Frankfurt, Suhrkamp, 2009.

BENNINGHOVEN, Friedrich, BÖRSCH-SUPAN, Helmut, GUNDERMANN, Iselin, *Friedrich der Große, Ausstellung des Geheimen Staatsarchivs Preußischer Kulturbesitz anlässlich des 200. Todestages König Friedrichs II. von Preußen*, Berlin, Nicolai, 1986.

BERGHAHN, Volker R., *Militarismus, Die Geschichte einer internationalen Debatte*, New York, Berg Publishers, 1986.

BETTHAUSEN, Peter (Hg.), *Friedrich Wilhelm IV. von Preussen, Briefe aus Italien 1828*, München, Berlin, Deutscher Kunstverlag, 2001.

BISMARCK, Otto VON, *Werke in Auswahl*, Darmstadt, Wissenschaftliche Buchgesellschaft, 2001.

DERS., *Gedanken und Erinnerungen*, Stuttgart, Verlag der J. G. Cotta'schen Buchhandlung, 1898.

DERS., *Aus seinen Schriften, Briefen und Reden*. Zürich, Manesse, 1998.

BLASIUS, Dirk, *Friedrich Wilhelm IV. 1757–1861*, Göttingen, Vandenhoeck & Ruprecht, 1992.

BÖDECKER, Ehrhardt, *Preußen und die Wurzeln des Erfolges*, München, Olzog, 2., überarbeitete Auflage 2005.

BOSWELL, James, JOHNSON, Dr. Samuel, *Leben und Meinungen*, Zürich, Diogenes, 2008.

BOVERI, Margret, *Der Verrat im XX. Jahrhundert, Für und gegen die Nation, Das unsichtbare Geschehen*, Hamburg, Rowohlt, 1956.

BOTZENHART, Erich (Hg.), *Freiherr vom Stein, Staatsgedanken, Aus seinen unveröffentlichten Geschichtswerken*, Tübingen, Verlag der Osianderschen Buchhandlung, 1924.

BREMM, Klaus-Jürgen, »Von der Chaussee zur Schiene, Militärstrategie und Eisenbahnen in Preußen von 1833 bis zum Feldzug von 1866«, in *Militärgeschichtliche Studien*, hg. vom MILITÄRGESCHICHTLICHEN FORSCHUNGSAMT, Band 14, München, R. Oldenbourg, 2005.

BUNDESMINISTERIUM DER VERTEIDIGUNG, FÜHRUNGSSTAB DER STREITKRÄFTE I 3 / 1986 (Hg.), *Schriftenreihe Innere Führung, Friedrich der Große*.

BURCKHARD, Jackob, *Weltgeschichtliche Betrachtungen*, Erläuterte Ausgabe, hg. von Rudolf MARX, Stuttgart, Alfred Kröner, 1978.

Burgdorff, Stephan, Pötzl, Norbert F., Wiegrefe, Klaus (Hgs.), *Preussen, Die unbekannte Großmacht*, München, Deutsche Verlags-Anstalt, 2008.

Bussmann, Walter, *Zwischen Preußen und Deutschland, Friedrich Wilhelm IV, Eine Biographie*, Berlin, Siedler Verlag, 1990.

Capelle, Wilhelm, *Briefe des Feldmarschalls Blücher*, Leipzig, Insel, 1942.

Carlyle, Thomas, *Geschichte Friedrichs des Grossen*, Leipzig, Georg Kummer, 1927.

Cecchini, Paolo, *Europa '92, Der Vorteil des Binnenmarktes*, Baden-Baden, Nomos, 1988.

Churchill, Winston S., *Kreuzzug gegen das Reich des Mahdi*, Frankfurt am Main, Eichborn, 2008.

Clark, Christopher, *Preußen, Aufstieg und Niedergang, 1600–1947*, München, Deutsche Verlags-Anstalt, 2006.

Clausewitz, Carl von, *Vom Kriege*, Stuttgart, Philipp Reclam jun., 1994.

Craig, Gordon A., *Königgrätz 1866 – Eine Schlacht macht Weltgeschichte*, Augsburg, Bechtermünz, 1997.

Ders., Pferdekamp, Wilhelm, *Die preußisch-deutsche Armee 1640–1945*, Düsseldorf, Droste, 1960.

Creveld, Martin van, *Geschichte des Krieges, Der Wandel bewaffneter Konflikte von 1900 bis heute*, München, Siedler, 2009.

Ders., *Kampfkraft, Militärische Organisation und Leistung der deutschen und amerikanischen Armee 1939–1945*, Graz, Ares, 2005.

Cyran, Eberhard, *Preußisches Rokoko, Ein König und seine Zeit*, Berlin, Arani, 1993.

d'Alembert, Jean Le Rond, *Einleitung zur Enzyklopädie*, Hamburg, Felix Meiner, 1997.

Dehio, Ludwig, *Friedrich Wilhelm IV. von Preußen, Ein Baukünstler der Romantik*, Berlin, Gebr. Mann, 2001.

Demandt, Philipp, *Luisenkult, Die Unsterblichkeit der Königin von Preußen*, Köln, Böhlau, 2003.

Diderot, Denis, *Philosophische Schriften*, Frankfurt, Europäische Verlagsanstalt, 1967.

Dietrich, Richard (Hg.), *Politische Testamente der Hohenzollern*, München, Deutscher Taschenbuch Verlag, 1981.

Dilthey, Wilhelm, *Zur preussischen Geschichte, Gesammelte Schriften*, XII. Band, Stuttgart, B. G. Teubner, 1985.

DERS., *Weltanschauung und Analyse des Menschen, Seit Renaissance und Reformation, Gesammelte Schriften*, II. Band, Stuttgart, B. G. Teubner, 1991.

DERS., *Studien zur Geschichte des deutschen Geistes, Gesammelte Schriften*, III. Band, Stuttgart, B. G. Teubner, 1992.

DÖNHOFF, Marion GRÄFIN, *»Um der Ehre willen«, Erinnerungen an die Freunde von 20. Juli*, Berlin, Siedler, 1994.

DROYSEN, Johann Gustav, *Yorck von Wartenburg, Ein Leben preußischer Pflichterfüllung*, Berlin, Paul Franke, o. J.

DUCHARDT, Heinz, *Freiherr vom Stein, Preußens Reformer und seine Zeit*, München, C. H. Beck, 2010.

DUFFY, Christopher, *Friedrich der Große, Ein Soldatenleben*, Köln, Zürich, Benziger, 1986.

DUPUY, Trevor N., *Der Genius des Krieges, Das deutsche Heer und der Generalstab 1807–1945*, Graz, Ares, 2009.

EDIGHOFFER, Roland, *Die Rosenkreuzer*, München, C. H. Beck, 1995.

EPPLER, Erhard, *Auslaufmodell Staat?*, Frankfurt am Main, Suhrkamp, 2005.

FEST, Joachim, *Bürgerlichkeit als Lebensform, Späte Essays*, Hamburg, Rowohlt, 2007.

DERS., *Staatsstreich, Der lange Weg zum 20. Juli*, Berlin, Siedler, 1994.

DERS., SIEDLER, Wolf Jobst, *Im Gespräch mit Frank A. Meyer, Der lange Abschied vom Bürgertum*, Berlin, wjs, 2005.

FICHTE, Gottlieb, in Peter Lothar OESTERREICH (Hg.), *Schriften zur angewandten Philosophie, Werke II*, Frankfurt am Main, Deutscher Klassiker Verlag, 1977.

FIEDLER, Siegfried, *Grundriß der Militär- und Kriegsgeschichte*, 3 Bände, München, Schild, 1972–1978.

DERS., *Taktik und Strategie der Millionenheere 1871–1914*, Augsburg, Bechtermünz, 2005.

FLASCH, Kurt, *Die geistige Mobilmachung, Die deutschen Intellektuellen und der Erste Weltkrieg*, Berlin, Alexander Fest, 2000.

DERS., *Kampfplätze der Philosophie, Große Kontroversen von Augustin bis Voltaire*, Frankfurt am Main, Vittorio Klostermann, 2008.

FONTANE, Theodor, *Der Krieg gegen Frankreich, 1870–1871*, Zürich, Manesse, 1985.

DERS., *Der Stechlin*, hg. von Peter GOLDAMER, Gotthard ERLER, Anita GOLZ, Jürgen JAHN, Berlin, Aufbau, 1993.

DERS., *Gedichte*, Band 1, hg. von Joachim KRUEGER und Anita GOLZ, Berlin, Aufbau, 1995.

DERS., *Das Oderland, Wanderung durch die Mark Brandenburg*, Zweiter Teil, Berlin, Aufbau, 1997.

DERS., *Der deutsche Krieg von 1866*, Berlin, Das Neue Berlin, 2006.

FRIE, Ewald, *Friedrich August Ludwig von der Marwitz, 1777–1837, Biographien eines Preußen*, Paderborn, Ferdinand Schöningh, 2001.

FRIEDRICH DER GROSSE, «Betrachtungen über die militärischen Talente und den Charakter Karls XII., Königs von Schweden«, in Johannes KUNISCH (Hg.), *Aufklärung und Kriegserfahrung, Klassische Zeitzeugen zum Siebenjährigen Krieg, Bibliothek der Geschichte und Politik*, Band 9, Frankfurt am Main, Deutscher Klassiker Verlag, 1996.

DERS., »Betrachtungen über die Taktik und einige Aspekte des Krieges oder Betrachtungen über einige Veränderungen in der Art der Kriegführung«, in Johannes KUNISCH (Hg.), *Aufklärung und Kriegserfahrung, Klassische Zeitzeugen zum Siebenjährigen Krieg, Bibliothek der Geschichte und Politik*, Band 9, Frankfurt am Main, Deutscher Klassiker Verlag, 1996.

DERS., *Das Politische Testament von 1752*, Stuttgart, Philipp Reclam jun., 1974.

DERS., *Mein lieber Marquis!, Sein Briefwechsel mit Jean-Baptiste d'Argens während des Siebenjährigen Krieges*, Zürich, Manesse, 1986.

GARVE, Christian, *Philosophische Anmerkungen und Abhandlungen zu Cicero's Büchern von den Pflichten*, Breslau, Wilhelm Gottlieb Korn, 1784.

GAXOTTE, Pierre, *Friedrich der Grosse*, Frankfurt am Main, Ullstein, 1973.

GIDAL, Nachum Tim, *Die Juden in Deutschland von der Römerzeit bis zur Weimarer Republik*, Köln, Könemann, 1997.

GOLTZ, Joachim VON DER, *Vater und Sohn, Ein Drama aus der Jugend Friedrichs des Grossen*, München, Georg Müller, 1921.

GÖRLITZ, Walter, *Der Deutsche Generalstab, Geschichte und Gestalt*, Frankfurt am Main, Verlag der Frankfurter Hefte, 1953.

GROOTE, Wolfgang VON, GERSDORFF, Ursula VON, *Entscheidung 1870, Der deutsch-französische Krieg*, Stuttgart, Deutsche Verlags-Anstalt, 1970.

GROSSER GENERALSTAB, KRIEGSGESCHICHTLICHE ABTEILUNG II (Hg.), *Der Siebenjährige Krieg 1756–1763, 6. Band, Leuthen, Die*

Kriege Friedrichs des Großen, Berlin, Ernst Siegfried Mittler & Sohn, 1904 (Neudruck der Ausgabe: Buchholz, LTR Ulf-Joachim Friese, 2001).

HAFFNER, Sebastian, *Von Bismarck zu Hitler, Ein Rückblick*, München, Kindler 1987.

HAFFNER, Sebastian, VENOHR, Wolfgang, *Preußische Profile*, Königstein/Th., Athenäum, 1980.

HAGEN, Ulrich VOM (Hg.), *Armee in der Demokratie, Zum Verhältnis von zivilen und militärischen Prinzipien*, Wiesbaden, VS Verlag für Sozialwissenschaften, 2006.

HANKE, Wolf, *Moltke, Hommage an einen großen Preußen*, Hamburg, E. S. Mittler & Sohn, 2000.

HARDENBERG, *Karl August, 1750–1822, Tagebücher und autobiographische Aufzeichnungen*, München, Harald Boldt / R. Oldenbourg, 2000.

HAYEK, Friedrich A. VON, *Die Verfassung der Freiheit*, Tübingen, J. C. B. Mohr, 1991.

HEIDEGGER, Martin, *Geschichte der Philosophie von Thomas von Aquin bis Kant, Gesamtausgabe, Band 23, II. Abteilung: Vorlesungen 1919–1944*, Frankfurt am Main, Vittorio Klostermann, 2006.

HEIN, Max, *Friedrich der Große, Ein Bild seines Lebens und Schaffens*, Berlin, Reimar Hobbing, 1901.

HERBERG-ROTHE, Andreas, *Das Rätsel Clausewitz, Politische Theorie des Krieges im Widerstreit*, München, Wilhelm Fink, 2001.

HERMANN, Ingo, Hardenberg, *Der Reformkanzler*, Berlin, Siedler, 2003.

HESSE, Kurt, *Der Geist von Potsdam*, Mainz, v. Hase & Koehler, 1967.

HEUSER, Beatrice, »Clausewitz lesen! Eine Einführung«, in MILITÄRGESCHICHTLICHES FORSCHUNGSAMT (Hg.), *Beiträge zur Militärgeschichte, Militärgeschichte kompakt*, Band 1, München, R. Oldenbourg, 2005.

HINZE, Otto, *Die Hohenzollern und ihr Werk, Fünfhundertjahre vaterländische Geschichte*, Berlin, Paul Parey, 1915.

HÖFFE, Otfried, *Gerechtigkeit, Eine philosophische Einführung*, München, C. H. Beck, 2001.

HOFFMANN, Peter, *Widerstand, Staatsstreich, Attentat, Der Kampf der Opposition gegen Hitler*, 4., neu überarbeitete und ergänzte Ausgabe, München, R. Pieper, 1985.

HOLMSTEN, Georg, *Friedrich II.*, Hamburg, Rowohlt, [14]2004.
HOLTZ, Bärbel, SPENKUCH, Hartwin (Hgs.), *Preußens Weg in die politische Moderne, Verfassung – Verwaltung – Politische Kultur zwischen Reform und Reformblockade*, Berlin, Akademie, 2001.
HORNUNG, Klaus, *Scharnhorst, Soldat – Reformer – Staatsmann, Die Biographie*, Esslingen, Bechtle, 2001.
HUMBOLDT, Wilhelm VON, *Werke in fünf Bänden*, hg. von Andreas FLITNER und Klaus GIEL, Darmstadt, Wissenschaftliche Buchgesellschaft, 1980.
IHLENFELD, Kurt VON (Hg.), *Preußischer Choral, Deutscher Soldatenglaube in drei Jahrhunderten*, Berlin, Eckart, 1935.
INSTITUT FÜR MARXISMUS-LENINISMUS BEIM ZK DER SED (Hg.), *Marx-Engels-Werke*, Berlin, Dietz, 1974.
IRRLITZ, Gerd, *Kant, Handbuch, Leben und Werk*, Stuttgart, J. B. Metzler, 2002.
KANT, Immanuel, *Die drei Kritiken in ihrem Zusammenhang mit dem Gesamtwerk*, mit verbindendem Text zusammengefasst von Raymund SCHMIDT, Stuttgart, Kröner, 1975.
DERS., »Zum ewigen Frieden«, in *Werke in sechs Bänden*, hg. von Wilhelm WEISCHEDEL, Darmstadt, Wissenschaftliche Buchgesellschaft, 1983.
DERS., *Kritik der reinen Vernunft*, Hamburg, Felix Meiner, 1989.
DERS., *Grundlegung zur Metaphysik der Sitten*, Hamburg, Felix Meiner, 1999.
DERS., *Kritik der Urteilskraft*, Hamburg, Felix Meiner, 2001.
DERS., *Die Religion innerhalb der Grenzen der bloßen Vernunft*, Hamburg, Felix Meiner, 2003.
DERS., *Kritik der praktischen Vernunft*, Hamburg, Felix Meiner, 2003.
KAUER, Edmund Th., *Blücher, Yorck, Gneisenau, Gesammelte Schriften und Briefe*, Berlin, Peter J. Oestergaard, 1932.
KELLER, Jörg, »Mythos Auftragstaktik«, in *Armee in der Demokratie, Zum Verhältnis von zivilen und militärischen Prinzipien, Schriftenreihe des sozialwissenschaftlichen Instituts der Bundeswehr*, Wiesbaden, VS Verlag für Sozialwissenschaften, 2006.
KESSEL, Eberhard, *Militärgeschichte und Kriegstheorie in neuerer Zeit, Ausgewählte Aufsätze*, Berlin, Duncker und Humblot, 1987.
DERS., *Moltke*, Stuttgart, K. F. Koehler, 1957.
DERS., *Das Ende des Siebenjährigen Krieges 1660–1763*, hg. von Thomas LINDNER, Paderborn, Ferdinand Schöningh, 2007.

KLEPPER, Jochen, *Der Vater, Der Roman des Soldatenkönigs*, Stuttgart, Deutsche Verlags-Anstalt, 1937.

KLESSMANN, Eckart, *Prinz Louis Ferdinand von Preußen, Soldat – Musiker – Idol*, München, Eugen Diederichs, 1995.

KOLLO, Willi, *Der Krieg geht morgen weiter oder Die Kunst zu überleben*, Berlin, Zeitbuch, 1970.

KÖPPEN, Fedor VON, *Die Hohenzollern und das Reich, Von der Gründung des Brandenburgisch-Preußischen Staates bis zur Wiederherstellung des Deutschen Kaisertums*, Glogau, Carl Flemming, 1884.

KOSER, Reinhold, *König Friedrich der Große*, Stuttgart, Berlin, J. G. Cotta'sche Buchhandlung, 1904.

KOTULLA, Michael, *Das konstitutionelle Verfassungswerk Preußens (1848–1918), Eine Quellensammlung mit historischer Einführung*, Berlin, Heidelberg, Springer, 2003.

KÜNZLI, Arnold, *Karl Marx, Eine Psychographie*, Wien, Europaverlag, 1966.

KUGLER, Franz, *Geschichte Friedrichs des Grossen*, Köln, Hans Kaiser, 1988.

KUNISCH, Johannes, *Friedrich der Grosse, Der König und seine Zeit*, München, C. H. Beck, 2004.

DERS., *Friedrich der Grosse in seiner Zeit, Essays*, München, C. H. Beck, 2008.

LAVISSE, Ernest, *Die Jugend Friedrichs des Großen 1712–1740*, Berlin, Reimar Hobbing, 1919.

LEHMANN, Max, *Scharnhorst*, Leipzig, S. Hirzel, 1886.

DERS., *Freiherr vom Stein*, Leipzig, S. Hirzel, 1902.

LEIDER, Kurt, *Immanuel Kant, Welt- und Lebensanschauung*, Lübecker-Akademie-Ausgabe, Lübeck, Lübecker-Akademie-Verlag, 1994.

LEISTENSCHNEIDER, Stephan, *Auftragstaktik im preußisch-deutschen Heer 1871 bis 1914*, Hamburg, Berlin, Bonn, E. S. Mittler & Sohn, 2002.

LENIN, W. I., *Clausewitz' Werk »Vom Kriege«, Auszüge und Randglossen*, Berlin, Verlag des Ministeriums für nationale Verteidigung, 1957.

LILL, Rudolf, OBERREUTHER, Heinrich (Hg.), *20. Juli, Porträts des Widerstands*, Düsseldorf und Wien, Econ, 1994.

LOSSOW, Walter VON, »Mission – Type Tactics versus Order – Type Tactics«, in *Military Review* 57 (1977), Heft 6, S. 87–91.

LÖWITH, Karl, *Sämtliche Schriften*, hg. von Klaus STICHWEH und Marc B. DE LAUNAY, Stuttgart, J. B. Metzler, 1981.

LUDEN, Heinrich, SCHOPENHAUER, Johanna, *Die Schlacht von Jena und die Plünderung Weimars im Oktober 1806*, hg., eingeleitet und kommentiert von Klaus VON SEE und Helena Lissa WIESSNER, Heidelberg, Winter, 2006.

LUDWIG, Emil, *Bismarck, Geschichte eines Kämpfers*, Berlin, Ernst Rowohlt, 1927.

LUDWIG, Ralf, *Kant für Anfänger, Der kategorische Imperativ, Eine Lese-Einführung*, München, Deutscher Taschenbuch Verlag, 1995.

MACHIAVELLI, Niccolò, *Der Fürst*, hg. von Rudolf ZORN, Stuttgart, Alfred Kröner, 1978.

MACHTAN, Lothar, *Bismarcks Tod und Deutschlands Tränen*, München, Wilhelm Goldmann, 1998.

MANN, Thomas, *Friedrich und die große Koalition, Essays II*, Große kommentierte Frankfurter Ausgabe, Frankfurt am Main, S. Fischer, 2002.

MARWITZ, Friedrich August Ludwig VON DER, *Nachrichten aus meinem Leben 1777–1808*, hg. von Günter DE BRUYN, Berlin, Der Morgen, 1989.

MCGRAW, Thomas, *Joseph A. Schumpeter – Eine Biographie*, Hamburg, Murmann, 2008.

MEDDEB, Abdelwahab, *Die Krankheit des Islam*, Heidelberg, Das Wunderhorn, 2002.

MEINECKE, Friedrich, *Das Leben des Generalfeldmarschalls Hermann von Boyen, Erster Band, 1771 bis 1814*, Stuttgart, Verlag der J. G. Cotta'schen Buchhandlung, 1896.

DERS., *Das Zeitalter der Deutschen Erhebung (1795–1815)*, Göttingen, Vandenhoeck & Ruprecht, 1957.

DERS., *Die deutsche Katastrophe, Betrachtungen und Erinnerungen*, Wiesbaden, E. Brockhaus, 1946.

MENDELSSOHN, Moses, *Ausgewählte Werke, Studienausgabe*, Darmstadt, Wissenschaftliche Buchgesellschaft, 2009.

DERS., *Phädon oder über die Unsterblichkeit der Seele*, Hamburg, Felix Meiner, 1979.

DERS., *Sammlung theils noch ungedruckter, theils in anderen Schriften zerstreuter von ihm, an und über ihn*, hg. von F. HEINEMANN, Leipzig, G. Wolbrecht'sche Buchhandlung, 1831.

MENSCHING, Günter, *Jean Le Rond d'Alembert, Einleitung zur Enzyklopädie*, Hamburg, Felix Meiner, 2004.

Militärgeschichtliches Forschungsamt (Hg.), *Anfänge westdeutscher Sicherheitspolitik 1945–1956*, Band 3, München, R. Oldenbourg, 1993.

Ders. (Hg.), *Deutsche Militärgeschichte in sechs Bänden, 1648–1939*, Herrsching, Manfred Pawlak, 1983.

Millotat, Christian O. E., »Auftragstaktik, das oberste Führungsprinzip im Heer der Bundeswehr, Ihre Entwicklung und Darstellung in deutschen militärischen Führungsgrundlagen«, in *Österreichische Militärzeitung ÖMZ*, Jg. 2001, Heft 3, S. 299 ff.

Moltke, Helmuth Graf von, *Gesammelte Schriften und Denkwürdigkeiten des General Feldmarschalls Grafen Helmuth von Moltke*, Berlin, Ernst Siegfried Mittler & Sohn, 1892.

Müller, Rolf-Dieter und Volkmann, Hans-Erich (Hgs.), *Die Wehrmacht, Mythos und Realität*, München, R. Oldenbourg, 1999.

Naso, Eckart von, *Moltke, Mensch und Feldherr*, Hamburg, Wolfgang Krüger, 1937.

Nelson, Walter Henry, *Die Hohenzollern, Reichsgründer und Soldatenkönige*, München, Eugen Diederichs, 1996.

Nettelbeck, Joachim, *Eine Lebensbeschreibung von ihm selbst aufgezeichnet*, Merseburg und Leipzig, F. W. Hendel, 1930.

Neumann, Hans-Joachim, *Friedrich der Große, Feldherr und Philosoph*, Berlin, Edition q, 2000.

Ders., *Friedrich Wilhelm der Große Kurfürst, Der Sieger von Fehrbellin*, Berlin, edition q, 1995.

Ders., *Friedrich Wilhelm I., Leben und Leiden des Soldatenkönigs*, Berlin, edition q, 1993.

Nippel, Wilfried, *Johann Gustav Droysen, Ein Leben zwischen Wissenschaft und Politik*, München, C. H. Beck, 2008.

Nipperdey, Thomas, *Deutsche Geschichte 1800–1866, Bürgerwelt und starker Staat*, München, C. H. Beck, 1983.

Obenaus, Herbert, *Anfänge des Parlamentarismus in Preußen bis 1948*, Düsseldorf, Droste, 1984.

Oestreich, Gerhard, *Friedrich Wilhelm, Der Große Kurfürst, Reihe Persönlichkeit und Geschichte*, Band 65, Göttingen, Musterschmidt, 1971.

Oetinger, Bolko von, Ghyczy, Tiha von, Bassford, Christopher (Hgs.), *Clausewitz, Strategie denken*, München, Carl Hanser, 2001.

Ohff, Heinz, *Preußens Könige*, München, Piper, 1999.

Oster, Uwe A., *Der preußische Apoll, Prinz Louis Ferdinand von Preußen (1772–1806)*, Regensburg, Friedrich Pustet, 2003.

OTTO, Hans, *Gneisenau, Preußens unbequemer Patriot*, München, Wilhelm Heyne, 1979.

PALME, Alan, *Bismarck, Eine Biographie*, Düsseldorf, Claassen, 1976.

PANGELS, Charlotte, *Friedrich der Große, Bruder, Freund und König*, München, Eugen Diederichs, 1995.

PATTON, George S., *Krieg, wie ich ihn erlebte*, Bern, Alfred Scherz, 1950.

PERTHES, Clemens, *Friedrich Perthes, Ein deutsches Vorbild*, Stuttgart, Ehrenfried Klotz, 1951.

PERTZ, Georg Heinrich, *Das Leben des Feldmarschalls Grafen Neithardt von Gneisenau*, Berlin, Georg Reimer, 1864.

PFLANZE, Otto, *Bismarck, Der Reichsgründer*, München, C. H. Beck, 1997.

PLESCHINSKI, Hans (Hg.), *Voltaire – Friedrich der Große, Briefwechsel*, München, Deutscher Taschenbuch Verlag, 1994.

RANKE, Leopold, *Zwölf Bücher Preußischer Geschichte*, Erster Band, Hamburg, Standard, 1957.

RITTER, Gerhard, *Friedrich der Große, Ein historisches Profil*, Leipzig, Quelle & Meyer, 1942.

DERS., *Staatskunst und Kriegshandwerk, Das Problem des »Militarismus« in Deutschland, Erster Band: Die altpreußische Tradition (1740–1890)*, München, R. Oldenburg, 1970.

DERS., *Stein, Eine politische Biographie*, Neuausgabe der «neu gestalteten Auflage« von 1958, Stuttgart, Deutsche Verlags-Anstalt, 1981.

ROGGE, Bernhard, *Das Buch von den preußischen Königen*, Hannover, Carl Meyer, 1891.

ROSE, Olaf, *Carl von Clausewitz, Wirkungsgeschichte seines Werkes in Rußland und der Sowjetunion 1836–1991*, München, R. Oldenboug, 1995.

ROTHFELS, Hans, *Bismarck, der Osten und das Reich*, Darmstadt, Wissenschaftliche Buchgesellschaft, 1960.

SCHALLÜCK, Paul, »Moses Mendelssohn und die deutsche Aufklärung«, in Thilo KOCH (Hg.), *Portraits zur deutsch-jüdischen Geistesgeschichte*, Köln, DuMont, 1997.

SCHARNHORST, Gerhard VON, *Private und dienstliche Schriften, Veröffentlichungen aus den Archiven Preussischer Kulturbesitz*, hg. von Jürgen KLOOSTERHUIS und Dieter HECKMANN, Köln, Weimar, Wien, Böhlau, 2007.

DERS., *Militärisches Taschenbuch zum Gebrauch im Felde*, Neudruck der 3. Auflage von 1794, Osnabrück, Biblio, 1980.

SCHERENBERG, Ernst, *Kaiser Wilhelm I., Ein Gedenkbuch für das deutsche Volk*, Leipzig, Ernst Keil's Nachfolger, 1888.

SCHEURIG, Bodo, *Henning von Tresckow, Ein Preuße gegen Hitler*, Frankfurt am Main, Berlin, Ullstein, 1987.

SCHIEDER, Theodor, *Friedrich der Große, Ein Königtum der Widersprüche*, Frankfurt am Main, Propyläen, 1983.

SCHLABRENDORF, Fabian VON, *Offiziere gegen Hitler*, Berlin, Siedler, 1984.

SCHLIEFFEN, Alfred GRAF VON, *Cannae*, Berlin, E. S. Mittler & Sohn, 1936.

SCHMID, Michael, *Der »Eiserne Kanzler« und die Generäle, Deutsche Rüstungspolitik in der Ära Bismarck (1871–1809)*, Paderborn, Ferdinand Schöningh, 2003.

SCHMIDT, Werner, *Friedrich I., Kurfürst von Brandenburg, König in Preußen*, München, Eugen Diederichs, 1996.

SCHNEIDER, Hans, *Der Preussische Staatsrat 1817–1918, Ein Beitrag zur Verfassungs- und Rechtsgeschichte Preussens*, München und Berlin, C. H. Beck, 1952.

SCHOEPS, Hans-Joachim, *Neue Quellen zur Geschichte Preußens im 19. Jahrhundert*, Berlin, Haude & Spener, 1968.

DERS., *Aus den Jahren preußischer Not und Erneuerung, Tagebücher und Briefe der Gebrüder Gerlach und ihres Kreises 1805–1820*, Berlin, Haude & Spener, 1958.

DERS., *Die Ehre Preußens*, Stuttgart, Friedrich Vorwerk, 1951.

DERS., *Preussen, Bilder und Zeugnisse*, Berlin, Propyläen, 1967.

DERS., *Unbewältigte Geschichte, Stationen deutschen Schicksals seit 1763, Gesammelte Schriften*, Abteilung III, Band 10, Hildesheim, Georg Olms, 2001.

DERS., *Preußen, Gesammelte Schriften*, Abteilung III, Band 11, Hildesheim, Georg Olms, 2001.

DERS., *Der Weg ins deutsche Kaiserreich, Gesammelte Schriften*, Abteilung III, Band 12, Hildesheim, Georg Olms, 2001.

DERS., *Bismarck über Zeitgenossen, Zeitgenossen über Bismarck, Gesammelte Schriften*, Abteilung III, Band 13, Hildesheim, Georg Olms, 2001.

DERS., *Das andere Preußen, Konservative Gestalten und Probleme im Zeitalter Friedrich Wilhelm IV., Gesammelte Schriften*, Abteilung III, Band 14, Hildesheim, Georg Olms, 2001.

SCHÖN, Theodor VON, *Persönliche Schriften, Die autobiographischen Fragmente*, Köln, Böhlau, 2006.

SCHÖN, Theodor VON, *Woher und Wohin*, Straßburg, Böhlau, 1842.

SCHÖNBERGER, Rolf, *Thomas von Aquin, Zur Einführung*, Hamburg, Junius, 1998.

SCHOLTZ, Gerhard, *Friedrich Carl, Das Vermächtnis des Generalfeldmarschalls*, Nürnberg, Fanfaren, 1941.

SCHRAMM, Wilhelm VON, *Der 20. Juli in Paris*, Bad Wörishofen, Kindler und Schiermeyer, 1953.

SCHULZE, Hagen, »Versailles«, in Etienne FRANÇOIS, Hagen SCHULZE, *Deutsche Erinnerungsorte*, Band I, München, C. H. Beck, 2001.

SCHUPP, Franz, *Geschichte der Philosophie im Überblick*, Band 1–3, Hamburg, Felix Meiner, 2003.

SEEKT, Hans VON, *Moltke, Ein Vorbild*, Berlin, Verlag für Kulturpolitik, 1931.

SEIDLITZ, Woldemar VON (Hg.), *Friedrich der Grosse, Gedanken und Erinnerungen, Werke, Briefe, Gespräche, Gedichte, Erlasse, Berichte und Anekdoten*, Essen, Emil Vollmer, 1970.

SELG, Anette, WIELAND, Rainer, *Die Welt der Encyclopédie*, Frankfurt am Main, Eichborn, 2001.

SÖHNGEN, Stefan, *Rahmenbedingungen der Elitenbildung in Deutschland und das Problem einer tendenziellen Abwanderung Angehöriger der jungen Generation aus Deutschland, Eine Untersuchung mit besonderer Berücksichtigung der Bereiche von Politik und Ökonomie*, Berlin, Wissenschaftlicher Verlag, 2008.

SOLSCHENIZYN, Alexander, *August Vierzehn*, Darmstadt und Neuwied, Luchterhand, 1972.

STADELMANN, Rudolf, *Moltke und der Staat*, Krefeld, Scherpe, 1915.

STAËL HOLSTEIN, Anna Germaine BARONIN VON, *Deutschland*, Berlin, Julius Eduard Hitzig, 1814.

STEIN, Freiherr VOM, *Briefe und Amtliche Schriften*, 10 Bände, Stuttgart, Kohlhammer, 1957.

STERN, Fritz, *Gold und Eisen, Bismarck und sein Bankier Bleichröder*, München, C. H. Beck, 2008.

STRAUB, Eberhard, *Kaiser Wilhelm II., In der Politik seiner Zeit, Die Erfindung des Reiches aus dem Geist der Moderne*, Berlin, Landtverlag, 2008.

SUNZI, *Die Kunst des Krieges*, hg. und mit einem Vorwort von James CLAVELL, München, Droemer, 1999.

TADDEN, Rudolf VON, *Fragen an Preußen, Zur Geschichte eines aufgehobenen Staates*, München, C. H. Beck, 1981.

THIÉBAULT, Dieudonné, *Friedrich der Große und sein Hof, Persönliche Erinnerungen an einen 20jährigen Aufenthalt in Berlin*, Stuttgart, Robert Lutz, o. J.

THARAU, Friedrich-Karl, *Die geistige Kultur des preußischen Offiziers von 1640 bis 1806*, Mainz, v. Hase & Koehler, 1968.

TOCQUEVILLE, Alexis DE, *Betrachtungen über die Demokratie in Amerika*, Stuttgart, Philipp Reclam jun., 1901.

UHLE-WETTLER, Franz, »Auftragstaktik, Was ist das? Können wir sie wiederbeleben?«, in *Truppenpraxis* 36 (1992), S. 131–135.

DERS., *Höhe- und Wendepunkte deutscher Militärgeschichte*, Mainz, v. Hase & Koehler, 1984.

VARNHAGEN VON ENSE, Karl August, *Denkwürdigkeiten des eigenen Lebens*, Erster und zweiter Band, hg. von Konrad FEILCHENFELD, Frankfurt am Main, Deutscher Klassiker Verlag, 1987.

DERS., *Tageblätter*, Band 5, hg. von Konrad Feilchenfeldt, Frankfurt am Main, Deutscher Klassiker Verlag, 1994.

VENOHR, Wolfgang, *Der große König, Friedrich II. im Siebenjährigen Krieg*, Bergisch Gladbach, Gustav Lübbe, 1995.

DERS., *Patrioten gegen Hitler, Der Weg zum 20. Juli 1944*, Bergisch Gladbach, Gustav Lübbe, 1994.

DERS., *Fridericus Rex, Friedrich der Große, Portrait einer Doppelnatur*, Bergisch Gladbach, Gustav Lübbe, 1986.

VIGNY, Alfred DE, *Glanz und Elend des Militärs*, Hamburg, Rowohlt, 1957.

VOLZ, Gustav Berthold, *Die Werke Friedrichs des Großen*, 10 Bände, Berlin, Reimar Hobbing, 1913.

VORLÄNDER, Karl, *Immanuel Kant, Der Mann und das Werk*, Wiesbaden, Marix, 2004.

WAWRO, Geoffrey, *The Austro-Prussian War, Austrias War with Prussia and Italy in 1866*, New York, Cambridge University Press, 1996.

WEBER, Max, *Politik als Beruf*, Stuttgart, Philipp Reclam jun., 2004.

WEHINGER, Brunhilde (Hg.), *Geist und Macht, Friedrich der Große im Kontext der europäischen Kulturgeschichte*, Berlin, Akademie, 2005.

WETTE, Wolfram, *Militarismus in Deutschland*, Frankfurt am Main, S. Fischer, 2008.

WICHERT, Ernst, *Der große Kurfürst in Preußen, Vaterländischer Roman*, Berlin, Deutsche Buchgemeinschaft, 1936.
WIESENDAHL, Elmar (Hg.), *Neue Bundeswehr – neue Innere Führung? Perspektiven und Rahmenbedingungen für die Weiterbildung eines Leitbildes*, Baden-Baden, Nomos, 2005.
WINKLER, Heinrich August, *Der lange Weg nach Westen, Deutsche Geschichte, Vom Ende des Alten Reiches bis zum Untergang der Weimarer Republik*, Erster Band, München, C. H. Beck, 2002.
WINTER, Georg, *Hans-Joachim von Zieten, Eine Biographie*, Leipzig, Duncker & Humblot, 1886.
WOLFF, Christian, *Rede über die praktische Philosophie der Chinesen*, Hamburg, Felix Meiner, 1985.
WOLMAR, W. Wolfram VON, *Ein Requiem für Preussen*, Göttingen, Musterschmidt, 1957.

Bildnachweise

S. 33	Joel Machschewitz
S. 34	bpk/Theodor Eisenhart
S. 37 (links)	bpk/Eigentum des Haus Hohenzollern
S. 37 (rechts)	bpk
S. 46	Hervé Champollion/akg-images
S. 69	bpk/Stiftung Preußische Schlösser und Gärten Berlin-Brandenburg/Gerhard Murza
S. 79	bpk/Messbildarchiv
S. 80	bpk/Stiftung Preußische Schlösser und Gärten Berlin-Brandenburg
S. 90	bpk/Stiftung Preußische Schlösser und Gärten Berlin-Brandenburg/Jörg P. Anders
S. 97	bpk
S. 106	Stefan Knoll
S. 127	bpk/Villa von der Heydt, SPK/Jürgen Liepe
S. 162	bpk
S. 169	bpk
S. 181	bpk
S. 190	Stefan Knoll/Antje Giel
S. 206	bpk
S. 208	Stefan Knoll/Antje Giel
S. 251	akg-images
S. 256	bpk/Stiftung Preußische Schlösser und Gärten Berlin-Brandenburg/Gerhard Murza
S. 262 (links)	bpk/Lutz Braun
S. 262 (rechts)	bpk
S. 265 (links)	bpk/RMN/Jean-Gilles Berizzi
S. 265 (rechts)	bpk/RMN/René-Gabriel Ojéda
S. 266	bpk/Bayerische Staatsbibliothek
S. 271	bpk
S. 273	bpk/SBB/Ruth Schlacht

S. 308 (links)	Stiftung Preußische Schlösser und Gärten Berlin-Brandenburg/Foto: Roland Handrick
S. 308 (rechts)	bpk
S. 330	bpk
S. 332	Stiftung Preußische Schlösser und Gärten Berlin-Brandenburg/Foto: Jörg P. Anders
S. 339	bpk
S. 342	bpk/RMN
S. 356	bpk
S. 373	bpk
S. 376	bpk
S. 389	bpk/Hermann Buresch
S. 394	bpk/Benno Wundshammer
S. 401	bpk
S. 403	bpk
S. 410	bpk
S. 441	bpk
S. 470	bpk
S. 474	bpk/Jochen Remmer
S. 492	bpk
S. 502	bpk
S. 506	bpk/B. P. Rudolphy
S. 523	Stefan Knoll/Antje Giel
S. 526	Wachbataillon
S. 541	bpk
S. 587	bpk

Benjamin Lahusen
Alles Recht geht vom Volksgeist aus
Friedrich Carl von Savigny
und die moderne Rechtswissenschaft

144 Seiten,
14,5 × 21 cm,
gebunden mit Schutzumschlag
ISBN 978-3-89479-724-9
22,95 EUR

Friedrich Carl von Savigny gilt als der bedeutendste deutsche Rechtsgelehrte. Seine Lehre vom Volksgeist als dem Ursprung allen Rechts war seinerzeit revolutionär. Politisch stand er jedoch den Fortschritten seiner Zeit ablehnend gegenüber. Beides wirkt bis heute nach: Savignys wissenschaftliches Selbstverständnis prägt die Rechtslehre noch genauso wie seine Skepsis gegenüber politischen Veränderungen. Dieser Spannung zwischen Aufbruch und Stagnation in Leben, Werk und Nachwirken Savignys geht der Essay nach.